Sommaire

*Avec ce guide, voici les **cartes Michelin** qu'il vous faut :*

Ne voyagez pas aujourd'hui avec une carte d'hier.

D0544615

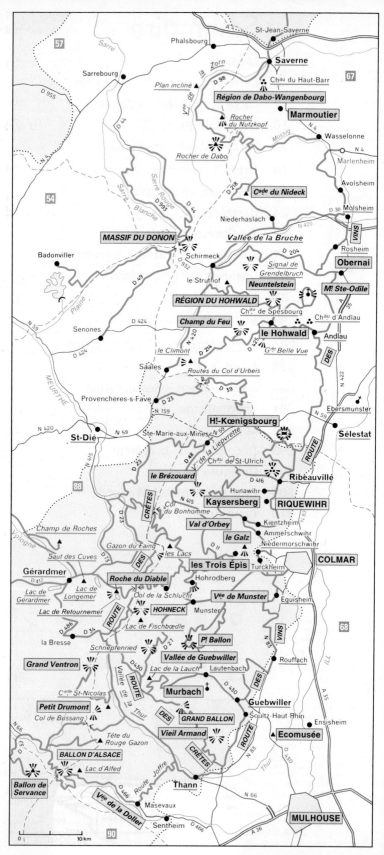

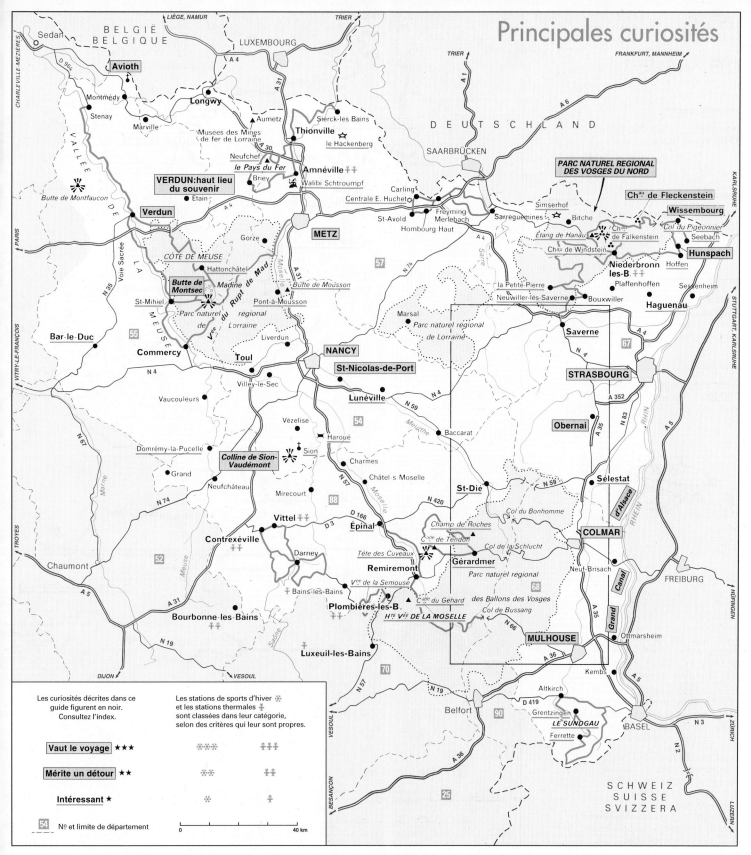

Principales curiosités

Itinéraires de visite

Lorraine – Côtes de Meuse
550 km : 4 jours

Lorraine – Stations thermales
450 km : 3 jours

Alsace – Vosges du Nord
350 km : 2 jours

Alsace – Vosges du Sud
700 km : 5 jours

*Dans le guide Rouge Michelin FRANCE
de l'année vous trouverez
un choix d'hôtels agréables,
tranquilles, bien situés,
avec l'indication de leur équipement :
piscines, tennis, plages aménagées,
aires de repos...
ainsi que les périodes d'ouverture
et de fermeture des établissements*

*Vous y trouverez aussi
un choix révisé de maisons
qui se signalent par la qualité de leur cuisine :
repas soignés à prix modérés,
étoiles de bonne table.*

Dans le **guide Michelin Camping
Caravaning France** *de l'année
vous trouverez les commodités
et les distractions offertes
par de nombreux terrains :
magasins, bars, restaurants, laverie,
salle de jeux, tennis, golf miniature,
jeux pour enfants, piscines,... etc.*

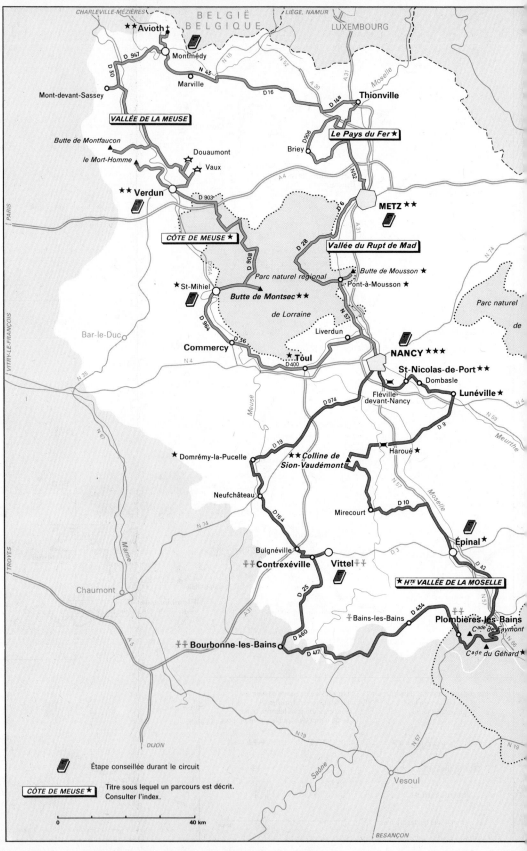

Étape conseillée durant le circuit

CÔTE DE MEUSE ★   Titre sous lequel un parcours est décrit.
Consulter l'index.

0   40 km

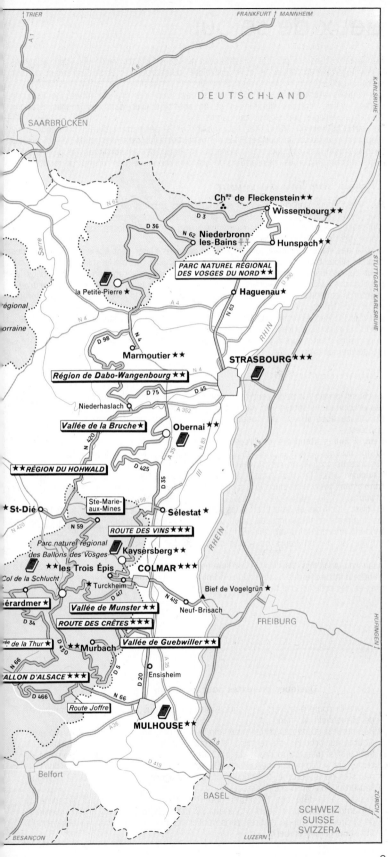

Lieux de séjour

Sur la carte ci-contre ont été sélectionnées quelques localités particulièrement adaptées à la villégiature en raison de leurs possibilités d'hébergement et de l'agrément de leur site.

Les régions décrites dans ce guide présentent une très grande variété de lieux de séjour : villes, stations climatiques et de sports d'hiver dans les Vosges, stations thermales, villages paisibles de campagne.

Les **cartes Michelin** au 1/200 000 (assemblage p. 3) permettent d'un simple coup d'œil d'apprécier le site de la localité. Elles donnent, outre les caractéristiques des routes, les emplacements des baignades en rivière ou en étang, des aérodromes, des piscines, des golfs, des hippodromes, des sentiers de grande randonnée, des refuges de montagne...

Choisir son lieu de séjour

La carte fait apparaître des « villes-étape », centres urbains de quelque importance qu'il faut visiter et qui offrent de bonnes possibilités d'hébergement. Strasbourg, Colmar, Mulhouse, Nancy, par leur rayonnement culturel et leurs richesses artistiques, méritent d'être distinguées comme **destinations de week-end.**

A côté des **stations thermales** et des **stations de sports d'hiver** sont également signalés des **lieux de séjour traditionnels** alliant possibilités d'accueil, charme et tranquillité du site. Pour ces localités il existe, outre les hôtels et terrains de camping proposés dans les publications Michelin, diverses formules d'hébergement (meublés, gîtes ruraux, chambres et tables d'hôtes, camping à la ferme, gîtes et logis de pêche, chalets-loisirs, etc.) Les Offices de tourisme et Syndicats d'initiative en communiquent la liste et renseignent sur les activités locales de plein air et sur les manifestations culturelles, traditionnelles ou sportives de la région. L'adresse et le numéro de téléphone des plus importants d'entre eux figurent dans la dernière partie de ce volume, au chapitre des Renseignements pratiques.

Quand partir ?

Le climat lorrain est nettement continental : hiver long et rude, été souvent très chaud. Les précipitations sont nombreuses, pluies d'orage en été, neiges abondantes en hiver. En Alsace apparaissent les conditions climatiques particulières aux dépressions très abritées.

L'**été**, il faut s'attendre à de grosses chaleurs et à de forts orages dans la plaine. La brume noie les vallées et masque souvent les lointains. Mais en allant vers les hauteurs des massifs voisins, on retrouve la fraîcheur et un air léger.

L'**automne** offre le chatoiement des vignobles dorés, des forêts aux teintes de feu contrastant avec la verdure des sapinières. Des nappes de brouillard très épais sont à craindre.

En **hiver**, l'air froid envahit parfois les vallées alors obscurcies de nuages, cependant que les sommets sont baignés de soleil. Sur les Vosges, les chutes de neige prolongées rendent impraticables un certain nombre de routes. Mais elles font le bonheur des esthètes et des amateurs de sports d'hiver muant les stations estivales en centre de ski.

Quant au **printemps** alsacien, il est lumineux, léger et serein dès le mois d'avril. La blancheur attardée des hauts ballons domine les teintes délicates, tendres ou vives, des prés et des collines, des hêtres, des acacias et des châtaigniers.

Quelques prétextes pour un voyage dans la région

Suivre la route à travers le vignoble alsacien surtout au moment des vendanges de Marlenheim à Thann.

Parcourir la route des crêtes pour admirer les paysages de la chaîne des Vosges.

Goûter les produits du terroir : la choucroute alsacienne, la quiche lorraine, le baeckeoffe (plat comprenant du porc, du mouton, du bœuf et des pommes de terre), la « flammekueche », tarte flambée avec crème, oignons et lardons, le munster ou le géromé, le kougelhopf, accompagnés d'une bière fraîche et mousseuse ou d'un vin blanc d'Alsace.

Assister à la fête des Ménétriers ou Pfifferdaj à Ribeauvillé (*1er dimanche de septembre*), au corso fleuri à Sélestat (*2e dimanche d'août*), au grand pèlerinage de la Ste-Odile (mi-décembre), sans oublier les marchés de Noël (*en décembre*) à Strasbourg, Kaysersberg...

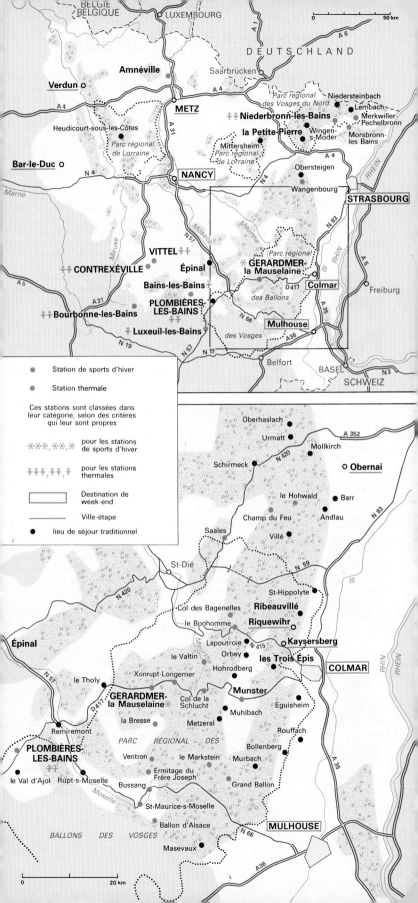

BELGIE BELGIQUE · LUXEMBOURG · DEUTSCHLAND

Verdun · Amnéville · Saarbrücken

METZ

‡‡ Niedersteinbach · Lembach · Merkwiller-Pechelbronn

‡‡ Niederbronn-les-Bains

Heudicourt-sous-les-Côtes

Parc régional de Lorraine

la Petite-Pierre · Wingen-s-Moder · Morsbronn-les-Bains

Bar-le-Duc

Mittersheim · Parc régional de Lorraine

NANCY

Obersteigen

Wangenbourg

Marne · Meuse

STRASBOURG

Parc régional

VITTEL ‡‡

✳ GERARDMER-la Mauselaine

‡‡ CONTREXÉVILLE · Épinal

Colmar · Freiburg

Bains-les-Bains

des Ballons

PLOMBIÈRES-LES-BAINS

‡‡ Bourbonne-les-Bains

Mulhouse

‡ Luxeuil-les-Bains

des Vosges

Belfort · BASEL · SCHWEIZ

Légende

● Station de sports d'hiver

● Station thermale

Ces stations sont classées dans leur catégorie, selon des critères qui leur sont propres

✳✳✳, ✳✳, ✳ pour les stations de sports d'hiver

‡‡‡, ‡‡, ‡ pour les stations thermales

☐ Destination de week-end

— Ville-étape

● lieu de séjour traditionnel

Oberhaslach · Urmatt · Mollkirch

Schirmeck · Obernai

le Hohwald · Barr

Champ du Feu · Andlau

Saales · Villé

St-Dié

St-Hippolyte

Col des Bagenelles · Ribeauvillé

le Bonhomme · Riquewihr

Épinal

Lapoutroie · Kaysersberg

le Valtin · Orbey · les Trois Épis

le Tholy · Xonrupt-Longemer · Hohrodberg · COLMAR

GERARDMER-la Mauselaine · Col de la Schlucht · Munster

la Bresse · Muhlbach · Eguisheim

Remiremont · Metzeral · Rouffach

PARC RÉGIONAL DES

PLOMBIÈRES-LES-BAINS ‡‡

Ventron · le Markstein · Bollenberg

le Val d'Ajol · Rupt-s-Moselle · Murbach

Ermitage du Frère Joseph · Grand Ballon

Bussang

St-Maurice-s-Moselle

Ballon d'Alsace · MULHOUSE

BALLONS DES VOSGES

Masevaux

0 — 20 km

Parcs naturels régionaux

Les parcs naturels régionaux ont été institués par un décret du 1er mars 1967. Ce sont des zones rurales habitées choisies pour être l'objet d'aménagements et le terrain d'activités propres à protéger le patrimoine naturel et culturel, à développer l'économie, à initier les gens à la nature.

Le parc naturel régional est géré par un organisme (syndicat mixte, association...) comprenant des élus de la région, des départements ainsi que des communes.

Une charte établie avec l'accord des habitants définit ses limites et son programme d'activités et de réalisations.

PARC NATUREL RÉGIONAL DE LORRAINE

Créé en 1974, le parc, dont le siège se trouve à Pont-à-Mousson, regroupe 189 communes et couvre une superficie de 200 000 ha. Son territoire s'étend en deux zones distinctes, de part et d'autre du sillon mosellan, sur une partie des trois départements de la Meurthe-et-Moselle, de la Meuse et de la Moselle

La zone Ouest, la plus vaste, s'étend de la vallée de la Meuse à la vallée de la Moselle, entre Verdun et Metz au Nord et Toul au Sud. C'est la région des côtes (côtes de Meuse et côtes de Moselle) plantées de vergers et de vignobles, dont les plateaux sont entaillés de belles vallées, et de la plaine de Woëvre (zone humide) à haute valeur biologique.

La zone orientale, qui va de Sarrebourg à Château-Salins, est limitée à l'Est par la vallée de la Seille et à l'Ouest par les premiers contreforts du Massif vosgien. C'est le pays du sel regroupé autour de la Seille, et aussi le pays des Étangs (le Lindre), refuge de nombreuses espèces ornithologiques, parfois très rares.

Les **Maisons du parc**, réparties sur l'ensemble du territoire, sont des petits musées modernes et originaux qui mettent en valeur le patrimoine : arts et traditions rurales à Lucey et Hannonville-sous-les-Côtes, exploitation du sel à Marsal, art et histoire à Vic-sur-Seille et Gorze, etc.

Le parc offre également de nombreuses occasions de détente : randonnées pédestres (le GR 5 traverse tout le parc), équestres ou en V.T.T., sports nautiques sur les bases de loisirs (lac de Madine) ou encore découverte des sites naturels aménagés comme les mares salées de Marsal.

PARC NATUREL RÉGIONAL DES VOSGES DU NORD

Le parc naturel régional des Vosges du Nord *(voir les limites et les détails à ce nom)* fut inauguré en 1976. D'une superficie de 120 000 ha, il rassemble sur 101 communes 75 000 habitants à l'intérieur d'un triangle Bitche-Saverne-Wissembourg.

Cette région, boisée sur plus de 60 % de sa surface, est très riche en flore et en faune sauvages. De nombreux châteaux forts et forteresses, des ouvrages de la Ligne Maginot, une quinzaine de musées témoignent d'un important patrimoine historique et ethnologique.

La **Maison du parc**, installée au château de La Petite Pierre, présente une exposition sur le patrimoine des Vosges du Nord.

PARC NATUREL RÉGIONAL DES BALLONS DES VOSGES

Ce parc, créé en 1989, est l'un des plus vastes de France. Il s'étend sur 300 000 ha et englobe 200 communes de quatre départements (Vosges, Haut-Rhin, Haute-Saône et Territoire de Belfort) avec près de 230 000 habitants. Il recouvre une région montagneuse, dominée par les pâturages d'altitude (hautes chaumes) et ponctuée de sommets arrondis (les ballons) qui présente des caractères paysagers, écologiques et humains variés constituant autant d'atouts pour faire vivre le pays tout en préservant sa beauté.

La **Maison du parc**, installée à Munster, propose des films, des expositions, des maquettes sur le massif vosgien.

Quelques visites insolites

Introduction
au voyage

R. Mazin/DIAF

Physionomie du pays

La **chaîne des Vosges** s'allonge parallèlement au Rhin sur 170 km. Ce massif ancien plissé à l'époque hercynienne, il y a plus de 300 millions d'années, est constitué de roches cristallines (granites, porphyres, etc.) et de roches sédimentaires anciennes, essentiellement des grès.

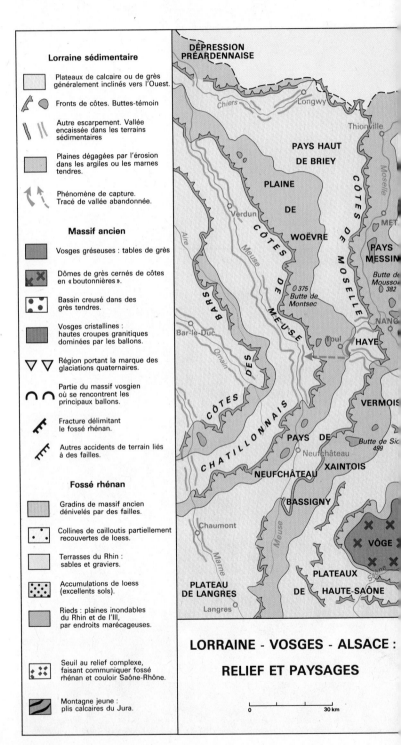

Lorraine sédimentaire

Plateaux de calcaire ou de grès généralement inclinés vers l'Ouest.

Fronts de côtes. Buttes-témoin

Autre escarpement. Vallée encaissée dans les terrains sédimentaires

Plaines dégagées par l'érosion dans les argiles ou les marnes tendres.

Phénomène de capture. Tracé de vallée abandonnée.

Massif ancien

Vosges gréseuses : tables de grès

Dômes de grès cernés de côtes en « boutonnières ».

Bassin creusé dans des grès tendres.

Vosges cristallines : hautes croupes granitiques dominées par les ballons.

Région portant la marque des glaciations quaternaires.

Partie du massif vosgien où se rencontrent les principaux ballons.

Fracture délimitant le fossé rhénan.

Autres accidents de terrain liés à des failles.

Fossé rhénan

Gradins de massif ancien dénivelés par des failles.

Collines de cailloutis partiellement recouvertes de loess.

Terrasses du Rhin : sables et graviers.

Accumulations de loess (excellents sols).

Rieds : plaines inondables du Rhin et de l'Ill, par endroits marécageuses.

Seuil au relief complexe, faisant communiquer fossé rhénan et couloir Saône-Rhône.

Montagne jeune : plis calcaires du Jura.

LORRAINE - VOSGES - ALSACE :
RELIEF ET PAYSAGES

0   30 km

Dans les Vosges cristallines, au Sud, de hautes croupes allongées, restes de surfaces d'érosion et domaine des «chaumes» *(p. 22)*, sont dominées par des ballons, sommets arrondis ayant résisté à l'aplanissement : le Grand Ballon ou Ballon de Guebwiller, point culminant du massif à 1 424 m d'altitude, le Hohneck (alt. 1 362 m), le Ballon d'Alsace (1 250 m), etc. Les hautes vallées ont été remodelées par les glaciers quaternaires : creusement en bordure des crêtes faîtières de cirques retenant aujourd'hui les eaux (lac Noir, lac Blanc), vallées aux versants redressés coupées d'étranglements rocheux, arcs de moraines maintenant des lacs comme celui de Gérardmer. Au Nord de la chaîne, l'altitude plus basse a favorisé le maintien d'un épais manteau sédimentaire. Ces Vosges gréseuses

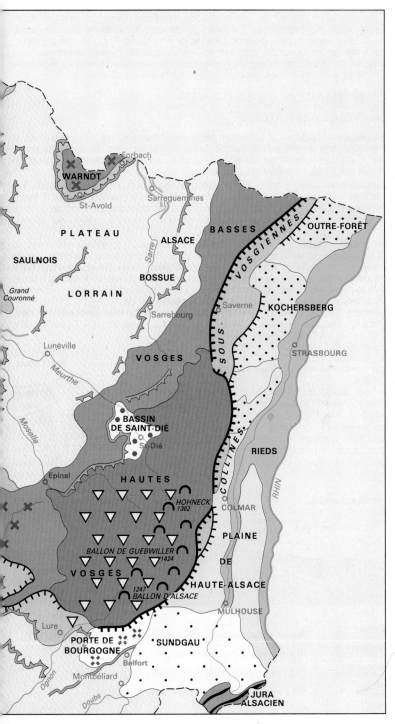

souvent escarpées, où règne la forêt, où dominent les reliefs tabulaires et les buttes aux belles tonalités ocre rose ou lie-de-vin, culminent au sommet du Donon (altitude 1 009 m) qui joue le rôle de château d'eau pour toute la région.

Tandis que le versant Ouest des Vosges s'incline doucement vers le plateau lorrain, l'autre tombe brusquement sur la plaine d'Alsace. Cette dissymétrie tient à l'histoire géologique du massif.

Il y a environ 30 millions d'années, alors que Vosges et Forêt-Noire *(voir guide Vert Pays Rhénans du Sud)* formaient un seul ensemble montagneux, la partie centrale de cet ensemble s'est affaissée entre des failles. Un fossé d'effondrement *(voir schéma)* est apparu, l'actuelle plaine d'Alsace-Bade, emplie de sédiments déposés par la mer puis les cours d'eaux.

Entre les Vosges et le Rhin, la **plaine d'Alsace** n'excède pas 30 km de largeur, mais sa longueur avoisine 170 km. Les collines sous-vosgiennes sont des paquets de massif ancien cachés sous un voile calcaire ou marneux, découpés en escaliers par des failles. Au-dessous, les terrasses alluviales du Rhin et de l'Ill peuvent être recouvertes d'importants placages de lœss. Elles dominent de 5 à 50 m les lits majeurs des cours d'eaux alsaciens ou Rieds autrefois largement marécageux. Au Sud, enfin, le Sundgau, éventail de cailloutis modelé en collines, apparaît inégalement saupoudré de lœss.

LA FORMATION DU SOL

Les Vosges et l'Alsace

Ère primaire – Début : il y a environ 560 millions d'années. Les eaux recouvrent la France ; puis se produit un bouleversement de l'écorce terrestre. Le plissement hercynien fait surgir le socle des Vosges qui constitue, avec la Forêt-Noire, un massif de roches cristallines où prédominent les granites.

Ère secondaire – Début : il y a environ 200 millions d'années. Les Vosges, rabotées par l'érosion, sont d'abord entourées par la mer qui a envahi à plusieurs reprises le Bassin Parisien. À la fin de l'ère secondaire, le massif est recouvert par les eaux ; des terrains sédimentaires (grès – calcaires – marnes – argiles – craies) s'empilent sur le socle primitif.

Ère tertiaire – Début : il y a environ 65 millions d'années. Un formidable plissement de l'écorce terrestre fait surgir la chaîne des Alpes. Par contrecoup, les vieux massifs hercyniens se soulèvent lentement. Dans une **1re phase**, l'ensemble Vosges-Forêt-Noire est porté à une altitude de près de 3 000 m, soulevant en même temps les couches sédimentaires secondaires qui s'inclinent vers l'Ouest et vers l'Est et dont on retrouve les affleurements dans le plateau souabe et le plateau lorrain.

Dans une **2e phase**, la partie centrale du massif, disloquée par le soulèvement, s'affaisse. Entre les fractures du sol ou « failles » F, un fossé d'effondrement – l'actuelle plaine d'Alsace (et de Bade) – sépare les Vosges et la Forêt-Noire. Ainsi s'expliquent les analogies de structure et de relief que présentent ces deux massifs symétriques.

La mer envahit le fossé et y laisse des dépôts D, pétrolifères au Nord et potassiques au Sud.

Ère quaternaire – Début : il y a environ 2 millions d'années. L'atmosphère du globe subit un refroidissement général. Des glaciers couvrent les Vosges du Sud.

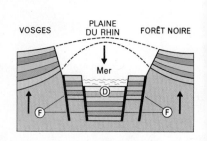

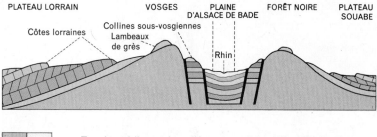

	Terrains sédimentaires d'époque tertiaire (1re et 2e phase)
	Argile et craie d'époque crétacée
	Calcaire et marne d'époque jurassique
	Grès (grains de sable fortement cimentés)
	Socle primitif

Dans un lent mouvement de descente, ils élargissent les vallées et en redressent les versants, creusent la roche de niches et de cirques que les eaux rempliront (lac Noir et lac Blanc). Lorsque le climat se réchauffe, la fusion des glaciers laisse sur place l'énorme quantité de matériaux qu'ils ont entraînés avec eux. Ces « moraines » qui s'entassent dans le fond des vallées forment parfois des barrages retenant les eaux (lac de Gérardmer). Depuis les glaciations, les pluies et les eaux courantes ont encore érodé les Vosges. Elles ont décapé les sommets en découvrant les roches les plus anciennes. Les Vosges du Nord, cependant, déjà préservées de l'action érosive des glaces, ont pu garder leur épais manteau de grès, et le lœss *(détails p. 23)* s'est déposé dans la plaine d'Alsace.

La Lorraine

C'est la partie la plus orientale du Bassin Parisien. Sa formation est donc liée à celle de ce bassin. Rappelons-en brièvement l'histoire géologique.
A la fin de l'ère primaire, un affaissement de l'écorce terrestre se produit dans la zone actuelle du Bassin Parisien. L'invasion marine recouvre alors toute la région et se prolonge durant l'ère secondaire et une partie de l'ère tertiaire. Les couches sédimentaires les plus variées – grès, calcaires, marnes, argiles, craies – s'entassent sur plus de 2 000 m d'épaisseur.
Au milieu de l'ère tertiaire, le Bassin Parisien présentait la structure d'une immense cuvette, de laquelle se retiraient progressivement des eaux marines. A la fin de cette ère, les bords de la cuvette se relèvent, surtout à l'Est et au Sud-Est, sous l'effet du plissement alpin.

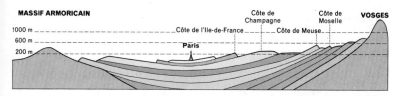

Coupe schématique du Bassin Parisien.

L'érosion transforme ensuite toute la région en une vaste plaine, tranchant en biseau les couches sédimentaires, puis elle dégage les plateaux, les sculptant en fonction de la résistance des matériaux, créant ainsi, sous l'action du réseau hydrographique, un relief de « côtes » comparable à une série de plats emboîtés les uns dans les autres.
En Lorraine, deux ensembles s'opposent : le **plateau lorrain** à l'Ouest, dont la topographie monotone est due à une géologie peu favorable au développement d'un beau relief de « côtes », et à l'Est le **Pays des Côtes**, aux paysages plus contrastés et plus caractéristiques.

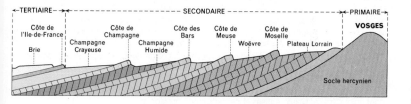

Les Côtes – Elles ne peuvent se réaliser que dans le cas suivant : les couches doivent être faiblement inclinées et une couche résistante (calcaire) surmonter une couche tendre (argile, marne) : *schéma* ①.

Les cours d'eau installés sur la plaine d'érosion s'encaissent dans la couche résistante et atteignent bientôt la couche tendre sousjacente qu'ils déblaient sans difficulté.
La région ainsi déblayée forme une vaste dépression, l'abrupt marqué par la corniche de roche dure constitue la « côte » ou front de côte, et la surface de la couche résistante s'inclinant en pente douce, le revers : *schéma* ②.

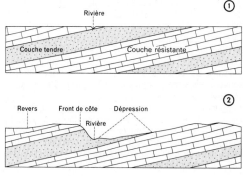

En avant du front de côte, et appartenant au même étage géologique, subsistent parfois des collines isolées, épargnées par le déblaiement de l'érosion en raison de la résistance offerte par leur couronnement de roches dures. Ce sont des « buttes-témoins ».

Plus le relèvement des couches est accentué (comme en Lorraine méridionale), plus les côtes sont rapprochées. Au contraire, plus la pente des couches est faible, plus les côtes s'espacent, laissant entre elles de larges dépressions, comme la Woëvre.

D'Est en Ouest se succèdent ainsi, de plus en plus récentes et de moins en moins marquées dans la topographie : la Côte de Moselle où se sont installées Nancy et Metz ; la Côte de Meuse qui domine la plaine de la Woëvre et à laquelle correspond la « butte-témoin » de Montsec, qui porte sur son revers Verdun et St-Mihiel ; la Côte des Bars qui limite le Barrois et au Nord l'Argonne ; la Côte de Champagne et celle de l'Île-de-France.

LES RÉGIONS

Des paysages variés – Le touriste qui traverse la Lorraine, les Vosges et l'Alsace ne peut manquer d'être frappé par la variété des paysages qui défilent sous ses yeux.

En Lorraine, il rencontre d'abord un paysage de « côtes » : plateaux recouverts de forêts, front de côte au pied duquel se pressent les villages, larges dépressions occupées par les cultures et les pâturages, avant d'aborder le plateau, où domine la forêt.

Dans les Vosges, îlot montagneux d'altitude médiocre, c'est aussi la forêt qui domine, mais le paysage change fréquemment, les vallées souriantes succédant aux vastes panoramas des sommets.

L'Alsace apparaît enfin comme un immense jardin, merveilleusement doté par la nature avec son vignoble et ses riches cultures.

Lorraine

Une région naturelle – Région historique, la Lorraine est aussi une région naturelle véritable.

Son relief s'incline doucement en direction du centre du Bassin Parisien *(schéma p. 19)* : à l'Est, les terrains du trias descendant des Vosges forment le plateau lorrain. A l'Ouest, l'alternance de dureté des terrains liasique et jurassique (calcaires et argiles) donne un relief accidenté bien particulier, appelé relief de côtes : Côte de Moselle, Côte de Meuse. Échappant à l'attraction du centre du Bassin Parisien, les rivières suivent un tracé en désaccord avec la structure de la région. Elles ont d'abord suivi une surface inclinée recouvrant les couches sédimentaires du Bassin Parisien vers lequel elles se dirigeaient. Leurs affluents, en se développant dans les terrains tendres, ont dégagé les « côtes » perpendiculairement à la vallée principale *(p. 19)*, et, par le jeu de captures, comme celle de la Moselle, ont donné à la Lorraine son originalité hydrographique.

Vosges

Les Vosges cristallines occupent le Sud de la chaîne, les Vosges gréseuses le Nord. La vallée de la Bruche en marque à peu près la séparation.

Les Vosges cristallines – Formées, en majeure partie, de granite, elles sont les plus élevées. Leurs formes émoussées varient peu mais n'ont pas cependant un aspect uniforme. Certes, les « **ballons** » et les autres sommets présentent des cimes arrondies et des pentes douces vers l'Ouest, mais du côté alsacien ils offrent souvent des versants escarpés, hérissés de pointes rocheuses. Vues de leur point le plus élevé, les chaînes des Vosges du Sud, ordonnées en longues rangées vers tous les points de l'horizon, serrées les unes contre les autres, ressemblent à des vagues soudainement figées.

Les Vosges gréseuses – Au Nord de la Bruche, la chaîne des Vosges, qui dépasse encore 1 000 m au Donon, s'abaisse graduellement : au-delà de la vallée de la Zorn, toutes les altitudes sont inférieures à 600 m.

C'est le domaine du grès rouge vosgien, au grain très fin, admirable pierre de construction dont sont faits châteaux, églises et cathédrales. L'érosion a mordu facilement dans ces couches pour leur donner des formes souvent imprévues, toujours pittoresques : plates-formes coiffant les cimes de granite, corniches dominant une gorge où glisse un frais ruisselet, plaques épaisses empilées en surplomb les unes sur les autres. L'homme a, de tout temps, utilisé ces assises naturelles pour y dresser des remparts ou des « burgs » dont les murs font corps avec la roche.

La forêt vosgienne – Sapin, épicéa, hêtre et pin forment le fond de la forêt vosgienne. Chacune de ces essences peut constituer un peuplement homogène qui impose au paysage sa tonalité particulière. Mélangées le plus souvent, elles créent de belles harmonies forestières.

Le hêtre – Ses grosses branches obliques se divisent pour se terminer par des rameaux flexibles dont les bourgeons allongés et pointus sont disposés de façon alterne. Les feuilles sont ovales, régulières, frangées de cils quand elles sont jeunes, d'un vert tendre, et prennent une belle teinte cuivrée à l'automne. Écorce lisse, gris clair, avec par place des plaques de lichens blanchâtres.

Hêtre

Pin sylvestre   Sapin   Épicéa

Le pin sylvestre – Les aiguilles, groupées par deux, sont tordues sur elles-mêmes, et d'un vert bleuâtre. L'écorce, de couleur saumon, se détache en minces pellicules sur les tiges jeunes ; en vieillissant, elle devient gris brun, épaisse, et fortement crevassée.

Le sapin – Ses branches horizontales portent un feuillage d'un vert clair. Sa cime est arrondie chez les vieux sujets. L'écorce grise, plus ou moins foncée, est parsemée d'ampoules de résine ; les aiguilles, plates, sont disposées dans un même plan, comme les dents d'un peigne (d'où le nom sapin pectiné). Sur leur face intérieure, on distingue nettement deux lignes argentées, caractère propre à tous les sapins. Les cônes sont dressés sur les branches et se désarticulent à maturité (on ne trouve jamais de cône de sapin sur le sol).

L'épicéa – Appelé quelquefois dans les Vosges « gentil sapin » pour le différencier du pectiné. Sa cime est toujours pointue même chez les arbres âgés. Les branches sont plongeantes et les rameaux pendent en dessous en une frange épaisse donnant à l'ensemble l'aspect d'une « queue d'épagneul ». Les aiguilles sont piquantes, disposées tout autour du rameau, d'un vert foncé, sans bandes blanches. Les cônes pendent à l'extrémité des rameaux. A maturité, les graines s'échappent et le cône sec demeure sur l'arbre plusieurs mois avant de tomber sans se désarticuler. L'écorce, brun rougeâtre, forme des écailles qui s'accentuent avec l'âge.

Sur le **versant lorrain**, les Basses Vosges gréseuses, exposées aux vents pluvieux de l'Ouest, sont le domaine du hêtre, puis, au-dessus de 400 m, du sapin. Les Hautes Vosges granitiques, à partir de 700 m, voient l'épicéa se mêler au sapin et par endroits au hêtre.

A plus de 1 000 m, les résineux laissent la place aux feuillus : hêtres, érables, sorbiers.

Sur les crêtes, la forêt disparaît même au profit des « chaumes » *(voir p. 22)* ou des tourbières.

Le **versant alsacien**, plus chaud, n'offre de sapins qu'à partir de 600 m, mais porte des bois de châtaigniers immédiatement au-dessus du vignoble qu'ils fournissaient jadis en échalas. Les expositions chaudes et sèches, à l'Est ou à l'Ouest, conviennent au pin sylvestre qui se développe dans la plaine de Haguenau. Le chêne croît dans la forêt de la Harth, à l'Est de Mulhouse.

La forêt et l'homme – La forêt a été, au Moyen Âge, la richesse des grandes abbayes qui protégèrent l'intégrité des massifs boisés. Les luthiers de Mirecourt ont utilisé l'érable sycomore et l'épicéa. Forges, fonderies, verreries et cristalleries se sont fournies en combustible grâce aux feuillus des Vosges gréseuses.

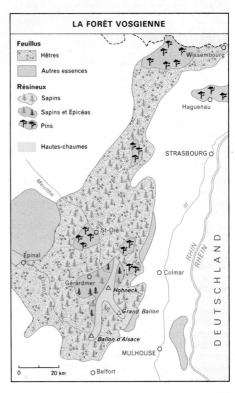

LA FORÊT VOSGIENNE

Feuillus
  Hêtres
  Autres essences

Résineux
  Sapins
  Sapins et Epicéas
  Pins

  Hautes-chaumes

Les forêts de sapins et d'épicéas alimentent un marché important de bois de sciage et de papeterie. Les hêtraies, qui produisaient autrefois beaucoup de bois de faible valeur (chauffage), ont trouvé, surtout sur les plateaux calcaires, un réel intérêt économique avec les techniques du déroulage (fabrication de placage). En basse et moyenne montagne, elles produisent un bois de qualité moindre et on y substitue souvent des résineux, plus productifs.

La descente des bois coupés ne s'effectue plus par **schlittage**, ce procédé périlleux qui consistait à faire glisser un traîneau sur un «chemin de schlitte», aménagé en pente douce et fait de rondins disposés comme les barreaux d'une échelle *(voir p. 154)*.

Les aléas climatiques et les pollutions – Au cours des récentes années, la forêt vosgienne a payé un lourd tribut aux cataclysmes atmosphériques ; tornade de juillet 1984 (forêt de Darney et environs d'Épinal), tempêtes de février 1990...

La pollution de l'air, aux causes multiples, est de son côté responsable des phénomènes de dépérissement difficiles à isoler de ceux qu'ont occasionnés également des années de sécheresse accentuée.

La faune – Cerfs, chevreuils et sangliers parcourent la forêt où ont été récemment réintroduits les chamois, localisés dans les Hautes Vosges, sur les massifs du Donon ou du Hohneck, et aussi quelques couples de lynx. Particulièrement abondante, la «gent ailée» compte près de 150 espèces. Si la gélinotte et le coq tétras (qui fait l'objet d'un programme de protection) sont devenus rares, on voit encore nombre d'oiseaux de proie, surtout des buses.

Le lac Blanc

Les lacs vosgiens – De chaque côté de la crête des Vosges reposent de nombreux lacs qui ne sont pas un des moindres attraits des excursions en montagne. Le plus grand est celui de Gérardmer (115 ha) au bord duquel s'étale la célèbre station lorraine. Le plus profond est le lac Blanc (72 m) sur le versant alsacien.

Les lacs vosgiens doivent leur origine aux glaciers qui couvraient la chaîne il y a plusieurs centaines de siècles. La plupart nichent en haute montagne dans de petits cirques aux parois escarpées : tels sont le lac des Corbeaux, le lac Noir et le lac Blanc, le lac d'Alfeld, etc. Transformés presque tous en réservoirs, ils joignent l'utile au pittoresque car ils constituent une réserve d'eau qui couvre les besoins des filatures et des tissages, à l'époque où les torrents sont déficients.

Les autres lacs, dans les vallées, ont été formés par d'importants dépôts glaciaires, les moraines, qui retiennent ou dévient leurs eaux. C'est le cas des lacs de Gérardmer et de Longemer.

Les «chaumes» – Au-dessus de la forêt vosgienne s'étendent les «chaumes», ou hauts pâturages, que la neige recouvre l'hiver *(voir carte p. 21)*. Au printemps, ces vastes pelouses, faites d'une herbe feutrée, sont parsemées de pensées alpestres et de touffes de myrtilles.

Si l'on en croit certains documents, ces chaumes, ainsi que la forêt qui les encercle, étaient vers le 10e s. le refuge des bisons, des aurochs et des élans. Au 16e s., une race de chevaux sauvages y persistait encore.

De nos jours, les chaumes sont devenus, en hiver, d'excellents terrains de ski et, en été, le domaine de la vie pastorale. De juin à l'automne, de grands troupeaux y font tinter leurs clochettes, contribuant à l'agrément et au pittoresque du paysage. Ils sont la source d'une importante industrie fromagère *(voir p. 24)*.

La toile des Vosges – Dès le 18e s., grâce à la force motrice des cours d'eau clairs et rapides qui dévalent des Vosges, l'industrie du coton s'installe dans les vallées du versant alsacien (Fecht, Lauch, Thur, etc.). Elle prend très vite une grande extension et, franchissant la chaîne, conquiert les vallées du versant lorrain (Meurthe, Moselotte, Moselle, Vologne, Semouse, etc.). Filatures, tissages, teintureries se multiplient, associés souvent aux papeteries et aux scieries qui utilisent elles aussi les eaux des torrents. L'industrie du tissage du lin s'installe, elle aussi, à cette époque, à Gérardmer. L'industrie textile vosgienne, disposant des équipements les plus modernes, s'est aujourd'hui largement diversifiée.

Toute la filière est représentée, de la filature à la confection, en passant par le tissage et l'ennoblissement. Plus de 10 000 salariés produisent des articles de qualité, dont les plus connus sont dans le linge de maison et l'habillement. Quant à l'industrie cotonnière, elle représente la moitié de la production nationale.

Alsace

Le versant vosgien – La vallée la plus épanouie, celle de Munster, forme trait d'union avec la plaine d'Alsace.

Les collines sous-vosgiennes – Ces mamelons qui bordent le pied des Vosges portent l'essentiel du vignoble alsacien. Dominés par un chapelet de tours et de châteaux ruinés, ils abritent une multitude de villages gais et fleuris.

Le Sundgau – Les vallonnements de ce Pays du Sud, toujours voués à la micro-exploitation, se partagent entre la prairie et les labours. Les étangs y sont nombreux et poissonneux.

La plaine – Elle présente, grâce à la variété de ses sols, des aspects très différents.

La forêt sur cailloutis et sables – Sur les cailloux, les graviers et les sables apportés par le Rhin et les rivières vosgiennes s'étendent de grandes forêts de chênes et de pins. Sous l'une d'elles, près de Mulhouse, ont été découvertes les riches gisements de sels de potasse alsaciens.

Le « Ried » marécageux – Les eaux infiltrées dans les graviers se sont rassemblées dans les parties déprimées de la plaine et y ont créé un type de paysage, le « Ried », constitué de marais, de bras de rivière, d'îlots de verdure, dont la région située à l'Est de la route Colmar-Sélestat-Benfeld est un excellent exemple. Asséchées par le drainage, certaines de ces terres ingrates ont pu être transformées en prairies, en vergers, en champs de pommes de terre ou de tabac, mais les villages et les routes y sont encore rares.

Le « lœss » nourricier – Partout où les graviers charriés par les cours d'eau ont été recouverts de « lœss », limon noir et fertile apporté par les vents à une époque géologique récente, la plaine d'Alsace mérite vraiment son surnom de « terre bénie » *(voir p. 108)*. Étroite le long des Vosges méridionales, la bande de « lœss » s'élargit au Nord de Sélestat et vient s'épanouir entre la Zorn et la Bruche dans le Kochersberg.

Poterie de Betschdorf

Gastronomie

LA TABLE

Bien servie par les produits de son sol, la cuisine alsacienne est très originale. L'emploi de la fine graisse d'oie ou de porc donne beaucoup de saveur aux mets.

Charcuteries – Le jambon et les saucisses de Strasbourg entrent dans la composition de la classique « assiette alsacienne »; mais les foies gras sont incontestablement les seigneurs de la gastronomie alsacienne. Les Romains les connaissaient déjà; Clause, cuisinier du maréchal de Contades *(voir p. 228)*, retrouva à Strasbourg leur secret et le porta à la perfection. Quant aux pâtés, il en existerait quarante-deux variétés.

Les Lorrains utilisent dans leurs recettes, avec bonheur, le lard, le beurre et la crème. La **potée** est un pot-au-feu où le bœuf est remplacé par du lard salé et des saucisses, tandis qu'un chou blanc est ajouté aux autres légumes. Tarte garnie d'une onctueuse composition d'œufs battus, de crème et de dés de lard, la **quiche** est le plat lorrain par excellence. Le pâté est confectionné avec des tranches de veau et de porc marinées.

Choucroutes – Celle de Strasbourg, au vin d'Alsace, est la plus réputée. Blonde, savoureuse, flanquée de saucisses, de côtes de porc, de lard ou de tranches de jambon, réservant quelque-fois la surprise de pièces de perdreau, d'écrevisses ou de truffes, il faut l'ac-compagner d'une bière fraîche et mousseuse ou d'un bon vin d'Alsace.

H. Amiard/TOP

Choucroute

Coqs et poulardes – Les volailles d'Alsace ont une chair fine et délicate. La poularde aux morilles et à la crème, le poussin ou le poulet de grain de la Wantzenau et le coq au Riesling sont dignes du gourmet.

Poissons – La truite des torrents et lacs vosgiens apparaît sous différents aspects : truite au bleu, à la crème ou au Riesling, mais la matelote d'anguille, la carpe frite, les brochets et saumons sont loin d'être négligeables.

Les marcaireries – Les marcaires sont des vachers et des fabricants de fromages. La tradition exige qu'ils montent le 25 mai (ancienne fête de saint Urbain), vers les hauts pâturages (chaumes) et en redescendent à la Saint-Michel, le 29 septembre.

Les marcaireries – certaines sont plus connues sous le nom de fermes-auberges –, malheureusement en voie de disparition, sont des bâtiments en maçonnerie, comprenant généralement deux pièces. Dans la première, on fabrique le fromage. Dans la seconde, très réduite et d'ameublement très primitif, on dort. A l'ancienne installation a été ajoutée une vaste étable dont la toiture de fibro-ciment ou de tôle est toujours consolidée par des pierres. On fabrique là un fromage légèrement différent des fromages de ferme. Il est peu fermenté, à pâte molle, au parfum assez doux. Le lait est réchauffé dans de très gros chaudrons de cuivre afin d'amener le lait tiré de la veille à la température du lait frais, tandis que le lait de ferme n'est pas réchauffé.

Munster et géromé – Digne couronnement de tout bon repas alsacien, le munster est un fromage fermenté et cru, à pâte molle, que certains assaisonnent de cumin. Connu dès le 15e s., sa fabrication est pour les populations vosgiennes du versant alsacien une source de revenus non négligeable.

Sur le versant lorrain, le géromé (terme patois, issu de Gérardmer) est lui aussi connu de longue date. On le fabrique avec du lait entier non réchauffé, mis en présure dès la traite. L'affinage se fait en cave et dure quatre mois jusqu'à ce que la croûte ait pris une coloration fauve et que l'intérieur soit devenu crémeux. On lui ajoute parfois des graines d'anis, de fenouil ou de cumin.

Pâtisseries – L'Alsace compte autant de sortes de tartes que de variétés de fruits. La réussite du traditionnel « **Kougelhopf** » confectionné avec de la farine, du beurre, des œufs, du lait sucré, des raisins secs et des amandes, est la gloire des mères de famille. Parmi les pâtisseries et les spécialités lorraines, citons le ramequin, les madeleines de Commercy, les macarons et les bergamotes de Nancy, les dragées de Verdun.

Trois recettes simples et savoureuses

La quiche lorraine – Préparation pour 8 personnes : foncer un moule à tarte avec la pâte brisée. Mélanger 2 verres de crème, 1/2 verre de lait, 4 œufs battus, 250 g de lardons préalablement frits au beurre. Saler et poivrer. Répartir les lardons sur la tarte et y verser la préparation appelée « migaine ». Cuire à four chaud pendant 20 mn.

Le Bäeckoffe – Ce plat alsacien qui cuisait doucement pendant 2 h 30 dans le four du boulanger permettait aux femmes d'aller laver le linge au lavoir.
Préparation pour 6 personnes : 500 g d'échine ou d'épaule de porc, 500 g de mouton désossé, 500 g de poitrine de bœuf désossée, ou de paleron, 1 kg de pommes de terre, 250 g d'oignons, 2 gousses d'ail, 1 bouteille de Riesling, bouquet garni, sel et poivre.
Découper la viande en petits morceaux et la faire mariner pendant 24 h dans le vin blanc avec l'oignon, l'ail et le bouquet garni. Disposer au fond d'une grande cocotte en terre une couche de pommes de terre coupées en rondelles puis les viandes et les oignons émincés. Renouveler l'opération et terminer par une couche de pommes de terre et d'oignons. Ajouter la marinade. Fermer la terrine et enduire les bords du couvercle d'une pâte composée de farine et d'eau. Cuire pendant 2 h 30 (thermostat 7).

Le pain d'épice – Ingrédients : 250 g de farine, levure, 250 g de miel de montagne, 50 g de cassonade, 2 œufs, 1 orange, poudre de cannelle, gingembre, anis en poudre, noix de muscade (1/2 cuiller à café), 1 pincée de sel.
Préchauffer le four à 150°, beurrer un moule à cake. Verser le miel dans une casserole, le laisser se liquéfier à feu doux, puis ajouter le beurre et retirer du feu. Lorsque le beurre est fondu, ajouter la cassonade et mélanger le tout, puis les œufs battus en omelette, et mélanger à nouveau. Tamiser la farine et la levure dans une terrine, ajouter les épices et le sel, puis la moitié du zeste de l'orange râpée. Verser le contenu de la casserole dans la terrine et tourner jusqu'à obtenir un mélange homogène. Cuire au four 1 h 10 environ pour obtenir un pain d'épice doré et bien gonflé.

LA BIÈRE

La fabrication de la bière nécessite essentiellement de l'eau et des céréales. Céréale de base, l'orge est trempée puis se met à germer et devient malt. Concassé et mélangé avec de l'eau, le malt est chauffé dans une chaudière. Le moût obtenu est additionné de houblon pour lui donner l'amertume et l'arôme. Après avoir été ensemencé de levure, le moût fermente dans des cuves réfrigérées. Enfin, la bière mûrit dans des cuves de garde avant d'être soutirée et mise en fûts et en bouteilles.
La production des brasseries alsaciennes (Strasbourg, Schiltigheim, Obernai, Hochfelden, Saverne) représente plus de la moitié des ventes françaises. Plusieurs d'entre elles ouvrent leurs portes à la visite *(voir le chapitre des Renseignements pratiques en fin de guide)*. De plus, il existe des musées de la bière, notamment dans une ancienne malterie à Stenay *(p. 138)* ou dans une ancienne brasserie à St-Nicolas-de-Port *(voir à ce nom)*.

LE VIGNOBLE

En **Lorraine** le vignoble s'étage au pied des côtes, sur les terrains bien abrités. Les vins ne sont pas de grands crus, mais ils ont un goût de pierre à fusil fort agréable. Qu'ils soient de Vic-sur-Seille ou des environs de Toul (Côtes de Toul, Gris de Bruley) ou de Metz (Côtes de Moselle), ils doivent être servis très frais.

En **Alsace**, le vignoble s'étend de Thann jusqu'aux abords de Wissembourg sur une centaine de kilomètres, et couvre une superficie de 14 000 ha. Lorsqu'on suit la Route des Vins entre Barr et Gueberschwihr, on ne roule qu'à travers les vignes, et tous les villages rencontrés sont des pays de vignerons. Ici, le vin est roi, il procure richesse et considération. Il faut voir les localités de vignoble à l'époque des vendanges *(voir La Route des Vins)*.
Une association vinique, la confrérie St-Étienne, siège au château de Kientzheim, près de Kaysersberg.

Les cépages – Le vignoble d'Alsace court sur les collines sous-vosgiennes, qui sont admirablement exposées, bénéficiant d'un micro-climat particulièrement chaud et ensoleillé et présentant une très grande diversité de terroirs.
Le **Riesling** est un des plus grands raisins blancs au monde. C'est avec lui que sont faits presque tous les vins rhénans. En Alsace, le vin de Riesling est racé, au bouquet délicat et d'une exceptionnelle finesse.
Le **Gewurztraminer** est un vin aromatique et puissant, au bouquet intense et d'une grande élégance.
Le **Sylvaner**, vin sec et léger au fruité discret, est sans doute le plus désaltérant.
Le **Pinot blanc** produit des vins équilibrés alliant fraîcheur et souplesse.
Le **Pinot gris**, appelé Tokay Pinot gris, est un vin d'une grande distinction, opulent, rond et corsé.
Le **Muscat d'Alsace** se distingue par son caractère sec et son fruité typique de raisin frais.
Seul cépage rouge d'Alsace, le **Pinot noir**, qui s'est beaucoup développé au cours des deux dernières décennies, produit des vins rosés ou rouges au fruité caractéristique évoquant la cerise. Sa vinification en vin rouge lui confère une structure plus charpentée et plus complexe.
L'**Edelzwicker** désigne traditionnellement les assemblages de ces cépages, tous à Appellation d'Origine Contrôlée, et constitue un vin harmonieux et agréable.

Les vins d'Alsace portent généralement le nom du cépage qui leur a donné naissance ; ils sont obligatoirement mis en bouteille dans la région de production et bénéficient de l'Appellation d'Origine Contrôlée Alsace ou bien, pour les plus spécifiques d'entre eux, de l'Appellation d'Origine Contrôlée Alsace Grand Cru complétée sur l'étiquette par l'indication du terroir d'origine. Le vignoble d'Alsace produit aussi un vin mousseux de méthode champenoise qui bénéficie de l'Appellation d'Origine Contrôlée **Crémant d'Alsace**.

Tradition – Les vins d'Alsace peuvent se consommer tout au long d'un repas. Ils se boivent dans des verres fins à long pied.

Ces vins doivent être bus jeunes (de 1 à 5 ans après leur récolte), frais mais non glacés (8° environ).

Dans l'ordonnance d'un menu, on servira en apéritif un Crémant ou un Muscat d'Alsace, puis un Sylvaner frais et léger avec la charcuterie ou les hors-d'œuvre, on poursuivra avec le Riesling ou les Pinots qui accompagneront le poisson, la volaille ou le rôti et bien sûr la choucroute. Enfin les mets exotiques, les fromages corsés et la pâtisserie s'accommodent parfaitement de la richesse d'arômes d'un Gewurztraminer.

Un Riesling, un Gewurztraminer, un Pinot gris ou un Muscat en « vendanges tardives » se dégustent seuls, avec le foie gras ou certains desserts.

LES EAUX-DE-VIE

Cerises, prunes, mirabelles et framboises donnent des alcools délicieusement fruités : kirsch des Vosges, quetsche, mirabelle de Lorraine et surtout framboise, la reine des eaux-de-vie blanches, que l'on boira dans de très grands verres pour mieux goûter son arôme. Au **musée des Eaux-de-Vie**, à Lapoutroie, on peut suivre toutes les étapes de la fabrication à l'ancienne avec le matériel d'autrefois.

Le vignoble à Kaysersberg

Traditions et folklore

L'habitat – L'habitat est généralement groupé, aussi bien en Alsace qu'en Lorraine. Cette concentration de la population en gros villages, pratiquée depuis la plus haute antiquité, a survécu à tous les bouleversements. Elle est moins souvent le résultat de l'insécurité que celui d'un mode d'exploitation rurale ou forestière en partie communautaire. Elle apparaît nettement au pied des côtes de Lorraine. Mais on rencontre aussi des fermes montagnardes, les « marcaireries », où se fabriquent le munster et le géromé *(voir p. 24)*. Quant aux villes, nombreuses sont celles qui, à des titres divers, sont dignes de retenir l'attention : capitales régionales dont la croissance rapide est liée à une grande activité économique, telles Strasbourg et Nancy, ou industrielle, telle Mulhouse ; villes-garnisons ou villes-forteresses dont le nom évoque le souvenir des conflits passés, comme Metz et Verdun, sans compter cette multitude de villes et de villages d'Alsace ayant gardé leur caractère et dont la visite est passionnante : Colmar, Riquewihr, Wissembourg, Kaysersberg, Hunspach, etc.

L'HÉRITAGE DU PASSÉ LORRAIN

Une région historique – Le mot Lorraine est un terme historique dont l'origine remonte au 9e s. En 843, le **traité de Verdun** partageait définitivement l'immense empire de Charlemagne entre ses trois petits-fils. Charles recevait les territoires de l'Ouest (Francie occidentale), Louis ceux de l'Est (Francie orientale), Lothaire les possessions intermédiaires avec les deux capitales Rome et Aix-la-Chapelle et le titre d'Empereur. L'État de Lothaire fut appelé Lotharingie (Lotharii regnum) puis Lorraine. Mais cet empire, enserré entre ses puissants voisins, se désagrégea en plusieurs petits États. Au 16e s. les rois de France occupèrent le Barrois, puis les Trois Évêchés (Metz, Toul et Verdun). A la mort du dernier duc de Lorraine, Stanislas Leszczynski, ancien roi de Pologne et beau-père de Louis XV, l'annexion à la France était définitive.

Aspects traditionnels – De plus en plus, les vieilles coutumes de vie communautaire tendent à disparaître. Si les costumes, le mobilier et l'artisanat d'antan ne sont plus guère représentés que dans les musées, les patois mosellans subsistent, et les grands pèlerinages à Sion ou à Domrémy continuent d'affirmer la ferveur religieuse comme le patriotisme des populations.

Villages – En Lorraine, l'habitat est rarement isolé. Les maisons sont juxtaposées et alignées de chaque côté de la route, formant un **village-rue**. Les bâtiments, aux toits à faible pente couverts de tuiles creuses pour les plus anciens, s'étendent en profondeur et comprennent le logement proprement dit, la grange et les étables. Les murs en pierre calcaire sont recouverts d'un enduit pour les protéger et surtout préserver le mortier de liaison. La façade sur rue présente une monumentale porte charretière souvent cintrée, une porte plus basse et un portillon. Devant chaque maison, un espace libre, appelé **usoir**, permettait d'y accumuler les tracteurs, les machines agricoles, la réserve de bois et le tas de fumier. Aujourd'hui, beaucoup ont été aménagés en espace fleuri.

PETITES VILLES ET VILLAGES ALSACIENS

Petites villes – L'Alsace compte quantité de petites villes pittoresques dont chacune possède sa physionomie particulière : accueillantes et plantureuses dans la plaine, blanches et fleuries dans le vignoble, elles sont parfois encore entourées de remparts dans les vallées ou dominées par des ruines escarpées.

Villages – Les villages sont propres et mêmes coquets. Sous leur grand toit de tuiles brunes, les maisons, souvent à poutres apparentes (colombage), ne se serrent pas les unes contre les autres, à la manière lorraine, en une longue rue continue où tous les murs sont mitoyens. Chaque maison, qui tient à la fois du chalet et de la maison normande, garde son indépendance de forme et d'orientation. Parfois le village n'est qu'une réunion de fermes autour d'un clocher sans prétention. Mais souvent subsistent les traces d'une agglomération plus importante, ruinée par les guerres et les invasions. Un château seigneurial dresse encore ses ruines et, souvent aussi, apparaît une très belle église, inattendue en ce lieu modeste. En tout cas, le village alsacien soigne son seuil, fleurit ses fenêtres et présente au touriste un visage souriant.

D'après photo S. Chirol

Le village de Hunspach

La maison rurale alsacienne présente des détails particuliers selon les différents « pays ».

Outre-Forêt : demeure à pignons élancés avec auvents et colombages peints en noir et crépi frais blanc ; toits cavaliers couverts de tuiles plates appelées Biwerschwang (queue-de-castor).

Kochersberg : ferme à vaste cour carrée, fermée par une imposante porte cochère ; hauts bâtiments aux murs élancés, porche double cintré et portails en bois ouvragé ou mouluré formant des losanges ou des carrés.

Ried : maison dont les poteaux vont du sol à la toiture ; le matériau de remplissage utilisé entre les poutrages est formé de lits de galets recouverts d'argile crue (boulettes d'argile entassées entre de petits piquets verticaux).

Sundgau : maisons de crépi gris souligné de traits blancs se distinguant par leur poutrage (poteau cornier d'une seule pièce), colombage original assez archaïque et volume imposant des toitures, galerie en encorbellement. Remarquer le four à pain qui dépasse sur le mur extérieur.

Pays de Hanau : grandes fermes bâties par la dynastie de charpentiers des Schini ; double balcon à balustres sur le pignon ; symétrie recherchée du poutrage et abondance de losanges décoratifs et de moulures.

Zone sous-vosgienne du vignoble : maison dont le rez-de-chaussée, en maçonnerie et en pierre de taille, abrite pressoir et cave. On accède à l'habitation par un escalier extérieur depuis une cour étroite qui se greffe perpendiculairement à la rue. Colombage, galeries sur cour, escaliers… sont souvent travaillés de façon extraordinaire.

Alsace bossue ou « Krumme Elsass » : maison-bloc où les bâtiments sont réunis sous un même toit ; absence de cour ; façade sur rue avec encadrement de fenêtres en grès rose sculpté ; le hangar en bois ou « schop », en saillie, couvre l'entrée de l'étable.

L'ALSACE DE TOUJOURS

La couleur locale – Que les touristes ne s'attendent plus à rencontrer, en Alsace, les personnages des « Oberlé ». Bien des choses ont en effet changé depuis le roman de René Bazin, paru en 1909. Ce pays n'échappe pas à l'évolution qui tend à uniformiser rapidement la vie, les coutumes, les costumes. Mais le cadre ancien, resté intact en maints endroits, garde tout son intérêt pour les amateurs de pittoresque.
Ainsi, dans la région de Haguenau-Wissembourg, les villages ont conservé des quartiers presque intacts, des traditions inchangées. On y voit encore des costumes aux jours de fête, et, si l'on pénètre dans un intérieur, on le trouve décoré d'un grand poêle de faïence, rempli de meubles de beau bois massif et luisant, parmi lesquels se détachent les fleurs vives des assiettes. En Haute-Alsace, l'écomusée d'Ungersheim *(p. 88)* illustre l'évolution de l'habitat régional du 15e au 19e s.

Fêtes et pèlerinages – *Voir le chapitre des Manifestations en fin de guide.*
Quelques fêtes d'autrefois survivent. Il y a celle des Trois-Sapins, célébrée à Thann, en souvenir du miracle de saint Thiébaut ; celle des Ménétriers ou Pfifferdaj, à Ribeauvillé. Il y a aussi la procession de la Fête-Dieu à Geispolsheim, au Sud-Ouest de Strasbourg. Les jeunes filles qui portent la statue de la Vierge sont vêtues de la jupe rouge, du tablier de dentelles blanches et coiffées du nœud écarlate.
Enfin, les **Kilbe** ou **Messti**, qui sont les fêtes patronales respectives du Haut-Rhin et du Bas-Rhin, conservent souvent encore un certain cachet.
Nombre d'églises et de chapelles sont l'objet d'un culte fervent. Mais le grand pèlerinage alsacien, c'est Ste-Odile.

Les traditions – Si beaucoup de traditions ont disparu, les coutumes familiales ont mieux résisté à la vie moderne et on se réjouit toujours en famille à grand renfort de repas plantureux, agrémentés de magnifiques pâtisseries.
Les enfants attendent, avec l'impatience de leurs aînés, la visite généreuse du petit Noël (Christkindl) qu'annoncent, dans toutes les villes et tous les villages d'Alsace, illuminations et sapins décorés, mais ils redoutent Hans Trapp, leur Croque-mitaine. Rien n'empêchera qu'il n'y ait, à « Carnaval », abondance de beignets et que le lièvre ne vienne, à Pâques, pondre dans les jardins des œufs de toutes couleurs.
On plante un Mai enrubanné : à la fête du pays, aux mariages, sur le faîte des constructions neuves, aux rentrées de moisson et aussi aux jours d'élections municipales.

Miracles et légendes – L'Alsacien, religieux sans mysticisme, épris de réalités, a pourtant le culte de ses légendes. Il en sourit, mais il les aime. On se transmet de génération en génération l'origine miraculeuse des Trois-Épis, de Thann, d'Andlau, de Niederhaslach. Auprès de la légende religieuse, nous trouvons la légende diabolique. Les ruines ont leurs sorcières et leur sabbat. Les châteaux ont leur souterrain mystérieux que hante un seigneur criminel ou un chevalier félon. Il y a même un géant enterré au Hohneck, tandis que le Chasseur Maudit poursuit sa course folle et que le Veau-de-la-Nuit ne craint pas de se promener au beau milieu des rues de Colmar.

Le Jeannot-du-Nid-aux-Moustiques – Cette chanson populaire raille Jeannot qui « a tout ce qu'il peut désirer mais ne possède pas ce qu'il désire et ne désire pas ce qu'il possède ». On ne peut douter que l'Alsacien s'y soit chansonné lui-même. Si, épris de liberté, il paraît souvent inquiet, c'est que les vicissitudes du passé l'y prédisposent.

Maisons d'Alsace

Maison de potier de l'Outre-Forêt

Maison de pêcheur du Ried

Ferme-cour du Kochersberg

Maison du vignoble
sous-vosgien

Maison-bloc du Sundgau

Le dialecte alsacien – « Il parle allemand, mais il sabre en français », disait Napoléon du Strasbourgeois Kléber. En fait, les Alsaciens s'expriment non pas en allemand courant ni en patois, mais, dans leur majorité, en « haut-allemand », dialecte du groupe alémanique parlé en Alsace centrale comme dans le pays de Bade voisin et la Suisse allemande limitrophe.

Si l'on sait, en outre, que le parler germanique usité autour de Wissembourg dérive de l'ancien « francique » méridional et rhénan, on conviendra que le « dialecte alsacien » offre, à défaut d'unité, un caractère original, étant au surplus mélangé de mots français et affecté d'une prononciation qui offense, dit-on, les oreilles des puristes d'outre-Rhin...

Ce dialecte, aux intonations chantantes, est ce qui frappe immédiatement l'oreille dès qu'on entre dans la province. La frontière linguistique qui le sépare du français ne correspond ni à la ligne de crêtes des Vosges, ni à des limites départementales. Au cours des alternatives politiques qui ont rattaché l'Alsace à la France ou à l'Allemagne, le français et l'allemand ont, à côté de ce parler traditionnel, tour à tour bénéficié d'un régime de faveur, étant souvent enseignés et imposés

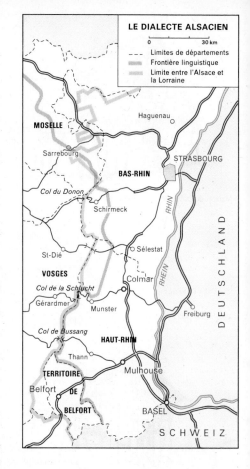

de manière à éliminer la langue du pays vaincu.

Les tentatives de germanisation se sont heurtées souvent à des résistances, symbolisées traditionnellement par Hansi *(p. 74)*. Mais il faut citer aussi les Sœurs de la Divine Providence qui possèdent leur principale maison à Ribeauvillé. Très populaires en Alsace, elles se sont, depuis plus d'un siècle, consacrées à l'enseignement, faisant de chacune de leurs écoles des foyers de culture et d'esprit français. En sens inverse, des méthodes de francisation quelquefois maladroites ou inopportunes ont pu heurter même ceux des Alsaciens qui étaient le plus favorables à la cause française.

Les cigognes – Considérées par les Alsaciens comme des oiseaux porte-bonheur, les cigognes tiennent une place traditionnelle dans la vie locale de l'Alsace. Chaque printemps, leur retour est attendu avec une impatience d'autant plus vive que le nombre des sujets venant passer la belle saison en Alsace n'a cessé de décroître depuis le début du siècle (et singulièrement depuis 1961, du fait de la chasse intensive qui les décime dans leurs quartiers d'hiver d'Afrique occidentale et des électrocutions dans des lignes électriques aériennes de moyenne tension).

Les cigognes alsaciennes ne forment plus qu'une infime partie de l'immense troupe des cigognes (40 000 à 50 000 couples) de notre continent. Sur 300 couples environ recensés à travers l'Europe de l'Ouest, 80 étaient dénombrés en Alsace en 1990.

Celles qui reviennent – Elles apparaissent au mois de mars, annonçant leur retour par le claquètement sonore de leur bec. Arrivé le premier, le mâle travaille aussitôt à consolider le nid de branchages ou de sarments de

Vieille enseigne

vigne. De forme circulaire, celui-ci est regarni de terre chaque année ; il pèse parfois plus de 500 kg, atteint 1,50 m à 2 m de diamètre, 60 cm à 1 m de hauteur. Certains, exceptionnels, ont même 2 m de hauteur comme à Eschbach.

Après le choix de la femelle, l'accouplement a lieu et la ponte commence. Les œufs – généralement trois à six – sont couvés pendant trente-cinq jours. Abondamment nourri d'insectes, de larves et même de lézards, de batraciens, de souris, de taupes et de serpents, le cigogneau se développe rapidement ; dès l'âge de quatre semaines, il commence à voleter au bord du nid, mais ce n'est qu'à deux mois qu'il peut s'envoler.

Réimplantation – Pour remédier à la régression catastrophique constatée dans l'occupation des nids qui ornent si pittoresquement le faîte des maisons alsaciennes et dont la plupart sont maintenant déserts, des mesures ont été prises. La plus importante dans l'immédiat paraît être l'élevage des cigogneaux, dans des enclos appropriés, par exemple à Hunawihr *(voir à ce nom)* et Kintzheim.

Actuellement des associations et des particuliers cherchent à restructurer des biotopes afin de compléter l'action des enclos de réintroduction.

L'Alsace et la Lorraine aujourd'hui

La **Lorraine** a perdu l'image de fer de lance de l'industrialisation et de la modernisation qu'elle possédait depuis la fin du 19ᵉ s. A la crise du textile, déjà ancienne, s'est ajoutée celle de la sidérurgie. Puis le secteur minier a été frappé : cessation de l'exploitation du minerai de fer en 1993 *(voir p. 139)*, fermeture programmée des mines de charbon du bassin de la Warndt. Là où régnait la mono-activité, dans les vallées cotonnières vosgiennes, dans le haut pays minier autour de Briey, au long des cours de la Chiers et de la Fentch bordés de hauts fourneaux, le coup a été brutal.

La reconversion de l'économie lorraine s'est rapidement imposée comme saine réaction à ces difficultés. De nouvelles zones d'activités économiques se sont substituées aux « friches industrielles ». Les deux grands parcs d'activités de technopole à Metz et Nancy contribuent au développement de la Lorraine.

Depuis 1984 la désignation de pôles de conversion : vallée de la Meuse, Longwy et Thionville, bénéficiant d'aides conséquentes, est venue conforter l'action menée jusqu'alors. En même temps qu'un redéploiement vers des industries à forte composante technologique, projetant la région dans des spécialités aussi diverses que le tissu synthétique pour pneumatiques, le fax ou le mouchoir en papier, les Lorrains, échaudés, ont joué la carte de la diversification, développant une économie de services qui privilégie le tourisme *(voir p. 291)*, parcs de loisirs et d'attractions, musées techniques, valorisation du patrimoine naturel... A la Lorraine noire se substitue peu à peu une Lorraine verte, inattendue et attrayante.

Autre axe de progrès : l'Europe. Région frontalière ayant acquitté un lourd tribut aux rivalités entre nations, la Lorraine crée aujourd'hui avec ses proches voisins, notamment dans le cadre du nouveau Pôle européen de développement Saarlorlux (Sarre-Lorraine-Luxembourg), des solidarités porteuses de réussite.

L'**Alsace** peut, à ce titre, tenir lieu de référence : véritable « région laboratoire » de l'intégration européenne, elle tire depuis près de trente ans de ce processus la substance vive de son développement. Derrière Strasbourg qui, confirmée dans son rôle européen, revendique la qualification d'« eurocité », et Mulhouse dont l'expansion se nourrit de relations transfrontalières poussées avec Bâle et Fribourg, les autres cités affirment une vocation d'avant-poste de la coopération internationale. A la 2ᵉ place en France pour la création de richesses, et 13ᵉ des 160 régions de la Communauté, l'Alsace, tout en se dotant des moyens les plus efficaces pour s'imposer sur les marchés extérieurs (labels à l'exportation, enrichissement permanent de la gamme de produits...), accueille avec bienveillance investisseurs et touristes étrangers, les uns et les autres impressionnés de rencontrer autant d'atouts sur un si petit espace.

*Pour tout ce qui fait l'objet d'un texte dans ce guide
(villes, sites, curiosités isolées, rubriques d'histoire ou de géographie, etc.),
reportez-vous à l'index.*

Quelques faits historiques

EN LORRAINE

Des Romains aux Barbares

AVANT J.-C.

52	Habitée par les Celtes, la Lorraine est occupée par les légions de César et connaît la paix romaine. Des villes se fondent : Toul, Metz.

APRÈS J.-C.

3e s.	Premières invasions germaniques. Les villes s'entourent de remparts.
5e s.	Invasion des Alamans, des Francs ripuaires, des Huns (pillage de Metz).
Vers 500	Les pays de la Meuse et de la Moselle tombent aux mains de Clovis.

La Lorraine franque

843	Traité de Verdun *(p. 27)*.
855	Lothaire II donne son nom à son royaume qui s'étend de la Saône supérieure à l'embouchure du Rhin : « Lotharii regnum » ou Lotharingie (Lorraine).
925	La Lorraine est rattachée à la dynastie saxonne. Othon Ier la divise en deux duchés : Haute et Basse-Lorraine. Le nom de Lorraine finit par ne désigner que la Haute-Lorraine qui comprend les diocèses de Trèves, Metz, Toul et Verdun.

Du Moyen Âge à la Renaissance

1250	En Allemagne, déclin de la puissance impériale. Anarchie en Lorraine où les rois de France tentent de s'imposer.
1428	Jeanne d'Arc, âgée de 16 ans, entreprend à Vaucouleurs de se faire confier la défense du royaume.
1444	Charles VII essaie en vain de s'emparer de la Lorraine.
1475	Charles le Téméraire s'en rend maître, mais il est battu deux ans plus tard devant Nancy par le duc René II.
1507	« Baptême » de l'Amérique à St-Dié.
1530	La renommée du sculpteur Ligier Richier et de son atelier de St-Mihiel se répand en Lorraine.

Réunion de la Lorraine à la France

	Elle se fait par étapes, du 16e au 18e s.
1552	Henri II occupe Metz, Toul et Verdun.
1553	Échec de Charles Quint devant Metz.
1635-37	Grave peste : la Lorraine perd la moitié de sa population.
1648	Le traité de Münster reconnaît la souveraineté française sur les Trois Évêchés. Nombreuses dévastations au cours de la guerre de Trente Ans.
1697	Paix de Ryswick. Louis XIV fait entrer la Lorraine dans le système politique et militaire de la France.
1738	Stanislas Leszczynski, ancien roi de la Pologne et beau-père de Louis XV, devient duc de Lorraine *(p. 157)*.
1766	A la mort de Stanislas, la Lorraine est définitivement rattachée à la France.

De la Révolution à nos jours

1858	Le destin de l'Italie et de la Savoie se décide à l'entrevue de Plombières *(p. 179)*.
1870-71	La Lorraine est envahie et partiellement rattachée à l'Empire allemand.
1912	Mort du grand mathématicien nancéien Henri Poincaré.
1914-18	Quatre ans de violents combats (Verdun, côtes de Meuse, St-Mihiel) éprouvent durement la Lorraine.
1923	Mort de Maurice Barrès, l'écrivain de *La Colline inspirée* (p. 224).
1932	Un Lorrain, Albert Lebrun, est élu président de la République.
1940-44	Après l'invasion de juin 1940, la Lorraine est pratiquement annexée à l'Allemagne.
fin 1944	Libération de la Lorraine par les armées françaises et alliées.
1948-52	Robert Schuman, ministre des Affaires étrangères, œuvre à l'Europe des Six.
1963	Mort à Scy-Chazelles, près de Metz, de Robert Schuman, le « Père de l'Europe » *(p. 135)*.
1964	La Moselle est canalisée *(p. 143)*.
1976	Ouverture de l'autoroute Paris-Metz-Strasbourg.
1964-84	Inexorable récession dans les mines et dans la sidérurgie.

EN ALSACE

Celtes, Romains, Barbares

AVANT J.-C.

58 | L'Alsace habitée par les Celtes est envahie par les Germains. César les rejette au-delà du Rhin, fixant la frontière pour cinq siècles. La paix romaine règne sur le pays.

APRÈS J.-C.

4e-5e s. | Alamans, Vandales, Huns dévastent successivement le pays.

Des Ducs aux Empereurs

683 | Le duc Étichon, père de sainte Odile, administre l'Alsace. Après lui, le pays est divisé en Nordgau et Sundgau, administrés, par des comtes particuliers.

817 | Louis le Débonnaire partage l'héritage de Charlemagne entre ses trois fils : l'Alsace échoit à Lothaire.

842 | Serment de Strasbourg : deux des fils de Louis le Débonnaire (Charles et Louis) font alliance contre Lothaire.

870 | Charles le Chauve concède l'Alsace à Louis le Germanique.

10e s. | Le changement de dynastie en Germanie entraîne, pour sept siècles, la séparation complète de l'Alsace et de la France.

Émancipation des villes

14e s. | Le peuple se donne une Constitution démocratique.
Pour résister aux excès de la féodalité, dix villes d'Alsace se réunissent pour constituer la **Décapole**.

1439 | Les Armagnacs pénètrent en Alsace par le col de Saverne, malgré les tentatives de résistance des milices.

1525 | La révolte des Rustauds soulève les paysans contre les seigneurs.

La guerre de Trente Ans

1618-1648 | Au cours de la guerre de Trente Ans, l'Alsace est plusieurs fois envahie, notamment par les Suédois du roi Gustave-Adolphe. Les horreurs de la peste et de la famine s'ajoutent à celles de la guerre.

Réunion de l'Alsace à la France

1648 | Par le traité de Münster, la France acquiert des droits sur l'Alsace (sauf Strasbourg et Mulhouse).

1674-75 | Devant une offensive des Impériaux, Turenne défend magnifiquement l'Alsace. Il remporte de brillantes victoires *(p. 256)*.

1678 | La paix de Nimègue confirme le rattachement de l'Alsace à la France.

1681 | Louis XIV met fin à l'indépendance de Strasbourg.

De la Révolution à nos jours

1792 | Rouget de Lisle chante la future *Marseillaise* à Strasbourg.

1794 | Mise en service du télégraphe Chappe, près de Saverne.

1798 | Dernière ville libre d'Alsace, Mulhouse est rattachée à la France.

1811 | Naissance du Roi de Rome et érection de petits monuments commémoratifs (bancs et obélisques), notamment à Wissembourg.

1814-1818 | La 6e Coalition, fatale à Napoléon, maintient des troupes en Alsace.

1870-71 | L'Alsace est envahie *(p. 34)* et le traité de Francfort la rattache à l'Empire allemand.

1885 | Pasteur pratique la première vaccination antirabique sur le jeune berger alsacien Meister *(p. 257)*.

1906 | Réhabilitation du capitaine Dreyfus, natif de Mulhouse et héros de la célèbre « Affaire ».

1914-1918 | De violents combats ont lieu durant quatre ans. L'Alsace est libérée.

1928 | Début de la réalisation du Grand Canal d'Alsace *(p. 186)*.

1930-1940 | Construction de la Ligne Maginot *(p. 115)*, pour rendre inviolables les frontières françaises du Nord-Est...

1941 | Création du camp de déportation nazi du Struthof *(p. 244)*.

1949 | Le siège du Conseil de l'Europe est fixé à Strasbourg.

1952 | Le docteur Albert Schweitzer *(p. 112)* reçoit le prix Nobel de la Paix.

1974 | L'aménagement du Rhin alsacien se termine, avec le concours de l'Allemagne, par la mise en service de l'usine hydro-électrique de Gambsheim.

1977 | Inauguration des nouveaux bâtiments du Palais de l'Europe, « Maison de la promesse » à Strasbourg.

1993 | Strasbourg confirmée comme siège du Parlement européen, composé de députés élus au suffrage universel.

GUERRE DE 1870

La fortification des nouvelles frontières – La perte des provinces de l'Est, en 1871, comme celle de leurs places fortes, amène la IIIᵉ République à garantir la « Trouée de Lorraine » par un nouveau système défensif, dit de « rideaux fortifiés », qui sera l'œuvre, à partir de 1874, du général polytechnicien Raymond **Séré de Rivières** (1815-1895), directeur du Génie militaire.

Ce dispositif de fortifications, axé sur les hauts de Meuse autour de Toul et Verdun et sur les Côtes de Moselle autour d'Épinal (et Belfort), s'appuie sur de grands forts de type polygonal semi-enterrés. Mais les effets dévastateurs d'un nouveau projectile, le redoutable obus en acier chargé de mélinite, dit obus-torpille, et la mise au point du canon de 75 en 1897 obligent à se tourner vers des solutions nouvelles : carapaces de béton en grosse épaisseur (Vaux, Douaumont) et recours à des cuirassements en acier.

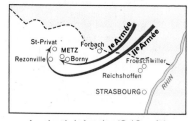

Invasion de l'Alsace (4-9 août)

Invasion de la Lorraine (6-18 août)

Les forces de Mac-Mahon, très inférieures en nombre, sont écrasées à Wissembourg (4 août), Froeschwiller et Reichshoffen (6 août) par la IIIᵉ Armée allemande et battent en retraite par le col de Saverne. Strasbourg est investie le 9 août et capitule le 28 septembre.

La Iʳᵉ Armée allemande bat un corps de l'armée Bazaine de Forbach (6 août). Les Français, retirés sous Metz, sont enveloppés par les Iʳᵉ et IIᵉ Armées allemandes après avoir été battus à Borny (14 août), Rezonville (16 août) et St-Privat (18 août). Bazaine capitule le 27 octobre.

GUERRE DE 1914-1918

Après l'accord défensif de 1892 liant la France et la Russie, le Grand État-Major allemand mit sur pied le **plan Schlieffen** (du nom de son promoteur, le maréchal von Schlieffen). Escomptant une très lente mobilisation russe, le plan de guerre allemand prévoyait d'emporter la décision en France en six semaines par l'invasion de la Belgique et l'attaque du Nord de la France, en contournant les solides défenses françaises de

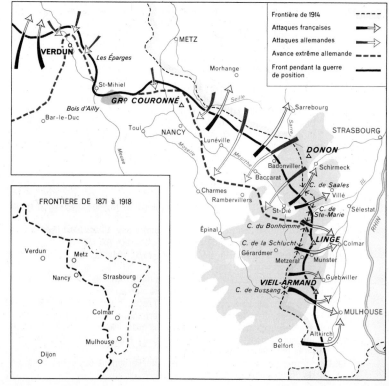

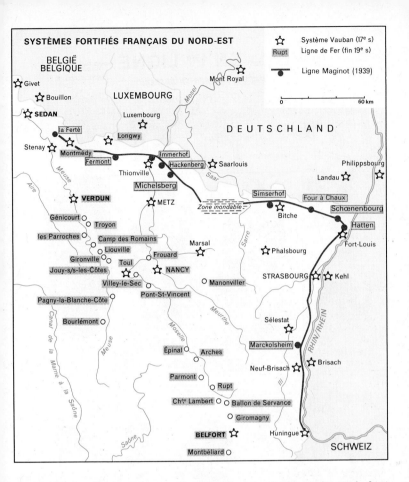

SYSTÈMES FORTIFIÉS FRANÇAIS DU NORD-EST

☆ Système Vauban (17e s)
Rupt Ligne de Fer (fin 19e s)
● Ligne Maginot (1939)

0   60 km

l'Est puis en les détruisant par une attaque de flanc. La victoire acquise sur le front Ouest, les troupes allemandes devaient se transporter sur le front russe et abattre le géant en quelques mois.

Appliquant avec succès le plan Schlieffen durant les premières semaines de guerre, **Moltke**, qui commandait sur le front allemand de l'Ouest, laissa s'essouffler son aile marchante en éparpillant ses forces. Cette hésitation devait lui coûter la bataille de la Marne, après laquelle il fut relevé de son commandement. L'inhumaine guerre d'usure s'installait alors sur un front qui, étendu du Jura à la mer du Nord, mettait au cœur des combats la Lorraine et l'Alsace.

Attaques en Alsace (7-9 août 1914) – Les troupes françaises franchissent la frontière dès le 7 août et pénètrent le lendemain dans Mulhouse ; mais, fortement contre-attaquées, elles doivent, le 11, se replier dans la région de Belfort. Le 19 août, après de durs combats, Mulhouse est réoccupée, tandis que les Allemands se retirent vers le Rhin. Pendant que se développe l'offensive de Haute-Alsace, les Français se rendent maîtres de tous les cols vosgiens.

Opérations en Lorraine (3 août-septembre 1914) – Le 14 août, la 1re Armée et la 2e Armée pénètrent en Lorraine annexée. Lancés le 20 août à l'assaut, elles sont décimées par un feu violent. Au soir, la retraite sur la Meurthe est inévitable.

Offensives allemandes (24 août-9 septembre 1914) – Les Français arrêtent leur repli sur une ligne dessinant, entre Badonviller et Nancy, un entonnoir dont la trouée de Charmes occupe le fond. Les Allemands profitent de cette disposition pour attaquer Charmes le 24. Devant la résistance opposée, ils s'arrêtent. Du 26 août au 9 septembre, leurs efforts se portent plus à l'Est, le long des Vosges vers la Haute-Meurthe puis à l'Ouest contre Nancy, protégée par les hauteurs du Grand-Couronné. Aucun résultat décisif n'est obtenu.

Guerre de position (1915-1918) – Après la bataille de la Marne (5-10 sept. 1914), les Allemands se replient sur la frontière. En Lorraine, dans les Vosges, en Alsace, le front se stabilise. La guerre de position commence, marquée par de violents combats locaux pour la possession de points importants comme les Éparges *(p. 136)*, le bois d'Ailly *(p. 209)*, le Linge *(p. 154)* et le Vieil-Armand *(p. 268)*. En février 1916, les Allemands tentent leur chance devant Verdun. La ville devient l'enjeu d'une gigantesque bataille dont dépendra le sort de la guerre *(voir p. 262)*.

La guerre 14-18 – O'Galop – Imagerie d'Épinal

La fortification pendant le conflit – Dès septembre 1914, les forts belges de Liège, Namur, Anvers sont mis hors de combat par l'artillerie lourde allemande. Les forts protégeant Maubeuge ne résistent que neuf jours.

Le Haut-Commandement français, impressionné, en vient à douter de l'efficacité de ce type de fortification pour l'avenir et décide en août 1915 le désarmement des forts et la suppression de leurs garnisons.

Dès le début de la bataille de Verdun, le fort de Douaumont *(voir p. 266)* occupé par une maigre garnison de cinquante-huit territoriaux est pris par surprise par les Allemands qui s'y installent en force et en tirent un avantage évident. Réalisant l'erreur passée, le général Pétain ordonne dès le 10 mars 1916 le réarmement complet des forts et ouvrages de la place de Verdun et ces derniers joueront un rôle non négligeable dans la bataille.

Les tranchées – A partir de 1915, lorsque s'installe la guerre de position, les combattants des deux camps s'enterrent sur place pour se protéger des feux adverses. Au fil des mois les éléments de base de la fortification permanente sont transposés : obstacles en barbelés, abris en galeries souterraines, communications par « boyaux », tracés adaptés au terrain pour obtenir les vues nécessaires au réglage du tir de l'artillerie amie.

LA LIGNE MAGINOT *Voir p. 115*

Chapelet de forteresses enfouies hérissé de cloches et tourelles, la Ligne Maginot, dont l'édification fut lancée le 14 janvier 1930, devait protéger la frontière du Nord-Est de toute nouvelle invasion. Mais l'offensive allemande de mai-juin 1940 rendit illusoire son rôle redoutable de « Muraille de France ».

GUERRE DE 1939-1945

La France envahie – La guerre, qui, au début, s'est limitée à une série d'escarmouches sur les frontières, revêt en mai 1940 un nouvel aspect. Les Allemands envahissent la moitié Nord de la France. En juin, les troupes d'intervalle de la Ligne Maginot, menacées d'être prises à revers, livrent des combats de retardement dans les Vosges et réussissent à gagner en partie la Suisse où elles resteront internées jusqu'en 1941.

Les troupes de forteresse, par contre, refusent de « décrocher » et résistent opiniâtrement, sur toute l'étendue de la « Ligne ». Si les casemates du Rhin tombent, les grands ouvrages du Nord-Est tiendront, presque tous, jusqu'au-delà de l'Armistice. Les Allemands se réinstallent en Alsace avec l'espoir de la germaniser définitivement.

La Libération – Débarquées à partir du 6 juin 1944 en Normandie et du 15 août 1944 en Provence, les armées alliées avancent à grands pas en direction du Nord-Est.

Les Alliés en Lorraine – Verdun est libérée à la fin d'août. Mais les Allemands se ressaisissent et les Alliés, trop éloignés de leurs bases, doivent s'arrêter sur la Moselle, au Nord et au Sud de Metz. Nancy est libérée le 15 septembre et Épinal peu après. Énergiquement défendue par les Allemands, Metz n'est libérée que le 22 novembre. Désormais, l'offensive alliée peut se développer en direction de l'Alsace.

Prise de Mulhouse – Dans la région de Belfort, les Français déclenchent leur offensive le 14 novembre 1944. Les lignes allemandes percées au prix de grosses difficultés, la 1re division blindée se glisse le long de la frontière franco-suisse, envoie quelques chars jusqu'au Rhin et se rabat au Nord sur Mulhouse, occupée le 21 novembre. Les éléments français de Haute-Alsace, étirés du Doubs au Rhin, sont mis en difficulté par une attaque allemande qui cherche à les couper. Après une bataille indécise, le général de Lattre de Tassigny opère à Burnhaupt (28 novembre) la jonction des troupes venues de Belfort et de Mulhouse et termine, par l'encerclement des Allemands, la bataille de Haute-Alsace.

Prise de Strasbourg – Au Nord, la 2e D.B. du général Leclerc s'empare de Saverne le 22. Déployant ensuite sa division, Leclerc fonce sur Strasbourg qu'il atteint le matin du 23 novembre. Après avoir forcé les deux portes de l'Alsace, les Alliés franchissent les Vosges et descendent dans le Vignoble où se déroulent des combats très violents. Le 19 décembre, la progression doit s'arrêter devant une zone de résistance qui, protégée par les inondations de l'Ill, dessine une « poche » autour de Colmar.

La menace sur Strasbourg – Le 1er janvier 1945, les Allemands attaquent en Basse-Alsace pour reprendre Strasbourg. Devant une situation devenue vite très sérieuse, Eisenhower décide l'abandon de la ville et le repli sur les Vosges.

Sur les instances du général de Gaulle, cette mesure est, heureusement, rapportée à condition toutefois que la 1re Armée française se charge de la défense.

Jusqu'au 22 janvier, les Allemands reprennent un important terrain et parviennent à une dizaine de kilomètres de part et d'autre de la ville. Ils se heurtent à une résistance inébranlable des Français : Strasbourg est sauvée.

Réduction de la « poche de Colmar » – Le général de Lattre de Tassigny monte deux attaques en tenaille qui partiront des flancs Nord et Sud de la poche. Il aura sous ses ordres quelques divisions américaines. Du 20 janvier au 3 février, l'offensive partie du Sud défait les nids de résistance organisés dans les cités ouvrières des mines de potasse et se rabat vers le Rhin. Au Nord de la « poche », du 22 janvier au 2 février, Français et Américains disloquent le front allemand et entrent dans Colmar. Le 5 février, la tenaille se ferme à Rouffach, coupant le saillant Ouest de la « poche ». La Wehrmacht doit repasser le Rhin par le seul pont encore sous son contrôle, à Chalampé. Le 9 février, la « poche de Colmar » a vécu.

L'art

ÉLÉMENTS D'ARCHITECTURE

Architecture religieuse

ST-DIÉ – plan de l'église N-D-de-Galilée (12ᵉ s.)

Plan basilical : chœur à trois absides et absence de transept.

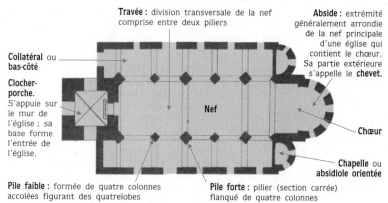

Travée : division transversale de la nef comprise entre deux piliers

Abside : extrémité généralement arrondie de la nef principale d'une église qui contient le chœur. Sa partie extérieure s'appelle le **chevet.**

Collatéral ou **bas-côté**

Clocher-porche. S'appuie sur le mur de l'église ; sa base forme l'entrée de l'église.

Nef

Chœur

Chapelle ou **absidiole orientée**

Pile faible : formée de quatre colonnes accolées figurant des quatrelobes

Pile forte : pilier (section carrée) flanqué de quatre colonnes

STRASBOURG – Coupe transversale de la cathédrale Notre-Dame (12ᵉ-15ᵉ s.)

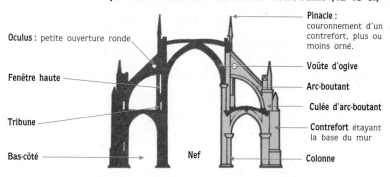

Oculus : petite ouverture ronde

Pinacle : couronnement d'un contrefort, plus ou moins orné.

Fenêtre haute

Voûte d'ogive

Arc-boutant

Culée d'arc-boutant

Tribune

Contrefort étayant la base du mur

Bas-côté

Nef

Colonne

ST-NICOLAS-DE-PORT – Voûtes de la basilique (fin 15ᵉ- début 16ᵉ s.)

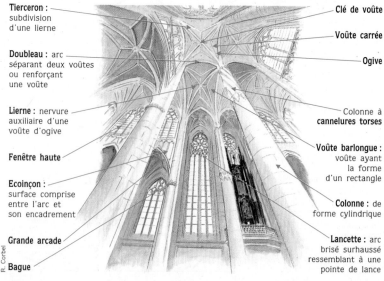

Tierceron : subdivision d'une lierne

Clé de voûte

Voûte carrée

Doubleau : arc séparant deux voûtes ou renforçant une voûte

Ogive

Lierne : nervure auxiliaire d'une voûte d'ogive

Colonne à cannelures torses

Fenêtre haute

Voûte barlongue : voûte ayant la forme d'un rectangle

Ecoinçon : surface comprise entre l'arc et son encadrement

Colonne : de forme cylindrique

Grande arcade

Lancette : arc brisé surhaussé ressemblant à une pointe de lance

Bague

R. Corbel

38

STRASBOURG – Façade du portail central
de la cathédrale Notre-Dame (12e-15e s.)

Toute la richesse du gothique rayonnant se concentre dans le portail central richement sculpté et couronné de gâbles ajourés.

Gâble : pignon décoratif surmontant certains portails et fenêtres, ici ajouré.

Pinacle

Grande rose ou **rosace** à remplage, formée de seize **pétales géminés.**

Ecoinçons sculpté de **roses**

Piédroits ou **jambages :** montants verticaux sur lesquels retombent les voussures

Voussures : arcs concentriques couvrant l'embrasure d'une baie

Vantaux en bronze

Trumeau auquel est adossé généralement une statue

Ébrasement orné de statues

Tympan formé de quatre registres historiés

Registre : bande d'ornement sculptée

Archivolte : ensemble des voussures

R. Corbel

39

MARMOUTIER – Façade romane de l'église St-Étienne (vers 1140)

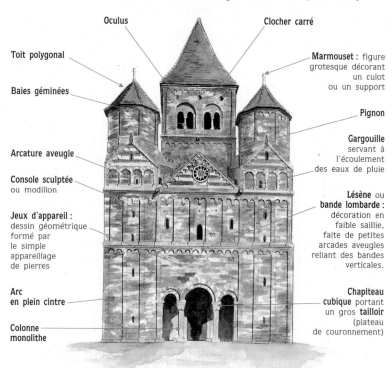

Oculus

Clocher carré

Toit polygonal

Marmouset : figure grotesque décorant un culot ou un support

Baies géminées

Pignon

Gargouille servant à l'écoulement des eaux de pluie

Arcature aveugle

Console sculptée ou modillon

Lésène ou bande lombarde : décoration en faible saillie, faite de petites arcades aveugles reliant des bandes verticales.

Jeux d'appareil : dessin géométrique formé par le simple appareillage de pierres

Arc en plein cintre

Chapiteau cubique portant un gros tailloir (plateau de couronnement)

Colonne monolithe

METZ – Cathédrale St-Étienne (13ᵉ-16ᵉ s.)

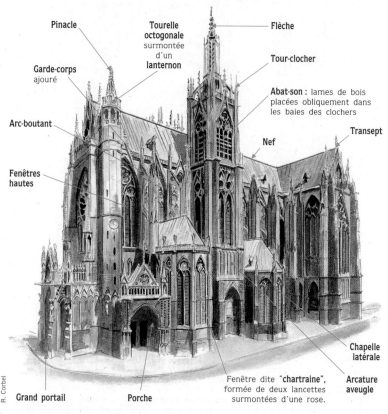

Pinacle

Tourelle octogonale surmontée d'un lanternon

Flèche

Tour-clocher

Garde-corps ajouré

Abat-son : lames de bois placées obliquement dans les baies des clochers

Arc-boutant

Transept

Nef

Fenêtres hautes

Chapelle latérale

Grand portail

Porche

Fenêtre dite "chartraine", formée de deux lancettes surmontées d'une rose.

Arcature aveugle

THANN – Stalles de la collégiale St-Thiébaut (14e- début du 16e s.)

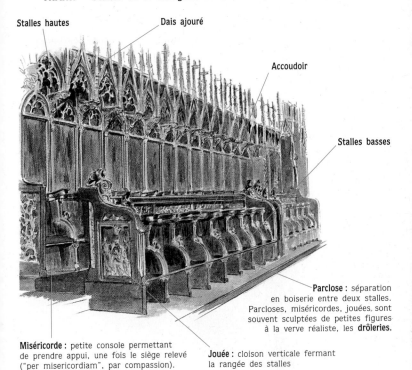

Stalles hautes

Dais ajouré

Accoudoir

Stalles basses

Parclose : séparation en boiserie entre deux stalles. Parcloses, miséricordes, jouées, sont souvent sculptées de petites figures à la verve réaliste, les **drôleries**.

Miséricorde : petite console permettant de prendre appui, une fois le siège relevé ("per misericordiam", par compassion).

Jouée : cloison verticale fermant la rangée des stalles

GUEBWILLER – Orgues de l'église Notre-Dame (1760-1785)

C'est en Alsace que s'est développé et épanoui l'art de grandes dynasties de facteurs d'orgues tels que Silbermann, Callinet ou Stiehr.

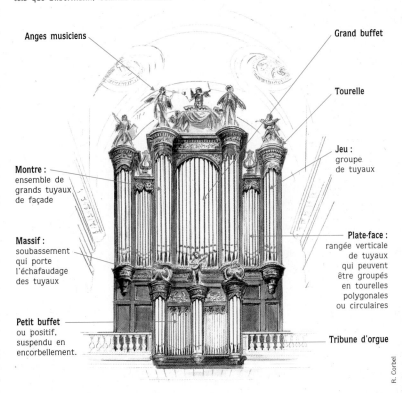

Anges musiciens

Grand buffet

Tourelle

Jeu : groupe de tuyaux

Montre : ensemble de grands tuyaux de façade

Massif : soubassement qui porte l'échafaudage des tuyaux

Plate-face : rangée verticale de tuyaux qui peuvent être groupés en tourelles polygonales ou circulaires

Petit buffet ou positif, suspendu en encorbellement.

Tribune d'orgue

R. Corbel

41

Architecture civile

SAVERNE – Maison Katz (1605-1668), n° 76, Grand'Rue

Les maisons à colombage, nombreuses en Alsace, témoignent du savoir-faire des charpentiers, surtout entre le 17e et le 19e s.

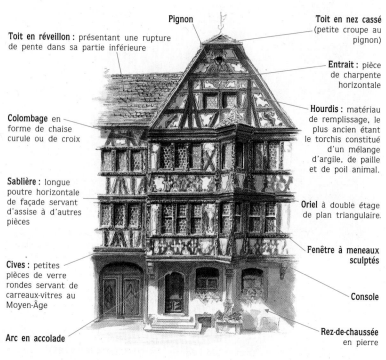

Pignon

Toit en nez cassé (petite croupe au pignon)

Toit en réveillon : présentant une rupture de pente dans sa partie inférieure

Entrait : pièce de charpente horizontale

Hourdis : matériau de remplissage, le plus ancien étant le torchis constitué d'un mélange d'argile, de paille et de poil animal.

Colombage en forme de chaise curule ou de croix

Sablière : longue poutre horizontale de façade servant d'assise à d'autres pièces

Oriel à double étage de plan triangulaire.

Fenêtre à meneaux sculptés

Cives : petites pièces de verre rondes servant de carreaux-vitres au Moyen-Âge

Console

Arc en accolade

Rez-de-chaussée en pierre

LUNÉVILLE – Château (18e s.)

Surnommé le "Petit Versailles", ce château a été conçu par l'architecte Germain Boffrand.

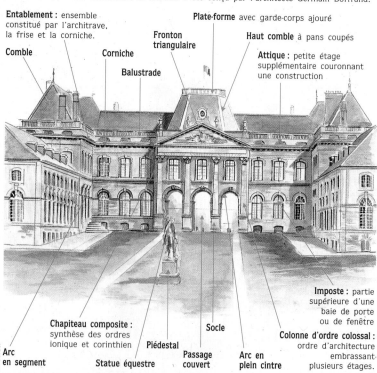

Entablement : ensemble constitué par l'architrave, la frise et la corniche.

Plate-forme avec garde-corps ajouré

Haut comble à pans coupés

Comble

Corniche

Fronton triangulaire

Attique : petite étage supplémentaire couronnant une construction

Balustrade

Imposte : partie supérieure d'une baie de porte ou de fenêtre

Chapiteau composite : synthèse des ordres ionique et corinthien

Socle

Colonne d'ordre colossal : ordre d'architecture embrassant plusieurs étages.

Piédestal

Arc en segment

Statue équestre

Passage couvert

Arc en plein cintre

R. Corbel

42

Architecture thermale

CONTREXÉVILLE – galerie et pavillon des sources (1909)

Expression d'un goût prononcé pour l'éclectisme architectural, typique des villes thermales. Prépondérance du style néo-byzantin.

Tambour habillé de briques dessinant des motifs géométriques

Coupole à charpente métallique percée d'un oculus permettant l'éclairage zénithal

Chapiteaux doriques

Péristyle concentrique

Pavillon circulaire abritant la source

Larges **baies** laissant pénétrer la lumière

Galerie-portique

Colonnes cannelées avec décor de mosaïques

Architecture militaire

HAUT-KOENIGSBOURG – Château féodal reconstitué au début du 20e s.

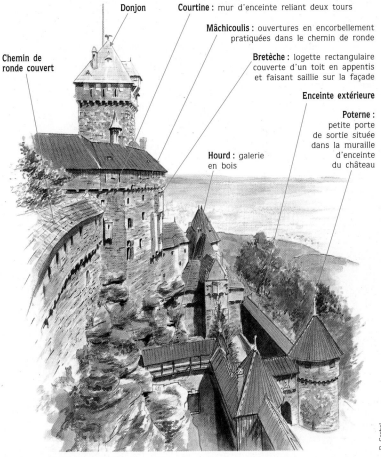

Donjon

Courtine : mur d'enceinte reliant deux tours

Mâchicoulis : ouvertures en encorbellement pratiquées dans le chemin de ronde

Chemin de ronde couvert

Bretèche : logette rectangulaire couverte d'un toit en appentis et faisant saillie sur la façade

Enceinte extérieure

Poterne : petite porte de sortie située dans la muraille d'enceinte du château

Hourd : galerie en bois

R. Corbel

43

NEUF-BRISACH – Place forte (1698-1703)

Le système bastionné polygonal naît au 16ᵉ s. avec les progrès de l'artillerie : le canon d'un ouvrage supprime l'angle mort de l'ouvrage voisin. La place fut construite par Vauban, face à la puissante forteresse de Breisach rendue à la Maison de Habsbourg, suite au traité de Ryswick en 1697.

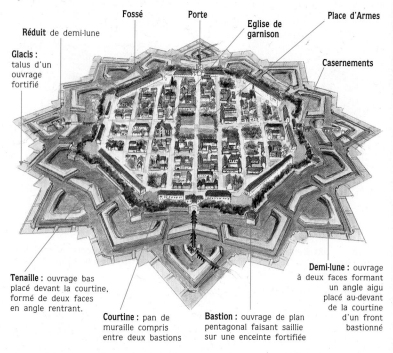

Fossé   **Porte**

Réduit de demi-lune

Eglise de garnison

Place d'Armes

Glacis : talus d'un ouvrage fortifié

Casernements

Tenaille : ouvrage bas placé devant la courtine, formé de deux faces en angle rentrant.

Courtine : pan de muraille compris entre deux bastions

Bastion : ouvrage de plan pentagonal faisant saillie sur une enceinte fortifiée

Demi-lune : ouvrage à deux faces formant un angle aigu placé au-devant de la courtine d'un front bastionné

FERMONT – Ouvrage de la Ligne Maginot (1931-1935)

Bloc d'entrée des munitions appartenant à un ensemble de 9 blocs reliés entre eux par des galeries souterraines et des voies ferrées. Les blocs d'entrée de la Ligne Maginot étaient particulièrement bien protégés et défendus.

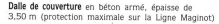

Dalle de couverture en béton armé, épaisse de 3,50 m (protection maximale sur la Ligne Maginot)

Visière : avancée de la dalle de couverture

Observatoire de campagne mobile mis à la disposition des troupes d'intervalle

Crampon pour la fixation de filets de camouflage

Cloche fixe en acier moulé, pour l'observation et le tir.

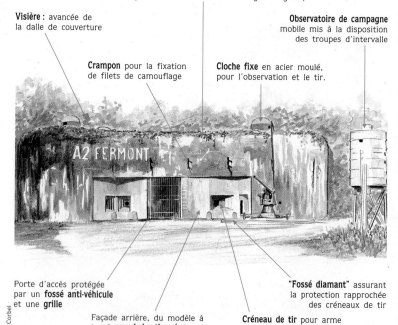

Porte d'accès protégée par un **fossé anti-véhicule** et une **grille**

Façade arrière, du modèle à tracé **pseudo-bastionné** (brisé)

Créneau de tir pour arme automatique ou canon anti-char

"Fossé diamant" assurant la protection rapprochée des créneaux de tir

L'ART EN LORRAINE

Carrefour de civilisations, la Lorraine a subi au cours de son histoire des influences très différentes : allemandes, françaises, italiennes et mosanes. Mais elle a su tirer le meilleur profit de ces divers apports, tout en conservant sa personnalité propre.

Sans remonter à l'époque préhistorique qui a laissé de nombreuses traces dans la vallée de la Moselle, ni aux témoignages encore debout de l'époque gallo-romaine, l'art connaît à l'époque carolingienne une période de splendeur dans la région de l'Est. Rayonnant d'Aix-la-Chapelle, il se développe particulièrement dans les monastères (miniatures, manuscrits). Rien ne subsiste de cette époque, à part l'église St-Pierre-aux-Nonnains ; et pourtant Metz comptait une soixantaine d'églises et chapelles à la fin du 9e s.

Architecture religieuse

L'art roman – Au 10e s., et au début du 11e s., alors que les sièges de Metz, Toul et Verdun étaient occupés par des prélats allemands, l'influence rhénane a été prépondérante : chœur occidental de la cathédrale de Verdun. Mais dès la fin du 11e s., ce sont les influences champenoises et bourguignonnes qui l'emportent.

Les édifices lorrains sont généralement de type basilical, mais parfois simplifié à l'extrême : ainsi les petites églises n'ont qu'une nef, un chœur et une abside. Les portes sont couronnées d'un tympan semi-circulaire ; les façades sont sobrement ornées. Il est assez fréquent de voir la voûte d'ogives – introduite dans le dernier tiers du 12e s. – employée dans des édifices de structure toute romane. Les tours, presque toujours carrées, sont généralement placées sur le carré du transept.

Parmi les édifices les plus caractéristiques de cette époque, citons l'église de Mont-devant-Sassey, et une partie de Notre-Dame de Verdun.

L'art gothique – Comme tous les pays ayant subi les influences germaniques, la Lorraine est restée attachée aux formes de l'art roman pendant longtemps ; le passage du style roman au style gothique s'est effectué lentement.

A Toul et à Metz, les cathédrales témoignent d'une influence française marquée : elles furent, en effet, édifiées suivant les plans de maîtres d'œuvre ayant déjà travaillé sur de grands chantiers en Champagne et en Île-de-France.

Les rapports entre la Lorraine et la France étaient alors nombreux, l'influence française se faisant sentir dans tous les domaines : intellectuel – les «étudiants» lorrains venant fréquenter l'Université de Paris ; économique – les foires de Champagne alors en plein rayonnement exerçant un attrait sur les pays voisins ; politique enfin – les ducs de Lorraine devant compter de plus en plus avec la politique ambitieuse des Capétiens. Avec Toul et Metz, citons encore : Avioth, grand centre de pèlerinage qui possède de ce fait un déambulatoire, St-Étienne de St-Mihiel et la basilique de St-Nicolas-de-Port dont la façade magnifique a été terminée au milieu du 16e s.

L'art Renaissance – De l'époque Renaissance, il faut retenir à Toul la belle chapelle des Évêques, dans la cathédrale, et le cloître de l'église St-Gengoult.

Architecture civile

L'art Renaissance – La Porterie de l'ancien Palais ducal à Nancy, très finement décorée, date du début du 16e s.

Peu de châteaux Renaissance sont parvenus jusqu'à nous. Il faut cependant mentionner ceux de Louppy-sur-Loison, aux pavillons rythmés de pilastres, de Cons-la-Grandville et de Fléville.

L'art classique – Le 18e s. est l'époque des grandes réalisations. Le goût français est dominant mais sans éclipser totalement la traditionnelle influence italienne : il se manifeste surtout, au début du siècle, par l'intermédiaire de Robert de Cotte (château de la Grange, évêché de Verdun).

Germain Boffrand, élève de Jules Hardouin-Mansart, surintendant des Bâtiments du Roi (de France), édifie le château de Lunéville, «le Versailles lorrain», pour le compte du duc Léopold. Il réalisa aussi pour Marc de Beauvau, grand écuyer de Lorraine, le beau château d'Haroué. Mais c'est à Nancy que s'accomplit une œuvre d'ensemble. Placé en 1737 à la tête du duché de Lorraine, l'ancien roi de Pologne Stanislas Leszczynski se consacre à l'embellissement de sa nouvelle capitale. Il utilise en particulier les services d'un disciple de Boffrand, **Emmanuel Héré**, et d'un ferronnier de Nancy, **Jean Lamour**. L'ensemble réalisé – Place Stanislas, Arc de Triomphe, Place de la Carrière – est un des chefs-d'œuvre de l'urbanisme européen à cette époque.

Architecture militaire

Des nombreux châteaux forts édifiés au cours du Moyen Âge, il ne reste généralement que des ruines ou des vestiges peu importants : Prény, Sierck, Tour aux Puces à Thionville, Châtel-sur-Moselle.

Les villes fortifiées ont rarement conservé la totalité de leur enceinte, comme à Montmédy et à Neuf-Brisach. Il ne subsiste le plus souvent que des portes : porte de France à Longwy, porte des Allemands à Metz, portes Chaussée et Châtel à Verdun, porte de la Craffe à Nancy, porte de France à Vaucouleurs, portes de France et d'Allemagne à Phalsbourg.

Sculpture

Sculpture religieuse – A l'époque romane, l'ornementation des églises est le plus souvent maladroite. Ainsi le portail de Mont-devant-Sassey, consacré à la Vierge, est une réplique grossière de la statuaire de Reims. En revanche, à la cathédrale Notre-Dame de Verdun, le portail du Lion, où le Christ en majesté est représenté entre les symboles des évangélistes, est une œuvre plus réussie, malgré une certaine lourdeur.

Au 16e s. Ligier Richier, établi à St-Mihiel, allait donner une impulsion toute nouvelle à la statuaire, et son influence a été considérable dans toute la Lorraine.

Cathédrale de Verdun – Tympan du portail du Lion

Sculpture funéraire – De nombreux mausolées ont été exécutés du 16e au 18e s. Citons parmi les plus remarquables : dans l'église St-Étienne de Bar-le-Duc, le « Transi » ou l'écorché de René de Châlon, par **Ligier Richier**, est particulièrement saisissant. A Nancy dans l'église des Cordeliers, le tombeau de Philippa de Gueldre également par Ligier Richier, le tombeau de René II par Mansuy Gauvain. Dans l'église N.-D.-de-Bon-Secours, le tombeau de Stanislas et le mausolée de son épouse Catherine Opalinska, œuvres respectives de Vassé et des frères Adam.

Peinture, gravure et arts décoratifs

Parmi les innombrables artistes lorrains qui se sont essayés dans la peinture, la miniature ou la gravure, certains ont acquis une renommée durable et leur gloire a dépassé le cadre de leur province.

Au 17e s., on peut citer Georges Lallemand, de Nancy, établi à Paris en 1601, **Jacques Bellange**, « tenu de nos jours pour un maître du maniérisme », **Claude Deruet**, peintre de cour par excellence, Georges de La Tour, « spécialiste des nuits », **Claude Gellée**, dit « le Lorrain », qui passa une grande partie de sa vie hors de sa province natale, et surtout **Jacques Callot**, graveur et dessinateur de grand talent. La majeure partie de ses œuvres a été rassemblée au Musée historique lorrain à Nancy.

Au 19e s., Isabey excella dans l'art du portrait en miniature et fut un des peintres favoris de la société impériale concurremment avec un autre Lorrain, **François Dumont**, né à Lunéville. Enfin, depuis le 18e s., la célèbre « image d'Épinal » demeure inséparable du renom attaché à la capitale des Vosges.

A côté des faïences de Lunéville et des émaux de Longwy, la faïencerie de **Sarreguemines**, pleine de variété et de couleur, aura à la fin du 19e s. une réputation internationale.

Autour de 1900, l'École de Nancy

A la fin du 19e s. se créa un mouvement de réhabilitation des arts décoratifs et de l'architecture appelé Art Nouveau. En France, les premières œuvres apparaissent à Nancy avec Émile Gallé qui fabrique des verres à décor inspiré de la nature. Il remporte de grands succès lors des différentes Expositions universelles à Paris en 1884, 1889 et 1900. Autour de lui se regroupent peu à peu des verriers, ébénistes, céramistes, graveurs, sculpteurs tels que les frères Daum, Majorelle, Vallin, Prouvé... qui forment en 1901 l'École de Nancy.

Entre 1900 et 1910, l'influence de cette école se manifeste dans l'architecture nancéienne avec un retard d'une dizaine d'années sur les arts décoratifs, mais avec une vigueur qui en fait une des capitales européennes de l'Art nouveau au même titre que Bruxelles, Vienne ou Paris.

Prouvé-Martin :
coffret La Parure en cuir

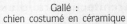

Gallé :
chien costumé en céramique

Vallin : salle à manger Masson

École de Nancy

Gallé :
vase Fourcaud
en verre

Daum :
lampe Figuier
de Barbarie
en verre

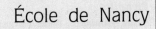
Gruber : Nymphéas et coloquintes, vitrail

L'ART EN ALSACE

Architecture religieuse

Églises romanes – L'Alsace, où les tendances carolingiennes ont longtemps subsisté, connut au 12e s. un épanouissement de l'art roman en retard d'un siècle sur les grandes écoles romanes françaises.

Ce décalage a eu néanmoins des conséquences heureuses : il a permis à l'Alsace, située au carrefour des routes de France, d'Allemagne et d'Italie, d'assimiler avec beaucoup de fantaisie les influences les plus diverses et il a rendu possible le développement d'un style original.

Extérieur – La plupart des églises alsaciennes sont de petites ou de moyennes dimensions et présentent la forme d'une croix latine peu marquée, le transept étant peu saillant. Celle d'Ottmarsheim, du 11e s., présente encore le plan polygonal d'origine carolingienne inspiré de celui de la chapelle palatine d'Aix-la-Chapelle.

Les tours et les clochers sont situés dans des endroits bien précis de l'édifice. Souvent la croisée du transept est surmontée d'une belle tour appelée « **tour lanterne** » : l'église Ste-Foy, à Sélestat, en offre un bon exemple ; en revanche, celle de Neuwiller-lès-Saverne a été construite à tort, à l'époque moderne, dans le style de l'école rhénane. Dans les angles rentrants formés par le chœur et la nef avec les croisillons du transept peuvent s'élever des **clochers** carrés ou ronds, caractéristiques du style roman rhénan. La façade Ouest, parfois précédée d'un porche, est flanquée de clochers à plusieurs étages *(illustration p. 40)*.

L'extrémité orientale de l'édifice est terminée par une abside à chevet semi-circulaire ; les chevets plats comme celui de Murbach sont des exceptions. Les murs latéraux, les pignons, l'abside et la façade sont ornés d'arcatures et de bandes verticales empruntées à l'école lombarde.

Sous l'influence de l'atelier de Bâle, les portails à voussures reposant sur colonnettes et munis d'un tympan historié devinrent fréquents vers le 12e s.

Intérieur – L'architecture est très sobre ; arcatures et baies sans moulures sont surmontées d'un mur percé à chaque travée d'une ou deux fenêtres très ébrasées. Le chœur n'est pas entouré de déambulatoire. Les églises n'ont reçu de voûte que tard dans le 12e s.

Les supports principaux sont les arcs en plein cintre qui étayent la voûte sur croisée d'ogives. Ils reposent sur de gros piliers rectangulaires flanqués sur leurs quatre faces de colonnettes engagées. Les bas-côtés sont couverts de voûtes d'arêtes formées par l'intersection de la voûte longitudinale du bas-côté lui-même et des voûtes transversales.

Décoration – La décoration très sobre est généralement concentrée sur le portail ; par son tracé géométrique, elle dénote une absence de recherche. Seul le portail de l'église d'Andlau offre de remarquables sculptures.

Les **chapiteaux**, évasement de la partie supérieure d'une colonne qui supporte une arcature, sont un élément important d'architecture. Ils permettent de recevoir plusieurs arcs de voûtes sur un même pilier. En Alsace, les chapiteaux des églises romanes sont très élémentaires, cubiques, lourds, d'une sculpture pauvre et monotone ; ils représentent quelques rares figures ou quelques éléments de végétation. Pour pallier cette sobriété et embellir un peu l'église, l'intérieur de celle-ci a été quelquefois orné de peintures comme à Ottmarsheim.

Églises gothiques – Après quelques tâtonnements, l'art gothique atteint en Alsace une perfection rarement égalée : il suffit de citer la cathédrale de Strasbourg et le nom prestigieux d'Erwin de Steinbach. Les édifices religieux et civils élevés entre le 13e et le 15e s. ne manquent pas : le cloître d'Unterlinden et l'église St-Martin de Colmar, ainsi que son « Koifhus » ou Douane, l'église St-Pierre-St-Paul de Wissembourg, St-Georges de Sélestat.

A la fin du 15e s., on voit apparaître l'art gothique flamboyant auquel on doit St-Thiébaut de Thann et le portail St-Laurent à la cathédrale de Strasbourg.

Au 16e s., en pleine Renaissance, l'architecture religieuse reste fidèle aux traditions gothiques. L'église d'Ammerschwihr (16e s.) et celle de Molsheim (16e-17e s.) sont bâties sur un plan ogival.

L'art de la **Renaissance** qui a donné de charmantes demeures privées et d'admirables édifices publics, n'a laissé aucune trace dans la construction religieuse.

Le style classique – Au 17e s., une longue période d'épreuves et de guerres *(voir p. 33)* entrave toute construction nouvelle, civile ou religieuse. Devenue française, l'Alsace reconstruit et enrichit ses monastères. Bon nombre d'églises sont alors édifiées dans le goût de l'époque.

A Colmar, St-Pierre est de style Régence ; à Guebwiller, Notre-Dame, construite par les abbés de Murbach, surprend par son sobre et sévère classicisme.

Des influences du Vorarlberg, baroques, se manifestent dans l'église abbatiale d'Ebersmunster, somptueusement décorée de sculptures, de stucs et de fresques.

Pour trouver la description d'une ville ou d'une curiosité isolée, consultez l'index.

Architecture civile

Les hôtels de ville – Dès le Moyen Âge, les villes alsaciennes ne veulent dépendre que d'elles-mêmes. Pour abriter l'autorité municipale, elles élèvent des hôtels de ville qui témoignent à la fois de leur puissance et de leur goût.

Le charmant hôtel de ville d'Ensisheim, celui de Mulhouse avec son perron couvert inspiré des styles helvétiques, ceux d'Obernai, de Rouffach, de Kaysersberg, de Molsheim, de Guebwiller, précieux monuments de la Renaissance, enfin l'ancien hôtel de ville de Strasbourg, aujourd'hui Chambre de Commerce, attestent l'intensité de cette vie locale.

D'après photo Jean Roubier

Molsheim – La Metzig

Demeures bourgeoises et princières – La plupart des villes alsaciennes ont gardé un quartier, un coin de rue qui évoquent la prospérité des siècles écoulés.

En parcourant les rues pittoresques de localités comme Riquewihr et Kaysersberg ou en flânant dans le quartier de la Petite France à Strasbourg ou celui de la Petite Venise à Colmar, on rencontre des demeures traditionnelles (16e et 17e s.), des maisons à encorbellements et à combles aigus, qu'elles soient en pierre, ou à pans de bois.

La Renaissance a multiplié les détails amusants : pignon original ; galerie de bois courant autour d'une tourelle ; enseigne de fer forgé ; façade à pans de bois sculptés et peints. Mais deux éléments donnent aux maisons alsaciennes du 15e s. et de la Renaissance un cachet qui leur est vraiment propre : les pignons et les oriels.

Les pignons – Ils sont ornés, travaillés. Tantôt ils s'élèvent en gradins, comme à la Maison de l'Œuvre Notre-Dame de Strasbourg. Tantôt leur ligne s'enroule en volutes entremêlées de clochetons, comme à la Maison des Têtes de Colmar.

Les oriels – Ce sont des logettes en encorbellement, plus ou moins sculptées *(illustration ci-contre)*. L'oriel rompt l'uniformité et crée de plaisants jeux de lumière et d'ombre. Il introduit dans la maison, souvent mal orientée dans une rue étroite, la clarté du jour et permet d'observer à l'aise le spectacle de la rue. En ce qui concerne les édifices de prestige bâtis pour les puissants du jour, seigneurs, prélats ou financiers, le 17e s. – après la dévastatrice guerre de Trente Ans et la mainmise de Louis XIV sur l'Alsace – puis surtout le 18e s. sont caractérisés par une importante poussée de l'art français vers le Rhin.

Les hôtels du 18e s., sans avoir la fantaisie décorative des maisons Renaissance, sont encore admirables par la grâce de leurs balcons, la finesse de leurs consoles et l'élégance de leurs baies, la pureté de la belle pierre dont ils sont faits.

Les somptueux palais des Rohan, à Strasbourg et à Saverne, sont de splendides exemples de cet art classique.

Puits et fontaines – Multipliées par la Renaissance, les fontaines élèvent, sur toutes les places, leur colonne de grès rouge portant le saint patron de la ville, tel héros historique ou légendaire, tel emblème héraldique.

R. Mazin/DIAF

Colmar – Maison des Têtes

Architecture militaire

Les touristes rencontreront sur les contreforts des Vosges qui dominent la plaine d'Alsace des vestiges nombreux d'anciennes forteresses et enceintes féodales.

En arrière comme au voisinage des frontières, ils trouveront également des vestiges de fortifications plus récentes : les majestueux remparts construits et retouchés par Vauban, les défenses édifiées par les Allemands entre 1870 et 1914, les cuirasses de béton et cloches blindées des grands ouvrages souterrains ou des casemates de la Ligne Maginot, et aussi la multitude des blockhaus et fortins engendrés par la guerre de 1939-1945.

Châteaux forts – Sentinelles de l'Alsace guerrière, tous ces châteaux forts gardent fière allure, même s'ils n'élèvent plus vers le ciel qu'un donjon isolé ou un pan de muraille démantelée, envahis par les mousses. La reconstitution, sur l'ordre de Guillaume II, du château du Haut-Kœnigsbourg a fait couler beaucoup d'encre. Certains préfèrent, à la commode leçon de choses ainsi offerte, le rêve parmi des ruines.

Château du Haut-Kœnigsbourg

Cités médiévales – Au Moyen Âge, villes et villages ont dû aussi se fortifier pour se défendre soit contre le seigneur lui-même, soit contre les ennemis venus de l'extérieur. Chaque cité est donc entourée d'une ceinture de murailles renforcée de tours, percée de portes qui ne s'ouvrent qu'avec précaution. Dans de nombreuses villes d'Alsace, on pénètre par une « Porte Haute », tandis qu'une « Tour du Diable » ou une « Tour des Sorcières » rappelle qu'un rempart ceignait la vieille cité.

Sculpture

Les plus beaux exemples de la sculpture alsacienne se rencontrent dans l'ornementation des églises, qu'il s'agisse de statues, de bas-reliefs ou de monuments funéraires. La statuaire y est fort bien représentée au 19e s. par le Colmarien **Bartholdi**, auteur du Lion de Belfort (copie place Denfert-Rochereau, à Paris) et de la « Liberté éclairant le monde » (entrée du port de New York), qui atteint à la célébrité.

Sculpture religieuse – Le porche de l'église d'Andlau offre de curieuses sculptures romanes. Au 13e s., le génie des sculpteurs gothiques s'épanouit à la cathédrale de Strasbourg, comme en témoignent les statues de l'Église et de la Synagogue, le bas-relief de la Mort de la Vierge ou le Pilier des Anges. La statuaire du 14e s. s'assouplit dans les Vertus et les Vices ou dans les Vierges Folles et les Vierges Sages.

Le portail de l'église St-Thiébaut à Thann et celui de St-Laurent à la cathédrale de Strasbourg ont la richesse de l'art flamboyant du 15e s. **Hans Hammer** sculpte la chaire de Strasbourg, justifiant l'expression un peu usée de « dentelle de pierre ».

Sculpture funéraire – C'est à Strasbourg qu'on en retrouve les meilleurs exemples, dans l'église St-Thomas : le tombeau de l'évêque Adeloch (12e s.) qui affecte la forme d'un sarcophage, et celui du maréchal Maurice de Saxe, dû à **Pigalle**.

Sculpture sur bois – Il faut tout d'abord citer le prodigieux retable d'Issenheim, orgueil du musée d'Unterlinden, à Colmar. Si Mathias Grünewald est l'auteur des peintures, il partage la gloire de l'œuvre avec **Nicolas de Haguenau** qui sculpta les statues dorées de saint Antoine, saint Augustin et saint Jérôme, et avec Sébastien Beychel, auteur de la prédelle représentant le Christ au milieu des apôtres.

Des retables, des maîtres-autels seront admirés à Kaysersberg, à Dambach, à Soultzbach-les-Bains. Ailleurs, des chaires, des buffets d'orgues, des stalles comme à Marmoutier et à Thann attestent la maîtrise des artistes locaux.

La Peinture et les Arts décoratifs

La Peinture – Les admirables vitraux de la cathédrale de Strasbourg témoignent de la science des peintres verriers alsaciens aux 13e et 14e s.

Une lignée de grands peintres s'ouvre au début du 15e s., avec **Gaspard Isenmann**, né à Colmar, et auteur d'une Passion, d'inspiration flamande, qu'on voit au musée d'Unterlinden à Colmar. **Schongauer**, Colmarien, a exécuté la jolie « Vierge au Buisson de Roses ». Ses élèves ont peint, sous sa direction, les tableaux de la Passion d'Unterlinden et ont réalisé des œuvres remarquables comme le retable de Buhl. Le grand artiste allemand **Mathias Grünewald** est appelé à peindre le maître-autel de l'église des Antonites d'Issenheim. Son retable, maintenant au musée d'Unterlinden, oppose une Crucifixion d'un réalisme effrayant à des figurations exquises de l'Annonciation et du Concert des Anges. L'Alsace a produit de bons portraitistes, comme **Jean-Jacques Henner**, et de nombreux dessinateurs, graveurs et lithographes, dont **Gustave Doré**, né à Strasbourg.

Colmar – La Vierge au Buisson de Roses

P. Beuzen/SCOPE

Les Arts décoratifs – Organisés en puissantes corporations, les Alsaciens ont aussi cultivé et perfectionné, au cours des siècles, l'art de travailler le bois, le fer, l'étain et les métaux précieux. Ils ont été de fort habiles horlogers, comme le prouve la fameuse horloge astronomique de la cathédrale de Strasbourg.

La céramique a rendu illustres trois générations de **Hannong**, créateurs du style « Vieux Strasbourg » dont on verra des exemples au musée des Arts décoratifs, à Strasbourg. Dans la deuxième moitié du 19e s., le Guebwillerois **Théodore Deck**, céramiste et coloriste, renouvelle son art et s'impose par ses prouesses techniques.

L'ART AU 20e S. EN ALSACE ET EN LORRAINE

L'Alsace et la Lorraine n'ont pas été au 20e s. les berceaux de grands courants artistiques ou architecturaux, hormis l'École de Nancy. Elles sont plutôt des terres d'accueil où des expressions artistiques venues d'ailleurs auront laissé le témoignage d'un ensemble urbain, de l'influence d'un courant ou d'une œuvre qui fait date.

En Lorraine, l'**École de Nancy** et sa cohorte d'artistes de renom joueront un rôle déterminant dans l'épanouissement de l'Art nouveau. La tradition des maîtres verriers perdure avec des artistes comme Gruber dont nombre d'églises conservent les vitraux. Gage du maintien de cet art séculaire, la cathédrale de St-Dié possède un remarquable ensemble de vitraux contemporains. L'église St-Rémy de Baccarat est éclairée par des vitraux en cristal.

L'architecture religieuse s'est développée en Moselle avec les églises de Marienau-lès-Forbach, de Fleury, de Maizières-lès-Metz, de Ste-Thérèse-de-l'Enfant-Jésus à Metz.

En Alsace les réalisations d'un **Spindler** appliquant les recherches de l'Art Nouveau à ses créations de mobilier, comme l'ouverture à l'art moderne du sculpteur strasbourgeois **Jean Arp** *(voir p. 239)* demeureront au début du 20e s. un cas isolé.

La deuxième moitié du 20e s. se tourne vers l'architecture contemporaine et chaque ville réalise son morceau de bravoure, gage d'ouverture à la modernité : tour de l'Europe à Mulhouse (1966), tour Altea à Nancy (1974), Palais de l'Europe (1977) et Palais des Droits de l'Homme (1995) à Strasbourg. Dans d'autres domaines, signalons que l'art de la lutherie se perpétue à Mirecourt, et que la petite ville de **Boulay-Moselle** abrite l'une des très rares fabriques d'orgues d'églises subsistant en France.

Villes
et curiosités

ALTKIRCH

5 090 habitants
Cartes Michelin n°s 87 pli 19 ou 242 pli 39

Cette petite ville conserve un quartier ancien perché sur une colline dominant la vallée de l'Ill. D'abord établie dans la vallée puis reconstruite sur la colline à la fin du 12e s., elle appartint aux comtes de Ferrette *(voir p. 246)*, puis releva de la Maison d'Autriche. Les traités de Westphalie (1648) la donnèrent à la France.

Un château occupait la place actuelle de l'église qui elle-même se trouvait, jusqu'en 1845, sur la place de la République.

CURIOSITÉS

Place de la République – En son centre se trouve une fontaine moderne dans le style du 15e s. portant sous un fin clocheton, seul reste de l'ancienne église, une statue de la Vierge.

Hôtel de ville – Cette construction date du 18e s.

A droite, l'ancienne demeure du bailli, ornée d'un balcon en fer forgé, abrite le Musée sundgauvien.

Musée sundgauvien ⊘ – Il rassemble, parmi des collections régionales variées (histoire, archéologie, folklore), des peintures d'artistes locaux (Henner, Lehmann), quelques belles statues et une maquette d'Altkirch autrefois.

Église Notre-Dame – Construite au siècle dernier dans le style roman, elle présente, à l'intérieur, dans le transept gauche, les remarquables statues en pierre polychrome du « Mont des Oliviers » ainsi qu'une copie par Henner du Christ de Prud'hon. Dans le transept droit, on remarque, sous un tableau d'Oster de Strasbourg « Réception de saint Morand, patron du Sundgau, par le comte de Ferrette », une Pietà du 17e s.

EXCURSIONS

Luemschwiller – *7 km au Nord-Est par la route de Mulhouse et une petite route à droite.*

L'église ⊘ du village recèle un beau retable peint et sculpté de la fin du 15e s. : les volets peints représentent des scènes de la vie de la Vierge ; le corps sculpté montre la Vierge entre sainte Barbe et sainte Catherine.

Circuit au départ d'Altkirch – *22 km. Quitter Altkirch à l'Ouest par la D 419 vers Dannemarie. A 4 km, prendre à droite la D 25. Dans le village d'Hagenbach, prendre à gauche.*

Gommersdorf – De vieilles maisons du Sundgau longent la route, de part et d'autre.

A Dannemarie, tourner à gauche avant l'église.

Ballersdorf – Joli village, bien situé sur une route pittoresque.

Continuer par la D 419 qui descend dans la vallée de l'Ill et ramène à Altkirch.

★Le Sundgau – *Voir à ce nom.*

AMMERSCHWIHR

1 869 habitants
Cartes Michelin n°s 87 pli 17 ou 242 pli 31

Située au pied de coteaux couverts de vignobles, Ammerschwihr a été incendiée par les bombardements de décembre 1944 et janvier 1945. Seules, l'église St-Martin, la façade de l'ancien hôtel de ville, la Porte Haute et deux tours des fortifications (la Tour des Voleurs et la Tour des Bourgeois) témoignent de l'intérêt pittoresque qu'offrait cette petite ville.

Reconstruite dans le style propre à l'Alsace, mais adapté aux exigences de la vie moderne – un très beau groupe scolaire en fait foi –, Ammerschwihr, réputée pour ses maisons et ses rues fleuries, a repris sa place parmi les jolies cités alsaciennes.

Église St-Martin – A l'intérieur, d'époque gothique, remarquer : à l'entrée du chœur, les statues de la Vierge et de saint Jean encadrant le Christ ; dans la chapelle latérale gauche, un Christ des Rameaux (15e-16e s.) ; dans le bas-côté droit, un bel escalier Renaissance conduisant à la tribune. Le chœur est éclairé par des vitraux modernes.

Porte Haute – *A la sortie Ouest de la ville, vers Labaroche.*

Sur la tour quadrangulaire de cet édifice, surmontée d'un nid de cigognes, sont peints un curieux cadran solaire et les armes de la ville.

AMNÉVILLE‡‡

8 926 habitants
Cartes Michelin n°s 57 pli 3, 241 pli 20 ou 242 plis 5, 9

Accès – *Autoroute A 31, sortie Hagondange ou Mondelange, et autoroute A 4, sortie Semécourt Amnéville-les-Thermes.*

Au cœur du bois de Coulange, forêt de 500 ha, cette station thermale parmi les plus récemment créées bénéficie d'un environnement de qualité et d'un bon équipement touristique.

Naissance d'une station thermale – Frappée de plein fouet par la crise de la filière métallurgique, Amnéville choisit à la fin des années 70 de rompre avec son passé industriel et de se reconvertir, comme sa voisine Hagondange *(voir parc Walibi Schtroumpf p. 134)*, dans le domaine tertiaire. La présence, révélée par un forage de 900 m de profondeur, d'une eau ferrugineuse à 41° possédant des vertus thérapeutiques (rhumatologie, séquelles de traumatismes, voies respiratoires) décida précisément de la nouvelle activité. Le centre thermal, ouvert en 1986, a rapidement séduit les curistes. Autour s'est édifié un important centre de loisirs avec piscine et patinoire olympiques, golf, casino, salle de spectacles d'une capacité de 12 000 places, centre de remise en santé **thermapolis** et attrayant parc zoologique.

★Parc zoologique du bois de Coulange ⊘ – Environ 600 animaux de près de 110 espèces, tous issus de parcs zoologiques et non prélevés en milieux naturels, évoluent dans des enclos disséminés sur 6 ha de forêt. Le zoo participe aux programmes internationaux d'élevage d'animaux rares et présente notamment des espèces menacées, voire disparues depuis plusieurs siècles, et scientifiquement recréées comme les aurochs, grands taureaux sauvages des temps glaciaires. On remarquera plusieurs rarissimes et magnifiques félins : les trois sous-espèces de tigres du Bengale, de Sibérie et de Sumatra (ce dernier compte dans son aire naturelle seulement 150 individus), l'« once » ou léopard des neiges précipité vers l'extinction par la beauté de sa fourrure, l'étrange et gracile serval... Le lycaon qui terrorise les troupeaux d'herbivores, le bison d'Amérique évocateur de la Conquête de l'Ouest, le facétieux macaque rhésus du Népal (premier singe ayant participé à un voyage dans l'espace), les émeus en liberté qui s'attachent aux basques des visiteurs leur ayant témoigné quelque sympathie constituent autant d'autres attractions captivantes. Des programmes audio-visuels viennent compléter nos connaissances sur le monde animal.

Aquarium Impérator – Situé à quelques pas du Parc zoologique, il fait découvrir certains aspects du monde aquatique tropical : poissons et coraux de la mer Caraïbe, espèces particulières aux fleuves australiens ou au bassin de l'Amazone, faune endémique des lacs Malawi et Tanganyika... Dans un bac géant cohabitent plusieurs espèces de requins.

Amnéville – Parc zoologique

*Les **cartes Michelin** du pays figurent sur le tableau d'assemblage en page de sommaire.*

Dans les descriptions, nous renvoyons à celles qui, par leur échelle ou leur découpage, présentent le plus de clarté ou de commodité.

55

ANDLAU ★

1 632 habitants (les Andlaviens)
Cartes Michelin nos 87 pli 16 ou 242 pli 27 – Schéma p. 201

Cette petite ville fleurie, nichée dans la verte vallée de l'Andlau, conserve, avec quelques maisons anciennes, une église, reste d'un monastère qui fut célèbre. Sur la crête, au Nord, subsistent les ruines du château d'Andlau *(description p. 108)*.

L'abbaye d'Andlau – L'abbaye est fondée en 880 par Richarde, l'épouse de l'empereur Charles le Gros. Une légende est racontée à propos du lieu de construction de l'abbatiale. Ayant projeté de fonder un couvent sur ses terres, Richarde eut une vision dans laquelle il lui fut dit de construire une église là où elle rencontrerait une ourse préparant le nid pour ses petits. Elle s'en va dans la forêt et aperçoit la bête annoncée. Elle passa la nuit en prière à cet endroit et fit construire le monastère. En souvenir de ce récit, la maison logera et nourrira gratuitement les montreurs d'ours de passage et entretiendra un ours vivant. En 887, Charles le Gros la répudie. Elle se retire alors dans son couvent où elle meurt en 896. Elle est canonisée en 1049 par Léon IX.

Au 17e s., l'abbaye commence à décliner. La Révolution marque sa fin.

★ ÉGLISE *visite : 1/2 h*

Hormis la partie haute du clocher construite au 17e s., l'église est un beau témoin de l'art du 12e s. Elle est précédée d'une construction massive sous laquelle s'ouvre un porche.

Sur la façade et sur le côté gauche court une frise où sont figurés des animaux, des monstres, des scènes réalistes ou allégoriques.

Sous le porche, le **portail★★**, partie la plus intéressante de l'édifice, offre les plus remarquables sculptures romanes d'Alsace. De chaque côté, de petits personnages soutiennent des rinceaux enserrant des animaux ; dans des arcatures se superposent des couples représentant vraisemblablement les bienfaiteurs de l'abbaye. Sur le linteau se déroulent des scènes de la Création et du Paradis terrestre ; sur le tympan le Christ remet une clef à saint Pierre et un livre à saint Paul.

Intérieur – L'intérieur de l'église a été largement remanié au 18e s. La chapelle au-dessus du porche a gardé sa structure romane, bien que la grande verrière, qui remplace les trois ouvertures romanes traditionnelles, y ait été percée en 1700.

La chaire (18e s.) est soutenue par une statue de Samson.

Le chœur, très élevé, est décoré de belles stalles (15e s.). Accolé au mur se trouve le tombeau (15e s.) de sainte Richarde.

La **crypte★** s'étend sous le chœur et le carré du transept. Quelques vestiges remontent à la fondation, mais l'ensemble date du 11e s. On montre, dans le dallage, la cavité qui serait l'endroit signalé par l'ourse pour y construire l'église. Cette cavité est gardée par une ourse en pierre de facture préromane.

ENVIRONS

Epfig – *6 km au Sud-Est par les D 253 et D 335. Traverser le village pour prendre la D 603 vers Kogenheim.*

Située à la sortie Est du village au-dessus de la plaine du Rhin, la **chapelle Ste-Marguerite** ⊙, au milieu du cimetière, fut construite aux 11e et 12e s. D'après une légende, elle aurait servi de lieu de culte à un monastère de nonnes, ce qui expliquerait l'adjonction d'un cloître vers le 12e s. Incendiée en 1601, elle fut entièrement restaurée en 1875. L'origine exacte de l'ossuaire reste inconnue ; probablement par manque de place, les ossements furent déterrés du cimetière pour les entreposer ici.

Basilique d'AVIOTH ★★

Cartes Michelin nos 57 pli 1 ou 241 pli 15

A proximité de la frontière belge, dans un site retiré, se dresse au milieu d'un humble village une église magnifique, apparition vraiment inattendue dans le cadre rustique.

VISITE *environ 1/2 h*

La découverte de la statue d'une Vierge miraculeuse, qui devint l'objet d'un pèlerinage dès le début du 12e s., entraîna sa construction à partir de la deuxième moitié du 13e s. Celle-ci se poursuivit jusqu'au début du 15e, dans un style flamboyant ; une belle pierre de tons chauds et dorés a été employée.

Le **portail Ouest** est de proportions et d'exécution harmonieuses avec ses voussures ornées de 70 figures et son linteau évoquant la Passion. Au-dessus du portail, près du gâble, est représenté le Jugement dernier : on remarque, parmi les statues placées dans les contreforts, des anges sonnant de la trompette.

Le **portail Sud** est consacré à la Vierge et à l'enfance du Christ. Ses soubassements sont ornés de draperies sculptées, de style champenois.

A gauche du portail Sud on voit la **Recevresse★**, élégant petit édifice de style flamboyant, finement ajouré, attenant à la porte de l'ancien cimetière. Elle était destinée, semble-t-il, à recevoir les offrandes des pèlerins, d'où son nom.

Intérieur – Très lumineux, il comporte, fait exceptionnel dans la région, une coursière (chemin de circulation) et un déambulatoire sur lequel donnent des chapelles peu profondes établies entre des contreforts qui sont à l'intérieur de l'église, suivant une disposition d'origine champenoise.

D'après photo Archives photographiques

Basilique d'Avioth – Portail Sud et Recevresse

La basilique a conservé plusieurs œuvres d'art d'une savoureuse veine populaire. La gracieuse chaire de 1538, dont la pierre est finement sculptée d'un décor Renaissance, porte encore des traces de polychromie; elle est ornée d'un panneau central représentant le Couronnement de la Vierge. Tout à côté, l'Ecce Homo est flanqué d'un Pilate en costume de cour du St-Empire.

Dans le **chœur**, remarquer le maître-autel du 14e s., décoré des symboles des quatre évangélistes. A gauche de l'autel, posée sur un trône de pierre du 15e s. et toute de blanc vêtue, se présente au regard du pèlerin la vénérable statue de **N.-D. d'Avioth**, sculptée dans du tilleul vers 1110. On admirera depuis le chœur les 14 statues polychromées adossées en hauteur aux piliers du sanctuaire et formant une curieuse cour silencieuse à la Vierge miraculeuse. A droite de l'autel, le tabernacle gothique est du 15e s. : son haut pinacle vient presque à toucher le sommet de l'arcade dans laquelle il s'inscrit.

Des travaux de restauration ont fait apparaître, sur la clôture et les voûtes du chœur, des peintures et des fresques des 14e s. et 15e s., notamment près du tabernacle une Vierge à l'Enfant avec saint Jean-Baptiste et sainte Agnès.

Buffet d'orgues du 18e s., restauré.

Vous prendrez plus d'intérêt à la visite des monuments si vous avez lu en introduction le chapitre sur l'art.

BACCARAT

5 015 habitants (les Bachâmois)
Cartes Michelin nos 62 pli 7 ou 242 pli 22

Bâtie de part et d'autre de la Meurthe, cette petite ville est célèbre par sa cristallerie fondée en 1764.

Cristallerie – *On ne visite pas.* Pour ressusciter une activité millénaire, Louis XV autorisa en 1764 Mgr de Montmorency-Laval, l'évêque de Metz, à créer la verrerie Ste-Anne. Celle-ci fut transformée en 1817 en cristallerie par M. d'Artigues. Depuis la visite de Charles X dans la région en 1828, la cristallerie fournit les rois, les présidentes et les Grands de ce monde. Elle connut une grande prospérité au début du 19e s. et de nouveau dans les années cinquante, après un déclin dû aux deux guerres. En 1970, la firme adopte le four à bassin qui affine le mélange en fusion continue. Aujourd'hui, 1 100 personnes y travaillent et une vingtaine ont été qualifiées « meilleurs ouvriers de France ». 70 % de la production est exportée vers 90 pays dont les États-Unis, l'Italie, le Japon, les pays du Moyen et de l'Extrême-Orient...

Un plan *(dans l'entrée du musée)* montre l'importance des usines en 1900. La cité ouvrière comprenait plusieurs bâtiments tout en longueur. Les verriers logeaient près de la cristallerie, car ils devaient accourir dans la « halle » dès que la cloche sonnait, annonçant la fusion du cristal.

CURIOSITÉS

Musée du Cristal ⏰ – Installé dans la maison des administrateurs, ce musée expose des pièces anciennes et contemporaines : opalines, agates, presse-papiers (millefiori, sulfures) du 19ᵉ s., verres unis, taillés ou gravés, services de table fabriqués pour les souverains et chefs d'État. Composé de silice, d'oxyde de plomb (environ 30 %) et de potasse, le cristal, fondu à haute température, se façonne ensuite comme le verre. Soufflés à la bouche, les articles ainsi obtenus, brillants, éclatants, sont taillés ou gravés à la main. Du début à la fin de sa fabrication, une pièce toute simple passe entre 20 « mains » différentes. La dernière salle présente les différentes techniques de fabrication : outillage, travail à chaud, taille, gravure, dorure.

Église St-Rémy ⏰ – Élevée en 1957, elle surprend par son toit double à larges auvents. Le clocher, pyramide de 55 m de haut, se dresse à côté de l'église. La décoration intérieure, faite d'un immense bas-relief constitué par des éléments de béton éclairés de **vitraux★** *(illustration p. 311)* en cristal de Baccarat (plus de 50 teintes différentes), a pour thème « la création du monde ». Remarquer aussi le tabernacle et les fonts baptismaux symétriques par rapport au chœur et éclairés par deux verrières représentant les douze apôtres.

Aiguière Charles X

Musée du Cristal, Baccarat

BAINS-LES-BAINS⚓

1 466 habitants (les Balnéens)
Cartes Michelin nᵒˢ 62 pli 15 ou 242 pli 34

Cette station thermale est bâtie sur les rives du Bagnerot, au centre d'une région boisée ; ses environs sont aménagés pour les curistes et les touristes avec parcours pédestres et sentiers cyclables.

Les eaux débitées par onze sources, à une température variant de 25 à 51° C, sont indiquées dans le traitement des affections rhumatismales, des séquelles de traumatismes ostéo-articulaires, des maladies cardio-vasculaires (hypertension, artériopathie). Elles alimentent deux établissements :

– le **bain romain,** reconstruit en 1845, occupe l'emplacement des sources captées par les romains. A l'intérieur, éclairé par une verrière, trois piscines en pierre sont entourées de deux colonnades superposées *(voir illustration p. 292)* ;

– le **bain de la Promenade,** complété en 1880 par un hôtel et un casino, alliant ainsi les trois fonctions d'une ville d'eaux, fut transformé en 1928. Il accueille la buvette des thermes.

A 500 m à l'Est, sur la D 434, de la chapelle N.-D.-de-la-Brosse, s'offre une **vue** agréable sur les coteaux dominant la vallée du Bagnerot.

BALLON D'ALSACE ★★★

Cartes Michelin nᵒˢ 66 pli 8 ou 242 plis 35, 39

C'est le point culminant (alt. 1 250 m) du **massif du Ballon d'Alsace** à l'extrémité Sud de la chaîne des Vosges. Celui-ci fait partie des Vosges cristallines formées en grande partie de granite et caractérisées par leurs cimes arrondies appelées « ballons ». Ce terme serait dérivé du nom du dieu Bel auquel les Celtes vouaient un culte. Certains éléments permettent de supposer que le mont a servi d'observatoire solaire à l'époque celtique. On rencontre sur le massif des belles forêts de sapins et d'épicéas, de charmants sous-bois, des fonds de ravins très frais et, sur les hauteurs, de grands pâturages, émaillés de fleurs alpestres.

Le Ballon est l'un des principaux buts d'excursion de la région aussi bien en été qu'en hiver (ski de piste et ski de fond).

Accès – *A partir de St-Maurice-sur-Moselle au Nord ou de Masevaux au Sud-Est, la route est décrite dans le parc naturel régional des Ballons des Vosges. A partir de Giromany, la route est décrite dans le guide Vert Michelin Jura.*

Le sentier *(1/2 h à pied AR)* s'amorce sur la D 465, devant la « Ferme-Restaurant du Ballon d'Alsace ». Il se dirige à travers les pâturages, vers la statue de la Vierge. Avant le retour de l'Alsace à la France, cette statue se trouvait exactement sur la

Attention ! Il faut respecter l'équilibre fragile du milieu en restant bien sur les sentiers et en n'effectuant aucun prélèvement.

Massif du Ballon d'Alsace

59

frontière. Le Ballon d'Alsace (alt. 1 250 m) est le sommet important le plus méridional des Vosges. Il domine de sa croupe gazonnée les derniers contreforts de la chaîne. Du balcon d'orientation, le **panorama**★★ s'étend au Nord jusqu'au Donon, à l'Est sur la plaine d'Alsace et la Forêt-Noire, au Sud jusqu'au mont Blanc.

Il est possible de redescendre par le même chemin ou de continuer en suivant le **sentier de découverte** *(durée : 1 h 30)*, au long duquel des tables de lecture fournissent des explications complémentaires sur la géologie, l'histoire, la faune et la flore.

Parc Naturel Régional
des BALLONS DES VOSGES

Cartes Michelin n°s 62 pli 17, 18, 66 plis 7, 8, 9 ou 242 pli 27, 31, 34, 35, 38, 39

Le Sud du massif vosgien – Dominée par une ligne de crêtes orientée Nord-Sud et soulignée par les sommets arrondis des ballons (1 424 m au Grand Ballon), la montagne vosgienne offre des paysages contrastés.

A l'Est, les cirques glaciaires s'ouvrent sur des vallées encaissées au caractère alpestre bien marqué. En se rapprochant du piémont alsacien, les versants boisés laissent la place aux prés verdoyants puis à la vigne.

A l'Ouest, le versant lorrain offre des pentes plus douces, drainées par un réseau de vallées et de lacs témoins d'une importante érosion glaciaire.

Le Parc Naturel Régional – Il propose au visiteur un ensemble de milieux naturels diversifiés et originaux : chaumes au sommet des ballons, tourbières, cirques glaciaires ou collines calcaires.

La forêt, composée essentiellement de résineux (sapins pectinés et épicéas), couvre près de 60 % du territoire et contribue à l'appellation « ligne bleue des Vosges ».

La diversité des milieux écologiques a permis le maintien ou l'installation d'une faune remarquable : cerfs, chevreuils, sangliers, chamois et même quelques lynx. L'avifaune forestière et montagnarde est très riche (notamment faucons pèlerins, grands tétras, merles à plastron). L'abondance des milieux aquatiques favorise le foisonnement d'une vie animale (écrevisse, truite fario, triton alpestre, etc.) et végétale spécifique.

Villages fortifiés, châteaux et musées témoignent des traditions industrielles, artisanales et agricoles : exploitation des mines d'argent, tissage du textile, schlittage, fabrication du munster.

Pour les amateurs de promenades et de randonnées, de nombreux sentiers ont été balisés, des circuits créés pour les VTT ou le ski de fond, des pistes aménagées pour le ski alpin (la Bresse, Gérardmer, le Markstein, le Ballon d'Alsace, le lac Blanc). Les plus sportifs pourront pratiquer le parapente ou l'escalade.

Chaque été des visites guidées à thèmes sont proposées : faune, flore, paysages, mines, moulins, agriculture, architecture... Il existe aussi de nombreux aménagements comme les sentiers de découverte balisés, les centres d'initiation à l'environnement, le jardin botanique du Chitelet...

Des moulins et des hauts-fers, scieries actionnées par la force hydraulique, accueillent le public pour des visites guidées et des démonstrations. Une quinzaine de communes du Parc disposent de circuits historiques et sentiers balisés *(brochures descriptives disponibles dans les Offices de tourisme)*, et une trentaine de musées, écomusées et lieux d'exposition racontent l'histoire humaine, culturelle et industrielle de la région.

Située à Munster, la **Maison du Parc** informe le public sur les différentes activités.

★★ 1 ROUTE DU COL DU BALLON D'ALSACE
De St-Maurice-sur-Moselle au Ballon d'Alsace
10 km – environ 1 h – schéma p. 62 et 63

Cette route, la plus ancienne du massif, fut construite sous le règne de Louis XV.

St-Maurice-sur-Moselle – (les Fremis). Situé à proximité de sites remarquables, ce petit bourg industriel (tissage et scieries) est aussi voisin des centres de sports d'hiver du Rouge Gazon et du Ballon d'Alsace.

C'est le point de départ pour les excursions au Ballon de Servance et dans la vallée des Charbonniers *(p. 64)*.

Au cours de la montée au col du Ballon, la route (D 465) offre de jolies vues sur la vallée de la Moselle, puis pénètre dans une superbe forêt de sapins et de hêtres.

Plain du Canon – *1/4 h à pied AR.* Le sentier d'accès, en descente vers une maison forestière, part de la D 465, à hauteur d'un panneau touristique accroché à un arbre. Descendre directement devant la maison, puis prendre le sentier qui monte en lacet à gauche.

Le nom de ce lieu-dit est dû à un petit canon dont se servait autrefois le garde forestier pour provoquer un écho.

La vue est jolie sur le vallon boisé de la Presles, dominé par le Ballon d'Alsace et par le Ballon de Servance, surmonté d'un fort.

Après le lieu-dit **la Jumenterie**, perpétuant le souvenir d'un établissement fondé en 1619 par les ducs de Lorraine pour l'élevage des chevaux, très belle vue à droite sur la vallée de la Moselle et le Ballon de Servance.
On atteint la région des hauts pâturages.

Monument à la mémoire des Démineurs – Œuvre de J. Rivière et d'E. Deschler, il commémore le dévouement de ceux qui moururent en exécutant leur périlleuse tâche.

Col du Ballon – A droite monument commémorant l'exploit sportif du coureur cycliste René Pottier *(extrémité du parking)*. Belle vue sur le sommet du Ballon d'Alsace, surmonté de la statue de la Vierge et, plus à droite, sur la trouée de Belfort, où brillent des étangs, et le Jura du Nord.
Un sentier part vers la statue de Jeanne d'Arc.

★★★**Ballon d'Alsace** – *1/2 h à pied AR. Voir à ce nom.*

★★② VALLÉE DE LA DOLLER

Du Ballon d'Alsace à Sentheim
28 km – environ 1 h – schéma p. 62 et 63

★★★**Ballon d'Alsace** – *1/2 h à pied AR. Description p. 59.*
La descente vers le lac d'Alfeld est très belle. Elle permet de découvrir en avant le Grand Ballon, point culminant des Vosges (alt. 1 424 m), puis une très jolie vue sur la vallée de la Doller, le Jura et les Alpes.
Après un parcours en forêt, le lac apparaît au fond d'un cirque d'origine glaciaire.

★**Lac d'Alfeld** – Le lac-réservoir d'Alfeld constitue, avec ses 10 ha de superficie et sa profondeur de 22 m, l'une des plus jolies nappes d'eau des Vosges. Il assure un débit régulier à la Doller, notamment pendant la période de fonte des neiges. Avant la crise de l'industrie textile, il permettait à la Doller d'alimenter de façon régulière les nombreuses usines qui ont disparu depuis. Un cadre pittoresque de hauteurs boisées, où perce la roche, l'entoure.
Le barrage qui le retient fut construit de 1884 à 1887. Long de 337 m, il s'appuie sur une moraine laissée par les anciens glaciers qui s'avançaient jusqu'à Kirchberg.
Pour la pêche, voir le chapitre des Renseignements pratiques en fin de guide.

Lac de Sewen – Ce petit lac, séparé du lac d'Alfeld par un talus moranique, est peu à peu envahi par la tourbe. On trouve sur ses bords des plantes alpestres et nordiques.
En aval, la D 466 longe la Doller qui coule entre de hautes pentes de prairies très vertes, coupées de bois de sapins et de hêtres. La vallée est dominée par l'église romane de **Kirchberg** perchée sur une moraine et, à l'entrée de **Niederbruck**, à gauche, par une statue monumentale de la Vierge à l'Enfant due au sculpteur Antoine Bourdelle.

Masevaux – *Page 111.*
Poursuivre sur la D 466.

Sentheim – En face de l'église, la **Maison de la géologie** ⊙ présente une belle collection de fossiles et minéraux, pour un parcours d'initiation à travers les temps géologiques.

Le sentier géologique du Wolfloch – *Prendre la D 466 en direction de Bussang, puis tourner à droite 300 m après l'église et suivre le fléchage jusqu'au point de départ du sentier. Itinéraire balisé de 5 km sur 12 sites géologiques, durée : 2 h. Il est indispensable de se procurer la brochure à la Maison de la géologie ou à la Maison du Parc à Munster.*
Face au panneau de présentation, partir vers la gauche en longeant les champs, guidé par le balisage représentant un fossile.
Le sentier, franchissant notamment la grande faille vosgienne, permet de survoler la géologie des Vosges depuis l'ère primaire jusqu'à nos jours. Cette faille sépare les terrains primaires rehaussés par la surrection alpine de sédiments plus récents parfois riches en fossiles, témoins de la présence marine en ce lieu, il y a plusieurs dizaines de millions d'années *(voir p. 18).*

★★③ BALLON DE SERVANCE
21 km – environ 1 h 1/4 – schéma p. 62 et 63

St-Maurice-sur-Moselle – *Page 60.*

Le Thillot – *Page 144.*
Par la D 486 au Sud, gagner le col des Croix et prendre à gauche la D 16, ancienne route stratégique, qui s'élève en corniche, offrant de jolies vues sur la vallée de l'Ognon, avant de sinuer en forêt.

PARC NATUREL RÉGIONAL DES BALLONS DES VOSGES

Légende:

- 🅸 Centre d'information
- **M** Musée ou exposition
- ◑ Circuit historique
- ◪ Centre d'initiation à l'environnement
- 🚶 Sentier de découverte

- 🧗 Site d'escalade
- 🚴 Circuit VTT
- ⛷ Ski alpin
- 🎿 Ski de fond

0 ___ 5 km

ST DIÉ
D 46
N 420
Bruyères
✹ 601 Mont Avison
D 44
Champ-le-Duc
D 60
ÉPINAL ★
🅸 M
N 57
D 42
D 11
Vologne
D 30
Faucompierre
Granges-s.-Vologne
🅸
Barbey-Sero
★ Champ de Roche
★★ RÉGION
Archette
Chenimenil
HAUTE
Arches
Tête des Cuveaux ★
783 ✹
D 11
le Tholy
🅸 🧗 ⛷
★ GÉRARDME
D 417
D 434
Éloyes
Cascade de Tendon ★
VALLÉE
N 57
D 42
St Amé
Vagney
🅸 🧗 ⛷
la Bresse
D 486
Remiremont
D 417
DE
V⁼ de la Semouse ★
N 57
GR 7
▲
Cornimont
🅸 🧗 ⛷
D 63
LA
✹ la Beuille
757
Moselotte
🅸 M ⛷
Ventr
Plombières-les-Bains
🅸 ◑ ⛷
Cascade du Gehard ★
D 57
Saulxures-s-Moselotte
Ermitage du Frère Joseph
Source de la Mosel
VESOUL
Le Val d'Ajol
🅸
Rupt-s-Moselle
MOSELLE ★
D 486
D 83
D 136
620
Col du Mont de Fourche
GR 7
N 66
Moselle
🅸 🧗 ⛷
Bussang
Fougerolles
🅸 M 🚶 🚴
D 6
St Bresson
D 5
678
le Thillot
N 66
St-Maurice-s-Moselle
D 6
Raddon
Breuchin
Col des Croix
D 16
Plain du Canon
V⁼ DES
la Jumente
Faucogney-et-la-Mer
3
le Haut-du-Them
🚶 ◪
★★ BALLON DE SERVANCE
✹
1216
1
1178
✹
1⁼
Col du Ballon
D 73
Servance
D 486
Ognon
★★★ BALLON D'ALSACE
⛷ ⛷
Savoureuse
GR⁵
D 64
Mélisey
🅸 🚴
Plancher-les-Mines
D 16
Planche des Belles Filles
△ 1148
Lepuix
D 465
GR⁵
Giroma
🅸 ◑ ⛷
62
D 486
Ronchamp
🅸
Ronchamp
🅸
Auxelles-Haut
🚴
Sermamagny
◪
D 13

★★**Panorama du Ballon de Servance** – *Laisser la voiture au départ de la route militaire (interdite) du fort de Servance et prendre, à droite, le sentier jalonné qui conduit (1/4 h à pied AR) au sommet du Ballon (alt. 1 216 m).*

On découvre un magnifique panorama : à l'Ouest, sur la vallée de l'Ognon, le plateau glaciaire d'Esmoulières, semé d'étangs, et le plateau de Langres ; au Nord-Ouest, les Monts Faucilles ; plus à droite, la vallée de la Moselle ; au Nord-Est, du Hohneck au Gresson en passant par le Grand Ballon, très lointain, se silhouette la chaîne des Vosges ; à l'Est s'arrondit la croupe, toute proche, du Ballon d'Alsace ; au Sud-Est et au Sud, vue sur les contreforts vosgiens.

④ VALLÉE DES CHARBONNIERS

12 km – environ 1/2 h – schéma p. 62 et 63

St-Maurice-sur-Moselle – *Page 60.*

À l'Est de St-Maurice-sur-Moselle, prendre la route qui longe le ruisseau des Charbonniers.

Les habitants de cette vallée descendaient d'une colonie suédoise et allemande embauchée au 18ᵉ s. par les ducs de Lorraine pour l'exploitation des forêts et le charbonnage. Au village des Charbonniers, tourner à gauche dans la route du Rouge Gazon (sports d'hiver) : de la **Tête du Rouge Gazon**, vues en direction du Ballon de Servance.

⑤ VAL D'ARGENT

Le sous-sol du massif vosgien est exceptionnellement riche. Argent, cuivre et autres métaux ont été exploités depuis le Moyen Âge. Les mines connaissent leur apogée aux 16ᵉ et 17ᵉ s. et leur déclin trouvera sa conclusion au milieu du 19ᵉ s. La mise en valeur du patrimoine minier fait l'objet, depuis quelques années, d'efforts considérables. Plusieurs sites, protégés et réaménagés, sont désormais accessibles au public.

Circuit au départ de Ste-Marie-aux-Mines

65 km – environ 1 h 1/2 – schéma p. 62 et 63

On quitte Ste-Marie-aux-Mines à l'Ouest par un vallon verdoyant (N 59). Dans la montée *(forte rampe)* qui suit, on laisse à droite un cimetière militaire.

Col de Ste-Marie – Du col (altitude 772 m), un des grands cols des Vosges, belle vue en arrière sur le vallon de la Cude et, en avant, sur le bassin de la Liepvrette, la plaine d'Alsace et le château du Haut-Kœnigsbourg.

Roc du Haut de Faite – *Du col de Ste-Marie, 1/2 h à pied AR. Prendre au Nord un sentier qui se détache à droite d'une pierre tombale.*
Du sommet, beau **panorama** sur la crête des Vosges et les versants alsacien et lorrain.

Reprendre la N 59 en direction de St-Dié. 2 km après Gemaingoutte, tourner à gauche dans la D 23.

Circuit minier La Croix-aux-Mines – *Au lieu-dit Le Chipal, parcours pédestre : 5,6 km, durée : environ 2 h 45.*
Au niveau de la chapelle du Chipal, suivres les panneaux, cercle noir sur fond jaune avec l'emblème du sentier : un marteau et un pic croisés. Les mineurs extrayaient la galène (sulfure de plomb argentifère) pour en retirer l'argent dans les différents sites exploités dont celui du Chipal.

Poursuivre sur la D 23 et à Fraize prendre à gauche la N 415.

Col du Bonhomme – *Page 173.*

Au col, prendre à gauche la D 148.

★★**Le Brézouard** – *3/4 h à pied AR.*

La plus grande partie de l'excursion du Brézouard peut être effectuée en auto si on l'aborde par le **col des Bagenelles** *(4 km)*, d'où l'on a une belle vue sur la vallée de la Liepvrette.

Quitter la voiture au point de stationnement, près du refuge des Amis de la Nature.

Le Brézouard fut, ainsi que la région environnante, bouleversé pendant la guerre de 1914-1918.

Du sommet, le **panorama**★★ est très étendu. Au Nord, on découvre le Champ du Feu, le Climont et, au loin, le Donon ; au Nord-Est, Strasbourg est visible ; au Sud, le Hohneck et le Grand Ballon. Par temps clair, le Mont Blanc se révèle dans le lointain.

La D 48 redescend vers Ste-Marie-aux-Mines.

Après quelques kilomètres dans la forêt, la route sinueuse rejoint la vallée de la Liepvrette où les vergers succèdent aux pâturages d'altitude.

Sentier patrimoine de Neuenberg – *A Échery*. Au cours de la promenade *(circuit court : 2 h 30, circuit long : 4 h)*, on aperçoit notamment la Tour des Mineurs et la maison du receveur des dîmes caractéristique de la Renaissance avec sa tourelle, ainsi qu'une galerie de recherche de la mine Énigme.

St-Pierre-sur-l'Hâte – *Dans Échery, prendre à droite*. Ce hameau, joliment situé dans un cadre de versants boisés et jadis siège d'un prieuré bénédictin, possède une **église** œcuménique dite «des mineurs», bâtie aux 15e-16e s., restaurée en 1934.

Ste-Marie-aux-Mines – *Voir à ce nom.*
Sortir de Ste-Marie-aux-Mines par la D 459, en direction de Ste-Croix.

Sentier minier et botanique de Ste-Croix-aux-Mines – *A la sortie de Ste-Marie, 100 m avant le panneau « les halles », départ du circuit (3,8 km, durée : 2 h 30) sur la gauche de la route.*
Le bois de St-Pierremont recelait de riches filons argentifères exploités au 16e s. Tout au long du parcours, des panneaux sur les arbres indiquent les essences de la forêt.

Autres itinéraires *décrits dans le guide*

★★★**Route des Crêtes**

★★**Région de Gérardmer**

★★**Vallée de Guebwiller**

★★**Vallée de Munster**

★★**Val d'Orbey**

★**Massif du Petit Ballon**

★**Vallée de la Thur**

★**Haute vallée de la Moselle** – *Voir à ces noms.*

Pour trouver la description d'une ville ou d'une curiosité isolée, consultez l'index.

BAR-LE-DUC ★
17 545 habitants (les Barisiens)
Cartes Michelin nos 62 pli 1 ou 241 pli 31

Située en partie sur un promontoire, Bar-le-Duc se divise en ville haute où autrefois se dressait le château des ducs de Bar, et en ville basse comprenant, de part et d'autre de l'Ornain, les quartiers du Bourg, de la Neuveville et du faubourg Couchot.
D'origine mérovingienne, Bar fut, dès 954, capitale d'un comté qui faillit prendre l'avantage sur le duché de Lorraine. En 1354, ses comtes qui avaient dû reconnaître la suzeraineté française prirent le titre de duc et firent de leur ville la capitale du Barrois. En 1484, le Barrois, tout en gardant son autonomie, fut réuni à la Lorraine et rattaché en même temps qu'elle à la France en 1766. Bar est la patrie du duc François de Guise, des maréchaux Oudinot et Exelmans et de Raymond Poincaré.
Pendant la guerre de 1914-1918, la ville joua un rôle important. De là partait la Voie Sacrée suivie par les convois montant à Verdun.
Aujourd'hui préfecture du département de la Meuse, Bar-le-Duc a quelques fonctions administratives. C'est aussi un centre commercial où se déroulent foires et marchés.
Les confitures de groseilles épépinées à la plume d'oie sont célèbres.

★LA VILLE HAUTE *visite : 1/2 h*

Ce bel ensemble architectural des 16e, 17e et 18e s. était le quartier aristocratique de Bar. Derrière les façades des hôtels ornées de statues, de colonnes, de trophées, de gargouilles, les demeures se prolongent en un logis seigneurial, une cour et un autre bâtiment pour les serviteurs.

Place St-Pierre (**AZ**) – Cette place triangulaire dominée par l'élégante façade de l'église St-Étienne est bordée de maisons de différentes époques.
Sur la droite du parvis, quand on est face à l'église, trois demeures montrent l'évolution de l'architecture entre le 15e et le 17e s.
Au **no 25**, la maison à colombage avec son étage en encorbellement est représentative de l'architecture médiévale.
Au **no 21**, l'«hôtel de Florainville», aujourd'hui palais de justice, présente une façade Renaissance de style alsacien (les gracieux balcons en fer forgé ont été ajoutés au 18e s.).
Enfin, au **no 29**, siège du tribunal d'instance, la façade du début du 17e s. est ornée d'un décor très classique : colonnes, fenêtres surmontées de frontons de volutes.

Église St-Étienne (**AZ**) – C'est une ancienne collégiale de style gothique de la fin du 14ᵉ s. dont la façade est en partie Renaissance. A l'intérieur se trouvent plusieurs œuvres d'art, la plus fameuse étant le **transi**★★ de Ligier Richier (dans le croisillon droit) représentant René de Chalon, prince d'Orange, tué au siège de St-Dizier en 1544. Cette œuvre saisissante fut commandée au sculpteur par sa veuve Anne de Lorraine. Extrêmement violente dans son réalisme macabre, l'œuvre de Richier doit sa puissance à l'opposition entre l'état misérable du cadavre décomposé et l'attitude presque triomphante que lui a donnée le sculpteur, la tête levée vers son cœur qu'il tend à bout de bras vers le ciel. Autre œuvre de Ligier Richier, le *calvaire* représentant le Christ et les deux larrons se dresse derrière le maître-autel. Dans le transept gauche, la *statue de N.-D-du Guet* est vénérée par les Barisiens. D'après la légende, au

Bar-le-Duc – Le transi de Ligier Richier

cours du siège de 1440, les ennemis approchant d'une porte où se trouvait une statue de la Vierge entendirent celle-ci crier : « Au guet, au guet, la ville est prise. » Un soldat furieux jeta une pierre sur la statue qui l'attrapa tandis que le soldat tombait raide mort. En face de N.-D.-du-Guet, un tableau montre une *crucifixion* où Jérusalem est remplacée par la ville haute de Bar au 17ᵉ s.

Place de la Halle (**AZ**) – A travers la porte cochère du nº **3**, à la belle façade sculptée de style baroque, malheureusement endommagée, on aperçoit les vestiges des arcades des anciennes halles.

Prendre la rue Chavée et tourner à droite.

Belvédère des Grangettes (**AZ E**) – Il offre une vue agréable sur la ville basse, les coteaux et, à gauche, sur la **tour de l'Horloge**, vestige de l'ancien château ducal.

Revenir place de la Halle et prendre à gauche la rue des Ducs-de-Bar.

Rue des Ducs-de-Bar (**AZ**) – Ancienne « Grande Rue » aristocratique de la ville haute, cette artère présente toujours un bel ensemble de façades.
Le nº **41**, avec ses deux frises horizontales ornées d'attributs militaires, est un exemple intéressant de l'art classique barisien du milieu du 16ᵉ s.
Le nº **47**, où Bernanos écrivit « Sous le soleil de Satan », est l'une des rares maisons à avoir conservé ses gargouilles.
Au nº **53** la porte d'entrée est encadrée d'une arcade à décor sculpté.
La façade du nº **73** est décorée de ravissantes appliques représentant des instruments de musique...
Au nº **75**, un ancien **pressoir** du 15ᵉ s. est installé dans le bâtiment au fond de la cour.
La façade de l'hôtel de Salm barre le fond de la rue des Ducs-de-Bar.

AUTRES CURIOSITÉS

Musée Barrois (**AZ M**) ⊘ – Installé dans l'ancienne cour des comptes et le château neuf édifié à partir de 1567 par le duc Charles III, le musée présente une riche collection archéologique depuis l'âge du bronze jusqu'à la période mérovingienne : nombreuses pièces gallo-romaines dont la statue de la déesse mère de Naix-aux-Forges, l'antique Nasium, et la stèle de l'oculiste de Montiers-sur-Saulx, parures mérovingiennes provenant de la nécropole de Gondrecourt.
Dans la salle sous croisées d'ogives (fin 15ᵉ s.) où était conservé le trésor des chartes sont exposées les sculptures médiévales et Renaissance (Pierre de Milan, Gérard Richier).
Parmi les peintures des écoles française et flamande, remarquer *Diane et Callisto* de Heindrick de Clerck, la *Tentation de saint Antoine* de David II Teniers, *Scène de cabaret* de Jan Steen.
Les collections historiques (armes et armures des 16ᵉ et 17ᵉ s.) complètent la présentation de l'ancienne salle d'Audiences.
Les collections d'arts et traditions populaires sont regroupées autour d'un pressoir situé au 75, rue des Ducs-de-Bar *(voir ci-dessus).*

Devant le château, une vaste esplanade, dégagée à partir de 1794 lors de la destruction de la collégiale St-Maxe, offre de belles perspectives sur la ville basse, le collège Gilles-de-Trèves et les vestiges des fortifications du château (porte romane).

Collège Gilles-de-Trèves (**AY B**) – Il fut fondé en 1571 par Gilles de Trèves, doyen de la collégiale St-Maxe, qui voulait donner à Bar un collège d'enseignement supérieur pour éviter aux jeunes nobles de s'expatrier vers des universités où soufflait de plus en plus l'esprit de la Réforme. Il paya la construction de ses propres deniers.

La façade Renaissance a été refaite au 19e s., mais la cour intérieure est restée intacte. On y pénètre par un long porche à voûtes décorées où l'on peut lire la devise en latin formulant l'ambition du fondateur : « Que cette demeure reste debout jusqu'à ce que la fourmi ait bu les flots de la mer et que la tortue ait fait le tour du globe. »

La cour présente des galeries supportées par des piliers. Les balustrades sont ornées de sculptures au dessin complexe qui pourraient être d'origine flamande.

Rue du Bourg (**AY**) – Le bourg dans la ville basse était le quartier commerçant de Bar. Sa grande rue fut à partir du 16e s. l'une des plus élégantes de Bar-le-Duc, comme en témoignent aujourd'hui les riches façades que l'on peut encore y admirer. Le **n° 26**, ou Maison des Deux Barbeaux (1618), est décoré de bustes de femmes et de « sirènes » sur les chambranles de fenêtres. Belle porte en bois sculptée. On remarquera aussi les **n°^{s} 42, 46, 49** et **51**. Le **n° 49** a conservé ses gargouilles.

Au coin de la rue du Bourg et de la rue Maginot, un monument (**V**) représentant un enfant et une bicyclette a été érigé à la mémoire des Barisiens Pierre et Ernest Michaux, inventeurs du vélocipède en mars 1861.

Église Notre-Dame (**AY**) ⊙ – C'est à l'origine une église romane qui fut restaurée au 17e s., à la suite d'un incendie ; son clocher est du 18e s.

Dans la nef, *Christ en croix* de Ligier Richier. Dans la chapelle du transept Sud, un bas-relief de la fin du 15e s. représente l'*Immaculée Conception :* au-dessous du Père éternel, la Vierge en prière est entourée des emblèmes-symboles de sa pureté.

Château de Marbeaumont (**BY**) – Ancienne propriété des banquiers Varin-Bernier, cet exubérant château du début du siècle servit de quartier général au général Pétain au cours de la Première Guerre mondiale.

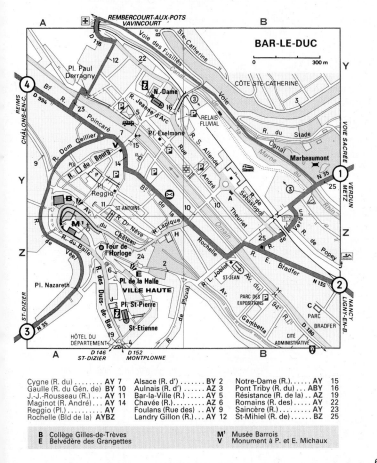

Cygne (R. du)	**AY** 7	Alsace (R. d')	**BY** 2	Notre-Dame (R.)	**AY** 15
Gaulle (R. du Gén. de)	**BY** 10	Aulnais (R. d')	**AZ** 3	Pont Triby (R. du)	**ABY** 16
J.-J.-Rousseau (R.)	**AY** 11	Bar-la-Ville (R.)	**AY** 5	Résistance (R. de la)	**AZ** 19
Maginot (R. André)	**AY** 14	Chavée (R.)	**AZ** 6	Romains (R. des)	**AY** 22
Reggio (Pl.)	**AY**	Foulans (Rue des)	**AY** 9	Saincère (R.)	**AY** 23
Rochelle (Bld de la)	**AYBZ**	Landry Gillon (R.)	**AY** 12	St-Mihiel (R. de)	**BZ** 25

B	Collège Gilles-de-Trèves	**M¹**	Musée Barrois
E	Belvédère des Grangettes	**V**	Monument à P. et E. Michaux

ENVIRONS

Rembercourt-aux-Pots – *18 km*. Carte Michelin n° 56 pli 20. *Quitter Bar-le-Duc par la D 116, route de Vavincourt, au Nord.*
Ce village possède une belle **église** du 15ᵉ s., avec une magnifique **façade★**, mélange des styles flamboyant et Renaissance. Remarquer la richesse de ses éléments décoratifs où les niches en coquille se mêlent aux sujets païens de la frise Renaissance. Ses deux tours, inachevées, restent tronquées. L'intérieur constitue un ensemble homogène.

Nubécourt – *11 km au départ de Rembercourt, au Nord.*
Raymond Poincaré (1860-1934), président de la République de 1913 à 1920, repose dans le cimetière.

BITCHE

5 517 habitants
Cartes Michelin nᵒˢ 57 pli 18 ou 242 pli 11

Au pied de sa glorieuse citadelle qui fut longtemps gardienne d'un des plus importants passages des Vosges, la petite ville de Bitche, de création relativement récente (17ᵉ s.), demeure encore aujourd'hui marquée par le voisinage du vaste camp militaire qui s'étend, au Nord-Est, jusqu'à la frontière allemande. Son plan est assez curieux, le tracé de la rue principale épousant la forme de la citadelle.

★ CITADELLE ⊘ *visite 1 h 1/2*

Rebâtie par Vauban en 1679, puis démantelée, à nouveau reconstruite en 1741, elle opposa une résistance victorieuse aux Prussiens en 1793 et en 1870-1871.
Il en subsiste les impressionnants remparts de grès rouge, visibles de loin malgré leur ceinture de gros arbres, et l'infrastructure souterraine. La citadelle pouvait abriter une garnison d'environ mille hommes.
Gravir à pied la rampe et le passage voûté de l'entrée Nord pour atteindre *(1/2 h à pied AR)* le tertre culminant (mât du drapeau) d'où l'on a une vue circulaire sur Bitche et les hauteurs boisées qui l'entourent. A l'aide de jumelles on peut distinguer, à l'Ouest, quelques-unes des cloches cuirassées de l'ouvrage Maginot du Simserhof. Tout au long du parcours, dans le dédale des galeries et des casemates (cuisines, hôpital, souterrain du corps de garde principal, dortoir des officiers), projections, son laser, effets olfactifs font revivre de façon vivante le siège de la guerre de 1870-71.
Dans l'ancienne chapelle, un musée retrace l'histoire de la région avec notamment un beau plan en relief de Bitche en 1794.
L'ancienne boulangerie accueille une exposition sur le Second Empire dans le Pays de Bitche, période particulièrement prospère suite à l'essor de nombreuses industries.

ENVIRONS

Étang de Hasselfurt – *2 km à l'Est par la N 62*. Baignade et promenade agréable.

Reyersviller – *5 km à l'Ouest par la N 62*. Juste après le village, remarquer sur la droite de la route l'impressionnant **chêne des Suédois**, âgé de plus de 400 ans. La légende raconte que les envahisseurs suédois s'en servaient comme potence pendant la guerre de Trente Ans, pour pendre les paysans réfractaires du village disparu de Kirscheid.

★ **Le Simserhof** – *Voir à Ligne Maginot et à ce nom.*

Ossuaire de Schorbach – *6 km au Nord-Ouest par les D 962 et D 162ᴮ à gauche.* Près de l'église, on découvre un petit bâtiment percé d'arcatures romanes au travers desquelles se distingue un entassement d'os.

*Actualisée en permanence,
la carte Michelin au 1/200 000 souligne
les localités citées au guide Rouge Michelin France
(hôtels et restaurants)
et montre l'extension de ses plans de ville.*

*Au moment de choisir une étape ou de pénétrer dans
une ville, quelle facilité!*

*Équipez votre voiture de cartes
Michelin à jour.*

BOURBONNE-LES-BAINS ♦♦

2 764 habitants
Cartes Michelin n°s 62 plis 13, 14 ou 242 pli 33

La station thermale de Bourbonne que connaissaient les Romains et qui fut très en faveur du 16ᵉ au 18ᵉ s. domine la vallée de l'Apance. C'est la première station de l'Est de la France. Ses eaux chaudes (66 °C) sont employées contre les rhumatismes, les arthroses et les fractures, l'ostéoporose, et dans le traitement des voies respiratoires.

Ville haute – De l'ancien château féodal du début du 16ᵉ s. subsiste la porterie qui marque l'entrée du parc du château. Installé dans les dépendances, le **musée** ⊙ présente des peintures du 19ᵉ s. : œuvres de René-Xavier Prinet (1861-1946), de Georges Freset (1894-1975), scènes militaires (par Horace Vernet, *Prise de Constantine*) et en été des expositions temporaires. Le « **château** », belle demeure construite à l'emplacement de l'ancien château fort et léguée à la ville par un curiste reconnaissant, M. Chevandier de Valdrome, abrite la mairie. Vue agréable sur la ville basse et la vallée.

Bourbonne possède de beaux parcs dont le **parc des Thermes** (vestiges gallo-romains), l'**Arboretum de Montmorency** (230 espèces d'arbres des cinq continents) et le **parc animalier de la Bannie** ⊙ *(3,5 km au Sud-Ouest par la D 26)* où évoluent cerfs, daims, biches, mouflons dans leur milieu naturel.

ENVIRONS

Châtillon-sur-Saône – *11,5 km à l'Est de Bourbonne, par la D 417.*
Construite sur une éminence dominant la Saône, cette grosse bourgade fortifiée a conservé une partie de ses murailles remontant au 14ᵉ s. et toute une série de petits hôtels Renaissance aux façades pleines de saveur.

BOUXWILLER

Cartes Michelin n°s 87 pli 13 ou 242 pli 15

Blottie au pied de l'envoûtant Batsberg, repaire de sorcières bien connu, Bouxwiller tient de son passé de cité princière et d'actif foyer économique un caractère de puissante authenticité. Capitale jusqu'en 1791 du comté de Hanau-Lichtenberg dont le territoire chevauchait le Rhin, elle connut son apogée de 1741 à 1765, à l'occasion des séjours de la « Grande Landgravine » Caroline de Hesse. Si le château des princes n'a pas résisté à la tourmente révolutionnaire, en revanche certains bâtiments des 16ᵉ et 17ᵉ s. qui l'entouraient ont survécu telles la chancellerie et la halle aux grains.

CURIOSITÉS

Circuit historique – *Dépliant à retirer à la mairie.* Il parcourt les rues les plus pittoresques bordées de « cours nobles » et surtout de maisons de style Renaissance allemande à pans de bois dessinant ici un œil (vigilance) associé à un bec (protection contre le mal), là une croix de St-André (fécondité)…
Place de la Grande-aux-Dîmes, une partie du rempart et de son chemin de ronde a été restaurée.

Hôtel de ville – C'est l'ancienne chancellerie dont le portail arrière s'orne des armoiries comtales. Il abrite le musée du pays de Hanau.

Musée du pays de Hanau ⊙ – Il présente un bel ensemble de **meubles polychromes**★, des costumes, verrerie de Bouxwiller spécialisée dans les flacons à bonbons et les boules de Noël, reconstitutions d'intérieurs… Il permet également de découvrir les traditions humaines du pays de Hanau ainsi que les richesses naturelles et géologiques de la région.

Église ⊙ – Cette église protestante, du début du 17ᵉ s., possède un intéressant mobilier : **chaire**★ en pierre sculptée polychrome (vers 1600), orgue Silbermann et son exubérant buffet, loge seigneuriale au délicat décor de stucs et boiseries.

Sentier géologique du Bastberg – *Document disponible à la mairie, au Syndicat d'initiative ou à la maison du Pays.* Première réalisation de ce genre en Alsace, ce sentier propose un parcours pittoresque de 6 km permettant de comprendre l'histoire géologique de l'Alsace. Les nombreux fossiles que l'on y trouve contribuent à faire de Bouxwiller un site géologique mondialement connu déjà décrit au siècle dernier par Cuvier. Le sentier conduit au sommet du Batsberg d'où l'on domine la ville *(tables d'orientation)*. Le sous-sol calcaire a permis, par endroits, le développement d'une flore très riche, en particulier en orchidées en mai et juin *(pas de cueillette !).*

Le sommet du Bastberg est accessible en voiture depuis le village d'Imbsheim : prendre la D 6 à Bouxwiller puis tourner à droite juste avant Imbsheim.

La fête à Bouxwiller : en décembre, « Noël au pays de Hanau » (marché de Noël, voir le chapitre des principales Manifestations en fin de guide).

La BRESSE

5 188 habitants (les Bressauds)
Cartes Michelin nᵒˢ 87 pli 18 ou 242 pli 35 – Schéma p. 96

Cette petite ville dont la fondation remonte au 7ᵉ s. étend son habitat dispersé dans une vallée très pittoresque de la montagne vosgienne. C'est la « Belle Vallée » des aïeuls de Paul Claudel, que le poète s'est plu à célébrer. Très tôt, ses habitants furent régis par un droit coutumier propre et La Bresse demeura jusqu'en 1790 une petite république presque autonome vivant des fromages et du tissage. A peu près détruite durant l'automne 1944, La Bresse a été reconstruite à neuf.

CURIOSITÉS

Église St-Laurent – Elle fut rebâtie au 18ᵉ s., à l'exception du chœur gothique ; ses **vitraux** modernes en « verre éclaté » représentent, dans la nef, apôtres et prophètes ; dans le chœur, un Christ en croix entre une Assomption et un Saint Laurent ; quatre verrières racontent les destructions de La Bresse.

Vallée du Chajoux – Au Nord-Est de La Bresse, cette petite vallée est parcourue par un torrent poissonneux qui court entre des versants boisés et semés de chalets. A 6,5 km, puis à 8 km (face aux téléskis de Lispach), elle longe deux jolies petites retenues d'eau.
Les fromageries ou « marcaireries » des environs sont spécialisées dans la fabrication du « munster » *(détails p. 24).*

BRIEY

4 506 habitants (les Briotins)
Cartes Michelin nᵒˢ 57 pli 3 ou 242 pli 5

La découverte de minerai de fer dans le riche **bassin de Briey**, où les travaux de sondage débutèrent en 1882, donna un vif essor à la production nationale.
Dans les années 50, Briey, situé au cœur d'une prospère région industrielle, connaît une expansion étonnante. En 1960, Le Corbusier élève au Nord-Ouest de la ville, en pleine zone forestière et dans un site dominant superbement la contrée, sa troisième « **Cité Radieuse** », après celles de Marseille et Nantes. Les 339 logements couvrent sur 17 étages une surface de 36 000 m² et peuvent abriter près de 2 000 personnes.
Aujourd'hui la ville, paisible mais active sous-préfecture, poursuit sa reconversion. Le circuit dans le Pays du Fer *(décrit p. 249)* peut aussi être entrepris à partir de Briey.

CURIOSITÉS

Église St-Gengoult – Elle est à cinq vaisseaux (nef principale et doubles bas-côtés), de souche romane, et élargie à l'époque gothique. En haut du collatéral gauche le Christ aux liens, en pierre, date du début du 16ᵉ s. ; dans la dernière chapelle collatérale droite, Pietà en bois polychrome de la fin du 15ᵉ s. : la Vierge dans un geste maternel se saisit de son voile pour essuyer les plaies de son fils.
Le chœur de l'église abrite, derrière le maître-autel, un poignant **calvaire**★, groupe de six personnages de taille humaine, sculptés dans le bois vers 1530 par des artistes de l'école de Ligier Richier, sinon par le maître lui-même.

Belvédère – Sur le côté gauche de l'église, un petit jardin offre une vue dominante sur le plan d'eau de la **Sangsue**, créé par une retenue du Woigot ; il est le point de départ de plusieurs promenades pédestres en forêt et accueille des activités nautiques.

Vallée de la BRUCHE★

Cartes Michelin nᵒˢ 87 plis 5, 15, 16 ou 242 plis 23, 24, 27

C'est une promenade charmante que d'accompagner la Bruche depuis sa source jusqu'à Molsheim, en faisant un court crochet vers Niederhaslach et son église intéressante.

Jean-Frédéric Oberlin – En 1767, le **Ban de la Roche**, situé sur la rive droite de la Bruche, est un bien pauvre vallon, plusieurs fois dévasté par les guerres, peu fertile, et dont la population se décourage, malgré les efforts de ses pasteurs successifs.
Mais voilà que Jean-Frédéric Oberlin (1740-1826) est nommé pasteur au petit village de Waldersbach. Pendant les 59 années de son apostolat, il transforme, aidé de son épouse, la vie de sa paroisse. Avec le concours de femmes du bourg dont la plus connue est **Louise Scheppler**, il met en place de véritables écoles maternelles et prolonge la scolarité des enfants jusqu'à 16 ans. Aidé de ses paroissiens, il dote le vallon de routes, fonde des caisses de prêts, développe l'agriculture et l'artisanat. Il crée enfin une petite activité industrielle en faisant venir des métiers à tisser. Oberlin, précurseur de toutes les œuvres sociales, demeure, en Alsace, l'objet d'une vénération justifiée.

La Bruche – Elle prend son cours près du col de Saales, qui fut de 1871 à 1918 l'un des points de la frontière franco-allemande, et se jette dans l'Ill, tout près de Strasbourg. Sa vallée se creuse entre la chaîne des Vosges gréseuses et l'extrémité des Vosges cristallines. Sur la rive gauche, à hauteur de Wisches, on voit des carrières de porphyre.

La Bruche alimente quelques usines de textile et des scieries. C'est en partie grâce à elle que la région de Schirmeck et de Rothau connaît une grande activité industrielle.

DE SAALES A SCHIRMECK

41 km – environ 2 h

Saales – Située à l'origine de la vallée de la Bruche, Saales commande le col du même nom qui procure un passage facile d'un versant des Vosges à l'autre.

Peu après Saales, la route (N 420) descend en pente douce la pittoresque vallée, largement épanouie, de la Bruche.

A partir de Bourg-Bruche, les parties hautes de la vallée sont couvertes de sapins, en plantations régulières. Les bruyères et les genêts égaient, en saison, les pentes qui descendent vers la rivière.

Aux environs de St-Blaise-la-Roche, la Bruche, étroite et calme, bordée de trembles et de bouleaux, coule entre les prés.

St-Blaise-la-Roche – Ce petit bourg est un important carrefour routier.

Fouday – Le pasteur Oberlin *(voir p. 70)* y repose dans le petit cimetière attenant au temple luthérien. Celui-ci, à l'intérieur, présente une simple nef carrée que des galeries de bois ceignent sur trois côtés, mais conserve l'abside à voûte d'arêtes qui constituait le chœur de l'ancienne église romane.

Prendre à droite la D 57.

Vallon du Ban de la Roche – L'aspect encore sauvage de ce vallon est cependant adouci par la présence de quelques coquettes habitations isolées.

Waldersbach – Dans ce hameau charmant et bien exposé, aux maisons couvertes de grandes toitures de tuiles, l'ancien presbytère protestant abrite le **musée Oberlin** ☉ consacré aux souvenirs personnels et à l'action du grand philanthrope.

Revenir sur ses pas pour reprendre la N 420 vers Rothau. A Rothau, prendre à droite la D 130.

Le Struthof – *Voir à ce nom.*

Revenir à nouveau sur la N 420.

Schirmeck – *Voir à ce nom.*

DE SCHIRMECK A MOLSHEIM (par la vallée)

29 km – environ 1/2 h

Schirmeck – *Voir à ce nom.*

La route (N 420) suit la rive gauche de la Bruche qu'elle longera presque constamment. Vignes et arbres fruitiers font leur apparition.

Wisches – Ce petit village marque la limite entre les pays de langue française et de dialectes alsaciens.

A la sortie d'Urmatt à droite, gigantesque scierie.

Niederhaslach – *Voir à ce nom.*

La vallée se resserre entre des versants boisés, en vue du village d'**Heiligenberg** que l'on aperçoit, campé sur un promontoire de la rive gauche.

Mutzig – Cette charmante petite ville, autrefois fortifiée, abrite depuis des siècles une garnison. Elle s'orne d'une jolie fontaine et d'une porte du 13ᵉ s., surmontée d'une tour.

C'est à Mutzig qu'en 1833 naquit **Chassepot**, l'inventeur du fusil de ce nom. Le Chassepot, qui armait l'infanterie française en 1870, était très supérieur au fusil allemand : plus précis, tirant plus vite (7 coups contre 5 par minute), il portait à 800 m contre 600 m. Le manque de munitions rendit vains tous les avantages que Chassepot avait assurés à son pays.

Près de la rivière (la Bruche), l'ancien **château des Rohan** (17ᵉ s.), évêques de Strasbourg, fut converti en manufacture d'armes après la Révolution.

Il abrite aujourd'hui un centre culturel et le **musée régional des armes** ☉ (armes à feu – histoire du fusil Chassepot – et armes blanches).

De Mutzig à Molsheim, le parcours se déroule à flanc de coteau à travers le vignoble.

★**Molsheim** – *Voir à ce nom.*

En saison, le nombre de chambres vacantes dans les hôtels est souvent limité. Nous vous conseillons de retenir par avance.

Région industrielle de CARLING-MERLEBACH

Cartes Michelin n°s 57 plis 6, 15, 16, 17 ou 242 plis 10, 11

Situés à la frontière allemande, ces deux centres miniers et chimiques sont le cœur de la Moselle-Est qui s'étend de Creutzwald à Bitche en passant par Forbach et Sarregue-mines.

Le pays du charbon et de la grande industrie chimique – Les **Houillères du Bassin de Lorraine** ont produit en 1994, avec près de 12 000 personnes, 6,5 millions de tonnes de houille, soit les 3/4 de la production nationale de charbon. La production est assurée par quatre unités d'exploitation souterraines où sont mises en œuvre les techniques d'extraction les plus modernes. Aujourd'hui, les mines de charbon sont entièrement mécanisées et automatisées.

La houille est transformée sur place en énergie électrique, pour le compte de l'E.D.F. notamment, en coke, ou livrée à la clientèle (industrie, ensembles résidentiels, réseaux de chaleur urbains...) dans le quart Est de la France, ville de Paris comprise.

La fin de l'extraction charbonnière française et lorraine étant programmée en l'an 2005, la région du bassin houiller, appelée désormais « Moselle Est », évolue de la situation de mono-industrie à celle de la diversification industrielle, marquée par le développement d'un important tissu de PME-PMI.

L'établissement Elf Atochem de Carling-St-Avold, important complexe pétrochimique s'étendant sur 330 ha, a pris une grande extension. Les activités actuelles sont divisées en deux secteurs principaux dits « pétrochimie » (vapocraqueurs, styrène, polystyrène, polyéthylène, etc.) et « chimie de spécialités » (acide acrylique, acrylates, méthacrylates, superabsorbant, etc.). Le site héberge aussi la société Atohaas, filiale d'Elf Atochem, fabriquant des plaques d'altuglas.

CIRCUIT AU DÉPART DE ST-AVOLD

96 km – environ 2 h 1/2

St-Avold – *Voir à ce nom.*

Quitter St-Avold par la N 33 vers Carling.

Après avoir dépassé le cimetière américain de St-Avold *(à droite)* et son mémorial, la route franchit l'autoroute A 32 et passe devant le poste de transformation de l'E.D.F.

Carling – Cette importante cité ouvrière comprend plusieurs usines dépendant d'une part du groupe Charbonnages de France, parmi lesquelles la centrale Émile-Huchet et une cokerie, et d'autre part du groupe Elf Atochem.

La **centrale Émile-Huchet★**, avec ses quatre turbo-alternateurs d'une puissance thermique globale de 1 200 MW, est dotée depuis 1991 d'une chaudière à lit fluidisé circulant de 330 MW.

Une partie du charbon qui alimente cette centrale est amenée en carboduc.

Prenant ensuite à droite la route de Merlebach, on a sur la droite une vue générale sur les aménagements de Carling.

On traverse L'Hôpital et Ste-Fontaine.

L'Hôpital et Ste-Fontaine – On est sur la « route des puits », en plein pays du charbon, impressionnant avec ses chevalements, ses cheminées d'usines, ses cités industrielles, ses terrils, appartenant aux Houillères du Bassin de Lorraine.

Freyming-Merlebach – Ce centre houiller très important exploite de magnifiques couches verticales, les dressants. Cette méthode d'exploitation est unique en Europe.

★Mine-image Cuvelette ⊙ – Cette spectaculaire mini-école, destinée à former aux métiers du fond les jeunes embauchés et les techniciens, fut aménagée après la Seconde Guerre mondiale. Le visiteur parcourt 1,8 km de galeries où sont reconstituées toutes les situations de taille que rencontrait le mineur, depuis les veines proches de l'horizontale jusqu'aux semi-dressants et dressants qui font la particularité du bassin. Chacune d'elles requérait une ingéniosité et un savoir-faire dont témoigne la variété des boisages, des procédés d'extraction ou d'évacuation ainsi que des systèmes de sécurité, et devant lesquels on reste admiratif. Le déclin des houillères a rendu obsolète cette belle réalisation.

Sur la place de l'Hôtel-de-Ville, le petit **Musée historique et militaire** ⊙ évoque, par des documents, images d'Épinal, reproductions, armes, uniformes, l'armée du Second Empire avec notamment la bataille de Spicheren le 6 août 1870, ainsi que les régiments français et allemands en garnison à Forbach, Saint-Avold et Sarregue-mines entre 1871 et 1939.

A la sortie de Freyming-Merlebach, prendre la N 3, en direction de Forbach.

A gauche, la frontière allemande longe la route : les maisons du côté Nord sont sarroises, celles du côté Sud font partie de la commune française de Cocheren.

Après le pont S.N.C.F., on voit, sur la gauche, la cokerie de Marienau.

Par la D 31, gagner Petite-Rosselle.

Petite-Rosselle – Ancien centre d'extraction et de traitement du charbon exploité de 1856 à 1986, le **carreau Wendel** produisait plus de 10 000 t par jour et employait 5 000 mineurs. La plupart des installations (bâtiments, chevalements) ont été conservées et sont en cours de restauration pour devenir le **musée du Bassin houiller lorrain** . Tous les aspects du travail des mineurs et de leur vie quotidienne (lampisterie, salle des pendus) ainsi que les activités liées au transport du charbon seront représentés.

Revenir en direction de Forbach.

Forbach – En quittant la N 3 à l'entrée de Forbach, en direction de Grosbliederstroff, on atteint l'église puis, derrière celle-ci, le Schlossberg, colline boisée et couronnée par les ruines d'un château fort : vue étendue sur la ville et les environs.

Par la rue Ste-Croix et la D 31, on arrive à Behren.

Behren-lès-Forbach – Cité de mineurs.

Emprunter ensuite la N 61, puis la D 910.

Sarreguemines – *Voir à ce nom.*

Au Sud de Sarreguemines, prendre à gauche la D 33 qui suit le cours de la Sarre.

Zetting – Village dont le site verdoyant est dominé par une petite église à tour ronde préromane (9ᵉ ou 10ᵉ s.) et abside gothique encadrant la nef (ancien sanctuaire rural transformé au 15ᵉ s.). A l'intérieur, richement orné, on remarque le buffet d'orgues Renaissance, la Mise au tombeau des 14ᵉ et 15ᵉ s., aux six personnages polychromes, et, surtout, les **vitraux**, du 15ᵉ s., éclairant le chœur : de gauche à droite, scènes de l'Ancien puis du Nouveau Testament. Quelques fragments de fresques ont été restaurés : Vierge à l'Enfant au-dessous de l'orgue ; les quatre évangélistes à la voûte de la première travée de la nef.

Faire demi-tour et quitter la D 33 pour prendre à gauche la D 910 puis la D 31ᶜ en direction de Gaubiving.

Aussitôt, des pentes du **Kelschberg,** on a une vue intéressante sur les puits du bassin houiller, les installations annexes et la cokerie de Marienau.

Revenir à St-Avold par les D 30ᶜ, D 30, puis N 3.

Cette dernière passe par Hombourg-Haut *(voir à ce nom)* en longeant la vallée de la Rosselle, verdoyante et boisée.

CHÂTEL-SUR-MOSELLE

1 838 h
Cartes Michelin nᵒˢ 62 plis 15 et 16 ou 242 pli 26

Postée en lieu stratégique commandant un passage sur la Moselle et située au croisement de trois voies romaines, cette place forte a joué dès le Moyen Âge un rôle notable. Possession des comtes de Vaudémont, branche cadette de la maison de Lorraine, elle passa sous la suzeraineté des comtes de Bar vers 1200. Par mariage en 1373, elle devint le centre d'une principauté d'influence bourguignonne, aux mains de la famille des sires de Neufchâtel. Devenue Lorraine en 1544, elle subit au cours de la guerre de Trente Ans neuf sièges. Elle fut démantelée sous Louis XIV par le maréchal de Créqui en 1671.

Forteresse – Bâti sur un promontoire calcaire, autour d'un donjon carré, le château primitif des 11ᵉ et 12ᵉ s., agrandi dans la 1ʳᵉ moitié du 13ᵉ s., connut au 15ᵉ s. une grande extension et une précoce adaptation à l'artillerie. La forteresse comporte deux enceintes flanquées de 21 tours et protégées par des fossés de 57 m de largeur. Trois étages de galeries et des salles souterraines font communiquer le château avec le bas de la ville et la rive de la Moselle. Remarquer notamment au cours de la visite la salle des Gardes du 13ᵉ s., le complexe de la poterne d'entrée avec le fossé-piège en eau et la galerie des cannonières adjacentes. Installé dans l'ancien couvent Notre-Dame (18ᵉ s.), un **musée** expose le résultat des fouilles effectuées sur le site : bâton à feu, l'ancêtre du bazooka, et pot à feu, matrice du sceau Hugues III de Vaudémont (début 13ᵉ s.), bel ensemble de céramiques, objets de bois (jeu de quilles) et de cuir, crapaudines (systèmes de fermeture de porte)...

Église St-Laurent – Construite à la fin du 15ᵉ s. par les sires de Neufchâtel, elle est remarquable par son unité. Le chœur à cinq pans, très lumineux, est voûté en étoile à sept branches. Dans le bas-côté Sud, remarquer, dans un enfeu, une Vierge de pitié en pierre du 16ᵉ s.

COLMAR ★★★

Agglomération 83 816 habitants
Cartes Michelin n°ˢ 87 pli 17 ou 242 pli 31 – Schéma p. 201

Le grand charme de Colmar réside dans le caractère purement alsacien de ses rues, bordées de jolies maisons sculptées et ornées. Tous les touristes visiteront son musée d'Unterlinden. Capitale du vignoble, Colmar est aussi un excellent centre d'excursions. C'est à Colmar qu'a lieu le festival international Gastronomie & Création (FESTIGA) réunissant de nombreux talents culinaires et des produits excellents du monde entier *(le prochain se tiendra en avril 97).*

UN PEU D'HISTOIRE

Le domaine des Colombes – Une villa franque s'élève dans la plaine du Rhin, au bord d'une rivière, la Lauch, affluent de l'Ill. C'est une résidence impériale : Charlemagne y fait de fréquents séjours et son fils, Louis le Débonnaire, l'imitera. Autour de l'habitation principale vit tout un petit peuple d'ouvriers et d'artisans. Au centre, symbole de noblesse et de puissance, une tour abrite un colombier qui aurait transmis son nom à la cité future. Villa Columbaria, le domaine des Colombes, serait devenu Columbra, puis Colmar.

Roesselmann, héros de l'Indépendance – Colmar est en lutte ouverte contre l'évêque de Strasbourg qui convoite cette petite ville florissante. C'est Roesselmann, le fils d'un tanneur, qui y exerce la plus haute magistrature, au grand dépit de tous les nobles des environs. En 1261, ceux-ci prêtent main-forte à l'évêque pour se débarrasser de leur ennemi commun. Roesselmann, proscrit mais non résigné, se réfugie chez Rodolphe de Habsbourg, futur empereur, dont l'aide lui permet de réoccuper les lieux. Mais un matin, une troupe aux couleurs de Rodolphe pénètre dans la ville sans encombre : ce sont les soldats de l'évêque déguisés. Roesselmann se précipite, à la tête de la milice bourgeoise. L'envahisseur est repoussé. Mais Roesselmann a payé de sa vie la liberté de Colmar.

Hagenbach le tyran – En 1469, l'archiduc **Sigismond**, qui représente l'empereur d'Allemagne en Alsace, a d'impérieux besoins d'argent. Charles le Téméraire lui consent un prêt mais réclame, en gage, une partie de la province… Dans la région concédée, il délègue un bailli, Pierre de Hagenbach. Sa cruauté est telle que les villes d'Alsace se hâtent de rembourser. Mais Hagenbach refuse de céder la place. Battu et fait prisonnier, il est condamné à avoir la tête tranchée. L'honneur de l'exécution revient au bourreau de Colmar. Le glaive du bourreau est conservé au musée d'Unterlinden.

Réjouissances révolutionnaires – L'autel de la déesse Raison est édifié dans l'église St-Martin : c'est un extraordinaire échafaudage simulant une montagne, surmonté d'une urne enflammée, entouré d'allégories. En l'honneur de la déesse, des chœurs alternent avec des harangues de Hérault de Séchelles, le représentant de la Convention.
Le 26 septembre 1796, on organise une « Fête des Vieillards ». Un brave Colmarien, centenaire, en est le héros. Mais prié, au banquet, de prendre la parole, il ne sait que réunir toutes ses forces pour crier ingénument : « Vive le Roi ! »

Colmar « Capitale de la fidélité » – Après 1870, Colmar reçut souvent cette dénomination liée notamment à l'action de trois de ses enfants : l'**abbé Wetterlé**, Jacques Preiss, député au Reischtag, et l'écrivain Jean-Jacques Waltz, passé à la postérité sous le nom de

---

COLMAR PRATIQUE

Visites guidées

Des visites de la vieille ville, à 10 h, et du musée Unterlinden, à 11 h 15, sont organisées en juillet et août les mardis, jeudis et samedis et en septembre le dimanche. S'adresser à l'Office de tourisme.

Train touristique

Un petit train propose un circuit commenté de 7 km (durée : 35 mn) à travers la vieille ville. Départ Quai de la Sinn, de Pâques à la Toussaint, de 9 h à 18 h toutes les demi-heures environ.

Spectacles

De mai à septembre, des spectacles folkloriques ont lieu tous les mardis à 20 h 30, place de l'Ancienne-Douane.
Théâtre La Manufacture, 6, route d'Ingersheim : pièces modernes, danses, musique.
Théâtre municipal, place du 18-Novembre : opéras, pièces classiques.

Où prendre un verre ?

Dans la **vieille ville** : le « Schwendi », 23-25, Grande-Rue, bar alsacien typique ; le « Louisiana Club », 3, rue Berthe-Molly, piano-bar, ambiance jeune et sympathique ; « Le Club », 12-14, rue Porte-Neuve, pub-bar de style anglais, 80 sortes de bières, nombreux cocktails ; le « Best Bar », de l'hôtel Amiral, boulevard du Champ-de-Mars.

Hansi. Ce dernier, dessinateur talentueux, caricaturiste et aquarelliste plein d'une truculence souvent goguenarde et toujours malicieuse, sut cristalliser la résistance de sa ville aux influences allemandes en développant toute une imagerie à la fois poétique et humoristique de l'Alsace immortelle. Ses caricatures vengeresses à l'égard des nouvelles autorités militaires de la région croquées sous une apparence grotesque, ses paysans alsaciens rougeauds et bonasses, ses villageoises touchantes dans leurs costumes régionaux, tout ce petit monde plus vrai que nature, à mi-chemin entre l'authenticité et la légende, toutes ces images d'un patriotisme à la fois humoristique, outrancier et d'une désarmante sincérité ont emporté l'adhésion de nombre de ses contemporains et laissé une image colorée de l'Alsace qui perdure parfois aujourd'hui.

La libération de 1945 – Colmar se trouve être, au début de février 1945, l'objectif de l'attaque en tenaille montée par le **général de Lattre de Tassigny,** pour liquider la « **poche de Colmar** » *(voir p. 37).* Le 1er février, les lignes allemandes sont percées au nord de Colmar par l'infanterie américaine qui arrive aux abords de la ville mais cède le pas, pour l'entrée dans Colmar (le 2 février), au général français Schlesser qui commande une fraction des chars de la 5e D.B.

★★★ MUSÉE D'UNTERLINDEN (AY) ⏱ *visite : 2 h*

Ce musée est situé sur la place d'Unterlinden traversée par le Logelbach (canal des Moulins). Il occupe un ancien couvent, dont le nom signifie « Sous les tilleuls », qui fut édifié au 13e s. Deux veuves de noble famille y fondèrent une communauté, régie d'abord par la règle de saint Augustin puis par celle de saint Dominique. Pendant plus de cinq siècles, le couvent fut célèbre pour le mysticisme et l'austérité des moniales. La Révolution dispersa celles-ci et le couvent, délaissé, fut transformé en quartier de lanciers. Il reçut son affectation actuelle en 1849 et connaît à nouveau aujourd'hui la célébrité grâce aux œuvres de Grünewald, de Schongauer et d'Isenmann qu'il abrite.

★**Cloître** – Le cloître a été construit au 13e s., en grès rose des Vosges. Au milieu de la galerie Ouest, une arcade est plus grande et plus ornée que les autres. Elle surmonte ce qui était le lavabo dont on peut encore voir la cuve. Dans un angle du cloître se trouve un curieux puits de style Renaissance.

Salles du rez-de-chaussée – Consacré à l'art rhénan, le rez-de-chaussée présente de riches collections de peintures, sculptures et arts mineurs de la fin du Moyen Âge et de la Renaissance, dont le retable d'Issenheim est le fleuron. *Il est recommandé de visiter les salles 1, 3 et 4 en préliminaire à la découverte du chef-d'œuvre.*

Salles 1 et 4 – Sculptures et arts mineurs du Moyen Âge et de la Renaissance, vitraux des 15e et 16e s., statues provenant de St-Martin de Colmar, retable en bois sculpté de Bergheim...

Salle 3 – Collection de **primitifs** rhénans (provenant des établissements religieux de la région) et allemands : prédelle de Bergheim, panneaux du retable à volets (1462-1465) de la collégiale St-Martin exécuté par **Gaspard Isenmann** sur le thème de la Passion... On voit aussi un portrait de femme par Holbein l'Ancien, une scène allégorique, *La Mélancolie,* et une *Crucifixion* de Cranach l'Ancien, une austère nature morte aux bouteilles et aux livres du début du 16e s. Nombreuses gravures sur cuivre de **Schongauer,** graveur et peintre né à Colmar.

Chapelle – *Accès par la salle 4.* On a une vue d'ensemble de l'ancienne chapelle des dominicaines depuis la **tribune** (sculpture du 16e s.) : on saisit l'organisation du célèbre retable à volets en embrassant dans une même perspective les trois plans successifs de ses trois compartiments centraux.

Œuvres de Schongauer – Sous la tribune, volets d'une Annonciation peinte vers 1470 pour le couvent d'Issenheim. Au milieu de la nef, les 24 panneaux peints du retable des dominicains de Colmar représentent une **Passion★★** (entourage de Schongauer) ; au revers, scènes de la vie de la Vierge.

★★★**Retable d'Issenheim** – Peint au début du 16e s. par **Grünewald,** pour le maître-autel de la Commanderie d'Issenheim, il fut transporté à Colmar en 1793.
Le couvent des Antonites d'Issenheim avait été fondé en 1298. On y soignait les malades atteints du « feu de saint Antoine » ou « mal des Ardents » (ergotisme gangréneux). Le prieur, vers 1500, fit décorer son église par les plus grands artistes de l'époque.
« Par le mélange de mysticisme et de réalisme, l'éclat, le dramatique et la lumière surnaturelle dont le maître d'Issenheim entoure ses visions, les peintures du couvent des Antonites restent l'œuvre unique, du moins la seule connue, d'un artiste qui n'eut son pareil en aucun temps, dans aucun pays. » (J.-K. Huysmans). Il comporte une partie sculptée, au centre, deux volets fixes, deux paires de volets mobiles et une partie basse ouvrante. Pour des raisons de conservation, ses différentes parties ont été dissociées et sont présentées séparément, dans le chœur. En plusieurs points de la chapelle et fixées au mur, des maquettes avec volets articulés permettent de comprendre le jeu des volets.

Le visiteur découvre d'abord le retable volets fermés, avec son admirable **Crucifixion**, scène pathétique et dramatique, peut-être la plus impressionnante de toute la peinture religieuse occidentale. A la prédelle, émouvante Mise au tombeau. Au revers, Annonciation et Résurrection. La partie centrale révélée par la première ouverture présente la Nativité et le Concert des Anges. Au revers, Visite de saint Antoine à saint Paul et Tentation de saint Antoine.

La partie sculptée compose le compartiment central découvert à la seconde ouverture : elle comprend trois magnifiques statues de bois doré représentant saint Antoine entre saint Jérôme et saint Augustin, œuvre attribuée à Nicolas de Haguenau *(voir p. 51)*; le haut-relief de la partie basse, représentant Jésus au milieu des apôtres, est attribué à l'atelier de ce sculpteur. Volées en 1823, les deux statues d'un gentilhomme et d'un paysan aux pieds de saint Antoine on retrouvé leur place en 1985 à la suite d'échanges avec le Badisches Museum de Karlsruhe qui les avaient recueillies.

En sortant de la chapelle, gagner le 1er étage.

Colmar – Le retable d'Issenheim (partie centrale)

1er étage – Il est composé de salles consacrées à l'histoire de Colmar et de la province, aux costumes et à l'art alsacien, à des collections de meubles, d'armes, d'étains, d'orfèvrerie, de ferronnerie, de porcelaines et de faïences du 18e s. (Strasbourg). Parmi les reconstitutions d'intérieurs, on remarquera la chambre gothique, aux murs et plafond lambrissés, et le salon des demoiselles anglaises (18e s.) au splendide **plafond peint** en trompe l'œil dans le goût baroque.

Gagner ensuite le sous-sol.

Sous-sol – Dans la salle gallo-romaine : fragments de la mosaïque de Bergheim (3e s.). En prolongement, les deux nefs en plein cintre de l'ancienne **cave** du couvent (13e s.), admirablement conservées, abritent les collections archéologiques de la préhistoire à l'époque mérovingienne. Deux salles sont consacrées à l'art contemporain : un portrait d'enfant de Renoir, Roùault *(De Profundis, l'Enfant Jésus parmi les docteurs)*, Picasso *(Buste de femme assise)*, Viera da Silva, Roger Bussière *(La Forêt)*, Braque, Vasarely, Nicolas de Staël *(Portrait d'Anne)*.

De retour dans le cloître, jeter un coup d'œil à la cave du vigneron, reconstituée avec ses pressoirs à cabestan du 17e s. et ses grands fûts.

★★ 1 LA VILLE ANCIENNE *visite : 2 h*

Partir de la place d'Unterlinden. Suivre la rue des Clefs.

On passe devant l'hôtel de ville du 18e s., ancien bâtiment à chaînage de grès rose qui appartenait à l'abbaye de Pairis *(voir p. 173).*

A la place Jeanne-d'Arc, tourner à droite dans la Grand'Rue.

Église St-Matthieu (BZ) ☉ – Cette ancienne église des franciscains, aujourd'hui temple protestant, possède deux beaux **vitraux** des 14e et 15e s. Le plus remarquable est le **vitrail de la Crucifixion★** (15e s.), attribué à Pierre d'Andlau, placé en haut du collatéral droit.

Tourner à gauche au coin du temple protestant pour s'avancer sur la place du 2-Février que borde, à l'Est, la façade de l'Ancien Hôpital.

Ancien Hôpital (**BZ**) – Cet édifice, de style classique, présente une majestueuse façade coiffée d'un toit à lucarnes alsaciennes.

Revenir à la Grand'Rue que l'on continuera à suivre.

★**Maison des Arcades** (**BZ E**) – De style Renaissance (1609), la façade, flanquée aux angles de deux tourelles octogonales, repose sur dix arcades en plein cintre.

Sur la place, la **fontaine Schwendi** (**BZ B**), œuvre du sculpteur colmarien Bartholdi, célèbre celui qui introduisit en Alsace le cépage du Tokay *(voir p. 112)*. Passer devant la **maison du Pèlerin** (**BZ F**) (1571), pour atteindre la place de l'Ancienne-Douane, pittoresque avec ses maisons à pans de bois comme la **maison au Fer Rouge** (**BZ D**).

★**Ancienne Douane** (ou **Koïfhus**) (**BZ N**) – C'est la plus importante des anciennes constructions civiles de Colmar. Elle se compose de deux corps de logis. Le corps principal fut bâti en 1480. Son rez-de-chaussée servait d'entrepôt pour les marchandises passibles d'un impôt municipal. Dans la grande salle du 1er étage, salle de la Décapole *(voir p. 33)*, se réunissaient les représentants des dix villes libres d'Alsace. La seconde partie a été ajoutée à la fin du 16e s.

C'est un joli bâtiment orné d'une galerie de bois et flanqué d'une tourelle d'escalier à pans coupés, dont le rez-de-chaussée est percé de trois arcades formant passage. Traverser le passage pour admirer, sur l'autre côté de la façade, le bel escalier extérieur. La loge du portier, en 1771, vit naître le futur général Rapp.

Prendre, face à l'Ancienne Douane, la rue des Marchands qui est, avec la Grand' Rue, l'une des voies les plus pittoresques de Colmar. La maison Pfister s'élève à droite, à l'angle de la rue Mercière.

★★**Maison Pfister** (**BZ K**) – Un chapelier de Besançon se fit construire, en 1537, cette maison, ornée de fresques et de médaillons, la plus jolie du vieux Colmar.

Sur un rez-de-chaussée à arcades court une élégante galerie de bois coupée, à l'angle de la rue, par un oriel au toit pyramidal.

Accolée à la maison Pfister, au n° 9, très belle maison (1609) à galerie de bois et figure sculptée d'angle représentant un marchand.

Sur le côté gauche de la rue des Marchands, la **maison Schongauer** ou maison à la viole, du 15e s. (**BZ R**), appartint à la famille de ce peintre.

Face à la maison à la viole, petite **maison au cygne** (**BZ Q**) où l'on dit que le peintre habita de 1477 à 1490.

Un peu plus loin, au n° 34, a vécu le peintre Isenmann.

Musée Bartholdi (**ABZ M¹**) ⊘ – Située en plein cœur de la ville, la maison natale d'Auguste Bartholdi (1834-1904), auteur de la statue de la Liberté à New York, a été aménagée en musée.

Dans la cour intérieure, le groupe en bronze (1902) « Les Grands Soutiens du monde » symbolise la justice, le patriotisme et le travail.

Les salles du rez-de-chaussée regroupent surtout des œuvres colmariennes : maquettes et éléments originaux dont quatre fragments en grès de statues allégoriques pour la fontaine Bruat (1864) démolie en 1940, et une statue en bronze « L'Orfèvrerie », représentant le sculpteur en compagnon orfèvre. La dernière salle est consacrée à l'art juif.

Au premier étage, les appartements, meublés comme au temps de Bartholdi (cabinet de travail, salon de musique, salle à manger dont le plafond est décoré de porcelaines de Chine et petit salon), renferment des souvenirs de l'artiste. Les autres salles évoquent d'une part son voyage en Égypte (aquarelles, photographies, maquettes en terre cuite de « l'Égypte éclairant l'Orient »), d'autre part les modèles pour les nombreux monuments publics en France (le Lion de Belfort, la fontaine des Terreaux à Lyon, le Vercingétorix de Clermont-Ferrand...).

Le deuxième étage, réservé aux œuvres américaines, présente surtout les différentes étapes de la réalisation de la statue de la Liberté.

Œuvres de Bartholdi :
- *statue du général Rapp, place Rapp*
- *monument de l'amiral Bruat, place du Champ-de-Mars*
- *fontaine Roesselmann, place des Six-Montagnes-Noires*
- *fontaine Schwendi, place de l'Ancienne-Douane*
- *fontaine du Vigneron, angle des rues des Écoles et du Vigneron.*

En face du musée, passer sous les arcades, où se tenait jadis la halle aux noix, pour voir, sur la place de la Cathédrale, la façade de l'Ancien Corps de garde.

★**Ancien Corps de garde** (**BZ L**) – Cette maison fut construite en 1575. C'est de la jolie loggia Renaissance qui décore la façade que le Magistrat de la ville prêtait serment et qu'étaient prononcées les condamnations infamantes. Dans l'angle, remarquer la plus ancienne maison de Colmar, la **maison Adolphe** (**BZ S**) (1350), restaurée.

En face de l'Ancien Corps de garde s'élève la collégiale St-Martin, que l'on appelle couramment à Colmar : la Cathédrale.

COLMAR

★**Collégiale St-Martin** (BZ) – Tout égayé du chatoiement de ses tuiles vernissées, ce noble édifice aux élévations de grès rouge remplaça aux 13ᵉ et 14ᵉ s. une église romane.

Extérieur – Le portail principal, à l'Ouest, devait être à l'origine encadré par deux tours. Seule la tour Sud fut achevée. Elle est surmontée d'un étrange clocheton en forme de chapeau chinois et porte sur une de ses faces un cadran solaire avec l'inscription « Memento Mori » (pense à la mort). Sur le tympan de la porte du centre figure : en haut, le Christ-Juge entre des anges et, en bas, l'Adoration des Mages. **Le portail St-Nicolas,** qui donne accès au croisillon droit du transept, est décoré des sculptures les plus remarquables de toute l'église. Son archivolte est ornée de treize statuettes dont l'une, sous le quatrième dais à gauche, est le portrait du maître d'œuvre qui a signé en français : « Maistres Humbret. » Le tympan, gothique dans sa partie supérieure, roman dans sa partie inférieure, représente : en haut, le Christ ressuscitant les Morts; en bas, la légende de saint Nicolas. A gauche du saint, les trois jeunes filles qu'il a sauvées du déshonneur, accompagnées de leur père; à droite, les trois jeunes hommes qu'il a donnés comme époux à ses protégées.

Intérieur – Le vaisseau tout entier baigne dans une lumière dorée et frappe par l'ampleur des volumes et la qualité du mobilier. On admirera la nef gothique (21 m de hauteur) du 13e s. voûtée d'ogives et dépourvue de triforium. Quant au chœur, du 14e s., il présente un caractère original par le curieux passage qui le ceinture reliant les chapelles extérieures en formant une sorte d'étroit déambulatoire.

Ces chapelles rayonnantes sont décorées d'intéressantes sculptures : **Crucifixion★** du 14e s. dans la chapelle absidale, « Vierge de Colmar » du 15e s. et Cène de la même époque dans les deux chapelles suivantes à gauche.

Au milieu du 18e s. on installa au fond de l'église de superbes orgues dues au facteur Silbermann. Il n'en subsiste que l'imposant buffet, l'actuel instrument ayant été construit en 1974.

On notera en sortant deux beaux vitraux du 14e s. (les plus précieux de l'édifice), à côté des escaliers qui montent à la tribune : les dix scènes enchâssées dans ces verrières rapprochent des épisodes de la vie du Christ et de grands moments de l'histoire du peuple élu.

Sortir de l'église par l'une des portes de la façade Ouest, prendre à droite puis à gauche dans la rue des Serruriers.

Église des Dominicains (AY) ⊙ – La première pierre du chœur fut posée en 1283 par l'empereur Rodolphe de Habsbourg. Mais la construction de l'édifice ne fut exécutée dans son ensemble qu'aux 14e et 15e s. A l'intérieur, remarquable par l'élancement de ses piliers sans chapiteaux, autels et stalles du 18e s.; magnifiques **vitraux★** des 14e et 15e s. (superbe effigie du roi Salomon, au-dessus du portail Sud).

Le célèbre tableau de Martin Schongauer, la **Vierge au buisson de roses★★**, est exposé à l'entrée du chœur, dans un retable ouvert *(illustration p. 51)*. Il fut exécuté en 1473. La Vierge et l'Enfant, d'une grâce charmante, se détachent sur un fond d'or, couvert de rosiers blancs et rouges, tout peuplés d'oiseaux.

Prendre la rue des Boulangers puis tourner à droite dans la rue des Têtes.

★Maison des Têtes (AY Y) – *Au no 19.* Cette belle maison Renaissance (1608) doit son nom aux nombreuses têtes sculptées qui figurent parmi les ornements de sa façade. Elle s'agrémente d'un joli pignon à volutes et d'un oriel vitré à deux étages *(illustration p. 49).* Un hôtel-restaurant y est installé.

Regagner la place d'Unterlinden.

★ ② « PETITE VENISE »

3/4 h à pied au départ de la place de l'Ancienne-Douane.

Au fond de la place, prendre à gauche la rue des Tanneurs qui longe le canal.

Quartier des tanneurs – Il doit son nom aux habitants du quartier qui, grâce à la proximité de la rivière, pouvaient traiter les peaux et les laver. Cette activité cessa au 19e s. Le quartier fit l'objet d'une restauration aussi complète qu'exemplaire, achevée en 1974, notamment la rue des Tanneurs et la petite rue des Tanneurs (au no 3, belle maison avec chambranles en pierre de taille). Les maisons à pans de bois sont étroites mais très hautes, car elles comportaient un grenier pour le séchage des peaux.

En franchissant le pont sur la Lauch, on pénètre dans le **quartier de la Krutenau** qui constituait jadis un faubourg fortifié, peuplé de maraîchers et qui a gardé son aspect pittoresque. Empruntant la Lauch, les maraîchers utilisaient des barques à fond plat qui faisaient penser à des gondoles.

Suivre, à droite, le quai de la Poissonnerie.

Traverser le pont suivant pour aller voir, à l'angle des rues des Écoles et du Vigneron, la **fontaine du Vigneron (BZ X)** qui chante la gloire des vins d'Alsace, œuvre de Bartholdi.

Reprendre le quai de la Poissonnerie, puis suivre la rue de la Poissonnerie bordée de pittoresques maisons de pêcheurs. Elle aboutit à la rue de Turenne, l'ancienne Krutenau, autrefois marché aux légumes dans sa partie la plus large.

Muséum d'Histoire naturelle (BZ M²) ⊙ – Installées dans une maison remontant au 17e s., les collections de la Société d'histoire naturelle de Colmar donnent un aperçu de la faune et de l'écologie forestière de la région.

La salle de géologie, particulièrement importante, retrace plus d'un milliard d'années d'une histoire tourmentée qui explique la grande diversité des paysages de la région.

Une salle égyptienne et une série d'objets ethnographiques, notamment en provenance des îles Marquises, complètent la visite.

Prendre la rue de la Herse puis à droite la ruelle qui conduit à la Lauch.

Colmar – La Petite Venise

Petite promenade aménagée le long de la berge qui mène au pont St-Pierre. Du **pont St-Pierre**, on découvre la plus jolie **vue**★ sur la « **Petite Venise** », avec la tour de l'église St-Martin à l'arrière-plan dans l'axe de la rivière.
Au bas de ce pont, une **promenade en barque** ⊙ fait découvrir un aspect insolite de ce quartier.

Prendre à droite la rue du Manège qui aboutit à la place des Six-Montagnes-Noires sur laquelle s'élève la **fontaine Roesselmann** (**AZ**), autre œuvre de Bartholdi, dédiée au héros colmarien.
A droite de la place, s'avancer sur le pont : bordée de saules, la rivière qui se faufile entre deux rangées de vieilles maisons compose un pittoresque tableau.

Prendre ensuite la rue St-Jean.

Sur la gauche s'élève la **maison des Chevaliers de St-Jean** (**BZ W**), bel édifice de la Renaissance orné de deux galeries superposées. De l'autre côté de la rue subsiste un portail gothique (**BZ V**) de l'ancien bâtiment.
La place du Marché-aux-Fruits est bordée par la **maison Kern** (**BZ Z**) Renaissance, la jolie façade en grès rose, de style classique, du **Tribunal civil**★ (**BZ J**), sur la gauche, et l'Ancienne Douane en face.

AUTRE CURIOSITÉ

Musée animé du Jouet et des Petits Trains (**BY M³**) ⊙ – Réparti sur trois niveaux, le musée présente sous vitrine de nombreuses voitures (Dinky-Toys, Majorette), locomotives (Stephenson), poupées en porcelaine dont certaines de marque « Jumeau », et automates. L'histoire du cheval est évoquée depuis le cheval attelé jusqu'au cheval-vapeur, la roue ayant représenté l'élément essentiel dans le développement des civilisations. Un circuit où circule une vingtaine de trains occupe le dernier étage.

La plus grande marche du monde

Le **Paris-Colmar** qui a pris le relais du Paris-Strasbourg en 1981 compte 520 km, et traverse 171 communes sur 8 départements. Une trentaine des meilleurs marcheurs se disputent la victoire durant 70 heures environ pour arriver sur la pittoresque place de l'Ancienne-Douane à Colmar où a lieu une grande fête populaire.
Les féminines ont également leur épreuve disputée de Châlons-en-Champagne à Colmar (335 km).

COMMERCY

6 404 habitants

Cartes Michelin nᵒˢ 62 pli 3 ou 242 pli 17

Situé sur la rive gauche de la Meuse, Commercy fut longtemps un point de passage obligé. Le pays garde le souvenir des armées qui tentèrent de le forcer (maisons fortes, églises fortifiées...).

La ville conserve une très ancienne tradition métallurgique perpétuée par les sociétés Tréfileurope et Sauvageau-Commercy-Soudure. Ainsi tous les deux ans un concours d'art contemporain appelé «l'Art du Fer» expose les œuvres des lauréats dans les salons du château.

Ses madeleines constituent une spécialité renommée et une industrie florissante.

Château Stanislas ⊘ – Précédé par une majestueuse esplanade en fer à cheval, il est situé dans l'axe de la perspective que forment la rue Stanislas et l'allée de tilleuls conduisant à la forêt de Commercy.

Remontant au Moyen Âge, il appartint au 17ᵉ s. au cardinal de Retz qui fit édifier une nouvelle résidence. Elle fut entièrement rebâtie au début du 18ᵉ s. sur les plans de Boffrand et d'Orbay pour le prince de Vaudémont. Résidence de chasse des ducs de Lorraine, elle échut en 1744 au beau-père de Louis XV, Stanislas Leszczynski. Celui-ci confia à E. Héré le réaménagement des jardins aujourd'hui disparus et de la place du Fer-à-Cheval.

Transformé en quartier de cavalerie en 1766, ravagé par un incendie en 1944, le château a été entièrement restauré. Il abrite notamment l'hôtel de ville.

EXCURSIONS

Euville – *3 km au Sud-Est.* Cette bourgade, célèbre au 19ᵉ s. pour ses carrières de pierre qui alimentèrent d'illustres chantiers comme l'Opéra, la gare du Nord, la Sorbonne ou le pont Alexandre-III à Paris, s'est dotée en 1901 d'une pompeuse **mairie** ⊘ dans le plus pur style de l'Art Nouveau nancéen *(voir p. 163)*.

Vallée du Rupt de Mad – *85 km – environ 2 h 1/2. Quitter Commercy au Nord par la D 958. Carte Michelin nᵒ 57 plis 12, 13.*

Cette vallée agreste constitue un itinéraire touristique entre Commercy et Metz. La route emprunte une longue côte sinueuse et boisée.

Après avoir traversé **Broussey-en-Woëvre**, village lorrain typique, la D 33 puis la D 907 traversent une région d'étangs et de bois caractéristiques de la plaine de la Woëvre. Avant Apremont-la-Forêt, la D 12 que l'on prend à droite, étroite, entre vignes et mirabelliers, conduit à la Butte de Montsec.

★★**Butte de Montsec** – *Page 137.*

Par la D 119, on redescend dans la vallée du Rupt de Mad où l'on prend la D 33 à gauche puis la D 28 qui la prolonge.

Thiaucourt-Regniéville – A l'Ouest de ce bourg s'élève un cimetière américain où sont inhumés 4 153 soldats tombés lors de la réduction du «saillant» de St-Mihiel en septembre 1918 *(voir à St-Mihiel)*. Sur l'autre versant, cimetière allemand de la même époque.

La rivière s'encaisse peu à peu dans un vallon verdoyant, pour traverser les côtes de Moselle.

Jaulny – **Château** ⊘ féodal (11ᵉ-12ᵉ s.) dont subsistent le donjon, la tour du pont-levis, la tour de la poterne et les remparts. A l'intérieur, on peut voir un beau plafond aux poutres sculptées du 15ᵉ s., des grilles et rampes d'escalier attribuées à Jean Lamour, des peintures et tapisseries, du mobilier lorrain, des souvenirs militaires...

Toujours par la D 28, puis la D 952, suivre le Rupt de Mad jusqu'à son confluent avec la Moselle, à Arnaville. La basse vallée du Rupt de Mad est plus épanouie.

Avant Arnaville, la route est bordée, à droite, depuis 1970, par la petite retenue d'un barrage construit pour servir à l'alimentation en eau de la ville de Metz.

Cet ouvrage, périodiquement révisé, tient compte
des conditions du tourisme connues au moment de sa rédaction.

Certains renseignements perdent de leur actualité en raison de
l'évolution incessante des aménagements et des variations du coût de la vie.

Nos lecteurs sauront le comprendre.

CONTREXÉVILLE‡‡

Cartes Michelin nᵒˢ 62 pli 14 ou 242 pli 29 – schéma p. 271

La ville, coquette et fleurie, est bien située dans un vallon arrosé par le Vair et richement boisé.

Cette station hydrominérale très fréquentée fut connue au 18ᵉ s. grâce à l'analyse des eaux faite par le docteur Bagard, médecin de Stanislas Leszczynski, dernier roi de Pologne. Le premier établissement thermal fut construit en 1774. A la Belle Époque, la station, très en vogue, accueille le shah de Perse, le roi de Serbie, la grande-duchesse Wladimir et de nombreux diplomates.

Les eaux de ses cinq sources d'eau minérale naturelle, froides (11 °C), sont employées principalement dans le traitement des maladies des reins, du foie, du cholestérol et de la surcharge pondérale.

En dehors de la cure traditionnelle, Contrexéville propose également des séjours minceur (forfait-ligne de 7 jours ou plus) et le « week-end de détente ».

Contrexéville – Griffon dans le pavillon des sources

Le **centre thermal** fut construit dans le style néo-byzantin en 1912 par l'architecte Méwès, un habitué de la station. La galerie qui longe le parc et le **pavillon des sources** (voir illustration dans «Éléments d'architecture»), où l'eau sort des griffons, sont recouvertes de mosaïques bleues et roses.

Non loin de là, la grande place rectangulaire est agrémentée de fontaines en lave émaillée et marbre de Carrare, de N. Normier et J.-M. Hennin.

La station constitue un bon centre d'excursions et de détente qui, grâce à son climat frais et stimulant, plaira aux amis de la nature.

La **visite de l'usine** ⊙ permet de suivre la fabrication des bouteilles d'eau minérale ainsi que l'embouteillage et le conditionnement de celles-ci.

Le **lac de la Folie** (1,5 km au Nord-Ouest) est un plan d'eau de 12 ha, joliment situé dans les bois. Pour la pêche, voir le chapitre des Renseignements pratiques en fin de guide.

Bulgnéville – 7,5 km à l'Ouest par la D 164. Cette bourgade, à la lisière de la forêt, possède quatre fontaines, dont la fontaine des Curtilles, de 1750, restaurée. De l'ancienne **église**, reconstruite au 18ᵉ s., subsiste une chapelle du 15ᵉ s. qui renferme une Mise au tombeau de la même époque et un magnifique haut-relief du 16ᵉ s. représentant la Lignée de sainte Anne : sainte Anne, ses trois filles dont la Vierge, ses trois gendres et ses sept petits-enfants dont Jésus. Boiseries et chaire du 18ᵉ s.

Région de DABO-WANGENBOURG ★★

Cartes Michelin nᵒˢ 87 plis 14, 15 ou 242 plis 19, 23

Cette région, située à la limite de la Lorraine et de l'Alsace, est très pittoresque. Ses beaux paysages montagneux, ses fraîches vallées, dominées par les ruines de châteaux féodaux, ses forêts immenses séduiront le touriste.

Un décor typique – La région de Dabo-Wangenbourg appartient aux Petites Vosges. Le grès qui la compose se découpe en longues arêtes, surgit en falaises verticales, en pitons dénudés, en rochers romantiques. Ici et là, les roches éruptives s'allient au grès rouge pour corser le paysage. Rien n'est plus caractéristique à cet égard que l'escarpement porphyrique d'où descend la cascade du Nideck.

Les massifs gréseux, d'apparence farouche et tourmentée, sont séparés par des vallées fraîches et calmes dont les eaux coulent sur des lits de sable fin.

Le pape saint Léon – L'ancienne et puissante maison de Dabo, que l'on nomme aussi Dagsbourg, descend du duc d'Alsace Étichon, père de sainte Odile. Il est fait mention en 890 d'un château de Dagsbourg. C'est en ce château que maints historiens situent, en 1002, la naissance de Bruno de Dabo, le plus illustre personnage de la lignée, qui sera le pape Léon IX, puis saint Léon. Sa vocation s'est affirmée dès l'enfance. Devenu évêque de Toul, il se rend au conclave, à Rome. C'est alors, raconte une ancienne chronique, que les coqs, rencontrés tout le long du chemin, lui annoncent sa prochaine dignité papale. « Léon pape, Léon pape », disent-ils, dans la langue du pays.

Les traités de Nimègue (1678-1679) enlèvent aux comtes de Dabo leurs possessions territoriales et décident la ruine de leur château. Démantelé en 1679, il est rasé onze ans plus tard.

DE LA VALLÉE DE LA ZORN
À LA VALLÉE DE LA BRUCHE *110 km – environ une demi-journée*

Reliant les hautes vallées de la Zorn et de la Bruche, l'itinéraire proposé permet de découvrir des paysages romantiques, marqués d'escarpements rocheux.

★**Saverne** – *Voir à ce nom.*

Quitter Saverne par ④ du plan, D 132.

★**Château du Haut-Barr** – *Voir à ce nom.*

Emprunter les D 132, D 38 et D 98 qui suivent la vallée de la Zorn.

★**Vallée de la Zorn** – Cette riante vallée, aux versants couverts de hêtres et de sapins, a toujours été le passage le plus fréquenté des Vosges du Nord. De nos jours, le canal de la Marne au Rhin et le chemin de fer de Paris à Strasbourg l'empruntent. La Zorn y coule, abondante et claire, sur un lit de sable et de cailloux. Après Stambach, en avant, sur un promontoire, se dressent les ruines féodales du château de **Lutzelbourg**. 3 km après Lutzelbourg, la route s'écarte du canal, équipé en ce point, depuis 1969, d'un élévateur à bateaux transversal sur plan incliné, première réalisation mondiale de ce type.

★**Plan incliné de St-Louis-Arzviller** ⓥ – *On peut l'observer dans d'excellentes conditions de la D 98ᶜ.*
Long de 108,65 m dans sa partie inclinée, pour une dénivellation de 44,55 m, cet ouvrage a remplacé en 1969 l'ancien escalier de 17 écluses, étagées sur moins de 4 km, le long de la voie ferrée, dont le franchissement nécessitait une journée entière.
Un chariot-bac, d'une longueur de 43 m, se déplaçant transversalement sur les rails d'une rampe de béton par un système de contrepoids reliés au chariot-bac par des câbles, permet de faire passer d'un bief à l'autre, en 20 mn, une péniche automotrice de 350 t.

Le plan incliné de St-Louis-Arzviller

Louis Salou/EXPLORER

★**Rocher du Nutzkopf** – *Accès par la D 98^D à partir de Sparsbrod, puis une route forestière à gauche, enfin un sentier signalé à gauche (3/4 h à pied AR).* Au sommet (alt. 515 m) de ce curieux rocher tabulaire, **vue**★ sur le rocher de Dabo, le village de la Hoube, la verdoyante vallée du Grossthal.

Revenir sur la D 98^C puis prendre les D 45 à droite et D 96 à gauche.

Cristallerie de Vallerysthal ⊘ – C'est le baron de Klinglin qui transporta en 1838 la très ancienne verrerie de Plaine-de-Walsch au Val de Valléry. Entreprise prospère dont les produits sont très prisés durant la deuxième moitié du 19e s., notamment en Allemagne, la verrerie comptera 1 300 salariés en 1914. Du temps de sa splendeur, l'antique maison a conservé sa « salle des trésors » qui recèle près de 40 000 modèles du 18e s. à nos jours.

Faire demi-tour pour retrouver la D 45 que l'on prend à droite.

Aux approches de Schaeferhof, on aperçoit, en avant et à gauche, le village de Haselbourg perché au sommet d'une colline.

Un peu plus loin, alors que la route (D 45) s'élève dans la pittoresque **vallée du Kleinthal**, le rocher de Dabo apparaît.

Dabo – (les Daboisiens). Le **site**★ de Dabo est fort agréable et les belles forêts environnantes en font une station estivale fréquentée.

★**Rocher de Dabo** ⊘ – *Signalisation « Rocher St-Léon ».* Le rocher de grès de Dabo porte aujourd'hui deux tables d'orientation et une chapelle dédiée à saint Léon. Dans la tour de la chapelle est encastrée la statue du pape Léon IX. A gauche du portail percé sous la tour et permettant d'entrer dans la chapelle, une petite porte s'ouvre sur l'escalier (92 marches). **Panorama**★ du haut de la tour, il est possible de repérer les principaux sommets des Vosges gréseuses (Schneeberg, Grossmann, Donon, etc.). La vue est curieuse sur le village de Dabo qui présente la forme d'un X.

Après la traversée du village de Dabo, la route, agréable, sinueuse, variée, pénètre dans une superbe forêt et procure de belles échappées sur le rocher et le pays de Dabo, le plateau fertile du Kochersberg et la plaine d'Alsace, puis sur la verdoyante vallée de la Mossig.

Obersteigen – Agréable station estivale de moyenne altitude (500 m). Bâtie en grès, l'église est l'ancienne chapelle d'un couvent d'augustines fondé au début du 13e s. Son architecture, d'un style homogène, marque la transition du roman au gothique : arcs en plein cintre, chapiteaux à crochets ; remarquer les colonnettes annelées du portail.

Prendre à gauche la D 224.

Vallée de la Mossig – Les blocs de grès en saillie donnent aux hauteurs qui encadrent la Mossig une physionomie très particulière. C'est le grès des environs de Wasselonne qui sert à la construction de la cathédrale de Strasbourg. Après Romanswiller, belle vue sur les Vosges gréseuses.

Wasselonne – Ancienne place forte dominée par un château fort réduit à une vieille tour. Ses maisons s'étagent sur les pentes d'une colline, dernier contrefort du Kochersberg. Elle garde de ses fortifications une porte de ville, ancien donjon. L'**église protestante** ⊘ date du 18e s. (orgues de Silbermann) ; dans le cimetière *(route de Westhoffen)*, curieuse chaire à coupole. La foire de Wasselonne (derniers dimanche et lundi d'août) est un événement régional, avec son grand corso fleuri.

Faire demi-tour pour retrouver la D 218 que l'on prend au Sud.

Wangenbourg – C'est une charmante station estivale, dans un joli **paysage**★ de prairies semées de chalets et de forêts dominées par le Schneeberg.

Pour accéder aux **ruines du château** *(1/4 h à pied AR)*, laisser la voiture sur le parking, 200 m après l'église, passer d'un énorme tilleul et suivre un chemin dans le prolongement de la rue principale. Le château date des 13e-14e s. et appartint à l'abbaye d'Andlau. Il subsiste un donjon pentagonal et d'importants vestiges de murs. Par le donjon, on peut accéder à la plate-forme : belle vue sur la région. Un sentier, en partie tracé dans les fossés du château, permet de faire le tour de l'énorme rocher de grès qui porte les ruines. Par un pont, on accède à l'ancienne cour.

Les bois d'alentour sont sillonnés par de nombreux et excellents sentiers munis de bancs de repos.

Après Wolfsthal, la D 218 monte dans la **forêt de Haslach** qui est fort belle. Un parcours agréable conduit à la maison forestière puis laisse sur la gauche une stèle commémorant la construction de la route.

A 500 m commence une descente parfois sinueuse qui se poursuivra jusqu'à Oberhaslach. On aperçoit en avant et à gauche, toute proche, la tour ruinée du château du Nideck.

★★**Château et cascade du Nideck** – *Laisser la voiture sur le parking situé en contrebas de la maison forestière du Nideck, et prendre le sentier signalé par des panneaux (1 h 1/4 à pied AR).*

Une tour du 13ᵉ s. et un donjon du 14ᵉ s., qui se dressent dans un **site**★★ romantique, sont les restes de deux châteaux incendiés en 1636. Le poète de langue allemande Chamisso a célébré ce site. Du haut de la tour et du haut du donjon, belle vue sur la forêt, la vallée de la Bruche, le château de Guirbaden et les hauteurs du Champ du Feu.

Passant ensuite à droite du donjon, suivre à gauche le sentier de la cascade. Après un abri en bois puis un petit pont, prendre à droite jusqu'au belvédère (très dangereux, bien que muni d'un garde-fou).

Du belvédère, la **vue**★★ est superbe sur la vallée glaciaire et le gouffre boisé, dans lequel la cascade du Nideck se jette du haut d'une muraille de porphyre. Pour voir la cascade, continuer, au-delà du belvédère, par un sentier aménagé *(1/2 h AR).*

Revenir à la D 218 et faire 1,200 km.

Belvédère – Il est situé à 20 m de la route, à hauteur d'une borne commémorant sa construction. Belle **vue**★ sur le château du Nideck et la vallée. Ensuite, la vue se dégage à gauche sur les ravins boisés de la Hasel et de ses affluents et, au loin, sur la vallée de la Bruche et les hauteurs qui la dominent au Sud. Descente de la vallée étroite et très fraîche de la Hasel vers Oberhaslach, Niederhaslach et la Bruche.

Oberhaslach – Pèlerinage assez fréquenté, surtout le dimanche qui suit le 7 novembre. Saint Florent qui en est l'objet passait, au 7ᵉ s., pour adoucir les animaux les plus sauvages. Il est resté le protecteur des animaux domestiques, mais aussi l'intercesseur privilégié pour toutes les peines des pèlerins; les nombreux témoignages de remerciement en font foi.
La chapelle, construite en 1750, de style baroque, restaurée en 1987, rappelle l'endroit où le saint vivait en ermite avant de devenir le 7ᵉ évêque de Strasbourg.

Niederhaslach – *Voir à ce nom.*

★**Vallée de la Bruche** – *Voir à ce nom.*

DOMRÉMY-LA-PUCELLE ★

182 habitants
Cartes Michelin nᵒˢ 62 pli 3 ou 242 pli 25

Le monde entier connaît le nom de cet humble village des bords de la Meuse où naquit, le 6 janvier 1412, la fille de Jacques d'Arc et d'Isabelle Romée. Jeanne y vécut toute sa vie de petite paysanne lorraine, obéissante et pieuse. C'est là qu'elle entendit les voix qui lui ordonnaient de partir délivrer la France et le roi *(voir à Vaucouleurs).* Un important pèlerinage a lieu chaque année, le 2ᵉ dimanche de mai, fête de Jeanne-d'Arc, à la basilique du Bois-Chenu.

Église – Contemporaine de Jeanne d'Arc, elle a été transformée au 15ᵉ s. et agrandie en 1825. On en a changé l'orientation et on y pénètre par l'ancien chœur. Mais elle garde encore quelques objets que virent les yeux de l'enfant : un bénitier (à droite en entrant) et une statue de sainte Marguerite (14ᵉ s.) adossée au 1ᵉʳ pilier de droite. Dans le croisillon gauche, la cuve baptismale, du 12ᵉ s., est celle sur laquelle fut tenue Jeanne d'Arc. Les vitraux modernes sont de Gaudin.

★**Maison natale de Jeanne d'Arc** ⊙ – C'était une maison de paysans aisés, aux murs épais, émouvante par sa simplicité et qui était, jadis, entourée d'autres maisons. Au-dessus de la porte, un écusson, aux armes de la France, est accolé de deux autres plus petits, portant, à droite, les armes de la famille de Jeanne d'Arc, à gauche, trois socs de charrue. On lit encore l'inscription : « Vive labeur – 1481 – Vive le Roi Louis. » Dans une niche, l'effigie de Jeanne agenouillée est le moulage d'une statue du 16ᵉ s. (original au musée).

A gauche de la maison, un petit musée présente des cartes, documents, gravures relatifs à l'histoire de la région, à la jeunesse de Jeanne, à sa mission et à son culte.

Basilique du Bois-Chenu – *1,5 km par la D 53, route de Coussey.*
La basilique, commencée en 1881, a été consacrée en 1926. Elle marque l'un des endroits où Jeanne entendit les voix de sainte Catherine, de sainte Marguerite, de saint Michel lui recommandant d'être

Archives Nationales – J.L. Charmet/EXPLORER

Jeanne d'Arc – Lettrine 15ᵉ s.

bonne et pieuse, puis lui dictant sa mission prodigieuse. Le Bois-Chenu est, à ce titre, un de ces lieux «où souffle l'esprit». Commencer la visite par la crypte dont l'entrée se trouve à gauche. Statue de Notre-Dame-de-Bermont devant laquelle Jeanne allait prier tous les samedis. En quittant la crypte, monter le bel escalier à double rampe. Des écussons rappellent les villes qui ont vu Jeanne d'Arc. A l'intérieur de la basilique, des fresques de Lionel Royer retracent la vie de la sainte. Les mosaïques du chœur et de la coupole évoquent l'envoi de Jeanne en mission et son entrée dans la gloire céleste.

Sortir par la porte latérale. Un chemin de croix conduit dans le Bois-Chenu.

Massif du DONON ★★

Cartes Michelin n°s 87 plis 14, 15 ou 242 pli 23, 27

La montagne et le col du Donon, marquant la limite entre l'Alsace et la Lorraine, présentent une grande importance historique et géographique. Les Celtes, les Romains, les Francs et naturellement tous les peuples germaniques ont emprunté le col. La montagne fut le siège d'un culte antique, sans doute celui de Mercure. Le massif du Donon occupe la partie Sud des Vosges gréseuses où elles atteignent leur point culminant au Donon (alt. 1 009 m). Autour de ce sommet, sorte de château d'eau de la région, naissent de nombreux ruisseaux dont les pittoresques vallées coupent en étoile les vastes et magnifiques forêts qui couvrent le massif. Une route côtoie chacune d'elles. Pistes de ski de fond et remonte-pente. Le dernier ours des Vosges a été tué au Donon en 1786.

VALLÉES DE LA SARRE ROUGE
ET DE LA SARRE BLANCHE

Circuit au départ du col du Donon *55 km – environ 2 h*

Col du Donon – Alt. 727 m.

Montée au Donon – Alt. 1 009 m. *1 h 1/2 à pied AR environ.*

On peut laisser la voiture au col du Donon et prendre le sentier qui s'amorce à droite de l'hôtel Velléda, ou bien suivre, en auto, sur 1,3 km, la route qui s'embranche à 1 km du col, à droite, sur la D 993. Dans ce cas, laisser la voiture sur le parking (barrière) et continuer les 2 derniers kilomètres à pied.

Une table d'orientation est située à chaque extrémité de l'amoncellement de dalles de grès formant le sommet. Le **panorama** ★★ se déploie sur la chaîne des Vosges que l'on a sous les yeux, ainsi que sur le plateau lorrain, la plaine d'Alsace et la Forêt-Noire. Entre les deux tables s'élève un petit temple, construit en 1869. Vestiges gallo-romains sur les pentes.

A 50 m en contrebas, relais de télévision.

Le trajet, en descendant du col du Donon, s'effectue d'abord dans la pittoresque **vallée de la Sarre Rouge** ou vallée de St-Quirin puis sur le plateau lorrain.

Après une légère montée, laisser à gauche la route de Cirey-sur-Vezouze. La D 145 devient D 44 à la limite départementale : on passe en Lorraine.

Aussitôt commence une très agréable descente, généralement sinueuse, dans la vallée boisée, étroite et fort pittoresque de St-Quirin. La route, très encaissée, épouse les sinuosités de la Sarre Rouge, ruisseau plutôt que rivière, qui la côtoie de très près.

Grand Soldat – Hameau qui vit naître Alexandre Chatrian, collaborateur d'Émile Erckmann, lui-même natif de Phalsbourg *(voir à ce nom)*.

Abreschviller – Un **petit train forestier** ⊙ à vapeur ou diesel conduit à Grand Soldat *(6 km)*.

3 km plus loin, tourner à gauche dans la D 96F vers St-Quirin.

Vasperviller – Agréablement situé sur les premiers contreforts du Donon, ce village réserve aux amateurs d'art sacré moderne la découverte de sa remarquable petite **église Ste-Thérèse** (1968), due à l'architecte Litzenburger. Faire le tour de l'édifice pour apprécier l'alternance des plans rectilignes et des arrondis qui en modifient à mesure la silhouette de béton.

L'intérieur, d'une distribution à la fois simple et subtile, éclairé de jolis vitraux («arbre généalogique du Christ»), se compose de trois espaces inégaux imbriqués, convergeant vers la secrète chapelle dédiée à sainte Thérèse.

Du sommet du campanile, ouvert et semblant vouloir aspirer la lumière céleste, accessible par un original escalier-chemin de croix à double révolution de 75 marches, vue plaisante sur l'agglomération et le vallon que borde la route de St-Quirin.

St-Quirin – Cette localité, construite dans un bassin de prairies, est dominée par une chapelle romane, but d'un pèlerinage très ancien. L'église priorale du 18e s. est surmontée de deux tours et d'un clocheton coiffés de bulbes superposés. A l'intérieur, orgues de Silbermann (1746), rénovées.

Quitter St-Quirin par la D 96, à l'Ouest, et, 2 km plus loin, prendre à gauche la D 993.

La **vallée de la Sarre Blanche**, que longe la D 993, traverse de belles forêts. Peu peuplée – seules quelques scieries ou maisons forestières s'élèvent en bordure de route –, son parcours serait monotone si la beauté du paysage ne venait distraire le visiteur. En fin de parcours, on repasse en Alsace et, laissant à gauche la route d'Abreschviller, on regagne le col du Donon.

VALLÉE DE LA PLAINE

Du col du Donon à Badonviller *45 km – environ 1 h 1/4*

Col du Donon – Alt. 727 m.

La descente, très pittoresque, s'effectue à travers une magnifique futaie de sapins puis on entrevoit, en avant et à droite, sur la vallée de la Plaine, les villages jumeaux de Raon-sur-Plaine et de Raon-lès-Leau (à droite, à l'intérieur du virage, mémorial des évadés de guerre et des passeurs).

Raon-sur-Plaine – Localité située dans un beau bassin de prairies d'où l'on découvre des vues sur le Donon. Une petite route conduit en 4 km dans la montagne, à proximité d'une **voie romaine**, très bien conservée, courant sous bois durant environ 500 m.

La **vallée de la Plaine** ou **vallée de Celles** est semée de maisons à toits rouges, à la limite du bois, qui ajoutent au charme du paysage où le vert clair des prairies offre un heureux contraste avec le vert plus foncé des sapins couvrant les pentes des collines.

Lac de la Maix – *1/4 h à pied AR, en prenant à Vexaincourt, à gauche, une route forestière étroite.*

Un sentier fait le tour de ce petit lac, aux eaux d'un vert profond, que domine une chapelle.

Entre Allarmont et Celles-sur-Plaine, l'ancienne **scierie de la Hallière** ⊙ est le siège d'un écomusée rassemblant des équipements et des outils jadis utilisés pour le sciage *(démonstrations en été)* ou le travail du bois, roue à palmes mue par la force hydraulique.

A Celles-sur-Plaine, nous pénétrons sur le site des deux lacs de Pierre-Percée. Le **lac de la Plaine** (36 ha) a été aménagé en base de loisirs et de plein air à vocation nautique (baignade, voile, aviron, kayak...).

Prendre la route de Badonviller (D 182).

Le parcours au milieu de forêts de sapins offre de belles vues dans la première partie de la montée. La **route**★ fait traverser ensuite le minuscule village de **Pierre-Percée**. A la mairie, **exposition** ⊙ « Art, artisanat et produits du terroir lorrain ».

Passant devant le monument aux morts du 363ᵉ R.I. dû au sculpteur Sartorio, elle grimpe au pied des ruines d'un château fort des comtes de Salm *(parc de stationnement)*, juché sur une éminence naturelle et dont subsiste un donjon du 14ᵉ s. De là, **vues**★ étendues sur le lac et son romantique écrin de collines et de forêts.

Lac de Pierre-Percée – *Tourner à gauche vers le lac.* Parc de stationnement à hauteur du barrage du Vieux-Pré. Faire quelques pas vers le belvédère où des panneaux expliquent la construction de l'ouvrage.

Revenir au carrefour.

Une promenade sur le lac à bord de la **vedette « Cristal »** ⊙ offre des vues variées sur les monts qui l'entourent.

Le sentier botanique de la Roche aux Corbeaux et un observatoire à oiseaux permettent de découvrir le milieu forestier *(accès par la ceinture verte).*

Revenir sur la D 182 pour gagner Badonviller.

Badonviller – Cette petite localité industrielle, détruite en partie en août 1914, fut trente ans plus tard une des premières villes libérées par la 2ᵉ D.B. lors de la bataille d'Alsace déclenchée au début de novembre 1944.

Pour choisir un lieu de séjour à votre convenance,
*consultez la **carte des Lieux de séjour** au début de ce guide.*

Elle distingue :
  – les Destinations de week-end ;
  – les Villes-étapes ;
  – les Lieux de séjour traditionnels ;
  – les stations balnéaires, thermales ou de
  sports d'hiver.

Elle signale aussi, lorsque la région décrite s'y prête, les ports de plaisance, les centres de thalassothérapie, les bases de découverte de la montagne en été, etc.

EBERSMUNSTER

Cartes Michelin nᵒˢ 87 pli 6 ou 242 pli 28

Cette paisible localité fut autrefois le siège d'une abbaye bénédictine célèbre qui aurait été fondée par le duc Étichon et sa femme, parents de sainte Odile *(voir p. 212)*. Le monastère et son église, détruits pendant la guerre de Trente Ans, furent réédifiés par la suite. Une porte de la fin du 18ᵉ s. donne accès aux anciens bâtiments conventuels. Dans l'église, chaque dimanche de mai, à 17 h, ont lieu les « Heures musicales d'Ebersmunster », concerts d'orgue et de chorales.

★ÉGLISE ABBATIALE ⊙ *visite : 1/4 h*

Édifiée vers 1725 par un architecte originaire du Vorarlberg, Peter Thumb, l'église se signale de loin par ses trois clochers à bulbe. L'**intérieur**★★ passe pour la plus belle réalisation du baroque en Alsace, au début du 18ᵉ s. Sa luminosité, la gaieté du décor peint et stuqué composent un cadre raffiné au mobilier élégamment sculpté : Samson porte-chaire (fin 17ᵉ s.), stalles (fin 17ᵉ s.) et leurs statues (fin 19ᵉ s.), confessionnaux (1727), autels latéraux (1730), orgue d'André Silbermann (1732). Par un sens aigu de la mise en scène chère au baroque, c'est vers le **maître-autel** (1728) festif et solennel que le regard est attiré. Coiffée d'une immense couronne en baldaquin, cette monumentale composition toute en sculptures et en dorures s'élève jusqu'à la voûte du chœur.

ÉCOMUSÉE D'ALSACE★★

Cartes Michelin nᵒˢ 242 pli 35 – 9 km au Sud-Ouest d'Ensisheim, à Ungersheim

Une soixantaine de maisons anciennes *(illustration p. 29)*, distribuées sur un terrain de 15 ha, présentent principalement un panorama de l'habitat rural dans les différentes régions d'Alsace.
Une initiative de sauvegarde du patrimoine marqua l'origine de ce musée de plein air : des maisons anciennes du 15ᵉ s. au 19ᵉ s., vouées à la pioche des démolisseurs, furent patiemment repérées sur le territoire alsacien, puis minutieusement démontées pour entamer une seconde vie dans ce nouveau « village ». Le développement du musée inauguré en 1984, et en extension continue depuis, est marqué par son ouverture au patrimoine industriel avec la restauration des bâtiments de la mine de potasse « Rodolphe » (1911-1930) contiguë au musée.

La **visite** ⊙ permet de découvrir, regroupées selon leurs régions d'origine, Sundgau, Ried, Kochersberg, Bas-Rhin, les maisons rurales à colombage, distribuées en cours et jardins. On constatera l'évolution des techniques de construction, et l'articulation des bâtiments de ferme (habitations, granges, étables...) très changeante suivant les régions et les époques.
Des bâtiments ruraux spécifiques, tels que maison forte, chapelle, école et lavoir, évoquent la sociabilité dans le village alsacien traditionnel, et un terroir reconstitué est le support de la présentation de variétés végétales anciennes et de démonstrations de travaux agricoles. Un secteur à part valorise le patrimoine de la fête foraine, avec en particulier le carrousel-salon Eden-Palladium, dernier grand manège français de la Belle Époque (1909). Au gré du cheminement, on découvrira les travaux ancestraux des charpentiers et maçons, et dans certains intérieurs reconstitués les conditions de vie et leur évolution, avec les cuisines, les alcôves et « stube » (pièce à vivre dotée d'un poêle en terre cuite).

Écomusée d'Alsace – Maison forte de Mulhouse

D'autres bâtiments accueillent des évocations thématiques sous forme d'expositions ou de spectacles : la coiffe alsacienne, l'eau et le feu domestiques, la pêche, les fêtes calendaires. Le musée a conservé sous forme d'ateliers, dont plusieurs en activité, des savoirs traditionnels : forge, poterie avec un impressionnant four à bois, charron, distillerie, moulin à huile... Les étables et les écuries abritent des animaux domestiques. Et douze couples de cigognes reviennent régulièrement nicher sur les toits patinés.

Restaurants avec terrasses ombragées, aires de pique-nique, boutique (librairie, artisanat).

EGUISHEIM ★

1 530 habitants
Cartes Michelin n⁰ˢ 87 pli 17 ou 242 pli 31 – Schéma p. 201

Centre viticole, ce bourg fort ancien s'est bâti de façon concentrique autour d'un château du 13ᵉ s. dont subsiste une partie de l'imposante enceinte octogonale.
Enfoui dans les vignes, au pied des ruines de ses trois fameuses tours, il est demeuré presque intact depuis le 16ᵉ s.
Dans la Grand'Rue subsistent de pittoresques maisons à grands portails armoriés et datés. On verra également deux jolies fontaines Renaissance.
Le **circuit des remparts ★**, fléché, emprunte l'ancien chemin de ronde. Les rues étroites et pavées sont bordées de vieilles maisons dont il faut apprécier la richesse architecturale (balcons, oriels, pans de bois, pignons pointus).

Église – A l'intérieur de l'église moderne, à droite en entrant, une chapelle s'ouvre sous le clocher. On y voit l'ancien portail représentant au tympan (12ᵉ s.) un Christ entre saint Pierre et saint Paul ; le linteau est formé par le défilé des Vierges Sages et des Vierges Folles. De beaux vitraux modernes représentent des scènes de la vie de Léon IX. Bel orgue Callinet du 19ᵉ s.

Eguisheim – Ancienne cour colongère

Cour colongère

La colonge était au Moyen Âge une organisation rurale, particulière à l'Alsace. Elle comprenait un certain nombre de fermes appelées « manses » ou « tenures », concédées par le propriétaire à des preneurs moyennant des prestations annuelles en argent ou en nature. Les différends, nés du pacte colonger, étaient soumis à un tribunal, désigné sous le nom de « cour colongère » ou Ding. D'une façon plus pratique, la cour colongère était aussi la ferme principale qui gérait l'ensemble des tenures d'une propriété. A Eguisheim, les cours colongères touchent le mur d'enceinte. On connaît aujourd'hui l'implantation de seize d'entre elles.

★ROUTE DES CINQ CHÂTEAUX

Circuit de 20 km, plus 1 h 3/4 à pied AR environ.

Gagner Husseren (p. 203) par la D 14. A la sortie du bourg, emprunter, à droite, la route forestière «des cinq châteaux». A 1 km, laisser la voiture (parc de stationnement) et atteindre les «trois châteaux» d'Eguisheim à pied (5 mn de montée).

Donjons d'Eguisheim – Weckmund, Wahlenbourg, Dagsbourg, tels sont les noms de ces trois donjons de grès rouge, carrés, massifs, qui s'élèvent sur le sommet de la colline. Ils appartenaient à la puissante famille d'Eguisheim et furent brûlés à la suite de la guerre dite «des Six Oboles» (conflit ayant opposé les bourgeois de Mulhouse à la noblesse des environs). C'est là, plutôt qu'à Dabo, que serait né le pape Léon IX en 1002.

Ayant repris la voiture, poursuivre la route «des cinq châteaux».

Le chemin offre de beaux points de vue tout au long de son parcours.

Château de Hohlandsbourg – Sur la gauche, à 6 km environ des donjons d'Eguisheim, se dresse l'imposant château de Hohlandsbourg, jadis chef-lieu d'une seigneurie des Habsbourg, construit à partir de 1279. Acquis en 1563 et modernisé par Lazare de Schwendi, conseiller de l'empereur Maximilien II, il fut détruit pendant la guerre de Trente Ans *(un sentier y donne accès)*. Vue magnifique sur le donjon de Pflixbourg et le sommet du Hohneck à l'Ouest, le Haut-Kœnigsbourg au Nord, sur Colmar et la plaine d'Alsace à l'Est.

Donjon de Pflixbourg – *Accessible par un sentier situé 2 km plus loin, sur la gauche.*
Ancienne résidence du représentant de l'empereur en Alsace, la forteresse échut en fief à la famille des Ribeaupierre au 15ᵉ s. Une citerne voûtée jouxte le donjon. Belle vue sur la vallée de la Fecht à l'Ouest et la plaine d'Alsace à l'Est.

La route rejoint la D 417 en direction de Colmar.
A la sortie de Wintzenheim (voir à la route des vins), tourner à droite dans la N 83 puis de nouveau à droite dans la D 1 bis pour regagner Eguisheim.

ENSISHEIM

6 164 habitants
Cartes Michelin nᵒˢ 87 pli 18 ou 242 pli 35

Habitée dès le 5ᵉ millénaire avant J.-C. comme l'attestent des fouilles effectuées au Sud de la ville, Ensisheim fut mentionnée pour la première fois dans un document daté de 765. Elle connut un destin brillant lorsqu'en 1135 elle devint capitale des possessions des Habsbourg en Alsace, Pays de Bade et Suisse du Nord. A son apogée, au 17ᵉ s., la ville abritera plus de 200 familles nobles. La guerre de Trente Ans apporta son cortège de désolation à la petite cité qui sera saccagée sept fois.
Après la prise de Mulhouse, le 21 novembre 1944, Ensisheim fut exposée au feu de l'artillerie et aux bombardements jusqu'au 6 février 1945, date de sa libération.

CURIOSITÉS

Palais de la Régence – C'est un bel édifice construit en 1535 sur plan gothique, mais dont l'ornementation est Renaissance. Au rez-de-chaussée, les très jolies voûtes des arcades sont décorées d'écussons aux armes de plusieurs villes d'Alsace. Sur la façade, du côté de l'église, une tourelle octogonale renferme l'escalier.

Musée de la Régence ⊙ – Il présente, dans la première salle, un aérolithe tombé sur Ensisheim le 7 novembre 1492. Celui-ci, qui serait le premier dont l'Histoire ait enregistré la venue, était, dit-on, de forte taille (environ 150 kg) lorsqu'il chut du ciel. A force d'en offrir des morceaux à chaque visiteur de marque, on l'aurait réduit à ses mesquines dimensions actuelles (54 kg).
Le musée expose le produit des plus récentes découvertes archéologiques : des céramiques, des outils, une sépulture d'enfant, remontant au néolithique ancien, des objets de l'âge du Bronze et de l'époque gallo-romaine.
Il offre également à travers une grande variété de matériels et de documents un large aperçu sur l'activité minière du bassin potassique d'Alsace et du mineur en particulier.

Hôtel de la Couronne – Il est installé dans une gracieuse construction de 1609, décorée de pignons à volutes et d'un oriel sculpté à deux étages. Turenne y logea en 1675 avant la bataille de Turckheim.

★★**Écomusée d'Alsace** – *9 km au Sud-Ouest par la D 4 bis jusqu'à Ungersheim, la D 44 en direction de Feldkirch Bollwiller, la D 200 à gauche puis la D 430 à gauche jusqu'à l'Écomusée. Voir à ce nom.*

ÉPINAL ★

Agglomération 50 909 habitants (les Spinaliens)
Cartes Michelin nᵒˢ 62 pli 16 ou 242 pli 30

Située à un important carrefour de routes, Épinal est bâtie sur les deux rives de la Moselle. La ville a connu la grande célébrité par son imagerie, puis sa prospérité par l'industrie du coton aujourd'hui en déclin. Depuis 1969, une usine produisant des fils métalliques nécessaires à la fabrication des pneumatiques Michelin existe au Nord de la ville.

Les fêtes – Le mercredi avant Pâques voit revivre à Épinal une ancienne tradition : la coutume des Champs-Golots qui marque la fin de l'hiver, le dégel des ruisseaux et des champs. Un bassin, rue du Général-Leclerc, et le bassin du Plateau de la Justice sont remplis d'eau et les enfants y traînent des bateaux illuminés, fabriqués par eux-mêmes. Les fêtes de la St-Nicolas voient saint Nicolas et le père Fouettard visiter les écoles maternelles, distribuant pain d'épice et oranges.

★MUSÉE DÉPARTEMENTAL D'ART ANCIEN ET CONTEMPORAIN (AZ) ⊘ visite : 3/4 h

Situé à la pointe amont d'une île de la Moselle, le musée a été réaménagé dans un bâtiment laissant largement pénétrer la lumière grâce à une verrière transversale et à des passerelles situées à différents niveaux. Au rez-de-chaussée est exposé le résultat des fouilles effectuées dans les sites gallo-romains de Grand, Soulosse et du Donon et dans la nécropole mérovingienne de Sauville. Le musée possède une importante collection de monnaies dont les plus anciennes datent de l'époque celtique.

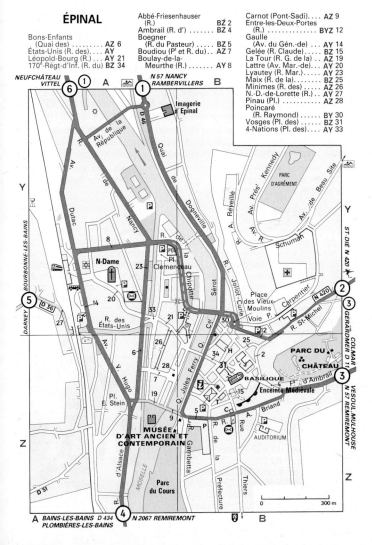

ÉPINAL	
Bons-Enfants (Quai des) .... **AZ** 6	
États-Unis (R. des).... **AY**	
Léopold-Bourg (R.) ... **AY** 21	
170ᵉ-Régt-d'Inf. (R. du) **BZ** 34	

Abbé-Friesenhauser (R.) **BZ** 2
Ambrail (R. d') .... **BZ** 4
Boegner (R. du Pasteur) ..... **BZ** 5
Boudiou (Pᵗ et R. du).. **AZ** 7
Boulay-de-la-Meurthe (R.) ...... **AY** 8

Carnot (Pont-Sadi).... **AZ** 9
Entre-les-Deux-Portes (R.) .... **BYZ** 12
Gaulle (Av. du Gén.-de) ... **AY** 14
Gelée (R. Claude).... **BZ** 15
La Tour (R. G. de la) .. **AZ** 19
Lattre (Av. Mar.-de)... **AZ** 20
Lyautey (R. Mar.)...... **AY** 23
Maix (R. de la)........ **BZ** 25
Minimes (R. des) ..... **AZ** 26
N.-D.-de-Lorette (R.).. **AY** 27
Pinau (Pl.) .... **AZ** 28
Poincaré (R. Raymond) ...... **BY** 30
Vosges (Pl. des) ..... **BZ** 31
4-Nations (Pl. des).... **AY** 33

91

Au premier étage est présentée une collection d'ethnographie variée. La peinture ancienne, se rapportant surtout aux 17e s. et 18e s., évoque les écoles italienne et française ainsi que l'École du Nord. Tendance au classicisme et au réalisme avec des œuvres de Claude Gellée, La Hyre, Vignon, **La Tour** *(Job raillé par sa femme)*. Les **dessins** et les aquarelles (collection Paul Oulmont) de Fragonard, Boucher, Coypel... font revivre l'atmosphère légère des fêtes du 18e s. Parmi les peintres les plus célèbres de l'École du Nord, citons Brueghel, Van Goyen, Van Cleeve, sans oublier **Rembrandt** et sa *Mater Dolorosa*.

L'histoire de l'**imagerie** est retracée depuis l'origine de la gravure sur bois jusqu'à notre époque, illustrant la vie politique, sociale, militaire et religieuse. Les images proviennent de plusieurs grandes villes de France, et en particulier d'Épinal (dont l'imagerie Pellerin est la seule encore en activité en Europe), et des pays étrangers. Le 2e étage donne un aperçu de l'art contemporain avec notamment l'Art Minimal (Carl André, Donald Judd), l'Arte Povera (Mario Merz), le Pop Art (Andy Warhol).

★ VIEILLE VILLE *visite : 1/2 h*

★ Basilique St-Maurice (BZ)

Remontant dans ses parties les plus anciennes au 11e s. (éléments du transept et de l'avant-corps), St-Maurice fut, du 13e s. à la Révolution, à la fois église paroissiale et collégiale du chapitre des Dames Chanoinesses nobles d'Épinal. Diverses influences régionales se manifestent dans son architecture.

Extérieur – Place St-Goëry, la façade Ouest procède de la tradition mosane avec ce massif avant-corps du 13e s., formant beffroi communal, qui enserre comme une gangue le rez-de-chaussée de la tour romane d'origine (le portail a été percé seulement en 1843).

Au flanc gauche de l'édifice le portail des Bourgeois (15e s.) constitue l'entrée principale. Précédé par un porche profond, d'aspect très champenois, il a été mutilé pendant la Révolution mais garde encore sa grandeur.

Sur le flanc droit se remarquent les travées reconstituées de l'ancien cloître détruit en 1797.

Intérieur – Bourguignonne dans son élévation à trois étages, arcades, triforium, fenêtres hautes, que séparent des cordons moulurés, la nef, du 13e s., se prolonge au-delà du transept par le lumineux « chœur des chanoinesses » qui relève de l'art champenois par la légèreté de ses lignes (14e s.).

Parmi les œuvres d'art nous recommandons une Mise au tombeau (15e s.) dans le croisillon droit et, dans la chapelle voisine, une statue de Vierge à la rose (14e s.)

Quartier du chapitre – Il conserve un ensemble de maisons de chanoinesses des 17e-18e s. De là, il est possible d'accéder à l'enceinte médiévale, dont les bases des tours et les murs de grès rouge ont été dégagés.

Place des Vosges (BZ 29) – Bordée de maisons à arcades, elle a un charme tout provincial. Entre une librairie et un café s'élève la maison du Bailli, du 17e s., agrémentée d'une loggia (galerie d'art).

IMAGES D'ÉPINAL

Si, à l'heure actuelle, l'expression est un peu péjorative, les images fabriquées à Épinal ont connu un énorme succès pendant près de deux siècles. Jean Charles **Pellerin**, fils d'un cartier-dominotier (fabricant de cartes à jouer et de domino ou papier peint), fabrique des cadrans d'horloge émaillés qu'il remplacera, suite à la mévente, par des cadrans en papier coloriés au pochoir. Alors que l'imagerie populaire était surtout religieuse, Pellerin exploita les sujets profanes : chansons traditionnelles, devinettes, fables de La Fontaine. S'intéressant à la publicité à la fin du 19e s., il retrace l'épopée impériale. De grands noms ont apporté leur talent : Caran d'Ache, O'Galop, Benjamin Rabier...

Les deux guerres mondiales et les nouvelles techniques ont provoqué le déclin de cette activité.

L'image était gravée sur bois, en général du poirier, et imprimée au moyen d'une presse dite de Gutenberg. Les différentes couleurs étaient appliquées à la main grâce à des pochoirs, technique encore utilisée aujourd'hui.

Imagerie d'Épinal (AY) ⊘ – *Accès par le quai de Dogneville, au n° 42 bis.*
Cette société a repris en 1984 l'ancienne Imagerie Pellerin qui, fondée en 1796, est restée dans la famille pendant près de 200 ans. La fabrique perpétue la tradition des fameuses « images d'Épinal ».

Le Chat Botté – Imagerie d'Épinal

Au sous-sol, la **galerie d'exposition-vente** propose des rééditions d'images anciennes, des éditions d'albums, des créations d'images contemporaines.
Un diaporama fait revivre les principaux moments de l'Imagerie.

D'autre part, à l'**écomusée**, on peut suivre les techniques de fabrication qui ont été utlisées dans l'entreprise, avec démonstration sur certaines machines (machine à colorier de 1898) et notamment le célèbre savoir-faire d'enluminure au pochoir.

AUTRES CURIOSITÉS

★**Parc du Château** (BZ) ⊘ – Ce parc forestier de 26 ha, agrémenté d'un « mini-zoo », est l'un des plus vastes de France. Tracé sur l'emplacement de l'ancien château d'Épinal, il occupe le sommet de la colline gréseuse et boisée qui s'avance jusqu'au milieu de la ville. Autour des ruines ont été recréés les jardins médiévaux.

Église Notre-Dame (AY) ⊘ – Reconstruite de 1956 à 1958, cette église possède un portail dont les panneaux sont en émail cloisonné sur cuivre rouge. Autour d'une croix sont représentés les symboles des quatre évangélistes surmontant un arc-en-ciel où gravitent les symboles des sept planètes.
A l'intérieur, la voûte de béton, horizontale, est un damier de caissons carrés. Un immense vitrail à la gloire de la Vierge éclaire le chœur.
Le Chemin de croix est une œuvre moderne pleine d'expression.

Parc du Cours (AZ) – Agréablement situé au bord de la Moselle dont il épouse une courbe, c'est un grand parc public très soigné en même temps qu'une plantation d'essai de beaux arbres exotiques, parfois séculaires, mêlés aux essences vosgiennes.

ENVIRONS

Fort d'Uxegney ⊘ – *5 km au Nord-Ouest par ⑥ du plan.*
Dominant la vallée de l'Avière, le fort fut l'un des derniers maillons de la ceinture d'Épinal. Construit en pierre à l'origine (1882-84), il fut renforcé par la suite en béton spécial puis en béton armé. C'est un exemple de fortification « Séré de Rivières », intermédiaire entre la fortification bastionnée Vauban et celle enterrée de la Ligne Maginot. Le fort est resté intact, il n'a jamais subi les dommages de la guerre. La tourelle de 155R (raccourci) est le seul exemplaire existant remis en état de fonctionnement. On voit également une tourelle de 75, deux tourelles mitrailleuses et des casemates de Bourges armées de canons de 75. En parcourant le « dessus », on découvre les coupoles des tourelles ainsi qu'un large paysage.

Cimetière et Mémorial américains – *7 km au Sud. Quitter Épinal par ④ du plan, D 157. 1 800 m après Dinozé s'embranche à droite le chemin long de 500 m menant au cimetière.*
Situé sur un plateau boisé dominant la Moselle, ce vaste terrain (20 ha) aligne, sur des pelouses impeccables, ses croix et ses stèles israélites, de marbre blanc, derrière une chapelle et un mémorial érigés à la mémoire des soldats américains tombés en 1944-45, dont 5 255 demeurent enterrés ici.

ÉTAIN

3 577 habitants (les Stainois)
Cartes Michelin n°s 57 pli 12 ou 242 pli 9

Ce gros bourg doit son nom aux nombreux étangs qui couvraient autrefois la région. Il a été entièrement reconstruit après sa destruction au cours de la guerre de 1914-1918.

Église – Ce beau monument des 14e et 15e s., endommagé, a été restauré. A l'intérieur un arc sculpté s'ouvre sur le chœur, de style flamboyant, éclairé par de grands vitraux modernes de Gruber consacrés à la vie de saint Martin.
Remarquer les clefs de voûte sculptées du chœur. Le chemin de croix, dont l'exécution fut interrompue par la guerre 1939-1945, est demeuré inachevé.
Dans le bas-côté droit, la chapelle du Sacré-Cœur renferme le groupe de N.-D.-de-Pitié, « Marie contemplant Jésus mort », attribué à Ligier Richier.

ENVIRONS

Senon – *9,5 km au Nord par la N 18 puis la D 14 à gauche qui passe par Amel-sur-l'Étang.*
Ce village de Woëvre possède une **église** ⊘ de l'époque de transition du gothique à la Renaissance (1526-1536), restaurée. Son toit extrêmement élevé et aigu est étayé par une charpente en béton. Elle présente trois nefs d'égale hauteur et conserve de beaux chapiteaux Renaissance.

Château de FALKENSTEIN★

Cartes Michelin nᵒˢ 87 plis 2, 3 ou 242 plis 11, 12 – Schéma p. 274

Situé sur un rocher de grès qui domine la forêt, le château, fondé en 1128, a été foudroyé et incendié en 1564. Les Français achèvent de le détruire en 1677. Mais la ruine qui demeure est encore imposante.

La légende veut que, dans la cave, un tonnelier fantôme vienne quelquefois frapper, à minuit, autant de coups de maillet qu'il y aura de barriques de vin dans l'année.

Accès à partir de Philippsbourg par les D 87 puis D 87ᴬ qui mènent en 3 km à un carrefour de chemins, où laisser la voiture (3/4 h à pied AR). Prendre le deuxième chemin à gauche, signalé par des triangles bleus. Au bout de 1/4 h, monter quelques marches, tourner à gauche puis à droite. Franchir une porte et tourner à gauche pour contourner le rocher où se trouve le château. Passer une deuxième porte.

On aperçoit alors à gauche, creusée dans le roc, une vaste caverne appelée Salle des Gardes, autour de laquelle six niches sont taillées dans la paroi.

Entre la porte d'arrivée et la caverne, prendre, sous une autre petite porte, l'escalier (muni d'un garde-fou).

On y remarquera plusieurs cavités naturelles, aux parois curieusement sculptées par les eaux, et des cavernes superposées, creusées par l'homme.

Plus loin, après une passerelle et des escaliers, on atteint le sommet du château ; gagner le belvédère.

De là, beau **panorama**★ au Nord-Est, Maimont et les ruines de Schoeneck, au Nord-Ouest, Waldeck ; au Sud-Est, Lichtenberg puis Dabo ; au Sud, les montagnes encadrant la Bruche.

GÉRARDMER★

8 951 habitants (les Géromois)
Cartes Michelin nᵒˢ 62 pli 17 ou 242 pli 31 – Schéma p. 96

Gérardmer (prononcer « Gérardmé ») doit à son **site**★★ magnifique, à son lac, à son cadre de montagnes couvertes de sapins, comme aussi à son industrie textile une grande renommée. Incendiée en novembre 1944 pendant les jours qui précédèrent sa libération, la cité a été reconstruite.

Station estivale très fréquentée et parfaitement équipée, dotée de nombreux hôtels, de villas éparses dans la verdure, Gérardmer est aussi un excellent centre d'excursions, au cœur d'une des contrées des Vosges les plus richement boisées. Son office de tourisme, créé en 1875, est le plus ancien de France.

★**Le lac de Gérardmer** – Le lac de Gérardmer, le plus grand des Vosges, est une belle nappe d'eau longue de 2,200 km, large de 750 m et profonde de 38 m. *Pour la pêche, voir le chapitre des Renseignements pratiques en fin de guide.*

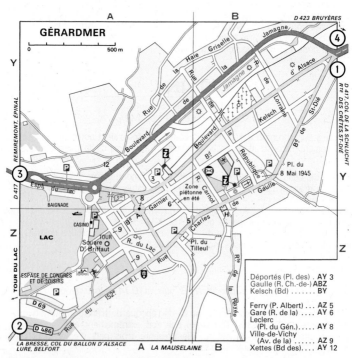

Déportés (Pl. des) . **AY** 3
Gaulle (R. Ch.-de-) **ABZ**
Kelsch (Bd) . . . . . . **BY**

Ferry (P. Albert) . . . **AZ** 5
Gare (R. de la) . . . . **AY** 6
Leclerc
(Pl. du Gén.) . . . **AY** 8
Ville-de-Vichy
(Av. de la) . . . . . . **AZ** 9
Xettes (Bd des) . . . . **AY** 12

★**Tour du Lac** – Cette charmante promenade *(6,5 km)* peut être effectuée à pied ou entièrement en auto. En dehors de quelques passages en forêt, elle offre des vues variées sur le lac et sur les montagnes qui l'enchâssent. On peut aussi faire le **tour du lac** ⊙ en vedettes ou en canots électriques ; voiliers, barques, pédalos.

Usines textiles ⊙ – Les usines (toile, jacquard, confection) sont connues pour la qualité de fabrication du linge de maison.

✳ Gérardmer-La Mauselaine-Chaume-Francis-Grouvelin

Grâce aux pentes qui l'environnent, Gérardmer est également une station de sports d'hiver, accessible aussi bien aux débutants qu'aux chevronnés ou encore aux amateurs de ski de fond. Un enneigement abondant lui procure de belles pistes de ski alpin, dont la plus longue du massif vosgien (3 900 m). Une piste a été spécialement aménagée pour la pratique du ski nocturne.

De nombreuses excursions peuvent être effectuées au départ de Gérardmer.

Vous avez apprécié votre séjour dans la région. Retrouvez le charme de celle-ci, son atmosphère, ses couleurs, en feuilletant l'album « France », ouvrage abondamment illustré, édité par les Services de Tourisme Michelin.

Région de GÉRARDMER★★

Cartes Michelin nᵒˢ 62 plis 17, 18 ou 242 plis 31, 35

Les circuits ci-après feront connaître le versant lorrain des Vosges, région de vallées, de lacs dans des sites boisés, que limite la superbe route des Crêtes.

Les glaciers des Vosges – La région de Gérardmer a subi l'empreinte des glaciers qui couvraient autrefois les Vosges *(voir p. 18)*. L'un d'eux, partant du Hohneck, emplissait la vallée où reposent aujourd'hui les lacs de Retournemer, de Longemer, de Gérardmer, et rejoignait, près de Remiremont, les glaciers de la Moselotte et de la Moselle. En disparaissant, il laissa des moraines qui arrêtèrent les eaux de la Vologne descendant de la montagne. En aval du lac de Longemer, la rivière a cherché une issue par une autre vallée. Elle a creusé la gorge du Saut des Cuves et, par la vallée des Granges, rejoint la Moselle.
Arrêtées par un barrage morainique, les eaux du lac de Gérardmer, déviées, ont formé la rivière de la Jamagne, affluent de la Vologne. Les lacs des Corbeaux et de Blanchemer, les petits lacs d'Alfeld et de Lispach sont aussi d'origine glaciaire.

L'industrie textile – A l'apogée du coton vosgien, à la fin des années trente, plus de 40 000 ouvriers font tourner 57 000 métiers répartis dans près de 250 usines. Durant les vingt dernières années, le bouleversement des marchés et l'automatisation très poussée du matériel textile ont considérablement amenuisé le potentiel industriel qui avait fait les beaux jours de nombre de vallées vosgiennes. En 1987, une quinzaine d'entreprises importantes assurent encore le tiers de la production cotonnière française. Un certain nombre de petites affaires se maintiennent en fabriquant jusqu'au produit fini (linge de maison, vêtements).
Cette région est une des plus importantes régions d'industrie textile des Vosges. Gérardmer, où survit le tissage du lin, continue la tradition qui a fait longtemps sa réputation, la production du linge de maison. Le blanchiment sur pré sur la Corbeline, au Beillard et au bord du lac de Longemer, n'est plus utilisé.

★**①** LACS DE LONGEMER ET DE RETOURNEMER

28 km – environ 1 h – schéma p. 96

★**Gérardmer** – *Voir à ce nom.*
Sortir par ① *du plan, D 417.*

★**Saut des Cuves** – *Laisser la voiture à proximité de l'hôtel du Saut des Cuves. Prendre à droite, en amont du pont, le sentier qui mène à la Vologne que franchissent deux passerelles permettant de faire un petit circuit. Le torrent tombe en cascade parmi de gros rocs de granit. La plus importante de ces chutes se nomme le Saut des Cuves. De petits promontoires rocheux permettent d'en avoir de jolies vues.*
A la sortie de Longemer, prendre à droite la D 67.

★**Lac de Longemer** – Long de 2 km, large de 550 m, profond de 30 m, ce lac est environné de prés verts, parsemés de fermes aux toits bas et écrasés *(pour la pêche, voir le chapitre des Renseignements pratiques en fin de guide).*

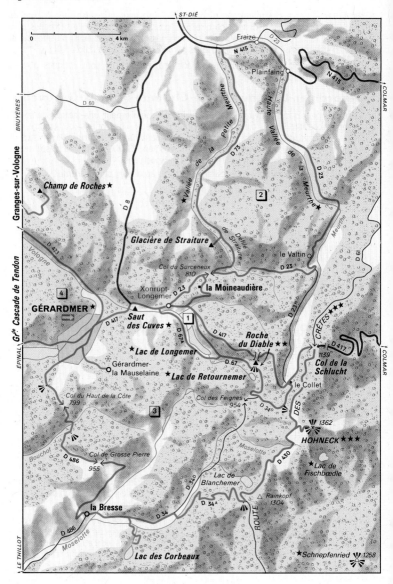

★ **Lac de Retournemer** – Alimenté par les cascades de la Vologne, ce petit lac est remarquable par la pureté et le bleu profond de ses eaux qui reposent au creux d'une conque de verdure et reflètent les arbres qui l'entourent *(voir le chapitre des Renseignements pratiques en fin de guide).*

Rejoindre, par la pittoresque D 34^D, au Collet, la D 417 qui ramène à Gérardmer. On peut également rejoindre Gérardmer par Xonrupt en faisant demi-tour au lac de Retournemer et en prenant à gauche la D 67^A pour suivre la rive Ouest.

★ 2 VALLÉE DE LA MEURTHE ET DE LA PETITE MEURTHE

55 km – environ 2 h – schéma ci-dessus

★ **Gérardmer** – *Voir à ce nom.*

Sortir par ① du plan, D 417.

★ **Saut des Cuves** – *Page 95.*

La Moineaudière ○ – Après 2 km sur la D 23, prendre à droite la route signalée qui conduit au domaine de la Moineaudière, installé dans un joli site à la lisière d'une forêt d'épicéas. On y présente des cactus et plantes grasses, coquillages, insectes, fossiles, et surtout une riche collection minéralogique dont un quartz « fantôme » du Brésil, de 650 kg. A voir également une collection de masques et d'objets d'art primitif.

Continuer à descendre le long de la route forestière. On débouche sur la D 417 : tourner à droite pour regagner la bifurcation de la D 23.

Après un parcours en forêt, reprenant les 2 km sur la D23, on atteint, près du Valtin, la **haute vallée de la Meurthe** dont les versants sont couverts de pâturages et de forêts. En aval de Rudlin, la vallée s'étrangle en un pittoresque défilé. La Meurthe, rapide et claire, anime plusieurs scieries.

A Plainfaing, prendre à gauche la N 415 puis la D 73 encore à gauche.

Le retour s'effectue par la **vallée de la Petite Meurthe** qui, d'abord large et cultivée, se resserre entre des forêts. Les scieries chantent au bord de la rivière, et la route pénètre dans le défilé de Straiture aux parois escarpées couvertes de sapins.

Glacière de Straiture – A 0,7 km au-delà de l'amorce d'une petite route à droite se trouve, au Sud-Est, un sentier qui franchit la rivière, permettant d'atteindre la « Glacière de Straiture ». C'est un amas de rocs entre lesquels on peut trouver, en plein été, des morceaux de glace.

A l'extrémité du défilé, la route franchit la Petite Meurthe et rejoint le col du Surceneux, d'où l'on regagne Gérardmer.

★★★ ③ LA BRESSE - LE HOHNECK - LA SCHLUCHT

54 km – environ 2 h 1/2 – schéma p. 96

★**Gérardmer** – *Voir à ce nom.*

Sortir par ② du plan.

La D 486 s'élève dans les bois, puis descend vers le Bouchot dont la vallée verdoyante sépare le col du Haut de la Côte du col de Grosse-Pierre.
La route offre de jolies vues sur la haute vallée de la Moselotte et celle de son affluent, le ruisseau de Chajoux : les « essarts » (cultures semi-forestières après défrichement), accrochés aux flancs de la vallée, ne manquent pas de pittoresque.

La Bresse – *Voir à ce nom.*

★**Lac des Corbeaux** – A hauteur de l'hôtel du Lac se détache à droite une route bordée de très beaux arbres (en fin de parcours), vers le lac des Corbeaux, solitairement situé au milieu d'un cirque abrupt couvert d'épaisses forêts. Il est profond de 23 m. Un sentier permet d'en faire le tour *(1/2 h)*. Pour la pêche, voir le chapitre des Renseignements pratiques en fin de guide.
Après la Bresse, on remonte le cours de la Moselotte que l'on franchit, laissant à gauche la D 34ᴰ vers le col des Feignes. 2 km plus loin, après un lacet à droite, laisser la route du col de Bramont pour emprunter la D 34ᴬ sinueuse, appelée « route des Américains ». Bientôt, on atteint les pâturages d'où l'on découvre une belle vue à droite sur la haute vallée de la Thur, Wildenstein et le barrage de Kruth-Wildenstein.
Prendre à gauche la **route des Crêtes** (D 430) qui contourne le Rainkopf. A gauche, en contrebas, au fond d'une conque boisée, le **lac de Blanchemer** *(pour la pêche, voir le chapitre des Renseignements pratiques en fin de guide)* repose, entouré d'un liséré de prairies.
Puis on atteint les « Chaumes » du Hohneck.

★★★**Le Hohneck** – *Page 197.*

Peu après, au loin à gauche, apparaît le lac de Longemer dans la vallée de la Vologne, puis la **vue**★ devient superbe sur cette vallée, les lacs de Retournemer et de Longemer.

Col de la Schlucht – *Page 197.*

★★**Roche du Diable** – *1/4 h à pied AR. Laisser la voiture près du tunnel de Retournemer et prendre un sentier très raide par lequel on atteint aussitôt le belvédère. La* **vue**★★ *s'étend sur la vallée de la Vologne, les prairies qui en tapissent le fond, entre les lacs de Retournemer et de Longemer, et sur les versants qui l'encadrent.*

★**Saut des Cuves** – *Page 95.*

④ VALLÉES DU TENDON ET DE LA VOLOGNE

61 km – environ 2 h – schéma p. 96

★**Gérardmer** – *Voir à ce nom.*

Sortir par ③ du plan, D 417.

A l'entrée du **Tholy** (les Cafrancs), prendre à droite la D 11 route d'Épinal – 5 km après le Tholy, à gauche et 200 m avant l'hôtel « Grande Cascade », prendre la route en descente qui, au bout de 800 m, conduit à la cascade.

★**Grande cascade de Tendon** – Double chute qui dévale (32 m) joliment de plusieurs paliers successifs, à travers les sapins.

Devant Faucompierre, tourner à droite et, par les D 30 et D 44, gagner Bruyères où, en prenant la rue (route de Belmont) à gauche du cimetière, on arrive au pied du mont Avison. *Laisser la voiture.*

Tour-belvédère du mont Avison – *3/4 h à pied AR.* Élevée sur le sommet (alt. 601 m) d'une des buttes entourant Bruyères, cette tour haute de 15 m domine le carrefour de vallées où s'étale la ville. De la plate-forme (82 marches, table d'orientation), **panorama★** s'étendant jusqu'aux sommets vosgiens de la Tête des Cuveaux, du Hohneck, du Donon.

Champ-le-Duc – La vieille **église** (12ᵉ s.) du village, construite en grès rouge, demeure, malgré son incendie par les Suédois en 1635, un bel exemple de l'art roman primitif rhénan. Typiques de cette période sont la nef, avec ses piles fortes et faibles alternées sous des arcs de décharge, la croisée du transept avec sa voûte aux boudins épais, l'abside en cul-de-four percée de trois petites fenêtres en plein cintre. Un chapiteau sculpté à la croisée du transept représente deux cavaliers affrontés dans lesquels la tradition populaire veut voir une entrevue de Charlemagne et de son fils Charles (en 805).

Granges-sur-Vologne – Bourg industriel : usines textiles.

Prendre à gauche la D 31 et, à Barbey-Seroux, la route forestière, à droite (deuxième intersection), traversant la forêt de la Vologne. A 2,4 km, à une bifurcation près de laquelle se trouve une maison, prendre à gauche et laisser la voiture à environ 150 m de là, pour gagner « le champ de roches ».

★**Champ de roches de Granges-sur-Vologne** – Cette extraordinaire coulée morainique, horizontale et longue d'environ 500 m, scinde la forêt en ligne droite, comme un fleuve de pierre figé. La surface de son amoncellement rocheux, exempte de végétation et faite de blocs arrondis, serrés les uns contre les autres et de dimensions comparables, paraît constituer, en effet, un « pavage » remarquablement homogène.

Revenir à Barbey-Seroux et à Granges, puis, par la D 423, rejoindre Gérardmer.

Pour apprécier à leur juste valeur les curiosités très importantes,
qui attirent en grand nombre les touristes,
il faut éviter si possible les moments de la journée
et les périodes de l'année où l'affluence
atteint son maximum.

GORZE

1 389 habitants (les Gorziens)
Cartes Michelin nᵒˢ 57 pli 13 ou 242 plis 9, 13

Ce bourg s'est formé autour d'une abbaye bénédictine fondée au 8ᵉ s. par saint Chrodegang, évêque de Metz, et détruite en 1552. Une bulle de sécularisation (1572) abolit l'ancienne abbaye bénédictine et créa une collégiale de chanoines, qui s'établit dans l'église paroissiale du 12ᵉ s.

Le village a conservé d'anciennes demeures Renaissance, 17ᵉ s. et 18ᵉ s. Il est bordé d'une forêt dont les sentiers balisés offrent d'agréables promenades vers les Roches de la Pucelle, la chapelle St-Clément (1603), le rocher de la Vierge.

CURIOSITÉS

Maison de l'Histoire de la Terre de Gorze ⊙ – Les souvenirs de son antique prospérité y sont évoqués, notamment le captage des sources par les Romains au 1ᵉʳ s., la construction du pont-aqueduc (maquette) et la fondation bénédictine.

Église St-Étienne – Le contraste est frappant entre l'extérieur, roman, et l'intérieur, début gothique (fin 12ᵉ, début 13ᵉ s.), qui témoigne d'une influence rhénane. Le clocher central est du 13ᵉ s. ; remarquer l'absence d'arcs-boutants et l'étroitesse des fenêtres. Au tympan du porche latéral Nord, Vierge entre deux orants, du 13ᵉ s. Au tympan de la petite porte à côté, curieuse figuration du Jugement dernier, de la fin du 12ᵉ s.

De belles boiseries renfermant des peintures bibliques du 18ᵉ s. ornent le chœur. Remarquer, au revers du porche Nord, un grand Christ en bois attribué à Ligier Richier.

Ancien palais abbatial – Bâti en 1696, il fait partie de la maison de retraite. C'est une construction baroque due à Philippe-Eberhard de Lowenstein et de Bavière, prince-abbé de Murbach. On remarquera l'escalier et les fontaines ornés de scènes mythologiques, la chapelle décorée de motifs baroques.

ENVIRONS

Aqueduc romain de Gorze à Metz – *8,5 km à l'Est.*
De cet aqueduc, qui daterait du 1er s. et enjambait la Moselle, 7 arches subsistent en bordure de la D 6, au Sud d'**Ars-sur-Moselle** (rive gauche), où des fouilles ont mis au jour des éléments de canalisations et de maçonnerie. A **Jouy-aux-Arches** (rive droite), un tronçon de 16 arches, mieux conservées, enjambe la N 57.

Gravelotte – *8,5 km au Nord, par les D 103[B] et D 903.*
Ce village entra dans l'Histoire lors des indécis mais furieux combats franco-allemands qui se déroulèrent alentour les 16 et 18 août 1870 et dont le caractère particulièrement meurtrier est demeuré proverbial.
Son **musée militaire** ⊙ contient d'intéressantes reliques des deux armées : uniformes, documents, armes – dont une mitrailleuse française Reffye, premier engin de ce type utilisé en Europe –, ainsi qu'un diorama illustrant la bataille.

GRAND

540 habitants (les Grandésiniens)
Cartes Michelin n°s 62 Sud-Est du pli 2 ou 241 pli 39

Grand était à l'époque romaine, sous le nom probable d'Andésina, un sanctuaire des eaux important dédié à l'Apollon gaulois, Apollon Grannus, dieu guérisseur et ora-culaire. On y a retrouvé une soixantaine de variétés de marbre provenant de multiples parties de l'Empire, indice de la magnificence de ses aménagements. Des kilomètres de canalisations d'amenée d'eau vive alimentaient en toute saison un bassin sacré, aujour-d'hui recouvert par l'église paroissiale du village, autour duquel se pressait la foule des pèlerins, dont certains prestigieux comme les empereurs Caracalla, en 213, et Constan-tin, en 309.

Une des cheminées d'accès sauvegardées permet d'atteindre des **vestiges de canalisa-tion** ⊙ qui offrent sur une portion de 80 m un échantillon de leur diversité architecturale.

Amphithéâtre ⊙ – Construit vers l'an 80 après J.-C., il dessine un demi-ovale, forme adaptée ici au terrain, mais également particulière à la Gaule. D'une dimen-sion imposante, il pouvait accueillir 17 000 spectateurs qui assistaient à des combats de gladiateurs et à des chasses. Abandonné à la fin du 4e s., il a conservé une partie de ses murs-enveloppes et quelques arcades de son grand corridor axial. Une restauration récente lui a redonné des gradins ; leur matériau, un bois exotique résistant aux intempéries, doit permettre au monument de retrouver sa vocation première d'édifice de spectacle.

★**Mosaïque** ⊙ – Datée de la première moitié du 3e s., c'est la plus vaste qui ait été dégagée en France et l'une des mieux conservées du monde romain : 224 m² d'un seul tenant. Elle pavait le sol d'une basilique, édifice public à triple vocation, économique, politique et judiciaire. Le tableau central ou *emblema* a subi une importante mutilation ; on y distingue deux personnages, souvent interprétés comme un pèlerin et un prêtre d'Apollon Grannus. Aux angles figurent des animaux bondissant : ours ou chien, tigre, panthère, sanglier. Enfin l'abside est décorée de motifs géométriques en *pelta* (petit bouclier).

GUEBWILLER ★

10 942 habitants (les Guebwillerois)
Cartes Michelin n°s 87 pli 18 ou 242 pli 35 – Schémas p. 198 et 201

Sur la rive droite de la Lauch, cette petite ville industrielle a conservé de sa riche histoire d'intéressants témoins architecturaux. Durant tout le Moyen Âge le vignoble resta la principale richesse de la cité et de ses environs. Sa conversion industrielle au 19e s. lui valut encore des heures d'intense prospérité, alors que les activités textiles (soie et surtout coton) se développaient rapidement.

Chef-lieu de la principauté de Murbach – Ancien chef-lieu des possessions de la proche abbaye de Murbach, Guebwiller se développa du 8e s. au 18e s. sous la tutelle des princes-abbés. Ceux-ci y avaient leur château et y battaient monnaie. En 1275, le prince-abbé accorde une charte de franchises aux habitants : la bourgade, accédant au rang de cité, est dotée de fortifications. Au 18e s., avec la sécularisation, le chapitre de chanoines vient résider à Guebwiller. La ville voit alors fleurir un ensemble de bâtiments religieux dont la monumentale église Notre-Dame donne une image assez parlante de l'opulence.

Théodore Deck (1823-1891) – Surnommé le « Bernard Palissy du 19e s. », cet enfant de Guebwiller fut un faïencier et céramiste de génie. On lui doit l'invention, en 1874, des émaux cloisonnés sur faïence. Son traité sur « La Faïence », paru en 1887, fait encore autorité. Il assumera les trois dernières années de sa vie les lourdes fonctions de directeur de la Manufacture de Sèvres. Une importante collection de ses œuvres est exposée au musée du Florival.

La nuit de la St-Valentin – A la fin du 13ᵉ s., les bourgeois de Guebwiller avaient entouré leur cité de remparts qui servirent bientôt contre les Armagnacs. Le 14 février 1445, jour de la Saint-Valentin, les assaillants franchissent les fossés gelés. Mais une femme, Brigitte Schick, a aperçu l'ennemi. Elle donne l'alarme en allumant une botte de paille sur le point le plus menacé du rempart. Puis elle pousse de tels cris que les Armagnacs, croyant toute la défense alertée, détalent, abandonnant leurs échelles. Elles sont conservées depuis dans l'église St-Léger.

CURIOSITÉS

★**Église N.-Dame** (B) – Élevée de 1760 à 1785 par le dernier prince-abbé de Murbach, cette église s'impose au regard par ses proportions majestueuses. La façade néo-classique est décorée de statues représentant les vertus théologales et cardinales. A l'**intérieur**★★, l'élévation magistrale déploie une pompe toute romaine. Les deux bras du transept s'achèvent par des absides semi-circulaires qui forment avec celle du chœur un jeu trinitaire d'esprit baroque. Mais c'est vers le maître-autel que le regard est attiré par l'exceptionnelle composition en haut relief de **L'Assomption**★★ (1783), où le sculpteur Sporrer a laissé libre cours à ses dons de metteur en scène. Du même artiste on admirera les stalles au décor raffiné et le buffet d'orgues *(voir illustration dans « Éléments d'architecture »)*.

★**Église St-Léger** (A) – C'est un bon exemple de style roman tardif rhénan. La façade, la nef, le transept et les bas-côtés datent des 12ᵉ et 13ᵉ s. L'abside et le chœur sont du 14ᵉ s. Les bas-côtés ont été doublés au 16ᵉ s.

★★**Façade Ouest** – Encadrée de deux hautes tours, elle comporte un porche surmonté d'arcatures et de baies, qui s'ouvre sur trois côtés. Le portail central est en plein cintre. Sur le tympan est figuré un Christ bénissant, assis sur un trône.

Intérieur – Le chœur contient de jolies boiseries du 18ᵉ s. A la voûte du bas-côté droit sont suspendues les échelles abandonnées par les Armagnacs en 1445, ex-voto insolites à la Vierge et à saint Valentin *(voir ci-dessus)*.

★★**Hôtel de ville** (A H) – Bâti en 1514, ce bâtiment gothique flamboyant présente des fenêtres à meneaux et un oriel *(voir p. 49)* à cinq pans. A droite, dans une niche d'angle, Vierge du 16ᵉ s.

Ancien couvent des Dominicains (B D) ⊘ – Il fut fondé en 1294. Les bâtiments ont été durant

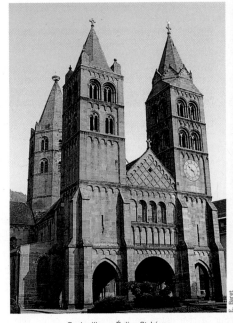

Guebwiller – Église St-Léger

les siècles témoins des tumultes de l'Histoire. Vendus à la Révolution française, ils deviennent tour à tour dépôt d'usine puis hôpital avant d'être rachetés par le Conseil général du Haut-Rhin pour devenir en 1993 le **Centre polymusical** des Dominicains. Avec l'ouverture en octobre 1994 du Caveau à jazz, une saison jazz rythme les vendredis et samedis soir de septembre à juin.

Église St-Pierre-et-St-Paul (B E) – Édifiée entre 1312 et 1340, cette église gothique possède un très bel ensemble de fresques des 16ᵉ et 17ᵉ s. *(en cours de dégagement)*. Possédant une acoustique de renommée internationale, la nef accueille de prestigieux concerts classiques de juin à septembre.

Durant l'été, le Centre polymusical présente de nombreuses expositions et des petits concerts improvisés.

Musée du Florival (B M) ⊘ – C'est une des anciennes maisons canoniales (18ᵉ s.) que l'abbaye de Murbach possédait dans la cité qui abrite aujourd'hui les collections touchant à l'archéologie, au folklore, à l'art religieux et à l'histoire de la contrée du Florival. On y remarque notamment une très belle Vierge du 13ᵉ s., un retable du

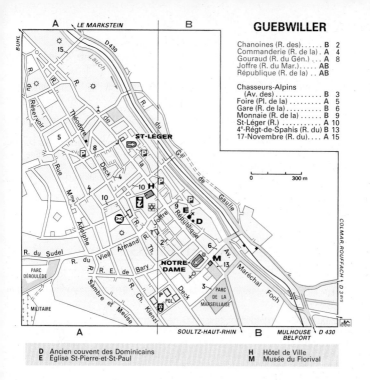

GUEBWILLER

D Ancien couvent des Dominicains	H Hôtel de Ville
E Église St-Pierre-et-St-Paul	M Musée du Florival

15e s. remarquablement présenté et une très émouvante Descente de Croix du 16e s. attribuée à Quentin Metsys. Mais c'est peut-être l'œuvre artistique de **Théodore Deck** qui donne au musée son originalité. On admirera le **décor**★ d'une salle de bains en carreaux de faïence peinte, représentant de luxuriants et colorés paysages lacustres.

On remarquera aussi un **vase**★ géant réalisé dans cette tonalité turquoise dont Deck s'était fait une spécialité et à laquelle il a laissé son nom, le « bleu Deck ».

Vallée de GUEBWILLER ★★

Cartes Michelin nos 87 pli 18 ou 242 pli 35

La **vallée de la Lauch** ou de Guebwiller est surnommée « le Florival » en raison de son aspect riant et fleuri. L'amateur d'art s'accordera le loisir d'admirer les belles églises romanes de Murbach et de Lautenbach.

Le promeneur à pied trouvera dans le fond de la vallée, de part et d'autre de la D 430 et jusqu'à la D 431, au Sud, une **« zone de tranquillité »** *(interdite aux voitures)* couvrant la partie la plus intéressante de la forêt de Guebwiller.

DE GUEBWILLER AU MARKSTEIN

29 km – environ 2 h – schéma p. 62 et 63

★**Guebwiller** – *Voir à ce nom.*

Sortir au Nord-Ouest du plan en direction de Buhl.

On remonte la large vallée de la Lauch, dont le fond plat couvert de prairies s'encadre entre des versants tapissés de vignobles et de bois, et où débouche à gauche le pittoresque vallon de Murbach.

★★**Église de Murbach** – *Voir à ce nom.*

★**Lautenbach** – Lautenbach remonte au 8e s. et s'est développée autour d'une abbaye bénédictine. De l'ancienne abbaye, il ne subsiste que l'**église**★, collégiale à partir du 13e s. et actuellement paroissiale, et plusieurs anciennes maisons canoniales autour d'elle.

Le porche roman est divisé en trois vaisseaux voûtés d'ogives primitives. A l'intérieur on verra dans la nef une belle chaire du 18e s., au fond du bas-côté gauche une peinture sur bois de l'école de Schongauer, représentant les trois anciens patrons de l'église.

Un Christ évangélique datant de 1491 se dresse à l'entrée du chœur. Celui-ci, qui conserve un vitrail en partie du 15e s., est garni de remarquables stalles du 15e s. (détailler les miséricordes historiées) surmontées d'un dais au 18e s.

A gauche de l'église subsiste une galerie de cloître du 16ᵉ s.

Peu après Linthal, la vallée de la Lauch, qui était jusqu'ici large et industrielle (filatures, tissages, scieries), devient très étroite et sauvage.

★**Lac de la Lauch** – Ouvrage artificiel (superficie : plus de 11 ha ; profondeur : 19 m), ce qui n'enlève rien à la beauté tranquille de ses eaux, ce lac, où l'on peut pêcher *(voir le chapitre des Renseignements pratiques en fin de guide)*, repose au fond d'un cirque boisé. Une promenade, longue de 250 m, a été aménagée sur le barrage.

La route pénètre en forêt et s'élève en lacet, réservant quelques échappées sur la vallée et le Grand Ballon. 2 km après avoir contourné le lac de la Lauch, laisser la voiture dans le lacet à droite et prendre à gauche un sentier empierré qui conduit à un promontoire : jolie vue sur la vallée de la Lauch, la plaine d'Alsace et la Forêt-Noire.

Le Markstein – Carrefour sur la route des Crêtes. Centre de sports d'hiver.

Le HACKENBERG ★

Cartes Michelin nᵒˢ 57 pli 4 ou 242 pli 6 – Schéma p. 116

Accès – *20 km à l'Est de Thionville. Quitter la ville par la D 918. Panneaux indicateurs à partir de Metzervisse.*

A proximité du village de Veckring, sous 160 ha de forêts, est tapi le plus gros des ouvrages de la Ligne Maginot *(voir à ce nom)*. Avec ses deux blocs d'entrée et ses 17 blocs de combat, il illustre parfaitement la définition des « forts palmés » donnée par André Maginot : « des forts qu'on aurait, en quelque sorte, cassés en morceaux et dont on aurait placé les morceaux aux points les plus favorables du terrain ». Ses installations pouvaient abriter 1 200 hommes, sa centrale électrique était capable d'alimenter en courant une ville de 10 000 habitants ; et son artillerie de tirer plus de 4 t d'obus à la minute !

Le 4 juillet 1940, l'équipage de l'ouvrage dut se rendre sur ordre apporté par l'officier de liaison du gouvernement replié à Bordeaux. En 1943 fut installée dans le Hackenberg une usine de mécanique où travaillèrent des ouvrières ukrainiennes. En novembre 1944, il fallut une intervention des chars américains pour déloger les soldats allemands retranchés dans le bloc 8.

Visite ◷ – Tout ici est colossal, ce qui tend à faire du Hackenberg un cas particulier de la Ligne Maginot. L'écrasante porte « parasouffle », la gare centrale avec ses hautes voûtes, les kilomètres de galeries vides, la monumentale usine électrique évoquent une Métropolis vaine et délaissée... L'animation qui régnait dans les rutilantes cuisines, dans l'impressionnante infirmerie ou dans le PC de tir est reconstituée avec des mannequins. L'important **musée** expose toutes sortes d'armes, dont une riche collection de mitrailleuses et fusils-mitrailleurs des deux guerres mondiales, et des uniformes d'unités alignées dans la Bataille de France. Après un parcours en petit train électrique et en monte-charge, on découvre le bloc d'artillerie nᵒ 9, équipé de canons lance-bombes de 135 cm. La démonstration de fonctionnement de la tourelle à éclipse est suivie de l'intérieur puis à l'air libre, parmi les cloches de tir ou d'observation et les casemates.

Pour comprendre la valeur stratégique du fort, dont les éléments de défense regardaient à la fois la vallée de la Nied et celle de la Moselle, monter en voiture (ou à pied par beau temps) jusqu'à la chapelle du Hackenberg entourée de pierres tombales anciennes *(2,5 km par la route débutant au fond du parking ; devant l'entrée des hommes, prendre à gauche le chemin revêtu de macadam)*. De ce site très calme de la forêt de Sierck émergent les cloches de tir ou pour périscopes d'artillerie des deux observatoires du Hackenberg. Derrière la chapelle, un sentier conduit à un escarpement maçonné de 700 m de long, dispositif unique défendu par cinq blocs de combat.

HAGUENAU ★

27 675 habitants (les Haguenoviens)
Cartes Michelin nᵒˢ 87 pli 3 ou 242 pli 16

Haguenau est située sur les bords de la Moder, à la lisière d'une immense forêt (près de 14 000 ha) qui occupait à peu près le même emplacement à l'époque gallo-romaine. Aujourd'hui, composée pour les deux tiers de pins sylvestres et pour le reste de feuillus où dominent chênes, charmes, hêtres et frênes, la forêt de Haguenau joue un rôle économique non négligeable et propose aux amateurs de nature de nombreux sentiers de promenade.

La Forêt Sainte – La présence d'ermites et la légende selon laquelle **saint Arbogast**, évêque chargé par le roi des Francs d'évangéliser le Nord de l'Alsace, aurait séjourné au cœur de ces forêts lui valurent le nom de **« Forêt Sainte »** sous lequel elle resta désignée juqu'à la fin du Moyen Âge.

Résidence des Hohenstaufen – Près du vaste château impérial édifié par l'empereur Frédéric Ier Barberousse (1152-1190) se développa la localité de Haguenau qui bénéficia dès l'origine des libéralités du souverain. Elle demeura un séjour de prédilection des Hohenstaufen en Alsace et un centre du pouvoir.

Chef-lieu de la Décapole – République prospère et industrieuse, Haguenau eut longtemps la première place après Strasbourg dans le concert des villes libres alsaciennes du Saint-Empire. De son passé fortifié, la cité garde pour témoins la Porte des Chevaliers et la Tour des Pêcheurs. Le centre-ville est réservé aux piétons.

CURIOSITÉS

★**Musée historique** (**BZ M¹**) ⊙ – Récemment réorganisé, il présente d'abondantes collections de façon claire et moderne. Au sous-sol sont disposées d'importantes séries d'objets préhistoriques et romains provenant de fouilles effectuées dans la région (forêt de Haguenau, Seltz).

Le rez-de-chaussée est l'étage le plus intéressant, avec notamment de remarquables sculptures médiévales (prédelle figurant la Cène) héritées des monuments de la ville. On y verra aussi des monnaies et médailles alsaciennes, dont beaucoup frappées à Haguenau, ainsi que des ouvrages sortis des presses haguenoviennes (1489-1557). Au 1er étage sont exposées les collections de céramiques, notamment de la manufacture Hannong *(voir p. 194)*, et d'histoire locale.

Église St-Georges (**AZ**) – Ce sanctuaire des 12e et 13e s. allie harmonieusement les styles roman et gothique. Au-dessus de la croisée du transept s'élève un clocher octogonal dont les deux cloches sont les plus anciennes datées de France (1268). Sur le contrefort du transept Sud, des rainures figurent les étalons des mesures de longueur jadis utilisées à Haguenau.

A l'intérieur, la nef ample à l'ambiance encore romane est séparée des bas-côtés par des arcs en plein cintre reposant sur de puissantes piles circulaires. Le savant réseau d'ogives de la voûte tempère la sobre austérité du vaisseau qu'achève un élégant chœur gothique, réalisé au 13e s. par les sculpteurs strasbourgeois de l'Œuvre Notre-Dame *(voir p. 195)*.

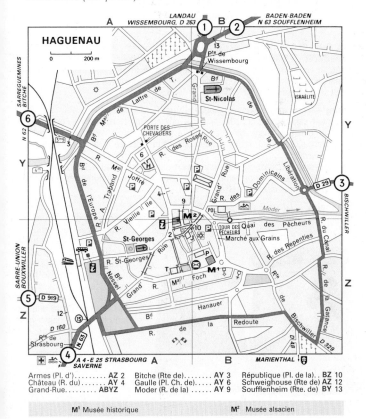

Armes (Pl. d')........ **AZ** 2	Bitche (Rte de)........ **AY** 3	République (Pl. de la).. **BZ** 10
Château (R. du)...... **AY** 4	Gaulle (Pl. Ch. de)..... **AY** 6	Schweighouse (Rte de) **AZ** 12
Grand-Rue......... **ABYZ**	Moder (R. de la) ...... **AY** 9	Soufflenheim (Rte de) **BY** 13

M¹ Musée historique	**M²** Musée alsacien

On admirera plusieurs œuvres d'art : la **chaire** de pierre, sculptée en 1500 par Veit Wagner, et, face à elle, un grand Christ de bois de 1487, œuvre de Clément de Bade exécuté pour le jubé démoli en 1628. Dans le bras droit du transept, un **retable★** composite réunit de façon inattendue un panneau central du 19ᵉ s. sculpté et polychromé dans une réaliste veine néo-gothique et figurant le Jugement dernier ; deux volets latéraux peints en 1497 par l'artiste haguenovien Diebold Martin représentent la Nativité et l'Adoration des mages. Le bras gauche du transept abrite un retable du 15ᵉ s., ordonné autour d'une Vierge à l'Enfant. Le chœur renferme une élégante **custode** flamboyante, tabernacle monumental qui s'élève jusqu'à la voûte, sculpté par Friedrich Hammer en 1523.

Les vitraux modernes très colorés ont été réalisés par Jacques Le Chevallier entre 1956 et 1970.

Église St-Nicolas (**BY**) – Cette église gothique fut fondée par l'empereur Frédéric Barberousse en 1189. Elle appartint aux prémontrés jusqu'en 1789. De la construction primitive, il ne reste que la tour qui fut gravement endommagée en 1944. Le chœur et la nef datent des années 1300.

Du chœur, vue intéressante sur la longue enfilade de la nef, à la belle régularité harmonieusement rythmée de dix croisées d'ogives.

Dans le bas-côté droit, Pietà en bois du 15ᵉ s. ; une porte donne accès à un porche abritant un sépulcre de 1426 près duquel se trouve une cuve baptismale de la fin du 14ᵉ.

Les remarquables **boiseries★** *(pour mieux voir, allumer ; tronc à gauche du chœur)* du 18ᵉ s. de la chaire, du buffet d'orgues et des stalles du chœur proviennent de l'ancienne abbaye de Neubourg et furent transportées à St-Nicolas après la Révolution. A l'entrée du chœur, les autres superbes statues en bois au drapé plein de mouvement appartiennent à la tradition baroque. Elles représentent les Pères de l'Église : saint Augustin, saint Ambroise, saint Grégoire et saint Jérôme.

Musée alsacien (**AY M²**) ⓥ – Aménagé dans l'ancienne chancellerie de la ville, bâtiment restauré du 15ᵉ s. et remanié au 19ᵉ s., ce musée présente, au 1ᵉʳ étage, des collections régionales d'époques diverses : outils et ustensiles en bois (barres de tonneaux), ferronnerie, étains, peintures sous verre et canivets, costumes anciens ; au 2ᵉ étage, la « maison du potier » (18ᵉ-19ᵉ s.) avec atelier de poterie et ses productions, imagerie populaire, reconstitution d'un intérieur paysan avec sa cuisine et sa salle de séjour ou stub.

ENVIRONS

Site du Gros Chêne – *6 km à l'Est de Haguenau. Sortir par ② du plan.*
En pleine forêt de Haguenau, près d'une modeste chapelle moderne dédiée à saint Arbogast, le Gros Chêne est le point de départ d'un intéressant sentier botanique, d'un « parcours santé » et de promenades en forêt (sentiers balisés). *Auberge et aire de jeux pour les enfants.*

Walbourg – *10,5 km au Nord de Haguenau par ① du plan.*
Agréablement campé dans un site vallonné, aux confins Nord de la « Forêt Sainte » *(p. 103),* le paisible village de Walbourg doit son nom à la fondation par des moines bavarois, en 1074, d'une abbaye bénédictine dédiée à sainte Walburge, très vénérée en Bavière.

De l'établissement monastique subsiste une belle abbatiale du 15ᵉ s. à nef plafonnée. Le chœur, voûté d'ogives ramifiées, est éclairé par cinq lumineuses verrières du 15ᵉ s. Chaire en bois ciré, du 18ᵉ s.

Soufflenheim – *14 km à l'Est par ② du plan.*
Ce bourg industriel est célèbre pour ses **ateliers** ⓥ de poteries et de céramiques à décor floral sur fond uni, typiquement alsaciennes : terrines ovales pour la potée, plats, saladiers, moules à kougelhopf, pichets, etc.

L'ancien cimetière fortifié, dit Gelberg, abrite une **Cène** dont les personnages grandeur nature ont été façonnés dans l'argile d'après le tableau de Léonard de Vinci, par le céramiste Léon Elchinger en collaboration avec Charles Burger (1871-1942).

Soufflenheim – Poteries à décor floral

Betschdorf – *16,5 km au Nord-Est par ① du plan.*
Dans ce village aux jolies maisons à colombage, on fabrique des poteries d'art caractéristiques, en grès gris à décor bleu : cruches, pots, vases *(illustration p. 23)*. Un petit **musée** ⊙ présente une collection de grès au sel ainsi que de belles pièces des 18e et 19e s.

Hatten : casemate d'infanterie Esch – *22 km au Nord-Est. Quitter Haguenau par ① du plan. Gagner Hatten par Betschdorf. La casemate s'élève sur la gauche, 1 km après la sortie de Hatten en direction de Seltz. Voir à la Ligne Maginot.*

Château d'HAROUÉ ★

Cartes Michelin n°s 62 pli 5 ou 242 pli 22 – 29 km au Sud de Nancy

Dans la campagne de Sion, sur les bords du Madon, s'élève l'imposante demeure des princes de Beauvau-Craon, construite à partir de 1720 par Boffrand, architecte du duc de Lorraine Léopold, sur les fondations de l'ancien château des Bassompierre.

Extérieur – Encadré de douves mouillées, l'édifice est précédé d'une cour d'honneur que ferment des grilles dues à Jean Lamour. Les statues du parc sont l'œuvre de Guibal qui, comme Lamour, travaillera à la place Stanislas de Nancy.

Intérieur ⊙ – On visite la chapelle, le grand escalier dont la rampe a été réalisée par Lamour et les appartements. On y admirera le mobilier Restauration, signé Bellanger, que le roi Louis XVIII offrit à la comtesse du Cayla pour orner le château de St-Ouen, les **tapisseries** ★ de l'Histoire d'Alexandre (17e s.), tissées à La Malgrange près de Nancy (seules productions de cette manufacture visibles en France), des portraits par François Pourbus, Rigaud, Gérard et des paysages d'Hubert Robert. Le **Salon chinois** est ainsi nommé à cause de son décor d'arabesques et de chinoiseries peint par Pillement en 1747. Le **Salon Hébert**, dit « chambre impériale », fut exécuté par le peintre Hébert en 1858-59 pour la visite de Napoléon III. La chambre d'apparat, qui accueillit à maintes reprises le roi Stanislas, possède un **lit** 17e s. ayant appartenu aux Médicis.

Château du HAUT-BARR ★

Cartes Michelin n°s 87 pli 14 ou 242 pli 19 – Schéma p. 274

Le château du Haut-Barr, bâti sur trois gros rochers de grès dominant la vallée de la Zorn et la plaine d'Alsace, a mérité le nom d'« Œil de l'Alsace ». Construit au 12e s., il fut entièrement transformé par l'évêque Manderscheidt, de Strasbourg. Ce fut, dit la légende, cet évêque qui fonda, avec quelques gentilshommes, une association de francs

Château du Haut-Barr

buveurs nommée « Confrérie de la Corne ». Celle-ci oblige tous ses membres à vider d'un trait une énorme corne d'auroch remplie de bon vin d'Alsace... Certains chevaliers alsaciens assèchent la corne par deux fois sans être autrement incommodés. En revanche, le maréchal de Bassompierre raconte dans ses Mémoires qu'à la suite du cérémonial d'admission il fut malade pendant cinq jours et ne put souffrir pendant deux ans l'odeur du vin !...

Accès – *On accède (5 km) au château depuis Saverne, par la rue du Général-Leclerc. La D 102 offre des vues sur la Forêt-Noire. Prendre ensuite la D 171, qui sinue entre les sapins. Près de l'entrée du château, parking.*

VISITE *environ 1/2 h*

Du portail d'entrée, une rampe pavée conduit à une deuxième porte, après laquelle se trouvent à droite une chapelle romane restaurée et à gauche le restaurant du Haut-Barr. Au-delà de la chapelle, on accède à une plate-forme *(table d'orientation)*, d'où la **vue★** s'étend sur Saverne, les coteaux du Kochersberg et, au loin, au-delà de la plaine rhénane, sur la Forêt-Noire.

Par un escalier métallique (64 marches), appliqué contre la paroi de grès, on peut atteindre un premier rocher, d'où la vue embrasse le même panorama.

Revenir devant le restaurant et, aussitôt après, monter un escalier de 81 marches pour atteindre un deuxième rocher relié par une passerelle, appelée le « Pont du Diable », à un troisième rocher. La **vue★★** y est encore plus belle et permet un tour d'horizon complet ; on aperçoit les Vosges, la vallée de la Zorn (empruntée par le canal de la Marne au Rhin), le plateau lorrain et, par temps clair, la flèche de la cathédrale de Strasbourg.

A 200 m du château, au Sud, s'érige le **télégraphe Claude Chappe**, reconstitution, sur son emplacement d'origine, d'une tour-relais du fameux télégraphe optique imaginé en 1794 par l'ingénieur Chappe et utilisé de 1798 à 1852 entre Paris et Strasbourg. Un petit **musée** ⊙ présente des projections.

Château du HAUT-KŒNIGSBOURG★★

Cartes Michelin nᵒˢ 87 pli 16 ou 242 pli 27 – Schéma p. 201

Accès – *La route d'accès (2 km) s'embranche à l'intersection de la D 159 et de la 1ᴮ¹, à hauteur de l'hôtel du Haut-Kœnigsbourg. A 1 km, prendre à droite la route à sens unique, qui contourne le château, route à gauche de laquelle on peut laisser la voiture.*

Ce château *(voir illustration dans « Éléments d'architecture » et p. 50)*, mentionné pour la première fois en 1147, a été construit par les Hohenstaufen sur un promontoire dominant la plaine d'Alsace, à plus de 700 m d'altitude.

Cette situation exceptionnelle permettait à ses occupants un repli facile et procurait un observatoire idéal des routes menant vers la Lorraine ou traversant l'Alsace du Nord au Sud.

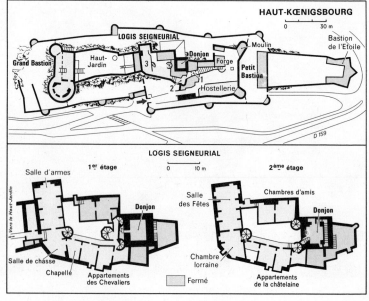

A partir de 1479, devenu possession des Habsbourg, il est reconstruit, agrandi et équipé d'un système défensif moderne.

Mais ces défenses ne tiendront pas, 150 ans plus tard, devant l'artillerie des Suédois à la conquête de l'Alsace. Pillé, puis incendié, le château connaît alors deux siècles d'abandon. Il en subsiste cependant, jusqu'à la fin du 19ᵉ s., des ruines grandioses et remarquablement conservées.

En 1899, le château est offert par la ville de Sélestat à l'empereur Guillaume II qui en confie la restauration à l'architecte berlinois Bodo Ebhardt, spécialiste de la fortification médiévale. Les travaux, qui durent de 1900 à 1908, s'appuient sur une analyse architecturale de la ruine, sur le matériel archéologique découvert en dégageant la base des murs, et sur des documents d'archives.

VISITE ⏱ *environ 1 h*

Après la porte et le massif de la herse, on atteint la basse-cour où se trouvent les bâtiments contribuant à l'autonomie du château en cas de siège : hostellerie (restaurant, boutique, librairie), écuries, forge et moulin. Passé le contrôle, on accède par une rampe bordée de meurtrières au portail des lions (1) et au fossé séparant le logis du reste du château. Un puits (2) fortifié, profond de 62 m, est construit en bordure de l'éperon rocheux sur lequel s'élève le logis. Au rez-de-chaussée de ce dernier se trouvent le cellier (3) côté Ouest, les cuisines côté Nord.

Depuis la cour intérieure deux escaliers en colimaçon desservent les étages, ainsi que côté Sud deux balcons décorés des représentations des Neuf Preux. Les appartements (chambre de séjour, chambre à coucher) occupent les côtés Sud et Nord. A l'Ouest se trouvent les grandes salles : la salle des fêtes, suivie de la Chambre lorraine permettant d'évoquer l'aspect politique de la restauration, et la salle d'armes. A l'Est se dresse le donjon restauré dans ses niveaux supérieurs. Le mobilier et les armes (15ᵉ-17ᵉ s.) ont été acquis au début du siècle pour contribuer avec les lambris et les décors intérieurs à évoquer l'ambiance d'un château fort.

★★ **Panorama** – Après la traversée du haut-jardin, depuis le grand bastion, on aperçoit : au Nord, les ruines des châteaux de Franckenbourg, de Ramstein, de l'Ortenbourg ; à l'Est, de l'autre côté du Rhin, les hauteurs de Kaiserstuhl, en avant de la Forêt-Noire ; au Sud, le Hohneck, et, à l'horizon, le Grand Ballon et la route du vin ; à 200 m environ à l'Ouest, ruine de l'Œdenbourg ou du Petit-Kœnigsbourg.

*Le **guide Vert Michelin France**.*
Destiné à faciliter la pratique du grand tourisme en France,
il vous propose des programmes de traversée tout prêts, en
cinq jours, et vous offre un grand choix de combinaisons
et de variantes possibles auxquelles il est facile d'apporter
une adaptation personnelle.

Région du HOHWALD ★★

Cartes Michelin nᵒˢ 87 plis 5, 15, 16 ou 242 plis 23, 24, 27

Forêts, vignobles, charmants villages forment la toile de fond de cette région d'Alsace.

Château et monastères – Cette région a une histoire très ancienne. Il ne s'agit pas ici de légende mais de faits attestés par des témoins de poids : le Mur païen de Ste-Odile, par exemple. Il est à peu près reconnu que ce fameux mur est l'œuvre des Celtes qui mettaient à l'abri de cette enceinte formidable leurs familles et leurs biens. Plus tard, les Romains renforcent l'ouvrage. Les rois mérovingiens s'intéressent à ce pays ; ils résident à Obernai. Tout ce lointain passé s'incarnait dans les châteaux et les monastères. Si les abbayes ont survécu, tout au moins en tant que pèlerinages (Ste-Odile) ou comme monuments (Andlau), les châteaux dressent partout les ruines de leurs murailles ou de leurs donjons.

Le hêtre envahisseur – Les forêts de sapins sont l'orgueil du Hohwald et demeurent sa traditionnelle parure. Or, une invasion s'est produite parmi ces sapins : celle du hêtre. Vers 1780, un litige surgit entre Barr et Strasbourg pour la possession de la forêt du Hohwald. Pendant les 60 ans que dure le procès, nul ne peut toucher à un arbre. La sentence ayant été favorable à Strasbourg, la ville peut enfin jouir de son bien et fait pratiquer de larges coupes parmi les sapins devenus géants. C'est à ce moment que le hêtre se serait faufilé dans les clairières.

Une terre fortunée – La superbe forêt qui abrite le framboisier et l'airelle ne s'éclaircit que pour céder la place à la vigne. Celle-ci chevauche les coteaux, escalade les remparts des petites villes, tandis que le tabac pousse dans les terres de lœss qui avoisinent Barr et que les houblonnières dressent leurs perches çà et là plus au Nord. Si l'on ajoute à tant de libéralités de la nature la multiplicité des rivières, ruisseaux, torrents qui favorisent les scieries, les tissages et filatures, on reconnaîtra que ce coin d'Alsace mérite bien le nom de « terre bénie ».

★★ 1 MONT STE-ODILE

24 km – environ 1 h – schéma ci-dessous – description p. 212

★★ 2 CIRCUIT AU NORD DU HOHWALD

91 km – environ une journée – schéma ci-dessous

★★ **Le Hohwald** – Le bassin de prairies où la station du Hohwald disperse ses villas et ses hôtels est complètement entouré de belles forêts de sapins et de hêtres invitant à la promenade. Le Hohwald est, aussi, bien placé pour les excursions rayonnantes en auto.

La D 425 suit l'Andlau dans une pittoresque vallée boisée qu'animent des scieries. Sur la gauche, les ruines des châteaux de Spesbourg et du Haut-Andlau apparaissent sur une crête.

★ **Andlau** – *Voir à ce nom.*

Entre Andlau et Obernai, la route se déroule au pied de coteaux couverts de vignobles.

Mittelbergheim – Ce bourg pittoresque accroche ses maisons aux flancs d'un coteau. La place de l'Hôtel-de-Ville est bordée de jolies maisons Renaissance aux porches et encadrements de fenêtres en grès des Vosges. La vigne y est cultivée, dit-on, depuis l'époque romaine et ses vins sont très réputés.

Barr – *Page 200.*

★ **Châteaux du Haut-Andlau et de Spesbourg** – *1 h 1/2 à pied AR. Prendre la D 854 puis, 1 500 m après Holzplatz, un chemin goudronné à gauche, qui mène à la maison forestière d'Hungerplatz. Y laisser la voiture et suivre le chemin tracé sur la crête de la montagne jusqu'aux ruines.*

Le **château du Haut-Andlau**★, bâti au 14e s. et restauré au 16e s., était encore habité en 1806. Il présente aujourd'hui, entre deux grosses tours, des murs ruinés, percés de fenêtres gothiques. De la terrasse, on aperçoit les coteaux du Vignoble, puis la plaine d'Alsace et, dans le lointain, la Forêt-Noire.

Du **château de Spesbourg**★, l'on découvre vers le Sud une jolie vue sur la vallée d'Andlau et l'Ungersberg. Construit au 13e s. en granit rose, il fut détruit au 14e s. Un donjon carré domine les hauts murs du corps de logis aux belles fenêtres géminées.

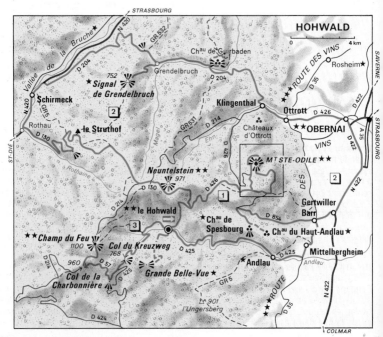

Gertwiller – Village renommé pour son vignoble et ses pains d'épice glacés.

Après Gertwiller on distingue, sur les premières pentes des Vosges, le château de Landsberg ; plus à droite, le couvent de Ste-Odile et, plus bas, les ruines des châteaux d'Ottrott.

★★**Obernai** – *Voir à ce nom.*

Ottrott – Au milieu d'un vignoble produisant un des bons vins rouges d'Alsace, « le Rouge d'Ottrott », Ottrott est également fière de ses deux châteaux : le Lutzelbourg, du 12ᵉ s., avec son bâtiment carré et sa tour ronde, et le Rathsamhausen, du 13ᵉ s., plus vaste et plus orné.
A la sortie d'Ottrott, en direction de Klingenthal, a été créé, sur le site d'une ancienne filature, le grand aquarium **« Les Naïades »** ⊘, comprenant plus de 3 000 poissons d'Asie, d'Afrique et d'Amérique du Sud. Dans chaque bassin a été reconstitué un milieu naturel (grottes, torrents, rivières, lacs, estuaires) où l'on peut voir évoluer les characins (poissons dépigmentés et aveugles), les espèces rhéophiles (qui aiment le courant), les poissons-requins, les pantodons d'Afrique équatoriale, les piranhas, les gymnotes (anguilles électriques), les crocodiles du Nil, ou encore les requins...

Klingenthal – Petite localité, jadis célèbre par sa manufacture d'armes blanches fondée en 1776. Klingenthal signifie d'ailleurs « Vallée des lames ».

Par la D 204 pittoresquement tracée en forêt, on atteint l'hôtel-restaurant de Fischhütte où laisser la voiture. A 150 m, à droite, un sentier *(6 km à pied AR)* mène aux ruines du **château fort de Guirbaden**, construit au 11ᵉ s. et détruit au 17ᵉ s. ; il en subsiste encore les quatre murs du corps de logis et le donjon. Vue étendue sur les forêts environnantes, la plaine d'Alsace et la vallée de la Bruche. En été, la végétation cache en partie le paysage.

★**Signal de Grendelbruch** – *1/4 h à pied AR.* Le **panorama**★ porte à l'Est, sur la plaine d'Alsace et la Forêt-Noire ; à l'Ouest, sur la vallée de la Bruche et la chaîne des Vosges avec le Donon, couronné d'un petit temple.

Plus loin, on découvre à droite une très jolie vue sur Wisches, des vallons profonds et boisés et le Donon. Puis la route atteint la pittoresque vallée de la Bruche *(décrite p. 70).*

Schirmeck – *Voir à ce nom.*

A la hauteur de Rothau, prendre à gauche la D 130 dans la vallée de la Rothaine que l'on quitte 3 km plus loin par un coude à gauche.

Bientôt la vue se dégage, très belle sur la vallée. Une route sur la gauche permet d'atteindre la chambre à gaz de l'ex-camp de concentration. 1 km plus loin se détache à gauche le chemin d'accès au camp et au cimetière national des déportés.

Le Struthof – *Voir à ce nom.*

La route court sur un plateau, pénètre en forêt et descend vers la Rothlach.

A 1,5 km, laisser la voiture et prendre à gauche un sentier vers le rocher de Neuntelstein.

★★**Rocher de Neuntelstein** – *1/2 h à pied AR.* La **vue**★★ est très belle sur Ste-Odile, l'Ungersberg, le Haut-Kœnigsbourg et le Champ du Feu.

Poursuivre la D 130 qui rejoint la D 426 à un carrefour d'où l'on pourrait éventuellement gagner le mont Ste-Odile (décrit p. 212). En prenant à droite, on revient au Hohwald.

★★ ③ **CHAMP DU FEU** *11 km – environ 1/2 h – schéma p. 108*

★★**Le Hohwald** – *Page 108.*

Quitter le Hohwald en prenant la route qui fait face au café-restaurant d'Alsace et traverse la rivière.

★**Grande Belle-Vue** – *1 h 1/2 à pied AR.* La vue se dégage bientôt sur le site du Hohwald. A 1 km, à hauteur de l'ancienne pension Belle-Vue, prendre un sentier à gauche. Montée de 3 km en forêt avant d'atteindre les pâturages. Du sommet *(100 m, à gauche) :* **vue**★ à droite sur le Climont, en avant sur le val de Villé, en arrière sur le Haut-Kœnigsbourg.
Le parcours ultérieur s'effectue à travers un frais paysage de prairies et de bois, puis, au col du Kreuzweg (alt. 768 m), la vue se dégage.

Col du Kreuzweg – Vue sur les vallées du Breitenbach et du Giessen, ainsi que sur les monts qui les encadrent ; au-delà se dessine la dépression de la Liepvrette.

La D 57, en montée vers le col de la Charbonnière, offre des vues superbes sur le val de Villé, la plaine d'Alsace et la Forêt-Noire. Les châteaux du Haut-Kœnigsbourg et de Frankenbourg sont visibles sur des promontoires dominant la plaine.

Vue du col de la Charbonnière

Col de la Charbonnière – Au-delà des hauteurs qui dominent le val de Villé, on distingue la plaine d'Alsace et, à l'horizon, la Forêt-Noire.
Au col, tourner à droite dans la D 214 qui contourne la tour du Champ du Feu.

★★**Champ du Feu** – Du haut de la tour d'observation, immense **panorama**★★ sur les Vosges, la plaine d'Alsace, la Forêt-Noire et, par temps clair, les Alpes Bernoises. Les magnifiques pentes qui l'environnent sont fréquentées l'hiver par les amateurs de ski. Au Nord de la tour, à 1 km à gauche, la D 414 conduit (1,5 km) au Chalet Refuge et aux pistes de ski de la Serva.

*Les **cartes Michelin** sont constamment tenues à jour.*
Ne voyagez pas aujourd'hui avec une carte d'hier.

HOMBOURG-HAUT

9 580 habitants
Cartes Michelin n°s 57 pli 16 ou 242 pli 10

Ce village est situé sur un éperon rocheux entouré de collines boisées, surplombant la vallée de la Rosselle. Le château fort construit en 1254 par l'évêque de Metz, Jacques de Lorraine, a totalement disparu, mais on peut encore voir quelques vestiges de remparts dont une porte fortifiée, la Vieille Porte.

Le VIEUX HOMBOURG

Collégiale St-Étienne – De style gothique, l'église domine le village de son imposante tour-clocher. Dans le chœur à gauche, beau crucifix en grès, malheureusement mutilé (fin 15e-début 16e s.). La chapelle St-Nicolas, partie la plus ancienne de l'église, est voûtée d'ogives massives dont les clefs de voûte sont ornées de figures humaines.
En sortant de l'église, à droite, on aperçoit le portail baroque de l'ancien couvent des Récollets (aujourd'hui presbytère) agrémenté d'une statue de saint François (1769).

Les « Saints Auxiliaires » – Dans la rue Ste-Catherine qui mène à la chapelle du même nom, on découvre une série de statues en grès représentant 13 Saints Auxiliaires. Le culte de ces 14 saints (il manque ici saint Guy), tous martyrs, sauf saint Gilles, est répandu, en particulier en Allemagne, depuis le 15e s.

Chapelle Ste-Catherine ⊘ – A l'extrémité du promontoire se dresse l'ancienne chapelle du château de Jacques de Lorraine. Très élancée, elle a été renforcée, au 19e s., par d'épais contreforts du côté Nord. L'intérieur, formé de deux travées, possède des chapiteaux au décor varié.

ENVIRONS

St-Avold – *8 km au Sud-Ouest. Voir à ce nom.*

HUNAWIHR

303 habitants

Cartes Michelin n°s 87 pli 17 ou 242 pli 31 – au Sud de Ribeauvillé – Schéma p. 201

Gagner le centre de ce pittoresque village viticole *(voir illustration p. 14 et 15)* et, avant la fontaine située près de la mairie, prendre à gauche la rue de l'Église puis gravir un raidillon.

CURIOSITÉS

Église – Son lourd clocher carré tient plus du donjon que du clocher. Elle est entourée d'une enceinte hexagonale datant du 14e s. dont l'unique entrée était défendue par une tour. En faisant le tour de l'édifice, entre les tombes du cimetière catholique, on remarquera les six bastions qui flanquaient l'enceinte. Des abords de l'église, la vue est jolie sur le Taennchel, montage reconnaissable à sa forme conique, sur les trois châteaux de Ribeauvillé et la plaine d'Alsace.
Elle est fortifiée et sert à la fois aux cultes catholique et protestant, ce qui explique l'aspect de la nef. Le chœur est réservé aux catholiques depuis Louis XIV. Dans la chapelle à gauche du chœur, des fresques des 15e-16e s. aux tons ocre rouge, bleus et jaunes racontent la vie et les miracles de saint Nicolas et la canonisation de sainte Hune.

Centre de réintroduction des cigognes ⊘ – Depuis 1976, les responsables du centre s'attachent à supprimer l'instinct migratoire des cigognes alsaciennes qui étaient en voie de disparition. Désormais, ces échassiers hivernent au centre et se reproduisent sur place ou dans les villages voisins. On pourra découvrir la nidification, l'élevage des cigogneaux, et voir plusieurs couples évoluant librement. Dans le centre sont nourries plus de 200 cigognes.
Chaque après-midi a lieu un spectacle d'animaux pêcheurs : cormorans, manchots, otaries, loutres.
En 1991 a été créé un centre de reproduction de la loutre, disparue des rivières françaises.

Le jardin des Papillons exotiques vivants ⊘ – Plus de cent cinquante espèces de papillons, de toutes dimensions, aux couleurs chatoyantes, évoluent en liberté dans une vaste serre climatisée parmi une végétation luxuriante (orchidées, fleurs de la passion). Ces beautés éphémères, qui vivent une quinzaine de jours en moyenne, proviennent d'Afrique, d'Asie et d'Amérique. Grâce à l'éclosoir, le visiteur peut observer le cycle de vie complet.

Route JOFFRE

Cartes Michelin n°s 87 plis 18, 19 ou 242 plis 35, 39

Cette route fut créée par l'Armée pendant la guerre de 1914-1918 afin d'assurer les communications entre les vallées de la Doller et de la Thur.
Pendant l'hiver 1944-1945, elle reprit son rôle militaire, réanimée par le trafic des troupes françaises qui ne pouvaient utiliser que cette voie d'accès pour attaquer Thann par le Nord.

DE MASEVAUX A THANN *18 km – environ 1 h*

Masevaux – (les Masopolitains). Petite ville industrielle et commerçante, Masevaux fut créée autour d'une abbaye fondée par Mason, neveu de sainte Odile, en mémoire de son fils qui s'était noyé dans la Doller. Elle conserve de jolies places ornées de fontaines du 18e s. et entourées de demeures des 16e et 17e s.
La route s'élève pour atteindre le hameau d'**Houppach**, lieu de pèlerinage. La chapelle Notre-Dame d'Houppach est également connue sous le nom de Klein Einsiedeln. La route descend légèrement, après avoir passé le col du Schirm, dans le bassin très vert de Bourbach-le-Haut.

Col du Hundsrück – Alt. 748 m. Vues à droite sur le Sundgau *(voir à ce nom)*, région la plus méridionale de l'Alsace, la plaine d'Alsace et le Jura.
La descente qui suit se déroule en forêt. A la sortie du bois, **vue**★★ magnifique sur la vallée de la Thur dominée au Nord par le Grand Ballon (alt. 1 424 m) où se distingue le monument aux Diables Bleus.

A Bitschwiller, on rejoint la N 66 que l'on prend à droite.

★**Thann** – *Voir à ce nom.*

*Sur les **cartes routières Michelin** au 1/200 000, le nom des localités dotées d'un hôtel ou d'un restaurant sélectionné dans le **guide Rouge Michelin France** est souligné en rouge.*

KAYSERSBERG★★

2 755 habitants
Cartes Michelin nᵒˢ 87 pli 17 ou 242 pli 31 – Schéma p. 201

Bâtie au débouché de la vallée de la Weiss dans la plaine d'Alsace, entourée de vignobles réputés, Kaysersberg est une charmante petite cité fleurie au cachet médiéval. Des vestiges du **château** médiéval *(1/2 h à pied AR)* se découvre une jolie vue sur le site de la ville.

De l'Alsace à l'Afrique – C'est à Kaysersberg que naquit le 14 janvier 1875 le docteur **Albert Schweitzer** prix Nobel de la Paix en 1952. Organiste, musicologue, écrivain, pasteur et médecin, il mena en Afrique un combat exemplaire contre le sous-développement et la maladie. Il est mort en septembre 1965 à Lambaréné, au Gabon, où il avait fondé un hôpital et où son «œuvre vivante» se poursuit toujours.

Le Mont de l'Empereur – Le nom de Kaysersberg signifie «le mont de l'Empereur». «Caesaris Mons», à l'époque romaine, commande l'un des plus importants passages entre la Gaule et la vallée du Rhin.
Au cours de toute son histoire, Kaysersberg continue de justifier son titre. Au 13ᵉ s., l'empereur Frédéric II achète le village ainsi que son château. Il les fortifie de manière à résister aux incursions des ducs de Lorraine. Plus tard, Rodolphe de Habsbourg l'honore de sa protection. Adolphe de Nassau l'élève au rang de ville libre.
En 1353, la cité est agrégée à la Décapole *(voir p. 145).* Charles IV lui confirme ses privilèges. Charles Quint favorise son développement. Maximilien lui donne comme bailli impérial le célèbre **Lazare de Schwendi.** Celui-ci a combattu en Hongrie et pris la ville de Tokay. C'est là qu'il aurait recueilli quelques plants du vin fameux dont il fait don à Kaysersberg. Depuis cette époque, ces quelques plants se sont largement multipliés et ont fait la renommée viticole de la ville.

KAYSERSBERG

Ancien Hôpital (R. de l') . **BZ 2**
Ancienne Gendarmerie
   (R. de l') . . . . **BZ 3**
Commanderie
   (R. de la) . . . . **BZ 5**
Église (R. de l') . . . . **BZ 6**
Rieder (R. du Gén.) . . . . . . **BZ 7**

B Puits Renaissance
D Maison Brief
E Hostellerie du Pont
F Pont fortifié
H Hôtel de ville
K Maison à colombage
L Église
M¹ Centre culturel
      Albert-Schweitzer
M² Musée communal
N Cimetière

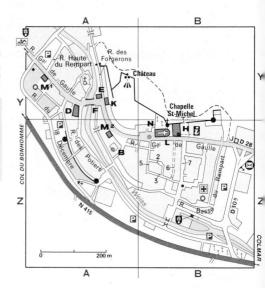

CURIOSITÉS

★**Église** (**BZ L**) – 12ᵉ-15ᵉ s. On y accède par une petite place décorée d'une fontaine du 18ᵉ s. que surmonte une statue de l'empereur Constantin, du 16ᵉ s.
La façade s'ouvre par un portail roman, dont certains chapiteaux sont décorés de pélicans et de sirènes à deux queues, motif d'inspiration lombarde. Le tympan représente le couronnement de la Vierge encadrée par les archanges saint Michel et saint Gabriel. À l'intérieur, la nef est dominée par un énorme groupe de crucifiement, en bois sculpté polychrome, de la fin du 15ᵉ s.
Le chœur abrite au-dessus du maître-autel un **retable★★** en bois, en forme de triptyque, œuvre magnifique du maître Jean Bongartz de Colmar (1518). Le panneau central, qui représente la Crucifixion, est entouré de douze panneaux sculptés retraçant les phases de la Passion; au-dessous, le Christ bénissant, entouré des apôtres. Au revers, les peintures (17ᵉ s.) figurent la Découverte et l'Exaltation de la Sainte Croix.
Le bas-côté Nord abrite un Saint Sépulcre de 1514, malheureusement mutilé. La partie la plus remarquable est le groupe des saintes femmes, chef-d'œuvre de Jacques Wirt. Détail qu'on retrouve dans plusieurs églises d'Alsace : dans la poitrine du Christ est ménagée une entaille, destinée à recevoir les hosties pendant la Semaine sainte.

Dans la nef latérale de droite et dans celle de gauche, remarquer la statue de saint Jacques le Majeur (1523) et le bas-relief de la Pietà de 1521.

La fenêtre gauche de la façade présente une belle verrière du 15ᵉ s. représentant le Christ en croix flanqué des deux larrons, œuvre de Pierre d'Andlau.

Chapelle St-Michel (**BYZ**) – 1463. Elle comporte deux étages. Dans la salle inférieure, transformée en ossuaire, se trouve un bénitier avec une tête de mort à la base. La chapelle supérieure est décorée de fresques. Dans le chœur, à droite de l'autel, curieux crucifix du 14ᵉ s.

Cimetière (**BZ N**) – Les soldats tombés pour la libération de la ville y sont inhumés. Des débris archéologiques donnent à ce cimetière le caractère d'un musée lapidaire. Une galerie de bois du 16ᵉ s. abrite notamment la curieuse croix, dite «de la peste», de 1511.

★**Hôtel de ville** (**BZ H**) – Construit dans le style de la Renaissance rhénane, il offre une jolie façade, une cour tranquille et une pittoresque galerie de bois.

★**Vieilles maisons** (**BZ**) – Dans les rues de l'Église, de l'Ancien-Hôpital, de l'Ancienne-Gendarmerie et du Général-de-Gaulle (encore appelée Grand-Rue).

Puits Renaissance (**AZ B**) – 1618. Situé à gauche, aussitôt avant la place du 1ᵉʳ-R.C.A., dans la cour du nº 54 Grand-Rue, il porte une inscription pleine d'humour.

Musée communal (**AZ M²**) ⊙ – Agréablement présenté, il est installé dans une maison Renaissance à double toit avec tourelle à escalier. Il expose des objets d'art religieux (rare Vierge ouvrante du 14ᵉ s., Christ des Rameaux du 15ᵉ s.),

Kaysersberg – Le pont fortifié

des souvenirs locaux (cloche du 16ᵉ s. provenant d'une porte de ville qui servait de beffroi, masque «cracheur de farine»), des haches néolithiques de Bennwihr, l'outillage d'un chaudronnier romain trouvé aux environs, des objets de tonnellerie, etc.

Hostellerie du Pont (**AY E**) – A l'angle de la rue des Forgerons, où l'on verra aussi d'anciennes maisons, elle a été remise en état. C'était l'ancienne maison des Bains. Face au pont, **maison** à colombage à galerie ouverte (**K**).

★**Pont fortifié** (**AY F**) – Situé dans un décor charmant, au milieu de vieilles maisons, ce pont construit aux 15ᵉ et 16ᵉ s., crénelé et percé de meurtrières, porte un oratoire.

★**Maison Brief** (**AY D**) – Elle date de 1594.

Centre culturel Albert-Schweitzer (**AY M¹**) ⊙ – Situé à côté de la maison natale d'Albert Schweitzer, le centre présente des documents, photos, objets personnels et souvenirs retraçant sa vie.

KEMBS

3 016 habitants
Cartes Michelin nᵒˢ 87 pli 9 ou 242 pli 40 – Schéma p. 186

La petite ville de Kembs, qui a donné son nom à l'usine, fut autrefois une importante ville romaine. Un pont romain en ciment, dont on a retrouvé les restes en creusant le canal, unissait les deux rives du Rhin, ce qui infirme la théorie qui voulait que les ponts sur le Rhin aient toujours été construits en bois afin qu'on puisse les brûler en cas d'invasion.

Barrage de Kembs – *Au Sud.* Construit dans le lit du fleuve en aval de Bâle, il constitue l'unique ouvrage de retenue sur le Rhin pour les quatre premiers biefs. Il dérive l'essentiel des eaux du Rhin dans le Grand Canal d'Alsace *(voir p. 186)*. Un groupe hydro-électrique utilise le débit conservé dans le lit du Rhin.
Un passage entre l'Allemagne et la France a été aménagé pour les cyclistes et les piétons.

★**Usine hydro-électrique** – *4 km par la D 468 et la première route à gauche.* Réalisée de 1928 à 1932, c'est la première usine du Grand Canal d'Alsace. Endommagée en 1940 et en 1944, elle fut reconquise le 10 décembre 1944 par des unités de la 9ᵉ D.I.C. Elle put être remise en service dès le mois d'août suivant. Elle possède 7 groupes d'une puissance totale maximale de 157 500 kW dont la production annuelle moyenne est de 938 millions de kWh.

★**Bief de Kembs** – En aval du barrage, il comprend le canal latéral proprement dit et une double écluse de navigation (travaux de modernisation et d'allongement du petit sas).

Rosenau – *2 km au Sud de l'usine hydro-électrique.*
C'est dans ce petit village que le 19 novembre 1944, au terme d'une course de 70 km parcourue en moins de 6 h, les chars de la 1ʳᵉ D.B., premiers des forces alliées, atteignirent le Rhin *(p. 37)*. Un monument rappelle cet exploit.

KIENTZHEIM

933 habitants
Cartes Michelin nᵒˢ 87 pli 17 ou 242 pli 31 – Schéma p. 201

Cette petite cité viticole conserve plusieurs monuments intéressants, une enceinte fortifiée, de vieilles maisons et places, des puits, des cadrans solaires.

CURIOSITÉS

Porte Basse – Dite du « Lalli », elle est surmontée d'une tête sculptée qui tire la langue aux passants. Cette tête grimaçante, surplombant une tour imprenable, narguait l'assaillant qui avait franchi la première enceinte.

Ancien château – Remontant au Moyen Âge mais transformé au 16ᵉ s., il est aujourd'hui le siège de la confrérie St-Étienne qui contrôle la qualité des vins alsaciens.

Musée du Vignoble et des Vins d'Alsace ⊘ – Installé dans une dépendance, il rassemble sur trois étages tout ce qui a trait à la vigne et au vin. Les collections, agréablement disposées, comprennent notamment un monumental pressoir ancien et de nombreux instruments devenus rares, comme ce curieux arracheur de ceps.

Église – Elle a une tour gothique très restaurée. A l'intérieur : sur l'autel latéral gauche, Vierge du 14ᵉ s. et, à côté, **pierres tombales**★ de Lazare de Schwendi, l'importateur présumé du Tokay de Hongrie, mort en 1583, et de son fils.
Dans la sacristie, ancien ossuaire, fresques du 14ᵉ s. et statues de la Vierge des 14ᵉ et 17ᵉ s.

Chapelle Sts-Félix-et-Régule – A l'intérieur, curieux ex-voto, peintures naïves sur toile et sur bois, de 1667 à 1865.

Les Atlas routiers Michelin :
  – *France (édition reliée ou à spirale)*
  – *Europe (édition reliée ou à spirale)*
  – *Italie*
  – *Espagne-Portugal*
  – *Grande-Bretagne et Irlande*

Des centaines de cartes, des plans de villes,
des index complets des localités et noms de lieux.

LIGNE MAGINOT★

Cartes Michelin n°ˢ 56 et 57 ou 241 et 242

Sujet d'orgueil et de foi fervente pour l'opinion française d'entre les deux guerres mondiales, cette formidable «cuirasse du Nord-Est» n'a pas, on le sait, rempli la mission que lui avaient assignée ses promoteurs, le ministre de la Guerre Paul Painlevé et son successeur André Maginot (1877-1932).

Nouvelle stratégie – Un état d'esprit nouveau, tourné vers la seule défensive, et la nécessité de protéger à leur tour les nouveaux territoires récupérés à l'Est entraînent l'étude, dès 1919, d'une nouvelle ligne fortifiée «collant» aux frontières et reléguant les fortifications Séré de Rivières *(p. 34)* au rôle de position arrière.

Les leçons de la Grande Guerre, la part qu'y ont prise les gaz, les chars, les avions condamnent désormais aussi bien la place forte ou le fort isolé que le réseau de tranchées à découvert. Le concept de Régions et Secteurs Fortifiés offrant des fronts continus de 20 à plus de 60 km s'impose, en même temps que celui de fortification permanente enterrée, adaptée au combat moderne : la «Ligne Maginot», multiforme, comprendra ici de gros ouvrages mixtes, là de petits ouvrages d'infanterie ou d'artillerie, des abris, des chapelets de casemates ou, derrière une cuvette inondable, de simples blockhaus, liés par des nappes de barbelés, champs de mines, réseaux de rails ou fossés antichars, et se fournissant un appui-feu mutuel.

Dans les intervalles entre ces ensembles fortifiés manœuvreront les troupes de soutien. L'édification est lancée le 14 janvier 1930, à la faveur du redressement économique et financier de la France.

Une «Muraille de France» – Le volume des constructions réalisées en moins de dix ans témoigne d'une activité étonnante : cinquante-huit ouvrages sur la frontière du Nord-Est, dont vingt-deux «gros ouvrages», et cinquante dans les Alpes, dispositif complété par environ quatre cents casemates et abris pour l'infanterie. Cent cinquante tourelles à éclipse, mille cinq cents cloches fixes, moulées dans un acier spécial blindé au nickel-chrome, hérissent les superstructures en béton armé, les «dessus» qui seuls s'exposent au regard.

Dès l'origine, cependant, la révision à la baisse des crédits, pour une part consécutive à l'enlisement dans la crise économique mondiale, interdit de réaliser le projet tel que

Bloc 9 du Hackenberg – Sas blindé et chemin de fer

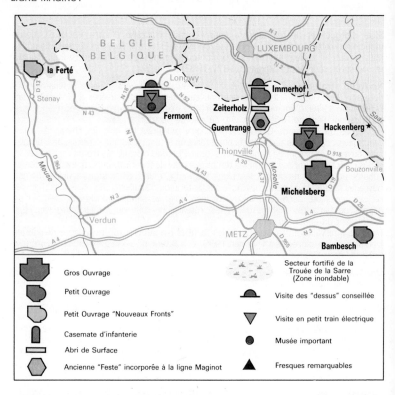

l'avaient conçu les généraux de la Grande Guerre. Le nombre des constructions est passablement diminué et très souvent des armes d'infanterie remplacent les organisations d'artillerie initialement prévues.

A partir de 1935, la dispersion de l'effort comme son caractère désordonné achèvent, malgré les avancées techniques que représentent les ouvrages « Nouveaux Fronts » *(voir à Villy-la-Ferté et Fort Casso),* de dénaturer les choix originels : renoncement aux « gros ouvrages » au profit de blockhaus et casemates, protections parfois illusoires, substitution à la technologie ultra-moderne annoncée de pièces rescapées de 1914-18, manque de canons anti-aériens...

Quelques précisions utiles – Attention ! Contrairement à une idée tenace, la Ligne Maginot ne forme pas un réseau continu de galeries souterraines ; chaque ouvrage est indépendant de ses voisins.

A l'origine les ouvrages ne s'identifiaient que par un numéro de code, par exemple A 10 pour Immerhof ou A 19 pour le Hackenberg. Par la suite ils ont été désignés du nom du lieu-dit qu'ils occupaient, ou, beaucoup plus rarement, de celui d'un de leurs défenseurs.

Les gros ouvrages étaient reliés à des dépôts de munitions par des voies ferrées électrifiées, empruntées aujourd'hui par les visiteurs pour parcourir de longues distances en galerie.

Les blocs de surface sont en béton armé *(voir illustration dans « Éléments d'architecture »)* ; l'épaisseur des murs arrière se révélera notoirement insuffisante lorsque l'ennemi prendra certains ouvrages à revers en 1940. Les parties souterraines, au-delà de 20 m de profondeur, sont construites en maçonnerie de pierre de taille, moins coûteuse.

L'importance de la garnison, qu'on appelait « équipage », était fonction de celle de l'élément fortifié : ne dépassant pas une quinzaine d'hommes dans la petite casemate de Dambach-Neunhoffen, elle en comptait près de onze cents au Hackenberg ou à Guentrange. Ces soldats appartenaient à des unités d'élite créées à partir de 1933, les « troupes de forteresse ».

Dans la tourmente – Le fait que la Ligne Maginot ne couvre pas le Nord du pays par suite de considérations politiques et financières, qu'elle ne serve pratiquement pas de base offensive durant la « drôle de guerre », qu'elle ait été privée au moment crucial de ses troupes d'intervalle tenues de se replier, et réduite à sa seule garnison (qui n'excéda jamais 30 000 hommes), rendra vaine la pathétique et glorieuse résistance de mai-juin 1940 : les équipages invaincus devront se plier aux clauses de l'armistice et prendre le chemin de la captivité.

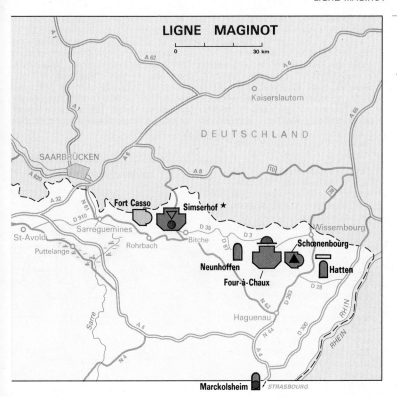

VISITE

Les différents ouvrages sont décrits du Nord-Ouest au Sud-Est, des Ardennes au Rhin.
Les visites durent souvent 2 h. Se munir de vêtements chauds et éviter les chaussures
de ville.

Pendant la « Guerre froide », certains éléments de la fortification furent intégrés au dispositif de défense de l'OTAN. En 1965, l'Armée française renonça à entretenir l'ensemble de la ligne fortifiée. Dans un premier temps voués aux récupérateurs de métaux, certains ouvrages ont finalement été cédés, ou concédés, à des particuliers, des associations, des communes qui les ont remis en état et ouverts à la visite. La casemate de Marckolsheim fut la première à accueillir le public en 1972, imitée depuis par une bonne douzaine d'autres sites.

Petit ouvrage de Villy-la-Ferté ⊘ – *A 18 km de Montmédy par la N 43 et la D 44.*

Il fait partie des ouvrages « Nouveaux Fronts », construits à partir de 1935 avec des améliorations techniques que la visite permettra de découvrir : entrée en chicane, créneaux de tir à rotule plus protecteurs, cloches d'« armes mixtes » associant mitrailleuses et canon antichars très précis... Villy devait être le « pilier Ouest » de la Ligne Maginot, gardant la vallée du Chiers. Mais l'ouvrage se réduisit finalement à deux blocs d'infanterie, réunis par une galerie creusée à plus de 30 m de profondeur et flanqués de deux casemates d'artillerie (l'une d'elles borde la route en face du chemin d'accès).

Le 18 mai 1940, le fort qui n'était plus défendu par les troupes d'intervalle fut « couronné » par les sapeurs allemands. La totalité de l'équipage (plus de 100 hommes), réfugiée dans la galerie souterraine mal ventilée, périt asphyxiée.

A l'extérieur, adossé au champ de rails antichars, un monument rappelle ce sacrifice. Sur les « dessus », les dégâts aux cloches, la tourelle basculée par une charge explosive témoignent des épreuves subies.

Gros ouvrage de Fermont ⊘ – *13 km au Sud-Ouest de Longwy par la N 18 et la D 172. Après Ugny prendre à droite la D17^A, puis à gauche la D174.*

Le plus occidental des gros ouvrages de la Ligne Maginot comporte deux blocs d'entrée *(voir illustration dans « Éléments d'architecture »)* et sept blocs de combat, dont trois à armement d'artillerie. Devant le fort, monument dédié aux « troupes de forteresse » et, sous un hangar, musée de matériel lourd exposant des écorchés de tourelles, divers types d'observatoires de campagne affectés aux troupes d'intervalle, etc.

On gagne en monte-charge à munitions et en petit train électrique le bloc 4, imposante casemate d'artillerie couverte d'une dalle de béton épaisse de 3,50 m (protection maximum sur la Ligne Maginot) et équipée de canons obusiers de 75 mm. La visite du casernement est très intéressante : resté pratiquement dans l'état de 1940, il forme un ensemble très complet avec cuisines, boulangerie, chambre froide, infirmerie, dortoirs, chambres de sous-officiers et officiers, douches, foyer du soldat, etc. Celle des « dessus » familiarise avec les principaux types de superstructures : tourelles à éclipse, cloches G.F.M.(Guetteur-Fusil-Mitrailleur) à vision périscopique, cloches lance-grandes, casemates. Les dégâts causés par les combats de 1940 sont bien visibles : soumis à d'intenses bombardements, puis cible de troupes d'assaut à partir du 21 juin, Fermont, invaincu, doit se livrer six jours plus tard sur ordre supérieur.

Fort de Guentrange ○ – *2 km au Nord-Ouest de Thionville. Quitter la ville par l'allée de la Libération, puis tourner à droite vers Guentrange.*
Ancienne « Feste » (groupe fortifié) allemande construite de 1899 à 1906, occupé par l'armée française en 1918, le fort de Guentrange fut incorporé à la Ligne comme ouvrage de soutien du Secteur Fortifié de Thionville en 1939-40. Certaines des solutions techniques dont il avait précocement bénéficié se retrouveront sur la Ligne Maginot : machinerie électrique, transmissions téléphoniques, etc. Outre la centrale électrique et ses huit moteurs Diesel en état de marche, l'élément le plus spectaculaire de la visite est l'énorme casernement central de 140 m de long, réparti sur quatre niveaux, en mesure d'accueillir 1 100 hommes. Particularité de l'armement : les tourelles pour canons de 105 mm, pivotantes mais non escamotables. Plusieurs salles présentent une documentation sur le fort.

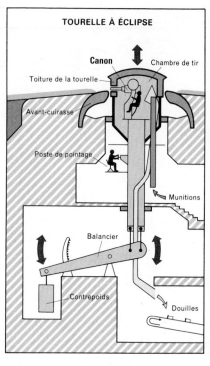

TOURELLE À ÉCLIPSE

Canon — Chambre de tir
Toiture de la tourelle
Avant-cuirasse
Poste de pointage
Munitions
Balancier
Contrepoids
Douilles

Abri du Zeiterholz ○ – *14 km au Nord de Thionville. Prendre la direction de Longwy, puis tourner à droite sur la D 57. Traverser Entrange ; panneaux indicateurs à partir de la chapelle.*
Seul abri actuellement visitable sur la Ligne Maginot, le Zeiterholz, construit en béton armé sur deux niveaux, est un « abri de surface », à distinguer de l'« abri-caverne » hébergeant les hommes dans des locaux souterrains. Ses occupants avaient la garde des blockhaus égrenés entre les ouvrages et casemates. Bien conservés, les locaux du casernement sont progressivement rééquipés et animés de scènes reconstituées avec des mannequins.

Petit ouvrage de l'Immerhof ○ – *A partir du Zeiterholz, gagner Hettange-Grande par Entrange-Cité. La D 15 prise à gauche (panneau indicateur) conduit au Immerhof.*
C'est l'un des deux ouvrages de la Ligne Maginot – et le seul visitable – qui furent construits à ciel ouvert, à cause de la configuration du terrain, et entièrement bétonnés. Chambres, infirmerie, lavabos, etc., sont en très bon état, car l'Immerhof a longtemps compté parmi les postes de commandement de l'OTAN. La tourelle à éclipse du bloc d'artillerie, pour mortiers de 81 mm, est actionnée devant les visiteurs qui verront aussi une tourelle lance-grenades et des tourelles pour jumelages de mitrailleuses. Au cours de la visite des « dessus », remarquer une fausse cloche servant de leurre.

★**Gros ouvrage du Hackenberg** – *20 km à l'Est de Thionville. Voir à ce nom.*

Gros ouvrage du Michelsberg ○ – *22 km à l'Est de Thionville par la D 918 (accès à partir du village de Dalstein). Du Hackenberg, se diriger vers Dalstein par la D 60, la D 60^B puis la D 118^N.* Attaqué le 22 juin 1940, le Michelsberg résiste grâce à la puissance de son propre feu et au tir croisé des forts voisins, notamment le Hackenberg, distant de seulement 6 km. L'équipage ne quittera le « Michel » que le 4 juillet, sur ordre formel du haut commandement français et en recevant les honneurs militaires.

Ouvrage de taille intermédiaire, le Michelsberg, dont la caserne servit un temps de champignonnière, vient d'être rénové. Ses aménagements se décomposent en un bloc d'entrée, deux blocs d'infanterie et trois blocs d'artillerie. Le bloc d'artillerie n° 6 abrite la fameuse tourelle de 135 mm qui brisa l'assaut allemand du 22 juin 1940 ; demeurée en bon état, cette pièce d'un poids de 19 t représente le plus gros modèle de canon en service de la Ligne Maginot.

Petit ouvrage du Bambesch ⊙ – *9 km à l'Ouest de Saint-Avold par la N 3.*
Il fournit un bon exemple d'ouvrage que les restrictions de crédits ont progressivement dénaturé : diminution du nombre de blocs, suppression des organisations d'artillerie, flanquement édulcoré... Ainsi réduit à trois blocs d'infanterie, le fort est attaqué sur ses arrières à l'arme lourde le 20 juin 1940, les cloches sont percées ou descellées. L'équipage, instruit du drame de Villy-la-Ferté, préfère se rendre.
Le niveau des galeries, à 30 m sous terre, est atteint par un escalier. On visite le petit casernement et les blocs de combat. La tourelle de mitrailleuses est d'un modèle particulièrement exigu. Le bloc 2 porte les pathétiques marques de l'assaut de juin 1940.

Zone inondable de la Trouée de la Sarre – Placé entre les deux grandes Régions Fortifiées de la Ligne Maginot, celle de Metz et celle de la Lauter, le domaine qui s'étend de Barst à Wittring, couvert au Nord par le territoire de la Sarre administré par la France, n'était pas défendu par des ouvrages mais par une zone inondable à partir d'un système d'étangs-réservoirs endigués. Lorsque la Sarre redevint allemande en 1935, ce système fut renforcé par un réseau serré de blockhaus et obstacles antichars.

Quitter St-Avold par la N 56. A Barst (8 km), prendre à droite après l'église et deux fois à gauche, dans la rue de la Croix puis dans le premier chemin.

Celui-ci est bordé d'une douzaine de blockhaus représentatifs, dans leur diversité, du type de fortification en faveur après 1935.

Sortir du chemin et tourner dans le suivant à droite ; garer la voiture.

A 50 m en contrebas de l'étang, le wagon bétonné est le dernier en place des obstacles antichars de la Trouée.

Quitter Barst en direction de l'Est.

De la sortie de Cappel à Puttelange-aux-Lacs, la route domine quelques-uns de ces étangs-réservoirs qui servirent à inonder la zone.

Rohrbach-lès-Bitche : Fort Casso ⊙ – *18 km à l'Est de Sarreguemines par la N 62. 1 km avant Rohrbach, prendre à gauche la D 84.*
Ce petit ouvrage « Nouveaux Fronts » *(voir caractéristiques à Villy-la-Ferté),* ainsi nommé en l'honneur d'un de ses défenseurs devenu général des sapeurs-pompiers de Paris, le lieutenant Casso, présente quelques particularités dignes d'intérêt : locaux entièrement crépis, dortoirs à hamacs, tourelle pour armes mixtes (utilisant, par mesure d'économie, une structure fabriquée en 1914-18) et tourelle pour mitrailleuses en état de fonctionnement.
Bien conservés, les locaux sont progressivement rééquipés : PC de tir, central téléphonique, etc.
Fort Casso fut attaqué le 20 juin 1940 mais, couvert par les canons de l'ouvrage du Simserhof, il ne subit pas le sort de Villy-la-Ferté et dut à un ordre supérieur de se rendre.

« C'est pas d'la soupe, c'est du rata »

Cette suite de menus proposée par les chefs cuisiniers de l'Intendance (*) désigne comme incontestable vainqueur sur la Ligne Maginot, au plan culinaire, la conserve de bœuf, stockée en quantités astronomiques dans les réserves souterraines des ouvrages :

	Midi	Soir
1er jour	bœuf mironton et haricots	bœuf froid vignaigrette et riz
2e jour	hachis de bœuf et lentilles	bœuf sauce Robert et petits pois
3e jour	bœuf portugaise et haricots	thon vinaigrette et légumes
4e jour	bœuf napolitaine et lentilles	bœuf bourguignon et riz
5e jour	bœuf sauce piquante et petits pois	bœuf portugaise et salade de lentilles
6e jour	dito 1er jour	

(*) D'après Michel Truttmann et Alain Hohnadel, « La Ligne Maginot », guides HISTORIA, Tallandier, 1989.

★**Gros ouvrage du Simserhof** – *4 km à l'Ouest de Bitche par la D 35 puis la route militaire prise en face de l'ancien casernement du Légeret.*
C'est l'un des ouvrages les plus importants de la Ligne Maginot. *Description p. 223.*

Casemate de Dambach-Neunhoffen ⓥ – *Entre Neunhoffen et Dambach, 20 km à l'Est de Bitche par la D 35, la D 87 et la D 853.*

Cette casemate du modèle le plus élémentaire, un petit bloc bétonné à un seul niveau, gardait l'un des 12 barrages du système d'inondation de la vallée de la Schwarzbach.

Abandonnée et pillée après guerre, elle est depuis quelques années rééquipée avec sérieux. Remarquer le système de ventilation à bras (ou à pédales !) dont était doté ce type de fortification ne disposant pas de l'électricité.

Lembach : le Four à Chaux ⓥ – *15 km à l'Ouest de Wissembourg par la D 3 puis la D 27 à la sortie de Lembach.*

Cet ouvrage d'artillerie de taille intermédiaire (6 blocs de combat et 2 entrées, effectif théorique de 580 hommes) a conservé des locaux en bon état, équipés de leur matériel d'origine : casernement, poste de commandement, central téléphonique, usine électrique, système de chaufage central et d'alimentation en eau chaude...

La visite d'un bloc de combat permet de voir manœuvrer une tourelle à éclipse pour canons de 75 mm, version modernisée des défenses des forts de Verdun. Originalité : un plan incliné muni d'une crémaillère relie l'entrée des munitions, construite en contrebas, au reste de l'ouvrage. Il servait au transit des wagonnets.

A l'extérieur, un fragment de réseau de rails antichars est resté en place.

Ouvrage d'artillerie de Schœnenbourg ⓥ – *12 km au Sud de Wissembourg par la D 264. Suivre les panneaux indicateurs.*

Élément important du Secteur Fortifié de Haguenau, cet ouvrage typique de la Ligne Maginot fut conçu en tenant compte des enseignements acquis à Verdun de 1916 à 1918. A l'époque de son achèvement, en 1935, on considérait à juste titre qu'aucune arme connue ne pouvait venir à bout d'un tel fort. La visite fait découvrir une bonne partie des installations souterraines : galeries de liaison (plus de 3 km au total, de 18 à 30 m sous la surface du sol), cuisine, usine électrique, centrale de filtrage de l'air, casernement et poste de commandement. On peut voir aussi un des trois blocs d'artillerie avec sa tourelle à éclipse.

Après avoir repoussé le 20 juin 1940 l'assaut d'une division allemande, le Schœnenbourg est pilonné par les bombardiers et les mortiers lourds. Aucun autre ouvrage ne sera soumis à un tel déluge de feu, mais la qualité de ses protections permettra à celui-ci de tenir jusqu'à l'armistice.

Hatten – *22 km au Nord-Est d'Haguenau par la D 263 et la D 28. Pour s'y rendre depuis le Schœnenbourg (14 km), aller jusqu'à Soultz-sous-Forêts (D 264) puis prendre la D 28.*

Casemate d'infanterie Esch ⓥ – La casemate Esch se trouva, en janvier 1945, au cœur de la bataille de chars qui opposa Allemands et Américains, dévastant Hatten et les villages alentour.

La reconstitution d'une chambre de troupe et d'une chambre de tir, l'aménagement des deux autres salles et un petit **musée** (uniformes, armes, équipements divers...) constituent une évocation très parlante du monde défensif de la Ligne Maginot. Une maquette (en coupe) d'un bloc d'artillerie avec tourelle à éclipse permet de comprendre l'économie des grands ouvrages souterrains.

Musée de l'Abri ⓥ – L'abri semi-enterré de Hatten, qui pouvait être utilisé par les équipages des casemates comme par les troupes d'intervalle, est en partie transformé en musée exposant du matériel militaire français, américain et allemand.

Marckolsheim : Mémorial Musée de la Ligne Maginot du Rhin ⓥ – *15 km au Sud-Est de Sélestat par la D 424. Sortir de Marckolsheim par la D 10.*

Sur l'esplanade sont exposés un canon soviétique, un char Sherman, une automitrailleuse et un half-track. A l'intérieur des huit compartiments *(attention aux seuils métalliques)* de la casemate, armes et objets se rapportant à la lutte du 15 au 17 juin 1940 : la casemate fut courageusement défendue par trente hommes pendant 3 jours. Hitler la visita après la bataille.

LIVERDUN

6 435 habitants
Cartes Michelin n°s 62 pli 4 ou 242 pli 17

Liverdun occupe un **site ★** agréable dans un méandre de la Moselle qu'il domine. En venant de Frouard par la D 90, pittoresque, on pénètre dans la petite cité par une porte de ville du 16e s.

Dans la rue Porte-Haute, à droite, la porte sculptée de la maison dite du Gouverneur date de la fin du 16e s.

Église – Commencée à la fin du 12e s., elle fut consacrée en 1261. A l'intérieur, tombeau de saint Euchaire : statue du 13e s. dans un encadrement du 16e s. Remarquer la curieuse disposition des bas-côtés, voûtés en berceau brisé comme le transept et dont l'axe est, comme celui du transept, perpendiculaire à la nef.

La place de la Fontaine, derrière l'église, est bordée d'arcades du 16e s.

LONGWY

15 428 habitants (les Longoviciens)
Cartes Michelin n⁰ˢ 57 pli 2 ou 242 pli 1

Ancienne ville fortifiée dont il reste encore quelques vestiges dans la ville haute (Porte de France et front oriental), Longwy est connue pour ses **émaux** dont quatre faïenceries perpétuent la tradition depuis deux siècles. Ceux-ci, exclusivement peints à la main, sont célèbres par leur couleur bleu turquoise, leur craquelé et leur relief à décor cerné noir. On peut en voir quelques exemples au musée municipal.

Longwy subit la domination des ducs de Luxembourg, des comtes de Bar et des ducs de Lorraine. Assiégée par la France en 1647 et 1670, la ville lui fut cédée au traité de Nimègue, en 1678. Louis XIV la fit alors fortifier par Vauban. Sa situation de ville-frontière lui valut d'être occupée par les Prussiens en 1792, en 1815, en 1870 et de 1914 à 1918 par les Allemands.

La région industrielle de Longwy – Autrefois centre industriel important, Longwy était appelée « cité du fer ». Elle connut son apogée dans les années 1930. La crise sidérurgique en 1975 entraîna la réunion des usines implantées dans la vallée du Chiers en une seule société. La production de fonte et d'acier, qui n'était plus assurée que par deux sites de part et d'autre de la ville, s'est arrêtée en 1987. Aujourd'hui, les usines dont on avait un intéressant point de vue depuis le Belvédère, ont disparu du paysage. Un nouvel essor économique a été redonné par la création d'un pôle européen de développement.

ENVIRONS

Cons-la-Grandville – *7 km au Sud-Ouest. Quitter Longwy par la N 18. A 4 km, prendre à gauche la D 172.*
Bâtie dans une cuvette qu'entoure une boucle de la Chiers, cette bourgade est connue pour l'important **château** ⊙ aux belles **façades**★ Renaissance qui la domine de sa masse imposante.
Construit au 16ᵉ s. sur l'emplacement d'un ancien château fort dont il ne subsiste qu'une tour ronde, l'actuel édifice offre un saisissant contraste entre ses puissants soubassements et ses fenêtres délicatement ouvragées. Saccagés pendant la guerre de Trente Ans, les bâtiments furent partiellement restaurés au 18ᵉ s. La visite intérieure permet notamment de voir les oubliettes et d'admirer dans la salle d'honneur une monumentale cheminée Renaissance au riche décor sculpté.
Durant la Grande Guerre, Maurice Chevalier, blessé, fut soigné dans la vieille demeure transformée en hôpital.
A la sortie Sud du pays, un haut fourneau daté de 1865 se dresse sur le côté droit de la route.

Gros ouvrage de Fermont – *13 km au Sud-Ouest. Quitter Longwy par la N 18. A 4 km prendre à gauche la D 172, dépasser Ugny et prendre à droite la D 17ᴬ puis à gauche la D 174. Voir à Ligne Maginot.*

Crusnes – *17 km au Sud-Est. Quitter Longwy par la D 520.*
Dans cette cité ouvrière s'élève l'**église** dédiée à sainte Barbe, patronne des mineurs. Entièrement construite en fer en 1939, elle est décorée de peintures d'Unsterteller et d'un chemin de croix taillé dans des blocs de minerai par Serraz. C'était un prototype destiné à être reproduit dans les colonies françaises. Avec la guerre le projet tourna court.

Musées des Mines de fer de Lorraine – *Voir à ce nom.*

LUNÉVILLE ★

20 682 habitants
Cartes Michelin n⁰ˢ 62 pli 6 ou 242 pli 22

Lunéville doit au 18ᵉ s. ses larges rues, son grand parc et ses beaux monuments. Sa faïencerie, érigée par le roi Stanislas en Manufacture royale, s'est spécialisée dans la faïence de table.

Le petit Versailles – De 1702 à 1714, Lunéville est le séjour favori de **Léopold**, duc de Lorraine. Grand admirateur du Roi-Soleil, il fait édifier par Germain Boffrand, élève de Mansart, le château actuel, réplique plus modeste de celui de Versailles. La danse, le jeu, les représentations théâtrales, la chasse occupent les loisirs du duc et font accourir toute la noblesse lorraine.
Lunéville devient encore, un peu plus tard, la résidence favorite de Stanislas *(voir à Nancy)* qui apporte de nombreuses modifications à l'ordonnance du parc et à la décoration du château. Il s'entoure de littérateurs et d'artistes parmi lesquels Voltaire, Montesquieu, Saint-Lambert, Helvétius.
A cette époque, Lunéville mérite le surnom de « Petit Versailles » grâce à la beauté de son château, à l'ordonnance des jardins et à la qualité de ses hôtes. Stanislas y meurt, le 23 février 1766.

LUNÉVILLE

M¹ Musée   M² Musée de la Moto et du Vélo

★CHÂTEAU (A) *visite : 3/4 h*

D'une ordonnance majestueuse, il s'ouvre à l'Ouest par une vaste cour d'honneur *(illustration dans «Éléments d'architecture»)* où se dresse la statue équestre du général de Lasalle, tué à Wagram. Le large corps central, desservi par deux escaliers monumentaux, est flanqué de deux petites ailes séparées par des portiques des grandes ailes encadrant la cour d'honneur. La **chapelle** ⊘ est inspirée de celle de Versailles.

Musée (M¹) ⊘ – On y verra une importante collection de faïences de Lunéville et de St-Clément, l'apothicairerie de l'hôpital de Lunéville, des statuettes en terre de Lorraine de Paul-Louis Cyfflé, une collection unique de portraits calligraphiés par Jean-Joseph Bernard (18e s.), des tentures flamandes de cuir peint (17e s.), des objets d'Art Nouveau 1900 (verreries des frères Muller).
L'œuvre de Georges de La Tour, peinte à Lunéville de 1620 à 1652, est évoquée par un montage audiovisuel.

★Parc des Bosquets (AB) – Tracé au début
du 18e s. par Yves des Hours et embelli par Louis de Nesle, dit Gervais, pour Léopold, il fut enrichi par Stanislas. A la mort du roi, le château et le parc deviennent propriété de l'autorité militaire. La plupart des bassins sont comblés. En 1936, la ville en devient propriétaire. En 1946, les bosquets sont restaurés dans leurs lignes essentielles du 18e s., avec parterres, statues et pièces d'eau. La terrasse réapparaît.

Faïence de Lunéville –
« Bébé », nain du roi Stanislas

Musée du Château, Lunéville : Didon

AUTRES CURIOSITÉS

Église St-Jacques (A) – Cette ancienne abbatiale fut construite de 1730 à 1747 par Boffrand et Héré, dans le style baroque. La façade s'encadre de deux tours cylindriques surmontées des statues de saint Michel *(à gauche)* et de saint Jean Népomucène *(à droite)*. Sur le fronton, une horloge est soutenue par une statue représentant le Temps.
A l'intérieur, remarquer les **boiseries★** Régence (tambour de la porte d'entrée, stalles du chœur, chaire), mais aussi une Pietà en pierre polychrome du 15e s. *(à gauche du chœur)* et de belles œuvres de Girardet : au fond de l'abside, le Baptême de Clovis, sur un pilier à droite du chœur, saint Joseph portant l'Enfant-Jésus, et, face à la chaire, le Christ en croix. Avant de sortir, on admirera le bel effet décoratif produit par la tribune et le buffet d'orgues dont les tuyaux sont dissimulés habilement, l'ensemble ayant été exécuté sur les dessins de Héré (1751).

Musée de la Moto et du Vélo (A M²) ⊘ – Il abrite plus de 200 modèles à 2 ou 3 roues, avec ou sans moteur, dont le plus ancien remonte à 1865. A côté de modèles de grande diffusion, on remarque des machines assez rares comme cette moto de parachutiste anglais (1943) pesant 43 kg ou cette bicyclette équipée d'un moteur diesel auxiliaire de 18 cm³ (1951), ou encore ce vélo à cadre en bois (1910).

LUXEUIL-LES-BAINS ⚓

8 790 habitants (les Luxoviens)
Cartes Michelin n°s 66 pli 6 ou 242 pli 38

Luxeuil, station hydrominérale réputée, spécialisée dans le traitement des affections gynécologiques et des affections veineuses, est dotée de nombreux pôles d'attractions (concerts, casino, tennis, golf, piscine)...
Ville d'art bâtie en grès rouge, Luxeuil fut le siège d'une célèbre abbaye fondée par **saint Colomban**, moine irlandais, passé en France en 590 avec douze religieux. Ayant reproché au roi de Bourgogne ses dérèglements, il fut chassé du pays et dut se réfugier à Bobbio, en Italie.

CURIOSITÉS

★**Hôtel du cardinal Jouffroy** (**B**) – Le cardinal Jouffroy, abbé de Luxeuil puis archevêque d'Albi, fut jusqu'à sa mort le favori de Louis XI. Sa maison (15ᵉ s.), la plus belle de Luxeuil, ajoute au gothique flamboyant de ses fenêtres et de sa galerie quelques éléments Renaissance dont, sur l'un des côtés, une curieuse tourelle (16ᵉ s.), coiffée d'un lanternon, construite en encorbellement. Mme de Sévigné, Augustin Thierry, Lamartine, André Theuriet ont habité cette maison.
Sous le balcon, la 3ᵉ clef de voûte à partir de la gauche représente trois lapins. Le sculpteur n'a représenté que trois oreilles en tout, mais le groupe est disposé de telle sorte que chaque lapin paraît avoir deux oreilles.

★**Hôtel des Échevins (Musée de la tour des Échevins)** (**M**) ⊘ – Édifice important du 15ᵉ s. aux murs crénelés. La décoration extérieure et la fine loggia de style gothique flamboyant contrastent avec l'allure générale de la construction. De remarquables monuments funéraires de pierre provenant de la ville gallo-romaine (Luxovium), **stèles**★ votives, inscriptions, ex-voto d'époque gauloise, poteries sigillées, etc., sont disposés au rez-de-chaussée et au 1ᵉʳ étage. Le 2ᵉ et le 3ᵉ étage abritent le **musée Adler** qui rassemble des peintures de J. Adler, Vuillard et Pointelin.
Du sommet de la tour (146 marches) : **vue** sur la ville et, au loin, sur les Vosges, le Jura et les Alpes.

★**Ancienne abbaye St-Colomban** ⊘ – La plupart de ses éléments ont été conservés et viennent d'être restaurés.

Basilique – Succédant à une église du 11ᵉ s. dont il reste quelques traces, l'édifice actuel remonte aux 13ᵉ et 14ᵉ s. Des trois tours d'origine subsiste seulement le clocher occidental, reconstruit en 1527, dont le couronnement date du 18ᵉ s. L'abside a été refaite en 1860 par Viollet-le-Duc.
De la place St-Pierre, on découvre

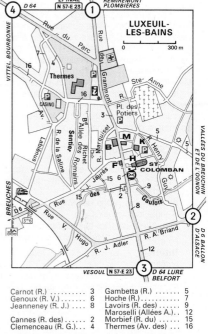

Carnot (R.)	3	Gambetta (R.)	5	
Genoux (R. V.)	6	Hoche (R.)	7	
Jeanneney (R. J.)	8	Lavoirs (R. des)	9	
		Maroselli (Allées A.)	12	
Cannes (R. des)	2	Morbief (R. du)	15	
Clemenceau (R. G.)	4	Thermes (Av. des)	16	

B	Hôtel du cardinal Jouffroy	**H**	Hôtel de Ville
F	Maison François Iᵉʳ	**K**	Maison du Bailli
		M	Hôtel des Échevins

le côté Nord de l'église près de laquelle s'élève une statue moderne de saint Colomban. Un portail classique à fronton donne accès à l'intérieur, de style gothique bourguignon.
On y admire l'impressionnant buffet d'orgues soutenu par un atlante posé sur le sol décoré de magnifiques médaillons sculptés. La chaire, au fin décor Empire, tranche avec l'architecture de l'église : elle date de 1806 et provient de Notre-Dame de Paris : Lacordaire y prêcha. Le chœur possède quelques stalles intéressantes, du 16ᵉ s. Dans le transept à droite, châsse de saint Colomban et reliquaire contenant une relique d'un compagnon de saint Colomban, saint Gall, fondateur de l'abbaye de St-Gall en Suisse. Dans le transept gauche, statue de saint Pierre, du 14ᵉ s.

Cloître – Il garde trois de ses quatre galeries de grès rouge : une travée comportant trois baies surmontées d'un oculus remonte au 13ᵉ s., les autres ont été refaites aux 15ᵉ-16ᵉ s.

Bâtiments conventuels – Ils comprennent au Sud de l'église le « bâtiment des moines » des 17ᵉ-18ᵉ s. et, sur la place St-Pierre, le palais abbatial (16ᵉ-18ᵉ s.), aujourd'hui hôtel de ville (**H**).

★**Maison François Iᵉʳ** (**F**) – Son nom ne perpétue pas le souvenir du roi de France, mais celui d'un abbé luxovien. Elle est de style Renaissance.

Maison du Bailli (**K**) – Elle date de 1473. La cour est dominée par un balcon de pierre flamboyant et par une tour polygonale surmontée de créneaux.

Thermes – L'établissement thermal, reconstruit au 18ᵉ s. en grès rouge, est entouré d'un beau parc ombragé. Il abrite, en plus des équipements traditionnels, un **centre de remise en forme** très moderne ouvert à tous.

« Sentier des Gaulois » – Un parcours de 4 km permet, à partir du centre thermal, de découvrir l'histoire de la ville et ses monuments.

Pour organiser vous-même votre voyage
vous trouverez, au début de ce guide,
la carte des principales curiosités et un choix d'itinéraires de visite.

MARMOUTIER ★★

2 234 habitants (les Maurimonastériens)
Cartes Michelin nᵒˢ 87 pli 14 ou 242 pli 19

Les amateurs de belles églises visiteront ce qui subsiste de l'abbaye bénédictine de Marmoutier. L'ancienne abbatiale constitue, en effet, l'un des plus remarquables exemples de l'architecture romane en Alsace.
L'abbaye fut fondée par saint Léobard, disciple de saint Colomban *(voir p. 123)*. Dotée de biens royaux, elle devient rapidement illustre et, au 8ᵉ s., prend le nom de « Maurmunster », du nom de son réformateur, l'abbé Maur. Au 14ᵉ s., les abbés de Marmoutier sont au cœur d'un vaste domaine spirituel mais aussi temporel. Tout un petit peuple d'artisans et d'agriculteurs gravite autour de l'abbaye. La présence d'une des plus anciennes communautés juives d'Alsace, sans doute appelée par les abbés pour s'occuper de négoce, est attestée dès cette époque. En 1792 l'abbaye est dépecée et les moines définitivement dispersés.

★★ÉGLISE *visite : 1/2 h*

La façade, le narthex et les tours datent des 11ᵉ et 12ᵉ s. ; la nef fut bâtie aux 13ᵉ et 14ᵉ s. Le chœur ne remonte qu'au 18ᵉ s. La **façade ★★**, à l'Ouest, *(illustration dans « Éléments d'architecture »)* est la partie la plus intéressante de l'édifice. Construite dans le grès rouge des Vosges, elle comporte un lourd clocher carré et deux tours d'angle octogonales. La décoration se borne à souligner l'ossature générale du monument par des bandes lombardes.
Le porche comporte une voûte d'ogives centrale, entre deux voûtes en berceau.

Intérieur – Le narthex est voûté de coupoles, c'est la seule partie intérieure romane.
Dans les bras du transept se trouvent des monuments funéraires, élevés en 1621 et martelés pendant la Révolution. Le chœur renferme de belles boiseries : stalles Louis XV et quatre dais surmontés de feuillages et de branches d'arbres ; au couronnement des stalles, petits anges charmants. On remarque en outre quatre grands autels baroques (2ᵉ moitié du 18ᵉ s.) dont deux, assez originaux, sont installés en angle et surmontés d'un fronton concave. La chaire est du 16ᵉ s. ; les orgues authentiques de Silbermann furent construites en 1710 et comptent parmi les plus belles d'Alsace.
Des restes d'une **église précarolingienne** ont été découverts sous le transept *(accès par la crypte ; entrée dans le bras Sud du transept)*.

AUTRES CURIOSITÉS

Musée d'Arts et Traditions populaires ⊘ – Il est installé dans une maison à colombage de style Renaissance, construite en 1590 et dont le rez-de-chaussée comporte un plafond polychrome du début du 17ᵉ s. Le musée propose au visiteur un voyage dans la civilisation rurale de l'Alsace d'autrefois : pièces aménagées (stub, cuisine...), ateliers d'artisans (forgeron, tonnelier, tailleur de pierre...). A côté d'une importante collection de moules à pâtisserie en terre cuite, il comporte de nombreux témoins du judaïsme alsacien : objets du culte synagogal et domestique ainsi que le bain rituel du 18ᵉ s.

Sindelsberg – *1,5 km au Nord-Ouest par l'ancienne route de Saverne et une petite route goudronnée, à gauche.* Des abords d'une ancienne église conventuelle (13ᵉ-14ᵉ s.) se découvre une jolie vue plongeante sur Marmoutier.

MARSAL

284 habitants

Cartes Michelin n⁰ˢ 57 pli 15 ou 242 pli 18 – 11 km au Sud-Est de Château-Salins

Situé dans la partie Est du Parc Naturel Régional de Lorraine *(voir p. 12)*, dans une campagne jadis partiellement inondable, ce village du Saulnois conserve de nombreux vestiges gallo-romains et une partie de son enceinte fortifiée par Vauban, au 17ᵉ s., dont une porte, sobre et élégante, restaurée, la Porte de France.
Marsal a gardé son ancienne collégiale du 12ᵉ s. sur plan basilical, sans transept, avec une nef romane et un chœur gothique.

Maison du Sel ⊘ – Elle retrace l'histoire de cette substance précieuse, recueillie dans les terrains salifères de la vallée de la Seille depuis l'Antiquité.
Les « briquetages », bâtonnets d'argile et d'herbes mêlées, découverts lors des fouilles archéologiques, sont à l'origine de l'industrie salicole régionale, élément important de l'activité économique du pays.

ENVIRONS

Vic-sur-Seille – *7 km à l'Ouest par la D 38*. Les évêques de Metz y établirent leur administration puis leur résidence, du 13ᵉ s. au 17ᵉ s. Quelques restes de leur château fort subsistent encore. Petite ville qui eut ses heures de prospérité aux 15ᵉ-16ᵉ s. grâce à ses gisements salins, Vic est bien connue des amateurs de peinture pour avoir donné naissance à **Georges de La Tour** (1593-1652).
Sur la place du Palais s'élèvent la maison de la Monnaie, gothique du 15ᵉ s., et l'ancien couvent des Carmes, du 17ᵉ s.
L'**église** (15ᵉ-16ᵉ s.) présente, sur son côté gauche, un portail dont le linteau évoque la légende de saint Marian, ermite ; à l'intérieur, voir surtout la grande Vierge à l'Enfant, du 15ᵉ s., qui décore l'entrée de la chapelle N.-D.-de-Bonsecours, à gauche du chœur.

MARVILLE

518 habitants

Cartes Michelin n⁰ˢ 57 pli 1 ou 241 pli 15

Fondée à l'époque gallo-romaine, Marville (Major villa) est située sur un promontoire s'avançant entre les vallées de l'Othain et du Crédon. De la fin du 16ᵉ s. à 1659, elle vécut sous la domination espagnole, tout en gardant un statut privilégié de « ville libre ».
En suivant la Grand'Rue en direction de la Grande-Place, on trouve des vestiges des maisons des 16ᵉ et 17ᵉ s.

Église St-Nicolas – L'édifice fut commencé au 13ᵉ s., mais l'ensemble de la construction primitive appartient surtout au style gothique du 14ᵉ s. Il comprend une nef de cinq travées, flanquée de bas-côtés. A la fin du 15ᵉ s., il fut agrandi de chapelles fondées par de riches bourgeois ou des corporations. Remarquer la balustrade (début du 16ᵉ s.) de la tribune de l'orgue et, dans la chapelle du transept droit, la belle Vierge (13ᵉ-14ᵉ s.) autrefois au portail occidental.

Cimetière de la chapelle St-Hilaire ⊘ – Le chemin goudronné qui y conduit s'amorce sur la N 43. Au sommet de la colline, le cimetière de l'ancienne église St-Hilaire, dite église-mère, renferme une centaine d'intéressantes tombes sculptées (la plupart sont déposées à la chapelle). Remarquer un Christ captif et surtout une belle Pietà avec, au soubassement, les statues des apôtres. Un ossuaire fermé par un mur à colonnettes contient, dit-on, 40 000 crânes.

Actualisée en permanence,
la carte Michelin *au 1/200 000 indique :*
  – les parcours difficiles ou dangereux, les pentes
    notables ;
  – les bacs passant, ou non, les autos ;
  – les ponts à limite de charge, les passages
    à hauteur limitée...
Équipez votre voiture de cartes Michelin *à jour.*

METZ★★

Agglomération 193 117 habitants (les Messins)
Cartes Michelin n°s 57 plis 13, 14 ou 242 plis 9, 10

Occupant un site défensif de premier ordre au confluent de la Seille et de la Moselle qui s'y divise en plusieurs bras, Metz se trouve au contact des Côtes *(voir p. 19)*, de la plaine de la Woëvre et du plateau lorrain. Aussi joue-t-elle le rôle, au cœur de la Lorraine, d'un important nœud de communication : routes et autoroutes, voies ferrées, Moselle canalisée, lignes aériennes. Un réseau de télédistribution par câble couvre toute la ville.

Mais Metz c'est aussi une métropole religieuse, qui compta près de 50 églises, une cité militaire jadis fortifiée et encore pourvue de vastes casernes, un centre commercial et administratif, un foyer intellectuel avec son Université fondée en 1972 et son Institut européen d'écologie. Surnommée « la riche » au Moyen Âge, la cité reste avant tout, de nos jours, une grande ville commerçante.

Pour le touriste enfin, Metz apparaîtra comme une ville à l'atmosphère attachante bien qu'un peu austère, riche en promenades et en monuments intéressants, parmi lesquels figure une des plus belles cathédrales gothiques de France.

UN PEU D'HISTOIRE

Metz, cité gallo-romaine – Deux grandes voies romaines reliant Trèves à Lyon et Strasbourg à Soissons se croisent à Divodurum, l'actuelle Metz, faisant de la capitale des Médiomatriques un grand centre d'échanges qui compte, au 2e s., 40 000 habitants et possède un amphithéâtre de 25 000 places. Dès le 3e s., Divodurum possède un évêché et, au 4e s., des fortifications y sont édifiées pour protéger l'Empire des invasions germaniques.

Metz, ville impériale et royale – C'est à Metz que réside Sigisbert, roi d'Austrasie, avec Brunehaut, son épouse. Mariée en 566, celle-ci voit successivement régner et périr violemment son époux, son fils et son petit-fils. Elle-même sera exécutée, attachée à la queue d'un cheval sauvage. Plus tard, Charlemagne porte à Metz une affection particulière. C'est l'abbaye St-Arnoult qui est choisie pour contenir les restes de sa femme, Hildegarde, et de ses enfants morts en bas âge. Louis le Débonnaire y est déposé.

Trois saints – **Saint Livier,** noble messin, combat les Huns et les poursuit jusque dans leur camp. Là il se transforme en apôtre. Mais insensible à sa parole, Attila le fait saisir et décapiter. Alors se produit le miracle : le saint prend sa tête entre ses mains et gravit une montagne au sommet de laquelle a été creusé son tombeau.

Saint Clément est le premier évêque de Metz. La légende le montre triomphant du « Graoully », un immonde serpent à l'haleine empoisonnée. Historiquement, saint Clément n'aurait vu le jour qu'au 3e s. et triomphé que d'un seul monstre : le paganisme. Cela n'enleva rien à la célébrité du « Graoully » à Metz.

Saint Arnoult, qui a vécu au 7e s., est laïc, Premier ministre, marié et père de deux fils (l'un sera l'aïeul de Charles Martel) quand la population de Metz le supplie de devenir son évêque. Il accepte, tandis que sa femme prend le voile.

La république messine – Au 12e s., Metz se constitue ville libre et devient la capitale d'une république, ayant à sa tête un maître échevin, choisi parmi les Paraiges, associations de familles patriciennes si puissantes et si riches qu'elles prêtent couramment de grosses sommes aux ducs de Lorraine, aux comtes de Bar et même aux rois de France et à l'Empereur. Le maître échevin est appelé Sire.

Le siège de 1552 – En 1552, Henri II se lance à la conquête des Trois Évêchés : Metz, Toul et Verdun. Il se proclame Protecteur de Metz qui voit la fin de ses franchises. Charles Quint réunit alors une armée formidable pour assiéger la ville : 12 000 cavaliers, 7 000 pionniers, 60 000 gens de pied et 114 pièces d'artillerie. Metz est défendue par François de Guise, qui fait évacuer les bouches inutiles. Ambroise Paré soigne la garnison. François, toujours sur la brèche, donne l'exemple de l'intrépidité. Toutes les attaques sont repoussées. Après deux mois de lutte, Charles Quint a perdu les 2/3 de son effectif ; il est obligé de lever le siège. « La fortune est femme, s'écrie-t-il : mieux aime-t-elle un jeune roi qu'un vieil empereur. »

La capitulation de 1870 – Le 19 août, après avoir perdu la bataille de St-Privat, l'armée de Lorraine est encerclée dans Metz par le neveu de Guillaume Ier, le prince Frédéric-Charles qui commande la 2e armée allemande et dispose de 160 000 hommes *(voir p. 34)*. Le 27 octobre, **Bazaine** livre la ville, 173 000 hommes, 60 généraux, 58 drapeaux, 1 570 canons, 260 000 fusils. Mutte, la célèbre cloche messine, sonne lugubrement la capitulation. Bazaine est protégé par des gendarmes prussiens contre les huées de la population.

1918 : le retour à la France – Après quarante-sept ans de présence allemande, Metz va connaître son retour à la France. Le 19 novembre 1918, les troupes françaises font leur entrée. Le 8 décembre, les présidents Poincaré et Clemenceau sont dans la ville.

1944 : la bataille de Metz – La prise de Metz fut une étape importante dans la marche de la 3e armée américaine vers l'Allemagne. La ville fut farouchement défendue et le siège en fut long et difficile. Une ceinture de forts l'entourait et en faisait une des plus puissantes forteresses du monde.
Le 4 septembre 1944, le 20e corps du général Walker arrive au contact des premières défenses. La bataille va durer deux mois et demi, avec des phases très dures. L'artillerie se déchaîne sur les forts, mais épargne la ville en souvenir de La Fayette qui y tint garnison en 1777. Le 19 novembre, jour anniversaire de l'entrée des Français en 1918, les Américains pénètrent dans Metz. Les derniers Allemands se rendent le 22, mais il faudra des semaines d'intense bombardement pour réduire les forts.

METZ PRATIQUE
Visites guidées
Des visites sont organisées tous les jours du lundi au samedi, à 15 h, par l'Office de tourisme.
D'avril à octobre a lieu tous les jours à 17 h un spectacle retraçant l'histoire de Metz, à l'église St-Pierre-aux-Nonnains.
Clé de la ville
Metz propose la formule « clé de la ville » qui permet de visiter les principales curiosités touristiques pour un prix forfaitaire. S'adresser à l'Office de tourisme.
Où sortir le soir ?
Place St-Jacques : belle terrasses comme la brasserie « Le Beverly » ou le bar « Le Village ».
Rue du Palais : la « Brasserie du Palais », le bar « Au Duc ».
Place de la Cathédrale : le bar « A la Lune » offrant une perspective sur la cathédrale éclairée.
Place de Chambre : en contrebas de la cathédrale, quelques restaurants sympathiques pour commencer la soirée.
Visite guidée nocturne : voir l'encadré « Metz, ville lumière ».

★★★ CATHÉDRALE ST-ÉTIENNE (CDV) ⏱ *visite : 1 h 1/2*

Elle est située dans la ville haute. Sur la place de la cathédrale, le palais épiscopal, du 18e s., inachevé, abrite aujourd'hui le marché. Elle donne également sur la **place d'Armes** *(voir p. 134)*.

Heurs et malheurs – Au 12e s., il existe en ce lieu deux églises distinctes : N.-D.-la-Ronde et St-Étienne. Séparées par une petite ruelle, elles sont orientées de façon différente. Leur reconstruction sous une voûte commune donnera la cathédrale.
Au 18e s., alors que le quartier de la cathédrale est touché par l'urbanisme classique français, on ajoute un portail en souvenir de la guérison de Louis XV. A la Révolution, la cathédrale, propriété de la nation, est « à louer ». Les statues des portails et la plupart des monuments intérieurs sont détruits.
Enfin, au 20e s., on remplace le portail Louis XV par un portail néo-gothique avec porche construit de 1900 à 1903 et orné extérieurement de statues de prophètes dont l'un, Daniel (le plus à droite), reproduisait les traits de l'empereur Guillaume II. En 1940, la moustache fut enlevée pour faire disparaître la ressemblance.

Extérieur – Bâtie en pierre jaune de Jaumont, comme bon nombre de bâtiments messins, la cathédrale de Metz s'impose par l'harmonie de ses élévations, encore que la surélévation de sa toiture, refaite en cuivre après l'incendie qui la ravagea en 1877, ait été préjudiciable à l'envol de ses tours.
Les façades latérales sont les plus remarquables. Pour bien voir celle de droite, il faut se placer sur le trottoir longeant l'hôtel de ville, de l'autre côté de la place, bien dégagée *(voir illustration dans «Éléments d'architecture»)*.

Tours – Deux tours symétriques flanquent l'église, celle du Chapitre, à gauche, celle de Mutte, à droite, commencées toutes deux au 13e s.
La **tour de Mutte** ⏱ doit son nom à la fameuse cloche messine «Dame Mutte». Cette cloche (10 943 kg), qui n'appartient pas à l'église mais à la ville, fut fondue en 1605. Son nom lui vient du mot «ameuter», c'est-à-dire convoquer. Elle sonnait pour tous les grands événements comme le mentionne l'inscription qu'elle porte et sonne encore aujourd'hui les douze coups de midi et chaque quart d'heure les jours d'élection.
Du haut de la tour *(300 marches)*, panorama sur la ville, la vallée de la Moselle et la centrale nucléaire de Cattenom.

Metz – La cathédrale

Portails – A gauche de la tour de Mutte, le portail de la Vierge et son porche sont une restitution d'un ensemble 13e s. disparu.

Les côtés du portail de N.-D.-la-Ronde (2e travée du flanc gauche) sont ornés de draperies sculptées d'inspiration champenoise et de petits bas-reliefs du 13e s. : à gauche, figures d'animaux fantastiques rappelant celles des Bestiaires du Moyen Âge et, à droite, scènes de la vie du roi David, de sainte Marguerite et de saint Étienne.

Intérieur – Ce qui frappe tout d'abord, c'est la hauteur de la nef (41,77 m) des 13e-14e s. Très aiguë, elle est rendue plus saisissante encore par l'abaissement des collatéraux. C'est, après le chœur de Beauvais et avec la nef d'Amiens, le plus haut vaisseau de France. Il est largement éclairé, ainsi que le chœur et les bas-côtés.

Une frise garnie de draperies et de feuillages, à l'imitation des décorations habituelles des jours de fête, court tout autour de l'édifice, entre le triforium et les fenêtres hautes aux dimensions impressionnantes.

Remarquer, à l'extrémité droite de la nef, le petit orgue (1) de chœur du 16e s., suspendu en nid d'hirondelle. Son emplacement inhabituel lui confère des performances acoustiques remarquables.

Les **verrières**★★★ forment un ensemble somptueux. D'une surface de plus de 6 500 m², elles ont fait surnommer la cathédrale : la «lanterne du Bon Dieu». Œuvres de maîtres verriers illustres ou anonymes, complétées ou renouvelées au cours des siècles, elles sont d'âges et de styles très variés : 13e, 14e (Hermann de

Munster), 16e (Théobald de Lyxheim, puis Valentin Bousch), 19e et 20e s. (Pierre Gaudin, Jacques Villon, Roger Bissière, Marc Chagall).

La façade est percée d'une magnifique rose de 11,50 m de diamètre (14e s.). Verrière de Hermann de Munster (14e s.), malheureusement amputée de sa partie inférieure par la construction du grand portail en 1766.

La chapelle Notre-Dame ou du Mont-Carmel (2e travée du bas-côté droit) n'est autre que le chœur de l'ancienne collégiale N.-D.-la-Ronde.

Dans la 1re travée du bas-côté gauche (**2**), on voit une cuve de porphyre provenant des anciens thermes romains, une statue de la Vierge à l'Enfant du 16e s. très vénérée des Messins sous le vocable de N.-D.-de-Bon-Secours et, au-dessus de la statue, un beau vitrail du 13e s.

Sous les deux tours (4e travée) les vitraux abstraits (**3**) des tympans ajourés sont l'œuvre de R. Bissière (1959).

Dans la 5e travée du bas-côté droit, la chapelle du Saint-Sacrement, ancienne chapelle des Évêques, du 15e s., présente d'intéressantes voûtes en étoile. On remarquera les vitraux de Villon datant de 1957.

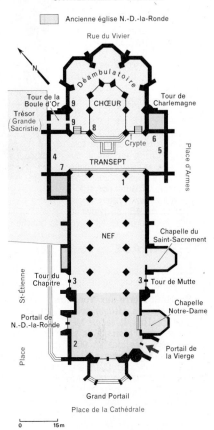

CATHÉDRALE ST-ÉTIENNE

☐ Ancienne église N.-D.-la-Ronde

Transept – Reconstruit à la fin du 15e et au début du 16e s., c'est la partie la plus ajourée de l'édifice. Il comporte entre autres deux immenses verrières hautes de 33,25 m et larges de 12,75 m : celle de gauche (début 16e s.) (**4**), ornée de trois roses, est due à Théobald de Lyxheim ; celle de droite (**5**), Renaissance, est du Strasbourgeois Valentin Bousch.

Ces 800 m² de vitraux dispensent une lumière magnifique.

Dans le mur Est du bras droit, verrières les plus anciennes de la cathédrale représentant six scènes de la vie de saint Paul (13e s.) (**6**).

Remarquer la voûte en étoile de la partie médiane du transept.

Dans le bras gauche, côté Ouest, vitrail de Chagall : « Scènes du Paradis terrestre » (1963) (**7**).

Sur le triforium, 16 lancettes du même artiste (1968) forment une double fresque évoquant fleurs ou oiseaux édéniques.

Chœur – Il a été rebâti au début du 16e s. Très surélevé, il est éclairé par de splendides vitraux du 16e s., de V. Bousch.

A gauche, le trône épiscopal de saint Clément (**8**), en marbre cipolin, taillé dans un fût de colonne, remonte à l'époque mérovingienne.

Dans le déambulatoire deux vitraux de Chagall (**9**) surmontent les portes de la sacristie et de la tour de la Boule d'or, à gauche. Le peintre les a exécutés en 1960, les illustrant de scènes empruntées à l'Ancien Testament (le songe de Jacob ; le sacrifice d'Abraham ; Moïse ; David).

Crypte ⊘ – Elle a été aménagée au 15e s. pour servir de soubassement au nouveau chœur. Plutôt qu'une crypte, c'est une église basse conservant dans sa partie centrale des éléments de la crypte romane du 10e s. On y a remonté le tympan mutilé du portail de la Vierge, du 13e s., et elle abrite un certain nombre d'objets de fouilles et de culte, de sculptures et de reliquaires distraits du trésor.

Remarquer surtout une **Mise au tombeau** du 16e s. provenant de l'église de Xivry-Circourt et, suspendu à une voûte, le fameux « Graoully », le dragon légendaire terrassé par saint Clément, que l'on promenait jusqu'en 1785, lors des processions des Rogations et de la Saint-Marc, à travers la ville (Rabelais, qui habita Metz, en fait mention dans son « Pantagruel »).

Trésor ⊙ – Ce qu'il reste du trésor, très riche jusqu'à la Révolution, est conservé dans la sacristie du 18ᵉ s., aux boiseries Louis XV.

On admire entre autres : l'anneau épiscopal en or de saint Arnoult (art chrétien primitif) ; un reliquaire en émail de Limoges du 12ᵉ s. ; des crosses d'évêques en ivoire des 12ᵉ et 13ᵉ s. ; la mule du pape Pie VI ; de précieux objets cultuels, tels qu'un Christ en ivoire du 17ᵉ s., une Vierge en argent du 19ᵉ s., un ciboire orné d'émaux, un autel portatif.

Le « Gueulard », tête en bois sculpté du 15ᵉ s., provient

Metz – Vitrail de Chagall dans la cathédrale

des grandes orgues et ouvrait la bouche quand elles jouaient la note la plus grave.

★ESPLANADE (CV) *visite : 1/2 h*

L'esplanade est une fort belle promenade : de la terrasse, jolie vue sur le mont St-Quentin couronné de son fort et sur un bras de la Moselle.

★**Église St-Pierre-aux-Nonnains** (CX E) ⊙ – C'est sous le règne de Constantin, vers 310, que les Médiomatriques bâtirent à cet emplacement une **basilique civile** ou palestre. Lors du sac de Metz par Attila, en 451, l'édifice fut partiellement endommagé, mais l'essentiel de ses murs, construits d'un solide appareil de petits moellons renforcés tous les 90 cm par un double chaînage de briques rouges, put être réutilisé et transformé en chapelle vers 610-620. Les moniales que, selon la tradition, le duc Éleuthère établit alors en ce lieu suivaient la règle de saint Colomban *(voir à Luxeuil-les-Bains)*. Les fragments superbes du **chancel** qui vint orner l'édifice à cette époque, précieux exemples de sculpture mérovingienne, sont conservés au musée (la Cour d'Or, musées – *voir p. 131*). Vers 990, l'abbaye qui suivait désormais la règle bénédictine fut réorganisée et la vaste chapelle partagée en trois nefs par des arcades en plein cintre. A la période gothique, les nefs furent voûtées d'ogives et un élégant cloître (15ᵉ s.) dont une aile a subsisté vint compléter les bâtiments conventuels.

L'antique basilique souffrit beaucoup de l'artillerie de Charles Quint, lors du siège de 1552, pour être finalement désaffectée et enserrée dans la nouvelle citadelle. La chapelle, dénaturée, servit de station de pigeons voyageurs lors du siège de 1870. Les **fouilles** entreprises au 20ᵉ s. ont permis de retrouver le sol romain et de reconstituer en bonne partie l'histoire du vénérable édifice qui passe pour être la plus vieille église de France. Grâce à d'importantes restaurations, le volume de la nef du 10ᵉ s. et la charpente qui la recouvrait ont été restitués.

Un **spectacle « Metz, lumières d'histoire »** ⊙ anime à certaines heures l'église, évoquant des épisodes marquants de l'histoire de l'abbaye de St-Pierre-aux-Nonnains et de la cité de Metz.

Chapelle des Templiers (CX F) ⊙ – Les Templiers, qui possédaient depuis 1133 une commanderie à Metz, l'édifièrent au début du 13ᵉ s.

C'est un octogone dont chaque pan, sauf un, est percé d'une petite fenêtre en plein cintre. La huitième face est ouverte sur un chœur carré que prolonge une abside. Les édifices de ce genre sont rares et cette chapelle est unique en Lorraine. Les peintures en sont modernes à l'exception de celle qui décore une niche, à droite (14ᵉ s.).

L'arsenal (CX) ⊙ – C'est au cœur de la vieille citadelle, réutilisant partiellement les murs de l'arsenal du 19ᵉ s., qu'a vu le jour ce centre ultra-moderne dédié à la musique et à la danse.

La grande salle à scène centrale, conçue par l'architecte Ricardo Bofill, est destinée à accueillir les spectacles les plus variés. Sa forme si particulière, son acoustique très élaborée reprennent les solutions techniques qui ont fait la qualité et assuré la célébrité de la salle du Musikverein de Vienne. Environnés de marqueteries de bois aux tons chauds, les 1 500 spectateurs se retrouvent comme au sein d'un gigantesque instrument de musique.

Palais de Justice (CV J) – Bâti au 18ᵉ s., cet édifice succède à l'hôtel du Gouvernement, qui remplaçait lui-même l'hôtel de la Haute-Pierre, appartenant au duc de Suffolk, le favori de la reine Marie d'Angleterre.

Deux guérites, de chaque côté de l'entrée, rappellent l'origine militaire du bâtiment. On voit, dans la cour intérieure, deux bas-reliefs : l'un, à gauche, représente le duc de Guise secourant les soldats du duc d'Albe après la levée du siège de 1552 ; l'autre, à droite, glorifie la paix de 1783 conclue entre l'Angleterre, la France, les États-Unis et la Hollande.
Le grand escalier est orné de belles rampes de fer forgé.

Metz, « ville lumière »

Ville verte, ville fleurie, Metz est devenue « ville lumière ». Elle a reçu le grand prix national « lumières dans la ville », suite au concours organisé par l'Académie des Arts de la Rue.
Dès les années 1960, la ville commence à mener une politique d'illumination pour mettre en valeur ses richesses : nymphe de l'Esplanade, tour Camoufle... En 1978, les façades de la place St-Louis sont éclairées par 24 projecteurs, puis c'est le tour de la place St-Thiébault, de l'hôtel de ville... Dans les années 80, de nombreux monuments, tels des signaux dans la nuit, sont illuminés (Palais de justice, musée, église St-Pierre-aux-Nonnains). En 1990, un plan général de mise en lumière de la ville est adopté : les églises en 1991-92, les ponts 1993-94. La cathédrale, éclairée par 400 projecteurs, devient symbole de lumière.
L'illumination des rues, des places, des monuments, autant de repères dans la nuit, invitant à une promenade nocturne (dépliant disponible à l'Office de tourisme).
Des circuits nocturnes commentés, soit à pied (1/2 h ou 1 h), soit en autocar (1 h), ont lieu tous les samedis à 22 h pendant la saison estivale.

★★ LA COUR D'OR, MUSÉES (DVM[1]) ⊙ visite : environ 2 h

Le musée occupe les bâtiments de l'ancien couvent (17e s.) des Petits Carmes, du Grenier de Chèvremont (15e s.) et plusieurs salles qui relient ou prolongent cet ensemble monumental. Dans les sous-sols sont conservés « in situ » des vestiges de thermes antiques.
Agrandi en 1980, il a fait l'objet d'une savante muséographie qui fait de la visite une inoubliable promenade dans le passé.

★★★ **Section archéologique** – Les œuvres exposées, pour la plupart découvertes à l'occasion de fouilles pratiquées à Metz et dans la région, témoignent de l'importance de la ville, gauloise par son origine, grand carrefour de routes à l'époque gallo-romaine, foyer de renouveau culturel sous les Carolingiens.
La vie sociale à l'**époque gallo-romaine** est évoquée par les vestiges des grands thermes du Nord, ceux du rempart de la ville et du grand collecteur de l'égout, par des objets de la vie quotidienne (repas, vêtements, parure, commerce) ainsi que par des sculptures : statuettes de divinités, Victoire ailée du 2e s., monuments funéraires.
De même, la vie religieuse avant l'expansion du christianisme est illustrée par la haute colonne de Merten surmontée d'un Jupiter terrassant un monstre et le grand retable sculpté (Mithraeum) où le dieu Mithra immole un taureau.
Différentes vitrines permettent de se familiariser avec les techniques du travail du fer, du bronze, de la céramique et du verre.
Metz, en tant que capitale de l'Austrasie à l'**époque mérovingienne**, occupe une place importante : tombes présentées en silo, sarcophages et pierres tombales à emblèmes chrétiens, objets précieux (bijoux) ou de la vie quotidienne (vaisselle), techniques du métal (damasquinure).
Dans les salles consacrées à l'**archéologie paléochrétienne** se détache un ensemble important du haut Moyen Âge articulé autour du chancel de St-Pierre-aux-Nonnains. Cette balustrade liturgique en pierre est composée de 34 panneaux sculptés offrant une décoration admirable et diverse. Remarquer plus particulièrement le panneau où est évoqué le Christ procédant à la consécration du pain et du vin.

Architecture et cadre de vie – Par leur représentation ordonnée autour d'une pièce majeure, les œuvres évoquent le cadre de la vie quotidienne, l'art de bâtir et le goût de décorer jusqu'à l'époque de la Renaissance. On peut voir des restitutions partielles comme le portail de Ste-Marie-de-la-Citadelle qui présente un fragment de son linteau de rosaces et de modillons moulurés ou des façades reconstituées comme celle d'une maison avec ses quatre bustes.
Les maisons messines traditionnelles du Moyen Âge et de la Renaissance ont leurs toitures masquées par les murs de façade, leurs gargouilles et leurs originaux chéneaux de pierre.

Le **Grenier de Chèvremont** ★ est un édifice de 1457 fort bien conservé dans lequel s'engrangeait le produit de la dîme prélevée sur les céréales. Il frappe par sa monumentale façade percée de fenêtres, son couronnement crénelé, ses robustes arcades de pierre qui portent la poutraison de chêne, son sol de gros pavés.

Au rez-de-chaussée, il abrite de belles œuvres d'art religieux régional : Pietà, Vierge couchée, Crucifixion, statues de saint Roch et de saint Blaise du 15ᵉ s., retable de sainte Agathe.

A proximité : ateliers de techniques artisanales.

La Cour d'or. Musées de Metz

Metz – Le grenier de Chèvremont

D'étonnants plafonds du début du 13ᵉ s., découverts dans l'hôtel de Voué et peints à la détrempe sur panneaux de chêne, ornent deux salles voisines ; ils présentent un bestiaire fantastique ou fabuleux.

On observera enfin un bel escalier baroque, un important plafond à décor héraldique du 15ᵉ s. et des peintures murales Renaissance découvertes en 1982.

Beaux-Arts – *1ᵉʳ et 2ᵉ étage.* Intéressants tableaux des écoles française (François de Nomé, Delacroix, Corot, Gustave Moreau), allemande (*Adoration des Mages* par H. Schuchlin – 15ᵉ s.), flamande (Van Dyck) et italienne.

La galerie d'art moderne rassemble des œuvres de Bazaine, Alechinsky, Estève, Dufy, Soulages, Manessier.

Collection militaire – Rassemblée par Jacques Onfroy de Bréville (JOB), illustrateur de livres scolaires et d'histoire, elle présente des armes, uniformes et accessoires, de Napoléon Iᵉʳ à la guerre de 1914.

MÉTROPOLE RELIGIEUSE

★★★ **Cathédrale St-Étienne** (**CV**) – *Page 127.*

★ **Église St-Pierre-aux-Nonnains** (**CX E**) – *Page 130.*

Chapelle des Templiers (**CX F**) – *Page 130.*

★ **Église St-Maximin** (**DX**) – Bossuet prononça à St-Maximin sa seconde oraison funèbre à la mémoire de Henry de Gournay, maître échevin de Metz.

A l'intérieur, le beau chœur à pans, qui date de la fin du 12ᵉ s. comme le carré du transept et le clocher, est orné de **vitraux** de Jean Cocteau. Remarquer aussi la chapelle des Gournay, des 14ᵉ-15ᵉ s., communiquant avec le bras droit du transept par deux arcs en anse de panier ; à l'entrée, sur le pilier central, belle tête de Christ sculptée.

Église St-Martin (**DX**) – Son soubassement est constitué par un mur gallo-romain, visible des deux côtés de l'entrée, reste de la première enceinte fortifiée de la ville. La principale beauté de cette église du 13ᵉ s. réside dans l'originalité de son **narthex** ★ très bas : ses trois parties voûtées d'ogives que soutiennent quatre piliers romans cantonnés de colonnettes s'ouvrent sur une nef très élancée. Le transept et le chœur datent du 15ᵉ s. On y voit des vitraux des 15ᵉ, 16ᵉ et 19ᵉ s., un buffet d'orgues Louis XV et des pierres tombales des 15ᵉ, 16ᵉ et 18ᵉ s.

Église Notre-Dame-de-l'Assomption (**DV N**) – C'est dans cette église des jésuites érigée à partir de 1665, mais dont la façade au vaste fronton sculpté fut ajoutée au 18ᵉ s., qu'un prédicateur imagina de parer Louis XV, convalescent, du titre de « Bien-Aimé ».

L'intérieur, décoré au 19ᵉ s., est richement lambrissé. Les confessionnaux, de style Pompadour, viennent de Trèves, ainsi que l'orgue baroque construit par Jean Nollet.

Église St-Eucaire (**DV S**) – Son beau clocher carré date du 12ᵉ s., sa façade du 13ᵉ s.

METZ

D	Ancien couvent des Récollets	H	Hôtel de Ville	N	Église Notre-Dame-de
E	St-Pierre-aux-Nonnains	J	Palais de Justice		l'Assomption
F	Chapelle des Templiers	M¹	La Cour d'or, musées	S	Église St-Eucaire

Le carré du transept, d'époque romane, a été remanié aux 14ᵉ et 15ᵉ s. La petite nef du 14ᵉ s., assise sur d'énormes piliers, paraît disproportionnée. Les bas-côtés aux arcades basses s'ouvrent sur de curieuses chapelles du 15ᵉ s., voûtées d'ogives retombant sur des culs-de-lampe sculptés. Des ruptures de symétrie donnent à l'ensemble un aspect original.

Ancien couvent des Récollets (**DV D**) ⊘ – Il abrite aujourd'hui le Centre européen d'écologie. Son cloître du 15ᵉ s. a été restauré.

Église St-Vincent (**CV**) ⊘ – Son chœur gothique, flanqué de deux élégants clochers, contraste avec sa façade, reconstruite au 18ᵉ s., qui imite celle de l'église St-Gervais de Paris.

Église Ste-Thérèse-de-l'Enfant-Jésus (**CX**) – *Accès par l'avenue Leclerc-de-Haute-clocque*. Ouverte en 1954, cette grande église, flanquée d'un mât de 70 m, appelé le «baton du pèlerin», est remarquable par l'élan majestueux de sa nef. Elle possède de beaux vitraux de Nicolas Untersteller.

AUTRES CURIOSITÉS

★Porte des Allemands (**DV**) – Vestige de l'ancienne enceinte dont le tracé suivait la Moselle et les avenues à double chaussée contournant aujourd'hui Metz au Sud et à l'Est, elle pose, à cheval sur la Seille, sa silhouette massive de château fort. Son nom vient d'un ordre teutonique de frères hospitaliers, établi dans son voisinage au 13ᵉ s.

C'est un ensemble de deux portes : la première, du 13ᵉ s., située du côté de la ville, est flanquée de deux tours arrondies coiffées d'un toit d'ardoise en poivrière. Du côté de la campagne, la seconde et ses deux grosses tours crénelées sont du milieu du 15ᵉ s. Une galerie à arcades (15ᵉ s.) réunit les quatre tours. Des remaniements ont eu lieu au 19ᵉ s.

Au Nord, autres restes de l'enceinte et base d'une tour ronde, la tour aux Sorcières, du 16ᵉ s.

★Place St-Louis (**DVX**). – C'est, au centre d'un quartier de la vieille ville, un long rectangle irrégulier bordé, sur un côté, de maisons à contreforts et arcades, des 14ᵉ, 15ᵉ et 16ᵉ s., qui abritaient jadis les boutiques des changeurs.

Au fond de la place, à droite, remarquer, au coin de la rue de la Tête-d'Or, les trois petites têtes romaines, dorées, qui ressortent sur le mur. Elles sont à l'origine du nom de la rue.

★Vue du Moyen Pont (**CV**) – Charmante perspective sur les bras de la Moselle, les îles, le temple protestant de style néo-roman (1901) et les deux petits ponts se reflétant dans l'eau.

A l'arrière-plan, face à la fontaine, théâtre (**T**) du 18ᵉ s. ; plus loin encore, préfecture (**P**), également du 18ᵉ s. (ancien hôtel de l'Intendance des Trois-Évêchés).

Place d'Armes (**DV 5**) – Elle fut tracée au 18ᵉ s. par l'architecte Blondel, à l'emplacement de l'ancien « cloître ». Tous les pouvoirs y étaient concentrés avant la Révolution. Face au flanc droit de la cathédrale s'élève l'hôtel de ville (**H**) dont la sobre façade Louis XVI est ornée de deux frontons. Les deux autres côtés sont occupés par l'hôtel du district, ancien corps de garde au fronton orné de trophées, et par le Parlement transformé en habitation.

Au centre de la place se dresse la statue du maréchal **Fabert** (1599-1662), fils d'un riche bourgeois messin.

Gare centrale (**DX**) – Édifice néo-roman construit par les Allemands en 1908 : exemple souvent cité de style « kolossal ».

ENVIRONS

★Walibi Schtroumpf ⊘ – *15 km au Nord. Accès en train depuis Metz par la ligne Nancy-Luxembourg, arrêt Walibi Schtroumpf. En voiture quitter Metz par l'autoroute vers Paris jusqu'à la sortie Semécourt, puis suivre les fléchages sur 2 km jusqu'au parking du parc.*

Ce vaste parc de loisirs invite petits et grands à un voyage en compagnie du sympathique kangourou Walibi et des Schtroumpfs, petits hommes bleus, célèbres personnages de la bande dessinée de Peyo.

De nombreuses boutiques et des points de restauration, offrant une large gamme de choix, sont proposés afin de pouvoir passer la journée entière sur place.

Les amateurs de sensations s'en donneront à cœur joie avec le Réaktor, grande roue avec loopings, l'**Odisséa**, bouée ballottée au milieu des rapides, le Waligator qui fait franchir une chute de 12 m, dans une immense gerbe d'eau, l'Aquachute, toboggan aquatique géant. Les plus audacieux seront séduits par les vertigineuses « montagnes russes » : le Comet Space, alliant looping géant et deux vrilles, ou l'**Anaconda**, le plus long et le plus haut coaster d'Europe en bois.

Walibi Schtroumpf : montagne russe

Parc Lorrain S.A.

Mini-jeeps (Convoy-Race), auto-tamponneuses (Meteore), carrousel musical (Maestro), marais d'Arkel et ses grenouilles géantes amuseront les enfants.

Deux grandes salles proposant des spectacles variés, deux théâtres de plein air, des aires de jeux électroniques et des expositions-animations complètent la gamme des divertissements.

> ### Parlez-vous le schtroumpf ?
>
> **Skyschstroumpf** : monorail survolant ce parc verdoyant et fleuri.
>
> **Aquaschlumpf** : tronc d'arbre voguant sur un torrent.
>
> **Makaschtroumpf** : service-café qui réunit la famille.
>
> **Tchouschtroumpf** : petit train traversant le village des Schtroumpfs.

Scy-Chazelles – *4 km à l'Ouest par D 157ᴬ* (**CX**) *puis à droite.*
Dans le village, on visite la **maison** ⊙ **de Robert Schuman** (1886-1963) située près de l'église fortifiée (12ᵉ s.) où ce dernier a été inhumé. De cette stricte bâtisse lorraine, au cadre rustique, se dégage une atmosphère de calme et de sérénité dans laquelle cet homme généreux et modeste aimait à méditer. Sa bibliothèque, ses diplômes et ses décorations sont autant de souvenirs du « Père de l'Europe », mort ici à 77 ans, après une longue carrière politique.
Dans le parc, au-delà de la terrasse, sculpture de Le Chevallier : « La Flamme européenne ».

Château de Pange ⊙ – *10 km à l'Est par les D 999, D 70 et D 6.*
Bâtie de 1720 à 1756 sur les bords d'un modeste affluent de la Moselle, la Nied française, la demeure a gardé de cette époque une sobre façade classique. Située aux confins du duché de Lorraine, en regard de la république messine, elle succédait à une ancienne forteresse.
La salle à manger d'époque Louis XV a conservé de belles boiseries vertes et un poêle lorrain d'un modèle primitif.

Vallée de la Canner en chemin de fer ⊙ – *Départ de Vigy, 15 km au Nord-Est par D 2 puis D 52.*
De Vigy à Hombourg *(12 km)*, un petit train touristique à locomotive à vapeur longe la sauvage vallée de la Canner, au cœur des moutonnements boisés du plateau lorrain.

Groupe fortifié l'Aisne ⊙ – *14 km au Sud par la D 913.* L'ancienne « Feste » (groupe fortifié) Wagner, bâtie par les Allemands de 1904 à 1910, faisait partie de la ceinture extérieure de défense de Metz. Rebaptisée l'Aisne après 1918, elle ne fut pas, contrairement à la « Feste » de Guentrange, incorporée à la Ligne Maginot *(voir à ce nom)* ; pendant la Seconde Guerre mondiale son rôle se réduisit au stockage de têtes de torpilles sous-marines.

Le groupe fortifié, par opposition au fort masse qu'il supplante à la fin du 19ᵉ s., est une construction complexe, regroupant plusieurs ouvrages reliés entre eux par un réseau souterrain de voies de communication, préfiguration des « forts palmés » définis par André Maginot. Le groupe l'Aisne comprend ainsi quatre blocs d'infanterie abritant jusqu'à trois niveaux de casernements souterrains, trois batteries d'artillerie équipées de tourelles pivotantes pour canons ou obusiers de gros calibre, et une quinzaine d'observatoires cuirassés.

Sillegny – *20 km au Sud de Metz par la D 5.*
Ce village, situé dans la vallée de la Seille, possède une petite **église** du 15ᵉ s. D'apparence modeste, elle est entièrement recouverte à l'intérieur de **peintures murales★** datant de 1540. Observer la richesse des coloris et la multitude des détails naïfs ou savoureux de certaines d'entre elles représentent les apôtres, les évangélistes, l'arbre de Jessé *(à gauche dans le chœur)*, le Jugement dernier, grande composition au-dessus de la porte d'entrée, et l'immense Saint Christophe haut de 5 m.

Gorze – *18 km au Sud-Ouest par la N 57. Voir à ce nom.*
‡‡**Amnéville** – *21 km au Nord par la D 953. Voir à ce nom.*

Gourmets...

Le chapitre en introduction de ce guide vous documente sur les spécialités gastronomiques les plus appréciées et les vins les plus réputés du pays.

Et chaque année, le **guide Rouge Michelin France** *vous propose un choix de bonnes tables.*

Côtes de MEUSE★

Cartes Michelin n°s 57 plis 11, 12 ou 242 plis 23, 27

De Verdun à St-Mihiel s'élève à l'Est de la Meuse un relief de côtes *(voir p. 19)* caractéristique. Le revers est occupé par la forêt, tandis qu'au pied de la côte se pressent les villages au nom significatif de «sous-les-côtes». La dépression – la Woëvre – est formée de terrains argileux, parsemés d'étangs et de prairies.
L'itinéraire proposé permet de visiter un des champs de bataille de la guerre de 1914-1918 où les combats furent particulièrement acharnés.

DE VERDUN À ST-MIHIEL *83 km – environ 2 h 1/2*

★★**Verdun** – *Voir à ce nom.*

Sortir par ③ du plan, D 903.

Peu après Verdun, jolie vue à droite sur la vallée de la Meuse. La route domine d'amples vallonnements boisés.

A 7 km de l'embranchement D 903-D 964, prendre à droite la DST3¹, signalée Les Éparges, Hattonchâtel, puis à droite la D 154.

Les Éparges – Cet éperon, long de 1 400 m, domine à 362 m la plaine de la Woëvre. Véritable montagne de boue, il constituait un observatoire remarquable. «Qui a les Éparges tient toutes les routes sous son feu.» Les Allemands s'en emparèrent dès le 21 décembre 1914 et le transformèrent en forteresse. La lutte prit alors le caractère d'une guerre de mines, et les corps à corps, presque quotidiens, se poursuivirent pendant de longs mois. Le 10 avril 1915, la crête fut définitivement reprise par les Français.
L'académicien Maurice Genevoix, alors jeune officier, a évoqué ensuite de façon poignante «les abominations des Éparges, cette traversée d'enfer qui avait duré deux mois... en ce printemps de 1915». Faisant allusion à ses graves blessures de guerre, il précise : «Je ne suis pas tombé cette fois-là, sur l'insatiable colline; ni en avril, dans les dernières mêlées qui nous ont enfin rendus maîtres au prix de dix mille jeunes morts. Autant de morts chez les Allemands, vingt mille en tout sur une ligne de front qui n'excédait pas douze cents mètres. A mon seul régiment, depuis l'attaque du 17 février, les pertes additionnées dépassaient l'effectif total...»

A l'entrée des Éparges, prendre à gauche la direction Site des Éparges.

Site des Éparges – Des sentiers balisés proposent, à partir du Cimetière national du Trottoir, des itinéraires pédestres conduisant aux différents lieux du souvenir. Dépassant le Cimetière national, la route grimpe en lacet à travers un épais couvert de conifères. Bientôt, sur la gauche, s'élève un monument «A la gloire du Génie», érigé en 1963. On arrive à l'extrémité («Point X») de la Crête des Éparges, dans la «zone rouge» où le sol, complètement bouleversé par les combats de mines, laisse encore voir de nombreux entonnoirs de plusieurs dizaines de mètres de diamètre.
Du monument élevé au Point X *(table d'orientation)*, vue étendue sur la Woëvre et les villages «sous-les-côtes».

Faire demi-tour et gagner la D 908 par St-Rémy-la-Calonne et Combres-sous-les-Côtes. Dans la traversée de St-Maurice-sous-les-Côtes, prendre la D 101 à droite puis le chemin stratégique à gauche, assez étroit, pour gagner Hattonchâtel.

★**Hattonchâtel** – Ce village, construit sur un promontoire des Hauts de Meuse et jadis fortifié, tire son nom d'un château construit au 9e s. par Hatton, 29e évêque de Verdun. Les chanoines de la collégiale rebâtirent l'**église** ⊙ et édifièrent la chapelle et le cloître (1328-1360).
Par la cour du cloître, gagner la chapelle où se trouve, au fond à droite, un magnifique **retable** d'autel en pierre polychrome datant de 1523 et attribué à Ligier Richier. Trois scènes séparées par des pilastres Renaissance représentent : à gauche, le Portement de croix et sainte Véronique; au centre, la Crucifixion et la Pâmoison de la Vierge; à droite, l'Ensevelissement du Christ. Dans l'église, au maître-autel : retable du 14e s.; sur le tabernacle de l'autel de droite : belle statue de la Vierge (16e s.); vitraux modernes de Gruber.
La mairie, plaisante construction néo-romane, abrite depuis 1975 le **musée Louise-Cottin** ⊙. De la centaine de toiles présentées dans les deux salles du musée se dégage une impression de grande sérénité et de lumière. Prix de Rome en 1934, l'artiste (1907-1974) excelle dans les portraits, les natures mortes et les scènes de genre.
Au bout du promontoire, l'ancien **château** ⊙, démantelé en 1634 sur l'ordre de Richelieu, a été restauré (1924-1928) dans le style du 15e s. : vues étendues sur la Woëvre et jusqu'à Nancy.

Gagner Vigneulles-lès-Hattonchâtel, prendre la D 176 vers Nonsard où se trouve l'entrée principale de la base de loisirs.

Lac de Madine – Ce vaste lac d'une superficie de 1 100 ha et le site alentour ont été aménagés en base de loisirs : possibilité de pratiquer de nombreuses activités nautiques (port de plaisance, baignade, école de voile, pédalos...) et sportives (tennis, golf, équitation...) ou tout simplement de se détendre dans un agréable cadre de verdure en famille ou entre amis (restauration, hébergement, camping). Une promenade de 20 km à pied ou à vélo a été aménagée autour du lac.

Le **parc ornithologique** héberge plus de 150 espèces d'oiseaux vivant en semi-liberté (tinamous huppés, pélicans, bernaches), dans les enclos (grues, pintades, paons) ou dans les volières (perroquets, ibis, colibris).

Revenir sur ses pas et prendre à gauche la D 133, puis la D 908 à gauche jusqu'à Woinville, et encore à gauche la D 119 vers Montsec.

★★Butte de Montsec – Au sommet d'une colline isolée (alt. 275 m), les Américains ont élevé un **monument★** pour commémorer l'offensive du 12 au 16 septembre 1918 qui permit à la 1re Armée américaine de réduire le saillant de St-Mihiel et de faire 15 000 prisonniers. Ce mémorial, auquel on accède par un escalier monumental, est formé de colonnes surmontées d'une rotonde dont le couronnement porte les noms des unités ayant combattu dans ce secteur. Un plan-relief en bronze de toute la région et des flèches d'orientation permettent de reconstituer les diverses phases de l'offensive. De ce monument, on découvre un **panorama★★** très étendu : à l'Ouest sur la Woëvre et les côtes de Meuse ; au Nord-Est sur le lac de Madine, retenue de Nonsard-Pannes.

Faire demi-tour. Reprendre la D 119 jusqu'à St-Mihiel.

★St-Mihiel – *Voir à ce nom.*

L'estimation de temps indiquée pour un itinéraire de visite correspond au temps global nécessaire pour bien apprécier le paysage et effectuer les visites recommandées.

Vallée de la MEUSE

Cartes Michelin n°s 57 plis 1, 11, 12, 56 pli 10 et 62 pli 3
ou 241 plis 15, 19, 23, 27, 31

Née dans le Bassigny, non loin de Bourbonne-les-Bains, la Meuse, pacifique rivière, fait presque figure de grand fleuve aux approches de Sedan. Pourtant elle a été appauvrie par la perte de son affluent, la Moselle, aujourd'hui réunie à la Meurthe. On peut voir près de Pagny-sur-Meuse le « Val de l'Ane », ancien lit de la rivière, et à Toul le coude brusque du nouveau cours. Ce détournement est dû à une capture de la Moselle par un affluent de la Meurthe dont le lit, plus bas, a attiré les eaux.

L'aspect de son cours varie très souvent, selon que la Meuse coule au pied des côtes – les Hauts de Meuse – ou en arrière de celles-ci, dans une large plaine alluviale (comme après Dun-sur-Meuse), ou en méandres lorsqu'elle aborde le massif ardennais.

DE COMMERCY À VERDUN 55 km – environ 2 h

Commercy – *Voir à ce nom.*

Au départ de Commercy, la D 964 suit la rive gauche de la Meuse qui serpente dans un vaste paysage de prairies. Après Sampigny, elle coupe un méandre pour suivre la rive droite et passe au pied de la pointe avancée du « saillant de St-Mihiel » *(détails p. 208).*

★St-Mihiel – *Voir à ce nom.*

A droite, on aperçoit le fort ruiné de Troyon, vaillamment défendu en septembre 1914 : monument.

Génicourt-sur-Meuse – L'**église** est de style flamboyant. Remarquer à l'intérieur de beaux vitraux de l'école de Metz, du 16e s., ainsi qu'un maître-autel surmonté d'un retable de la Passion et, à sa droite, un autre autel daté lui aussi de 1530. Les intéressantes statues de bois du Calvaire sont attribuées à Ligier Richier. Des fresques du 16e s. ont été mises au jour en juin 1981.

A Dieue-sur-Meuse, on traverse le canal de l'Est et la Meuse pour passer sur la rive gauche où l'on prend la D 34 à droite.

Dugny-sur-Meuse – Ce bourg possède une belle **église** ⊘ romane du 12e s. aujourd'hui désaffectée : c'est un édifice de dimensions modestes, surmonté d'un clocher constitué par une grosse tour carrée ornée, au premier étage, d'une suite d'arcatures en plein cintre sur colonnettes ; il est coiffé d'un hourd de bois. A l'intérieur, gros piliers carrés ; la nef est voûtée en charpente, signe des influences rhénanes, la Lorraine étant, vers 1125-1150, soumise au Saint-Empire.

★★Verdun – *Voir à ce nom.*

DE VERDUN À STENAY *53 km – environ 1 h 1/2*

La route suit la vallée qui s'épanouit, entre l'Argonne à l'Ouest et les Côtes de Meuse à l'Est.

★★**Verdun** – *Voir à ce nom.*

Après Sivry la route s'élève sur les hauteurs de la rive droite et descend vers Liny-devant-Dun et Dun-sur-Meuse.

Dun-sur-Meuse – A l'endroit où la Meuse se dégage du plateau lorrain, la partie la plus ancienne de cette petite ville occupe un site pittoresque sur une butte. Elle a subi de nombreuses destructions lors de sa libération par les Américains en novembre 1918. De l'esplanade devant l'église édifiée au 16ᵉ s., on a une vue étendue sur la vallée de la Meuse.

Franchissant ensuite le canal et la rivière, on gagne Mont-devant-Sassey adossée à un coteau au flanc duquel s'élève une église du 12ᵉ s., restaurée.

Mont-devant-Sassey – Le village de Mont-devant-Sassey est bâti au pied d'un coteau de la rive gauche de la Meuse. Au flanc de ce coteau s'élève une **église** ⊙ intéressante. Commencée au 11ᵉ s., elle subit de nombreuses modifications. Au cours des guerres du 17ᵉ s., des bandes armées la transformèrent en forteresse.

C'est un édifice de plan rhénan, avec des tours carrées sur le transept. Le chevet, posé sur une vieille crypte, est très élevé. Un porche gothique, s'ouvrant par une porte classique et décoré de naïves statues, précède le portail, ensemble monumental du 13ᵉ s. Consacré à la Vierge qui symbolise ici l'Église Universelle, il reproduit l'ordonnance des portails des grandes cathédrales gothiques : un trumeau mutilé supporte un tympan à 3 registres, encadré de 4 voussures garnies de personnages sculptés.

La Meuse est de nouveau franchie à Stenay où l'on rejoint la D 964.

Stenay – Sur la rive droite de la Meuse et sur le canal de l'Est, cette ancienne place forte est un petit centre industriel, avec papeterie et fonderie d'acier. Ses fortifications furent remaniées par Vauban à la demande de Louis XIV qui, quelques années plus tard, en 1689, ordonna le démantèlement de la place. Au cours de la guerre 1914-1918, le Kronprinz y installa pendant 18 mois son quartier général.

Intéressant et très vaste, le **musée européen de la Bière** ⊙ est installé dans l'ancien magasin aux vivres de la citadelle du 16ᵉ s., transformé en malterie au 19ᵉ s. Par des panneaux, cartes, maquettes, objets, outils, le visiteur est initié à l'histoire et à la technique du brassage de la bière depuis l'Antiquité. Le profane y découvre comment, à partir de matières premières fort simples, eau de source, orge transformée en malt, et houblon pour conférer cette amertume si particulière à la bière, le brasseur obtient ce breuvage.

En lisière de la ville, l'hôtel du gouverneur de la citadelle, remontant au 16ᵉ s., abrite le **musée du pays de Stenay** ⊙ (collections d'archéologie, d'arts et traditions populaires).

Stenay – Musée de la Bière

Musées des MINES DE FER DE LORRAINE

Cartes Michelin n°s 57 pli 3, 241 plis 16 et 20 ou 242 plis 5

Le gisement de fer lorrain, logé dans les assises de la Côte de Moselle, s'étire sur 120 km de la Forêt de Haye au Luxembourg. En un peu plus d'un siècle, indispensable pourvoyeur de l'industrie sidérurgique, il a livré 3 milliards de tonnes de « minette », minerai à teneur en fer relativement faible (environ 33 %), atteignant son record de production en 1962 avec 62 millions de tonnes. Ensuite le glissement des usines métallurgiques vers le « bord de l'eau », la concurrence des minerais riches importés et le tassement des débouchés traditionnels de l'acier ont provoqué le déclin de l'exploitation. Une à une, les mines ont fermé ; l'abandon de celle de Roncourt en août 1993 a mis fin à l'activité du bassin ferrifère, si on excepte le site de Bure-Tressange *(4 km à l'Est d'Aumetz)* qui expédie par voie souterraine son minerai au Luxembourg.

Si pour les Mines de Fer de Lorraine la page paraît définitivement tournée, la rude épopée des « gueules jaunes » continue d'imprégner l'identité de toute une région.

Les musées d'Aumetz et Neufchef, dont la visite, complémentaire, peut s'effectuer dans la même journée *(restauration sur place possible à Neufchef)*, veillent à l'entretien de sa mémoire.

Aumetz est situé à égale distance de Longwy et Thionville.

Musée des Mines de fer d'Aumetz ⊘ – L'ancienne mine de Bassompierre, ouverte sur le revers de la Côte de Moselle, était accessible par un puits profond de 240 m qui a dû être comblé comme l'ensemble des galeries au moment de l'abandon. En surface le chevalement, tour d'acier assurant la liaison avec le fond, a été conservé, de même que les bâtiments d'exploitation abritant la salle des compresseurs, la forge, la grande machine d'extraction, etc. Au sous-sol on verra un bloc de contrôle pulmonaire : tandis que les mineurs de charbon étaient exposés à la silicose, un mal tout aussi redoutable, la sidérose, guettait les mineurs de fer.

Gagner Neufchef par la N 52 puis la D 17.

★ **Musée des Mines de fer de Neufchef** ⊘ – Il occupe le site de Sainte-Neige, « mine de coteau » dont les galeries s'ouvraient à flanc de colline, ne nécessitant pas le forage d'un puits ; en conséquence elles sont aujourd'hui facilement accessibles au public. Le long d'un parcours de 1,5 km, des chantiers de diverses époques ont été réinstallés, invitant à un passionnant voyage dans le temps riche d'enseignements sur l'évolution des techniques minières : introduction vers 1820 de la foration au vilebrequin, apparition du wagonnet aux environs de 1860, avènement au début du 20e s. du compresseur et du marteau piqueur, mise en œuvre au cours des années 1930 de machines d'extraction... Après la Seconde Guerre mondiale s'imposent les engins procédant par raclage et le détonateur électrique, popularisé en d'autres circonstances par le film « Le Pont de la rivière Kwaï ». Les perfectionnements des années 70 apparaissent comme d'ultimes tentatives pour infléchir le cours de l'Histoire.

Les aspects logistiques ne sont pas négligés : la « pompe à manège » de 1868 rappelle que les infiltrations d'eau constituaient le principal danger dans ce type de mine peu profonde, l'écurie que des chevaux de race ardennaise, robuste et dociles, ont été employés jusque vers 1950 à la traction des wagonnets.

En surface un vaste bâtiment, devant lequel est reconstitué un carreau de mine, documente les visiteurs sur la genèse du fer et ses conditions de gisement ainsi que sur le métier de mineur et son environnement social.

MIRECOURT

6 900 habitants (les Mirecurtiens)
Cartes Michelin n°s 62 Nord-Ouest du pli 15 ou 242 plis 25, 26

Bâtie au confluent des rivières du Madon et du Val d'Arol, au cœur d'une région riche en vergers, cette active cité (culture, élevage, fabrique de meubles) est surtout renommée, depuis le 18e s., pour sa suprématie dans l'art de la **lutherie**. Un certain nombre d'artisans, encore aujourd'hui, s'y consacrent à la fabrication d'instruments de musique à cordes. Une « école nationale de lutherie » a été créée en 1970 pour perpétuer cette industrie.

Mirecourt est également connue pour ses dentelles et ses broderies.

La ville conserve plusieurs témoins architecturaux de son passé, et la mémoire de son plus illustre enfant, **saint Pierre Fourier** (1565-1640), fondateur de la congrégation Notre-Dame, dont la statue s'élève près de la maison natale.

CURIOSITÉS

Musée de la Lutherie ⊘ – Installé à l'hôtel de ville, il rassemble violons, guitares, mandolines, archets... Un atelier de lutherie a été reconstitué.

Église – Construite à partir de 1303 mais achevée au 15e s., elle est surtout remarquable par son clocher-porche, pittoresquement encastré dans la ligne d'immeubles bordant la rue principale.

L'intérieur, aux voûtes gothiques, abrite trois chapelles des 16e et 17e s., ainsi que plusieurs tableaux de peintres lorrains du 17e s., visibles dans le chœur.

Halles – Datant de 1617, c'est un petit et massif bâtiment, à étage sur arcades, à la façade flanquée de deux tours carrées.

Maison de la musique mécanique ⏱ – La collection comprend plus de cent instruments (du 18ᵉ au début du 20ᵉ s.), tous en état de fonctionnement : limonaire, piano mécanique, petit orgue de table allemand (1889), piano pneumatique reproducteur « Welte Mignon »... L'orgue de danse Decap (1939) est composé de 280 flûtes et 12 registres reproduisant plusieurs instruments d'orchestre.

Les halles

Maison de la dentelle ⏱ – Exposition de dentelles aux fuseaux (vêtements, nappes, rideaux) rendue plus attrayante par la présence de dentellières au travail.

Chapelle de la Oultre ⏱ – En franchissant le Madon par le pont St-Vincent (jolie vue sur l'étagement de la vieille ville), aller jeter un coup d'œil sur cette chapelle, qui remonte au 11ᵉ s. (nef) mais dont le transept et le chœur sont seulement du 16ᵉ s.

ENVIRONS

Vomécourt-sur-Madon – *8 km au Nord, par les D 413, D 55 et D 55ᶠ.*
Sa petite **église** romane présente une belle unité. Le tympan du portail, de facture archaïque, représente les Saintes Femmes au tombeau et le combat de la vie et de la mort. Le chevet est orné de colonnettes à chapiteaux dont quelques-uns offrent une intéressante décoration sculptée. A l'intérieur, maître-autel (18ᵉ s.) surmonté d'une prédelle et d'un dais en fer forgé.

MOLSHEIM★

7 973 habitants
Cartes Michelin nᵒˢ 87 plis 5, 15 ou 242 plis 23, 24 – Schéma p. 201

Cette charmante petite ville ancienne s'élève dans la vallée de la Bruche, au pied de coteaux dont les vignes produisent le Riesling *(voir p. 25 : Le Vignoble alsacien)*. Aux portes de la ville, sur la route de Sélestat, se sont installées les usines Messier-Bugatti, spécialisées dans les trains d'atterrissage *(on ne visite pas)*.

Ettore Bugatti – D'origine italienne, Ettore Bugatti (Milan 1881-Neuilly 1947) abandonna ses études de beaux-arts pour la mécanique. A 17 ans, il entre comme apprenti dans une fabrique de cycles. A 20 ans, il conçoit sa première voiture qui remporte le grand prix de la ville de Milan. Il collabore ensuite avec le baron de Dietrich à Niederbronn, puis s'associe à Mathis avec lequel il construit en 1904 la Hermès Simplex, voiture unique au monde. C'est en 1909 qu'il fonde son usine à Molsheim. A la fois ingénieur et artiste, il met au point en 1911 une voiture qui deviendra la BB Peugeot, surnommée Bébé.

CURIOSITÉS

★**La Metzig** – Ce gracieux édifice de style Renaissance fut construit en 1525 par la Corporation des bouchers qui tenait ses réunions au premier étage, le rez-de-chaussée étant occupé par des boucheries. Son aspect est typiquement alsacien, avec ses pignons à volutes, son perron, sa loggia qui se termine en beffroi *(illustration p. 49)*. Des deux côtés de l'horloge à jacquemarts (1537), deux anges sonnent les heures. Un élégant balcon de pierre sculpté se développe sur la façade et les côtés, à hauteur du 1ᵉʳ étage.
Au centre de la place s'élève une fontaine à deux vasques superposées, dominée par un lion qui porte les armoiries de la ville.

★**Église des Jésuites** (Z) – Elle appartenait à la fameuse Université des Jésuites, fondée en 1618 par l'archiduc Léopold d'Autriche, évêque de Strasbourg. La renommée de cette université, qui comprenait une faculté de théologie et une de philosophie, s'étendait fort loin. Le cardinal de Rohan la transféra à Strasbourg en 1702, afin de lutter contre l'influence de l'Université protestante de cette ville.

L'édifice, élevé de 1615 à 1617, est cependant construit selon les formules du style gothique. L'intérieur est remarquable par ses dimensions nobles et harmonieuses, ses vastes tribunes et sa voûte en résille. Les deux **chapelles du transept** sont décorées de stucs, de dorures et de peintures datant des 17e et 18e s., se rapportant à la vie de saint Ignace et à celle de la Vierge. Dans la chapelle St-Ignace se trouvent les fonts baptismaux en grès blanc de 1624, ainsi que plusieurs pierres tombales du début du 15e s. La chapelle de la Vierge abrite un beau gisant polychrome de Jean de Durbheim, évêque de Strasbourg de 1306 à 1328.

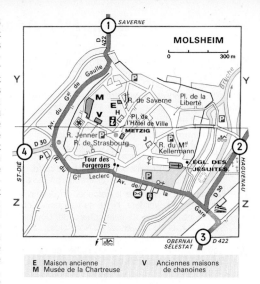

| E | Maison ancienne | V | Anciennes maisons |
| M | Musée de la Chartreuse | | de chanoines |

La chaire (1631) et les portes (1618), celle de la sacristie en particulier, sont ornées de belles sculptures. Les orgues Silbermann datent de 1781.

Dans l'entrée Nord se dresse la Croix des Chartreux, belle croix en pierre de la fin du Moyen Âge.

Musée de la Chartreuse (Y M) ⏱ – Le prieuré de l'ancienne chartreuse (1598-1792) abrite un musée consacré à l'histoire de Molsheim et de sa région, de la préhistoire à nos jours.

Des objets découverts sur les sites de Dachstein, d'Achenheim et de Heiligenberg-Dinsheim (céramique sigillée) attestent la présence humaine du paléolithique à l'époque mérovingienne. Avec l'arrivée des jésuites, des capucins, et surtout des chartreux, la ville devient au 17e s. la capitale religieuse de l'Alsace. Un plan d'ensemble de 1744 montre l'importance de la **chartreuse** qui s'étendait sur 3 ha à l'intérieur de la ville, fait exceptionnel. Une partie du cloître a été restaurée et deux cellules de moines, comprenant trois pièces chacune, ont été reconstituées avec leur mobilier d'origine.

Dans un autre bâtiment, la fondation **Bugatti** présente des souvenirs de la famille et quelques modèles de voitures construites ici dans l'entre-deux-guerres.

En sortant du musée, remarquer, aux n°s 18 et 20, rue Jenner, les deux anciennes maisons de chanoines de style Renaissance (**V**) (1628).

Tour des Forgerons (**Z**) – Cette ancienne porte fortifiée du 14e s. abrite une des plus anciennes cloches d'Alsace (1412).

Maison ancienne (Y E) – Belle maison alsacienne à colombages, avec oriel en bois (1607) et fenêtres délicatement ouvragées.

ENVIRONS

Avolsheim – *3,5 km au Nord de Molsheim.* Ce village conserve un très vieux baptistère et surtout, à 500 m au Sud-Est, une église célèbre qui passe pour être la plus ancienne d'Alsace.

Chapelle St-Ulrich – Cet ancien baptistère, construit aux environs de l'an mille, en forme de trèfle, se compose de quatre absidioles autrefois voûtées en cul-de-four. De belles **fresques**★ du 13e s., aux tons vert, ocre et rouge, représentent la Trinité, les quatre évangélistes et des scènes de l'Ancien Testament.

Église St-Pierre (Dompeter) – Face à un magnifique tilleul d'âge vénérable, et entourée d'un cimetière, cette petite église dresse en pleins champs sa silhouette trapue et coiffée d'un clocher à huit pans. Quoiqu'en partie reconstruite aux 18e s. (tour) et 19e s. (chœur, murs et plafond de la nef), elle demeure un émouvant témoignage des débuts de l'art roman, ayant été consacrée en 1049 par le pape Léon IX.

Parmi ses éléments d'origine du 11e s., on remarque la base du clocher-porche par son narthex au curieux portail surmonté d'une statue de saint Pierre, les portes latérales aux linteaux ornés de symboles, et, à l'intérieur, les piles massives et carrées supportant de lourdes arcades en plein cintre.

Les plans de ville sont toujours orientés le Nord en haut.

Butte de MONTFAUCON

Cartes Michelin n°s 56 pli 10 ou 241 pli 19 – Schéma p. 264

Ce mamelon de 336 m, point culminant de la région, sur lequel s'élevait le village de Montfaucon, fut fortifié et utilisé comme observatoire par les Allemands pendant la guerre de 1914-1918.

Pour commémorer la victoire de la 1re Armée américaine au cours de l'offensive Meuse-Argonne (26 septembre-11 novembre 1918), le Gouvernement des États-Unis y a fait ériger un monument grandiose.

Le monument ⊙ – Un escalier monumental conduit à une colonne de 57 m de haut surmontée d'une statue de la Liberté, au sommet de laquelle on accède par un escalier de 235 marches. L'ensemble domine la route d'une hauteur de 70 m. Au pied du monument s'ouvre une petite salle dans laquelle une carte, gravée dans le marbre, et un historique des opérations retracent les différentes phases de la bataille.

★Panorama – Du haut de la colonne, on découvre le panorama du champ de bataille Nord-Ouest de Verdun : butte de Vauquois, Cote 304, collines de la rive droite de la Meuse et, dans le lointain, phare de Douaumont. Les massifs de l'Argonne, au Sud-Ouest, et de l'Ardenne, au Nord-Ouest, assombrissent l'horizon.

Près du monument, on peut voir encore des blockhaus (observatoire dit « du Kronprinz ») ainsi que les ruines de l'ancienne église de Montfaucon. Ce village fut entièrement détruit en 1918 et reconstruit à une centaine de mètres à l'Ouest.

MONTMÉDY

1943 habitants
Cartes Michelin n°s 57 pli 1 ou 241 pli 15

C'est une ville double, avec Montmédy-Haut et Montmédy-Bas. La ville haute, fortifiée à la Renaissance et transformée par Vauban, a conservé ses remparts.

Montmédy fut d'abord la capitale du comté de Chiny et le comte Arnould III y éleva un château fort. Rattachée au milieu du 15e s. au duché de Bourgogne, elle passa peu après aux Habsbourg d'Autriche et, au 16e s., à l'Espagne.

En 1657, Louis XIV y conduisit son premier siège, assisté du maréchal de La Ferté. La ville ayant été attribuée à la France en 1659, ses fortifications furent transformées par Vauban. En 1914, sa garnison, encerclée, fut presque entièrement massacrée alors qu'elle tentait une sortie en direction des lignes françaises. La mairie et la sous-préfecture furent détruites.

Montmédy-Haut – La ville haute est perchée sur un piton isolé. On y pénètre par le Nord en franchissant deux portes successives à pont-levis et une voûte commandant la citadelle.

★Citadelle ⊙ – La promenade des remparts à travers glacis, courtines, bastions et souterrains permet d'appréhender la complexité et l'ingéniosité du système défensif de la citadelle. Du haut des remparts, la **vue** s'étend sur la ville basse, la vallée de la Chiers et les nombreux villages environnants.

Musées de la Fortification et Jules Bastien-Lepage (M) ⊙ – Situés à l'entrée de la citadelle, ces musées sont consacrés l'un à l'histoire de la fortification (maquettes, documents historiques, montage audiovisuel), l'autre à l'intéressante œuvre et à divers souvenirs évoquant la vie du peintre meusien Jules Bastien-Lepage (1848-1884).

Église (E) – Construit au milieu du 18e s., ce vaste édifice d'une sobre ampleur a conservé dans le chœur ses stalles et ses boiseries.

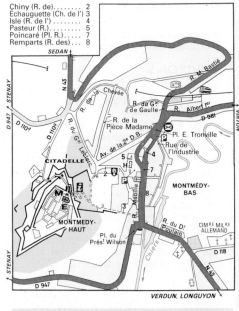

Chiny (R. de)........ 2
Échauguette (Ch. de l') 3
Isle (R. de l')........ 4
Pasteur (R.).......... 5
Poincaré (Pl. R.)..... 7
Remparts (R. des)... 8

| E | Église | M | Musées de la Fortification et Jules Bastien-Lepage |

ENVIRONS

Louppy-sur-Loison – *14 km. Quitter Montmédy par la N 43, au Sud-Est.*
Un important **château** ⊙ Renaissance y fut construit au début du 17ᵉ s. par Simon de Pouilly, gouverneur de Stenay, qui le légua à son neveu d'Imécourt, ancêtre des actuels propriétaires. La visite de l'extérieur permet de voir le pigeonnier, la chapelle et des portails richement sculptés.
Près de l'église, on voit encore les restes d'un château fort.

La MOSELLE

Cartes Michelin nᵒˢ 57 plis 3, 4, 13, 14, 62 plis 4, 5, 15, 16 et 66 plis 7, 8
ou 242 plis 5, 6, 30, 34, 35

La Moselle, née dans les Vosges près de Bussang *(voir p. 144)*, cesse vite d'être un torrent pour devenir une paisible rivière sinuant dans des paysages agrestes. A Neuves-Maisons, elle aborde les «côtes» *(p. 19)* auxquelles elle donne son nom. Le sous-sol, particulièrement riche en minerai de fer, attire dès lors les grosses entreprises métallurgiques.

Deux grands ensembles sidérurgiques – Deux zones d'une exceptionnelle densité industrielle se sont développées dans cette région de la Lorraine : la première axée sur la vallée de la Fensch et la vallée de l'Orne *(voir p. 250)*, la seconde, autour de Longwy (vallée de la Chiers). La vallée de la Moselle proprement dite ne présente, entre Neuves-Maisons et Thionville, que des installations dispersées.

La Moselle industrielle – De rivière touristique, la Moselle est donc passée à l'état de voie industrielle jalonnée de localités abritant ou ayant abrité pour la plupart forges, fonderies, aciéries, tôleries, tréfileries, etc. : Neuves-Maisons, Frouard, Pompey, Dieulouard, Pont-à-Mousson, Pagny-sur-Moselle, Ars, Hagondange et Thionville.

L'aménagement de la Moselle – Jusqu'en 1964, la desserte par voie d'eau du bassin sidérurgique était assurée par des péniches de 300 t qui empruntaient la Moselle canalisée vers le Sud, de Thionville à Frouard, puis le canal de la Marne au Rhin.
Une convention internationale, signée en octobre 1956 entre la France, l'Allemagne fédérale et le Grand-Duché de Luxembourg, a jeté les bases d'un vaste aménagement permettant l'utilisation de convois poussés de 3 000 t sur l'axe mosellan de Coblence à Thionville. En 1964, cet aménagement était inauguré.
Les travaux poursuivis en amont sont terminés et Neuves-Maisons est desservi depuis 1979.
L'activité des ports (Thionville-Illange, Mondelange-Richemont, Hagondange, Metz, Nancy-Frouard et Neuves-Maisons) a trait surtout au déchargement de charbon, de minerai de fer, d'engrais. Les expéditions sont constituées essentiellement de produits métallurgiques et de laitiers de hauts fourneaux, de céréales, de denrées alimentaires et de matériaux de construction.
Il faut noter aussi le rapide essor de la navigation de plaisance sur la Moselle avec l'aménagement de plans d'eau (voile, canotage, ski nautique, etc.). En outre, les efforts entrepris pour réduire la pollution ont permis à la rivière de devenir plus poissonneuse. Sur les berges, enfin, des pistes cyclables ont été aménagées.

★HAUTE VALLÉE DE LA MOSELLE

D'Épinal au col de Bussang

101 km – environ 4 h 1/2 – schéma p. 62 et 63

Remonter la Moselle, d'Épinal où elle sort de la montagne jusqu'à Bussang où elle prend sa source, constitue l'un des meilleurs itinéraires de pénétration dans les Vosges.

★**Épinal** – *Voir à ce nom.*

Au départ d'Épinal, la route de la rive droite offre de jolies perspectives sur la Moselle et passe, avant Archettes, au pied de beaux escarpements de grès.
A Archettes, franchir la Moselle.

Arches – Son renom est dû à une célèbre papeterie. Un moulin à papier y tournait déjà en 1469. **Beaumarchais,** son plus illustre propriétaire, l'acheta en 1779 afin d'y fabriquer le papier nécessaire à l'édition des œuvres complètes de Voltaire.
Pour cette entreprise considérable, il installa une imprimerie à Kehl, en territoire étranger, l'interdit officiel ayant été jeté en France sur la plupart des œuvres du grand philosophe. C'est de là que sortirent les deux éditions dites de Kehl, l'une de 70 volumes in-8°, l'autre de 92 volumes in-12°, si recherchées des bibliophiles. L'usine fabrique aujourd'hui des papiers de grande qualité pour les livres et estampes, des papiers à dessin, des papiers spéciaux et industriels.

Eloyes – Ce petit bourg est un centre d'industries textile et agro-alimentaire.

★**Tête des Cuveaux** – *1/2 h à pied AR. Suivre la route qui se dirige vers la crête marquée par une forêt d'épicéas et laisser la voiture au parking (aire de pique-nique).* En prenant à droite sur la crête, on atteindra un belvédère (au sommet, table d'orientation). De là, beau **panorama**★ sur la vallée de la Moselle, le plateau lorrain et les Vosges.

Après la traversée de localités industrielles et de la grande moraine frontale de l'ancien glacier de la Moselle, qui exhausse le fond de la vallée, on atteint Remiremont. La route offre de jolies vues sur la ville et les hauteurs boisées qui l'encadrent.

Remiremont – *Voir à ce nom.*

Un beau parcours en forêt conduit sur la crête qui, des abords de Remiremont au col des Croix, sépare le large et profond sillon où coule la Moselle d'un vaste plateau glaciaire, parsemé d'étangs et drainé par des cours d'eau tributaires de la Saône.

De cette longue crête, des échappées s'offrent sur les deux versants.

La Beuille – Prendre, après avoir parcouru environ 6 km sur la D 57, le chemin goudronné qui s'amorce à gauche et conduit au parking surplombant le Chalet de la Beuille (refuge des Amis de la Nature). De la terrasse-belvédère du chalet, jolie **vue**★ sur la vallée de la Moselle et, dans l'axe, le Ballon d'Alsace.

Au col des Croix, prendre la direction du Thillot, laissant la route qui passe à proximité du Ballon de Servance *(p. 64)* et descend sur Plancher-les-Mines.

Le Thillot – (les Thillotins). Cette localité industrielle active (tissage, filatures, tannerie, menuiseries industrielles) voit passer maints excursionnistes attirés par le charme des environs et la proximité des Hautes-Vosges.

St-Maurice-sur-Moselle – *Page 60.*

Entre St-Maurice et Bussang, des moutonnements morainiques remplissent le fond de la vallée. Des fermes à pignon de bois occupent leurs sommets.

Bussang – (les Bussenets). Bussang occupe un joli site dans la vallée de la Moselle naissante. Villégiature estivale, c'est aussi un centre de sports d'hiver.

Le **théâtre du Peuple** (fondé en 1895 par Maurice Pottecher, 1867-1960) comporte une scène mobile à laquelle la nature sert de fond et compte 1 100 places. Les acteurs, souvent des amateurs, gens du pays, y jouent des pièces folkloriques écrites par son fondateur, et aussi des œuvres de Shakespeare, Molière, Labiche, etc. *(voir le chapitre des Manifestations en fin de guide).*

★★**Petit Drumont** – *1/4 h à pied AR.* La route forestière d'accès s'embranche sur la D 89 à proximité du col de Bussang et à 100 m à peine de la **source de la Moselle** (alt. 715 m – monument par Gilodi, 1965). *Prudence recommandée. Quitter la voiture près de l'auberge et prendre le sentier qui s'élève à travers les « chaumes ».* Au sommet du Petit Drumont (alt. 1 200 m) est installée une table d'orientation du C.A.F., en deux demi-cercles. Le **panorama**★★ s'étend du Hohneck au Ballon d'Alsace. Au Sud, par temps très clair, les Alpes Suisses sont visibles.

Col de Bussang – Au col (alt. 731 m) se trouve le monument de la source de la Moselle. Ce modeste ruisselet encombré de mousses deviendra le noble cours d'eau arrosant Épinal, Metz, Trèves. Mais, tout de suite, il se grossit du superflu des sources minérales de Bussang et donne à des usines ses forces naissantes. C'est ensuite un gros torrent. La rivière ne prend son aspect majestueux qu'aux environs de Rupt-sur-Moselle. Son cours assagi décrit de beaux méandres entre des collines boisées. Elle coule tranquillement vers Remiremont et Épinal.

De là, on rejoint l'itinéraire décrit en sens inverse, p. 252.

LES COTEAUX DE LA RIVE GAUCHE
De Thionville à Sierck-les-Bains
49 km – environ 1 h 1/2 – schéma p. 62 et 63

Thionville – *Voir à ce nom.*

Sortir par ① du plan, N 53.

L'itinéraire parcourt d'abord les coteaux bordant la rive gauche de la Moselle, offrant des vues dégagées, et, dans une région très riche en sanctuaires religieux, fournit bientôt l'occasion de comparer les styles modernes des églises reconstruites de Roussy et Boust, villages proches l'un de l'autre.

Roussy-le-Village – L'église St-Denis (1954), en pierre et béton, est surtout intéressante pour ses sculptures intérieures de Kaeppelin et ses vitraux de Barillet. *Gagner Boust par la D 56, à l'Est, puis la D 57 prise à droite.*

Boust – Bâtie en pierre de taille, sur une éminence, l'église St-Maximin (1962), œuvre de l'architecte Pingusson, est remarquable par sa nef circulaire que prolonge un long pédoncule flanqué d'un campanile. *Revenir à la D 56.*

Usselkirch – Dans le cimetière jouxtant la route, à droite, se dressent une tour romane solitaire, reste d'une église du 12ᵉ s., et, le long de l'allée centrale, un chemin de croix, en pierre, du 17ᵉ ou 18ᵉ s. (8 stations), malheureusement mutilé.

Centre nucléaire de production de Cattenom ⊙ – Il comprend 4 tranches relevant de la filière à eau pressurisée (REP). Chaque unité, équipée d'une tour de refroidissement d'une hauteur de 165 m, fournit une puissance électrique de 1 300 MW. L'ensemble des installations produit annuellement 30 milliards de kWh.

Devant Cattenom, dont on aperçoit le clocher roman, tourner à gauche dans la D 1 que l'on quitte, à l'entrée de Fixem, pour prendre à gauche la D 62.

Rodemack – A 5 km de la frontière luxembourgeoise, cette ancienne cité conserve du temps de sa splendeur – Rodemack était le siège d'une importante seigneurie – une imposante forteresse, restaurée au 17ᵉ s., et une porte fortifiée, au Sud, au bord de la rivière, marquée par deux tours rondes. Les maisons du village – anciennes maisons des baillis des Margraves de Bade –, au crépi gris et aux fenêtres cintrées, les entrées de caves et celles des granges sont typiques de la Lorraine.
L'église, de 1783, frappe par la simplicité de son architecture, par sa statuaire et par son mobilier.
Comme de nombreux villages de la région, Rodemack possède ses Bildstöcke (croix votives de place ou de carrefour) : on en voit un sur la place de la Fontaine, un autre au coin de la route qui mène au château du 19ᵉ s., situé sur la hauteur.

Revenir à Fixem et suivre tout droit après l'église pour gagner la D 64.

Haute-Kontz – De la terrasse de l'église (tour du 11ᵉ s.), belle **vue** sur un méandre de la rivière et le bourg de Rettel en face.
La route file entre les pentes du Stromberg couvertes de vignobles (vin blanc réputé) et la Moselle, pour franchir cette dernière à Contz-les-Bains.

Sierck-les-Bains – *Voir à ce nom.*

Pour tout ce qui fait l'objet d'un texte dans ce guide (villes, sites, curiosités isolées, rubriques d'histoire ou de géographie, etc.), reportez-vous à l'index.

MULHOUSE★★

Agglomération 223 856 habitants
Cartes Michelin nᵒˢ 87 plis 9, 19 ou 242 pli 39

Installée au pied des dernières pentes du Sundgau, Mulhouse offre l'attrait de son riche passé de république indépendante, d'une puissante tradition industrielle et d'un prestigieux ensemble de musées.
Moderne et dynamique, la ville accueille depuis 1975 l'Université de Haute-Alsace, qui privilégie les formations aux métiers de haute technologie et entretient la pérennité de ce qu'on appelle le «modèle mulhousien», né de l'étroite liaison entre formation, recherche et industrie.
Du sommet de la Tour de l'Europe (**FY**) *(salon de thé, restaurant tournant)*, on a une belle **vue** d'ensemble sur la ville et ses environs.

LA « VILLE ET RÉPUBLIQUE DE MULHOUSE »

Le démon de l'indépendance – Entrée dans l'Histoire au 12ᵉ s., la petite cité de Mulhouse ne tarda pas à se libérer de l'emprise des puissances féodales. En acquérant en 1308 le statut de ville impériale, elle devient une république presque indépendante, ne reconnaissant comme suzerain que l'empereur du Saint-Empire. A l'instigation de celui-ci, elle forme en 1354 avec neuf autres villes impériales la **Décapole**, ligue de défense contre un retour au pouvoir de la noblesse.
Au milieu du 15ᵉ s., les corporations, devenues maîtresses du jeu politique, établissent une forme de gouvernement oligarchique ; la république s'affranchit alors totalement de la tutelle impériale. En 1515, littéralement cernée par les possessions des Habsbourg de plus en plus menaçants, Mulhouse quitte la Décapole pour une alliance avec les **Cantons suisses**, décision opportune qui la place de fait sous l'efficace protection du Royaume de France : la double intervention d'Henri IV en faveur de «ses chers amis et alliés» et l'attribution par le traité de Westphalie (1648) des possessions alsaciennes des Habsbourg à la France permettront à la République de sauvegarder son indépendance. Même la révocation de l'édit de Nantes ne mettra pas réellement en péril cette citadelle du calvinisme, restée seule terre alsacienne non française après la prise de Strasbourg par les troupes du Roi-Soleil (1681).

Mulhouse – Hôtel de ville

Au 18e s. la modicité du droit d'entrée des marchandises sur le territoire français profite aux artisans-marchands mulhousiens, tandis que le maintien de l'Alsace hors des barrières douanières du royaume leur autorise le libre commerce avec l'étranger, via le couloir rhénan. Cette assurance de débouchés commerciaux va encourager Mulhouse à se lancer dans l'aventure industrielle.

La citadelle calviniste – En 1524, le gouvernement de la République adopte la religion réformée. Un peu plus tard s'impose la doctrine de Calvin. Les Mulhousiens sont tenus dès lors à des règles de vie très strictes ; les représentations théâtrales sont interdites, les auberges fermées après dix heures du soir.

Quant à la tenue vestimentaire, elle est sévèrement règlementée : les chapeaux des femmes ne doivent porter qu'un seul ruban d'une seule couleur, le port de la jupe panier est formellement prohibé...

Mais l'esprit calviniste agira aussi comme catalyseur du développement industriel et inspirera des initiatives pionnières en matière sociale ou culturelle *(voir plus loin)*.

La Réunion – En 1792, la toute nouvelle République française organise le blocus douanier de Mulhouse. Devant la menace d'asphyxie économique, la bourgeoisie mulhousienne opte pour le rattachement à la France. Le 15 mars 1798, lors de la fête de la Réunion qui a lieu sur l'actuelle place de la Réunion, le drapeau de Mulhouse est roulé dans un étui aux couleurs françaises, sur lequel on écrit : *La République de Mulhouse repose dans le sein de la République française.*

Comme l'ensemble de l'Alsace, Mulhouse appartient à l'Allemagne de 1870 à 1918 et de 1940 à 1944. Investie le 20 novembre 1944 par la 1re D.B., la ville ne sera complètement dégagée qu'à partir du 20 janvier 1945.

★La place de la Réunion, cœur historique de Mulhouse

★★**Hôtel de ville** – *Illustration p. 52 et 53.* Construit en 1552 dans le style de la Renaissance rhénane par un architecte bâlois, décoré extérieurement par des peintres originaires de Constance, cet édifice unique en France séduisit en son temps Montaigne, qui le qualifia de « Palais magnifique et tout doré ». En 1698 le Mulhousien Jean Gabriel réalisa un nouveau décor, ajoutant en particulier les figures allégoriques. C'est ce programme pictural, restitué dans toute sa splendeur, qu'on admire aujourd'hui. Les écus aux armes des Cantons suisses, peints sur la façade principale de part et d'autre du double perron couvert, rappellent le lien historique de Mulhouse avec la Confédération helvétique.

Sur le côté droit du bâtiment est accroché un masque de pierre grimaçant, copie du « Klapperstein » ou « Pierre aux clabaudeurs », pesant 12 à 13 kg, qu'on suspendait au cou des personnes médisantes, condamnées à effectuer le tour de la ville assises à rebours sur un âne. Il fut utilisé pour la dernière fois en 1781.

La visite du musée historique fait découvrir certains aménagements intérieurs de l'hôtel de ville, notamment au 1er étage la **salle du Conseil**, autrefois lieu de réunion du gouvernement de la République et de nos jours siège du Conseil municipal.

★★**Musée historique** (**FY**) ⊘ – Par leur richesse, leur variété, la qualité d'une présentation respectueuse du bâtiment et de son histoire, les collections sont une évocation de l'histoire de la ville, de sa région et de la vie quotidienne.

Le 1er étage était l'étage officiel du gouvernement de la République de Mulhouse. Collections du Moyen Âge.

Au 2e étage, objets relatifs à l'histoire de Mulhouse : tableaux, manuscrits, armes, meubles... On verra l'original du Klapperstein, et la **coupe en vermeil** offerte par la ville au représentant du Directoire en 1798, lors de la réunion de Mulhouse à la France. Vie quotidienne aux 18e s. et 19e s. : reconstitution de salons mulhousiens ; très curieux **lit** camouflé sous l'apparence d'un buffet peint provenant du couvent de Luppach et grand poêle en faïence bleu et blanc de Kappelen.

Dans l'ancien **Grenier d'Abondance** *(accès au 2e étage par une passerelle créée au 18e s.)*, collections de jouets : maisons de poupées, trousseaux, vaisselle, jeux de société. La galerie d'art populaire regroupe des reconstitutions d'intérieurs régionaux (cuisine et chambre du Sundgau), poteries, sculptures sur bois, etc. Remarquer un monumental piano mécanique du début du 20e s. et un traîneau du 18e s. Des collections de numismatique, d'orfèvrerie, d'étains et d'enseignes sont présentées dans le grenier proprement dit dont la charpente date de 1510.

Le 3e étage abrite des collections archéologiques, de la préhistoire au gallo-romain, enrichies d'un ensemble de bijoux du néolithique.

Temple St-Étienne (FY) ○ – De style néo-gothique, il conserve de l'ancienne église St-Étienne démolie en 1858 un ensemble de **vitraux★** du 14e s., dont les plus intéressants, inspirés du *Miroir du Salut*, célèbre ouvrage datant de 1324, illustrent les concordances recensées entre l'Ancien et le Nouveau Testament.

Musée des Beaux-Arts (FZ M⁴) ○ – *A deux pas de la place de la Réunion.* Œuvres de Breughel le Jeune, Teniers, Ruysdael, Boucher et d'autres peintres des 17e et 18e s. ; paysages et scènes mythologiques du 19e s. (Boudin, Courbet, Bouguereau) ; toiles des peintres alsaciens : nus et portraits de **Henner** (1829-1905), paysages et natures mortes de **Lehmann** (1873-1953), compositions rutilantes de **Walch** (1896-1948).

OÙ SORTIR À MULHOUSE ?

Salles de spectacles :

La **Filature**, *20, allée Nathan-Katz*, accueille l'Orchestre symphonique de Mulhouse, le Ballet du Rhin, des concerts de musique ainsi que de grands ensembles nationaux.

Le **théâtre de la Sinne**, *39, rue de la Sinne*, théâtre à l'italienne, reçoit les Tréteaux de Haute-Alsace (théâtre de jeune public), le Théâtre alsacien et de nombreuses associations régionales.

L'Entrepôt, *50, rue du Nordfeld*, lieu d'expositions et de rencontres, dîners-lectures, café-concert ; le théâtre de la Ruelle y présente ses créations.

Le **Noumatrouff**, *57, rue de la Mertzau*, spectacles pour jeune public, musique variée.

Où prendre un verre ?

Place des Victoires, la brasserie « O'Neil », micro-brasserie ; passage Teutonique, la « Taverne des chevaliers teutoniques », dégustation de crus alsaciens au verre ; rue du Raisin, le « Brasil Café », cocktails et punchs au son des rythmes sud-américains ; avenue Auguste-Wicky, « L'Aiglon », bar américain ; rue de la Sinne, « Charlie's Bar », piano-bar de l'hôtel du Parc, ambiance chaleureuse ; 143, avenue de Colmar, le « Glen Coe », dans un cadre typiquement écossais, propose de nombreuses bières et près de 40 sortes de whiskies ; 3, rue des Halles, « Club 1900 », discothèque qui organise des soirées à thèmes le jeudi et qui le dimanche se transforme en brasserie dansante au style rétro ; rue Vauban se trouve la plus grande discothèque de la région, le « Caesar Palace ».

LA « VILLE AUX CENT CHEMINÉES »

En 1746, trois Mulhousiens, Samuel Koechlin, Jean-Jacques Schmaltzer et Jean-Henri Dollfus, fondent dans leur ville natale une manufacture d'impression sur étoffe produisant des « indiennes » (tissus primitivement fabriqués aux Indes) alors en grande vogue. Mulhouse profite, après la révocation de l'Édit de Nantes, de l'exode massif des huguenots qui contrôlaient une grande partie de l'« indiennage » français.

La réunion à la France accélère le développement industriel ; Mulhouse devient la « ville aux cent cheminées », dénomination non usurpée puisqu'elle en comptera jusqu'à 120 ! Si l'indienne reste au début du 19e s. « l'âme de l'industrie de

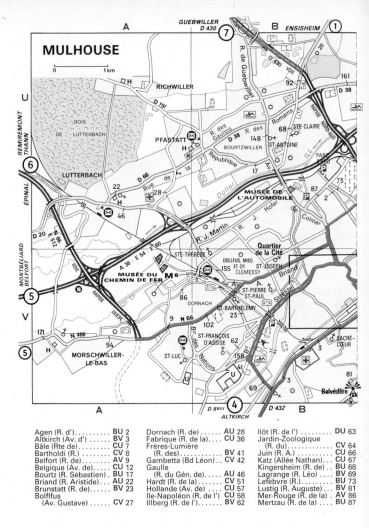

MULHOUSE

0   1 km

Mulhouse» (Jean Dollfus), la diversification de l'activité manufacturière est en marche : filature, tissage, chimie, construction mécanique emploient bientôt des milliers d'ouvriers. Des cordons de fabriques se déploient sur la Chaussée de Dornach ou le long du Steinbachlein, favorisant une croissance anarchique de la ville et de ses faubourgs à l'origine de deux expériences contrastées d'urbanisme planifié : le «Nouveau Quartier» et les cités-jardins ouvrières.

Le «Nouveau Quartier» et la Société Industrielle – Ensemble résidentiel destiné aux jeunes chefs d'industrie, le **«Nouveau Quartier»** fut construit à partir de 1827 en bordure du centre ancien. Les constructions à arcades, inspirées de celles de la rue de Rivoli à Paris, s'ordonnent autour d'un jardin triangulaire central – la place de la Bourse – dont le petit côté est occupé par le bâtiment de la Société industrielle.
Fondée fin 1825 par vingt-deux industriels dont les Koechlin, les Schumberger, les Dollfuss, les Zuber... la **«Société Industrielle de Mulhouse»** se donnait pour but « l'avancement et la propagation de l'industrie » de même que sa promotion «au rang d'une véritable science». Porteuse de forces nouvelles, elle adjoignit à cette déjà substantielle mission un rôle d'animatrice dans les domaines intellectuel et artistique avec l'ouverture de musées *(voir ci-après)*, éducatif avec la création d'écoles de chimie, de tissage et filature ou de commerce (la première en France), et se pencha dès 1851 sur la question de l'habitat ouvrier, marqué par l'entassement et l'insalubrité.

Les cités-jardins ouvrières – La démarche d'urbanisme social impulsée par la Société Industrielle fut une des toutes premières en Europe. A partir de 1855 s'élevèrent de part et d'autre du canal de dérivation de l'Ill la «Cité de Mulhouse», puis la «Nouvelle Cité». Inscrites dans un plan orthogonal, les maisons offraient à chaque famille un logement à entrée indépendante et un petit jardin. Un système de location-vente permettait l'accession à la propriété. L'équipement en services publics était remarquable pour l'époque. Le quartier de la Cité, conservé autour de l'église St-Joseph, mérite en raison de sa force évocatrice une visite.

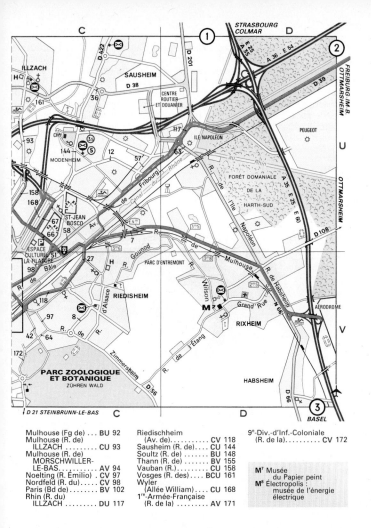

M⁷ Musée
    du Papier peint
M⁸ Électropolis :
    musée de l'énergie
    électrique

LA « VILLE DES DOUZE MUSÉES »

Avec sa douzaine de musées et espaces ou parcs à thèmes majoritairement dédiés au monde de l'industrie et de la technique, Mulhouse représente une destination indispensable aux esprits curieux. A l'origine de cette exceptionnelle concentration se trouve une fois encore la Société Industrielle, convaincue dans son action philanthropique de la vertu d'« amélioration morale » (C. Thierry-Mieg) du musée. Dès 1857, elle contribua à doter Mulhouse d'un musée du Dessin industriel (ancêtre du musée de l'Impression sur étoffes); puis vinrent le Muséum d'Histoire naturelle, le zoo, le musée des Beaux-Arts... Des créations récentes, pour certaines sans équivalent en France, sont venues compléter et enrichir cette œuvre pionnière.

★★★ Musée national de l'Automobile collection Schlumpf (BU) ⊘

Cette fabuleuse collection de 500 voitures anciennes (réserve comprise) a été passionnément constituée pendant une trentaine d'années par les frères Schlumpf, propriétaires d'une filature de laine peignée dans la vallée de la Thur, en amont de Thann.
Crise du textile, troubles sociaux, acquisitions imprudentes de nombreuses voitures coûteuses, faillite, jugement : le musée est acquis par une association et ouvert au public en 1982.
La collection évoque plus de cent ans de l'histoire de l'automobile, de la Jacquot à vapeur de 1878 à la Xénia Citroën « an 2000 », et présente 98 marques européennes dont certains spécimens fort rares, voire uniques. Les modèles sont pour la plupart en état de marche et plusieurs ont appartenu à des célébrités telles le président Poincaré (Panhard X26), le roi Léopold de Belgique (Bugatti 43 roadster sport) ou Charlie Chaplin (Rolls-Royce Phantom III limousine).

149

Les voitures sont parfaitement présentées le long d'allées bordées de lampadaires 1900, réplique de ceux ornant le pont Alexandre-III à Paris. Beaucoup peuvent être admirées comme d'authentiques œuvres d'art pour le raffinement de leur carrosserie (Peugeot 174 coach, 1927), l'aérodynamisme de leurs lignes (Bugatti Type 46, coach surprofilé, 1933), la finition de leurs roues, moyeux et articulations (Gardner-Serpollet), pour le dessin de leurs calandres (coach Alfa Romeo & C, 1936), bouchons de radiateurs (la cigogne d'Hispano-Suiza) ou griffes aux noms prestigieux (Isotta-Fraschini), pour la qualité et le matériau de leurs garnitures (Renault NM landaulet, 1924), selleries (De Dion-Bouton BG tonneau, 1908), et commandes (Delage F biplace course, 1908).

Bugatti « Royale »

Le quartier qui magnifie les Bugatti est un peu une collection dans la collection. Les exigences d'Ettore Bugatti (qui s'installe en 1909 à Molsheim, *voir à ce nom*) en matière de qualité, de fiabilité et de fini, dont témoignèrent 340 brevets et 3 000 victoires sur les circuits, se manifestent dans les 120 voitures de course, de sport ou de grands luxe rassemblées.

Le joyau de cette série incomparable est constitué par deux Royale : une limousine et le «coupé Napoléon», voiture personnelle d'Ettore Bugatti considérée parfois comme la plus prestigieuse de tous les temps.

Parmi les autres marques rivalisent les Panhard et Levassor (celle de 1893 fut la première à être présentée sur un catalogue avec options), les Mercedes (la 300 SL et ses portes «papillon», exceptionnelle voiture de grand tourisme), les Alfa Romeo (la disco volante légère de 1953, produite à trois exemplaires seulement), les Rolls-Royce (les légendaires Silver Ghost, dont une série possédait des accessoires recouverts d'une couche d'argent), les Porsche, les Ferrari, les Gordini... On suivra aussi l'évolution des grandes firmes françaises : Peugeot, Renault, Citroën avant la Seconde Guerre mondiale, et on détaillera le cortège des marques nationales trop tôt disparues, englouties dans le mouvement de concentration de l'industrie automobile : Ravel, de Besançon, Zedel, de Pontarlier, Vermorel, de Villefranche-sur-Saône, Clément-Bayard, de Mézières, Pilain, de Lyon.

Dans un autre bâtiment sont expliquées de façon vivante les techniques de l'automobile et du pneumatique d'aujourd'hui.

★★★ Musée français du Chemin de fer (AV) ⊘

En prélude à la visite, le **musée-express** permet de se familiariser avec le monde ferroviaire (maquettes, jeux, manipulations).

Superbement présentée, la collection constituée par la SNCF retrace l'évolution du chemin de fer de ses origines à nos jours. Aux côtés du matériel moteur et roulant, une place importante est faite aux équipements périphériques : signaux, rails, systèmes d'attelage automatique, aiguillages,

Musée français du Chemin de fer

guérite de garde-barrière, pont tournant, etc. Dans l'immense hall principal, tout invite à une visite dynamique : images vidéo, écorchés et présentations en animation, passerelles permettant de voir l'intérieur de voitures, fosses pour passer sous les locomotives, possibilité de grimper dans certaines cabines de conduite...

Le panorama de plus d'un siècle de traction à vapeur devra prendre pour repères essentiels la locomotive Saint-Pierre au corps en bois de teck, affectée à la ligne Paris-Rouen à partir de 1844, la machine à grande vitesse Crampton (1852) qui roulait déjà à 120 km/h et la 232 U1 (1949), dernière des locomotives à vapeur.

On admire la voiture-salon des aides de camp de Napoléon III (1856) décorée par Viollet-le-Duc, une voiture-salon Pullman (1926), élément du train de luxe « Flèche d'Or » (Paris-Londres), une voiture-lit (1929) qui composait le « Calais Méditerranée-Express » ou « Train Bleu », la voiture de la Présidence de la République (1925) décorée par Lalique et dotée d'un lavabo en argent massif... A l'autre extrémité de la hiérarchie du confort ferroviaire figure la voiture de 4e classe de la compagnie d'Alsace-Lorraine.

La traction électrique est notamment illustrée par la première locomotive électrique (1900), dite « boîte à sel », conçue pour le remorquage des trains entre les gares d'Orsay et Austerlitz à Paris, et la fameuse BB 9004, détentrice du record du monde de vitesse sur rails en 1955.

Remarquer également le célèbre autorail Bugatti « Présidentiel » qu'inaugura Albert Lebrun, et la Micheline XM 5005 montée sur pneus, solution particulière adaptée aux lignes où l'adhérence, les démarrages et les arrêts étaient d'une grande importance.

Côté marchandises, citons le wagon bi-foudre pour le transport des vins du Midi, et dans le registre insolite le fourgon automoteur de la ligne St-Servais-Vallorcine, prévu au début du siècle pour transporter les gros bagages et skis des amateurs de sports d'hiver, ou encore les wagons à impériale ouverte en circulation dans la banlieue parisienne jusqu'en 1931, à l'origine de nombreux accidents de « cascadeurs ».

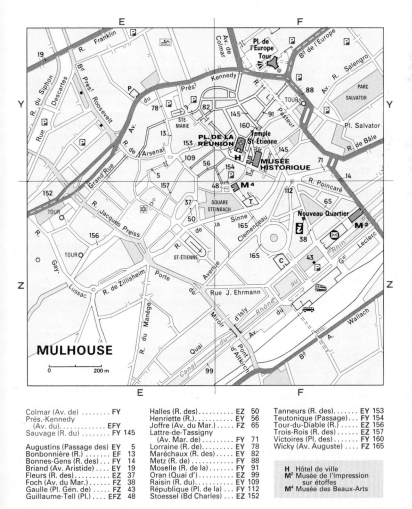

MULHOUSE

0   200 m

H   Hôtel de ville
M² Musée de l'Impression
       sur étoffes
M⁴ Musée des Beaux-Arts

Musée du Sapeur-Pompier – Installé dans la même enceinte, il abrite une vingtaine de pompes à bras dont la plus ancienne date de 1740, des pompes à vapeur, des motopompes, des camions d'incendie du début du siècle ainsi que des uniformes, armes blanches et une collection importante de casques.

La Tour de Guet des Sapeurs-Pompiers de Mulhouse et le central téléphonique de l'ancienne caserne, avec son pupitre de réception des avertisseurs publics, ont été reconstitués.

Le parler cheminot au temps de la vapeur

Marcher au timbre : se disait quand la chaudière était à la pression maximale.

Coup de pied dans la lune : incident violent.

Fondre le plomb : incident grave.

Bête à chagrin : machine inefficace ou déréglée.

Galoches : équipes d'omnibus ou de trains de marchandises.

Battre la murée : ne pas tenir l'horaire à cause d'un combustible inefficace.

S'essuyer les pieds : se disait quand la locomotive patinait.

★★Parc zoologique et botanique (CV) ☉

Ce beau parc de 25 ha, qui présente plus de 1 000 animaux, s'est donné pour mission la sauvegarde, l'élevage et la connaissance scientifique d'espèces rares ou en voie de disparition, démarche s'appuyant sur une vaste collaboration inter-zoos ou avec des gouvernements.

L'accueil des lémuriens de Madagascar fut en 1980 la première concrétisation de cette orientation, affirmée ensuite avec la venue des cerfs du Prince Alfred qui ne subsistaient qu'en très petit nombre sur deux îles des Philippines, des tapirs à dos blanc, des loups à crinière, des panthères de l'Amour, et l'aménagement en 1993 d'un bâtiment pour primates rares sud-américains, tels le tamarin lion à tête dorée ou le capucin à poitrine jaune.

Le gibbon concolore représente un cas typique d'espèce menacée placée sous la protection du parc, qui s'est vu confier la tenue de son registre mondial d'élevage. La spectaculaire régression de ce primate dans son aire naturelle (Sud de la Chine et Viêt-nam) s'explique par la déforestation et une chasse abusive. Au zoo, avec son «chant» si particulier et son agilité phénoménale, il est l'un des chouchous du public. Hors ces rescapés, les présentations intéressantes ne manquent pas : otaries, manchots du Cap, pythons... Le parc abrite également une importante collection botanique, avec des essences rares et de beaux aménagements paysagers.

A 300 m au Sud-Ouest du zoo, par les rues A.-Lustig et A.-de-Musset, la tour métallique du Belvédère (20 m, 110 marches) réserve un beau panorama sur Mulhouse, la Forêt-Noire, le Jura et, par temps clair, les Alpes.

Autres principaux musées

Le Musée historique et le musée des Beaux-Arts sont décrits dans le cadre de la place de la Réunion (voir p. 146).

★**Électropolis : musée de l'énergie électrique (AV M⁸)** ☉ – Le gros cube de maçonnerie aveugle et la galerie en ellipse qui le cerne fournissent un cadre original à la présentation de toutes les étapes de la production de l'électricité et ses applications. Les thèmes les plus divers sont abordés : la musique, l'électro-ménager, l'informatique, le laser, le jouet électronique, la radio, les satellites...

Grâce à des expériences, des manipulations, des jeux, le public peut s'initier à l'univers, pour beaucoup d'entre nous empreint d'une grande part de mystère, de l'énergie électrique.

Un parcours de 80 m, la «galerie de Jupiter», fait découvrir à l'aide de maquettes les étapes de la production, les modes de transport et les usages de l'électricité. La machine à vapeur Sulzer entraînant un alternateur BBC évoque, avec ses 170 t de fonte, de cuivre et d'acier toujours en mouvement, l'ère pionnière de cette production.

La «maison de l'électricité», installée dans un des pavillons du jardin, anticipe ce que sera le confort domestique de demain.

★**Musée de l'Impression sur étoffes (FZ M²)** ☉ – Installé dans un bâtiment de la Société Industrielle, il retrace l'histoire de l'impression sur étoffes en Alsace et dans le monde. On suit l'évolution des techniques de la gravure et de l'impression mises en œuvre localement, depuis l'impression à la planche en relief des 18ᵉ et 19ᵉ s. jusqu'à l'impression au cadre plat du 20ᵉ s., sans oublier les perfectionnements de l'impression au rouleau de cuivre, dont les machines ont été actionnées successive-ment par l'homme, la vapeur et l'électricité.

La présentation des collections de toiles françaises (Jouy, Nantes, Alsace...) s'ac-compagne de celles de tissus anglais, de mouchoirs imprimés et de toiles peintes artisanales provenant du monde entier : indiennes, ikat, plangi, batik, etc.

Le centre de documentation contenant 6 millions d'échantillons est accessible aux chercheurs et aux professionnels du textile.

★**Musée du Papier peint (DV M[7])** ⊘ – A Rixheim *(6 km à l'Est, direction Bâle, voir plan p. 149).* Inauguré en 1984, il occupe l'aile droite d'une ancienne commanderie des Chevaliers Teutoniques où, dans les années 1790, Jean Zuber installa une fabrique de papiers peints, toujours en activité, lui-même et sa famille occupant le bâtiment central, du 18e s. La collection comprend quelque 130 000 documents. Le musée possède une précieuse série de papiers peints de la manufacture Réveillon à Paris, celle-là même qui fut saccagée par les Révolutionnaires en 1789.
Au rez-de-chaussée sont disposées les énormes machines d'impression pouvant imprimer jusqu'à 16 couleurs.

Les Français en Égypte ou la Bataille d'Héliopolis

Le 1er étage est consacré aux expositions temporaires basées sur un thème. Le 2e étage recèle une superbe **collection**★★ de ces papiers panoramiques qui firent la gloire de Zuber dans la première moitié du 19e s. et furent exportés dans le monde entier, mais surtout en Amérique du Nord. Ce sont essentiellement d'immenses paysages aux fraîches couleurs parmi lesquels les fameuses Vues de la Suisse (1802), de l'Hindoustan (1807), de l'Eldorado et de l'Amérique du Nord. Les Zones terrestres (1855) juxtaposent, dans une même vision fantastique, mer glaciale, Suisse, Algérie, Bengale et Canada. Les 21 lés de cette vaste composition ont nécessité l'emploi de 2 047 planches.
L'époque 1900 est représentée par d'intéressants échantillons peints dans le style de l'Art Nouveau.

★★**Écomusée d'Alsace** – *14 km au Nord. Voir à ce nom.*

Vallée de MUNSTER ★★

Cartes Michelin n°s 87 plis 17, 18 ou 242 plis 31, 35

Des moines irlandais, venus au 7e s. pour achever l'évangélisation de l'Alsace, fondent une abbaye qui donnera son nom au bourg créé dans son ombre : Munster (monastère). Le bourg devient ville, secoue l'autorité des abbés, s'allie avec neuf villages voisins et forme avec eux une commune membre de la Décapole d'Alsace *(voir p. 33)*. La Révolution ruine l'abbaye et dissout l'union des localités de la vallée. Celle-ci vit, depuis des siècles, de son industrie fromagère *(voir p. 24)*. Une autre industrie naît au 18e s. : André Hartmann, dont le nom est resté célèbre dans la région, fonde à Munster, l'une des premières usines de textiles.

DE COLMAR AU LAC DE FISCHBOEDLE

33 km – environ 1 h – schéma p. 62 et 63

★★★**Colmar** – *Voir à ce nom.*
Sortir par ⑤ du plan, D 417.

On aperçoit, en avant, les «trois châteaux» d'Eguisheim et sur la droite, au sommet d'un versant, les hôtels et les villas des Trois-Épis, dominés par le Galz et son monument commémoratif. La route s'engage dans la large vallée de la Fecht et l'on ne tarde pas à distinguer, en avant et à gauche, au sommet d'une éminence boisée, les ruines du haut donjon de Pflixbourg. Pour le touriste qui vient de Colmar, la **vallée de la Fecht** se présente comme un large sillon dont le fond, tapissé de prairies, se rétrécit peu à peu entre des hauteurs de plus en plus élevées.
Sur le versant Nord, exposé au soleil, la vigne garnit les pentes inférieures.

Soultzbach-les-Bains – *Livret-guide de circuit historique disponible à l'Office de tourisme ou à la Maison du Parc à Munster*. Calme petite cité médiévale, connue pour ses sources thermales, Soultzbach a conservé maintes maisons à colombages, souvent fleuries.

La **chapelle Ste-Catherine**, du 17ᵉ s., abrite deux intéressants tableaux (1738) de Franz-Georg Hermann, *N.-D.-de-Consolation* et *Saint Nicolas de Tolentino*. A l'écart du bourg, l'**église** ⊙ paroissiale, très restaurée, abrite trois remarquables **autels★★** étincelants de dorure, joyaux de sculpture sur bois. Ils ont été exécutés entre 1720 et 1740 par un ébéniste réputé, Jean-Baptiste Werlé. A gauche dans le chœur, beau tabernacle du 15ᵉ s. que supporte un Saint Christophe. L'orgue Callinet est de 1833.

Gunsbach – C'est dans ce village, où son père fut pasteur jusqu'à sa mort en 1925, qu'Albert Schweitzer passa une partie de son enfance et revint régulièrement, au retour de ses voyages.

Le rez-de-chaussée de la maison qu'il a pu faire construire grâce au prix Goethe, en 1928, est aménagé en **musée** ⊙ : mobilier, livres, photos, fiches de malades, sermons, partitions... tous les souvenirs de ce grand homme y sont exposés.

Intéressant circuit pédestre *(4 km, environ 2 h 30)* sur le thème de l'eau avec panneaux, explicatifs le long de la Fecht. Le versant Sud de la vallée de la Fecht est complètement boisé. A Munster, la vallée se divise en deux branches, les Grande et Petite Vallées, arrosées par la Grande et la Petite Fecht.

Munster – Au Sud de la place du Marché, l'aile subsistante de l'ancien palais abbatial est devenue le siège du **Parc naturel régional des Ballons des Vosges.** La **Maison du Parc** y propose des activités de découverte et une exposition permanente présentant sur 600 m², à l'aide de maquettes, dioramas, projections vidéo, bornes interactives, les principales caractéristiques du parc. Munster est aussi le point de départ de l'excursion au Petit Ballon *(p. 175)*.

La D 10 remonte la vallée de la Grande Fecht qui offre sur les versants boisés qui l'encadrent des vues de plus en plus belles, à mesure que la route s'enfonce dans la montagne.

Luttenbach-près-Munster – Voltaire y séjourna plusieurs mois en 1754.

Muhlbach-sur-Munster – Sur la place du village, en face de l'église, est installé le **musée de la Schlitte** ⊙, reconstitution du milieu naturel où glissaient naguère encore les traîneaux chargés de bois des hautes forêts vosgiennes *(voir p. 20)*.

A Metzeral, prendre la D 10ⱽᴵ : 1 km plus loin tourner à droite pour franchir la Fecht et laisser la voiture.

Le chemin *(3 km à pied, environ 1 h)* s'élève, parfois en corniche, dans le vallon sauvage de la Wormsa, creusé par les anciens glaciers qui y ont laissé de nombreuses traces (moraines, cuvettes glaciaires), et aboutit au lac de Fischboedle.

★Lac de Fischboedle – Situé à 790 m d'altitude, ce petit lac presque circulaire, dont le diamètre n'atteint pas 100 m, est l'un des plus beaux des Vosges. Il fut créé vers 1850 par Jacques Hartmann, le manufacturier de Munster. Les rochers et les sapins, qui se mirent dans ses eaux, lui font un cadre admirable. Le torrent du Wasserfelsen qui alimente le lac forme une jolie cascade à la fonte des neiges.

Lac de Schiessrothried – *1 h à pied AR par le sentier en lacet qui part à droite lorsqu'on arrive au lac de Fischboedle. Il est directement accessible en auto de Muhlbach par la D 310.* Ce lac de 5 ha, transformé en réservoir, est situé à 920 m d'altitude au pied du Hohneck.

Au-delà de Metzeral, au Sud, on suivra l'itinéraire décrit p. 175 si l'on désire rejoindre la route des Crêtes, 3 km avant le Markstein.

DE MUNSTER AU COL DE LA SCHLUCHT (par le Linge)
32 km – environ 1 h 1/2 – schéma p. 62 et 63

Munster – *Voir ci-dessus.*
Sortir par la D 417 au Nord-Ouest et prendre la D 5ᴮ¹ en montée sinueuse.

Hohrodberg – *Livret-guide de 3 sentiers de découverte disponible à l'Office de tourisme ou à la Maison du Parc à Munster.* Cette station estivale s'étale, dans un joli site, sur des pentes bien ensoleillées. De ces pentes, on découvre une **vue★★** étendue, au Sud-Ouest, sur Munster, sa vallée et, de gauche à droite, du Petit Ballon au Hohneck, les sommets qui se dressent derrière celle-ci. Au cours de la montée, s'arrêter à l'aire de pique-nique et faire quelques pas sur la route jusqu'au tournant.

Le Collet du Linge – A droite de la route s'étend un cimetière militaire allemand.

Le Linge – *Visite : 1/2 h.* Mémorial-musée.
Après de violents combats, les troupes françaises s'établirent définitivement, en août 1915, sur les pentes Ouest des sommets du Linge et du Schratzmaennele, au contact immédiat des Allemands qui en occupaient la crête. En prenant à droite, on atteint le sommet du Linge, tout proche, à travers les vestiges des organisations allemandes et des tranchées creusées dans le grès.
La D 11ⱽᴵ domine bientôt le Val d'Orbey.

Col du Wettstein – Cimetière des Chasseurs où reposent 3 000 soldats français.

On descend ensuite dans la Petite Vallée par la D 48 qui rejoint la D 417 près de Soultzeren.

La route s'élève vers le col de la Schlucht en offrant des perspectives de plus en plus belles sur la vallée de la Fecht puis sur la Petite Vallée. On aperçoit le Hohneck. Sur la droite, avant un virage, part la route qui mène au lac Vert *(p. 197)*. Après un très beau parcours en forêt et de superbes échappées vers la plaine d'Alsace et la Forêt-Noire, on domine de très haut le cirque magnifique où naît la Petite Fecht.

Col de la Schlucht – De là, on rejoint la route des Crêtes. *Voir p. 197.*

Église de MURBACH★★
Cartes Michelin nᵒˢ 87 pli 18 ou 242 pli 35

Dans un site retiré, au creux d'un agréable vallon boisé, Murbach groupe ses maisons à jardinets autour d'une église remarquable de style roman rhénan, dernier vestige de la fameuse abbaye de Murbach.

Orgueilleux comme le chien de Murbach – Une grande partie de la Haute-Alsace est dominée pendant dix siècles par la puissante abbaye bénédictine de Murbach. Celle-ci, fondée par saint Pirmin en 727, a été richement dotée par l'un des plus grands seigneurs d'Alsace, le comte Eberhard. Au 9ᵉ s. elle est riche et célèbre, sa bibliothèque est remarquable. La communauté possède des biens dans plus de 200 localités, de Worms à Lucerne. «Orgueilleux comme le chien de Murbach», dit la chronique populaire, car les armes de l'abbaye portent un lévrier noir. Depuis le 12ᵉ s. les abbés ont le titre de prince du Saint-Empire et les moines sont tous nobles. Avec les châteaux forts qu'elle contrôle, l'abbaye représente une puissance féodale considérable; son atelier monétaire frappe monnaie de 1544 à 1666. Mécontents de cette tutelle, les paysans de la vallée de St-Amarin pillent, en 1789, le château abbatial de Guebwiller, ville où l'abbaye avait été transférée en 1759.

Murbach – Église

VISITE *1/4 h*

L'église est réduite au chœur et au transept, surmonté de deux tours, et date du 12ᵉ s. La nef a été démolie en 1738.

Le **chevet★★** est la partie la plus remarquable de l'édifice. Son mur plat, légèrement en saillie, est richement orné dans ses parties hautes. Une galerie de 17 colonnettes dissemblables règne au-dessus de deux étages de fenêtres.

Le tympan du portail Sud, avec sa composition en faible relief, deux lions affrontés dans un encadrement de rinceaux et de palmettes, rappelle certains ouvrages orientaux. A l'**intérieur**, dans la chapelle à gauche du chœur, se trouve le sarcophage des sept moines tués par les Hongrois en 926. Le croisillon Sud abrite, dans un enfeu, le gisant du comte Eberhard (14ᵉ s.).

Après avoir visité l'abbatiale, on gagnera (chemin de croix en contrebas) la chapelle N.-D.-de-Lorette (1693) : jolies vues plongeantes sur l'église et le site de Murbach qui se découvrent au travers des arbres et des arbustes.

ENVIRONS

Buhl – *3 km à l'Est.* La grande **église** néo-romane de ce bourg actif (métallurgie, plastiques) abrite le seul triptyque peint d'Alsace de quelque importance (7 m de large) qui ne soit pas conservé dans un musée. Le **retable de Buhl★★** fut vraisemblablement réalisé aux alentours de 1500 par des artistes de l'atelier de Schongauer *(voir p. 51),* pour les dominicaines du couvent des Catherinettes de Colmar. L'admirable Crucifixion centrale est entourée de quatre scènes de la Passion du Christ. Au revers du retable le Jugement dernier est encadré d'épisodes de la vie de la Vierge.

NANCY ★★★

Agglomération 310 628 habitants
Cartes Michelin nᵒˢ 62 plis 4, 5 ou 242 plis 17, 18

Qui aime les cités harmonieusement construites, les belles perspectives, les traditions de grandeur et d'équilibre de l'urbanisme du 18ᵉ s. doit venir admirer l'ancienne capitale des ducs de Lorraine.

Nancy n'est pas seulement riche en monuments, cette ville d'art est en même temps une métropole intellectuelle avec ses instituts scientifiques et techniques, son école des Mines, ses centres nationaux d'enseignement et de recherches forestières, ainsi qu'un centre culturel avec son théâtre et son centre dramatique installés dans une ancienne manufacture de tabacs.

La ville conserve également un ensemble remarquable de constructions élevées à la charnière du 20ᵉ s. selon les canons décoratifs de l'**École de Nancy** *(voir p. 163).*

UN PEU D'HISTOIRE

Une création des ducs de Lorraine – La fondation de Nancy ne remonte qu'au 11ᵉ s. Sa naissance n'était pas appelée par une disposition naturelle de la montagne ou de la vallée. Quand la bourgade est choisie comme capitale par Gérard d'Alsace, fondateur du duché héréditaire de Lorraine, c'est entre deux marais de la Meurthe qu'est édifié le premier château fort. Le seul avantage de Nancy est alors d'être à peu près au centre des possessions éparpillées du nouveau duc. Elle ne comprend guère que quelques couvents et le château ducal.

En 1228, un incendie la détruit. A peine les cendres refroidies, on rebâtit. Au 14ᵉ s., une enceinte fortifiée entoure ce qui est aujourd'hui le vieux quartier. Il subsiste de cette enceinte la porte de la Craffe.

La mort du Téméraire – Le dernier duc de Bourgogne, Charles le Téméraire, convoite la Lorraine qui s'interpose entre ses deux possessions de la Bourgogne et des Flandres. Il l'enlève au duc **René II** en 1476. L'année suivante, après la défaite du Téméraire en Suisse, René rentre à Nancy et donne le signal de la révolte. Charles accourt en furieux et assiège la ville. Il est tué au cours d'une opération devant St-Nicolas-de-Port *(voir à ce nom).* Son corps est retrouvé dans un étang glacé, à moitié dévoré par les loups. Le lieu où fut déposé son cadavre est signalé dans la Grande-Rue (nᵒ 30).

La croix de Lorraine – La croix à double traverse (la traverse supérieure figurant l'écriteau) fait déjà partie à cette époque du patrimoine de la maison de Lorraine : elle rappelle le souvenir d'une relique de la vraie croix conservée en Anjou depuis le 13ᵉ s. et tenue en grande vénération par le grand-père de René II, le « bon roi René » ; elle évoque aussi la tradition faisant du frère de Godefroy de Bouillon, roi de Jérusalem, le fondateur de la lignée paternelle du duc.

Utilisée comme marque de reconnaissance par les troupes de René II sur le champ de bataille de Nancy, la croix, désormais dénommée « de Lorraine » dans le langage courant, deviendra un symbole patriotique *(voir p. 224).* En juillet 1940, les forces navales de l'amiral Muselier l'adopteront, les premières, comme emblème de la France au combat.

Les ducs et leur ville – Les ducs de Lorraine, qui ont grandi en prestige, vont développer leur ville. René II et son successeur Antoine se construisent un nouveau palais. A la fin du 16ᵉ s., le duc Charles III crée, au Sud de la Vieille-Ville, une Ville-Neuve. N'ayant pas la permission de créer un évêché à Nancy, le duc y fonde un chapitre primatial. Cela suffit pour que Nancy prenne un énorme essor religieux : en l'espace de quarante ans, treize monastères s'y installent. Malheureusement, ce ne sont ni les moines ni les nonnes qui font la prospérité d'une cité. Charles III se désole de ne pas compter plus de familles dans sa ville. Et voici que la **guerre de Trente Ans** décime la maigre population du duc de Lorraine !... Les « malheurs de la guerre », illustrés par **Jacques Callot**, graveur nancéien, atteignent cruellement Nancy. Léopold, bénéficiant d'une ère de tranquillité, aura beaucoup à faire pour relever tant de ruines. Il ne se contentera pas, d'ailleurs, de ce travail de restauration ; il fera édifier la Primatiale, actuelle cathédrale, sur des plans repris par **Boffrand** (1667-1754). Cet architecte élèvera également de nombreux hôtels au Nord de la place Stanislas.

L'enterrement d'un duc de Lorraine – Un ancien adage lorrain dit qu'il est en Europe trois cérémonies magnifiques : le couronnement d'un empereur à Francfort, le sacre d'un roi de France à Reims et l'enterrement d'un duc de Lorraine à Nancy. Voici un aperçu de cette cérémonie funèbre.

Le **duc Charles III** meurt le 14 mai 1608. Embaumé et recouvert de somptueux velours et draps d'or, il est exposé pendant près d'un mois dans la « Chambre des Trespas », veillé par des gens d'Église. Le 8 juin, dans la Salle d'honneur, une effigie du défunt est étendue sur un lit de parade, en grand costume de cour, avec les attributs de la dignité ducale. Alors, devant les plus hauts personnages de la cour, a lieu le simulacre du souper de l'effigie. Les plats sont présentés devant un fauteuil vide : « Au souper pour feu Son Altesse ! A la viande pour feu Son Altesse ! » crie un héraut en annonçant chaque plat. Cette série de scènes macabres dure du 9 juin au 13 juillet... Après un dernier souper, on passe dans la Salle funèbre, voilée entièrement de noir et seulement éclairée de cierges : deux nouveaux jours d'offices et de prières. Le 16, on crie par toute la ville « l'Édit funèbre ».

Le 17, le cortège se déploie, formé par 300 pauvres, 300 bourgeois, tous les nobles et tous les prêtres. On s'arrête à l'église St-Georges. Le 18, tout recommence pour la dernière étape qui s'achève aux Cordeliers, 2 mois et 4 jours après le décès, parmi les fastes d'une mise en scène prodigieuse.

Stanislas le Magnifique – François III, duc de Lorraine, échange son duché contre celui de Toscane. Louis XV installe à sa place, sur le trône de Nancy, son beau-père Stanislas Leszczynski, roi détrôné de Pologne, à la mort duquel la Lorraine reviendra tout naturellement à la France. Il s'agit d'accoutumer la Lorraine à la domination française... Or, nul mieux que ce Polonais ne saura se faire aimer des Lorrains par ses largesses et les embellissements qu'il laissera à sa capitale d'adoption. Il sait choisir des artistes de génie qui construiront une œuvre impérissable, noble et gracieuse à la fois, symbole ravissant du 18e s. et suprême parure de Nancy : la place Stanislas, avec ses grilles, ses pavillons, ses balcons et ses fontaines.

Durant trente ans, Stanislas joue, en Lorraine, le rôle d'un gouverneur de province. Il consacre son temps, et la pension que lui alloue son gendre, à embellir Nancy. C'est un homme paisible qui aime sa fille, la reine de France, la paix, la bonne chère, les jolies femmes et pratique une philosophie facile et une religion indulgente. Mais, surtout, il aime bâtir. Il a la passion des plans, des constructions, des ateliers. Souvent, il rend visite à Jean Lamour, le génial ferronnier des grilles de Nancy. Avec beaucoup de tact, il prévoit une sépulture qui ne l'associera pas aux cendres des véritables souverains de la Lorraine. Il reposera, ainsi que sa femme, dans l'église de Bon-Secours, reconstruite par ses soins. Lors de la Révolution, le sanctuaire est dévasté, les tombes sont profanées.

Terre de France – De 1871 à 1918, Nancy accueille les populations réfugiées. Les arrivants sont si nombreux que toute une ville moderne s'ajoute aux trois villes existantes, la Vieille-Ville, la Ville des Ducs et celle de Stanislas. Le nouveau Nancy, riche de nombreuses industries, s'accroît chaque jour : de 40 000 habitants en 1850, la ville en compte 66 000 en 1876, 103 000 en 1901.

NANCY PRATIQUE
Visites guidées
Des visites de la ville sont organisées à 16 h le samedi toute l'année (sauf janvier, février et décembre), tous les jours en juillet et août. Il est possible aussi de louer un « baladeur ». S'adresser à l'Office de tourisme. 5 circuits avec commentaires enregistrés sur cassettes sont proposés pour découvrir Nancy en taxi. Durée : 1 h environ. Renseignements : taxis de Nancy ☎ 03 83 37 65 37 ou à l'Office de tourisme.

« Clé de la ville »
Nancy propose la formule « clé de la ville » qui permet de visiter les principales curiosités touristiques pour un prix forfaitaire. S'adresser à l'Office de tourisme.

Train touristique
De mai à septembre, circuit dans la ville vieille et la ville du 18e s. Départ place de la Carrière toutes les heures à partir de 10 h 30 (10 h en juillet et août). Nocturne à 21 h en juillet et août.

Spectacles
L'Opéra de Nancy et de Lorraine, le Ballet national de Nancy et de Lorraine, l'Association de musique ancienne de Nancy, l'Ensemble Stanislas, l'Orchestre symphonique et lyrique de Nancy, l'Association lorraine de musique de chambre, Gradus Ad Musicam, La Psalette de Lorraine proposent de nombreux concerts et spectacles chaque année dans différents endroits de la ville :
– Opéra, place Stanislas.
– Ballet, 3, rue Henri-Bazin.
– Salle Poirel, rue Victor-Poirel.
– Zénith, rue Zénith à Maxéville.
– Théâtre de la Manufacture, 10, rue Baron-Louis.
– Hôtel de Lillebonne, 14, rue du Cheval-Blanc.
S'adresser à l'Office de tourisme pour avoir le programme.

Où prendre un verre ?
50, rue Henri-Poincaré, la brasserie Excelsior, et 31, rue Gambetta, le Capucin Gourmand, pour leur **décor « Modern' style »**.
Place Stanislas, piétonne, nombreuses terrasses occupant une bonne partie de la chaussée avec animation musicale tous les jours à 20 h 30 en juillet et août.
Rue des Maréchaux, agréable petite rue piétonne, où se trouvent de nombreux restaurants traditionnels ou de cuisine raffinée.
Rue de la Primatiale, minuscule rue bordée de petits restaurants, et bar à vins, fort sympathiques.

La guerre de 1914 trouve Nancy ville ouverte. Elle est sauvée par la résistance des armées Castelnau et Dubail. Elle sera souvent bombardée par avions et par pièces à longue portée, installées à 26 km.

1944 : la libération de Nancy – Dès le mois d'août, les troupes allemandes en retraite traversent Nancy. Une partie d'entre elles sont massées dans la forêt de Haye où l'aviation alliée les attaque sans relâche.

Dans la matinée du 15 septembre, à 11 h, les premiers chars de l'armée du général Patton arrivent et, avec l'aide de la Résistance, libèrent la ville.

***LA PLACE STANISLAS ET SES ABORDS** *visite : 2 h*

***Place Stanislas** (BY) – Deux grands noms dominent l'œuvre : celui d'**Emmanuel Héré**, l'architecte, et celui de **Jean Lamour**, l'auteur des grilles. Le résultat de leur collaboration est une harmonie parfaite de proportions, d'ordonnance et de détail. La place forme un rectangle à pans coupés mesurant 124 m sur 106 m. Édifiée de 1751 à 1760 entre la Vieille-Ville et la Ville-Neuve, elle se nomme d'abord place Royale ; la statue de Louis XV sculptée par le Nîmois Guibal et le Brugeois Cyfflé en marque le centre. La statue est détruite sous la Révolution. Sous la Restauration, la place prend le nom de Stanislas dont la statue est inaugurée en 1831.

Les grilles – De fer forgé rehaussé d'or, elles ornent les quatre pans coupés et les débouchés des rues Stanislas et Ste-Catherine. Leur légèreté, leur élégance, leur fantaisie sont inimitables.

Les grilles du Nord composent chacune un triple portique. Elles encadrent les fontaines de Neptune et d'Amphitrite, œuvres de Guibal.

Les pavillons – La place est entourée de cinq pavillons élevés et de deux réduits à un rez-de-chaussée percé d'arcades monumentales. Cette disposition, tout en donnant une impression d'espace plus grand, laisse intact le merveilleux équilibre de la place. Les façades d'Emmanuel Héré sont nobles, gracieuses et symétriques sans monotonie. Les balcons forgés par Lamour ajoutent à la richesse et à l'élégance de l'ensemble.

Musée des Beaux-Arts (BY M²) ⊙ – Installé dans un des pavillons de la place Stanislas, agrandi d'un pavillon moderne en 1936, le musée rassemble de riches collections de peintures, du 14ᵉ s. à nos jours, de sculptures et d'arts graphiques.

Depuis le 1ᵉʳ janvier 1996, et pour une durée de 28 mois, les collections décrites ci-dessous ont rejoint les réserves afin que soit exécuté le projet d'extension et de rénovation du musée.

Cependant le péristyle est ouvert durant la durée des travaux, proposant de nombreuses activités. Une présentation d'œuvres, renouvelée chaque mois, et des expositions permettent au visiteur de découvrir certains aspects connus ou méconnus des collections.

Au rez-de-chaussée, la collection constituée par l'amateur Henri Galilée entre 1919 et 1930 permet d'admirer des œuvres de Bonnard, Vuillard, Dufy, Utrillo, Modigliani. Un portrait de *Méry Laurent* par Manet et la *Falaise d'Étretat* de Monet complètent ce panorama.

Une salle est entièrement dévolue à la collection Daum, ensemble magnifique de deux cents pièces de pâte de verre et de cristal.

L'art moderne est surtout orienté vers le cubisme avec les sculptures de Duchamp-Villon, Zadkine, Laurens et Lipchitz.

Au premier étage sont exposés les primitifs italiens ainsi que des œuvres du Pérugin *(La Vierge, l'Enfant Jésus et saint Jean),* du Tintoret, de Pierre de Cortone, du Caravage *(L'Annonciation).* On verra également des paysages flamands, hollandais et rhénans du 17ᵉ s., *La Transfiguration* de Rubens et des toiles de Jordaens. Parmi les portraits et compositions des écoles françaises des 17ᵉ et 18ᵉ s., signalons ceux de Vouet *(L'Amour qui se venge),* Claude Lorrain *(Paysage pastoral),* Boucher *(Aurore et Céphale),* Van Loo, De Troy.

Au 2ᵉ étage, consacré au 19ᵉ s. français, on remarquera la célèbre toile de Delacroix, *La Bataille de Nancy,* et deux lumineux tableaux du Nancéien Emile Friant *(La Toussaint, Idylle sur la passerelle).*

Le cabinet d'arts graphiques, outre des expositions temporaires, présente en alternance les gravures de Jacques Callot ou les dessins de Grandville.

Hôtel de ville (BY H) ⊙ – Il fut érigé de 1752 à 1755. Les armoiries de Stanislas ornent son fronton : aigle de Pologne, cavalier de Lituanie, buffle des Leszczynski.

L'escalier s'orne d'une rampe de Jean Lamour. Il mène au Salon Carré, dit « de l'Académie », décoré de fresques de Girardet, toutes à la gloire de Stanislas, puis au Grand Salon inauguré le 17 juillet 1866 par l'impératrice Eugénie ; un petit salon, dit « Salon de l'Impératrice », lui fait suite. Des fenêtres des salons, on a sous les yeux la perspective de la place Stanislas, de la place de la Carrière et du Palais du Gouvernement, au fond. Que l'on imagine la légitime fierté du roi de Pologne, assistant, de ces mêmes fenêtres, à l'inauguration de la statue de Louis XV sur la place récemment achevée...

En face de l'hôtel de ville, prendre la rue Héré qui mène à l'Arc de Triomphe.

★**Arc de Triomphe** (**BY B**) – Très profond, il a été construit de 1754 à 1756, en l'honneur de Louis XV, et imite l'arc de Septime Sévère, à Rome. La façade principale, qui regarde la place Stanislas, est d'inspiration antique. La partie droite, consacrée aux dieux de la guerre, est dédiée au « Prince Victorieux » ; la partie gauche, consacrée aux déesses de la paix, glorifie le « Prince Pacifique », un médaillon représente Louis XV. L'autre façade, plus simple, donne sur la place de la Carrière.

A droite, du côté du parc, monument à Héré ; à gauche, monument à Callot.

★**Place de la Carrière** (**BY**) – Cette longue place date de l'époque ducale ; elle servait aux exercices équestres mais Héré la transforma. Elle est encadrée par de beaux hôtels du 18ᵉ s. Ses angles sont décorés de fontaines. Aux deux extrémités s'ouvrent les grilles de Lamour, enrichies de potences à lanternes.

★**Palais du Gouvernement** (**BX W**) – A l'opposé de l'Arc de Triomphe, la place Général-de-Gaulle est fermée par le Palais du Gouvernement, ancienne résidence des gouverneurs de Lorraine. Le péristyle de l'édifice se relie aux maisons de la place par une **colonnade★** d'ordre ionique surmontée d'une balustrade ornée de vases. Entre chaque colonne, bustes mythologiques.

Passer à droite du Palais du Gouvernement et pénétrer dans la Pépinière.

La Pépinière (**BCX**) – Cette belle promenade de 23 ha comprend une terrasse, un jardin anglais, une roseraie et un parc zoologique. On y voit la statue du peintre Claude Gellée, dit le Lorrain, par Rodin (**BX R**).

Nancy – Porterie du palais ducal

★★LE PALAIS DUCAL ET LA VIEILLE VILLE *visite : 2 h*

★★**Palais ducal** (**BX**) – Bâti dans la seconde moitié du 13ᵉ s., le palais est à demi ruiné à l'époque de René II qui le fait reconstruire après sa victoire sur le Téméraire.

C'est le duc Antoine qui, au 16ᵉ s., fait achever la Porterie et la Galerie des Cerfs. En 1792, le palais est saccagé. D'adroites restaurations sont opérées en 1850. La partie Nord est entièrement reconstruite.

La façade sur la Grande-Rue, axe principal de la Vieille-Ville, est sobre et même nue. Elle rend plus saisissante l'élégance et la richesse de son unique ornement : la **Porterie★★**. Le style flamboyant et celui de la Renaissance se mêlent pour composer cette admirable porte, surmontée de la statue équestre (reconstituée) du duc Antoine de Lorraine, au-dessus de laquelle s'élève un gâble flamboyant.

Au premier étage, trois balcons à balustrade flamboyante sont soutenus par des souches de tourelles sculptées, représentant des sauvages et des hommes-poissons auxquels se mêlent des amours.

La façade sur les jardins est agrémentée d'une belle galerie gothique qui fait suite à un vaste vestibule voûté.

L'ancien Palais ducal abrite le très beau Musée historique lorrain.

NANCY

Dominicains
(R. des) .... **BY** 29
Gambetta (R.) .... **BY** 35
Grande-Rue..... **BXY** 37
Héré (R.) .... **BY** 40
Mazagran (R.) .... **AY** 54
Mengin (Pl. Henri) **BY** 55
Mouja (R. du Pont). **BY** 64
Poincaré (R. R.) .. **AY** 70
Point-Central .... **BY** 72
Ponts (R. des) ... **BYZ** 73
Raugraff (R.)..... **BY** 75
St-Dizier (R.)..... **BY**
St-Georges (R.) ... **CY**
St-Jean (R.) ..... **BY**
Stanislas (R.) .... **BY** 100
Trois-Maisons
(R. du Fg des) .. **AX** 104

Adam (R. Sigisbert) **BX** 2
Albert-Iᵉʳ (Bd)..... **DV** 3
Alliance (Pl. d') ... **CY** 4
Anatole-France
(Av.)........... **DV** 6
Armée-Patton (R.) **DV** 7
Auxonne (R. d')... **DV** 8
Barrès (R. Maurice) **CY** 10
Bazin (R. H.) ..... **CY** 13
Bénit (R.)......... **BY** 14
Blandan
(R. du Sergent) . **DX** 15
Braconnot (R.).... **BX** 19
Carmes (R. des)... **BY** 20
Chanoine-Jacob (R.) **AX** 23
Chanzy (R.)....... **AY** 24
Cheval-Blanc (R. du) **BY** 25
Clemenceau (Bd G.) **EX** 26
Craffe (R. de la) ... **AX** 27
Croix de Bourgogne
(Espl.)........... **AZ** 28
Foch (Av.)........ **DV** 33
Gaulle (Pl. Gén.-de) **BX** 36
Haussonville (Bd d') **DX** 38
Haut-Bourgeois (R.) **AX** 39
Ile de Corse (R. l') **CY** 41
Jaurès (Bd Jean). **EX** 43
Jeanne-Arc (R.) . **DEX** 44
Keller (R. Ch.) .... **AX** 46
Linnois (R.)....... **EX** 49
Louis (R. Baron) . **AXY** 50
Loups (R. des).... **AX** 51
Majorelle (R. Louis) **DX** 52
Maréchaux (R. des) **BY** 53
Molitor (R.)....... **CZ** 60
Mon Désert (R. de) **ABZ** 61
Monnaie (R. de la) **BY** 62
Monseigneur
Trouillet (R.) . . **AXY** 63
Nabécor (R. de)... **EX** 65
Oudinot (R. Mar.) . **EX** 68
Poincarré (R. H.) .. **AY** 69

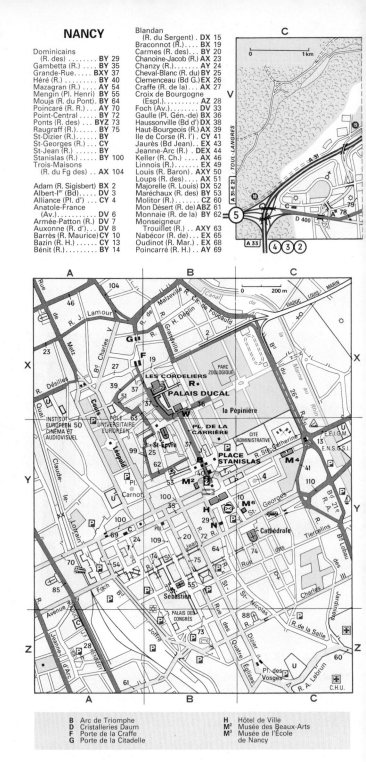

B	Arc de Triomphe	H	Hôtel de Ville
D	Cristalleries Daum	M²	Musée des Beaux-Arts
F	Porte de la Craffe	M³	Musée de l'École
G	Porte de la Citadelle		de Nancy

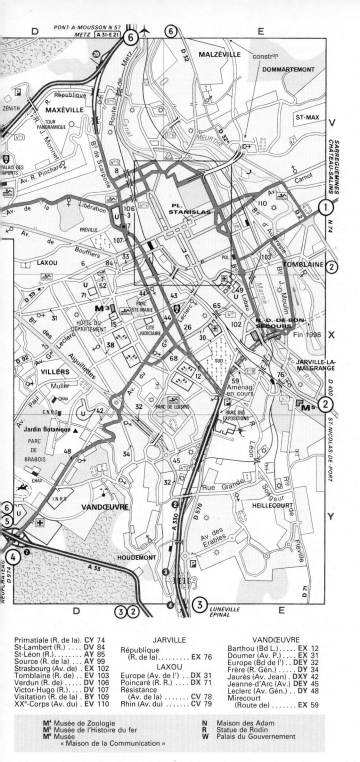

	JARVILLE	VANDŒUVRE
Primatiale (R. de la). **CY** 74		Barthou (Bd L.) . . . . . **EX** 12
St-Lambert (R.) . . . . **DV** 84	République	Doumer (Av. P.) . . . . **EX** 31
St-Léon (R.) . . . . **AY** 85	(R. de la) . . . . **EX** 76	Europe (Bd de l') . . **DEY** 32
Source (R. de la) . . . **AY** 99	LAXOU	Frère (R. Gén.) . . . . . **DY** 34
Strasbourg (Av. de) . **EX** 102	Europe (Av. de l') . . **DX** 31	Jaurès (Av. Jean) . **DXY** 42
Tomblaine (R. de) . . **EV** 103	Poincaré (R. R.) . . . . **DX** 71	Jeanne-d'Arc (Av.) **DEY** 45
Verdun (R. de) . . . . . **DV** 106	Résistance	Leclerc (Av. Gén.) . . **DY** 48
Victor-Hugo (R.) . . . . **DV** 107	(Av. de la) . . . . **CV** 78	Mirecourt
Visitation (R. de la) . **BY** 109	Rhin (Av. du) . . . . **CV** 79	(Route de) . . . . **EX** 59
XXe-Corps (Av. du) . **EV** 110		

M⁴ Musée de Zoologie
M⁵ Musée de l'Histoire du fer
M⁶ Musée
« Maison de la Communication »

N Maison des Adam
R Statue de Rodin
W Palais du Gouvernement

Pour circuler en ville, utilisez les plans du guide Rouge Michelin France :
  – axes de pénétration ou de contournement, rues nouvelles,
  – parcs de stationnement, sens interdits...
Une abondante documentation, mise à jour chaque année.

161

★★★ **Musée historique lorrain** ⊘ – *Entrée au n° 64, Grande-Rue.*

Il rassemble une documentation d'une valeur exceptionnelle par sa qualité et sa richesse, évoquant d'une façon saisissante l'histoire du pays lorrain et permettant d'admirer ses productions d'art ou de saisir les particularités de son folklore.

Dans le pavillon, au fond du jardin : **galerie d'archéologie** préhistorique, celtique, gallo-romaine et franque. Traverser le jardin.

Au rez-de-chaussée du bâtiment principal, vestibule et galerie aux voûtes d'ogives abritent des collections qui évoquent la Lorraine du Moyen Âge au 16ᵉ s. (sculptures). Musée de Pharmacie.

Au 1ᵉʳ étage, la galerie des Cerfs, vaisseau de 55 m de long, rassemble les souvenirs de la dynastie des ducs de Lorraine, du 16ᵉ s. au milieu du 18ᵉ s., des tapisseries du début du 16ᵉ s. *(Condamnation de Banquet)*, peintures de Jacques Bellange *(Stigmatisation de saint François, Madeleine en extase)*, de **Georges de La Tour** *(La Femme à la Puce, Découverte du corps de saint Alexis, Le Jeune Fumeur, Saint Jérôme lisant)*, de Charles Mellin *(Sacrifice d'Abel, Saint François de Paule en prière, Madeleine)* et de Claude Deruet *(Portrait de Madame de Saint-Baslemont)*, eaux-fortes et dessins de **Jacques Callot** (à peu près tout son œuvre gravé et 330 cuivres).

Toujours au 1ᵉʳ étage, l'histoire de la Lorraine sous Charles V (batailles contre les Turcs), Léopold et François III est évoquée par de nombreux tableaux et documents, collections de miniatures, de faïences de l'Est de la France (Niederviller, Lunéville, St-Clément), biscuits et terres cuites, sculptures de Clodion.

Au 2ᵉ étage, la Lorraine et Nancy sous Stanislas : les fondations du roi de Pologne, la création de la place Royale (Jean Lamour, Emmanuel Héré), histoire politique, militaire et littéraire de la Révolution à l'Empire. Une salle présente une collection d'objets se rapportant au judaïsme.

Au 3ᵉ étage, la Lorraine de la Restauration à la IIIᵉ République : salles consacrées notamment à la guerre 1914-1918 et à Lyautey.

★ **Église et couvent des Cordeliers** (**BX**) ⊘ – La mise en valeur de cet ensemble a été particulièrement réussie.

★ **Église** – Composée d'une nef unique, suivant l'usage des ordres mendiants, elle a été édifiée, ainsi que le couvent adjacent, à la fin du 15ᵉ s., sur l'initiative du duc René II ; des restaurations lui ont partiellement rendu son aspect primitif.

C'était le St-Denis des ducs de Lorraine. Tous les ducs reposent dans la crypte. La plupart des tombeaux étaient dus aux trois grands artistes de la Renaissance lorraine : Mansuy Gauvain, Ligier Richier et Florent Drouin.

Dans une chapelle à gauche, le **gisant de Philippa de Gueldre ★★**, seconde femme de René II, a été sculpté, dans un calcaire très fin, par Ligier Richier dont c'est une des plus belles œuvres : la duchesse est représentée sous l'habit des clarisses, ordre auquel elle appartint à la fin de sa vie. Contre le mur Sud (près du maître-autel) le **tombeau de René II ★**, dont il ne reste que l'enfeu, a été exécuté par Mansuy Gauvain en 1509. L'effigie du cardinal de Vaudémont (mort en 1587), représenté en « priant », est due à Florent Drouin. Celui-ci est aussi l'auteur d'une remarquable Cène, bas-relief inspiré du célèbre tableau de Léonard de Vinci. Dans le chœur remarquer en outre le retable sculpté du maître-autel (1522), des stalles du 17ᵉ s. et le lutrin de fer forgé (18ᵉ s.) aux emblèmes lorrains. Parmi les peintures il faut citer une Notre-Dame-de-Lorette attribuée à Guido Reni et des tableaux du peintre lorrain R. Constant.

★ **Chapelle ducale** – *A gauche du chœur de l'église.* Elle s'élève au-dessus du caveau funéraire des ducs de Lorraine. Charles III fait commencer l'édifice en 1607, un an avant sa mort. Il donne comme modèle la chapelle des Médicis, à Florence. Mais les ressources manqueront pour exécuter exactement le plan prévu.

De forme octogonale, la chapelle a ses murs encadrés de seize colonnes, auxquels s'adossent sept cénotaphes en marbre noir. Chacun porte, sur un coussinet doré, les emblèmes de la souveraineté. Jean Richier, petit-neveu de Ligier, et l'Italien Stabili furent les maîtres de l'œuvre ; la coupole à caissons est de Florent Drouin. C'est dans la chapelle ducale que fut exposé, les 30, 31 juillet et 1ᵉʳ août 1934, le corps du **maréchal Lyautey** (1854-1934, *voir p. 221*). C'est également dans cette chapelle qu'eut lieu le mariage de l'archiduc Otto de Habsbourg, en 1951.

Couvent – Le cloître et une partie des salles de l'ancien monastère ont été restaurés pour abriter un riche **musée d'Arts et Traditions populaires**. Celui-ci comprend : des reconstitutions d'intérieurs (cuisine et chambre) avec mobilier lorrain en chêne ou en bois fruitier, objets familiers, outils d'artisans ; des ustensiles domestiques destinés à la fabrication des aliments (pain, pâtisserie, fromage, beurre) ; des appareils et objets concernant l'éclairage et le chauffage (belle collection de carreaux de poêle émaillés). Des maquettes, plans, photos, peintures complètent cet ensemble.

★ **Porte de la Craffe** (**AX F**) ⊘ – Elle survit aux anciennes fortifications du 14ᵉ s. et porte le chardon de Nancy et la croix de Lorraine (19ᵉ s.). La façade opposée est de style Renaissance. L'intérieur a servi de prison jusqu'après la Révolution. On peut y voir les cachots dont les murs sont couverts d'inscriptions gravées par les prisonniers. Par ailleurs sont présentées des sculptures de la fin du Moyen Âge et une collection d'instruments de supplice.

Au Nord s'élève la **porte de la Citadelle** (**AX G**) qui clôturait autrefois la Vieille-Ville. D'architecture Renaissance, elle est ornée de bas-reliefs et de trophées d'armes par Florent Drouin.

Faire demi-tour et prendre à droite la rue Haut-Bourgeois.

Au n° 6, hôtel de Fontenoy par Boffrand (début 18e s.) et, au n° 29, hôtel **Ferrari** par le même architecte avec balcon armorié, escalier monumental, fontaine de Neptune dans la cour. Au n° 1 de la rue des Loups, hôtel des Loups ou de Curel par Boffrand ; au n° 4, hôtel de Gellenoncourt, à portail Renaissance.
Traverser la place de l'Arsenal (au n° 9, ancien arsenal du 16e s. avec trophées d'armes) pour rejoindre la rue Mgr-Trouillet. Au n° 9, hôtel d'**Haussonville**, de style Renaissance, composé de deux corps de logis en angle avec galeries extérieures et fontaine de Neptune. Gagner la place St-Epvre dominée par la statue équestre du duc René II par Schiff.

Basilique St-Epvre – Construite au 19e s. dans le style gothique, cette imposante église a été dédiée à un évêque de Toul du 6e s. Sa belle façade est précédée d'un escalier monumental (don de l'empereur d'Autriche).
Prendre à droite la rue de la Charité puis encore à droite la rue du Cheval-Blanc.
Au n° 12, rue de la Source, l'**hôtel de Lillebonne,** avec un bel escalier sculpté Renaissance, abrite la bibliothèque américaine et, au n° 10, l'hôtel du marquis de Ville s'ouvre par un portail orné d'une tête de barbu. Par la rue de la Monnaie à gauche (au n° 1, hôtel de la Monnaie construit par Boffrand), on atteint la place de La Fayette où s'élève une statue de Jeanne d'Arc par Frémiet, réplique de celle de Paris.
Suivre la rue Callot jusqu'à la Grande-Rue : à l'angle tourelle du 17e s.

L'ÉCOLE DE NANCY

Gallé sera le théoricien et le chef de file du mouvement qui, regroupant artistes et artisans, et constitué en société en 1901, consacrera le nom d'École de Nancy *(illustration p. 47)* et se voudra une «alliance des industries d'art». Ses membres uniront leurs efforts pour essayer de mettre l'art à la portée de tous. En 1900, lors d'une exposition de meubles qu'il avait conçus et décorés, Gallé exprimait ce souci : « La trouvaille à faire, ce serait des formules plastiques très simples et d'une exécution rapide. » Désireuse de relever le niveau technique de tous les arts décoratifs, cette école a laissé une production originale où triomphent la ligne courbe et la profusion ornementale inspirées par l'étude de la nature.

Gallé : Lit Aube et Crépuscule

Studio Image Men/Musée de l'École de Nancy

Émile Gallé – C'est sous l'impulsion d'Émile Gallé (1846-1904) qu'une École d'arts décoratifs allait se développer en Lorraine. Maître verrier à la technique éblouissante, céramiste et ébéniste de grand talent, botaniste distingué mais aussi chef d'une entreprise dynamique, Gallé obtiendra très vite une audience internationale et sera un des créateurs de l'Art Nouveau. Il puisera l'inspiration de ses fameux décors au symbolisme raffiné dans une étude très sérieuse du règne végétal mais aussi dans un regard attentif sur le monde des insectes.

★★**Musée de l'École de Nancy** (**DX M³**) ⊘ – Installé dans le cadre d'une résidence cossue du début du siècle, il en apparaît comme un prolongement naturel. Ce musée à l'ambiance feutrée offre un panorama remarquable de l'extraordinaire mouvement de rénovation des arts décoratifs qui se développa de façon originale à Nancy, entre 1885 et 1914, et fera date dans l'histoire des arts décoratifs sous le nom d'École de Nancy.

Il présente une abondante collection d'œuvres caractéristiques du mouvement nancéien : meubles marquetés et sculptés d'Émile Gallé, de Louis Majorelle, d'Eugène Vallin, de Jacques Gruber et d'Émile André ; reliures, affiches et dessins de Prouvé, Martin, Collin, Lurçat ; verreries de Gallé, des frères Daum et Muller ; céramiques également de Gallé mais aussi de Bussière et de Mougin ; vitraux de Gruber.

Plusieurs ensembles mobiliers, dont une admirable **salle à manger** de Vallin (plafond peint et cuirs muraux au délicat décor floral de Prouvé), témoignent des changements apportés dans le style des intérieurs bourgeois au début de ce siècle. On remarquera aussi au 1er étage une étonnante salle de bains en céramique de Chaplet, un exceptionnel bureau d'homme d'affaires, décoré de cuirs travaillés de motifs floraux pour le bureau proprement dit, les sièges, la bibliothèque et le monumental cartonnier. Quelques meubles d'Hector Guimard, qui sans faire partie de l'École de Nancy participa au même renouveau décoratif, complètent l'ensemble.

Architecture 1900 à Nancy

Bâtiments commerciaux, villas, maisons, Nancy possède de nombreuses demeures influencées par l'Art Nouveau dont voici quelques exemples parmi d'autres :

- **n° 3 rue Mazagran** : brasserie Excelsior élevée en 1910 et dont le décorateur fut Louis Majorelle.
- **n° 86 rue Stanislas** : maison construite en 1906 par Eugène Vallin.
- **n° 5 avenue Foche** : immeuble du journal *L'Est Républicain*, construit en 1912.
- **n° 40 rue Henri-Poincaré** : Chambre de commerce, réalisation architecturale de l'École de Nancy de 1908, ornée de ferronneries de Majorelle et de vitraux de Gruber.
- **n° 9 rue Chanzy** : B.N.P., établissement bancaire 1910, ferronneries de Majorelle.
- **n° 2 rue Bénit** : magasin de 1900-1901, cette ancienne graineterie qui fut le premier immeuble à structure métallique possède des vitraux de Gruber.
- **nos 42-44 rue St-Dizier** : immeuble de rapport construit en 1902 par les architectes Georges Biet et Eugène Vallin.
- **n° 7 bis rue St-Georges** : Crédit Lyonnais, verrière aux clématites de Jacques Gruber, 1901.
- **nos 92-92 bis quai Claude-le-Lorrain** : maisons jumelles par Émile André en 1903.
- **n° 1 rue Louis-Majorelle** : villa Majorelle *(on ne visite pas)*.
  De son vrai nom villa « Jika », cette maison, conçue en 1899 par l'architecte parisien Henri Sauvage (1873-1932), fut construite en 1901 pour l'ébéniste nancéien Louis Majorelle. Elle s'élevait à l'origine dans un vaste parc, en bordure de la ville. On peut se promener dans le jardin entourant la villa.
- **n° 24 rue Lionnois** : maison de l'imprimeur Bergeret (1903-1904), vitraux de Gruber et de Janin.

AUTRES CURIOSITÉS

★**Église N.-D.-de-Bon-Secours** (**EX**) – *Avenue de Strasbourg.*
Élevée par Héré en 1738 pour Stanislas, sur l'emplacement d'une chapelle construite par René II pour commémorer sa victoire sur Charles le Téméraire et les Bourguignons (1477), cette église est un lieu de pèlerinage renommé. La façade est baroque.

L'intérieur, richement orné, possède des confessionnaux sculptés, de style Louis XV, des grilles de Jean Lamour et une belle chaire rocaille. Dans le chœur se trouvent, à droite : le **tombeau de Stanislas**★ et le monument du cœur de Marie Leszczynska, épouse de Louis XV, sculptés par Vassé ; à gauche : le **mausolée de Catherine Opalinska★**, épouse de Stanislas, par les Adam. Derrière l'autel, on remarquera des stalles du 19e s., et la statue de **N.-D.-de-Bon-Secours**, œuvre, en 1505, de Mansuy Gauvain : cette curieuse Vierge de Miséricorde abrite dans son manteau vingt petits personnages, laïcs et clercs.

Musée de Zoologie (**CY M⁴**) ⊙ – Le rez-de-chaussée est occupé par l'**aquarium tropical**★ comportant 70 bassins où évoluent maintes espèces de poissons, originaires, notamment, d'Asie et d'Afrique, de la mer Rouge, des océans Indien et Pacifique et du bassin de l'Amazone.

Au 1er étage, collections d'animaux naturalisés (plus de 10 000 spécimens).

Jardin botanique du Montet (DY) ⊘ – Situé près de la Faculté des Sciences, au sein d'un vallon, il couvre 25 ha et comprend de nombreuses collections : plantes alpines, ornementales, médicinales, ainsi que sous serres (2 300 m²), 6 500 espèces tropicales. Conservatoire botanique national, il contribue à la multiplication des plantes en voie de disparition de France et des DOM-TOM.

Place d'Alliance (CY 4) – Dessinée par Héré et entourée d'hôtels du 18ᵉ s., elle est ornée d'une fontaine par Cyfflé, commémorant l'alliance conclue le 1ᵉʳ mai 1756 entre Louis XV et Marie-Thérèse d'Autriche.

Musée « Maison de la Communication » (CY M⁶) ⊘ – Le musée fait revivre, par des objets, des documents, des reconstitutions de scènes historiques, des démonstrations techniques... deux siècles d'une révolution insoupçonnée : l'histoire de la communication à distance. En 1793, naissance du télégraphe aérien Chappe, en 1876, naissance du téléphone. Il présente également des maquettes de mini-centraux téléphonique en état de marche, la reconstitution d'un bureau de poste des années 20, des câbles télégraphiques et téléphoniques sous-marins, des jouets et des documents anciens.

Cathédrale (CY) – A l'origine primatiale, elle fut édifiée dans la première moitié du 18ᵉ s. A l'intérieur, de proportions majestueuses, admirer les belles grilles des chapelles dues à Jean Lamour et à François Jeanmaire, ainsi que, dans l'abside, la gracieuse Vierge à l'Enfant sculptée par le Nancéien Bagard (17ᵉ s.). Dans la sacristie, le **trésor** ⊘ contient l'anneau, le calice, la patène, le peigne et l'évangéliaire de saint Gauzelin, évêque de Toul dans la première moitié du 10ᵉ s., un ivoire du 10ᵉ s., l'étole de saint Charles Borromée...

Maison des Adam (BY N) – *57, rue des Dominicains.*
Élégamment décorée par les Adam, fameux sculpteurs du 18ᵉ s., qui l'habitèrent.

Église St-Sébastien (BY) – *Place Henri-Mengin.*
Ce chef-d'œuvre de l'architecte Jenesson, consacré en 1732, impressionne par sa spectaculaire **façade**★ baroque concave, ornée de quatre grands bas-reliefs. A l'intérieur, les trois nefs en halle sont recouvertes de curieuses voûtes aplaties, portées par de majestueuses colonnes ioniques. Huit verrières géantes éclairent le vaisseau. Le chœur a conservé de délicates boiseries. Les autels latéraux sont de Vallin (École de Nancy).

ENVIRONS

Musée de l'Aéronautique ⊘ – *2 km. Sortir par ② du plan en direction de l'aéroport de Nancy-Essey dans l'enceinte duquel est installé le musée.*
Le 31 juillet 1912 à 7 h 16 du matin, un biplan Farman chargé de trois sacs de courrier décollait de Nancy à destination de Lunéville, qu'il atteignait quelques minutes plus tard. Avec ce vol débuta officiellement le service de la poste aérienne française, au sein de laquelle allaient s'illustrer tant de valeureux pilotes. Le musée de l'Aéronautique de Nancy-Essey vient rappeler le rôle tenu par cette ville aux temps pionniers de l'aviation commerciale.
Exposés dans un bâtiment conçu spécialement, une quarantaine d'appareils, en majorité militaires, témoignent des spectaculaires évolutions technologiques intervenues depuis les années 1930 et entretiennent le souvenir de faits marquants de l'Histoire contemporaine. On remarquera particulièrement le Douglas DC 3, transportant dans sa version militaire les troupes aéroportées lors du Débarquement de Normandie, le Gloster « Météor », seul appareil à réaction aligné par les Alliés au cours de la Seconde Guerre mondiale (notamment contre les V1 qui assaillaient l'Angleterre), l'avion de lutte anti-sous-marine Loockheed PV2 « Neptune » pourvu d'un caractéristique radôme central, le Dassault MD 450 « Ouragan », premier chasseur à réaction de conception française, le Loockheed F 104-G « Superstarfighter » sélectionné pour l'entraînement des premiers astronautes américains, le Fouga CM 70 « Magister » et son célèbre empennage en « papillon », dont fut dotée la « Patrouille de France » de 1964 à 1980, sans oublier la très sûre et inusable « Caravelle », incarnation de la réussite industrielle française des « Trente Glorieuses ».

Musée de l'Histoire du fer (EX M⁵) ⊘ – Il est installé à **Jarville-la-Malgrange**, dans un vaste bâtiment qui témoigne, lui-même, de l'importance de la construction métallique dans l'architecture contemporaine. La galerie du rez-de-chaussée rappelle la place du fer dans l'univers et les généralités physico-chimiques sur le fer, la fonte et l'acier. Dans la partie réservée aux machines est exposée la Boyotte, petite locomotive à vapeur, à voie étroite.
La salle du sous-sol offre un raccourci sur le travail et l'utilisation du fer, de la Préhistoire au Moyen Âge. On y admire surtout les techniques très avancées des fabrications d'armes, dès l'époque gauloise, et les procédés – en particulier celui du damas mérovingien – permettant de concilier les qualités de résistance, de flexibilité et de tranchant (voir la vitrine contenant une épée).

Les très vastes collections des 1er et 2e étages (commencer par le 2e étage) ont trait à l'évolution de la métallurgie de la Renaissance à nos jours : maquettes, reproductions commentées de tableaux de maîtres où apparaissent des fourneaux ou des forges, objets d'art en fonte ou en fer, etc.

★★**St-Nicolas-de-Port** – *12 km par* ② *du plan. Voir à ce nom.*

Chartreuse de Bosserville – *5 km. Sortir par* ② *du plan. Dans Laneuveville, aussitôt après le pont sur le canal de la Marne au Rhin, tourner à gauche dans la D 126.*

La route tourne aussitôt à droite, offrant une jolie vue d'ensemble sur la chartreuse de Bosserville avant de franchir la Meurthe.

Prendre à gauche la D 2. A 1 km, une allée de platanes conduit à la chartreuse de Bosserville. On ne visite pas.

Fondée en 1666 par le duc Charles IV, elle est occupée par un lycée professionnel technique. Cet édifice, bâti sur une terrasse dominant la Meurthe, au centre duquel s'élève la chapelle, présente une longue et majestueuse façade des 17e et 18e s., flanquée de deux ailes en retour. Un bel escalier en pierre mène à la terrasse. Bosserville servit, en 1793 et 1813, d'hôpital de campagne. De nombreux militaires français ou étrangers de la Grande Armée, malades ou blessés, y succombèrent. Plusieurs centaines de corps furent déposés dans les anciens étangs du Bois Robin.

Château de Fléville ⊘ – *9 km au Sud-Est. Quitter Nancy par l'A 330 jusqu'à la sortie Fléville (à 8 km).* L'édifice actuel fut élevé au 16e s., à la place d'une forteresse du 14e s. dont il ne reste qu'un donjon carré. Après avoir franchi les anciens fossés dont les murs sont ornés de beaux vases du 18e s., on pénètre dans la cour d'honneur. Deux ailes en retour flanquent la

Château de Fléville

D'après photo MAD

belle façade Renaissance du corps de logis principal sur laquelle court un long balcon à balustrade. A l'intérieur, on visite la salle des ducs de Lorraine, la chambre de Stanislas, la chapelle du 18e s., ainsi que plusieurs chambres ornées de peintures et garnies de meubles Louis XV, Régence ou Louis XVI.
A l'issue de la visite intérieure, on pourra faire, si l'on veut, le tour extérieur de l'édifice et se promener dans le parc paysager.

Parc de loisirs de la forêt de Haye – *9 km à l'Ouest. Quitter Nancy par* ⑤ *et la D 400. Pavillon d'informations près de l'entrée, à droite.*
Ce parc de loisirs a été aménagé au cœur de la forêt de Haye, vaste massif vallonné couvrant 9 000 ha, qui servit de réserve de chasse aux ducs de Lorraine. Peuplé surtout de hêtres, le parc a été pourvu de terrains de sport, de tennis, d'aires de jeu, d'installations de pique-nique, de parcours signalés pour la marche et la course à pied. C'est également le point de départ pour de grandes randonnées pédestres, équestres ou en V.T.T. *(130 km)* dans la forêt.

Musée de l'Automobile ⊘ – Il rassemble environ 100 véhicules de toutes marques, allant de 1898 (avec notamment une Aster de 1900) à 1989 ; remarquer une collection de « grand tourisme » des années 1960. Collections de bouchons de radiateurs et d'affiches ayant trait à l'automobile.

Quelques faits historiques.
Sous ce chapitre en introduction, le tableau évoque les principaux événements de l'histoire du pays.

NEUF-BRISACH

2 092 habitants (les Néobrisaciens)
Cartes Michelin n°s 87 pli 7 ou 242 pli 32

Cette ancienne place forte, construite par Vauban sur plan octogonal régulier *(voir illustration dans «Éléments d'architecture»)* a conservé son sobre cachet du 17e s. malgré les destructions du siège de 1870 et celles de la dernière guerre.

À l'intérieur de son enceinte, longue de 2,4 km, elle est partagée en îlots réguliers par des rues qui se coupent à angle droit.

Au centre se trouvent l'église St-Louis et l'immense place d'Armes aux angles de laquelle sont répartis quatre puits.

En saison, l'**association CFTR** ⊘ organise des circulations de train à vapeur 1900, combinées avec une promenade en bateau (1933) sur le Rhin.

⋆**Promenade des remparts** – Il est possible de parcourir à pied les fossés de la porte de Belfort au Sud-Ouest à la porte de Colmar au Nord-Ouest. Cet agréable trajet *(durée : 1/2 h)* permet de découvrir les principaux éléments des fortifications classiques, bastions à échauguettes, demi-lunes, etc.

La **porte de Belfort**, qui ne sert plus de passage, abrite le **musée Vauban** ⊘ qui comprend le plan en relief de la place forte avec animation « son et lumière ».

ENVIRONS

Biesheim – *3 km au Nord par la D 468.* Située près de la frontière, cette petite ville possède deux musées installés dans un bâtiment aux lignes contemporaines, « le Capitole ».

Musée de l'Instrumentation optique ⊘ – Il présente sous d'immenses vitrines plus de 250 instruments, véritables objets d'art réalisés en laiton, ébène, ivoire, argent... concernant différents domaines tels que le laser de plus en plus utilisé en médecine (système laser à vapeur d'or), la topographie (théodolite de Lejard, fin 19e s.), l'astronomie (lunette astronomique de Bardou, fin 19e s.), la marine (sextant vers 1810), la microscopie (microscopes de Culperer, Cuff, 18e s.).

Musée gallo-romain ⊘ – Le musée expose le matériel trouvé sur le site gallo-romain d'Œdenbourg au Nord de la localité. De par sa situation au bord du Rhin, cette agglomération eut d'importantes fonctions militaires (tuiles estampillées de la 1re légion Martia - 4e s.) et commerciales (monnaies de bronze et d'argent). De nombreux objets évoquent les rites funéraires (mobilier, sarcophages) et la religion (temple dédié au dieu Mithra) ainsi que la vie quotidienne (céramiques, intailles, clefs...).

Pont-frontière de Vogelgrün – *5 km à l'Est.* On y jouit d'une belle **vue**⋆ sur le fleuve, l'usine hydro-électrique *(p. 187)* et, sur la rive badoise, Vieux-Brisach (Breisach).

NEUFCHÂTEAU

7 803 habitants (les Néocastriens)
Cartes Michelin n°s 62 pli 13 ou 242 pli 25

Situé à un carrefour important de routes, Neufchâteau a conservé nombre de demeures anciennes, principalement des 17e-18e s., groupées sur la place Jeanne-d'Arc (au n° 2, maison de famille des Goncourt) et dans les rues adjacentes.

Fortifiée au Moyen Âge, la ville fut la première ville libre du duché de Lorraine par sa charte de 1123, et connut une grande prospérité économique entre le 13e et le 15e s. Elle tire son nom de l'ancien château des ducs de Lorraine, détruit avec les remparts au 18e s., qui commandait le passage de la Meuse face à la Champagne. Pendant la Révolution, la ville débaptisée s'appela «Mouzon-Meuse», du nom des cours d'eau qui l'arrosent. Gros marché, Neufchâteau est également une petite cité industrielle tournée vers la fabrication du meuble de style et l'industrie agro-alimentaire.

Sa foire-exposition, à la mi-août, est une des plus anciennes des Vosges.

CURIOSITÉS

Hôtel de ville (**H**) – Ce bâtiment de la fin du 16e s., au portail Renaissance, conserve un bel **escalier**⋆ intérieur richement orné, achevé en 1594, et des caves voûtées d'ogives du 14e s.

Église St-Nicolas ⊘ – Elle se trouve sur la butte qui portait aussi le château des ducs de Lorraine et se compose, en raison de la dénivellation, de deux églises superposées.

Le portail et la tour de l'église haute sont modernes, mais la nef a été édifiée aux 12e et 13e s. L'abside à cinq pans date de 1704.

Dans les chapelles latérales, chapelles funéraires des riches bourgeois neufchâtellois du 15ᵉ et du 16ᵉ s., on peut observer un très riche mobilier dont un célèbre **groupe de pierre★** polychrome (fin 15ᵉ s.) où se retrouvent les personnages de la Mise au tombeau, réunis pour l'onction du Christ; une Vierge à la grappe de raisin du 15ᵉ s.; deux retables en pierre du 17ᵉ s. : Notre-Dame aux chaînes et celui du Rosaire; un buffet d'orgues, du facteur Trenillot, de 1684 et une chaire du 18ᵉ s. Sous le chœur et lui servant d'appui s'étend l'église basse à trois nefs avec des chapiteaux romans dont celui aux basilics affrontés. Elle conserve un intéressant

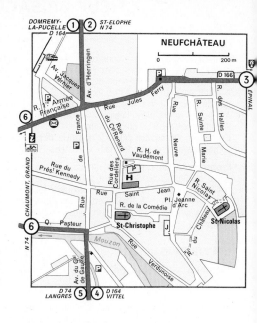

ensemble statuaire en bois polychrome des 16ᵉ-18ᵉ s.

Église St-Christophe ⊘ – La construction remonte à 1100 environ, mais la plus grande partie de l'édifice actuel date du 13ᵉ s. : les influences bourguignonnes s'y manifestent dans la façade aux arcatures reposant sur de graciles colonnettes. Au début du 16ᵉ s. fut ajoutée la chapelle funéraire de P. Woeriot, orfèvre du duc, aujourd'hui affectée aux fonts baptismaux, qui s'ouvre dans le bas-côté droit : remarquer sa belle voûte à clés pendantes.

Dans la nef, chaire Louis XV et, dans le chœur, tableaux et boiseries Louis XVI.

ENVIRONS

St-Élophe – *9 km au Nord. Quitter Neufchâteau par* ② *du plan, N 74.*

Fièrement campée sur le rebord d'un plateau, à l'extrémité du village, l'**église** ⊘, remaniée à plusieurs reprises, présente un puissant clocher du 13ᵉ s. Dans la nef du début du 16ᵉ s., éclairée par les hautes fenêtres ogivales de l'abside, est exposé le gisant de saint Élophe, évangélisateur de la Lorraine martyrisé au 4ᵉ s.

La statue monumentale (7 m) du saint, autrefois située sur le clocher de l'église, date de 1886.

Du parvis, vue sur la vallée du Vair, la basilique du Bois-Chenu, le château de Bourlémont. A partir de là, une **promenade,** sur les pas de saint Élophe, mène successivement à la fontaine où il lava sa tête, après avoir été décapité; à la Reculée, faille dans le rocher qui lui aurait permis de se cacher; enfin dans le cimetière, à la Chaire, pierre sur laquelle il se serait effondré.

Saint Élophe est également évoqué dans un petit **musée** ⊘, installé à la mairie.

Le pèlerinage à Saint-Élophe a lieu chaque année le 3ᵉ lundi d'octobre.

★Domrémy-la-Pucelle – *9 km par* ① *du plan, D 164. Voir à ce nom.*

Pompierre – *12 km au Sud par* ⑤ *du plan, D 74, et la D 1 à gauche.*

L'**église St-Martin,** rebâtie au 19ᵉ s. en bordure de la route, a toutefois conservé son **portail★** roman du 12ᵉ s. Des voussures remarquablement travaillées encadrent un tympan sculpté à trois registres : Massacre des Innocents et Fuite en Égypte, Annonce aux Bergers et Adoration des Mages, Entrée de Jésus à Jérusalem.

La décoration très fouillée des chapiteaux ornés de bêtes affrontées et des colonnettes complète cet ensemble.

*Les **guides** Rouges, les **guides** Verts et les **cartes** Michelin composent un tout.*

Ils vont bien ensemble, ne les séparez pas.

NEUWILLER-LÈS-SAVERNE ★

1 116 habitants
Cartes Michelin n°s 87 pli 13 ou 242 pli 15 – Schéma p. 274

Au pied des Vosges du Nord, dans un cadre de collines et de forêts, cette agréable bourgade possède encore plusieurs belles maisons anciennes à balcon.
L'intérêt de Neuwiller réside aussi dans ses églises et son cimetière.

★ÉGLISE ST-PIERRE-ET-ST-PAUL ⊘ visite : 1/2 h

C'est l'une des plus riches abbatiales d'Alsace. L'église primitive fut transformée au 9ᵉ s. pour recevoir les reliques de saint Adelphe, qui fut évêque de Metz. La partie la plus ancienne est la crypte. Les deux chapelles superposées (11ᵉ s.) sont greffées derrière le chœur. Le chœur, le transept et une travée de la nef furent construits au 12ᵉ s. La nef fut achevée au siècle suivant. Le clocher date de 1768.
Les parties hautes de l'édifice sont romanes. Le flanc gauche, donnant sur une vaste place entourée des maisons des chanoines, est percé de deux portes : à droite, une porte du 13ᵉ s., de chaque côté de laquelle sont les statues de saint Pierre et de saint Paul ; à gauche, une porte du 12ᵉ s. dont le tympan représente un Christ bénissant.

Intérieur – Au fond de la nef, tribune et orgues de 1773-1777.
Au bas du bas-côté droit, le tombeau de saint Adelphe (13ᵉ s.) repose sur huit colonnes élevées, disposition permettant autrefois aux fidèles de passer sous le tombeau du saint. Remonter le bas-côté droit jusqu'au croisillon où l'on verra une **Vierge★** assise du 15ᵉ s. et, dans la chapelle orientée, une autre Vierge, de la fin du 15ᵉ s. Le chœur est décoré de boiseries du 18ᵉ s.
Dans le bras gauche du transept, on voit un Saint Sépulcre polychrome de 1478. Dans la poitrine du Christ, une petite excavation était destinée à recevoir les hosties consacrées pendant la Semaine sainte. Au-dessus du groupe formé par les trois Marie portant des vases de parfums, autour du corps de Jésus, s'élève un gâble gothique flamboyant dont la niche abrite une Vierge du 14ᵉ s.
Au bas du bas-côté gauche, fonts baptismaux romans.

★**Chapelles superposées** – Toutes les deux sont du 11ᵉ s. et de même plan. Des colonnes cylindriques soutiennent les voûtes. Les bases sont les mêmes dans les deux chapelles, mais les chapiteaux cubiques, complètement nus dans la chapelle inférieure, sont décorés de fort beaux motifs dans la chapelle supérieure.
La chapelle haute contient de remarquables **tapisseries★★**. Les quatre panneaux exécutés à la fin du 15ᵉ s. représentent la vie et les miracles de saint Adelphe. L'ensemble, d'une naïveté charmante et d'un coloris délicieux, constitue une belle suite, très bien restaurée.

AUTRES CURIOSITÉS

Église St-Adelphe ⊘ – Cette église de transition romano-gothique (12ᵉ-13ᵉ s.) appartient aujourd'hui au culte luthérien.

Cimetière – Nombreuses tombes d'officiers du Iᵉʳ Empire.

NIEDERBRONN-LES-BAINS ♯♯

4 372 habitants
Cartes Michelin n°s 87 pli 3 ou 242 pli 16 – Schéma p. 275

Niederbronn, station hydrominérale fréquentée, est un excellent centre de séjour pour entreprendre des randonnées et des excursions dans le parc naturel régional des Vosges du Nord (voir p. 272).
Entourée de collines vosgiennes, la ville doit sa naissance, son nom et sa propriété à ses sources thermales.
La cité, fondée par les Romains (vers 48 av. J.-C.), fut détruite lors les invasions barbares du 5ᵉ s. Au 16ᵉ s., le comte Philippe de Hanau entreprend la restauration des bains de Niederbronn, tâche continuée, au 18ᵉ s., par la famille de Dietrich.
Sous le Second Empire, la station connaît une période faste, comptant jusqu'à 3 000 curistes en 1869. C'est une époque de grande prospérité aussi pour l'entreprise de métallurgie de Dietrich, qui demeure aujourd'hui le principal employeur de la cité.
Endommagée au cours de la dernière guerre, elle a repris son essor et ses eaux attirent chaque année quelque 4 000 curistes.
Elles sont débitées par deux sources :
– la **source Romaine** qui jaillit en plein cœur de la ville, devant le casino municipal. Elle traite les affections rhumatismales, arthrosiques et inflammatoires, séquelles de traumatisme, artérite) ;
– la **source Celtic**, une des moins minéralisées en France, est commercialisée depuis 1989.

CURIOSITÉS

Maison de l'Archéologie ☉ – Présentation moderne et aérée de documents archéologiques provenant de la proche région. Une salle est consacrée aux poêles de fonte, spécialité de Niederbronn depuis plus de trois siècles.

Cimetière militaire allemand – Situé dans un lieu paisible, sur un mamelon dominant la ville, il est la dernière demeure de 15 400 soldats des deux guerres.

Château de Wasenbourg – *A l'Ouest. 1 h 1/4 à pied AR. Partir de la gare SNCF et suivre l'allée des Tilleuls.*
Après être passé sous la voie de contournement, à hauteur du lieu-dit Roi de Rome, tourner à gauche dans le sentier «promenade et découvertes» qui mène aux ruines du château (13ᵉ s.). Belle vue sur Saverne au Sud-Ouest, l'Alsace du Sud-Est, le Palatinat.
A proximité du château, au Nord-Est, vestiges d'un temple romain.

ENVIRONS

Châteaux de Windstein – *8 km au Nord. Description p. 278.*

★**Château de Falkenstein** – *10 km au Nord-Ouest, puis 3/4 h à pied AR. Quitter Niederbronn par la route de Bitche, N 62 ; à Philippsbourg, tourner à droite dans la D 87, puis, à 1,5 km à gauche, dans la D 87ᴬ. Voir à ce nom.*

Tour du Wintersberg – *Circuit de 15 km. Quitter Niederbronn au Nord-Ouest par la N 62 et, à 1,5 km, devant la source Celtic, tourner à droite vers le Wintersberg, point culminant des Vosges du Nord (580 m).*
Du haut de la tour-signal, beau panorama sur les basses Vosges et la plaine.
Redescendre par le versant Ouest de la montagne.

NIEDERHASLACH

1 088 habitants
Cartes Michelin nᵒˢ 87 pli 15 ou 242 pli 23

Il y avait là autrefois une abbaye dont la légende décrit ainsi la fondation. Saint Florent, ou saint Florentin, ayant guéri la fille du bon roi Dagobert, celui-ci l'autorisa à fonder une abbaye dans la région. Il devait disposer du terrain que pourrait délimiter le trot de son petit âne pendant la durée de la toilette royale. Or, ce jour-là, le roi s'attarda et l'âne du saint partit au grand galop, si bien que l'abbaye reçut de vastes proportions.

★ÉGLISE *visite : 1/4 h*

Commencée au milieu du 13ᵉ s., elle fut presque entièrement détruite par un incendie en 1287 et c'est Gerlac, fils d'Erwin von Steinbach, architecte de la cathédrale de Strasbourg,.qui la reconstruisit en partie.
D'un style gothique simple et fort élégant, elle présente un portail encadré de statuettes et orné d'un tympan qui illustre l'histoire de saint Florent, guérissant la fille du roi Dagobert. Dans les bas-côtés et l'abside se trouvent de beaux **vitraux**★ des 14ᵉ-15ᵉ s. On verra dans le chœur, à gauche du maître-autel, le tombeau de l'évêque Rachio de Strasbourg et à droite un crucifix en pierre de 1740 entouré de saint Jean-Baptiste et de saint Jean l'évangéliste. Une chapelle, à droite du chœur, abrite sous ses voûtes aux clefs sculptées le tombeau de Gerlac et un Saint Sépulcre du 14ᵉ s. Un pèlerinage à St-Florent, avec procession des reliques, a lieu le dimanche suivant le 6 novembre. Belles stalles de la fin du 17ᵉ s.

Lac NOIR ★

Cartes Michelin nᵒˢ 87 pli 17 ou 242 pli 31

Le lac Noir et le lac Blanc ont été associés, vers 1930, en un seul aménagement hydro-électrique. La centrale édifiée sur la rive Nord du lac Noir est reliée par une conduite forcée au lac Blanc, situé 100 m plus haut. La nuit, au moyen de l'excédent de puissance dont dispose le réseau durant les heures de faible consommation d'énergie électrique, l'eau du lac Noir est refoulée à l'aide de pompes dans le lac Blanc ; elle peut donc actionner, pendant les heures de pointe, les turbines de la centrale du lac Noir.

★**Lac Noir** – Il occupe le fond d'un cirque glaciaire, à l'altitude de 954 m. Une moraine, à laquelle s'appuie un barrage, retient ses eaux vers l'Est ; de hautes falaises granitiques forment, sur le reste du pourtour, un cadre vraiment grandiose.
Pour la pêche, voir le chapitre des Renseignements pratiques en fin de guide.

Le tour du lac – *1 h à pied AR par un sentier jalonné de croix jaunes. Laisser la voiture au point de stationnement indiqué sur le schéma.* Prendre à gauche un sentier qui s'élève vers un promontoire rocheux d'où la **vue**★ est belle sur le lac, la vallée de Pairis et la plaine d'Alsace.

En poursuivant le tour du lac, le sentier s'élève dans les falaises et offre, en particulier à hauteur de l'usine hydro-électrique, des vues sans cesse renouvelées sur le cirque où s'enchâsse le lac.

★ **Lac Blanc** – Situé à 1 054 m d'altitude, ce lac *(illustration p. 22),* dans lequel on peut pêcher *(voir le chapitre des Renseignements pratiques en fin de guide),* a une superficie de 29 ha et sa profondeur atteint 72 m.

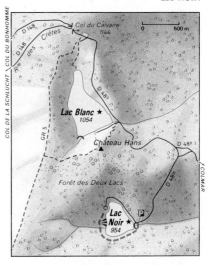

Il est encastré dans un cirque glaciaire et dominé par un étrange rocher en forme de forteresse que l'on appelle le « château Hans ». Les hautes falaises granitiques qui l'entourent sont en partie boisées, ce qui corrige quelque peu la rudesse du décor.

Parmi les autres lacs de la région, les plus importants sont : le lac de Madine, le plus grand, le lac de Gondrexange, le lac de Pierre-Percée et le lac Vert.

OBERNAI★★

9 610 habitants

Cartes Michelin nos 87 pli 15 ou 242 plis 23, 24 – Schémas p. 108 et 201

Il est peu de petites villes qui satisfassent aussi pleinement le touriste épris de couleur locale. Ayant conservé une partie de ses remparts, Obernai blottit au pied du mont Ste-Odile ses petites rues tortueuses hérissées de pignons aigus. Nombreux sont ceux qui l'élisent comme lieu de séjour ou de vacances. On lui fera tout au moins l'honneur d'une visite, sans hâte et à pied...

La ville de sainte Odile – D'origine franque, Obernai – alors Ehnheim – est, au 7e s., la résidence du farouche Adalric ou Étichon, duc d'Alsace, dont une demeure voit naître la future sainte Odile *(voir p. 212).*

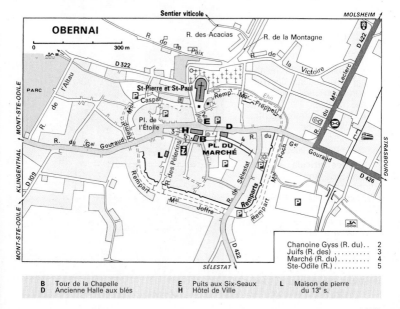

Chanoine Gyss (R. du)..				2
Juifs (R. des)				3
Marché (R. du)........				4
Ste-Odile (R.)				5

B	Tour de la Chapelle	**E**	Puits aux Six-Seaux	**L** Maison de pierre
D	Ancienne Halle aux blés	**H**	Hôtel de Ville	du 13e s.

La ville, longtemps dépendante de la célèbre abbaye fondée par la sainte, devient, au 12e s., possession du Saint Empire et s'entoure d'une double enceinte fortifiée. Au 14e s., elle adhère à la Décapole (voir p. 33) et soutient victorieusement l'assaut des Armagnacs, puis au 15e s. des Bourguignons de Charles le Téméraire, le dernier des ducs de Bourgogne et peut-être le plus célèbre. Elle est à son apogée au 16e s. malgré les troubles nés de la Réforme, mais la guerre de Trente Ans la ruine à peu près totalement. Louis XIV l'annexe définitivement en 1679.

★★PLACE DU MARCHÉ *visite : 1/2 h*

Elle est fort pittoresque et toute teintée de cette nuance dorée qui va parfois jusqu'au carmin et donne tant de charme aux rues d'Obernai. Au centre, une fontaine de 1904 porte une statue de sainte Odile.

★**Hôtel de ville** (**H**) – Il conserve des vestiges allant du 14e s. au 17e s. Transformé et agrandi en 1848, il garde une façade munie d'un oriel et d'un beau balcon sculpté, ajoutés en 1604.

★**Tour de la Chapelle** (**B**) – Ce beffroi du 13e s. était le clocher d'une chapelle dont il ne subsiste que le chœur. Le dernier étage, du 16e s., avec sa flèche culminant à 60 m et flanquée de quatre échauguettes ajourées, est de style gothique.

★**Ancienne Halle aux blés** (**D**) – Elle date de 1554 et abritait autrefois les boucheries municipales.

AUTRES CURIOSITÉS

★**Maisons anciennes** – Elles abondent aux alentours de l'hôtel de ville, de la Halle aux blés, de la rue du Marché et de la place de l'Étoile.
Dans la rue des Pèlerins, on verra une maison de pierre à 3 étages, du 13e s. (**L**). Derrière l'hôtel de ville, jeter un coup d'œil dans la pittoresque ruelle des Juifs. A l'angle, maison à colombage avec passerelle en bois.

Puits aux Six-Seaux (**E**) – Ce gracieux puits Renaissance à colonnes et à baldaquin possède trois rouelles dont chacune supporte deux seaux. Sa girouette porte la date de 1579.

Église St-Pierre-et-St-Paul – Imposante par ses dimensions, l'église fut construite au 19e s. dans le style gothique. Elle contient, dans le bras gauche du transept, un autel du Saint Sépulcre (1504) et la châsse renfermant, depuis 1921, le cœur de Mgr Freppel (le prélat, né à Obernai et évêque d'Angers, mort en 1891, avait demandé par testament que son cœur fût transporté dans l'église de sa ville natale après le retour de l'Alsace à la France), ainsi que quatre belles fenêtres à vitraux du 15e s. attribués à Pierre d'Andlau ou à son élève Thibault de Lyxheim. La chapelle de Ste-Odile renferme un triptyque moderne.

Remparts – Promenade agréable le long des remparts entre une double rangée d'arbres. De l'enceinte intérieure, autrefois renforcée de plus de vingt tours, le rempart Maréchal-Foch est le mieux conservé.

Sentier viticole – *Circuit de 3,6 km, 1 h 30 de marche à pied. Parking au mémorial A.D.E.I.F., grande croix de 12 m de haut.* Un sentier balisé permet de parcourir une partie du vignoble couvrant 250 ha.

ENVIRONS

★★**Mont Ste-Odile** – *13 km à l'Ouest. Voir à ce nom.*

Obernai – Puits aux Six-Seaux

J. Desmarteau/EXPLORER

Val d'ORBEY ★★

Cartes Michelin nᵒˢ 87 pli 17 ou 242 pli 31

Le circuit du val d'Orbey est tracé à l'extrémité Nord de la Route des Crêtes *(p. 197)*. C'est une des plus belles promenades que puisse accomplir le touriste au départ des Trois-Épis, permettant d'admirer dans toute leur sévère beauté le lac Noir et le lac Blanc, et de parcourir les jolies vallées de la Béhine et de la Weiss. Il conduit à l'un des plus dramatiques champs de bataille de la guerre de 1914-1918 : le Linge.

L'abbaye de Pairis – Situé à 3 km d'Orbey, **Pairis** n'est plus qu'un hameau entourant un hôpital. Celui-ci a été édifié sur les vestiges de l'ancienne abbaye, fondée en 1136 par des moines cisterciens.

Pairis fut, pendant plusieurs siècles, un but de pèlerinages. Ses moines étaient réputés pour leur sainteté et pour leur savoir. L'un d'eux, Martin, désigné par Innocent III pour prêcher la croisade, partit lui-même avec les Croisés. Le monastère a été détruit à la Révolution.

DES TROIS-ÉPIS AU BONHOMME
40 km – environ 5 h – schéma p. 62 et 63

★★**Les Trois-Épis** – *Voir à ce nom.*

Au départ des Trois-Épis, la D 11 puis la D 11ᵛᴵ longent la crête qui sépare les vallées d'Orbey et de Munster et offrent, tantôt sur l'une, tantôt sur l'autre, de jolies vues. Tracée en forêt, la route contourne le Grand Hohnack et atteint bientôt une zone rendue célèbre par les «communiqués» de la guerre de 1914-1918 : la région du Linge.

Le Linge – *Page 155.*

Prendre à droite au Collet du Linge puis, après avoir laissé à gauche le chemin de Glasborn, prendre encore à droite au col du Wettstein (cimetière militaire des Chasseurs).

Au-delà, un parcours accidenté, laissant à droite le hameau de Pairis, permet de belles vues sur le val d'Orbey.

★**Lac Noir** – *Voir à ce nom.*

★★**Rocher-observatoire Belmont** – *Voir à lac Noir.*

La route qui longe le lac Blanc offre des vues de plus en plus belles sur le cirque rocheux qui enserre le plan d'eau.

★**Lac Blanc** – *Voir à lac Noir.*

Au col du Calvaire, on atteint la route des Crêtes que l'on prend à droite et on pénètre en forêt.

La route procure, par échappées, de jolies vues sur la vallée de la Béhine, dominée par la Tête des Faux, avant d'atteindre le col du Bonhomme.

Col du Bonhomme – Alt. 949 m. Entre le col de Ste-Marie (au Nord) et le col de la Schlucht (au Sud), il fait communiquer l'Alsace et la Lorraine, de Colmar à Nancy. *Voir aussi à Route des Crêtes.* Au col commence une descente sinueuse et continue au cours de laquelle on découvre une jolie vue sur la vallée de la Béhine dominée, en avant et au loin, par le Brézouard et, à droite et plus près, par la Tête des Faux.

Le Bonhomme – Cet agréable lieu de séjour fut, à trois reprises, éprouvé par la guerre. En 1914-1918, plus de la moitié de ses maisons furent détruites. En 1940, on se battit sur le territoire de la commune, les 18 et 19 juin. A la fin de décembre 1944, de violents combats se déroulèrent au col du Bonhomme, au col du Louchbach, au lac Blanc et au lac Noir.

PAYS WELCHE
du Bonhomme aux Trois-Épis
29 km – environ 2 h – schéma p. 62 et 63

Au Bonhomme, on entre dans le Pays Welche, véritable enclave de langue romane en pays alsacien. Les cinq communes du Pays Welche portent des noms évocateurs : le Bonhomme, Lapoutroie, Fréland, Orbey, Labaroche.

Le Bonhomme – *Voir ci-dessus.*
La route passe ensuite au pied des rochers qui portent les vestiges du château de Gutenburg.

Lapoutroie – Ce village possède un intéressant **musée des Eaux-de-Vie** ⊙, installé dans un ancien relais de poste (18ᵉ s.)

Continuer sur la N 415 vers Kaysersberg puis tout de suite à gauche sur la D 11ᴵⱽ, route verdoyante menant à Fréland.

Fréland – Le « pays libre » où les mineurs de Ste-Marie-aux-Mines *(voir à ce nom)* bénéficiaient de l'affouage.

Musée-restaurant du Pays Welche ⊙ – Les habitants des environs ont rassemblé des objets qui évoquent les traditions du pays dans un ancien presbytère datant du 18ᵉ s. Le cadre et la reconstitution de la vie du pays sont particulièrement soignés.

Revenir à la N 415, puis au rond-point prendre à gauche la D 48 vers Orbey.

Orbey – Composé de nombreux hameaux, Orbey s'allonge dans la verdoyante vallée de la Weiss entre des hauteurs sillonnées de sentiers dont la fraîcheur attire et retient le touriste.

Après Orbey, la route s'élève dans le vallon de Tannach puis, décrivant un grand lacet, continue, sinueuse et en corniche, offrant de jolies vues sur la vallée de la Weiss dominée par le piton du Grand Faudé.

Plus loin, elle change de versant et procure une belle vue en avant et à gauche sur la vallée du Walbach, le Galz et son monument, la plaine d'Alsace. Laissant le hameau de **Labaroche** à gauche, on remarque bientôt en avant le Grand Hohnack et, plus à droite et tout proche, le piton conique du Petit Hohnack, avant d'atteindre la route qui ramène aux Trois-Épis *(voir à ce nom).*

OTTMARSHEIM

1 897 habitants
Cartes Michelin nᵒˢ 87 pli 9 ou 242 pli 40 – Schéma p. 186

Ce petit bourg, situé en bordure de l'immense forêt de la Harth, n'a longtemps été célèbre que par son église, unique exemple de l'architecture carolingienne en Alsace. Maintenant, Ottmarsheim est également connu par son usine hydro-électrique, la seconde des huit usines qui s'élèvent sur le Grand Canal d'Alsace *(détails p. 186).*

★**Église** – Elle fut consacrée par Léon IX, vers 1050. C'est un très curieux édifice octogonal, copie réduite de la chapelle palatine d'Aix-la-Chapelle. Ces monuments circulaires ou polygonaux, caractéristiques de l'architecture carolingienne, sont très rares. On les a pris longtemps pour des temples païens ou des baptistères. En fait, celui d'Ottmarsheim est l'église d'une abbaye de bénédictines fondée au milieu du 11ᵉ s.

Le clocher, dans sa partie supérieure, est du 15ᵉ s. ainsi que la chapelle rectangulaire accolée au Sud-Est, alors que la chapelle gothique fut construite en 1582 à gauche de l'abside.

L'intérieur présente un octogone régulier couvert d'une coupole. A gauche de l'abside carrée, une porte, avec grille en fer forgé donne accès à la chapelle gothique : au-dessus de l'entrée, sept médaillons funéraires du 18ᵉ s.

L'église conserve des peintures murales du 15ᵉ s. : Vie de saint Pierre, Christ en majesté présidant au Jugement dernier.

★**Centrale hydro-électrique** ⊙ – L'usine d'Ottmarsheim, le bief et les écluses réalisés de 1948 à 1952 constituent le deuxième tronçon du Grand Canal d'Alsace, première phase de l'aménagement du Rhin *(voir p. 186)* entre Bâle et Lauterbourg.

Écluses – Elles sont de même longueur, 185 m, et de largeurs différentes, 23 m et 12 m. Leur fermeture est assurée à l'amont par des portes busquées et à l'aval par des portes levantes qui coulissent dans les parois des écluses. La pression de l'eau sur les portes, quand elles sont fermées, les fait plaquer à la paroi et assure l'étanchéité. Seul le poste de commande domine les deux sas.

La montée ou la descente du plan d'eau permet un éclusage rapide : 11 mn dans le petit sas et 18 dans le grand sas.

Usine – La salle des machines est très claire et très vaste. Ses quatre groupes, d'une puissance totale maximale de 156 MW, produisent en moyenne 980 millions de kWh par an.

Massif du PETIT BALLON ★

Cartes Michelin nᵒˢ 87 plis 17 et 18 ou 242 plis 31, 35

Le Petit Ballon ou **Kahler Wasen**, bien que formé de roches sédimentaires anciennes et non de roches granitiques, présente une croupe arrondie. C'est le domaine du « chaume », prairie naturelle où montent les troupeaux durant la belle saison et où les « marcaires » fabriquent le fameux « munster ».

DE MUNSTER AU PETIT BALLON

17 km – environ 2 h – schéma p. 62 et 63

Munster – *Page 154.*

Sortir par la D 417 route de Colmar, que l'on abandonne après 5 km pour tourner à droite dans la D 40.

Après Soultzbach *(p. 154)*, prendre à droite la D 2, route pittoresque qui remonte la vallée verdoyante du Krebsbach, où alternent les pâturages et les forêts.

A **Wasserbourg**, on emprunte une route forestière et on atteint les prairies d'où, à hauteur de l'auberge du Ried, on découvre une belle vue sur la crête du Hohneck. Après un court passage sous bois, ce sont de nouveau les pâturages, au milieu desquels s'élève la ferme-restaurant du Kahler Wasen. La **vue**★ s'étend, fort belle, sur Turckheim, au débouché de la vallée de la Fecht, sur la vallée elle-même et les hauteurs qui la dominent et, au-delà, par temps clair, sur la plaine d'Alsace.

★★**Petit Ballon** (alt. 1 267 m) – *De la ferme-restaurant du Kahler Wasen, 1 h 1/4 à pied AR.* Superbe **panorama** : à l'Est, sur la plaine d'Alsace, les collines du Kaiserstuhl et la Forêt-Noire ; au Sud, sur le massif du Grand Ballon ; à l'Ouest et au Nord, sur le bassin des deux Fecht.

DE MUNSTER AU MARKSTEIN
22 km – environ 1 h 1/4 – schéma p. 62 et 63

Munster – *Page 154.*

Sortir à l'Ouest par la D 10.

Muhlbach – *Page 154.*

Après Metzeral, continuer dans la D 10 en direction de Sondernach.

Au-delà de cette localité, la route s'élève à travers des prairies encadrées de bois. Avant un lacet à gauche, jeter un coup d'œil à droite sur le Petit Ballon au sommet gazonné. La route sinueuse pénètre en forêt et décrit deux lacets. Du second, une belle vue se révèle sur la vallée de Munster et, dominant le paysage, Hohrodberg, à flanc de montagne. De beaux sapins bordent la route. Aussitôt avant un nouveau lacet, la vue se porte sur la vallée de la Fecht que jalonnent Sondernach et Metzeral. Au fond se silhouettent Hohrodberg et les sommets des Vosges ; plus à droite, la croupe du Petit Ballon domine tout le massif. Dans le virage suivant se détache à droite la route vers Schnepfenried, but d'une belle excursion.

★**Schnepfenried** — Cette station de sports d'hiver possède plusieurs remonte-pentes. Grâce à son excellente situation, elle devient un centre fréquenté. Elle offre un beau **panorama**★ sur le massif du Hohneck, au flanc duquel on distingue le barrage et le lac de Schiessrothried, et, plus à droite, sur Munster et les hauteurs qui dominent sa vallée. Du sommet du Schnepfenried (alt. 1 258 m), au Sud, accessible par un sentier *(1 h à pied AR)*, **tour d'horizon**★ sur la chaîne du Grand Ballon au Brézouard, la vallée de la Fecht, la Forêt-Noire et, par temps très clair, l'Oberland bernois.

Montée continue dans les bois où les hêtres prennent le pas sur les sapins. Après une courte descente, on atteint la région des pâturages : belle vue à droite sur le massif du Hohneck.

La route, changeant de versant, offre ensuite une vue sur la vallée de la Thur. Prendre à gauche la route des Crêtes. Au passage sous un téléski, on découvre une vue plongeante sur le lac de la Lauch, la vallée de Guebwiller et la plaine d'Alsace.

Le Markstein – *Page 102.*

LES SOMMETS DES VOSGES

Le Donon 1 009 m
Champ du Feu 1 100 m
Ballon de Servance 1 216 m
Ballon d'Alsace 1 250 m
Petit Ballon ou Kahler Wassen 1 267 m
Le Hohneck 1 362 m
Grand Ballon ou Ballon de Guebwiller 1 424 m, point culminant.

DU MARKSTEIN A MUNSTER
39 km – environ 1 h 1/4 – schéma p. 62 et 63

La route du Markstein à Lautenbach par la vallée de la Lauch est décrite en sens inverse p. 101.

★**Lautenbach** – *Page 101.*

Faire demi-tour à l'église de Lautenbach et ressortir de l'agglomération ; tourner à droite dans la route forestière du col de Boenlesgrab.

Après deux lacets, la route en forte montée offre une belle vue à gauche sur la vallée de la Lauch et le Grand Ballon dont on distingue l'hôtel un peu en contrebas. On arrive au col de Boenlesgrab.

A gauche du restaurant du col s'embranche le chemin d'accès du Petit Ballon.

★★**Petit Ballon** – *2 h à pied AR depuis le col.*

A partir du col le chemin rocailleux, d'abord forestier, traverse ensuite les pâturages. Très belle **vue** à droite sur Wasserbourg, la vallée du Krebsbach, sur les villages de Soultzbach et de Walbach dans la vallée de la Fecht, et au-delà sur les Trois-Épis que domine à droite le Galz. L'itinéraire passe devant la ferme-auberge du Strohberg, aux deux tiers du parcours. Après avoir franchi un portillon d'enclos, on suit le sentier à gauche jusqu'au sommet d'où s'ouvre une très belle vue panoramique *(description p. 175)*. Le retour peut s'effectuer par le même itinéraire.

Reprendre la voiture au col de Boenlesgrab.

La route forestière qui mène au carrefour du Firstplan traverse de beaux peuplements de hêtres et de sapins, puis la forêt devient plus jeune. A mi-parcours, belle vue sur les vallées du Krebsbach et de la Fecht. Puis, au cours de la descente vers Soultzbach, quelques échappées à gauche laissent entrevoir la croupe du Petit Ballon.

Peu après Soultzbach (p. 154), prendre à gauche la D 417.

Munster – *Page 154.*

La PETITE-PIERRE ★

623 habitants (les Parva-Pétriciens)
Cartes Michelin n°s 87 pli 13 ou 242 pli 15 – Schéma p. 274

Située au carrefour de routes importantes, La Petite-Pierre, Lützelstein ou Parva Petra, dont l'origine remonte au Moyen Âge, fut fortifiée par Vauban puis désaffectée en 1870. Station estivale fréquentée, elle occupe une position dominante au cœur du massif forestier des petites Vosges. Elle est le point de départ de plus de 100 km de sentiers balisés *(tableau indicateur à la mairie)*.

VILLE ANCIENNE

Y accéder par un chemin en forte montée et, après avoir dépassé un ouvrage avancé, suivre la rue principale.

Chapelle St-Louis – Construite en 1684 et jadis réservée à la garnison (monuments funéraires de gouverneurs ou commandants d'armes), elle abrite désormais l'intéressant **musée du Sceau alsacien** ⊙, qui illustre l'histoire de l'Alsace par le truchement de nombreuses reproductions de sceaux de villes ou de seigneuries, de grands personnages ou de vieilles familles, de métiers ou de corporations, d'ordres religieux ou de chapitres, etc.

Église – La tour et la nef ont été rebâties au 19e s., mais le chœur gothique remonte au 15e s. Il est décoré de **peintures murales** de la même époque représentant le Couronnement de la Vierge, la Tentation d'Adam et Ève, le Jugement dernier, etc. Elle est simultanée depuis 1737, servant aux cultes catholique et protestant.

Château – Édifié au 12e s., le château subira par la suite de nombreuses transformations, notamment sous l'impulsion du comte palatin du Rhin, Georges Jean de Veldenz, au 16e s. Depuis 1973, il est le siège de la direction du **Parc naturel régional des Vosges du Nord.**

Maison du parc ⊙ – Grâce à une présentation astucieuse (reconstitutions, jeux, diaporamas...), l'**exposition permanente** « Nouveaux Espaces » permet, en six salles thématiques et multimédias, de découvrir les richesses historiques, culturelles et techniques de la région ainsi que l'important patrimoine naturel du Parc (végétation, faune). Cette visite est également l'occasion d'une sensibilisation aux problèmes posés par la gestion d'un parc naturel régional (protection de l'environnement, lutte contre les pollutions).

Revenir par la rue des Remparts : points de vue sur la campagne et les sommets boisés.

« Magazin » ⊙ – Cet ancien entrepôt du 16e s., situé sur les remparts, abrite un petit **musée des arts et traditions populaires :** curieuse collection de positifs de moules à gâteaux, dits « springerle » (gâteaux à l'anis) et « lebkuche » (pains d'épice).

Continuer à suivre la rue des Remparts qui rejoint la rue principale.

Maison des Païens – Située dans les jardins de la mairie, cette maison Renaissance (1530) a été construite sur les fondations d'une ancienne tour de garde romaine.

ENVIRONS

Parc animalier du Schwarzbach – *Accès sur la D 134, au niveau de la maison forestière de Loosthal, entre La Petite-Pierre et Neuwiller.* Il offre la possibilité de découvrir dans son cadre naturel l'une des espèces les plus prestigieuses de la grande faune des Vosges du Nord : le cerf élaphe. Dans une clairière, un mirador permet une bonne observation des animaux et de leur comportement.

Peu après, un intéressant **sentier botanique** fait découvrir la diversité du milieu forestier des Vosges du Nord (arbres, écologie forestière, géologie, traces d'animaux...). Deux circuits sont possibles, l'un de 1,8 km *(45 mn)* et l'autre de 4 km *(2 h)* avec de superbes points de vue sur la région.

Berg – *13,5 km à l'Ouest par D 9 et D 95.*
Dans le village, suivre les flèches « Kirchberg ». Le site de la chapelle de Kirchberg offre un point de vue intéressant sur la bourgade et, vers l'Est, sur les premiers reliefs boisés des Vosges du Nord. Du parking, départ pour un sentier botanique *(1 h)* présentant les arbres les plus communs de la région.

PFAFFENHOFFEN

2 285 habitants
Cartes Michelin nos 87 pli 3 ou 242 pli 16

Chef-lieu de bailliage de l'ancien comté de Hanau-Lichtenberg, ce bourg fortifié au 15e s. surveillait la rive droite de la Moder. Il fut au 16e s. l'un des lieux de rassemblement des « rustauds » en révolte *(voir à Saverne)*. Aujourd'hui, cette petite ville industrielle (chaussures, métallurgie) a conservé des vestiges de son enceinte, une église catholique avec nef gothique du 15e s. et crypte du 13e s., et une synagogue datée de 1791, la plus ancienne d'Alsace restée intacte.

Musée de l'Imagerie peinte et populaire alsacienne, Pfaffenhoffen

Pfaffenhoffen – Souvenir de régiment

★**Musée de l'Imagerie peinte et populaire alsacienne** ⊙ – *38 (au 1er étage), rue du Dr-Albert-Schweitzer (rue principale)*.

Ce musée fait connaître l'originale tradition alsacienne des images peintes à la main (sur papier ou vélin, au dos d'une plaque de verre, sur un objet) par les gens du peuple ou par les peintres imagiers de la région.

Ce sont soit des images purement religieuses destinées à favoriser la prière (images de Dieu, de saints, textes religieux décorés) ou à protéger la maison, le bétail, les récoltes (images de saints protecteurs telles que celles de sainte Agathe ou de saint Wendelin), soit des images-souvenirs illustrant les événements importants de la vie (naissance, communion ou confirmation, amitié, service militaire, mariage et décès de personnes chères).

Les premières étaient accrochées dans le « Herrgottswinkel » (coin du Bon Dieu) catholique, ou dans le « Biwelseck » protestant (coin de la Bible).

Devant toutes ces images aux dessins naïfs, au style primaire, comment rester insensible par exemple au bonheur de Marguerite Finck qui, un beau jour de printemps 1871, reçut de son futur époux un bouquet d'amoureux peint où dominent le rouge de la passion, le vert de l'espérance et le bleu de la fidélité.

Dans la première salle sont présentées des peintures sous verre aux couleurs éclatantes malgré leur grande ancienneté. Parmi elles figurent une Sainte Françoise et un Saint Xavier, les deux plus anciennes peintures sous verre datées que l'on connaisse actuellement en France.

Des églomisés ornent les murs de la deuxième salle : variétés de peinture sous verre avec leur fond noir et leurs décorations ainsi que leurs textes dorés. Ils ont été conçus pour décorer les pièces éclairées par des bougies ou des lampes à pétrole dont la lumière vacillante faisait scintiller les dorures. Ils sont du Second Empire.

C'est dans la troisième salle que sont groupées la plupart des images-souvenirs (17e au 19e s.) : lettres de baptême, textes de confirmation, de mariage et de décès décorés, souvenirs de communion, images d'amour, livres d'amitié. On y expose aussi des actes notariés décorés.

Dans la quatrième salle, on découvre de splendides canivets aux fines miniatures et aux découpages en dentelles, des ex-voto, des images de saints protecteurs, des bannières de procession, des petites images de piété dont certaines datent du 17e s., des reliquaires.

La salle suivante renferme les témoignages de l'une des plus anciennes et des plus longues traditions de la province, celle des « Goettelbriefe » ou « souhaits de baptême ». Elle dura près de quatre cents ans.

Dans la dernière salle se tient une armée de petits soldats de Strasbourg entièrement peints à la main au cours du 18e s. A côté, souvenirs de conscription, décorés, et souvenirs de régiment, multicolores.

Hôtel de ville ⊙ – Sur la façade est représenté en médaillon un buste du docteur Schweitzer, citoyen d'honneur de la ville. Le hall abrite les œuvres (sculptures, peintures figuratives dans le goût de l'impressionnisme) d'un artiste strasbourgeois, Alfred Pauli (1898-1988).

Maisons anciennes – De nombreuses maisons à colombage du 16ᵉ au 19ᵉ s. subsistent encore aujourd'hui, notamment rue du Docteur-Schweitzer et rue du Marché.

ENVIRONS

Cimetière juif d'Ettendorf – *6 km au Sud-Ouest par les D 419ᴬ et D 25, 1ʳᵉ route à droite. Traverser le village et prendre une petite route parallèle à la voie ferrée, qui conduit en 500 m au cimetière.*
Les stèles levées de ce cimetière juif, le plus ancien d'Alsace, s'égrènent à flanc de colline sur un vaste espace, s'intégrant parfaitement au paysage.
Tout proche, le village de **Buswiller** conserve de plaisantes maisons à colombage. Au n° 17 de la rue principale, remarquer le pignon ouvragé, au traditionnel badigeon bleu cobalt, d'une ferme datée de 1599, épargnée par la guerre de Trente Ans.

PHALSBOURG

4 189 habitants
Cartes Michelin nᵒˢ 87 pli 14 ou 242 pli 19

Le nom de cette petite ville fondée au 16ᵉ s., puis fortifiée par Vauban, était bien connu naguère des écoliers français pour qui «Le Tour de la France par deux enfants» tenait la fois de livre de lecture, de leçons de choses, de cours d'histoire, de géographie et de morale. Qui ne se souvenait d'André et de son petit frère Julien, quittant Phalsbourg «par un épais brouillard du mois de septembre» et franchissant la porte de France, leur baluchon sur l'épaule.
Phalsbourg a fourni aux armées de la République et de l'Empire un grand nombre d'officiers supérieurs, justifiant le mot de Napoléon «une pépinière de braves». Le nom de la cité reste inséparable de la bouillante personnalité du général Mouton, né à Phalsbourg en 1770, élevé à la dignité de maréchal par Louis-Philippe et dont Napoléon se plaisait à dire : «Mon Mouton est un lion!»

CURIOSITÉS

Porte de France – Sa décoration extérieure, faite de trophées, est intéressante.

Porte d'Allemagne – Remarquer son décor extérieur et une plaque commémorant la visite de Goethe à Phalsbourg le 23 juin 1770.

Musée historique et Erckmann-Chatrian ⊙ – Installé au 1ᵉʳ étage de l'hôtel de ville, ancien corps de garde de la forteresse (17ᵉ s.), il consacre à la dimension militaire de la cité une bonne partie de ses collections : uniformes français et étrangers, armes blanches et à feu, équipements de toute nature.
Des œuvres d'artistes locaux, des costumes traditionnels et des objets usuels font revivre les arts et traditions populaires de la contrée.
D'intéressants documents relatent le cheminement littéraire du romancier **Erckmann** (natif de Phalsbourg) et de son collaborateur **Chatrian**, ainsi que des souvenirs de G. Bruno, l'auteur féminin du «Tour de la France».

PLOMBIÈRES-LES-BAINS ✠✠

2 084 habitants (les Plombinois)
Cartes Michelin nos 62 pli 16 ou 242 pli 34

Plombières s'allonge dans la vallée de l'Augronne, pittoresque et resserrée. C'est une station hydrominérale renommée et un agréable lieu de séjour.

Les eaux de Plombières sont employées dans le traitement des maladies du tube digestif et des rhumatismes.

De l'Empire romain au royaume d'Italie – Les Romains fondent à Plombières un vaste établissement thermal. Détruite lors des invasions barbares, la station renaît au Moyen Âge et depuis cette époque ne cesse de s'accroître et de recevoir des personnages illustres. Les ducs de Lorraine sont, naturellement, ses fidèles clients. Montaigne y fait une cure en 1580 et Voltaire y passe plusieurs saisons. Mmes Adélaïde et Victoire, filles de Louis XV, s'y rendent en 1761 et 1762 avec une suite nombreuse. L'impératrice Joséphine et la reine Hortense y séjournent souvent ; c'est en présence de l'Impératrice qu'en 1802 l'ingénieur Fulton fait l'essai sur l'Augronne du premier bateau à vapeur. La duchesse d'Orléans se trouve aux eaux, en 1842, lorsqu'elle apprend la chute mortelle de son mari sur la route de Neuilly.

Enfin, Napoléon III fait plusieurs séjours à Plombières, au cours desquels il décide des embellissements considérables. C'est dans le **Pavillon des Princes** que le 21 juillet 1858 il a, avec le ministre italien Cavour, la célèbre entrevue au cours de laquelle se décide l'avenir de l'Italie et, par contrecoup, la réunion de Nice et de la Savoie à la France.

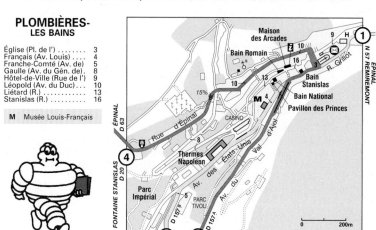

PLOMBIÈRES-LES BAINS

Église (Pl. de l')	3
Français (Av. Louis)	4
Franche-Comté (Av. de)	5
Gaulle (Av. du Gén. de)	8
Hôtel-de-Ville (Rue de l')	9
Léopold (Av. du Duc)	10
Liétard (R.)	13
Stanislas (R.)	16

M Musée Louis-Français

CURIOSITÉS

Plombières thermal – On peut en faire la visite en suivant l'artère centrale la plus animée de la ville, constituée par les rues Stanislas et Liétard.

On découvre ainsi :

Le **Bain Stanislas**, autrefois Maison des Dames du Chapitre de Remiremont, construit de 1733 à 1736.

L'**étuve romaine** ☉, découverte lors des fouilles de 1856.

Parmi les maisons du 18e s. (balcons en fer forgé), la **Maison des Arcades**, élevée en 1762 aux frais du roi Stanislas dont les armes sont sculptées sur la façade. Au rez-de-chaussée, sous les arcades, derrière une grille en fer forgé, la source du Crucifix a servi longtemps de buvette publique.

Le **Bain Romain** ☉, construit en sous-sol *(escalier à l'extrémité de la place)*, dont le vestibule en forme de rotonde présente d'importants vestiges de la piscine romaine (gradins et statue d'Auguste).

Le **Bain National**, à gauche, bâti sur ordre de Napoléon Ier (buste de l'Empereur), a été reconstruit en 1935, mais conserve sa façade du Premier Empire. Dans le hall inspiré de l'architecture des thermes de Lutèce, la buvette lumineuse est toujours en fonction.

Les **Thermes Napoléon** ☉, qui ne sont pas sur cet itinéraire, furent construits par Napoléon III, dont on voit la statue à l'entrée. Le vaste hall rappelle l'architecture des Thermes de Caracalla à Rome.

Musée Louis-Français (M) ☉ – Œuvres du peintre Louis Français, né à Plombières, et de ses amis de l'école de Barbizon : Corot, Courbet, Diaz, Harpignies, Monticelli, Troyon...

Parc impérial – Il fut tracé par Haussmann. Remarquer les beaux arbres aux essences rares.

Pavillon des Princes ☉ – Construit sous la Restauration pour les membres de la famille royale, il abrite une exposition sur le Second Empire.

Fontaine Stanislas – *A 3,5 km, au Sud-Ouest. Quitter Plombières par ④ du plan, D 20. A 1 km, tourner à gauche deux fois de suite.*

Parcours agréable dans une belle forêt de hêtres dont les sous-bois sont magnifiques.

A 1 500 m de la dernière bifurcation, prendre à gauche le chemin de la Fontaine Stanislas.

De la terrasse de l'hôtel, belle vue sur la vallée coupée de champs et de bois. Toute proche, la petite source jaillit d'un rocher couvert d'inscriptions datant du 18ᵉ s. et du début du 19ᵉ s.

★VALLÉES DE L'AUGRONNE ET DE LA SEMOUSE

Circuit de 33 km – environ 1 h.

Quitter Plombières par ③ du plan, D 157 bis.

Vallée de l'Augronne – La route suit la rivière, abondante et claire, qui anime un joli paysage de prairies et de forêts.

A Aillevillers-et-Lyaumont, par la D 19, rejoindre à la Chaudeau, au Nord, la D 20 qui fait remonter la vallée de la Semouse.

★**Vallée de la Semouse** – Magnifiquement boisée, cette vallée, appelée aussi « Vallée des Forges » en raison des usines métallurgiques qui s'y égrenaient autrefois, est pleine de fraîcheur et de calme.

Sinueuse, très encaissée, elle est juste assez large pour contenir la rivière, la route et parfois d'étroites prairies. Les eaux rapides de la Semouse animaient jadis leur cortège de tréfileries, laminoirs et scieries échelonnés le long de son cours (une tréfilerie subsiste au Blanc Murger).

La D 63, qui ramène à Plombières, procure, dans une descente très rapide qu'il convient d'emprunter avec prudence, une très jolie vue sur la ville.

VALLÉE DES ROCHES *47 km – environ 2 h.*

Quitter Plombières par ① du plan, N 57.

La route quitte bientôt la pittoresque vallée de l'Augronne pour escalader le plateau formant ligne de partage des eaux entre les bassins de la Méditerranée et de la mer du Nord, puis redescend vers la vallée de la Moselle qu'elle atteint à Remiremont.

Remiremont – *Voir à ce nom.*

Quitter Remiremont par ③ du plan, D 23.

Montée pittoresque dans un vallon verdoyant puis en forêt.

A 3,5 km, prendre à gauche la D 57.

Peu après la Croisette d'Hérival, appuyer à droite dans une route forestière goudronnée, étroite et sinueuse, qui s'engage dans la forêt accidentée d'Hérival : beaux sous-bois hérissés de rochers.

Peu après avoir laissé à gauche le chemin du Girmont et une auberge, on atteint la cascade du Géhard.

★**Cascade du Géhard** – Située en contrebas de la route, à gauche. Elle bondit et bouillonne en une série de cascades tombant dans des marmites de géants. En période de pluie, elle est magnifique.

Après avoir laissé à gauche la maison forestière du Breuil et, à droite, le chemin d'Hérival, prendre à gauche la route qui suit la vallée de la Combeauté ou vallée des Roches.

Vallée des Roches – C'est un beau et profond défilé resserré entre deux magnifiques versants boisés.

Peu après l'entrée de Faymont, près d'une scierie, tourner à droite. 50 m plus loin, laisser la voiture et prendre à pied un chemin forestier qui, après un parcours de 300 m, aboutit à la cascade de Faymont.

Cascade de Faymont – Le site est remarquable par sa parure de résineux et de rochers.

Le Val-d'Ajol – Chef-lieu d'une des communes les plus étendues de France, le Val-d'Ajol est constitué par plus de 60 hameaux disséminés dans les vallées de la Combeauté et de la Combalotte où plusieurs entreprises (métallurgie, tissage, scieries) maintiennent une activité industrielle.

Tourner à droite en direction de Plombières.

1 800 m après un lacet à droite, la route offre une jolie vue à droite sur la vallée.

Peu après, sur la gauche et en arrière, un chemin en montée conduit à la Feuillée Nouvelle, à 100 m.

La Feuillée Nouvelle – Depuis la plate-forme on découvre une belle **vue**★ en balcon sur le Val-d'Ajol.

On laisse sur la gauche la piscine du Petit Moulin. La N 57 ramène à Plombières.

PONT-À-MOUSSON ★

14 647 habitants (les Mussipontains)
Cartes Michelin nos 57 pli 13 ou 242 pli 13

Pont-à-Mousson doit son nom et son origine au pont qui, dès le 9e s., franchissait la Moselle au pied de la butte féodale de Mousson. Ce rôle de tête de pont a valu à la ville d'être bombardée en 1914-1918 et en 1944.

Intégrée au groupe de la Cie St-Gobain, l'usine de la Société des Fonderies de Pont-à-Mousson, qui s'étend entre le canal latéral à la Moselle et la N 57, produit des tuyaux pour canalisations d'eau et de gaz.

La ville est le siège de l'administration du Parc naturel régional de Lorraine *(voir p. 12)*.

L'Athènes lorraine – Au milieu du 16e s., la Réforme fait, en Lorraine, de rapides progrès. Pour avoir un clergé capable de les enrayer, Charles III fonde, le 5 décembre 1572, une université lorraine qu'il installe à Pont-à-Mousson. Pour son entretien, les abbayes de Metz, Toul et Verdun versent, chaque année, une redevance de 2 500 écus d'or. L'université, dirigée par les jésuites, connaît vite un grand succès. Pendant la guerre de Trente Ans, la peste et la famine dispersent les élèves. En 1699, Léopold, duc de Lorraine *(voir p. 156)*, réorganise l'université et crée un jardin botanique. Au siècle suivant, l'université est transférée à Nancy. En dédommagement, Pont-à-Mousson reçoit une école royale militaire. Duroc, natif de Pont-à-Mousson, futur maréchal du Palais de l'Empereur, y fit ses études.

Le passage de la Moselle, en 1944 – Au début de septembre, l'infanterie américaine de l'armée Patton, venant de Verdun, engage les premiers combats avec une division blindée allemande dont les chars, dissimulés dans les bois à l'Ouest de Pont-à-Mousson, défendent le passage de la Moselle. Pour neutraliser toute résistance, le 3 septembre au soir, les Américains bombardent la ville où ils feront leur entrée le lendemain.

Les Allemands, coupant derrière eux le pont, ont installé leurs batteries sur la rive droite de la rivière et tiennent solidement la butte de Mousson. Durant deux semaines, Pont-à-Mousson et Mousson vont être les cibles réciproques de l'artillerie des deux adversaires. Le 12 septembre, deux régiments passent la Moselle quelques kilomètres en amont, à Manharel, et établissent la première tête de pont américaine entre Toul et Thionville. Les Allemands sont délogés de la butte le 18 septembre.

★ANCIENNE ABBAYE DES PRÉMONTRÉS ⊘ visite : 1 h

C'est un bel exemple de l'architecture monastique du 18e s. Séminaire sous la Restauration, puis hôpital, l'abbaye est devenue depuis 1964 un **Centre Culturel de Rencontre**; de nombreuses manifestations (expositions, danse contemporaine, etc.) y sont organisées. Elle est aussi le siège du Centre Européen d'Art Sacré.

Façade – Restaurée. Ses trois étages sont soulignés par des frises d'une fine élégance.

Bâtiments conventuels – Autour d'un joli cloître et ouvrant sur trois galeries vitrées s'ordonnent les anciennes salles communes des moines : chauffoir, réfectoire, salle capitulaire (salle des stations), grande sacristie, ancienne chapelle (salle St-Norbert), etc.

Les trois **escaliers**★ retiennent particulièrement l'attention : le petit escalier rond (**1**), au coin du cloître, près du chauffoir, extrêmement élégant dans son mouvements en spirale; de l'autre côté de la salle St-Norbert (salle de concert actuelle), l'escalier de Samson (**2**), ovale, majestueux, une des plus belles pièces de l'abbaye; enfin le

Pont-à-Mousson – Ancienne abbaye des Prémontrés

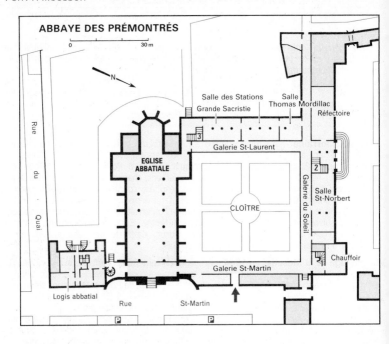

grand escalier carré (**3**) à droite en sortant de la sacristie, dont la vaste cage s'élève jusqu'au 2e étage, masqué par la belle rampe de fer forgé, en avancée, qui s'arrête au 1er niveau.

Ancienne abbatiale Ste-Marie-Majeure – L'intérieur comporte une nef principale et deux collatéraux presque aussi hauts qu'elle, supportés par des doubleaux baroques qui reposent sur des chapiteaux corinthiens. Les colonnes qui soutiennent l'ensemble sont légèrement galbées.

Dans le chœur, observer les vestiges d'une décoration baroque. Dans les niches, de part et d'autre du chœur, groupes sculptés.

Un plancher mobile permet de transformer l'abbatiale en salle de spectacles ou de conférences.

AUTRES CURIOSITÉS

★**Place Duroc** – Elle est bordée de maisons à arcades du 16e s. Au centre se dresse une fontaine monumentale, offerte à la ville par des ambulanciers américains. Sur le pourtour s'élèvent quelques édifices remarquables : la **maison des Sept Péchés capitaux** (**F**) avec ses jolies cariatides figurant les péchés, flanquée d'une tourelle Renaissance, où séjournaient les ducs de Lorraine, et l'Hôtel de Ville.

Hôtel de Ville (**H**) ⊙ – Cet édifice du 18e s., décoré d'un fronton, est surmonté d'une horloge monumentale que soutiennent deux aigles dont l'un porte en sautoir la croix de Lorraine. A l'intérieur, on voit de belles boiseries *(salon de réunion, 2e étage)*, des tapisseries du 18e s., d'après des cartons de Le Brun, évoquant l'épopée d'Alexandre le Grand *(salle des mariages, 1er étage)* ou des scènes mythologiques *(salle du conseil, 2e étage)*.

Église St-Laurent – Le chœur et le transept datent des 15e et 16e s. Le portail central et les deux premiers étages de la tour sont du 18e s., le reste de la façade est de 1895.

A l'intérieur, remarquer dans le bas-côté droit un Christ du 16e s., et le triptyque en bois polychrome d'un retable du 16e s. d'origine anversoise ; dans le bas-côté gauche, une Pietà du 16e s. provenant de la collégiale Ste-Croix et une statue du Christ portant sa croix, par Ligier Richier ; dans le chœur, belles boiseries du 18e s.

Maisons anciennes – Au no 6 de la rue Clemenceau, jolie petite cour intérieure, reconstituée dans son état ancien, avec puits Renaissance, balcon et meubles lorrains.

Rue St-Laurent, au no 9, balcon dans la cour ; au no 11, façade de briques avec chaînages de pierre ; au no 19, maison Renaissance construite en 1590 ; au no 39, maison natale du général Duroc.

Rue de la Poterne, au no 2, maison Renaissance avec belle porte aux vantaux finement décorés.

PONT-À-MOUSSON

E   Ancien Collège
     des Jésuites
F   Maison des Sept
     Péchés capitaux
H   Hôtel de Ville

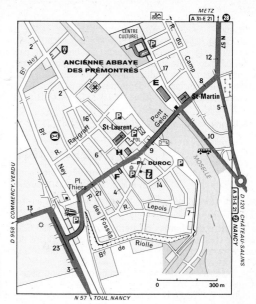

Église St-Martin – Elle fut édifiée aux 14ᵉ et 15ᵉ s., et agrandie de chapelles latérales aux 17ᵉ et 18ᵉ s. La façade (15ᵉ s.) est flanquée de deux tours, différentes par la disposition de leurs étages supérieurs octogones.
A l'intérieur, remarquer la chaire sculptée du 18ᵉ s. et l'ancien jubé utilisé comme tribune d'orgues. Dans le bas-côté droit, un enfeu de style flamboyant abrite deux gisants : côte à côte, un chevalier du 13ᵉ s. – le mieux conservé – et une dame du 15ᵉ s. Dans le chœur, sept tableaux du 18ᵉ s. sont surmontés de sept grandes châsses.
Dans le bas-côté gauche, la Mise au tombeau à treize personnages est une œuvre d'atelier mi-champenoise, mi-germanique, de la première moitié du 15ᵉ s. (remarquer les costumes des trois soldats endormis au premier plan), dont s'est sans doute inspiré Ligier Richier pour le sépulcre de St-Mihiel *(voir p. 209)*, un demi-siècle plus tard.

Ancien Collège des Jésuites (**E**) – Actuellement lycée Jacques-Marquette. C'est dans cet édifice qu'était installée l'ancienne Université de Pont-à-Mousson ; très endommagé, il a été reconstruit (remarquer la porte 17ᵉ s. au milieu de l'aile droite).
La belle cour d'honneur a retrouvé son aspect primitif.

ENVIRONS

★Butte de Mousson – *7 km à l'Est, puis 1/4 à pied AR. Quitter Pont-à-Mousson au Nord par la N 57. A 200 m, suivre à droite la D 910 et, 3 km plus loin, tourner à gauche vers Lesménils pour accéder à la D 34 à droite, 400 m plus loin, vers le village de Mousson.*
Au sommet de la butte a été élevée une chapelle de style moderne.
Les ruines sont celles du château féodal des comtes de Bar. De ce belvédère *(parking)*, panorama★ sur le pays lorrain et sur la Moselle au pied de la célèbre côte.

Signal de Xon – *4 km au Nord-Est. Quitter Pont-à-Mousson au Nord par la N 57, puis suivre la D 910. A 3 km, tourner à gauche vers Lesménils puis, au sommet de la côte, encore à gauche. Après 1 km, laisser la voiture et atteindre à pied le signal.* Belle vue sur Pont-à-Mousson et la vallée de la Moselle.

Vallée de l'Esch – *17 km au Sud-Ouest. Quitter Pont-à-Mousson au Sud par la N 57. Dans Blénod, après l'église, prendre la route de Jezainville (2ᵉ à droite).*
A l'entrée de Jezainville, se retourner pour voir, dans l'axe de la route, la butte de Mousson et, sur la droite, la **centrale thermique de Blénod** ⊘, avec ses quatre cheminées en ligne, hautes de 125 m : c'est, avec ses quatre groupes de 250 MW chacun, une importante centrale thermique à charbon.
On pénètre dans la charmante vallée de l'Esch, cœur de la « Petite Suisse Lorraine ». La route, étroite, tantôt s'abaisse au niveau de la petite rivière, que l'on voit sinuer à travers les pâturages, tantôt monte au sommet d'une colline d'où se découvre un paysage harmonieux et verdoyant.

Griscourt – Petit village champêtre. Du chevet de l'église, vue reposante sur les prairies de la vallée.
De Griscourt à Martincourt, la route suit, à mi-pente de la vallée encaissée de l'Esch, la lisière de la forêt.

Prény – *13 km au Nord. Quitter Pont-à-Mousson par la D 958 puis à droite la D 952. A Pagny-sur-Moselle, prendre à gauche la D 82.*
Dominant le village, on peut voir, sur une colline de 365 m, d'importantes ruines, restes d'un château féodal du 13ᵉ s. démantelé par Richelieu. Les tours, reliées entre elles par de hautes murailles, formaient un ensemble imposant. Ce fut, avant Nancy, la principale résidence des ducs de Lorraine. La forteresse a été définitivement abandonnée au début du 18ᵉ s. Des abords de ces ruines, vue sur la vallée de la Moselle.

Sillegny – *15 km au Nord-Est. Description p. 135.*

REMIREMONT

9 068 habitants (les Romarimontains)
Cartes Michelin nᵒˢ 62 pli 16 ou 242 pli 34

Joliment située dans la haute vallée de la Moselle, environnée de monts déjà pentus et de forêts profondes, Remiremont (Romaric mons) fut le siège d'une célèbre abbaye.

Le Chapitre des Dames de Remiremont – En l'an 620, un noble d'Austrasie nommé Romaric choisit un sommet montagneux au confluent de la Moselle et de la Moselotte pour y fonder un monastère de femmes. Mais, bientôt, l'établissement s'installe dans la vallée, des abbesses remplacent les solitaires et donnent naissance au célèbre Chapitre, riche, puissant, et qui relève directement du Saint-Siège et de l'Empereur.
Les chanoinesses, toutes de très haute lignée – elles doivent faire preuve de seize quartiers de noblesse –, vivent dans des hôtels érigés autour du couvent. Seules la mère abbesse, qui porte le titre de princesse du Saint-Empire, et ses deux assistantes prononcent des vœux de célibat, les autres religieuses sont libres, mais cependant astreintes aux offices. Durant des siècles, le Chapitre fut l'un des plus importants de l'Occident. La Révolution mit fin à sa prospérité. Parmi les quelque 60 abbesses qui l'ont dirigé, certaines sont restées célèbres : Catherine de Lorraine qui repoussa Turenne en 1638 lorsqu'il assiégea la ville, Marie-Christine de Saxe, tante de Louis XVI, Louis XVIII et Charles X, enfin la dernière, Louise-Adélaïde de Bourbon, fille du prince de Condé.

ABBATIALE ST-PIERRE (A) *visite : 1/4 h*

Ancienne abbatiale du Chapitre, que domine un clocher à bulbe, l'église est en majeure partie gothique, mais la façade et le clocher ont été rebâtis au 18ᵉ s. On remarquera, dans le chœur, une belle décoration de marbre du 17ᵉ s. comprenant un monumental retable, spécialement conçu pour l'exposition des châsses de reliques. Dans la chapelle à droite du chœur, statue (11ᵉ s.) de N.-D.-du-Trésor.
Au-dessous du chœur s'étend une **crypte★** du 11ᵉ s., à voûtes d'arêtes que supportent des colonnes monolithes (d'un seul bloc).
Accolé à l'église, l'**ancien palais abbatial**, édifice du 18ᵉ s., de style classique, présente une belle façade. Autour de l'église et du palais subsistent quelques maisons de chanoinesses, des 17ᵉ-18ᵉ s.

REMIREMONT

	Xavée (R. de la)	A 16		États-Unis (R. des)	A	6
	Abbaye (Pl. de l')	A 2		Franche-Pierre (R.)	A	7
Courtine (R. de la)	A	Calvaire (Av. du)	A 3	Prêtres (R. des)	B	14
Gaulle (R. Ch. de)	AB	Écoles (R. des)	A 5	Utard (Pl. H.)	A	15
				5ᵉ et 15ᵉ B.C.P. (R. des)	B	18

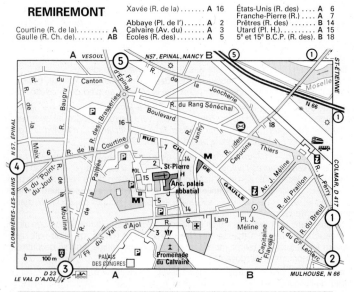

M Musée municipal (Fondation Ch.-de-Bruyère)   M¹ Musée municipal (Fondation Charles-Friry)

AUTRES CURIOSITÉS

★**Rue Charles-de-Gaulle** (AB) – Cette coquette rue à arcades aux piliers fleuris de géraniums est un plaisant témoin de l'urbanisme du 18ᵉ s.

Musée municipal (Fondation Ch.-de-Bruyère) (B M) ⊙ – *70, rue Ch.-de-Gaulle.*
Le rez-de-chaussée est consacré à l'histoire de Remiremont et à l'artisanat lorrain : bois, dentelles, « fixés » (peintures sur verre). Ornithologie dans la galerie extérieure. A l'étage sont exposés des manuscrits précieux et des tapisseries provenant de l'ancienne abbaye, des sculptures gothiques lorraines, de belles faïences du 18ᵉ s., des tableaux du 18ᵉ s. Une salle présente la peinture nordique du 17ᵉ s. (élèves de Rembrandt). La grande galerie offre un panorama de la peinture du 19ᵉ s. au début du 20ᵉ s.

Musée municipal (Fondation Charles-Friry) (A M¹) ⊙ – *12, rue Général-Humbert.*
Ancien hôtel des Chanoinesses, formé de deux maisons contiguës des 18ᵉ et 19ᵉ s., il contient des collections de documents, statues, objets d'art, hérités des Dames de Remiremont ou se rapportant à l'histoire locale et régionale, ainsi que de nombreuses peintures des 17ᵉ-18ᵉ s., dont *Le Vielleur à la sacoche* par Georges de La Tour, gravures (Goya, Callot), et des pièces de mobilier, d'époques et de provenances diverses.
Dans le jardin, qui reconstitue en partie le « Grand Jardin » de l'abbaye, on trouve deux fontaines ornementales et quelques autres vestiges anciens.

Promenade du Calvaire (AB) – Vue sur la ville et au-delà, vers le Nord, sur la vallée de la Moselle.
De l'autre côté de la rivière, la proche **forêt de Fossard,** occupée dès la préhistoire, conserve sur le Saint Mont des vestiges des fondations religieuses qui s'y succédèrent après le 7ᵉ s. Elle est sillonnée de chemins forestiers balisés pour la randonnée pédestre *(départ de St-étienne).*

Le RHIN EN ALSACE★★

Cartes Michelin nᵒˢ 87 plis 3 à 10 ou 242 plis 16, 20, 24, 28, 32, 36, 40

Le Rhin atteint l'Alsace un peu en aval de Bâle et la quitte à Lauterbourg. Dans ce trajet relativement court, il descend de 250 m à 110 m d'altitude : de là viennent la rapidité de son cours et son aspect impétueux. Victor Hugo a dit de lui : « Il est glauque, transparent, limpide, joyeux de cette grande joie qui est propre à tout ce qui est puissant. »

Anciens caprices – Jadis, le Rhin dispersait ses eaux dans la plaine et il lui prenait souvent fantaisie de changer de lit. A Strasbourg même, l'un des bras du fleuve pénétrait dans les murs de la grande cité alsacienne : l'actuelle rue d'Or marque son emplacement et l'Ancienne Douane (reconstruite) rappelle le temps, pas très éloigné, où la batellerie marchande passait à travers la ville.
Les crues du Rhin étaient redoutables et, pour cette raison, aucune ville, pas même Strasbourg, ne s'est établie immédiatement sur ses bords. En cas de montée des eaux, les riverains prenaient la garde jour et nuit auprès des digues. Malgré cela, les catastrophes étaient fréquentes et maint village alsacien fut englouti.
De 1840 à 1878, de grands travaux furent entrepris pour lutter contre les eaux. On construisit un lit artificiel, large de 200 à 250 m, pour en faciliter l'écoulement.

La navigation – Le Rhin a toujours constitué une voie idéale pour la navigation et un instrument d'échanges commerciaux entre les pays riverains. Aux 8ᵉ et 9ᵉ s., les bateliers strasbourgeois le descendaient jusqu'à la mer du Nord pour vendre du vin aux Anglais, aux Danois et aux Suédois. A la fin du Moyen Âge, ces mêmes bateliers dominaient le Rhin, de Bâle à Mayence. Leur corporation était la plus importante des corps de métiers strasbourgeois. A plusieurs reprises, elle tint tête aux princes riverains et à l'Empereur lui-même. 5 000 rouliers, disposant de 20 000 chevaux, transportaient vers l'intérieur les marchandises débarquées à Strasbourg. Sous le Premier Empire, la navigation connut une ère de prospérité considérable. En 1826, les premières lignes régulières de vapeurs sur le Rhin font escale à Strasbourg.
Malheureusement, les travaux de correction du lit du Rhin par endiguement exécutés dans la plaine d'Alsace au 19ᵉ s. ont provoqué un approfondissement du lit du Rhin à raison de 6 à 7 cm par an. Des fonds rocheux se sont découverts et ont rendu difficile, sinon impossible en période de basses eaux, la navigation. Et c'est la décadence du trafic.
Pour ramener bateaux, chalands et péniches sur le Rhin alsacien, la France conçoit en 1920 un projet qui remédie à la situation. Le principe consiste à dériver une part importante du débit du fleuve entre Bâle et Strasbourg dans un canal latéral, à pente et à vitesse très faibles. Chaque aménagement hydroélectrique comprend des écluses permettant d'assurer la continuité de la navigation fluviale.

**LE GRAND CANAL D'ALSACE ET L'AMÉNAGEMENT DU RHIN

Le creusement du canal d'Alsace a été décidé en vue d'exploiter les importantes réserves d'énergie électrique du Rhin entre Bâle et Strasbourg et d'améliorer les conditions de la navigation.

La longueur totale du Grand Canal d'Alsace constitué par les quatre biefs de Kembs, Ottmarsheim, Fessenheim et Vogelgrün dépasse 51 km. Sa largeur varie de 110 à 140 m (Suez : 100 à 120 m ; Panama 91,50 m).

Il est intéressant de noter que le remorquage ou la propulsion se fait avec une puissance de traction inférieure au quart de celle qui est nécessaire sur le Rhin, ce qui s'ajoute à l'intérêt économique de l'œuvre. Le tonnage annuel de fret transporté dans les deux sens est de l'ordre de 10 millions de tonnes ; plus de 30 000 bateaux par an empruntent ce canal que longe une route ouverte au public.

Il a débuté par la construction, de 1928 à 1932, du bief de Kembs dont le barrage constitue l'unique ouvrage de retenue sur le fleuve pour les quatre premiers biefs.

★Ouvrages de Kembs – *Voir à ce nom.*

Près de la localité de Niffer part le canal de Huningue, vers Mulhouse. Le Corbusier a étudié la première écluse de liaison Rhin-Rhône.

Le canal entre Niffer et Mulhouse ainsi que l'écluse d'accès ont été élargis et constituent aujourd'hui le

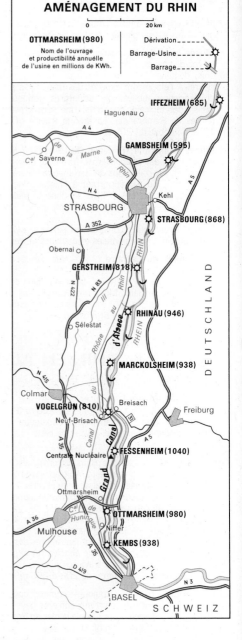

AMÉNAGEMENT DU RHIN

0   20 km

OTTMARSHEIM (980)   Dérivation
Nom de l'ouvrage   Barrage-Usine
et productibilité annuelle
de l'usine en millions de KWh.   Barrage

IFFEZHEIM (685)
Haguenau
GAMBSHEIM (595)
Cal de la Marne au Rhin
Saverne
Kehl
STRASBOURG
STRASBOURG (868)
Obernai
GERSTHEIM (818)
RHINAU (946)
Sélestat
MARCKOLSHEIM (938)
DEUTSCHLAND
Colmar
Breisach
VOGELGRÜN (810)   Freiburg
Neuf-Brisach
Centrale Nucléaire FESSENHEIM (1040)
Ottmarsheim
Cal de Huningue OTTMARSHEIM (980)
Mulhouse   Niffer
KEMBS (938)
BASEL   S C H W E I Z

premier tronçon du canal Rhin-Rhône à grand gabarit.

Chacun des biefs suivants échelonnés sur le canal comprend également une usine hydro-électrique et une écluse à doubles sas indépendants de navigation : les opérations d'éclusage sont généralement suivies par un public attentif.

★Bief d'Ottmarsheim – *Voir à ce nom.*

★Bief de Fessenheim – 1956. A moins de 1 km de l'écluse de Fessenheim, on verra la première **centrale nucléaire** ⊘ française du type «réacteur à eau pressurisée» à forte puissance (2 unités de 900 MW), dont la construction débuta en 1971. Mise en service en 1977, elle a une production annuelle d'environ 12 milliards de kWh *(sur place, Centre d'information sur l'énergie).*

Le bief de Fessenheim mesure environ 17 km de longueur et comporte des écluses qui, comme celles d'Ottmarsheim, ont la même longueur, 185 m, et des largeurs différentes, 23 et 12 m. Son usine présente quatre groupes d'une puissance totale de 172 MW, dont la productibilité annuelle moyenne est de 1 030 millions de kWh.

Gambsheim – Le bief et l'usine

Photothèque E.D.F. SODEL : M. Brigaud

Peu avant la centrale, la **Maison de l'hydraulique** ⊙ présente des maquettes de diffé-rents ouvrages hydrauliques ainsi qu'une exposition de turbines et matériels hydrauliques.

★Bief de Vogelgrün – 1959. Les caractéristiques de l'usine sont sensiblement les mêmes que celles d'Ottmarsheim et de Fessenheim : bief de 14 km comportant des écluses identiques à celles de Fessenheim.
Son usine possède quatre groupes d'une puissance totale maximale de 130 MW, dont la productibilité annuelle moyenne est de 800 millions de kWh.

En aval de Vogelgrün, l'aménagement du fleuve comporte 4 autres biefs construits selon une technique dite « en feston » qui substitue au canal latéral, pour chacun d'eux :
– une retenue dans le fleuve, créée par un barrage ;
– un canal dérivant les eaux jusqu'à l'usine hydro-électrique et les écluses de navigation ;
– un canal restituant les eaux dans le Rhin.

Bief de Marckolsheim – Le premier bief « en feston » canalisé a été achevé en 1961 ; la productibilité annuelle de son usine est de 928 millions de kWh.

Bief de Rhinau – 1963. La productibilité annuelle moyenne de l'usine est de 936 millions de kWh.

Bief de Gerstheim – 1967. La productibilité annuelle moyenne de l'usine est de 818 millions de kWh. Elle fut construite à la même époque que la Rance. Les groupes à bulbe équipent pour la 1ʳᵉ fois une centrale rhénane. Les bâtiments perdent alors de la hauteur.

Bief de Strasbourg – 1970. La productibilité annuelle moyenne de l'usine est de 868 millions de kWh. Un bassin de compensation forme un plan d'eau de 650 ha. Un centre nautique est aménagé à Plobsheim.

La puissance totale maximale de ces huit usines est de 1 193 MW et leur productibilité moyenne annuelle d'énergie de plus de 7 milliards de kWh.

Cet aménagement du Rhin, mené à bien par la France, est prolongé en aval de Strasbourg par une réalisation complémentaire, franco-allemande cette fois, les deux États se partageant par moitié l'énergie produite : celle des deux biefs de **Gambsheim** (en territoire français, mis en service en 1974 avec une productibilité annuelle moyenne de 595 millions de kWh) et d'**Iffezheim** (en territoire allemand, mis en service en 1977 avec une productibilité annuelle moyenne de 685 millions de kWh).

Les ports rhénans – Outre le port de Strasbourg qui occupe une place de premier plan *(voir p. 243)*, on peut citer les ports de Colmar-Neuf-Brisach et de Mulhouse-Ottmarsheim, mis en liaison avec leur arrière-pays par des jonctions directes entre le Grand Canal d'Alsace d'une part, le canal de Huningue et le canal du Rhône au Rhin d'autre part, et déjà entourés d'une zone portuaire et d'une zone industrielle.

CONSEILS PRATIQUES

Les **centrales hydro-électriques** citées peuvent se visiter
dans les mêmes conditions que celle d'Ottmarsheim.

dans le Haut-Rhin : Fessenheim, Kembs, Vogelgrün.

dans le Bas-Rhin : Gamsheim, Gerstheim, Marckolsheim, Rhinau, Strasbourg.

Les ouvrages de Fessenheim, Rhinau et Vogelgrün
disposent d'un balcon de visite ouvert au public
sans autorisation préalable de 8 h à 19 h (17 h d'octobre à mars).

Les huit écluses et les barrages sur le Rhin ont été équipés de panneaux
d'information expliquant l'histoire du Rhin, le fonctionnement des centrales
hydroélectriques, des écluses et le rôle des barrages.
Les barrages de Kembs, Rhinau et Strasbourg ont été aménagés en passage
transfrontralier entre l'Allemagne et la France pour les cyclistes et les piétons.

Points de vue sur le Rhin – Pour avoir une idée de l'importance du trafic rhénan
et de la beauté du fleuve, on poussera une pointe sur sa berge. Un quart d'heure
est vite écoulé à observer cette belle voie mouvante et – là où le Rhin n'est pas
doublé par le Grand Canal d'Alsace – les bateaux montants et descendants, en
notant leur nationalité.
Outre la promenade au pont de l'Europe *(p. 244)* que fera tout visiteur de
Strasbourg, il est facile, entre Lauterbourg et Strasbourg, d'accéder au Rhin par
l'une des routes qui le relient à la D 468. Enfin, le meilleur moyen de connaître le
Rhin est d'effectuer sur le fleuve une courte croisière, au départ de Strasbourg.

La petite Camargue alsacienne – *32 km à l'Est par la D 419 et la N 66 à gauche.
Parking près du stade à St-Louis-la-Chaussée.*
Cette réserve naturelle qui s'étend sur près de 150 ha a pour but de préserver le
milieu formé de roselières, de bosquets, d'étangs, de marais et de landes sèches.
Trois sentiers balisés, dont le circuit du grand marais *(3 km),* permettent d'observer
une faune et une flore variées.

★**Excursion sur le Rhin** ⊙ – Visite des installations portuaires et promenade sur le
Rhin organisées par le port autonome de Strasbourg.

RIBEAUVILLÉ★

4 774 habitants
Cartes Michelin n⁰ˢ 87 pli 17 ou 242 pli 31 – Schéma p. 201

Ribeauvillé, qui fut le domaine de la très puissante maison de Ribeaupierre, occupe un
site pittoresque au pied de la chaîne des Vosges, couronnée de vieux châteaux. Ce
bourg doit sa célébrité à son vin fameux : le Riesling, et aux « Sœurs de Ribeauvillé »
(voir p. 30).

Le Pfifferdaj – Ribeauvillé
est encore le théâtre d'une
des dernières fêtes traditionnelles alsaciennes, celle
des Ménétriers ou Pfifferdaj (jour des fifres), d'origine très ancienne, qui a
lieu le premier dimanche de
septembre.
Ce jour-là, les musiciens
ambulants de la région se
réunissaient dans la ville
pour honorer leur suzerain,
le sire de Ribeaupierre. Ils
formaient une corporation
puissante dont les statuts
étaient enregistrés par le
Conseil souverain de Col-
mar.
Aujourd'hui, le Pfifferdaj
est une fête folklorique
avec cortège historique et
dégustation gratuite à la
« Fontaine du Vin », place
de l'Hôtel-de-Ville.

Ribeauvillé

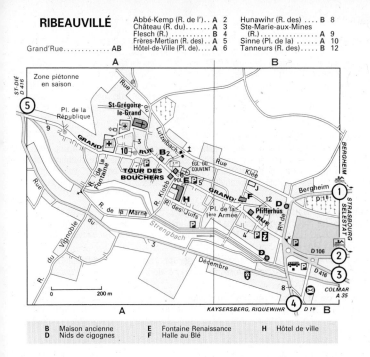

RIBEAUVILLÉ

Grand'Rue............ **AB**

Abbé-Kemp (R. de l')..	**A**	2
Château (R. du).......	**A**	3
Flesch (R.)	**B**	4
Frères-Mertian (R. des)..	**A**	5
Hôtel-de-Ville (Pl. de)....	**A**	6

Hunawihr (R. des)	**B**	8
Ste-Marie-aux-Mines		
(R.)	**A**	9
Sinne (Pl. de la)	**A**	10
Tanneurs (R. des)....	**B**	12

B	Maison ancienne	**E**	Fontaine Renaissance
D	Nids de cigognes	**F**	Halle au Blé

H	Hôtel de ville

★★GRAND'RUE

Partir de l'Office de tourisme installé dans l'ancien corps de garde (1829).
Cette rue est bordée de pittoresques maisons à colombage, souvent fleuries de géraniums.

Pfifferhüs (restaurant des Ménétriers) (**B**) – *N° 14.* Sur une loggia, au-dessus de la porte, deux statues figurent l'Annonciation.

« Halle au Blé » (**B F**) – *Place de la 1re-Armée.* Une fois par semaine s'y tenait le marché aux grains. Cette ancienne halle offre un passage sous son porche.

Fontaine Renaissance (**A E**) – Érigée en 1536, cette construction en grès rouge et jaune est surmontée d'un lion héraldique.

Hôtel de ville (**A H**) – Un petit **musée** ⊙ y est installé : pièces d'orfèvrerie (17e s.) et hanaps, en vermeil, des seigneurs de Ribeaupierre.

★**Tour des Bouchers** (**A**) – Cet ancien beffroi séparait autrefois la ville haute de la ville moyenne. La partie inférieure date du 13e s.

Maison ancienne (**A B**) – *N° 78.* Belle maison à colombage du 17e s.

Place de la Sinne – Charmante petite place entourée de maisons à colombage avec au centre une fontaine de 1860.

AUTRES CURIOSITÉS

Église St-Grégoire-le-Grand (**A**) – A signaler le tympan du portail Ouest de cet édifice des 13e-15e s. et les belles ferrures de la porte. Dans la nef, remarquer l'alternance des piliers forts et faibles, souvenir de l'école rhénane, et les beaux chapiteaux. Dans le bas-côté droit, Vierge à l'Enfant en bois peint et doré, du 15e s., portant la coiffe de la région ; dans le bas-côté gauche, groupe sculpté évoquant le Mont des Oliviers ; orgues baroques de Rinck.

Nids de cigognes (**B D**) – Aux entrées Sud et Est de la ville, deux vieilles tours sont surmontées de nids habités de cigognes.

Maisons anciennes – En flânant dans la rue des Juifs, la rue Klobb, la rue Flesch, la rue des Tanneurs (au n° 12, remarquer dans le toit les ouvertures typiques servant à sécher les peaux), on verra des maisons des 16e et 17e s.

★PROMENADE AU CHÂTEAU DE ST-ULRICH

Quitter Ribeauvillé par ⑤ du plan.
De la Grand'Rue, on a une belle vue d'enfilade sur les ruines du château de St-Ulrich.
Laisser la voiture sur une aire de stationnement située en bordure de la D 416, à 800 m environ de la sortie de Ribeauvillé. Monter à pied soit par le chemin des stations (20 mm), soit par le chemin « Sarazin » (40 mm).

N.-D.-de-Dusenbach – Ce lieu de pèlerinage groupe une chapelle de la Vierge, un couvent, une église néo-gothique (1903) ainsi qu'un abri des pèlerins (1913).

La **chapelle de la Vierge** a été trois fois dévastée depuis sa fondation en 1221, sa dernière reconstruction date de 1894. Rebâtie en style gothique, elle occupe une situation impressionnante, au flanc d'un promontoire en à-pic sur le ravin au fond duquel coule le petit torrent de Dusenbach. A l'intérieur, peintures murales de Talenti (1938), et, au-dessus de l'autel, petite statue miraculeuse de **Notre-Dame**, émouvante Pietà du 15ᵉ s. en bois polychrome.

Prendre le chemin «Sarazin» puis le sentier qui conduit aux châteaux.

A mi-parcours, faire halte au **Rocher Kahl**, éboulis granitique d'où l'on a une belle vue plongeante sur la vallée du Strengbach et ses versants boisés. Le chemin aboutit à un important carrefour de sentiers forestiers : prendre, en face, celui, étroit et montant, qui est signalé «Ribeauvillé par les châteaux». On atteint les ruines du Haut-Ribeaupierre.

Château du Haut-Ribeaupierre – Du faîte de son donjon *(accès fermé)*, on découvre un magnifique **panorama★★** sur les ballons du Grand Taennchel et du Hochfelsen au Nord-Ouest, le Haut-Kœnigsbourg au Nord, Ribeauvillé et la plaine d'Alsace au Sud-Est.

Faire demi-tour (éviter le sentier direct, abrupt, reliant le Haut-Ribeaupierre à St-Ulrich) et revenir au carrefour forestier, prendre alors le chemin balisé qui descend au château de St-Ulrich.

★Château de St-Ulrich – Au pied du donjon s'amorce, à gauche, l'escalier d'accès au château **(1)**. Le **château** n'était pas seulement une forteresse, comme la plupart de ceux des Vosges, mais une habitation luxueuse, digne des comtes de Ribeaupierre, la plus noble famille d'Alsace après l'extinction de celle d'Eguisheim. L'escalier qui passe sous la porte d'entrée du château **(2)** donne accès à une petite cour d'où la vue est belle sur les ruines de Girsberg et la plaine d'Alsace. Au fond de cette cour où se trouve une citerne **(3)** s'ouvre la porte de la Grande Salle romane, couverte autrefois d'un plafond de bois et qui prend jour par neuf belles arcades géminées.

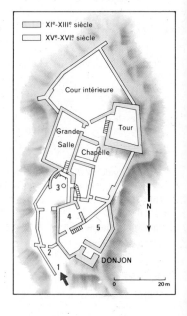

Revenir à la cour de la citerne et prendre l'escalier qui s'y amorce ; laisser à droite l'entrée de la tour du 12ᵉ s. et gagner la chapelle. A l'Ouest de la chapelle s'élève une énorme tour quadrangulaire où l'on monte par un escalier extérieur. Revenir sur ses pas pour visiter les parties les plus anciennes qui comprennent un corps d'habitation roman **(4)** aux fenêtres ornées de fleurs de lys, une cour **(5)** et le donjon. Dressé sur un soubassement de granit, le donjon carré est construit en grès rouge. Il domine tout l'ensemble du château et constitue un admirable belvédère. Du sommet, auquel on parvient par un escalier de soixante-quatre marches, **panorama★★** sur la vallée du Strengbach, les ruines du **château de Girsberg** (du 12ᵉ s.), abandonné au 17ᵉ s.), Ribeauvillé et la plaine d'Alsace.

COL DE FRÉLAND

Environ 5 h. Quitter Ribeauvillé par ⑤ du plan.

La D 416 remonte le Strengbach qui coule rapidement à travers la belle forêt de Ribeauvillé. A 7 km, prendre à gauche la route d'Aubure, en corniche. Entre les arbres, la vue filtre à gauche sur la vallée aux versants couverts de sapins.

Aubure – Station bien située sur un plateau ensoleillé, encadrée par de belles forêts de pins et de sapins.

Prendre, à gauche, la D 11ᴵᴵᴵ.

Au cours de la belle descente du col de Fréland, à 1,5 km après le col, prendre à gauche une petite route étroite. On longe une très belle **forêt de pins★**, l'une des plus belles de France. Les fûts de 60 cm de diamètre, hauts de 30 m, s'élancent droit, au-dessus d'un sous-bois de bruyères.

Sortir de la forêt (belle vue à droite sur le Val d'Orbey) pour aller faire demi-tour, 1 km plus loin, à hauteur d'une maison. Revenir à la D 11[III]. La vue se dégage à gauche sur la vallée de la Weiss et une partie du Val d'Orbey.

Après Fréland, et 1,5 km après avoir laissé à droite la route d'Orbey, tourner à gauche dans la N 415.

★★Kaysersberg – *Voir à ce nom.*

On atteint la route des Vins que l'on suivra jusqu'à Ribeauvillé, traversant ainsi les petites cités qui s'égrènent sur les coteaux, au milieu de vignobles aux crus réputés.

Kientzheim – *Voir à ce nom.*

Mittelwihr, Bennwihr, Sigolsheim – *Page 202.*

Beblenheim – Le village est adossé à un coteau célèbre, le Sonnenglanz (éclat de soleil). Les 35 ha de son vignoble produisent des vins de très haute qualité : Pinot gris, Muscat et Gewurztraminer.

★★★Riquewihr – *Voir à ce nom.*

Hunawihr – *Voir à ce nom.*

Retour à Ribeauvillé.

★★SENTINELLES DE L'ALSACE

Circuit de 46 km – environ 2 h. Quitter Ribeauvillé par ① du plan, D 1[B].

Ce circuit permet d'apercevoir les châteaux construits en bordure de la ligne vosgienne.

Bergheim – *Page 202.*

St-Hippolyte – Cette charmante petite localité aux nombreuses fontaines fleuries en été possède une jolie église gothique des 14e et 15e s. Prendre à gauche, à l'entrée du village, la direction du Haut-Kœnigsbourg.

A 4 km de St-Hippolyte, tourner à droite, puis, 1 km plus loin, à gauche pour prendre la route à sens unique qui contourne le château.

★★Haut-Kœnigsbourg – *Voir à ce nom.*

Rejoindre la D 1[B1] que l'on prend à droite, puis prendre, encore à droite, la D 48[1].

★De Schaentzel à Lièpvre – Cette jolie route en descente rapide, bordée de majestueux sapins, procure des vues superbes sur la vallée de la Liepvrette et sur les châteaux ruinés qui dominent cette dernière, au Nord.

Revenir à la D 1[B1] et prendre à droite la D 42.

Thannenkirch – Charmant village dans un site reposant, environné de forêts.

La descente vers la plaine s'effectue par la **vallée du Bergenbach,** profondément encaissée entre des hauteurs boisées.

Après Bergheim, où l'on reprend la route de l'aller, on aperçoit les trois châteaux étagés de St-Ulrich, de Girsberg et du Haut-Ribeaupierre, puis la vue se dégage sur la plaine.

*La **carte** Michelin au 1/200 000 (1 cm pour 2 km)*
permet de bien suivre la route choisie.
La couverture de la France est disponible sous plusieurs présentations :
– série de base en 37 feuilles n°s 51 à 90 ;
– série de 17 cartes régionales n°s 230 à 246 ;
– atlas routier (édition reliée, couverture bleue) avec index des communes et plans des centres de villes ;
– atlas routier (édition à spirale, couverture jaune) avec plans d'agglomérations.

RIQUEWIHR★★★

1 075 habitants

Cartes Michelin n⁰ˢ 87 pli 17 ou 242 pli 31 – Schéma p. 201

Riquewihr, attrayante petite ville d'Alsace, est la perle du vignoble ; la production de son Riesling si réputé est une tâche à laquelle, l'une après l'autre, se sont attachées les générations. C'est surtout à l'époque des vendanges qu'il faut saisir cette vie vigneronne. Ayant par bonheur échappé aux ravages des différentes guerres, la ville apparaît au touriste émerveillé telle qu'elle était au 16ᵉ s.

Les tribulations d'une ville au cours des siècles – Les villes et les villages ont longtemps constitué une monnaie d'échange. C'est ainsi qu'en 1324 les comtes de Horbourg, seigneurs de Riquewihr, vendent leur fief au duc de Wurtemberg. L'évêque de Strasbourg, tenu à l'écart du marché, lance une expédition de représailles. Pour punir Riquewihr, il faut frapper à la cave. Les soldats absorbent autant de vin que leur robuste capacité le leur permet. Le reste est chargé sur des chariots à destination de Strasbourg. Riquewihr a maille à partir avec les troupes du duc de Lorraine qui font de fréquentes incursions. Paysans, vignerons et bourgeois, lors de la guerre des Paysans en 1525, sont défaits à Scherwiller. Mais le vignoble demeure : grâce à ses vins merveilleux, Riquewihr et ses habitants se sortent des situations les plus tragiques.

Jusqu'à la Révolution, les ducs de Wurtemberg demeurent les suzerains de la ville de Riquewihr. L'un deux, Henri, que l'on nomme « le Fou », exerce sur la cité une véritable terreur. L'archiduc Ferdinand d'Autriche intervient et le fait emprisonner. Son fils, au contraire, laisse à Riquewihr le souvenir d'un prince magnanime et fastueux.

Puis vient la décadence. Lorsque Louis XIV passe en Alsace, le duc de Wurtemberg qui vient le saluer se fait remarquer par la pauvre mine de son équipage. Et, plus tard, l'un des derniers ducs empruntera 500 000 livres à Voltaire, sous caution de ses vignobles de Riquewihr...

VISITE *2 h*

Laisser la voiture à l'extérieur de la ville (stationnement payant). Passer sous l'hôtel de ville et prendre en face la rue du Général-de-Gaulle.

A gauche s'ouvre la cour du château, au fond de laquelle il se trouve.

Château (**B**) – Terminé en 1540, il a gardé ses fenêtres à meneaux, son pignon couronné de bois de cerf et sa tourelle d'escalier. Devant le côté Est du château, petit musée lapidaire de plein air et autel de la liberté de 1790.

Musée d'histoire des P.T.T. d'Alsace ⊙ – Une diligence à trois compartiments (modèle 1835) stationne à l'entrée. Trois salles au rez-de-chaussée (expositions temporaires) et six salles au 1ᵉʳ étage du château retracent l'évolution des moyens de communication utilisés en Alsace de l'époque gallo-romaine au 20ᵉ s.

Maquettes (le *Great Eastern*, paquebot transformé en navire-câblier en 1865), documents, photos, timbres, premières cartes postales, costumes, appareils télégraphiques et téléphoniques, etc., illustrent l'histoire des messagers à pied, de la Poste aux lettres, de l'aviation postale, du télégraphe et du téléphone.

Maquette de la station télégraphique de Chappe reconstituée in situ à Saverne.

*Suivre la rue du Général-de-Gaulle (**AB**).*

Au n⁰ 12, **maison Irion** datant de 1606, avec oriel d'angle ; en face, vieux puits du 16ᵉ s. A côté, **maison Jung-Selig** de 1561, avec pans de bois ouvragés.

Riquewihr – Maison Preiss-Zimmer

E. Baret

Riquewihr

Musée de la Diligence (B M¹) ⊙ – Dans les anciennes écuries seigneuriales (16ᵉ s.) appelées aussi Marstall sont exposés des véhicules allant du 18ᵉ s. (turgotine de 1775, première malle-poste en osier de 1793) au début du 20ᵉ s., ainsi que des uniformes, plaques et bottes de postillon, livres de poste et enseignes. Une maquette représente le relais de la poste aux chevaux de Trois-Maisons, dans le Haut-Rhin, reliant Belfort à Bâle. Écouter au passage un air du «Postillon de Longjumeau», opérette d'Adolphe Adam de 1836. La dernière salle évoque les artisans qui réparaient les malles-poste, tels le forgeron, le sellier ou le charron.

Musée Hansi (B M²) ⊙ – Il réunit des aquarelles, lithographies, eaux-fortes, faïences décorées, affiches publicitaires du talentueux dessinateur et caricaturiste colmarien J.J. Waltz, dit Hansi *(voir p. 74)*, dont le frère était pharmacien à Riquewihr.

★**Maison Liebrich (Cour des cigognes)** (B) – 1535. Dans sa très pittoresque cour, à galeries de bois à balustres (milieu du 17ᵉ s.), on voit un puits de 1603 et un énorme pressoir (1817).
En face de la maison Liebrich, **maison Behrel** avec un joli oriel de 1514 surmonté d'une partie ajoutée en 1709.
Prendre la rue Kilian, 2ᵉ à droite.

Maison Brauer (B E) – Située au fond de la rue, elle présente une belle porte de 1618.
Emprunter ensuite la rue des Trois-Églises.

Place des Trois-Églises (AB) – Elle est encadrée par les anciennes églises St-Érard, Notre-Dame, converties en maisons d'habitation, et un temple protestant du 19ᵉ s.
Revenir rue du Général-de-Gaulle.

★**Maison Preiss-Zimmer** (A) – Cette ancienne hôtellerie de l'Étoile date de 1686. Les fenêtres sont encadrées de torsades, de ceps et de fruits ; plusieurs cours successives forment un ensemble pittoresque. Dans l'avant-dernière cour, on peut voir la maison qui appartenait à la Corporation des Vignerons.
Au n° 45, la maison du cloutier date de 1600.
Prendre à droite la rue des Cordiers.

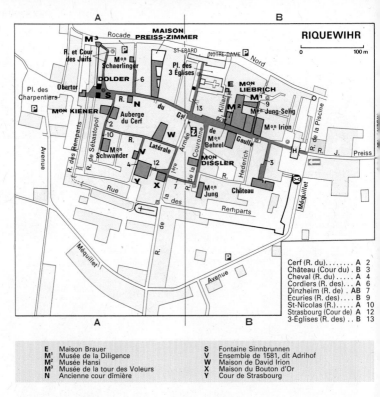

RIQUEWIHR

Cerf (R. du)........	A 2
Château (Cour du) .	B 3
Cheval (R. du)	A 4
Cordiers (R. des)...	A 6
Dinzheim (R. de)	AB 7
Écuries (R. des)....	B 9
St-Nicolas (R.).....	A 10
Strasbourg (Cour de)	A 12
3-Églises (R. des) ..	B 13

E	Maison Brauer	**S**	Fontaine Sinnbrunnen
M¹	Musée de la Diligence	**V**	Ensemble de 1581, dit Adrihof
M²	Musée Hansi	**W**	Maison de David Irion
M³	Musée de la tour des Voleurs	**X**	Maison du Bouton d'Or
N	Ancienne cour dîmière	**Y**	Cour de Strasbourg

Maison Schaerlinger (**A**) – *Au nᵒ 7.* Elle est décorée de jolies poutres sculptées (1672).

Revenir à la rue du Général-de-Gaulle.

En face se trouve l'ancienne cour dîmière (**N**) des sieurs de Ribeaupierre.

Rue et cour des Juifs (**A**) – La petite rue des Juifs débouche sur la curieuse cour des Juifs, ancien ghetto, au fond de laquelle un étroit passage et un escalier de bois conduisent aux remparts et au **musée de la tour des Voleurs** (**M³**) ☉. On visite la salle de torture, l'oubliette, la salle de garde et l'habitation du gardien de cette ancienne prison.

Au bout de la rue du Général-de-Gaulle, sur la place de la Sinn, se dresse la Porte Haute ou Dolder. A droite jolie **fontaine Sinnbrunnen** (**S**) qui date de 1580.

★**Dolder** (**A**) – Élevée en 1291, cette porte fut renforcée aux 15ᵉ et 16ᵉ s. Les parties supérieures sont pittoresques.

Musée ☉ – Il occupe les quatre étages du Dolder. On y accède par l'escalier à gauche de la porte. Il renferme des souvenirs, gravures, armes, ustensiles se rapportant à l'histoire locale (outils, meubles, serrures...).

Au pied du Dolder a lieu chaque année un spectacle « son et lumière » évoquant l'histoire mouvementée de la ville depuis la construction de la tour en 1291.

Passer sous le Dolder pour accéder à l'Obertor.

Obertor (Porte Supérieure) (**A**) – Remarquer sa herse et la place de l'ancien pont-levis de 1600. Sur la gauche, rempart de la cour des Bergers avec sa tour de défense.

Faire demi-tour, repasser sous le Dolder et descendre la rue du Général-de-Gaulle pour tourner à droite dans la rue du Cerf.

★**Maison Kiener** (**A**) – *Au nᵒ 2.* Datée de 1574 et surmontée d'un fronton, elle présente une inscription et un motif en bas-relief où l'on voit la Mort saisir le fondateur de la maison. La porte en plein cintre est taillée en biais pour faciliter l'entrée des voitures. La cour est très pittoresque avec son escalier tournant, ses étages en encorbellement et son puits de 1576. En face, l'ancienne **auberge du Cerf** date de 1566.

Continuer la rue du Cerf puis emprunter en face la rue St-Nicolas.

Maison Schwander (**A**) – *Au nᵒ 6.* Construite en 1605, elle présente un escalier en colimaçon, de belles galeries en bois et un puits ancien dans sa cour.

Continuer la rue pour revenir dans la rue Latérale et prendre à droite la rue du Cheval.

Au nᵒ 5, bel ensemble, dit Adrihof (**B V**), datant de 1581 avec son puits de 1786, ancienne propriété de l'abbaye d'Autrey.

Revenir à la rue Latérale.

Rue Latérale (**A**) – Elle possède de belles maisons, parmi lesquelles, au n° 6, la• maison David Irion (**W**) qui a gardé un oriel de 1551 et dans la cour une belle porte Renaissance.

Tourner à droite dans la rue de la 1ʳᵉ-Armée.

Au n° 16, la **maison du Bouton d'Or** (**X**) remonte à 1566. A l'angle de la maison, une impasse conduit à l'ensemble dit **Cour de Strasbourg** (**Y**) (1597).

Revenir sur ses pas. Prendre ensuite la rue Dinzheim qui s'amorce devant la maison du Bouton d'Or.

On arrive ainsi dans la rue de la Couronne. Au n° 18, **maison Jung** (**B**) qui date de 1683 avec, en face, un vieux puits, le **Kuhlebrunnen**. Plus loin, sur la gauche, s'élève la maison Dissler.

★**Maison Dissler** (**B**) – *Au n° 6*. Construite en pierre, avec ses pignons à volutes et sa loggia, c'est un intéressant témoin de la Renaissance rhénane (1610).

On regagne ensuite la rue du Général-de-Gaulle que l'on prend à droite vers l'hôtel de ville.

ENVIRONS

★**Ribeauvillé** – *4 km au Nord. Voir à ce nom.*

★★★**Colmar** – *12 km au Sud-Est. Voir à ce nom.*

ROSHEIM ★

4 016 habitants
Cartes Michelin nᵒˢ 87 pli 15 ou 242 pli 23 – Schéma p. 201

Rosheim est une petite ville de vignerons qui a le privilège de posséder, entre les ruines de ses remparts, quelques-uns des édifices les plus anciens de l'Alsace.

CURIOSITÉS

★**Église St-Pierre-et-St-Paul** – Elle intéressera les amateurs d'archéologie par son architecture caractéristique de l'école rhénane du 12ᵉ s.

Elle a été très restaurée au siècle dernier, puis restituée dans sa pureté primitive en 1968. Construite en grès jaune, elle présente un lourd clocher octogonal, d'époque plus récente que l'église (16ᵉ s.), au-dessus de la croisée du transept.

Remarquer les bandes plates qui décorent la façade et les murs, appelées « bandes lombardes » parce qu'elles ont été introduites par les Lombards (banquiers italiens qui, avec les Juifs, monopolisaient le commerce de l'argent). Des arcatures courent le long des parties hautes de la nef et des bas-côtés et se relient aux bandes lombardes. Des lions, dévorant des victimes humaines, garnissent le pignon de la façade Ouest (autre influence lombarde). Aux quatre angles de la fenêtre absidale sont figurés les symboles des évangélistes.

A l'intérieur, alternance de piles fortes et de piles faibles surmontées de chapiteaux sculptés (remarquer particulièrement la couronne de petites têtes, toutes dif-férentes). Orgues Silbermann de 1733 (restaurées).

Portes du Lion, Basse et de l'École – Vestiges de l'ancienne enceinte de Ros-heim.

Puits à chaîne et Zittgloeckel – Sur la place de la Mairie, puits de 1605 et tour de l'Horloge.

Maisons anciennes – Nombreuses le long de la rue du Général-de-Gaulle et des petites rues adjacentes.

Maison païenne – Elle est située rue du Général-de-Gaulle entre les nᵒˢ 21 et 23. C'est la plus ancienne construction en pierre d'Alsace (seconde moitié du 12ᵉ s.). Elle présente deux étages percés de petites ouvertures.

*Les pages consacrées à l'art en Alsace
offrent une vision générale
des créations artistiques de la région,
et permettent de replacer dans son contexte
un monument ou une œuvre au moment de sa découverte.
Ce chapitre peut en outre donner des idées d'itinéraires de visite.
Un conseil : parcourez-le avant de partir !*

Bâtie en plaine à l'abri de ses coteaux couverts de vigne, Rouffach est un centre agricole prospère.

Les femmes de Rouffach – En 1106, l'empereur **Henri V** s'installe dans son château de Rouffach. Le jour de Pâques, le monarque ayant fait enlever une jeune fille, les femmes de Rouffach prennent les armes et, entraînant leurs époux, se lancent à l'assaut du château. L'empereur s'enfuit devant la horde déchaînée ; sa couronne, son sceptre, son manteau impérial restent aux mains des assaillantes qui en font offrande à l'autel de la Vierge.

Le privilège du gibet – « Le gibet de Rouffach est fait de bon bois de chêne : prends garde au gibet de Rouffach… » Tel est le dicton populaire, au 16ᵉ s. Un jour, les habitants du village de Pfaffenheim demandent au Conseil de Rouffach de leur prêter son gibet pour y pendre un malfaiteur ; ils reçoivent cette fière réponse : « Notre gibet nous appartient, il est payé de notre argent. Il est fait pour nous et pour nos enfants, et non pour des étrangers. »

Monsieur Sans-Gêne – C'est à Rouffach qu'est né Lefebvre, le mari de la célèbre Madame Sans-Gêne. Devenu maréchal et duc de Dantzig, il n'oublie ni ses humbles origines, ni sa petite ville natale.
Souvent, il séjourne à Rouffach, non chez les riches bourgeois qui seraient honorés de le recevoir, mais dans la pauvre maison de sa mère. « J'irais chez ma mère, dit-il, quand elle n'aurait qu'une paillasse à m'offrir. » Et la vieille femme, jusqu'à sa mort, signe fièrement ses lettres : « Maria, la mère du Maréchal ».

La jonction – Le 5 février 1945, la 12ᵉ D.B. américaine, arrivant de Colmar, fait sa jonction ici avec la 4ᵉ Division marocaine de montagne qui vient de prendre Cernay. Le fond de la « poche de Colmar » est coupé *(voir p. 37)*.

CURIOSITÉS

Église N.-D.-de-l'Assomption – Cette église appartient dans son gros œuvre aux 12ᵉ et 13ᵉ s. La partie la plus ancienne est le transept (11ᵉ-12ᵉ s.). La nef et le chœur sont du 13ᵉ s., la façade et la première travée de la nef, du 14ᵉ s. La tour Nord et la tour Sud, inachevée en raison de la guerre de 1870, sont du 19ᵉ s.

Intérieur – Les grandes arcades sont composées de piles fortes et de piles faibles alternées, comme il est d'usage dans le style rhénan du 12ᵉ s. Toutes les colonnes sont surmontées de beaux chapiteaux à crochets.
Dans le croisillon droit, fonts baptismaux octogones (1492). Dans le chœur (contre les piles du carré du transept), élégants escaliers, seuls restes d'un jubé du 14ᵉ s. A gauche du maître-autel, joli tabernacle du 15ᵉ s. Contre un des piliers de la nef, à gauche, Vierge à l'Enfant surmontée d'un dais, sculptée vers 1500.

Tour des Sorcières – Elle date des 13ᵉ et 15ᵉ s. Couronnée de mâchicoulis, elle est surmontée d'un toit à quatre pans que termine un nid de cigognes. Ce fut une prison jusqu'au 18ᵉ s.

Maisons anciennes – Sur la place de la République, voir l'ancienne halle au blé (fin 15ᵉ s.-début 16ᵉ s.) ainsi que, au fond de la place, à gauche de la Tour des Sorcières, la maison de l'Œuvre Notre-Dame, gothique, et l'ancien hôtel de ville qui possède une belle façade Renaissance à double pignon. On peut voir également trois autres maisons intéressantes aux n°⁵ 11, 17 et 23 de la rue Poincaré.

Église des Récollets ⊘ – Elle fut construite de 1280 à 1300. Les bas-côtés ont été remaniés au 15ᵉ s. A l'un des contreforts est accolée une chaire à balustrade ajourée. Un nid de cigognes est installé au sommet.

ENVIRONS

Pfaffenheim – *3 km au Nord par la N 83.*
Ce village viticole, ancienne cité de la fin du 9ᵉ s., conserve une **église** dont l'abside du 13ᵉ s., décorée de frises à motifs floraux, présente une galerie aveugle et de fines colonnettes. Les entailles que l'on voit dans les pierres, dans la partie basse, laissent supposer que les vignerons aiguisaient là leurs serpettes.

Pour trouver la description d'une curiosité,
l'évocation d'un souvenir historique,
le plan d'un monument,
consultez l'index à la fin du volume.

ROUTE DES CRÊTES ★★★

Cartes Michelin nos 87 plis 17, 18, 19 ou 242 plis 31, 35

La création de cette route stratégique fut décidée pendant la guerre de 1914-1918 par le Haut-Commandement français pour assurer sur le front des Vosges les communications Nord-Sud entre les différentes vallées.

Tracée constamment au voisinage de la ligne de crête, cette route magnifique permet d'admirer les paysages les plus caractéristiques de la chaîne des Vosges, ses cols, ses ballons, ses lacs, ses «chaumes» – domaine estival des troupeaux – et offre des panoramas et des vues très étendues. En outre, elle fait connaître, parmi les champs de bataille de la guerre de 1914-1918, l'un des plus célèbres : celui du Vieil-Armand.

Du Hohneck au Grand Ballon la route des Crêtes est jalonnée de «fermes-auberges», où, de juin à octobre, sont servis des collations ou des repas composés de mets régionaux.

La route des Crêtes est tracée en forêt sur 50 % de son parcours.

1 DU COL DU BONHOMME AU COL DE LA SCHLUCHT _21 km – environ 1 h – schéma p. 198_

Col du Bonhomme – _Page 173._

Au départ du col, la route offre de belles échappées à gauche sur la vallée de la Béhine dominée par la Tête des Faux et le Brézouard. Du col du Louchbach, belle vue au Sud sur la vallée de la Meurthe.

Au col du Calvaire, tourner à droite.

La route sortant de la forêt offre des vues à droite sur le Hohneck et les montagnes de Gérardmer en dernier plan ; en avant, sur la vallée de la Meurthe et le bassin de St-Dié.

★**Gazon du Faing** – _3/4 h à pied AR_. Monter, en passant par le sommet du Gazon du Faing (1 303 m) jusqu'à un gros rocher. De cet endroit, la **vue** est très étendue. Au fond du cirque de Lenzwasen repose le petit étang des Truites transformé en réservoir par un barrage.

Au-delà, on aperçoit de gauche à droite le Linge, le Schratzmaennele, le Barrenkopf ; plus à droite, au-delà de la vallée de la Fecht, dans laquelle on aperçoit Munster, une longue crête descend du Petit Ballon ; à droite de celui-ci, à l'horizon, se silhouette le Grand Ballon (alt. 1 424 m) ; plus à droite encore, on aperçoit le Petit Hohneck (1 288 m) et le Hohneck (1 362 m).

Un peu plus loin, vue sur les vallées du Rudin et du Grand Valtin et les hauteurs dominant le bassin supérieur de la Meurthe (chaume et signal de Sérichamp).

Lac Vert – A hauteur de la borne Km 5 _(5 km de la Schlucht)_, un sentier conduit à une vue sur le lac Vert, appelé également lac de Soultzeren, et la vallée de Munster. Des lichens en suspension donnent leur teinte aux eaux du lac.

Col de la Schlucht – Situé à 1 139 m d'altitude, il fait communiquer la vallée de la Meurthe, qui prend sa source à 1 km de là, avec celle de la Fecht. Au croisement de la route des Crêtes et de la route de Gérardmer à Colmar, c'est l'un des passages les plus fréquentés des Vosges. Le col de la Schlucht est, en hiver, une station de ski appréciée.

★**Sommet de Montabey** – _3/4 h à pied AR_. Quitter le col de la Schlucht, au Sud, par un sentier se détachant de la D 430, à gauche, et longeant un téléski. Au sommet, on découvre une **vue** étendue sur la Forêt-Noire, la plaine d'Alsace, le Donon et, par temps clair, les sommets des Alpes.

Jardin d'Altitude du Haut-Chitelet ⊘ – _A 2 km du col de la Schlucht, vers le Markstein, sur le côté droit de la D 430._
Il est situé à 1 228 m d'altitude, sur une superficie de 11 ha dont une hêtraie d'altitude et une tourbière en réserve intégrale. Des rocailles sur plus d'un hectare présentent 2 700 espèces de plantes originaires des principaux massifs montagneux du monde.

2 DU COL DE LA SCHLUCHT À THANN
62 km – environ 3 h 1/2 – schéma p. 198

Col de la Schlucht – _Voir ci-dessus._

A 3 km du col, la route offre une jolie **vue**★ sur la vallée de la Vologne au fond de laquelle on aperçoit les lacs de Longemer et de Retournemer. Au loin, le village de Xonrupt et les faubourgs de Gérardmer (belvédère aménagé).

★★★**Le Hohneck** – _Le chemin d'accès en forte montée s'embranche sur la route des Crêtes à 4 km de la Schlucht (ne pas prendre le chemin privé qui précède – à 3 km – en mauvais état). La route est généralement fermée entre le Hohneck et le Grand Ballon du 15 novembre au 15 mars._

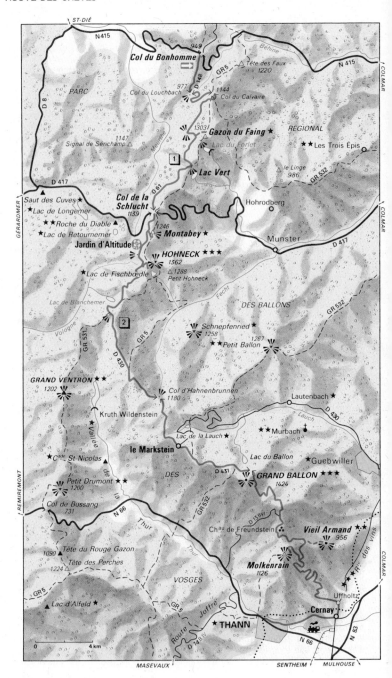

Ce sommet, l'un des plus célèbres des Vosges, et l'un des plus élevés (alt. 1 362 m), est le point culminant de la crête qui constituait, avant la guerre de 1914-1918, la frontière franco-allemande.

Un splendide **panorama**★★★ (table d'orientation) s'offre sur les Vosges, du Donon au Grand Ballon, sur la plaine d'Alsace et la Forêt-Noire. Par temps clair, on aperçoit les sommets des Alpes.

La route parcourt les «chaumes» *(voir p. 22)*. Sur la droite apparaît le lac de Blanchemer, dans un très beau site boisé. Plus loin, la vue est magnifique sur la Grande Vallée de la Fecht; ensuite le lac et la vallée de la Lauch et, au loin, la plaine d'Alsace se révèlent.

Le Markstein – *Page 102.*

La route, en corniche, offre des vues tantôt sur la vallée de la Thur et le massif du Ballon d'Alsace, tantôt sur la vallée de la Lauch et le Petit Ballon. Au fond d'un entonnoir boisé : le petit lac du Ballon.

Grand Ballon – *Quitter la voiture à hauteur de l'hôtel et emprunter le deuxième sentier à gauche (1/2 h à pied AR).* Le Grand Ballon ou Ballon de Guebwiller est le point culminant des Vosges (alt. 1 424 m). Un peu en contrebas du sommet s'élève le monument des « Diables Bleus », érigé à la mémoire des bataillons de chasseurs. Du sommet du Grand Ballon, le **panorama** embrasse les Vosges méridionales, la Forêt-Noire et, par temps clair, le Jura et les Alpes.
La descente du Grand Ballon procure des vues superbes et l'on passe à proximité des ruines du château de Freundstein.

**Vieil-Armand – *Voir à ce nom.*

Le Molkenrain – *Prendre le chemin qui s'embranche à droite sur la D 431, 2 km après celui du Vieil-Armand.* Vue sur la plaine d'Alsace et la Forêt-Noire.
Revenir à la D 431.

Dans la descente vers Uffholtz : vues sur la plaine d'Alsace et la Forêt-Noire.

Cernay – Petite ville industrielle située au pied du Vieil Armand. Elle possède encore des restes de son enceinte fortifiée du Moyen Âge, dont la Porte de Thann qui abrite un petit **musée** ⊙ sur les guerres (1870, 1914-18, 1939-45).
C'est de la gare de Cernay que part le **circuit touristique** ⊙ de la vallée de la Doller, en chemin de fer à vapeur, qui mène, en 14 km, à Sentheim.
Prendre la D 35 à l'Ouest.

*Thann – *Voir à ce nom.*

Tourisme-informations sur Minitel :
consulter 3615 Michelin (1,29 F/mn).

Ce service vous aide à préparer
ou décider du meilleur itinéraire à emprunter
en vous communiquant d'utiles informations routières.

ROUTE DES VINS***

Cartes Michelin nᵒˢ 87 plis 14 à 19 ou 242 plis 19, 23, 27, 31, 35

Sinueuse, la route des Vins relie par le chemin des écoliers Marlenheim à Thann, ses deux portes Nord et Sud où a été érigé un point d'accueil et de découverte du vignoble et des vins d'Alsace. Au pied des coteaux sous-vosgiens hérissés de vieilles tours et de châteaux en ruine, la route, bien signalée, nous conduit à travers le vignoble alsacien, reliant bourgades et petites villes aux noms prestigieux : Barr, Mittelbergheim, Andlau, Dambach-la-Ville, Bergheim, Ribeauvillé, Riquewihr, Turckheim, Eguisheim, etc.
La visite du vignoble au moment des vendanges présente un intérêt tout particulier. Il y règne alors une activité extraordinaire, et le touriste saisit la vie propre de cette population vigneronne, dont la vigne constitue l'occupation exclusive.

Le vignoble alsacien – C'est au 3ᵉ s. que l'Alsace a commencé à cultiver la vigne. Depuis ces temps lointains, la région qui constitue le vignoble s'enorgueillit de n'avoir pas d'autre raison d'être.
Bien que la terre soit fertile et permette les cultures les plus variées, tout est sacrifié à la vigne. Le paysage des collines sous-vosgiennes en est tout entier marqué : hauts échalas, gradins, petits murs escaladent les premières pentes de la montagne. La vigne occupe dans la région délimitée à appellation contrôlée 14 000 ha et s'étage de 200 à 400 m d'altitude.
La production annuelle, très variable, est en moyenne de 1 100 000 hl. Le vin domine la vie du pays, son activité et ses réjouissances, occupant quelque 7 000 familles de viticulteurs. En effet, le vignoble alsacien est avant tout un vignoble de qualité. Les efforts qualitatifs consentis par les producteurs de cette région, au cours des trois dernières décennies, se sont traduits par la reconnaissance des trois appellations d'origine contrôlée, Alsace, Alsace Grand Cru et Crémant d'Alsace. Lors des grandes années, le vignoble produit deux spécialités rares et prestigieuses : les « Vendanges tardives » et les « Sélections de grains nobles », récoltées tard en surmaturation et qui donnent des vins puissants, concentrés, aux arômes complexes.
Une surveillance permanente, une recherche patiente de l'adaptation des cépages aux sols, l'entretien de ceux-ci nécessitent du vigneron un genre de vie particulier dont on retrouve les traces jusque dans l'habitat. Les très nombreux villages gais et fleuris traversés par la route des Vins, ces « petites villes » du vignoble serrées autour de l'église et de la « maison de ville », sont un des charmes de l'Alsace. La dégustation des admirables crus du vignoble alsacien ajoute une saveur gastronomique à l'intérêt touristique.
La confrérie St-Étienne, siégeant au château de Kientzheim *(p. 114)*, près de Kaysersberg, distingue, chaque année, les meilleurs vins en leur délivrant un « sigille » de qualité.

① DE MARLENHEIM À CHÂTENOIS

68 km – environ 4 h – schéma p. 201

Jusqu'à Rosheim, la route n'aborde pas franchement les contreforts des Vosges et les villages ont encore les caractères des villages de plaine.

Marlenheim – Centre viticole réputé.

Wangen – Avec ses rues sinueuses, ses vieilles maisons, les arcs de ses portes de cour, Wangen est un village viticole typique. Jusqu'en 1830 ses habitants devaient chaque année verser à l'abbaye St-Étienne de Strasbourg, propriétaire du village, un impôt de 300 hl de vin. La «fête de la Fontaine» rappelle cette ancienne coutume : le dimanche qui suit le 3 juillet, le vin coule librement à la fontaine de Wangen.

Westhoffen – Village typique de vignerons.

Avolsheim – *Voir à ce nom.*

★ **Molsheim** – *Voir à ce nom.*

★ **Rosheim** – *Voir à ce nom.*

A la sortie de Rosheim, en avant et à gauche, sur les premières hauteurs vosgiennes dominant la plaine, apparaissent les ruines du château de Landsberg.
Désormais, la route devient accidentée : dès qu'on s'élève, la vue s'étend sur la plaine d'Alsace, tandis qu'apparaissent, perchés sur des promontoires, les restes de nombreux châteaux : châteaux d'Ottrott, d'Ortenbourg ou de Ramstein.

Boersch – Boersch conserve trois anciennes portes. Franchissant la porte du Bas, on atteint une **place**★ pittoresque entourée de vieilles maisons : la plus remarquable est la mairie (16ᵉ s.). Un puits Renaissance, à colonnes ornées de chapiteaux sculptés, s'élève à l'entrée de la place. Pour sortir de Boersch, on passe sous la porte du Haut.

Ottrott – *Page 109.*

★★ **Obernai** – *Voir à ce nom.*

Barr – C'est une cité industrielle (tanneries réputées dont la spécialité est le box-calf) doublée d'un important centre viticole, produisant des vins de choix : Sylvaner, Riesling et surtout Gewurztraminer. L'annuelle foire aux vins se tient à l'hôtel de ville, bel édifice du 17ᵉ s., décoré d'une loggia et d'un balcon sculpté : pénétrer dans la cour pour voir la façade postérieure.
La **Folie Marco** ⊙, maison mi-seigneuriale, mi-bourgeoise du 18ᵉ s., abrite un **musée** où sont exposés meubles anciens du 17ᵉ au 19ᵉ s., faïences, porcelaines, étains et souvenirs locaux ; section consacrée à la «schlitte» (*sur ce terme, voir p. 22*).

Mittelbergheim – *Page 108.*

★ **Andlau** – *Voir à ce nom.*

Itterswiller – Situé à flanc de coteau, ce charmant village viticole étire ses maisons fleuries le long de la rue principale. Un sentier permet de faire le tour du vignoble (*environ 1 h, point de vue*).

Dambach-la-Ville – Établie au creux des coteaux, centre d'un vignoble renommé (Grands crus classés du Frankstein), cette coquette cité est dominée de plus de 500 m par un massif boisé. Ses remparts dont subsistent trois vieilles portes enserrent un centre ancien pittoresque et fleuri, aux traditionnelles maisons à colombage.

400 m après la porte Haute, tourner à gauche.

A la fin de la montée, prendre à droite un chemin qui s'élève jusqu'à la **chapelle St-Sébastien**. Vue étendue sur la plaine d'Alsace et le Vignoble. A l'intérieur de la chapelle, le maître-autel très orné (baroque fin 17ᵉ s.), en bois sculpté, représente la Sainte Famille ; au-dessus, le Saint-Esprit et le Père Éternel et, plus haut, un Saint Sébastien. A l'extérieur, à côté du chœur, ossuaire du 16ᵉ s.
En continuant le chemin (*2 h à pied AR*) on arrive aux ruines du **château fort de Bernstein** (12ᵉ-13ᵉ s.), construit sur une arête granitique, dont il reste un corps de logis et un donjon pentagonal : belle vue sur la plaine d'Alsace.

Scherwiller – C'est là que, en 1525, le duc Antoine de Lorraine remporta, sur les paysans alsaciens révoltés, la victoire qui mit fin à la guerre des Rustauds.

Châtenois – La ville portait au 12ᵉ s. le nom de Castinetum. On y remarque un curieux clocher roman que terminent une flèche et quatre échauguettes en charpente ; une pittoresque porte du 15ᵉ s. appelée «Tour des sorcières», dont le toit est surmonté d'un nid de cigognes.

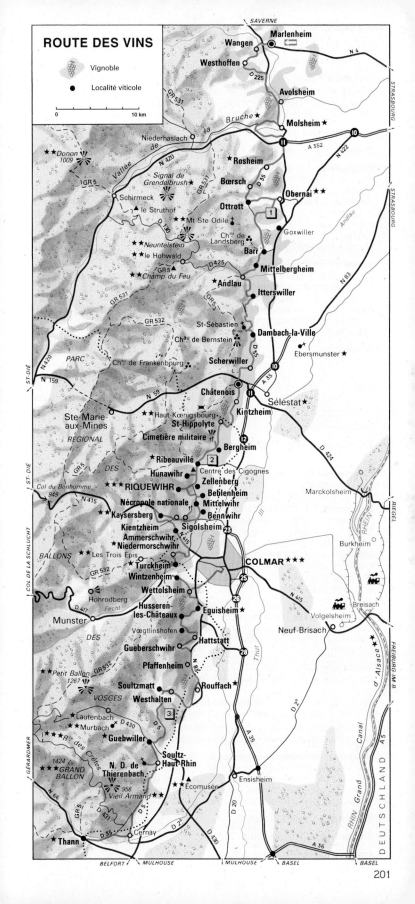

ROUTE DES VINS

Vignoble

● Localité viticole

0   10 km

SAVERNE

Marlenheim

Wangen

Westhoffen

Avolsheim

N 4

STRASBOURG

D 225

la Bruche ★

GR 531

Molsheim ★

Niederhaslach

A 352

N 422

N 420

★★ Donon
1009

★ Rosheim

D 35

Vallée

Signal de
Grendelbruch ★

GR 531

Bœrsch

Obernai ★★

Schirmeck

▲ le Struthof

Ottrott

GR 5

D 130

★★ Mt Ste-Odile ╬

Goxwiller

1

Chau de
Landsberg

★★ Neuntelstein

Barr

★★ le Hohwald

D 425

Mittelbergheim

GR 5 ▲

★★ Champ du Feu

★ Andlau

Itterswiller

N 83

GR 531

GR 5

GR 532

St-Sébastien

Dambach-la-Ville

Chau de Bernstein

Ebersmunster ★

Chau de Frankenbourg

Scherwiller

D 35

PARC

N 420

ST-DIÉ

N 159

N 59

Châtenois

10

A 35

Sélestat ★

Kintzheim

11

Ste-Marie-
aux-Mines

RÉGIONAL

★★ Haut-Kœnigsbourg

St-Hippolyte

12

D 424

Marckolsheim

Cimetière militaire ╬

Bergheim

DES

★ Ribeauvillé

2

Centre des Cigognes

Hunawihr

RIEGEL

ST-DIÉ

GR 5

Zellenberg

Col du Bonhomme
949

★★★ RIQUEWIHR

Beblenheim

N 415

Mittelwihr

RHEN

Nécropole nationale ╬

Bennwihr

Burkheim

★★ Kaysersberg

Kientzheim

Sigolsheim

23

BALLONS

Ammerschwihr

Niedermorschwihr

COLMAR ★★★

Breisach

★ Les Trois Épis

25

GR 532

Turckheim

Wintzenheim

Hohrodberg

D 417

Fecht

Wettolsheim

26

N 415

Volgelsheim

Munster

Husseren-
les-Châteaux

Eguisheim ★

Neuf-Brisach

FREIBURG IM B.

DES

Vœgtlinshofen

28

Hattstatt

VOSGES

★★ Petit Ballon
1267

Gueberschwihr

Pfaffenheim

N 83

Thur

Soultzmatt

Rouffach ★

Westhalten

D 5

3

GÉRARDMER

Lautenbach

D 430

★★ Murbach

★★★ Rte des Crêtes

★ Guebwiller

A 35

1424 △

★★ GRAND
BALLON

N. D. de
Thierenbach

Soultz-
Haut-Rhin

Canal du Rhône au Rhin

956

Vieil Armand ★★

★★ Écomusée

Ensisheim

N 66

GR 5

D 5

D 431

D 2ᵇ

D 20

A 36

BELFORT / MULHOUSE

Cernay

D 35

D 430

MULHOUSE / BASEL

BASEL

★ Thann

A 5

DEUTSCHLAND

201

② DE CHÂTENOIS À COLMAR

54 km – environ 5 h – schéma p. 201

Châtenois – *Page 200.*

Jusqu'à Ribeauvillé, la route est dominée par de nombreux châteaux : masse imposante du Haut-Kœnigsbourg, ruines des châteaux de Kintzheim, de Frankenbourg, de St-Ulrich, de Girsberg et du Haut-Ribeaupierre.

Parc d'animaux de Kintzheim – *Page 221.*

St-Hippolyte – *Page 191.*

Bergheim – A deux pas de la Porte Haute, entrée fortifiée du 14ᵉ s., un tilleul daté de 1300 donne le ton de l'ancienneté de ce bourg viticole au cachet sans apprêt. Le mur d'enceinte médiéval, celui-là même qui permit de repousser victorieusement Charles le Téméraire en 1470, subsiste encore au Nord, flanqué de trois fines tours rondes. Il abrite de nombreuses maisons anciennes. On remarquera la place du marché, fleurie et ornée d'une jolie fontaine.
L'**église** ⊙ de grès rouge conserve des éléments du 14ᵉ s. (abside, chœur et base du clocher) dans une construction contemporaine de l'hôtel de ville, bâti au 18ᵉ s.

Cimetière militaire allemand – *1 200 m au départ de Bergheim. A la sortie Nord de la localité, prendre à gauche une route en montée se détachant de la D 1ᴮ.* Cette nécropole aligne sur les pentes d'une colline les sépultures, orientées vers la mère patrie, de soldats allemands tombés durant la guerre de 1939-1945. De la croix érigée au sommet, beau **panorama**★ sur les crêtes vosgiennes avoisinantes à l'Ouest, le château du Haut-Kœnigsbourg au Nord, Sélestat et la plaine d'Alsace au Nord-Est et à l'Est.

★**Ribeauvillé** – *Voir à ce nom.*

Au-delà de Ribeauvillé, la route s'élève à mi-pente des coteaux et la vue se dégage sur la plaine d'Alsace. C'est entre Ribeauvillé et Colmar que se trouve le cœur du vignoble alsacien. Villages et bourgs viticoles aux crus réputés se succèdent sur les riches coteaux qui bordent les Vosges : petites cités pittoresques qui raviront le touriste.

Hunawihr – *Voir à ce nom.*

Zellenberg – Petit village juché sur une colline : belle vue sur Riquewihr et le vignoble.

★★★**Riquewihr** – *Voir à ce nom.*

Beblenheim – *Page 191.*

Mittelwihr – A la sortie Sud du village, remarquer à droite le « Mur des Fleurs Martyres ». Ce mur fut, pendant l'Occupation, fleuri d'impomées bleues, de pétunias blancs et de géraniums rouges. Cette floraison tricolore demeura, jusqu'à la Libération, le gage de la fidélité alsacienne.
Les coteaux de Mittelwihr – appelé le « Midi de l'Alsace » – bénéficient d'une exposition tellement favorable que les amandiers y fleurissent et même y mûrissent. Le Gewurztraminer et le Riesling qui en proviennent jouissent d'une renommée sans cesse grandissante.

Bennwihr – Village fleuri à la belle saison et dont la qualité des vins est universellement reconnue. L'**église** moderne possède un vitrail qui, s'étirant sur toute la longueur de la façade Sud, laisse pénétrer à l'intérieur de l'édifice une lumière colorée très intense. Remarquer les tonalités très douces des vitraux de la chapelle à gauche.

Sigolsheim – On a situé ici le « champ de mensonge » où campèrent, en 833, les fils de Louis le Débonnaire avant de s'emparer de leur père pour le faire emprisonner.
L'église St-Pierre-et-St-Paul date du 12ᵉ s. Son portail roman s'orne d'un tympan dont les sculptures rappellent celles de Kaysersberg et d'Andlau.
Emprunter la rue de la 1ʳᵉ-Armée (anciennement rue principale) pour gagner, à 2 km au Nord-Est, après le couvent des Capucins, la nécropole nationale.

Nécropole nationale de Sigolsheim – *Du parc de stationnement, 5 mn à pied AR. 124 marches.* Son enceinte de grès rouge, entourée de vignes, couronne le sommet d'une colline. Y sont inhumés 1 684 soldats de la 1ʳᵉ Armée française tombés en 1944. Du terre-plein central, majestueux **panorama**★ sur les sommets et châteaux avoisinants, ainsi que sur Colmar et la plaine d'Alsace à l'Est.

Kientzheim – *Voir à ce nom.*

★★**Kaysersberg** – *Voir à ce nom.*

Ammerschwihr – *Voir à ce nom.*

F. Jalain/EXPLORER

Vendanges

★**Niedermorschwihr** – Joli village au milieu des vignes, dont l'église moderne a conservé un clocher vrillé du 13ᵉ s. Le long de sa rue principale, maisons anciennes à oriels *(voir p. 49)* et balcons de bois.

Entre Niedermorschwihr et Turckheim, la route sinue sur une colline couverte de vignes d'où la vue se dégage largement sur la plaine.

★**Turckheim** – *Voir à ce nom.*

Wintzenheim – Centre d'un vignoble réputé (grand cru classé du Hengst), cette cité accueillante possède des restes de fortifications (1275), quelques maisons anciennes (rue des Laboureurs) et l'ancien manoir des chevaliers de St-Jean ou Thurnburg devenu hôtel de ville.

★★★**Colmar** – *Voir à ce nom.*

③ DE COLMAR À THANN

59 km – environ 3 h – schéma p. 201

★★★**Colmar** – *Voir à ce nom.*

Sortir par ⑤ du plan, D 417.

Wettolsheim – Ce petit bourg revendique l'honneur d'avoir été la patrie du vignoble alsacien ; introduite dès le temps de la domination romaine, la culture de la vigne se serait, de là, étendue à tout le pays.

★**Eguisheim** – *Voir à ce nom.*

La route, très pittoresque, est dominée d'abord par les ruines des « trois châteaux » d'Eguisheim, tandis que la vue s'étend largement sur la plaine d'Alsace.

Husseren-les-Châteaux – C'est le point le plus élevé du vignoble alsacien (alt. 380 m). Le village de Husseren, d'où l'on a un beau panorama sur la plaine d'Alsace, est dominé par les ruines des « trois châteaux » d'Eguisheim *(voir p. 90)*. C'est d'ailleurs de Husseren que part la « Route des Cinq Châteaux » *(voir p. 90)*.

Hattstatt – Très ancien bourg, autrefois fortifié. L'église, de la première moitié du 11ᵉ s., possède un chœur du 15ᵉ s. avec un autel en pierre de la même époque. Le baptistère date également du 15ᵉ s. A gauche, dans la nef, se trouve un beau calvaire Renaissance. La chaire et le retable sont de style baroque.

Gueberschwihr – Paisiblement établi sur un coteau viticole, ce village est dominé par un magnifique clocher roman, dernier vestige de son église du début du 12ᵉ s.

Pfaffenheim – *Page 196.*

★**Rouffach** – *Voir à ce nom.*

Peu après Rouffach se profile au loin le Grand Ballon *(p. 199)*.

Westhalten – Village pittoresque entouré de vignes et de vergers, possédant deux fontaines et plusieurs maisons anciennes.

Soultzmatt – Charmante cité bâtie le long des rives de l'Ohmbach. Ses vins, Sylvaner, Riesling, Gewurztraminer, sont très appréciés et ses eaux minérales connues. A l'entrée du pays se dresse le **château de Wagenbourg.**

★**Guebwiller** – *Voir à ce nom.*

Soultz-Haut-Rhin – *Voir à ce nom.*

Prendre à droite la D 5¹.

Basilique N.-D. de Thierenbach – Reconnaissable à son clocher à bulbe, la basilique fut édifiée en 1723, dans le style baroque autrichien, par l'architecte Peter Thumb. Elle est le but d'un important pèlerinage remontant au 8ᵉ s. et dédiée à N.-D.-de-l'Espérance. Parmi les fêtes les plus importantes, citons la célébration de Noël avec les enfants, chaque dimanche de janvier, et les fêtes mariales, en particulier le 15 août. A l'intérieur de la basilique, on remarque deux piéta : la Vierge miraculeuse de 1350 et la Vierge douloureuse de 1510 située dans la chapelle de la Réconciliation.

Revenir à Soultz-Haut-Rhin et prendre la D 5 puis à droite la D 35.

★**Thann** – *Voir à ce nom.*

ST-AVOLD

16 533 habitants (les Naboriens)
Cartes Michelin nᵒˢ 57 pli 15 ou 242 pli 10

Important centre religieux depuis le 6ᵉ s., la ville est encore de nos jours un grand lieu de pèlerinage marial. Elle doit son nom à son ancienne abbaye bénédictine, placée sous le vocable de saint Nabor dont elle reçut les reliques au 8ᵉ s. Cette ancienne possession des évêques de Metz, très prospère au Moyen Âge, fut cruellement éprouvée par la guerre de Trente Ans.
Aujourd'hui grosse agglomération industrielle (industries chimiques), St-Avold conserve encore quelques belles demeures, dont le château de Henriette de Lorraine où est installée la mairie.

Ancienne église abbatiale St-Nabor – Édifiée dans un beau grès rosé, cette abbatiale de style classique à nefs en halle est éclairée par de lumineux vitraux modernes dus à un artiste naborien. Épargnée par la Révolution, l'église a gardé ses **boiseries** du 18ᵉ s. : stalles et panneaux du chœur, buffet d'orgues.
Au fond du bas-côté gauche, un **groupe sculpté**★ du 16ᵉ s. représente une pathétique Mise au tombeau.
Le cloître et une partie des bâtiments conventuels ont été détruits après 1789.
Remarquer également le retable de la Vierge, en pierre, de la seconde moitié du 15ᵉ s.

Cimetière américain de St-Avold – Situé au Nord de la ville, c'est un des plus grands cimetières d'Europe occidentale. D'une superficie de 45 ha, il renferme plus de 10 000 sépultures rigoureusement alignées. Dans la chapelle-mémorial, le mur Sud est orné d'une carte en céramique retraçant les différentes opérations militaires.

ENVIRONS

Hombourg-Haut – *8 km au Nord-Est. Voir à ce nom.*

Zimming – *10 km à l'Ouest de St-Avold, entre la N 3 et l'autoroute A 4. A Zimming, prendre la petite route se dirigeant vers Hallering.*
L'énorme **chêne de St-Gengoulf**, au bord de la route, près d'une source et d'une croix, porte encore les traces des scies mécaniques destinées à l'abattre. Les soldats américains qui s'y essayèrent en 1945 durent abandonner leur projet, l'arbre étant plus résistant que leurs lames !

ST-DIÉ ★

22 635 habitants (les Déodatiens)
Cartes Michelin nᵒˢ 87 pli 16 ou 242 pli 27

St-Dié, située dans un bassin fertile que dominent des côtes de grès rouge couvertes de sapins, doit son origine à un monastère bénédictin fondé au 7ᵉ s. par saint Déodat dont le nom fut abrégé en saint Dié.
St-Dié, ravagée quatre fois par le feu au cours de son histoire, a payé d'un nouvel et terrible incendie, le 9 novembre 1944, son lourd tribut au dernier conflit mondial. La ville est la patrie de **Jules Ferry** (1832-1893), fondateur de l'école primaire laïque et obligatoire.
Les industries textiles et du bois entretiennent son activité.

Les « fonts baptismaux » de l'Amérique
C'est dans la « Cosmographiae Introductio », ouvrage imprimé et publié à St-Dié en 1507 par le Gymnase vosgien, assemblée de savants, que le continent découvert par Christophe Colomb fut, pour la première fois, dénommé America en hommage au navigateur Amerigo Vespucci.

CURIOSITÉS

★**Cathédrale St-Dié** – Ancienne collégiale de chanoines, érigée en cathédrale en 1777. Sa façade imposante, de style classique, a été édifiée au début du 18e s. Elle est flanquée de deux tours carrées qui lui apportent une touche de solennité. Toutefois, sur le flanc Sud, on découvre un beau portail roman.

Elle fut en grande partie dynamitée en novembre 1944. Voûtes et parties orientales ont été remontées à l'identique et l'édifice consacré en 1974.

Le vieux tilleul, à droite de la cathédrale, aurait été planté au 12e s.

Intérieur ⊙ – Le transept, le chœur et l'abside (décorée d'un vaste enfeu) ont été rendus à leur aspect du 14e s. La nef romane montre une alternance de piles fortes et faibles couronnées de **chapiteaux**★ sculptés, miraculeusement épargnés par l'explosion : voir Mélusine sur le dernier pilier avant le chœur, à droite. Remarquer le rétrécissement des ogives des bas-côtés, à l'entrée du transept. Les doubleaux et voûtes de la nef, sur croisées d'ogives, sont du 13e s. Sur la colonne à droite de la croisée du transept, Vierge à l'Enfant, en pierre, du 14e s.

La cathédrale s'est enrichie en 1987 d'un bel ensemble de **vitraux** non figuratifs réalisés par une équipe de dix artistes (Alfred Manessier, Jean Le Moal, Geneviève Asse...) animée par Jean Bazaine. A travers un subtil balancement entre les couleurs chaudes et les teintes froides, le jeu de formes paisibles ou tourmentées, le regard est insensiblement dirigé de l'entrée vers les trois verrières du chœur : L'Embrasement de Pâques, point d'orgue d'une savante et symbolique progression des ténèbres vers la lumière.

Des vitraux de la fin du 13e s., dans la deuxième chapelle à gauche, relatent des épisodes de la vie de saint Déodat.

★**Cloître gothique** – Occupant l'intervalle compris entre la cathédrale et l'église N.-D.-de-Galilée, et faisant communiquer ces deux édifices, cet ancien cloître de chanoines est fort beau. Sa construction, demeurée inachevée, remonte aux 15e et 16e s.

On en admire les baies flamboyantes donnant sur la cour, et les voûtes en croisées d'ogives sur faisceaux de colonnettes engagées ou sur pilastres. A un contrefort de la galerie Est s'adosse une chaire extérieure du 15e s.

Église N.-D.-de-Galilée ⊙ – Ayant servi d'église paroissiale pendant la reconstruction de la cathédrale, la « Petite Église » est un exemple typique de l'architecture romane de Lorraine Sud. La façade, d'une grande simplicité, est précédée d'un clocher-porche aux frustes chapiteaux.

L'originalité de la nef consiste en ses voûtes d'arêtes, fait très rare pour un vaisseau aussi large. Les piles fortes et faibles alternent, suivant l'habitude rhénane et de Lorraine Sud.

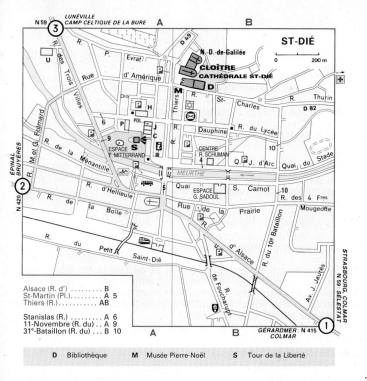

D Bibliothèque   M Musée Pierre-Noël   S Tour de la Liberté

Musée Pierre-Noël - Musée de la vie dans les Hautes Vosges (M) ⊘ –
Reconstruit à l'emplacement de l'ancien palais épiscopal dont subsiste la porte
d'entrée monumentale, il comprend notamment des sections dévolues à l'archéologie (fouilles du site de la Bure), à l'ornithologie (belle série de 350 oiseaux naturalisés, classés par milieux et par thèmes), à la forêt vosgienne, aux métiers du bois et
du textile, à l'agriculture et à l'élevage, à la faïence de l'Est et à la verrerie.
Vaste salle consacrée à Jules Ferry et à sa famille : manuscrits, photographies,
mobilier, peintures, armes d'Afrique et d'Asie.
Collection militaire franco-allemande : importante vitrine évoquant René Fonck, as
de l'aviation militaire pendant la guerre 1914-1918, né près de St-Dié. Collection
Goll, d'art moderne.

Bibliothèque (D) ⊘ – Elle possède 230 000 ouvrages dont 600 manuscrits et
140 incunables (premiers livres imprimés). Dans la salle du Trésor sont présentés
un exemplaire de la rarissime **Cosmographiae Introductio** *(voir p. 204)* et un Graduel
enluminé (début 16ᵉ s.) comprenant notamment des miniatures qui évoquent le
travail dans les mines au Moyen Âge.

Tour de la Liberté (S) ⊘ – Cet édifice d'acier, de câbles et de toile, entièrement
blanc, s'élève à 36 m du sol et pèse plus de 1 400 t. Il avait été érigé au Jardin des
Tuileries, à Paris, à l'occasion du bicentenaire de la Révolution et a été rebâti ici
l'année suivante. **Collection de bijoux** ⊘ créés par H.-E. Heger de Loewenfeld d'après
l'œuvre du peintre Georges Braque.
Du haut de la tour, **vue** sur la ville et la ligne bleue des Vosges.

J.P. Clapham/MICHELIN

St-Dié – Tour de la Liberté

EXCURSIONS

Camp celtique de la Bure, *7,5 km, puis 3/4 h à pied AR. Quitter St-Dié par ③ du
plan, N 59 ; à 4 km, prendre à droite vers la Pêcherie puis, encore à droite, la route
forestière de la Bure, enfin, à gauche, la route forestière de la Crenée.*
Au col de la Crenée, laisser la voiture et gagner, par le sentier de crête s'élevant
derrière un abri forestier, l'entrée principale du camp *(grand panneau explicatif).*
Objet de fouilles entreprises par la Société Philomatique Vosgienne, ce site archéologique a conservé les traces d'une occupation humaine remontant à quelque
2 000 ans avant J.-C. et ne prenant fin qu'au 4ᵉ s. de notre ère.
Établi sur l'extrémité Ouest (alt. 582 m) de la crête de la Bure, le camp affecte la
forme d'une ellipse aux diagonales longues de 340 m et 110 m. Sa terrasse
d'enceinte, émergeant de 40 à 60 cm par endroits, et épaisse de 2,25 m (3 pas
gaulois), supportait une palissade interrompue par deux portes et deux poternes.
L'accès Est, côté crête, fut barré dès le 1ᵉʳ s. avant J.-C. par un mur (murus
gallicus) de 7 m d'épaisseur précédé d'un fossé et, vers 300, par un second
rempart d'inspiration romaine. Dans le camp on distingue plusieurs bassins, dont
deux consacrés à des divinités gauloises (Taranis et Déesses-Mères), et un grand
atelier sidérurgique. Deux enclumes de 11 kg et de 23,5 kg ont été découvertes
ainsi que 450 kg de scories de fer. Remarquer, entre autres moulages dressés sur
les remparts, celui d'une stèle portant la curieuse effigie d'un cheval-poisson et, au
milieu du camp, celui de la stèle d'un forgeron du 3ᵉ s. Le matériel archéologique
mis au jour est exposé au musée de St-Dié.
De belles **vues★** (table d'orientation) s'offrent à l'Ouest sur la vallée de la Meurthe,
au Sud sur le bassin de St-Dié.

De St-Dié au col du Donon – *43 km – environ 2 h 1/2. Quitter St-Dié par ③ du
plan, N 59.*

Étival-Clairefontaine – (les Stivaliens). Cette petite ville de la vallée de la Meurthe est située sur la Valdange, affluent de la Meurthe. Sur les bords de la rivière, on peut voir les restes du moulin à papier de Pajaille qui date de 1512. Les papeteries modernes (papier d'impression et écriture, articles de correspondance et d'écoliers) ont été déplacées à Clairefontaine, sur les bords de la Meurthe. Reste d'une ancienne abbaye de prémontrés, bâtie en grès des Vosges, l'**église★** présente une nef centrale et des bas-côtés de l'époque de transition du roman au gothique ; les façades Ouest et Nord sont du 18ᵉ s. Remarquer dans le transept gauche les vestiges de l'escalier et des portes qui communiquaient avec le monastère.

Moyenmoutier – Moyenmoutier (monastère du milieu) doit son nom à une abbaye fondée au 7ᵉ s. par saint Hydulphe entre l'abbaye de Senones et celle d'Étival. De très vastes dimensions, l'**église abbatiale**, rebâtie au 18ᵉ s., est un des plus beaux monuments religieux de cette époque dans les Vosges. Garnissant l'avant-chœur, les stalles monacales (début 18ᵉ s.), en chêne, présentent un décor sculpté et marqueté remarquable. Voir aussi le buffet d'orgues, copie de l'ancien qui a été transporté à la cathédrale de St-Dié, et une statue du 16ᵉ s., la Vierge de Malfosse, dans le côté droit de la nef.

Senones – *Voir à ce nom.*

De Senones au col du Donon, la **route★** est décrite p. 222.

ST-JEAN-SAVERNE

559 habitants
Cartes Michelin nᵒˢ 87 pli 14 ou 242 pli 19 – Schéma p. 274

L'amateur d'art s'arrêtera dans ce village pour visiter l'église, dernier vestige d'une abbaye bénédictine de femmes, fondée au début du 12ᵉ s. par le comte Pierre de Lutzelbourg et dévastée successivement par les Armagnacs et par les Suédois.

CURIOSITÉS

Église ⊙ – A l'extérieur, elle est dominée par une tour, ne datant que du 18ᵉ s. mais sous laquelle une porte romane offre des pentures remarquables.
A l'intérieur, très homogène, on remarquera l'alternance rhénane des piles fortes et des piles faibles. Les voûtes, encore assez gauchement ogivales, passent pour être les plus anciennes d'Alsace.
Dans le haut du bas-côté droit, à droite du chœur, on a réemployé, à la porte de la sacristie, l'ancien tympan d'une porte qui s'ouvrait sur le côté droit de l'église. Ce tympan, très primitif, représente l'Agneau portant la croix, sous une décoration de palmettes. A l'entrée du chœur, très beaux chapiteaux cubiques à feuillages stylisés. Les orgues sont du 18ᵉ s. Dans la **sacristie**, neuf tapisseries du 16ᵉ s. proviennent de l'abbaye de bénédictines.

★**Chapelle St-Michel** ⊙ – *2 km, puis 1/2 h à pied AR au départ de l'église St-Jean. Prendre la route du Mont-St-Michel qui s'élève en sous-bois puis, 1,5 km plus loin, un chemin à gauche à angle aigu.*

Chapelle – Contemporaine de l'abbaye, mais remaniée au 17ᵉ s. et restaurée en 1984 par le Club Vosgien.

École des Sorcières – En prenant à droite de la chapelle on atteint, à 50 m, l'extrémité du rocher, constituant une plate-forme d'où la **vue★** (table d'orientation) est très étendue sur les coteaux d'Alsace et, au loin, sur la Forêt-Noire. La surface de cette plate-forme est évidée circulairement et le trou ainsi formé est appelé l'« École des Sorcières » parce que, selon la légende, les sorcières s'y rassemblaient la nuit pour se communiquer leurs maléfices.

Trou des Sorcières – *Revenir à la chapelle.* Devant son flanc droit, descendre un escalier de 57 marches puis suivre à gauche le chemin longeant le pied de la falaise rocheuse en partie en surplomb. Il permet d'atteindre une grotte dont la paroi du fond communique avec l'air libre par une étroite ouverture, le « Trou des Sorcières ». Dans le sol, à l'entrée de cette grotte, une cavité paraît avoir été creusée pour servir de sépulture.

Quelques faits historiques.
Sous ce chapitre en introduction, le tableau évoque les principaux événements de l'histoire du pays.

ST-MIHIEL ★

5 367 habitants (les Sammiellois)
Cartes Michelin nos 57 plis 11, 12 ou 241 pli 27

Le passé de cette petite ville est lié à celui d'une abbaye célèbre.
St-Mihiel ou St-Michel fut d'abord une grande abbaye bénédictine fondée en 709 à proximité de la ville actuelle et transférée en 815 sur les bords de la Meuse par l'abbé Smaragde, conseiller de Charlemagne. En 1301, la ville devint la capitale du Barrois non mouvant.

Ligier Richier – Le 16ᵉ s. fut une période brillante pour St-Mihiel : des drapiers et des orfèvres réputés s'y installèrent, et surtout la célèbre école sammielloise de sculpture qui eut pour chef de file Ligier Richier. Fils d'un maître imagier du nom de Jean Richier, il naquit vers l'an 1500 à St-Mihiel. Il groupa dans son atelier quelques compagnons et apprentis. En 1530, son talent dépassait déjà le cadre de sa cité et c'était « le plus expert et meilleur ouvrier en dit art (de tailleur d'images) que l'on vit jamais ».
En 1559, il fut chargé de la décoration de la ville pour l'entrée du duc Charles III et de sa femme Claude de France. Converti au protestantisme, il se retira à Genève où il mourut en 1567.
Son œuvre a été considérable. En dehors de ses productions conservées à Bar-le-Duc, on lui attribue le retable d'autel en pierre polychrome de l'église d'Hattonchâtel, la Pietà de l'église d'Étain, le calvaire installé dans le chœur de l'église de Briey et beaucoup d'autres œuvres.

Le « Saillant de St-Mihiel » – Dès septembre 1914, les Allemands attaquent les Hauts de Meuse, dans l'espoir de tourner la puissante place forte de Verdun par le Sud. Ils réussissent à pénétrer dans St-Mihiel et à installer une tête de pont sur la rive gauche de la Meuse. Le « saillant » (avancée du front) est formé *(voir plan p. 34)*. Pendant quatre ans, les Français ne pourront utiliser la vallée de la Meuse pour communiquer avec Verdun : tout le ravitaillement en hommes et en munitions devra être acheminé par la « Voie Sacrée » Bar-le-Duc-Verdun. Et pendant ces quatre années, 2 500 Sammiellois seront prisonniers dans leur ville, séparés du reste du monde.
A l'automne 1918, les troupes américaines réduisirent progressivement le « saillant », St-Mihiel elle-même étant reprise le 12 septembre par une division française.

CURIOSITÉS

Église St-Michel – Cette église abbatiale, qui conserve un clocher carré et un porche roman du 12ᵉ s., a été rebâtie presque complètement à la fin du 17ᵉ s., dans le style bénédictin de l'époque.
Sa large nef de cinq travées est flanquée de vaisseaux simples aussi hauts que la nef, et de chapelles peu profondes. Les voûtes gothiques reposent sur de grosses colonnes cannelées couronnées de chapiteaux doriques. Le chœur, très profond, est orné de 80 belles stalles sculptées.
Dans la première chapelle du bas-côté droit se trouve un chef-d'œuvre de Ligier Richier : la **Pâmoison de la Vierge soutenue par saint Jean★**. Ce groupe en noyer fut exécuté en 1531. Il faisait partie d'un calvaire comprenant le Christ – dont la tête est aujourd'hui au musée du Louvre –, saint Longin, Marie-Madeleine et quatre anges. L'œuvre, d'une grande simplicité, est extrêmement émouvante *(minuterie à droite)*.
Dans la chapelle des fonts baptismaux, au bas du bas-côté droit, on voit l'« Enfant aux têtes de morts », œuvre sculptée en 1608 par Jean Richier, petit-fils de Ligier Richier. Le magnifique buffet d'orgues a été sculpté entre 1679 et 1681.

Bâtiments abbatiaux (K) – Attenante à l'église St-Michel et à son curieux chevet arrondi, la très vaste abbaye, dont la reconstruction fut réalisée par dom Hennezon au 17ᵉ s., est demeurée un ensemble à peu près intact. La façade, de style Louis XIV, est appelée le Palais.

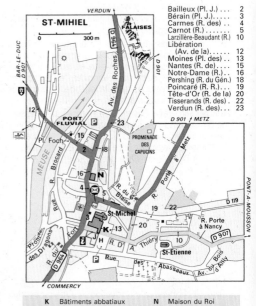

Bailleux (Pl. J.) ... 2
Bérain (Pl. J.) 3
Carmes (R. des) .. 4
Carnot (R.) 5
Larzillière-Beaudant (R.) 10
Libération
  (Av. de la) 12
Moines (Pl. des) .. 13
Nantes (R. de) 15
Notre-Dame (R.) .. 16
Pershing (R. du Gén.) 18
Poincaré (R. R.) ... 19
Tête-d'Or (R. de la) 20
Tisserands (R. des) . 22
Verdun (R. des) ... 23

K   Bâtiments abbatiaux   N   Maison du Roi

Bibliothèque  – Elle est installée, depuis 1775, dans une vaste salle de l'abbaye aux boiseries et plafonds de style Louis XIV. Parmi 8 000 ouvrages, elle possède 70 manuscrits (beau graduel du 15ᵉ s.), 80 incunables dont le premier livre imprimé en Lorraine, et une partie de la bibliothèque du cardinal de Retz.

Église St-Étienne – Le vaisseau actuel de cette originale église-halle fut construit de 1500 à 1545. Remarquer la parure de vitraux modernes. Dans l'abside, retable Renaissance.

Le **Sépulcre**★★ ou Mise au tombeau, exécuté par Ligier Richier de 1554 à 1564, se trouve dans la travée centrale du collatéral droit. C'est un groupe de treize personnages grandeur nature représentant un des épisodes de la Mise au tombeau : pendant que Salomé prépare la couche funèbre, Joseph d'Arimathie et Nicodème soutiennent le corps du Christ, dont Marie-Madeleine, à genoux, baise les pieds et dont Jeanne la Myrrophore, debout, tient la

D'après photo Studio Pierre, St-Mihiel

Le Sépulcre

couronne d'épines. Au second plan, la Vierge défaillante est soutenue par saint Jean et Marie Cléophée ; à gauche, un ange tient les instruments du supplice ; à droite, le chef des gardes médite profondément, tandis que deux de ses hommes jouent aux dés la tunique du Christ *(minuterie à droite)*.

Maison du Roi (**N**) – *2, rue Notre-Dame.* Maison gothique du 14ᵉ s. qui fut propriété, au siècle suivant, du roi René d'Anjou, duc de Bar.

Falaises – Elles se composent de sept blocs de roches calcaires, hauts de plus de 20 m, adossés aux coteaux de la rive droite. Dans la première roche, dite le Calvaire, a été creusé en 1772 un Saint Sépulcre, œuvre de Mangeot, sculpteur sammiellois. Du haut de ces rochers, vue sur St-Mihiel et la vallée de la Meuse.

ENVIRONS

Bois d'Ailly – *7 km au Sud-Est par la D 907 et une route forestière signalée.* Ce bois, dont le terrain est encore bouleversé, fut l'objet de combats acharnés en septembre 1914. Du monument commémoratif, une ligne de tranchées avec abris et boyaux d'accès conduit à la tranchée de la Soif où quelques soldats résistèrent durant trois jours à d'importants éléments de la garde impériale allemande.

Musée Raymond-Poincaré, à Sampigny  – *9 km au Sud par la D 964.*
C'est dans l'ancienne résidence d'été de ce Meusien qui fut l'une des personnalités les plus marquantes de la IIIᵉ République qu'ont été rassemblés de nombreux souvenirs, objets, documents d'époque retraçant la vie de cet homme politique au destin exceptionnel. Cette grande villa cossue que Raymond Poincaré s'était fait bâtir, et qu'il se plaisait à qualifier de « petit paradis meusien », fut élevée en 1906 par l'architecte nancéien Bourgon.

Raymond Poincaré (1860-1934), républicain libéral par tempérament, éminent juriste et brillant avocat de formation, fut aussi par goût un écrivain qui entra à l'Académie française en 1909. Élu sans interruption pendant 48 ans, il fut tour à tour conseiller général, député, ministre, sénateur, président du Conseil et président de la République. C'est dans ces dernières fonctions qu'il occupa de 1913 à 1920 qu'il fit montre de ses qualités d'homme d'État, devenant le champion de « l'Union sacrée ». Il appela Clemenceau à la présidence du Conseil en 1917, à un moment particulièrement crucial de la guerre.

Vous souhaitez mettre votre voiture en sécurité.
*Le **guide Rouge Michelin France** vous signale les hôtels*
possédant un garage ou un parking clos.

ST-NICOLAS-DE-PORT★★

7 702 habitants (les Portois)
Cartes Michelin n°s 62 pli 5 ou 242 pli 22

La magnifique basilique flamboyante de St-Nicolas-de-Port s'élève, inattendue et imposante comme une cathédrale, au milieu d'une grosse bourgade industrielle. C'est depuis
la fin du 11ᵉ s. un lieu de pèlerinage très fréquenté. Les pèlerins de toutes conditions
affluent dans la cité qui devient en même temps le plus florissant centre économique
de Lorraine et une ville de foires internationales.

C'est devant la cité que René II, duc de Lorraine, engagea en 1477 la bataille qui
devait coûter la vie à Charles le Téméraire. Durant la guerre de Trente Ans, en 1635,
la ville fut saccagée par les Suédois et ne garda que son église, sanctuaire du patron
vénéré de la Lorraine.

On en a une belle vue depuis la route qui longe la rive droite de la Meurthe.

★★BASILIQUE ◷ *visite : 3/4 h*

La basilique actuelle est en fait l'éblouissant et monumental reliquaire d'une pha-
lange de saint Nicolas.

Un lieu de pèlerinage – S'il faut en croire la tradition, c'est de Bari, en Italie, que
des chevaliers lorrains rapportèrent la précieuse relique qu'ils déposèrent dans une
chapelle dédiée à Notre-Dame. De nombreux miracles s'ensuivirent. On dut
construire une église pour accueillir les pèlerins. Dans le sanctuaire, Jeanne d'Arc
vint s'agenouiller en 1429 avant de partir pour accomplir sa mission. Jamais,
d'ailleurs, un Lorrain ne serait mis en route pour un long ou périlleux voyage
sans venir implorer saint Nicolas en son sanctuaire. L'immense église (fin 15ᵉ-début
16ᵉ s.) fut incendiée et défigurée durant la guerre de Trente Ans. Il faudra attendre
1735 pour que soit achevée la réparation des toitures.

Elle devient « Basilique mineure » en 1950.

Une importante restauration – Endommagée à nouveau par des bombardements
en 1940, la grande église nécessitait d'énormes travaux pour pouvoir recouvrer sa
splendeur passée. En 1980 la basilique bénéficia du legs providentiel d'une enfant
de St-Nicolas-de-Port, Mme Camille Croue-Friedman, décédée fortunée aux États-
Unis, pour « reconstruire et entretenir la basilique de St-Nicolas-de-Port afin qu'elle
retrouve sa beauté originelle ». Depuis 1983 l'antique sanctuaire bourdonne des
crissements de ciseaux des compagnons tailleurs de pierre et sculpteurs et de
l'activité fébrile des maçons, véritable chantier de cathédrale en plein 20ᵉ s., ouvert
sans doute pour de longues années et partiellement accessible aux passants.

Extérieur – Superbe exemple de style gothique flamboyant, la basilique a été
construite en une cinquantaine d'années, grâce au concours financier de René II et
d'Antoine, ducs de Lorraine. Une inscription latine aux verrières du fond de la nef
indique : « 1495 commencée, 1544 achevée, 1634 brûlée. »

La façade peut soutenir la comparaison avec celle de la cathédrale de Toul dont elle
a les vastes proportions et les tours élevées. Elle comprend trois portails surmontés
de gâbles flamboyants.

Le portail central a conservé la statue qui figure le miracle de saint Nicolas (niche
de la pile centrale), attribuée à Claude Richier, frère de Ligier le célèbre sculpteur
lorrain.

Les tours s'élèvent à 85 et 87 m. Sur le flanc gauche de la basilique, à hauteur du
transept et du chœur, six niches en anse de panier abritaient les boutiques lors des
pèlerinages.

De la rue Anatole-France, beau coup d'œil sur le chevet.

Intérieur – La basilique présente un plan très régulier malgré la dérivation sensible
de l'axe.

La nef est un lumineux vaisseau extrêmement élancé, couvert de belles voûtes à
liernes et tiercerons culminant à 32 m comme à Strasbourg et dont les ogives
retombent sur de hautes colonnes. Avec leur décoration très simple réduite à une
bague, ces fûts jaillissant vers les voûtes sont d'un bel effet.

Les bas-côtés relèvent d'une architecture analogue ; dans le transept, leurs voûtes
soutenues par des piliers extrêmement hardis (les plus hauts de France : ils
mesurent 28 m) s'élèvent à la hauteur des voûtes de la nef centrale et déterminent
un transept inscrit, à la mode champenoise *(voir illustration dans « Éléments d'architecture »)*. Un maître maçon de la cathédrale de Troyes est d'ailleurs cité dans un
contrat pour St-Nicolas en 1505. On remarquera aussi la coursière (passage)
pratiquée au niveau des fenêtres des bas-côtés, comme à la cathédrale de Toul.

On admirera les vitraux de l'abside exécutés entre 1507 et 1510 par un verrier
lyonnais, Nicole Droguet, et ceux du collatéral et des chapelles Nord du verrier
strasbourgeois Valentin Bousch, de la même époque et où transparaissent déjà les
inventions décoratives de la Renaissance.

En contrebas du chœur, la **chapelle des Fonts** *(accès derrière l'autel de la Vierge)*
occupe peut-être l'emplacement du sanctuaire qui reçut au 11ᵉ s. la relique de saint
Nicolas. Elle abrite d'intéressants fonts baptismaux du 16ᵉ s. et un beau retable de

la première Renaissance française surmonté par des pinacles ajourés dont l'un, au centre, abritait jadis un bras-reliquaire de saint Nicolas. Du 16e s. également, une série de délicats panneaux peints sur bois illustrent des scènes de la vie du saint. Le **trésor** comprend notamment un bras-reliquaire de saint Nicolas en vermeil (19e s.), un vaisseau dit du cardinal de Lorraine (16e s.), deux émaux du 18e s., un reliquaire de la Vraie Croix en argent (15e s.)

AUTRE CURIOSITÉ

Musée français de la Brasserie ⊘ – Il est installé dans l'ancienne brasserie de St-Nicolas-de-Port qui cessa toute activité en 1985.

L'accueil se fait dans le bâtiment administratif où un montage audiovisuel explique la fabrication de la bière. Deux beaux vitraux de Jacques Gruber, créés pour la salle de dégustation de la brasserie de Vézelise, éclairent la salle Moreau, ainsi nommée en hommage à Paul Moreau qui joua un rôle déterminant dans l'image de marque de la société.

Dans la tour de brassage, de style Art déco, éclairée par de larges baies vitrées, on visite les différentes installations : le laboratoire, le grenier à malt (exposition temporaire), la chambre à houblon, la salle de brassage, avec ses belles cuves en cuivre, enfin la salle des machines frigorifiques.

La visite se termine au sous-sol par une dégustation.

ENVIRONS

Varangéville – *Au Nord de la ville entre la Meurthe et le canal de la Marne au Rhin.* Commencée à la fin du 15e s., de style gothique flamboyant, l'**église** présente à l'intérieur une superbe « forêt » de piliers à nervures palmées et d'intéressantes statues, dont une *Vierge à l'Enfant* de la première moitié du 14e s. et une *Mise au tombeau* du 16e s.

Dombasle-sur-Meurthe – *5 km à l'Ouest.*

Située entre la Meurthe et le canal de la Marne au Rhin, la ville est le siège d'une importante usine chimique du groupe belge **Solvay**, produisant principalement du carbonate de soude, du sel et des produits dérivés, et dont les installations se succèdent sur 500 m de part et d'autre de la D 400. Cette unité de production à feu continu, équipée de fours à chaux parmi les plus gros du monde, première soudière française, constitue un site industriel fort intéressant à traverser.

L'« or blanc » – Le sel qui est la matière première de cette industrie est extrait depuis 1904 du plateau d'**Haraucourt**, à raison de 1 400 000 t par an. L'extraction utilise la technique de sondage et de dissolution par injection d'eau douce dans le sol. Cette exploitation intensive sur 200 ha produit, par foudroiement des sols, d'énormes cratères visibles depuis la D 80 et la D 81.

STE-MARIE-AUX-MINES

5 767 habitants

Cartes Michelin nos 87 pli 16 ou 242 pli 27

Ste-Marie-aux-Mines, petite ville industrielle située dans la vallée de la Liepvrette, doit son nom aux mines d'argent qui y furent exploitées. Elle est aujourd'hui le rendez-vous des amateurs de minéraux, de pierres nobles et de fossiles à l'exposition-bourse organisée chaque année le dernier week-end de juin.

L'industrie à laquelle Ste-Marie doit son renom mondial est celle du tissage de lainages légers, fabriqués en usine ou à domicile par des artisans qui, depuis le 18e s., se transmettent leurs procédés de travail. Deux fois par an, au printemps et à l'automne, une fête des tissus propose à des acheteurs venus souvent de très loin des étoffes tissées en grande partie à Ste-Marie, traditionnellement les écossais, auxquels s'ajoutent aujourd'hui des textiles plus variés, destinés le plus souvent à la haute couture.

CURIOSITÉS

Maison de Pays ⊘ – *Place du Prensureux.* Le rez-de-chaussée abrite le musée minéralogique, riche collection de minéraux essentiellement d'origine vosgienne. Au 1er étage a été reconstitué un atelier textile où le visiteur peut suivre les différentes étapes de la fabrication du tissu.

Le 2e étage est consacré à l'histoire des mines et des techniques minières : reconstitution grandeur nature d'une galerie de mine, maquettes, outils, copies d'archives.

Mine St-Barthélemy ⊘ – *Rue St-Louis.* Après un commentaire sur l'historique des mines, on visite différentes galeries taillées au marteau et à la pointerolle par les mineurs au 16e s.

Mine d'argent St-Louis-Eisenthur ⊘ – Elle présente un panorama des sites miniers et des techniques qui étaient utilisées au 16e s.

EXCURSIONS

St-Pierre-sur-l'Hâte – *4 km au Sud par la D 48. Voir à Parc Naturel Régional des Ballons des Vosges.*

Col de Ste-Marie – *6 km à l'Ouest par la N 59.*
Voir à Parc Naturel Régional des Ballons des Vosges.

Val d'Argent – *Au départ de Ste-Marie-aux-Mines. Voir à Parc Naturel Régional des Ballons des Vosges.*

★**Vallée de la Liepvrette** – *21 km à l'Est.*
La N 59 suit la fraîche vallée de la Liepvrette, aux pâturages encadrés de grandes forêts de sapins.

Col de Fouchy – *7 km au départ de Lièpvre par la D 48¹.* La route pittoresque du col de Fouchy met en relation les vallées de la Liepvrette et de la rivière d'Urbeis. Elle atteint cette dernière un peu en amont de Fouchy sur la route du col d'Urbeis *(décrite p. 257).*
Du col, belle vue sur le Champ du Feu, reconnaissable à sa tour, et sur les montagnes du Hohwald.
Bientôt, on aperçoit en avant et à gauche, au sommet du Schlossberg, les ruines de Frankenbourg. Dans la même direction, on distingue aussi le château ruiné d'Ortenbourg, puis à droite le château du Haut-Kœnigsbourg. Les ruines de Ramstein n'apparaîtront qu'ensuite.
Par Val-de-Villé, tout parsemé de jolies villas, la route débouche dans la plaine d'Alsace.

★**Sélestat** – *Voir à ce nom.*

Route de Ribeauvillé – *19 km au Sud-Est – environ 3/4 h.*
Aussitôt après Fertrupt, la D 416, en montée sinueuse, procure de belles vues sur la vallée de la Liepvrette.
Le petit **col du Haut-de-Ribeauvillé** (alt. 742 m) sépare la vallée de St-Blaise de celle du Strengbach dans laquelle on descend ensuite. La route serpente à travers la forêt où les hêtres se mêlent aux résineux.

★**Ribeauvillé** – *Voir à ce nom.*

Pour choisir un hôtel, un restaurant, un terrain de camping...
Les guides Michelin annuels France
Paris et environs
Camping Caravaning France.

Mont STE-ODILE ★★

Cartes Michelin nᵒˢ 87 pli 15 ou 242 pli 23 – Schéma p. 108

Le mont Ste-Odile est, très certainement, l'un des points les plus fréquentés de toute l'Alsace. Tandis que le site et le panorama attirent le touriste, la sainteté du lieu inspire les fidèles. Mais, si divers que soient ces visiteurs, ils peuvent difficilement demeurer insensibles à la belle histoire de la sainte alsacienne.

Dans la nuit des temps – Il est très probable que le Hohenbourg ou mont Ste-Odile était connu des plus lointains de nos ancêtres. Le mur païen est le témoin énigmatique d'un temps reculé, peut-être préhistorique, plus probablement gaulois ou celte. On suppose qu'il servait d'enceinte à un camp retranché. Il est traversé par une voie romaine qui, auprès de ces blocs mégalithiques, fait presque figure de nouveauté.

Sainte Odile d'Alsace – Le château de Hohenbourg sert de résidence d'été au duc **Étichon**, au 7ᵉ s. *(voir p. 171).* C'est à Obernai que naît la fille de ce duc, Odile. L'enfant, aveugle et débile, provoque le courroux de son père qui désirait un fils. Il ordonne de mettre à mort l'innocente que sa nourrice emporte et élève secrètement.
Les années passent, Odile est baptisée, l'onction au saint chrême lui rend la vue et elle est maintenant une belle jeune fille.
Sa mère et son frère Hugues croient pouvoir révéler au duc son existence. Étichon, loin de pardonner, tue son fils de ses propres mains. Mais le remords le tenaille. Il croit se racheter en accueillant Odile et en la mariant à un chevalier. Or, la jeune fille n'aspire qu'au ciel : elle résiste et s'enfuit.
Une fois encore, Étichon va commettre un crime. Il se jette à la poursuite de sa fille qui n'est sauvée que par un miracle : un rocher s'entrouvre pour la laisser passer. Étichon s'avoue vaincu. Il accepte de reconnaître la vocation d'Odile et lui fait don de Hohenbourg où elle installe son couvent.
Odile fonda aussi l'abbaye de Niedermunster, aux environs de 700 ; elle fut détruite au 16ᵉ s., mais on en voit les ruines à l'Est du couvent.

Les vicissitudes de l'abbaye – Après la mort de sainte Odile, le couvent devient le but de grands pèlerinages. Il reçoit les plus nobles filles d'Alsace. L'abbesse la plus célèbre est, au 12e s., **Herrade de Landsberg** qui écrit et enlumine, pour instruire ses religieuses, cet Hortus Deliciarum (jardin des délices), anéanti en 1870, à Strasbourg, par les obus prussiens. C'était un résumé ingénu de l'histoire profane et sacrée depuis la Création.

En 1546, un terrible incendie ravage le monastère. Tout brûle, excepté la chapelle de Ste-Odile, et il faut bien que l'on renvoie les religieuses dans leurs familles. On est en pleine période de propagande luthérienne. Les moniales, en grand nombre, se convertissent et se marient. Les autres, simplement, oublient leur couvent et l'abbesse doit renoncer à réunir son troupeau dispersé. Il faut un siècle pour que les choses rentrent dans l'ordre.

Vient la Révolution : elle déclare bien national le couvent de Ste-Odile. En 1853, l'évêque de Strasbourg le rachète et le ramène à sa destination.

LE COUVENT *visite : 1/2 h*

Le mont Ste-Odile (alt. 764 m) avance au-dessus de la plaine d'Alsace son promontoire aux escarpements revêtus de forêts. Le couvent en occupe la pointe septentrionale.

Nombreux sont les pèlerins et touristes qui y viennent toute l'année et, surtout, pour la fête de sainte Odile.

Un unique porche, sous l'ancienne hôtellerie, permet de pénétrer dans la grande cour du couvent plantée de tilleuls et encadrée à gauche par la façade de l'hôtellerie actuelle, au fond par l'aile Sud du couvent, et à droite par l'église.

Église conventuelle – L'église primitive ayant été détruite par un incendie, celle-ci fut reconstruite en 1692. À l'intérieur, composé de trois nefs, remarquer les boiseries du chœur et les confessionnaux du 18e s. richement sculptés. On admirera aussi les panneaux en marqueterie du chemin de croix.

★Chapelle de la Croix – *Accès par une porte à gauche dans l'église conventuelle.* C'est la partie la plus ancienne du couvent : elle remonte au 11e s. Les quatre voûtes d'arêtes sont soutenues par une seule colonne trapue, de style roman, au chapiteau décoré de palmettes et de figures. Un sarcophage contenait les ossements d'Étichon, père de la sainte.

À gauche, une porte basse aux sculptures carolingiennes communique avec la petite chapelle Ste-Odile.

Chapelle Ste-Odile – Ici reposent, dans un sarcophage de pierre du 8e s., les reliques de la sainte. Cette chapelle aurait été édifiée, au 12e s., sur l'emplacement de celle où mourut sainte Odile.

La nef est romane et le chœur gothique. Deux bas-reliefs du 17e s. représentent l'un le baptême de sainte Odile et l'autre Étichon délivré des peines du Purgatoire grâce aux prières de sa fille.

Terrasse – Deux tables d'orientation y ont été installées. L'une à l'angle Nord-Ouest d'où l'on découvre le Champ du Feu et la vallée de la Bruche. L'autre à l'extrémité Nord-Est qui offre un splendide **panorama★★** sur la plaine d'Alsace et la Forêt-Noire. Par temps clair, on peut voir la flèche de la cathédrale de Strasbourg.

Chapelle des Larmes – C'est la première des chapelles qui s'élèvent à l'angle Nord-Est de la terrasse. Elle est bâtie sur l'ancien cimetière du monastère (plusieurs tombes taillées dans le rocher sont conservées).

On y voit, protégée par une grille, sous une coupole de mosaïque de 1935, une dalle usée, dit-on, par les genoux d'Odile qui venait chaque jour y prier, en pleurant, pour le salut de l'âme de son père.

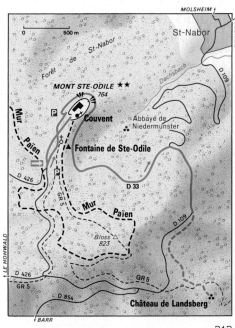

213

Chapelle des Anges (chapelle St-Michel) — Elle présente une belle mosaïque de 1947 et elle est entourée par un étroit passage dominant le précipice. Selon une vieille croyance, la jeune fille qui en faisait neuf fois le tour était assurée de trouver un mari dans l'année.

Fontaine de Ste-Odile — La route de descente vers St-Nabor (D 33) passe devant la source, protégée par une grille, que sainte Odile fit jaillir du rocher pour calmer la soif d'un homme épuisé de fatigue, et aveugle de surcroît. Cette source est un but de pèlerinage pour ceux qui souffrent des yeux.

LE MUR PAÏEN *1/2 h à pied AR*

Prendre à gauche, à la sortie du couvent, un escalier de trente-trois marches ; au bas de celui-ci, suivre le sentier qui le prolonge directement.

Il faudrait quatre ou cinq heures de marche pour faire le tour entier des vestiges de ce mur, enceinte mystérieuse *(voir p. 212)*, courant à travers forêts et éboulements.

Il est long, en effet, de plus de 10 km et épais de 1,70 m en moyenne, atteignant 3 m de hauteur dans ses parties les mieux conservées. Mais la simple vue d'une partie de cet ouvrage colossal laisse au touriste une forte impression. Pratique originale, des tenons de bois assuraient l'assemblage de ses blocs géants, où l'on voit encore les encoches creusées à cette fin.

Revenir au couvent par le même chemin.

Un sentier *(partant du parc de stationnement Sud)* offre une belle promenade le long du Mur païen.

ENVIRONS

Château de Landsberg — *4 km au Sud-Est par la D 109, puis 1 h à pied environ AR par le chemin, en descente, indiqué par un panneau.*
Le parcours constitue une agréable promenade en forêt. On passe devant l'ancienne auberge du Landsberg et on suit un sentier jusqu'à un terre-plein en contrebas du château qui apparaît entre les arbres.
C'est le lieu de naissance de la célèbre abbesse Herrade, auteur de l'*Hortus deliciarum (voir p. 213)*. Ce château, bâti au 13e s., n'est plus qu'une ruine.

SARREBOURG

13 311 habitants
Cartes Michelin nos 87 pli 14 ou 242 pli 19

Sarrebourg, d'origine romaine, appartint, au Moyen Âge, aux évêques de Metz, puis dépendit du duché de Lorraine et finalement fut réunie à la couronne sous Louis XIV. C'est la patrie du général Mangin (1866-1925).

CURIOSITÉS

Chapelle des Cordeliers ⊙ — Dans cette chapelle désaffectée est installé le Syndicat d'initiative. Du 13e s., reconstruite au 17e s., elle est éclairée, sur sa façade Ouest, par un gigantesque **vitrail★** de Marc Chagall « La Paix », haut de 12 m et large de 7,50 m. Les 13 000 pièces de verre qui le composent pèsent 900 kg. Dès l'abord, on est saisi par l'immense bouquet multicolore du centre du vitrail, aux vifs coloris bleus, rouges et verts, qui symbolise l'Arbre de Vie de la Genèse. Adam et Ève en occupent le cœur, entourés du serpent, de la croix du Christ, du prophète Isaïe, de l'agneau, du chandelier, d'anges accompagnant Abraham, de Jésus entrant à Jérusalem... autant de thèmes que l'auteur transmet au monde comme des messages bibliques : « Depuis ma première jeunesse, j'ai été captivé par la Bible », dit-il.
Au pied de l'Arbre, la naissance, la vie laborieuse, la souffrance et la mort illustrent, à travers l'évocation de la ville de Sarrebourg, le monde des humains.

Musée du Pays de Sarrebourg ⊙ — *13, avenue de France.*
Le musée abrite d'importantes collections archéologiques de la région : objets provenant de la villa gallo-romaine de St-Ulrich et des nécropoles et sanctuaires des sommets vosgiens, statuettes et bas-reliefs en céramique du 14e s. découverts à Sarrebourg, sculpture médiévale (beau Christ en croix du 15e s.). Il présente également une remarquable collection de faïences et de porcelaines (18e s.) de Niderviller.

Cimetière national des Prisonniers — A la sortie de la ville, à droite de la rue de Verdun (D 27). Ce cimetière de 1914-1918 contient environ 13 000 tombes. Face à la grille, un monument, le Géant enchaîné, fut exécuté par le statuaire Stoll durant sa captivité.

ENVIRONS

Réding – *2 km au Nord-Est par la N 4. Dans Petit-Eich, tourner à gauche.*
En 1977, la restauration de la **chapelle Ste-Agathe** a fait découvrir, sous le plâtre de la voûte du chœur, des fresques du 13ᵉ s. représentant les symboles des évangélistes. Leur couleur terre s'harmonise aux tons ocre et brun de l'ensemble du chœur.

Villa gallo-romaine de St-Ulrich  – *4 km au Nord-Ouest.* La villa était la résidence d'un riche propriétaire et le cœur d'un vaste domaine d'une superficie probable de 2 000 ha. Construite dès le début du 1ᵉʳ s., elle connaît son extension maximum au 2ᵉ s. Les fouilles ont mis au jour les vestiges de plus de cent pièces, cours, galeries, caves ainsi que des thermes. Le site fait actuellement l'objet d'un important projet de restauration.

Cristallerie de Hartzviller – *10 km. Quitter Sarrebourg au Sud par la D 44.*

Hesse – Sa petite **église** abbatiale, partie romane, partie gothique, possède dans le bras du transept des chapiteaux intéressants. Dans le bas-côté gauche, dalles tumulaires.
A la sortie de Hesse, prendre à gauche la D 96ᴰ qui mène à Hartzviller.

Cristallerie de Hartzviller  – On y verra 80 artistes verriers façonnant à la bouche ou à la main verres, carafons...

Fénétrange – *15 km. Quitter Sarrebourg au Nord par la D 43.*
Cette bourgade a gardé de la période médiévale son noyau urbain avec plusieurs belles maisons et un château à la noble façade incurvée dominant une cour circulaire. La **collégiale St-Remi** est un bel édifice reconstruit au 15ᵉ s., avec une courte mais haute nef voûtée d'ogives et une vaste abside polygonale inondée de lumière par des verreries partiellement du 15ᵉ s. Stalles du chœur, chaire et orgues (provenant du couvent des abbesses de Vergaville) sont du 18ᵉ s.

SARREGUEMINES

23 117 habitants
Cartes Michelin nᵒˢ 57 plis 16, 17 ou 242 pli 11

Ville-frontière élevée au confluent de la Sarre et de la Blies, cette caractéristique géographique lui a donné son nom. Les promenades le long des berges offrent une détente agréable. La cité était autrefois le siège d'une châtellenie qui surveillait les confins du duché de Lorraine.

La faïencerie – La faïencerie de Sarreguemines fut fondée en 1790 par trois négociants strasbourgeois. Suite aux difficultés financières, la manufacture est placée en 1799 sous la direction de Paul Utzschneider qui diversifie la production : faïences fines à décor imprimé ou lustrées, grès fins... Son gendre, Alexandre de Geiger, qui lui succède en 1836, agrandit les ateliers. Parmi d'autres techniques se développe la majolique, forme de faïence le plus souvent à motifs décoratifs en relief, recouverte d'émaux de couleur. Son fils Paul prend la relève en 1870. Après l'annexion de la Lorraine à l'Allemagne en 1871, des succursales sont créées à Digoin en 1877 et Vitry-le-François en 1881. La production atteint son apogée fin 19ᵉ s.-début 20ᵉ s. Près de 3 000 ouvriers fabriquent des porcelaines, majoliques, services de table et panneaux. Rachetée en 1979 par le groupe Lunéville-St-Clément, la faïencerie produit surtout des carrelages. En 1982, elle prend le nom de Sarreguemines-Bâtiment.

Ville de Sarreguemines – A. Mertz

« Allégorie de la Terre ». Jardin d'hiver de Paul Geiger, vers 1880

CURIOSITÉS

Circuit de la faïence  – Un circuit touristique relie les principaux sites liés à l'activité de la faïence *(dépliant-guide disponible à l'Office de tourisme ou au musée)*. Dans sa maison, transformée aujourd'hui en **musée** *(voir p. 216)*, Paul de Geiger avait aménagé un magnifique jardin d'hiver décoré de carreaux de faïence.
Derrière l'hôtel de ville, on peut voir l'ancien **four** d'une fabrique, il y en avait une trentaine de ce type vers 1860, en briques, en forme de cône.
Sur la rive droite de la Sarre, dans un parc de plusieurs hectares, le **casino** (1890), lieu de réunions et de concerts du personnel de la faïencerie, a été réaménagé aujourd'hui en auditorium et centre de congrès. Sur la façade, un panneau de Sandier représente la Céramique. A côté le petit pavillon édifié pour Paul de Geiger. Un peu plus loin, derrière l'usine, s'étend la **cité-jardin**, l'une des cités ouvrières construite en 1926. Les maisons, toutes identiques, entourées d'un petit jardin, s'alignent le long d'avenues parallèles.

Le Wackenmühle, seul **moulin** subsistant, situé sur la rive gauche de la Blies, servait à la fabrique qui préparait les pâtes de la faïence et de la porcelaine.

Musée ⊙ – *17, rue Poincaré*. Installé dans l'ancienne maison du directeur de la faïencerie, le musée s'attache à retracer sous une forme attrayante le passé ancien de la contrée et de la cité. La **collection de céramiques**★ présente l'histoire et les principales productions du « Sarreguemines » depuis près de deux siècles. Admirer le **jardin d'hiver**★★, orné d'une monumentale fontaine en majolique dont le décor d'inspiration Renaissance mélange dans une chatoyante symphonie les jaune, vert, ocre et marron.

PARC ARCHÉOLOGIQUE EUROPÉEN DE BLIESBRUCK-REINHEIM ⊙

9,5 km à l'Est par Bliesbruck.

De part et d'autre de la ligne frontalière séparant la Sarre de la Moselle se développe le territoire d'une cité antique, objet d'une campagne de fouilles menée de concert par la France et l'Allemagne depuis 1978.

L'occupation, qui remonterait au néolithique, devint importante à l'époque celtique. De cette période date la tombe dite « de la princesse de Reinheim » (vers 400 avant J.-C.) dont les bijoux en or et le service à vin seront présentés dans un **tertre funéraire** reconstitué à proximité des vestiges d'une vaste villa du 2e s.

Cette petite ville, dont le nom antique demeure inconnu, atteint son apogée à l'époque gallo-romaine (du 1er au 4e s. ap. J.-C.). Elle s'étendait alors sur une vingtaine d'hectares et pouvait compter cinq mille habitants. Abandonné ensuite définitivement, sans doute après destruction violente au moment des grandes invasions, ce « vicus » avait une fonction artisanale et commerciale, religieuse et probablement administrative.

A Bliesbruck, on découvre les **thermes publics**★, dont l'élévation a été restituée grâce à l'emploi d'un matériau inattendu, le pin de Sibérie. L'ensemble est protégé par une immense structure de verre. Un parcours muséographique s'appuyant sur de luxeux aménagements permet une interprétation aisée des vestiges.

Le long de la voie antique s'étirent deux quartiers artisanaux, l'un présenté au public, l'autre en cours de fouilles.

La reconstitution de techniques d'artisanat gallo-romain complète à certaines époques de l'année la visite du site.

A Reinheim, on pourra voir les vestiges d'une vaste villa contemporaine du « vicus ».

Créez vos propres itinéraires
à l'aide de la carte des principales curiosités et régions touristiques.

SAVERNE★

10 278 habitants
Cartes Michelin n°s 87 pli 14 ou 242 pli 19 – Schéma p. 274

Située au débouché de la vallée de la Zorn dans la plaine d'Alsace, entourée d'une couronne de grands arbres et de verdure, Saverne est une ville agréable et fréquentée. Elle est traversée par le canal de la Marne au Rhin dont une écluse (**A F**) fonctionne en plein centre urbain.

La révolte des Rustauds – C'est à Saverne que se termine dramatiquement, au 16e s., la révolte des paysans ou Rustauds. Assiégés par le duc de Lorraine, ils consentent à se rendre au nombre de 18 000 à 20 000, moyennant la vie sauve. Mais, dès qu'ils sont sortis sans armes de la ville, les soldats du duc, malgré les efforts de celui-ci, les attaquent et les exterminent jusqu'au dernier, couvrant de cadavres la campagne environnante.

Saverne – Façade Nord du château

Splendeurs épiscopales – Du 13ᵉ s. à la Révolution, Saverne appartient aux princes-évêques de Strasbourg. Au château, leur séjour favori, Louis XIV s'est arrêté en 1681, Marie Leszczynska en 1725, Louis XV en 1744. **Louis de Rohan,** le célèbre cardinal, reconstruit l'édifice détruit par un incendie ; il vit dans un faste prodigieux.

Libérée par la division Leclerc – Le 22 novembre 1944, à 14 h 15, les chars de la 2ᵉ D.B., qui ont tourné la position de Saverne par le Nord et par le Sud *(voir la prise de Strasbourg, p. 37),* se rencontrent à la sortie Est de la ville, sur les arrières de l'ennemi. Les Allemands, qui attendaient les Français face à l'Ouest, sont faits prisonniers. La route de Strasbourg est ouverte.

CURIOSITÉS

★Château (**B**) – Devenu propriété de la ville en 1814, le château de Saverne fut cédé à l'État en 1852. L'empereur Napoléon III en fit un asile destiné aux veuves des hauts fonctionnaires morts au service de l'État. De 1870 à 1944, il fut transformé en caserne. Ce vaste édifice Louis XVI, bâti en grès rouge, possède un beau parc que limite le canal de la Marne au Rhin.

C'est la façade Sud que l'on voit de la place. Pour voir la façade Nord, la plus belle, passer à droite du château après avoir franchi la grille. Cette **façade★★** est majestueuse, avec ses pilastres cannelés et son péristyle que soutiennent huit colonnes d'ordre corinthien.

Musée ⊙ – Il est aménagé dans une partie du corps central ainsi que dans l'aile droite. Le sous-sol abrite les collections archéologiques, surtout gallo-romaines (stèles-maisons). Le 2ᵉ étage est consacré à l'art et à l'histoire de Saverne : sculptures religieuses médiévales ; vestiges lapidaires et objets provenant des fouilles des châteaux forts environnants (Haut-Barr, Geroldseck, Wangenbourg) ; souvenirs des Rohan ; donation Louise Weiss, en mémoire de cette femme politique, morte en 1983, qui milita pour le féminisme et l'Europe.

★Maisons anciennes (**B E**) – Les deux plus jolies (17ᵉ s.) dont la maison Katz *(illustration dans « Éléments d'architecture »)* encadrent l'hôtel de ville. D'autres sont visibles au nº 96 de la Grand'Rue, à l'angle rue des Églises-rue des Pères, à l'angle rue des Pères-rue Poincaré.

Église paroissiale (**B B**) – Reconstruit aux 14ᵉ et 15ᵉ s., cet édifice conserve un typique clocher-porche roman du 12ᵉ s. A droite du portail, bel escalier extérieur. A l'intérieur, dans la nef du 15ᵉ s., chaire de 1495, œuvre de Hans Hammer ; dans le

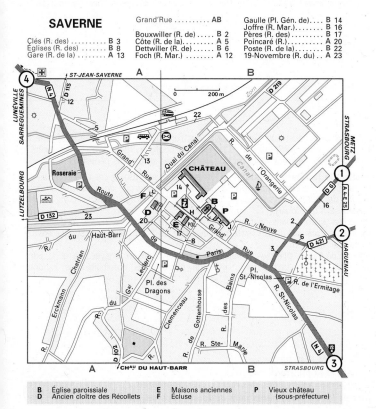

B	Église paroissiale		**E**	Maisons anciennes
D	Ancien cloître des Récollets		**F**	Écluse
			P	Vieux château (sous-préfecture)

mur à droite, un peu en avant de la chaire, haut-relief en marbre représentant le Christ pleuré par Marie et Jean (16ᵉ s.). Dans le chœur, deux tombeaux d'évêques. A gauche, dans un enfeu, Christ au tombeau du 15ᵉ s.

En haut du collatéral gauche, dans la chapelle du Saint-Sacrement, se trouvent une Pietà du 16ᵉ s., ainsi qu'un grand bas-relief en bois peint et doré du 16ᵉ s. également, représentant l'Assomption. Les vitraux de la chapelle datent des 14ᵉ, 15ᵉ et 16ᵉ s. : ils représentent l'Adoration des Mages ainsi que des scènes de la Passion. Des vestiges de monuments funéraires gallo-romains et francs sont rassemblés dans le jardin attenant à l'église.

Ancien cloître des Récollets (**A D**) – Il s'ouvre à gauche de l'église des Récollets (Franciscains réformés), dans l'ancien couvent. Bâti en 1303, il présente de belles arcades ogivales en grès rouge et, dans la 1ʳᵉ galerie à droite de l'entrée, une série de neuf peintures murales ajoutées au 17ᵉ s. (restaurées). D'Ouest en Est : Assomption, Adoration des Mages, Annonciation, Stigmatisation de saint François, Le Bon Combat du chrétien, Le Choix du vrai Bien, le Jugement dernier.

Vieux château (**B P**) – Ancienne résidence des évêques aux 16ᵉ et 17ᵉ s., c'est maintenant la sous-préfecture. Sur la tour d'escalier, belle porte de style Renaissance.

Roseraie (**A**) ⊙ – Dans ce magnifique parc, en bordure de la Zorn, sont cultivés 7 000 rosiers de 450 variétés.

ENVIRONS

Jardin botanique du col de Saverne et Saut du Prince-Charles – *3 km, puis 1/4 h à pied AR. Quitter Saverne par ④ du plan, N 4. A 2,5 km, parking à droite de la route. Traverser la N 4 et suivre le panneau indicateur.*

Jardin botanique ⊙ – Situé à 335 m d'altitude, dans une boucle formée par la route nationale, ce jardin de 2,3 ha réunit entre autres un arboretum, un alpinum, une petite tourbière et de nombreuses espèces de fougères. Aux mois de mai et de juin, la floraison de seize espèces d'orchidées poussant à l'état sauvage y est exceptionnelle.

En sortant, continuer tout droit en forêt.

Saut du Prince-Charles – La légende rapporte qu'un prince, prénommé Charles, aurait fait franchir le rocher d'un bond par son cheval. De cette falaise de grès rouge, on a une jolie vue sur les contreforts des Vosges et la plaine d'Alsace.

Au retour, prendre à gauche un sentier coupé de marches à l'origine pour aller au pied de la falaise. Celle-ci, en surplomb, évidée d'une grotte, porte une inscription relatant la construction en 1524 de la route passant alors sous cette falaise.

★**Château du Haut-Barr** – *5 km, puis 1/2 h de visite. Voir à ce nom.*

St-Jean-Saverne – *5 km au Nord. Voir à ce nom.*

SCHIRMECK

2 167 habitants
Cartes Michelin nᵒˢ 87 pli 15 ou 242 pli 23

Cette petite ville industrielle (métallurgie, électronique) et très animée s'étend le long de la Bruche *(voir p. 70)*, sur la route de Strasbourg à St-Dié. Les belles forêts qui l'environnent sont le point de départ de nombreuses excursions pédestres.

Rocher de la Chatte pendue – *6 km au Sud-Ouest jusqu'à Les Quelles, puis 1 km par une route de terre (direction de La Falle) ; sur la droite un panonceau indique le départ du sentier balisé vers la Chatte pendue ; garage possible dans le virage suivant ; 2 h à pied AR.*

Le sentier grimpe dans un frais sous-bois déjà montagneux. A 900 m d'altitude, le sommet en plateau de la Chatte pendue offre un beau **belvédère**★ sur les environs. Table d'orientation.

La **forêt du Donon**, plantée de hautes futaies de résineux, égayées çà et là par les taches vert clair des hêtres, offre de nombreuses possibilités de randonnée pédestre.

Vous aimez la nature.

Respectez la pureté des sources,
la propreté des rivières, des forêts, des montagnes...
Laissez les emplacements nets de toute trace de passage.

Située sur la rive gauche de l'Ill, entre Strasbourg et Colmar, la vieille ville de Sélestat possède deux belles églises et des maisons intéressantes. Elle s'est augmentée de toute une ville moderne, enrichie par des industries diverses : textiles, maroquinerie, métallurgie des non-ferreux, etc. Elle fut un grand centre humaniste aux 15e et 16e s.

Martin Bucer – Martin Bucer est né à Sélestat en 1491. Ses études terminées, il entre dans l'ordre des Dominicains. Sa rencontre avec Luther en 1518, à Heidelberg, est déterminante.

Très vite il quitte les ordres et gagne la ville de Wissembourg à la Réforme avant de s'installer à Strasbourg comme pasteur de la paroisse Sainte-Aurélie.

Influencé par l'humanisme, cet esprit d'ouverture chercha à travers ses écrits et son action à rétablir l'unité doctrinale entre les protestants. Son influence spirituelle s'est étendue très largement à toute l'Allemagne du Sud et en Hesse.

Après la défaite de la ligue de Smalkade qui regroupait les forces anti-habsbourgeoises, Bucer est contraint par Charles Quint à s'exiler en 1549. Il se rend à Cambridge où il meurt en 1551.

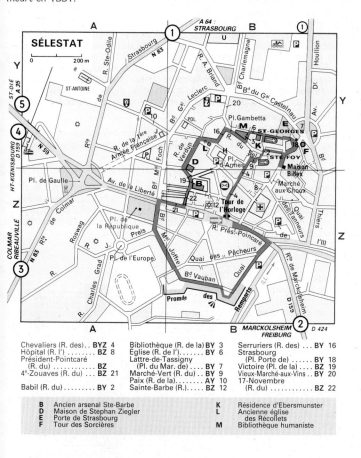

Chevaliers (R. des).. **BYZ** 4	Bibliothèque (R. de la) **BY** 3	Serruriers (R. des) ... **BY** 16
Hôpital (R. l') .... **BZ** 8	Église (R. de l'). ..... **BY** 6	Strasbourg
Président-Pointcaré	Lattre-de-Tassigny	(Pl. Porte de) ...... **BY** 18
(R. du) .... **BZ**	(Pl. du Mar. de) ... **BY** 7	Victoire (Pl. de la) .... **BZ** 19
4e-Zouaves (R. du) ... **BZ** 21	Marché-Vert (R. du) .. **BY** 9	Vieux-Marché-aux-Vins .. **BY** 20
	Paix (R. de la)....... **AY** 10	17-Novembre
Babil (R. du) .... **BY** 2	Sainte-Barbe (R.).... **BZ** 12	(R. du) .... **BZ** 22

B	Ancien arsenal Ste-Barbe	**K**	Résidence d'Ebersmunster
D	Maison de Stephan Ziegler	**L**	Ancienne église
E	Porte de Strasbourg		des Récollets
F	Tour des Sorcières	**M**	Bibliothèque humaniste

★VIEILLE VILLE *visite : 2 h*

Partir de la rue du Président-Poincaré.

Tour de l'Horloge – Elle date du 14e s., sauf les parties hautes qui ont été restaurées en 1614.

Passer sous la Tour de l'Horloge, puis suivre tout droit la rue des Chevaliers pour atteindre la place du Marché-Vert où se dresse l'église Ste-Foy.

★**Église Ste-Foy** – Cette belle église romane (12e s.), en grès rouge et granit des Vosges, succède à une première église qui faisait partie d'un prieuré bénédictin. La façade, très remaniée, présente deux tours coiffées de flèches rhénanes modernes *(voir p. 48)*. Le porche est joliment décoré d'arcatures, de corniches et de chapiteaux historiés. Sur le transept, une troisième tour octogonale s'élève à 43 m au-dessus du sol.

L'intérieur, à trois nefs, est construit au-dessus d'une crypte, vestige de l'ancienne église. Les chapiteaux de la nef ont un beau décor floral emprunté aux églises lorraines.

Sortir de l'église par la petite porte derrière la chaire et prendre à droite la ruelle qui mène à la place du Marché-aux-Choux.

Maison Billex – Elle possède un bel oriel Renaissance à deux étages. C'est dans cette demeure que la ville de Strasbourg signa en 1681 sa reddition à Louis XIV.

Gagner l'église St-Georges.

Au passage, on aperçoit à droite la **tour des Sorcières (F)**, vestiges des anciennes fortifications démolies par Louis XIV, puis la **porte de Strasbourg (E)** (1679), construite par Tarade selon les plans de Vauban.

En contournant le chevet de l'église, on longe le bâtiment des chanoinesses d'Andlau, du 18e s.

★**Église St-Georges** – Cette importante église gothique construite du 13e au 15e s. a subi des restaurations considérables, notamment au 19e s. Trois des portes de l'église ont conservé, fait rare, leurs vantaux primitifs avec leurs pentures.

Elle comporte un narthex original, très allongé, qui occupe toute la largeur de la façade et s'ouvre au Sud sur la place St-Georges par une porte élégante.

A l'intérieur, plusieurs styles se côtoient. Les voûtes sont essentiellement du 14e s. Les verrières sont intéressantes : les anges musiciens des vitraux de la façade sont de la fin du 14e s. ou du début du 15e s.; la rose (14e s.) de la porte Sud du narthex illustre les Commandements du Décalogue; trois vitraux du chœur sont du 15e s. et représentent des épisodes de la vie de sainte Catherine, de sainte Agnès et de sainte Hélène; les nouveaux vitraux du chevet et du chœur ont été exécutés par Max Ingrand. La chaire, en pierre, sculptée et dorée, date de la Renaissance.

Prendre la rue de l'Église.

Résidence d'Ebersmunster (K) – *Au no 8.* C'est la résidence urbaine des moines bénédictins, construite en 1541. Le portail Renaissance, surmonté de coquilles, est décoré de motifs italiens.

Quelques mètres plus loin, prendre à gauche la petite rue de la Bibliothèque.

★**Bibliothèque humaniste (M)** ⊙ – Vers le milieu du 15e s., Sélestat fut le siège d'une école d'humanistes et d'une école latine florissante, ce qui explique la richesse de la bibliothèque. Installée dans l'ancienne Halle aux Blés (1843), elle est constituée de deux fonds : d'une part la bibliothèque latine fondée en 1542 et d'autre part la collection personnelle de l'humaniste Beatus Rhenanus.

Au 1er étage, dans la grande salle, entre autres manuscrits précieux, on verra le Lectionnaire mérovingien (fin du 7e s.), ouvrage le plus ancien qui soit conservé en Alsace, le Livre des Miracles de sainte Foy (12e s.), la *Cosmographiae Introductio* imprimée à St-Dié *(voir à ce nom)*. La bibliothèque de Beatus Rhenanus, comprenant plus de 2 000 titres d'œuvres, est la seule bibliothèque humaniste qui soit parvenue à peu près intacte jusqu'à nous.

On remarquera aussi une superbe tête de Christ, en bois, de la fin du 15e s., deux retables du début du 16e s., et un plan relief de la ville au 16e s.

Deux vitrines, placées dans la salle de lecture, contiennent : l'une, des bijoux, vases et armes, allant de la préhistoire à l'époque mérovingienne; l'autre, des sculptures en bois du Moyen Âge et une collection de faïences et de porcelaines alsaciennes.

Bible du 13e s. (Bibliothèque humaniste)

Dans une petite vitrine : moulage du masque funéraire d'une femme ensevelie au 12ᵉ s. dans l'église Ste-Foy.

A l'extrémité de la place Gambetta, prendre à gauche la rue des Serruriers.

Place du Marché-aux-Pots se dresse l'**ancienne église des Récollets** (**L**) devenue aujourd'hui temple protestant. En réalité, de l'ancien couvent des franciscains, il ne subsiste que le chœur de l'église.

Tourner à gauche dans la rue de Verdun.

Maison de Stephan Ziegler (**D**) – Cette maison Renaissance fut construite au 16ᵉ s. par un maître maçon de la ville.

La rue de Verdun mène à la place de la Victoire où s'élève l'ancien arsenal Ste-Barbe.

Ancien arsenal Ste-Barbe (**B**) – Cette gracieuse construction du 14ᵉ s. présente une très jolie façade ornée d'un escalier à double pente conduisant à un petit dais qui précède la porte d'entrée. Le pignon est découpé de profonds créneaux. Le toit porte deux nids habités de cigognes.

Suivre en avant la rue du 17-Novembre et tourner à droite dans la rue du 4ᵉ-Zouaves pour prendre le bd du Maréchal-Joffre à gauche, qui conduit aux remparts.

Promenade des Remparts – Depuis ces anciennes fortifications de Vauban, on a une belle vue sur les collines sous-vosgiennes et le Haut-Kœnigsbourg.

La rue du Président-Poincaré, prise à gauche, ramène au point de départ.

EXCURSIONS

Châteaux de Ramstein et d'Ortenbourg – *7 km, puis 1 h 1/4 à pied. Quitter Sélestat par ⑤ du plan et N 59. A 4,5 km, tourner à droite dans la D 35 vers Scherwiller. A 2 km, prendre à gauche le chemin de terre. Laisser la voiture à Huhnelmuhl près de l'auberge. Suivre le sentier qui mène aux deux châteaux, distants de 300 m.*
Ruines intéressantes et belle vue sur le Val de Villé et la plaine de Sélestat.

Château de Frankenbourg – *11 km, puis 1 h 3/4 à pied. Quitter Sélestat par ⑤ du plan, N 59. A Hurst prendre la D 167 vers la Vancelle. A 2 km, laisser la voiture et prendre le sentier à droite.*
Des ruines (alt. 703 m), belles vues sur les vallées de la Liepvrette et de Villé.

Parcs d'animaux de Kintzheim – *8,5 km. Quitter Sélestat par ④ du plan, D 159.* Cette excursion permettra aux amis des animaux de visiter successivement deux centres expérimentaux d'acclimatation d'espèces bien différentes : rapaces et singes.

Volerie des Aigles (château de Kintzheim) ⊙ – *1/2 h à pied AR.*
Dans la cour du château féodal ruiné, sous des auvents, sont logés environ 80 rapaces, diurnes et nocturnes. Certains d'entre eux (aigles, condors, vautours, milans, serpentaires) participent aux spectaculaires **démonstrations de dressage** ★ organisées durant la visite *(sauf par mauvais temps).*

Reprendre la voiture et continuer la route forestière, puis la D 159. A 2 km, prendre à droite un chemin qui aboutit aux clôtures électrifiées ceinturant la «montagne des Singes».

Montagne des Singes ⊙ – Dans ce parc de 20 ha, planté de pins, qui couronne le sommet d'une colline, vivent en liberté 300 magots de l'Atlas, bien adaptés au climat alsacien. Vue sur le château du Haut-Kœnigsbourg, au Sud-Ouest.

Marckolsheim : Mémorial Musée de la Ligne Maginot du Rhin – *15 km au Sud-Est. Quitter Sélestat par ② du plan, D 424. 1,5 km après Marckolsheim, la casemate du Mémorial apparaît sur le côté droit de la N 424. Voir à Ligne Maginot.*

Benfeld – *20 km au Nord-Est. Quitter Sélestat par ① du plan, N 83.*

Ebersmunster – *Voir à ce nom.*

Benfeld – Libérée le 1ᵉʳ décembre 1944, Benfeld a cependant subi, du 7 au 20 janvier suivant, les violents tirs d'artillerie des Allemands lors du retour offensif de ceux-ci sur Strasbourg *(voir p. 37).*
Construit au 16ᵉ s., l'**hôtel de ville** montre une jolie porte sculptée qui donne accès à la tourelle polygonale de 1617, ornée d'un écusson aux armes de la ville.
L'horloge à jaquemart comprend trois personnages : la Mort, un chevalier revêtu d'une armure et le Stubenhansel, traître qui, en 1331, aurait livré la ville aux Bavarois et aux Wurtembergeois, pour une bourse d'or qu'il tient dans la main.

Vous cherchez un parking ?
Les principaux sont indiqués sur les plans de ce guide.

SENONES

Cartes Michelin nos 87 pli 16 ou 242 pli 27

Située dans un amphithéâtre de montagnes boisées, cette petite ville doit son origine à une abbaye bénédictine. Elle fut, à partir de 1751, la capitale de la principauté de Salm-Salm, État souverain dont les habitants demandèrent leur rattachement à la France en 1793. Elle possède encore quelques constructions princières : châteaux et hôtels particuliers du 18e s.

Elle est le théâtre chaque année, le dimanche matin en juillet et août, de reconstitutions historiques de la Garde des Princes de Salm.

Ancienne abbaye – Elle possède un bel escalier de pierre (18e s.) orné d'une rampe de fer ouvré qui menait à l'appartement de **Dom Calmet**, l'un des derniers abbés, aux travaux d'érudition remarquables, ainsi qu'à celui que Voltaire habita lors du séjour qu'il fit auprès de l'abbé en 1754.

Église – Édifiée au 19e s., elle a conservé une tour octogonale du 12e s. A l'intérieur, on verra le tombeau de Dom Calmet, dû au sculpteur Falguière.

ENVIRONS

★**Route de Senones au col du Donon** – *20 km au Nord-Est. Quitter Senones par la D 424 au Nord.*
Dans la Petite-Raon, à 2 km, prendre à gauche la D 49 qui s'engage dans le Val de Senones et la vallée du Rabodeau, puis traverser **Moussey**, bourg qui s'étire sur 4 km. La route forestière qui succède à la D 49 suit la vallée encaissée et déserte du Rabodeau. Le **col de Prayé**, situé sur la crête des Vosges, marquait l'ancienne frontière allemande. On atteint le **col du Donon** (alt. 727 m – *voir aussi p. 86*).

SESSENHEIM

1 542 habitants

Cartes Michelin nos 87 pli 3 ou 242 pli 16 – 21 km à l'Est de Haguenau

Ce charmant village alsacien, où les admirateurs de Goethe iront évoquer une idylle du poète, est situé entre la forêt de Haguenau et le Rhin.

Goethe et Frédérique – En octobre 1770, Goethe, qui étudie le droit à Strasbourg *(voir p. 227)*, accompagne un ami en visite chez le pasteur du lieu, Brion. Celui-ci a deux charmantes filles. Entre le jeune étudiant et Frédérique, la cadette, naît aussitôt la plus tendre des sympathies. Désormais, chaque fois que possible, Goethe, par la chaise de poste ou à cheval, accourt à Sessenheim. Les deux amoureux parcourent la campagne, se régalent de fritures du Rhin, bavardent le soir sous la tonnelle du presbytère.
Mais, en août 1771, Goethe doit regagner Francfort. Pour la jeune fille, la séparation est si cruelle qu'elle manque en mourir.
En 1779, traversant l'Alsace pour se rendre en Suisse, Goethe, maintenant poète célèbre, fait un détour pour revoir Frédérique. L'idylle ne renaît point. Plus tard, dans ses Mémoires, Goethe donnera au nom de Frédérique un peu de son immortalité.

CURIOSITÉS

Auberge « Au bœuf » ⊘ – Elle s'élève à gauche de l'église protestante. Dans cette vieille auberge typiquement alsacienne sont rassemblés des gravures, lettres, portraits se rapportant à Goethe et à Frédérique.

Église protestante – A l'intérieur, à gauche du chœur, stalle du pasteur Brion (Pfarrstuhl) où, côte à côte, s'asseyaient Goethe et Frédérique pour écouter le prêche. Dans le mur Sud sont encastrées les pierres tombales des parents de Frédérique. La grange du presbytère, restaurée, est le seul vestige des bâtiments que connut le poète.

Mémorial Goethe – A côté du presbytère, il fut inauguré en 1962.

Afin de donner à nos lecteurs l'information la plus récente possible, les conditions de visite des curiosités décrites ont été groupées en fin de volume. Dans la partie descriptive du guide, le signe placé à la suite du nom des curiosités soumises à des conditions de visite les signale au visiteur.

SIERCK-LES-BAINS

1 825 habitants

Cartes Michelin n⁰ˢ 57 pli 4 ou 242 pli 6

A l'extrême pointe du département de la Moselle, tout près de la frontière, Sierck occupe une situation pittoresque. Ses rues étroites et son château fort évoquent un passé chargé d'histoire. Disputée au 12ᵉ s. au duc de Lorraine par Adalbéron, arche-vêque de Trèves, elle fut pillée et brûlée par les Suédois au cours de la guerre de Trente Ans, puis en 1661 par les troupes de Turenne. Elle a subi de graves dommages au début de la Seconde Guerre mondiale.

CURIOSITÉS

Sierck, avec les ruines de son château, a conservé une bonne partie de ses anciennes fortifications du 11ᵉ s. Du **château fort** ⊘, la **vue**★ est belle sur la vallée de la Moselle. L'**église**, du 15ᵉ s., a été restaurée. La **chapelle de Marienfloss**, dernière trace d'une chartreuse autrefois florissante et important lieu de pèlerinage, a été restaurée et agrandie.

En sortant de Sierck au Nord-Est, on ira voir *(1 km)* l'**église** du village de **Rustroff**, qui se dresse à l'extrémité de l'abrupte rue principale. Refaite au 19ᵉ s., elle abrite un beau retable en bois peint du 15ᵉ s. et une petite Pietà du début du 16ᵉ s.

ENVIRONS

Château de Mensberg – *8 km au Nord-Est par la N 153 et la D 64 à droite. A l'entrée du village de Manderen, prendre le chemin en montée à gauche.*
Les ruines imposantes du château fort, reconstruit au 17ᵉ s. sur les bases du château fort du 13ᵉ s., occupent le sommet de la colline boisée. En 1705, pendant la guerre de Succession d'Espagne, le **duc de Marlborough** (immortalisé par la chanson populaire) y avait son quartier général.

Avec ce guide,
utilisez les ***cartes au 1/200 000*** *indiquées sur le schéma*
en page de sommaire.
Les références communes faciliteront votre voyage.

Le SIMSERHOF★

Cartes Michelin n⁰ˢ 57 pli 18 ou 242 pli 11 – Schéma p. 117

Accès – *4 km à l'Ouest de Bitche par la D 35, puis la route militaire prise en face de l'ancien casernement du Légeret.*

La **visite** ⊘ de ce gros ouvrage, l'un des plus importants de la Ligne Maginot *(voir à ce nom)*, constitue une initiation à un type de fortifications dont le rôle qu'elles ont joué en 1940 est resté bien méconnu. Achevé en 1935, il était conçu pour une garnison interarmes (infanterie de forteresse, artillerie, génie) de 1 200 hommes disposant d'une autonomie complète de 3 mois en vivres, munitions, carburant. De l'extérieur, on ne voit que le bloc d'accès, orienté au Sud, avec sa porte blindée de 7 t, ses créneaux de flanquement précédés de fossés « Diamant », et les cloches de tir ou d'observation, qui surmontent les blocs de combat, disséminés dans un espace de plusieurs kilomètres de façon à dominer la plaine en contrebas (on remarque quelques-unes de ces émergences depuis la D 35ᴬ, route de Hottwiller, 1 km au départ de la D 35). Arbres et taillis ont remplacé les réseaux de barbelés et les rails fichés en terre qui interdisaient les approches de l'ouvrage.

La partie enterrée du fort se compose de deux secteurs : l'un « arrière », de service, l'autre « avant », de combat, distribués sur un même niveau et reliés par une galerie de 5 km avec voie ferrée. La longueur totale des galeries du Simserhof atteint 10 km. On visite d'abord le secteur « arrière », dont l'immense tunnel d'entrée dessert des galeries secondaires conduisant aux quartiers d'habitation, salles communes, cuisines, bureaux, magasins d'approvisionnement, etc., ainsi qu'à la centrale électrique dont les installations sont entretenues en état de fonctionnement. Dans les galeries sont exposés des tubes de canons des deux dernières guerres. Le magasin à munitions fait office de musée (périscopes, diascopes, épiscopes, clichés photographiques). On voit aussi le local des cuves à mazout et celui des batteries de filtres à air.

C'est par l'inchangé petit train électrique que l'on accède au secteur « avant » (PC de combat, soutes à obus, etc.), relié aux blocs de tir par des puits verticaux dotés de monte-charge et d'escaliers. On visite enfin l'un des blocs, dont l'étage inférieur est occupé par la base du corps de tourelle pivotant et élevable ; l'étage supérieur contient les deux canons de 75 jumelés dont on peut suivre la rotation et la visée.

Colline de SION-VAUDÉMONT★★

Cartes Michelin nᵒˢ 62 Sud-Est du pli 4 ou 242 pli 25

La butte de Sion-Vaudémont, en forme de fer à cheval, est isolée en avant des côtes de Meuse. C'est un des plus célèbres belvédères sur le pays lorrain en même temps qu'un de ces hauts lieux historiques «où souffle l'esprit» selon la formule de **Maurice Barrès**, qui lui donna le nom de «colline inspirée». Dans ce véritable sanctuaire de la Lorraine, de grands pèlerinages rassemblent les foules, surtout de Pâques au début d'octobre.

Maurice Barrès – Né à Charmes en 1862, non loin de la «colline», cet écrivain et homme politique y passa son enfance et ses vacances d'adolescence. Par la suite, il venait passer plusieurs mois chaque année dans la maison de ses grands-parents maternels qu'il avait rachetée en 1910 et modernisée. Ses promenades le menaient à Sion dont il aimait gravir les pentes de la butte. Son attachement pour sa terre lorraine est omniprésente dans son œuvre et plus particulièrement dans *La Colline inspirée*.

« Il est des lieux qui tirent l'âme de sa léthargie, des lieux enveloppés, baignés de mystère, élus de toute éternité pour être le siège de l'émotion religieuse. C'est la colline de Sion-Vaudémont, faible éminence sur une terre la plus usée en France, sorte d'autel dressé au milieu du plateau qui va des falaises champenoises à la chaîne des Vosges. »

LA COLLINE INSPIRÉE

Il y a 2 000 ans, les Celtes adorent déjà sur la colline les dieux de la Guerre et de la Paix. Au 4ᵉ s., le christianisme chasse les idoles et le culte de la Vierge remplace celui des divinités païennes. Au 10ᵉ s., saint Gérard, évêque de Toul, fixe cette dévotion d'une façon définitive. Elle s'étend à toute la contrée, grâce à la protection des comtes de Vaudémont et des ducs de Lorraine. On prie sur la colline pour les Croisés qui guerroient en Terre Sainte. Plus tard, c'est sous la bannière de N.-D.-de-Sion que le duc René II défait le Téméraire devant Nancy *(voir p. 156)*. Enfin, à une époque plus récente, lorsque par trois fois la guerre et son pesant cortège de désolations s'éloignent, le sanctuaire accueille les foules venues remercier la Vierge.

Le 10 septembre 1873, quand les derniers soldats prussiens eurent quitté la Lorraine non annexée, 30 000 pèlerins vinrent célébrer le couronnement de N.-D.-de-Sion. Ce jour-là, une plaque symbolique apportée par les Lorrains de la partie annexée fut placée dans l'église. Elle portait une croix de Lorraine brisée, avec une inscription en patois : «Ce n'a me po tojo» (ce n'est pas pour toujours). Le 24 juin 1920, toute la province se trouva de nouveau assemblée sur la colline, mais cette fois pour célébrer la victoire. Au cours d'une cérémonie, Maurice Barrès fut chargé de masquer sous une palmette d'or la brisure d'autrefois, et les mots «Ce n'ato me po tojo» (ce n'était pas pour toujours) furent gravés au-dessus de la plaque.

Le 8 septembre 1946, une fête de l'Unité française réunit 80 000 personnes autour de la Vierge de Sion et le général de Lattre de Tassigny plaça sur l'autel une nouvelle croix de marbre portant l'inscription : «Estour inc po tojo» (maintenant c'est pour toujours).

Le 9 septembre 1973, une «fête de la Paix» rassemble 10 000 pèlerins, dont les invalides et ex-prisonniers de guerre allemands. Une banderole de marbre portant le mot «Réconciliation» est apposée au-dessus des inscriptions précédentes, et un «Monument de la Paix» érigé à l'entrée du Plateau.

224

★SION *visite : 1/2 h*

Le sanctuaire – *Laisser la voiture au parc de stationnement et monter jusqu'à l'hôtel Notre-Dame.*
Prendre à gauche en longeant le cimetière, pour gagner l'esplanade plantée de tilleuls séculaires.

Basilique – Elle date, pour l'essentiel, du milieu du 18e s., et semble être le piédestal de la tour monumentale (1860) qui se dresse au-dessus du porche.
L'abside, restaurée dans sa pureté originelle (début du 14e s.), abrite la statue de N.-D.-de-Sion : Vierge couronnée, en pierre dorée, du 15e s. Au-dessus de l'autel du bas-côté gauche sont fixées les plaques apposées lors des quatre pèlerinages de 1873, 1920, 1946 et 1973.
Un **musée** ⊙ archéologique et missionnaire a été aménagé à l'extrémité du préau. L'histoire de la « Colline inspirée » y est retracée.

★**Panorama** – *A la sortie de l'église, prendre à droite, longer le préau et tourner à droite, à l'angle du mur du couvent.* A hauteur d'un calvaire, le panorama atteint toute son ampleur (table d'orientation – alt. 497 m). C'est là qu'on découvre ce « vaste paysage de terre et de ciel » dont parle Barrès.
Un autre point de vue est aménagé à l'Ouest du plateau. On y accède par une allée d'arbres à gauche, à l'entrée du parking.
Tout près, en contrebas, se trouve le village de Saxon-Sion.

★★SIGNAL DE VAUDÉMONT *visite : 1/2 h*

2,5 km au Sud de Sion. En quittant Sion, laisser à droite le chemin en descente sur Saxon-Sion et, à hauteur d'un calvaire, prendre, tout droit, la D 53, route de crête qui traverse toute la colline.
Après avoir dépassé, à droite, une croix de mission érigée vers 1622 par Marguerite de Gonzague, épouse de Henri II de Lorraine, la route traverse le bois de Plaimont à la sortie duquel on aperçoit le monument à Barrès.
Au sommet du signal de Vaudémont (alt. 541 m) s'élève le **monument à Barrès** haut de 22 m, en forme de lanterne des Morts, érigé en 1928 à la mémoire de Maurice Barrès. **Panorama**★★ superbe sur le plateau lorrain.
On peut poursuivre jusqu'au village de Vaudémont, pointe opposée de la colline.

Vaudémont – Près de l'église, s'élève la « tour Brunehaut », vestiges du château de Vaudémont, berceau de la famille des ducs de Lorraine. Le village a gardé son aspect traditionnel. La Grand'Rue est bordée de maisons ou de fermes mitoyennes dont la grande porte charretière, donnant accès à la grange, est généralement cintrée. L'usoir est par contre plus réduit qu'à l'accoutumée. Les habitations n'ont pas d'étage, mais un grenier sous les combles et une cave accessible depuis la rue. Construites en moellons, elles comportent peu d'éléments décoratifs (encadrement des ouvertures en pierre de taille), mais des inscriptions, des statues ou des reliefs.

MONUMENT DE LORRAINE

23 km au Sud-Est de Sion par les D 50E, D 64, D 413, D 33, D 28 puis à gauche la D 28C étroite et en montée jusqu'au terre-plein situé devant le Monument de Lorraine.

Derrière le monument commémorant la victoire de la « Trouée de Charmes », une table d'orientation en céramique reproduit le champ de bataille et l'emplacement des armées en présence. Les troupes du général de Castelnau repoussèrent ici les Allemands qui, vainqueurs à Morhange, voulaient prendre à revers les défenses du camp retranché de Nancy. Des abords du monument, la vue est étendue sur le théâtre des combats et la vallée de la Moselle.

Charmes – *3,5 km au Nord-Est du Monument de Lorraine.*

Cette petite ville, bâtie sur les rives de la Moselle, fut plusieurs fois détruite au cours des siècles. En 1633, Richelieu et le duc Charles IV de Lorraine y signèrent un traité donnant Nancy à la France.
En août-septembre 1914, elle fut sauvée grâce à la bataille de la « Trouée de Charmes » *(voir ci-dessous).*
La cité, détruite en partie en 1944 par un incendie, a conservé son église des 15e et 16e s. avec l'intéressante chapelle des Savigny, datée de 1537.
Le nom de la cité reste lié à celui de **Maurice Barrès** qui y vit le jour en 1862 (plaque au n° 7 rue des Capucins) et y demeura attaché sa vie durant. Les admirateurs du célèbre écrivain pourront voir sa maison (pavillon situé à la sortie de la ville, sur la route d'Épinal) et la tombe familiale où il est inhumé, dans « la terre de ses morts ».

Chamagne – *4,5 km au Nord de Charmes.* Cette localité a vu naître, en 1600, le grand peintre paysagiste Claude Gellée dit « le Lorrain ». Dans sa **maison natale** ⊙ est évoquée son œuvre.

SOULTZ-HAUT-RHIN

5 867 habitants

Cartes Michelin n°s 87 pli 18 ou 242 pli 35

Cette ancienne petite ville s'est créée autour d'une source saline qui subsiste encore aujourd'hui, d'où son nom. Elle a conservé de nombreuses maisons des 16e, 17e et 18e s. à oriel, tourelles d'escaliers, aux porches millésimés, cours intérieures... La Promenade de la citadelle à l'Ouest permet de suivre une partie des remparts avec la tour des Sorcières.

CURIOSITÉS

Église St-Maurice – D'une grande homogénéité, elle fut élevée entre 1270 et 1489. Le tympan du portail Sud représente un Saint Maurice équestre du 14e s., dominant une Adoration des Rois mages. A l'intérieur, remarquer une belle chaire du début du 17e s., de grandes orgues de Silbermann de 1750, un relief en bois sculpté polychrome de la fin 15e s., avec au premier plan saint Georges terrassant le dragon, et une immense peinture murale représentant saint Christophe.

Musée du Bucheneck ⏲ – Le musée est installé dans une ancienne forteresse du 11e s., siège du bailli épiscopal de 1289 jusqu'à la Révolution. Remanié à plusieurs reprises, le bâtiment abrite aujourd'hui des collections variées concernant le passé de la ville, notamment une maquette de celle-ci en 1838, des portraits de familles soultziennes célèbres tels les Waldner de Freundstein et les Heeckeren d'Anthès.

La Nef des jouets ⏲ – Cette riche collection de jouets est présentée dans l'ancienne commanderie de l'ordre de St-Jean-de-Jérusalem, l'actuel ordre de Malte, datant de la fin du 12e s. Populaire ou sophistiqué, en argile, carton, bois ou plastique, le jouet permet à l'enfant de s'épanouir quelle que soit l'époque ou la civilisation.

Maisons anciennes – On remarquera particulièrement :
– au n° 15 rue des Sœurs, Maison Litty, ancien hôtel St-Michel de 1622 ;
– au n° 5 rue du Temple, maison vigneronne de 1656 ;
– au n° 42 rue de-Lattre-de-Tassigny, maison Horn de 1588 ;
– au n° 6 rue des Ouvriers, maison Hubschwerlin (16e s.) avec belle cour intérieure, oriel et tourelle à escalier.
Voir aussi, rue Jean-Jaurès, le château de Heeckeren d'Anthès (1605), grande famille industrielle alsacienne dont l'un des membres, Georges-Charles de Heeckeren, tua l'écrivain Pouchkine en duel en 1837 près de St-Pétersbourg.

La Nef des jouets – Cheval tricycle (1905)

STRASBOURG★★★

Agglomération 388 483 habitants
Cartes Michelin nᵒˢ 87 plis 4, 5 ou 242 plis 20, 24

Strasbourg, métropole intellectuelle et économique de l'Alsace, est une importante cité moderne, traversée par l'Ill, dotée d'un port fluvial animé et d'une université réputée. C'est aussi une riche ville d'art construite autour d'une cathédrale célèbre. Depuis 1949, elle est la « capitale » de l'Europe ; là siège le Conseil de l'Europe. Tous les ans, en juin, a lieu le festival de musique ; début septembre, la Foire européenne.

UN PEU D'HISTOIRE

Un serment fameux – Le petit bourg de chasseurs et de pêcheurs qu'est, au temps de Jules César, Argentoratum devient rapidement une cité prospère en même temps qu'un carrefour entre les peuples : Strateburgum, la Ville des Routes... Cette position vaudra à Strasbourg de servir de cible ou de passage à toutes les invasions d'outre-Rhin et d'être maintes fois détruite, brûlée, pillée et reconstruite. Une seule fois, au cours de son histoire, on la choisit comme théâtre d'une conciliation : c'est lorsque, en 842, par le Serment de Strasbourg, deux des fils de Louis le Débonnaire (Charles et Louis) et leurs soldats se jurent fidélité. Ce serment est célèbre parce qu'il représente le premier texte officiel connu en langues romane et germanique.

Gutenberg à Strasbourg – Gutenberg, né vers 1395 à Mayence et fuyant la ville pour des raisons politiques, vient s'établir à Strasbourg en 1434. Il forme avec trois Alsaciens une association dans le but de mettre au point divers « procédés secrets » dont il est l'inventeur. Mais l'union ne règne pas entre les associés, puisque c'est par certaines pièces d'un procès intenté à Gutenberg en 1439 que nous avons quelques renseignements sur l'invention mystérieuse. Dans ces pièces juridiques, on parle de plomb, de presses : ce sont les premiers éléments de l'imprimerie. Vers 1448, Gutenberg s'en retourne à Mayence et s'associe avec Jean Fust pour perfectionner l'invention qui bouleversa le monde.

IEAN GVTTEMBERG

Gutenberg

La bouillie de millet – Les guerres nées de la Réforme divisent l'Alsace en deux camps. La municipalité de Strasbourg a l'idée d'organiser, en 1576, une attraction qui apportera une détente aux esprits surexcités. Il s'agit d'un grand concours de tir. Tous les Alsaciens sont invités mais aussi les voisins de la Souabe, de la Bavière et des villes libres de Suisse.
Le champ de tir est situé sur l'emplacement actuel du parc Contades. Les Zurichois sont vainqueurs. Pour fêter cette victoire, quarante-huit bourgeois de Zurich décident d'aller les rejoindre à Strasbourg. C'est alors un long voyage. On le fait à force de rames, par la Limmat, l'Aar et le Rhin. Nos bourgeois tentent d'établir ce qu'on appellerait aujourd'hui un record. Il s'agit d'aller assez vite pour qu'une énorme marmite de millet bouillant, entourée de sable chaud et déposée au centre de l'embarcation, soit encore tiède à l'arrivée. La prouesse est réalisée en dix-sept heures. « Si vous êtes un jour en danger, dit le chef des Suisses, au grand banquet qui couronne la fête, vous saurez que nous sommes capables de voler à votre secours en moins de temps qu'il n'en faut pour que refroidisse une bouillie de millet. » Trois siècles plus tard, en 1870, de fidèles descendants des bourgeois de Zurich apportent leur aide à Strasbourg bombardée, tenant ainsi la promesse de leurs ancêtres au jour du Grand Tir.

L'étudiant Goethe – En 1770, l'Université de Strasbourg ne soupçonne certes pas qu'elle tirera un grand lustre de l'enseignement qu'elle a dispensé à l'étudiant Goethe. Il loge rue du Vieux-Marché-aux-Poissons, dans une pension de famille tenue par deux vieilles filles et fréquentée par de joyeux vivants dont la capacité d'absorption en vins d'Alsace étonne notre buveur de bière.
Pour exercer sa volonté, Goethe, sujet au vertige, monte régulièrement au sommet de la cathédrale. Le vide l'attire... Il se cramponne à la balustrade et ne cède point. D'autres soucis pourtant l'occupent : courir à Sessenheim rejoindre Frédérique *(voir p. 222)* ou encore retrouver le tombeau d'Erwin, l'auteur de la façade de la cathédrale. Reçu docteur le 6 août 1771, il retourne à Francfort, abandonnant et Frédérique et ses recherches.
Quarante-cinq ans plus tard, un de ses anciens camarades d'école découvrit, sous des tas de charbon, la tombe d'Erwin dans le Petit Cimetière, près de la cathédrale.

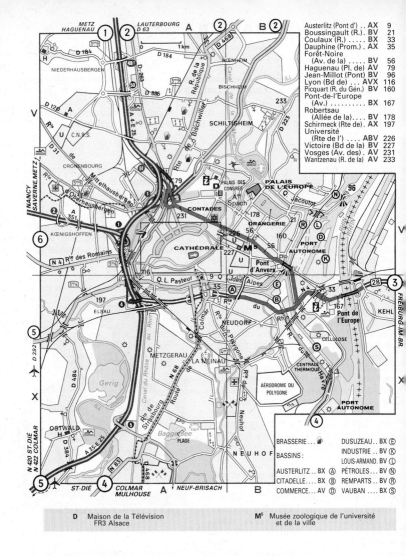

D	Maison de la Télévision FR3 Alsace	M⁵	Musée zoologique de l'université et de la ville

« La Marseillaise » de Rouget de Lisle – Quand la Révolution éclate, il y a plus d'un siècle que Strasbourg est française. En 1681, elle a reconnu Louis XIV, déjà en possession de l'Alsace, comme son « souverain seigneur et protecteur ».

Le 24 avril 1792, **Frédéric de Dietrich**, premier maire constitutionnel de Strasbourg, offre un dîner d'adieu à des volontaires de l'armée du Rhin. On parle des événements de la guerre, de la nécessité pour les troupes d'être entraînées par un chant digne de leur enthousiasme. « Voyons, Rouget, vous qui êtes poète et musicien, faites-nous donc quelque chose qui mérite d'être chanté », dit Dietrich.

Le jeune officier du Génie auquel s'adresse cette boutade se retire chez lui fort troublé. Toute la nuit, on l'entend jouer du violon et réciter des strophes. A 7 heures du matin, il fait irruption chez son ami Marclet, officier d'état-major qui était présent au dîner de la veille. Il lui chante son « Chant de guerre pour l'Armée du Rhin » et, malgré l'heure matinale, ils retournent ensemble chez Dietrich dont une nièce se met au piano pour accompagner l'œuvre. Le jour même, Rouget de Lisle en adresse un exemplaire au maréchal Luckner qui accepte la dédicace. Le lendemain, l'orchestration est faite et un éditeur chargé des copies. Peu après, les volontaires de Marseille adoptent et lancent le chant qui devient « la Marseillaise ».

Sur l'immeuble de la Banque de France, 4, place Broglie, une plaque rappelle le souvenir de Rouget de Lisle.

Clause, le grand « chef » – Le maréchal de Contades, nommé gouverneur militaire de l'Alsace, s'installe à Strasbourg en 1762. Amphitryon et gourmet distingué, il aime à régaler ses hôtes, parmi lesquels J.-J. Rousseau qui, dans une lettre, se déclare « fatigué par ces trop fréquents dîners ».

En 1778, Contades engage à son service un nouveau cuisinier, Jean-Pierre Clause, natif de Dieuze (Moselle), alors âgé de 21 ans. Les oies d'Alsace fourniront bientôt à celui-ci la matière première d'une spécialité appelée à devenir célèbre. En effet, mis un jour en demeure de se surpasser à l'occasion d'un grand repas donné par son maître, c'est à leur foie que Clause va recourir... Il entoure ce foie onctueux et cependant ferme de veau et de lard finement hachés et enferme le tout dans une croûte de pâte qu'il laisse cuire et dorer à feu doux. Les hôtes du maréchal, enthousiastes, implorent en pure perte la recette. En 1784, Clause quitte le service de Contades pour épouser la veuve d'un pâtissier. Jusqu'à sa mort (1827), il fabrique et met en vente son pâté qui va conquérir l'Alsace et le monde.

1870-1918 – Le 9 août 1870, les Allemands, commandés par le général von Werder, sont en vue de Strasbourg. La ville devra capituler, le 27 septembre, après 50 jours d'un siège émaillé de durs bombardements (la garnison a perdu 600 hommes et on dénombre 1 500 victimes civiles).

Au terme du traité de Francfort (10 mai 1871), Strasbourg devient ville allemande et le restera jusqu'au 11 novembre 1918. Quelques jours après, le 22 novembre, le général Gouraud fait son entrée solennelle dans la vieille cité. Le 25, devant le Palais impérial, a lieu un grand défilé des troupes françaises.

La charge de la 2ᵉ D.B – De 1940 à 1944, les Allemands se réinstallent à Strasbourg. C'est à une unité française que reviendra l'honneur de libérer la cité. Le 23 novembre 1944, à 7 h 15 du matin, les blindés du **général Leclerc**, massés dans la région de Saverne, se lancent dans la plaine d'Alsace. La 2ᵉ D.B. se déploie en 5 colonnes qui vont converger vers Strasbourg et y entrer le jour même. Le surlendemain 25, la résistance cesse dans les casernes des faubourgs. L'après-midi, le général Vaterrodt, qui s'était réfugié au fort Ney, se rend ; près de 6 000 Allemands sont prisonniers.

Au début de janvier 1945, la ville connaîtra encore une chaude alerte. Gravement menacée par l'offensive allemande *(voir p. 37)*, elle sera sauvée grâce à l'intervention du général de Gaulle auprès du haut commandement allié et à la décision du général de Lattre de Tassigny d'y envoyer en hâte une division algérienne, la 3ᵉ D.I.A., tandis qu'au Sud de la ville la 1ʳᵉ D.F.L., violemment attaquée, maintient une farouche résistance à la pression ennemie.

Un carrefour européen – Avant même la fin du dernier conflit mondial se dessina un consensus international, relayé par des figures politiques d'alors (Winston Churchill, Robert Schuman, Konrad Adenauer, Charles de Gaulle...), pour faire de Strasbourg sur le plan des institutions internationales ce qu'elle était déjà par son histoire et par sa situation géographique : un « carrefour européen ». L'idée prit corps qu'une réconciliation définitive des anciens belligérants devait s'enraciner au cœur d'une ville symbole, Strasbourg, au bord d'un grand fleuve jadis hérissé d'ouvrages militaires et à présent lien privilégié de communication, le Rhin.

Dès le 5 mai 1949 fut créé le **Conseil de l'Europe**, qui regroupe la totalité des États d'Europe occidentale. Des membres des pays de l'Est peuvent aussi y être accueillis à titre d'invités. Le travail de cet organisme purement consultatif se traduit par des recommandations aux gouvernements, mais aussi par l'établissement de conventions qui engagent les États signataires, harmonisent leur législation dans divers domaines d'intérêt commun. La plus connue est la Convention européenne de sauvegarde des droits de l'homme (1950).

C'est le Conseil de l'Europe qui créa le **drapeau européen** (fond d'azur à 12 étoiles d'or disposées en cercle). Il partage à Strasbourg son hémicycle avec le **Parlement européen**, importante institution de la CEE. Ce dernier est composé de députés, élus au suffrage universel direct depuis 1979 par les corps électoraux de chaque État membre. Il exerce un pouvoir consultatif, budgétaire et de contrôle.

Strasbourg partage avec Bruxelles et Luxembourg le privilège d'accueillir les principaux organes de la CEE. A Luxembourg siègent la **Cour de justice** ainsi que le secrétariat général du Parlement européen. A Bruxelles se tiennent le **Conseil**, qui détient les pouvoirs exécutif et législatif, et la **Commission**, aux pouvoirs de contrôle et de gestion.

★★★ CATHÉDRALE NOTRE-DAME (KZ) ⏱ visite : 1 h 1/2

C'est une des réalisations les plus belles et les plus originales de l'art gothique. On en a la meilleure **vue★** de la rue Mercière (**KZ 135**).

La cathédrale doit une grande part de son charme à ce grès rose des Vosges dont elle est faite.

Naissance et construction – Sur l'emplacement d'un temple d'Hercule, la cathédrale est entreprise en 1015 selon le style roman. Saint Bernard y célèbre la messe en 1145. Mais un incendie ravage l'édifice. En 1176, on recommence à bâtir. L'art gothique, nouveau venu en Alsace, influence les architectes de la cathédrale. En 1284, le génial **Erwin de Steinbach** entreprend la splendide façade actuelle où triomphe le gothique le plus pur. Mais Erwin meurt en 1318, trop tôt pour pouvoir réaliser son projet d'ensemble.

En 1365, les tours à peine terminées, on les réunit entre elles, jusqu'au niveau de la plate-forme. Puis la tour Nord seule est surélevée. Enfin, en 1439, Jean Hültz, de Cologne, prolonge cette tour par la flèche célèbre qui donne à la cathédrale sa physionomie surprenante.

L'Œuvre Notre-Dame – Institution unique en France, elle est fondée pour recueillir les dons que la générosité des fidèles fait affluer en vue de la construction, de l'entretien et de l'embellissement de la cathédrale. Le premier document parlant d'une donation date de 1205.

Erwin, lui-même, donne l'exemple : pauvre, il ne peut léguer qu'une rente assez faible mais il y joint son cheval.

La Réforme – La Réforme, dont l'un des plus importants agents fut **Martin Bucer** (1491-1551), établi à Strasbourg en 1523, est bien accueillie en Alsace où elle a été préparée par un prédicateur, resté fameux à Strasbourg : **Geiler de Kaysersberg**, qui ne cessera de flétrir la facilité des mœurs de l'époque et les abdications de l'Église.

Pendant de longues années, l'ancienne et la nouvelle religion luttent pied à pied dans la cathédrale, à la porte de laquelle les propositions de Luther ont été affichées. Puis Charles Quint établit l'Intérim d'Augsbourg et l'on se fait des concessions réciproques. Mais le culte protestant finit par l'emporter. La cathédrale ne redevient catholique que sous Louis XIV, en 1681.

La gloire – Pendant deux siècles, l'histoire de Strasbourg est tout entière dans sa cathédrale. Lorsque Louis XIV prend possession de la ville, l'évêque le reçoit sur le seuil « avec une joie pareille à celle du bienheureux Siméon recevant l'Enfant Jésus au temple de Jérusalem ».

En 1725, Louis XV y épouse Marie Leszczynska. En 1744, relevé de sa grave maladie de Metz, le Bien-Aimé y est lui-même accueilli avec une joie délirante. En 1770, Marie-Antoinette, arrivant de Vienne pour épouser le futur Louis XVI, est reçue à la cathédrale par le coadjuteur Louis de Rohan : « D'une si belle union doivent naître les jours de l'âge d'or. » Dix-neuf ans plus tard, ce sera la Révolution.

Les épreuves – Les dirigeants révolutionnaires donnent l'ordre d'abattre toutes les statues : 230 sont détruites. L'administrateur des Biens Publics parvient à cacher 67 statues de la façade. Mais la flèche offense l'égalité... Un habitant a une idée de génie : il fait coiffer l'aiguille de pierre d'un immense bonnet phrygien, en tôle peinte d'un rouge ardent. Le chef-d'œuvre d'Hültz est sauvé.

Les obus prussiens, en août et septembre 1870,

Strasbourg – Détail du portail central de la cathédrale

incendient le toit de la cathédrale. La flèche reçoit 13 projectiles.

En 1944, les bombardements alliés endommagent la tour élevée sur le transept, et le bas-côté Nord.

Extérieur

★★★**Façade** – *Voir illustration dans « Éléments d'architecture ».* Erwin de Steinbach en dirigea la construction jusqu'au-dessus de la Galerie des Apôtres qui surmonte la Grande Rose. Merveilleusement restaurée, elle nous apparaît aujourd'hui parée de sa splendeur primitive, tout en colonnettes, en aiguilles de pierre et en sculptures.

Le **portail central** est le plus richement décoré de la façade. Ses statues et ses bas-reliefs appartiennent à diverses époques. Son tympan comprend quatre registres : les trois premiers, du 13e s., sont remarquables par leur réalisme. Le quatrième est moderne.

1) De gauche à droite : l'entrée de Jésus à Jérusalem ; la Cène ; le baiser de Judas ; saint Pierre tranchant l'oreille du soldat Malchus ; Jésus traîné devant Pilate ; la Flagellation.

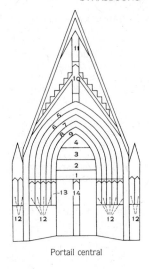

2) Jésus couronné d'épines, puis portant sa croix ; Jésus crucifié, au-dessus du cercueil d'Adam, entre la Synagogue et l'Église qui recueille son sang ; la Descente de croix ; la Résurrection (sous le tombeau, les soldats endormis).

3) La Pendaison de Judas ; monstres sortant de l'Enfer ; Adam et Ève délivrés par le Christ ; Madeleine aux pieds de Jésus ; parmi les apôtres assemblés, saint Thomas touche les plaies du Christ.

4) L'Ascension. Les sculptures des voussures, refaites après la Révolution, se lisent en allant de l'extérieur vers l'intérieur.

5) Création du Monde ; histoire d'Ève, Adam, Caïn et Abel.

6) Histoire d'Abraham, Noé, Moïse, Jacob, Josué, Jonas et Samson.

7) Martyres des apôtres, de saint Étienne et de saint Laurent.

8) Les quatre évangélistes et les docteurs de l'Église.

9) Jésus guérit les malades et ressuscite les morts. Un double gâble surmonte le portail.

10) Statue de Salomon sur son trône.

11) La Vierge avec l'Enfant. De belles statues des 13e et 14e s. ornent les côtés du portail.

12) Prophètes.

13) Une sibylle.

14) Statue moderne de la Vierge avec l'Enfant.

Portail central

Au-dessus du portail central, magnifique rose de 15 m de diamètre.

Au **portail de droite,** la Parabole des Vierges Sages et des Vierges Folles est illustrée par de célèbres statues, dont certaines ont dû laisser place à des copies *(originaux au musée de l'Œuvre Notre-Dame).*

A gauche, le Séducteur, gracieux, engageant, en costume du temps, offre la pomme à la plus hardie des Vierges Folles qui s'apprête à dégrafer sa robe. Derrière le dos de cet Esprit du Mal, d'immondes animaux symbolisent le Vice, mais les Vierges Folles se laissent tenter par l'apparence. Elles ont jeté ou renversé leur lampe et sont prêtes au péché.

A droite, au contraire, l'Époux divin se présente aux Vierges Sages qui ont gardé leur lampe, prêtes à l'accueillir. Sur le socle de ces statues, on remarque un calendrier portant les signes du Zodiaque et les mois de l'année.

Au **portail de gauche,** les statues (14e s.) figurent les Vertus. Sveltes et majestueuses dans leurs longues tuniques flottantes, elles terrassent les Vices.

★★★**La flèche** ○ – La plate-forme qui surmonte la façade est à 66 m de hauteur (328 marches ; *1/2 h*). La tour s'élève encore de 40 m, puis se termine par une flèche dont le sommet est à 142 m au-dessus du sol (9 m de moins que la flèche en fonte de la cathédrale de Rouen).

Octogonale à la base, la flèche de Jean Hültz élève ses six étages de tourelles ajourées qui contiennent les escaliers, et se termine par une double croix. C'est un chef-d'œuvre de grâce et de légèreté.

De cette plate-forme : belle **vue**★ sur Strasbourg, en particulier sur la vieille ville, dont les toits percés de plusieurs étages de lucarnes présentent un aspect très pittoresque, sur les faubourgs et la plaine rhénane limitée par la Forêt-Noire et les Vosges.

Flanc droit – Le flanc droit offre les beautés du **portail de l'Horloge,** le plus ancien de la cathédrale (13e s.). Il est composé de deux portes romanes accolées. Entre les deux portes, statue de Salomon, appuyée sur un socle qui rappelle son fameux Jugement. L'ensemble a été refait. Les deux côtés du portail : copies des célèbres statues de l'Église et de la Synagogue *(originaux au musée de l'Œuvre Notre-Dame).*

A gauche, l'Église, puissante et fière sous sa couronne, tient d'une main la croix et de l'autre le calice. A droite, la Synagogue s'incline, triste et lasse, essayant de retenir les débris de sa lance et les tables de la Loi qui s'échappent de ses mains. Le bandeau qui couvre ses yeux symbolise l'erreur. Par la grâce de leurs attitudes, souples et expressives, ces deux statues comptent parmi les plus séduisants chefs-d'œuvre de la sculpture française du 13e s. Dans le tympan de la porte de gauche se trouve l'admirable **Mort de la Vierge**★★ dont le peintre Delacroix, mourant, se plaisait à contempler le moulage. La figurine que Jésus tient dans sa main gauche représente l'âme de Marie.

On voit, au-dessus des deux portes, le cadran extérieur de l'horloge astronomique.

Transept – La tour actuelle de la croisée du transept a été élevée de 1874 à 1878.

Flanc gauche – Le **portail St-Laurent★**, de la fin du 15ᵉ s., restauré, a pour sujet principal le groupe du martyre de saint Laurent (refait au 19ᵉ s.). A gauche de la porte se voient les statues de la Vierge, des trois Rois mages et d'un berger ; à droite, cinq statues, dont celle de saint Laurent *(originaux au musée de l'Œuvre Notre-Dame)*.

Intérieur

La cathédrale mesure 103 m de long (Amiens, 145, N.-D. de Paris 130, St-Denis 108). La hauteur de la nef est de 32 m (Amiens 42, N.-D. de Paris 35, St-Denis 29). Les **vitraux★★★**, des 12ᵉ, 13ᵉ et 14ᵉ s., sont remarquables (500 000 éléments composant 4 600 panneaux), mais ont souffert au cours des âges. Si le soleil brille se produit un curieux phénomène : un rayon blanc (au solstice

Strasbourg – Vitraux de la cathédrale

d'hiver) ou un rayon vert (aux deux équinoxes) apparaît sur le dais de pierre qui surplombe le Christ de la chaire, dais qui est en fait le repère d'une horloge astronomique.

Nef et bas-côté droit – La nef, commencée au 13ᵉ s., comprend 7 travées. Les vitraux des fenêtres hautes datent des 13ᵉ et 14ᵉ s., ainsi que ceux des bas-côtés. Dans la nef, on prendra le temps de détailler la cinquantaine de statuettes mises en scène sur le corps hexagonal de la **chaire★★** (1), type parfait de gothique flam-

boyant, qui fut dessinée par Hans Hammer pour le prédicateur Geiler de Kaysersberg *(détails p. 230)*.

L'**orgue★★** (8) accroché en nid d'hirondelle au triforium, dans la nef, déploie sur la largeur d'une travée son superbe buffet gothique (14ᵉ s. et 15ᵉ s.) polychrome. De part et d'autre de sa tribune en pendentif ornée d'un Samson sculpté, deux statues représentent un héraut de la ville et un marchand de bretzels en costumes d'époque. Ces personnages articulés s'animaient parfois pendant les sermons pour distraire les fidèles, comme en témoigne la lettre de plainte d'un prédicateur en 1501. L'instrument actuel est moderne (1981).

La chapelle Ste-Catherine occupe les deux travées du bas-côté droit touchant au transept. On y voit une épitaphe décorée de la Mort de la Vierge (2), datée de 1480, et des vitraux du 14ᵉ s.

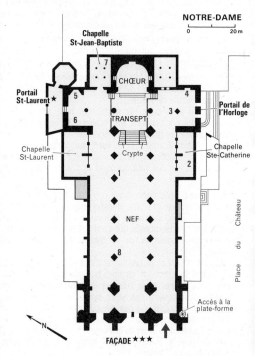

Place de la Cathédrale

Croisillon droit – Au centre se trouve le **Pilier des Anges** ou du **Jugement dernier**★★ (**3**), élevé au 13ᵉ s. Les statues qui le garnissent, disposées sur trois étages, composent un ensemble merveilleusement harmonieux. L'art gothique s'y élève à sa plus délicate perfection.

L'**Horloge astronomique** ★ ⊙ (**4**) constitue la grande curiosité populaire de la cathédrale. Œuvre du Strasbourgeois Schwilgué, elle date de 1838.

Les sept jours de la semaine sont représentés par des chars que conduisent des divinités, apparaissant dans une ouverture au-dessous du cadran : Diane le lundi, puis Mars, Mercure, Jupiter, Vénus, Saturne, Apollon.

Une série d'automates frappe deux coups tous les quarts d'heure. Le premier est donné par un des deux anges qui encadrent le cadran du «temps moyen», au centre de la Galerie aux Lions. Le deuxième est donné par un des «Quatre Âges» qui défilent devant la Mort dans la partie supérieure de l'horloge (l'Enfant frappe le premier quart, l'Adolescent le second, l'Homme le troisième, le Vieillard le quatrième). Les heures sont sonnées par la Mort. Au dernier coup, le second ange de la Galerie aux Lions retourne son sablier.

L'horloge astronomique est en retard d'une demi-heure sur l'heure normale. La sonnerie de midi a donc lieu à 12 h 30. Aussitôt, un grand défilé se produit dans la niche, au sommet de l'horloge. Les apôtres passent devant le Christ en le saluant, Jésus les bénit tandis que le coq, perché sur la tour de gauche, bat des ailes et lance trois fois son cocorico en souvenir du reniement de saint Pierre. Le moteur central de l'horloge est remonté tous les huit jours. Les indications astronomiques ont été calculées pour un temps illimité.

A gauche de l'horloge, un vitrail du 13ᵉ s. représente un gigantesque Saint Christophe. C'est le plus grand personnage de vitrail connu. Il mesure 8 m de haut.

Chœur – Les arcatures et les peintures du chœur sont modernes. Ses vitraux sont également modernes. Celui de la fenêtre axiale, représentant une Vierge à l'Enfant, est dû à Max Ingrand. Il a été posé dans l'abside en 1956, offert par le Conseil de l'Europe.

Croisillon gauche – On y verra de magnifiques fonts baptismaux (**5**) de style gothique flamboyant. En face, contre le mur, un groupe en pierre, très curieux, représente Jésus au mont des Oliviers (**6**). Commandé en 1498 pour le cimetière de l'église St-Thomas, il fut transféré à la cathédrale au 17ᵉ s.

Les vitraux des 13ᵉ et 14ᵉ s. représentent des empereurs du Saint Empire romain germanique.

Chapelle St-Jean-Baptiste et crypte – La chapelle (13ᵉ s.) contient le tombeau de l'évêque Conrad de Lichtenberg (**7**) qui fit commencer la façade. L'œuvre est attribuée à Erwin. En face, épitaphe du chanoine Busang avec la Vierge et l'Enfant, de Van Leyden. A gauche des marches donnant accès au chœur, un escalier descend dans la crypte romane (beaux chapiteaux).

★★**Tapisseries** – La cathédrale possède 14 magnifiques tapisseries du 17ᵉ s. que l'on suspend le long de la nef entre les piliers pendant l'octave de la Fête-Dieu. Commandées par le Chapitre de Notre-Dame de Paris, elles furent achetées 10 000 livres en 1739 par les chanoines de Strasbourg. Elles représentent des scènes de la vie de la Vierge, exécutées d'après les cartons de Philippe de Champaigne, Ch. Poerson et J. Stella.

★★★**LA CITÉ ANCIENNE** *visite : compter une journée*

Elle s'étend autour de la cathédrale, sur l'île formée par les deux bras de l'Ill.

★**Place de la Cathédrale** (**KZ 26**) – Elle se trouve devant la cathédrale et sur le côté Nord. A l'angle de la rue Mercière, la **pharmacie du Cerf** de 1268 (**F**) serait la plus ancienne pharmacie de France.

A gauche de la cathédrale, la **maison Kammerzell**★ (1589) (**Q**), restaurée en 1954, décorée de fresques, est un joyau de la sculpture sur bois. Seule sa porte date de 1467. Elle est occupée par un restaurant.

Place du Château – Sur cette place où sont installés le musée de l'Œuvre Notre-Dame et le musée d'Art moderne *(voir rubrique Musées)* s'élève le Palais Rohan.

★**Palais Rohan** (**KZ**) – C'est le cardinal Armand de Rohan-Soubise, prince-évêque de Strasbourg en 1704, qui fit construire ce palais. Mais le plus célèbre des Rohan devait être le fastueux Louis, coadjuteur, à 26 ans, de son oncle Constantin.

L'**Affaire du collier** – **Louis de Rohan** est un fort bel homme, mondain et prodigue. Après avoir reçu Marie-Antoinette à Strasbourg, il est envoyé en ambassade chez la mère de celle-ci, Marie-Thérèse, et la scandalise par ses mœurs immodestes. De retour en France, il se lie avec l'étrange Cagliostro qui a promis de lui fabriquer de

Palais Rohan : la chambre du Roi

l'or. Ses intrigues avec Mme de La Motte ont surtout pour but de le faire entrer en grâce auprès de la Reine qui, toujours, l'a détesté. L'aventurière lui affirme que la Reine serait heureuse d'accepter de lui un collier qu'elle désire et que le Roi trouve trop cher. Qu'il le lui offre et l'amitié de la Reine lui sera acquise.

Toujours à court d'argent, le cardinal signe des billets aux bijoutiers, tandis que Jeanne de La Motte subtilise le bijou. Les billets venus à terme, Rohan ne peut payer et le scandale éclate, éclaboussant injustement la Reine. Mme de La Motte, fouettée publiquement et marquée au fer rouge, est enfermée à la Salpêtrière. Arrêté, puis acquitté et exilé, Rohan retourne à Strasbourg. A la Révolution il refuse de prêter serment, passe le Rhin et meurt à Ettenheim en 1803.

Le palais – Construit au 18ᵉ s. sur les plans de Robert de Cotte, premier architecte du Roi, il présente, au fond de la cour d'honneur, une belle façade classique avec fronton central. Le long de la terrasse bordant l'Ill, il déploie une majestueuse **façade**, de pur style classique, ornée, sur le corps central, de colonnes corinthiennes.

Il contient les très riches musées du Palais Rohan *(voir rubrique Musées).*

Prendre la rue de Rohan puis, à droite, la petite rue des Cordiers conduisant à la charmante **place du Marché-aux-Cochons-de-Lait★ (KZ 124)** bordée de maisons anciennes dont la plus intéressante est une maison du 16ᵉ s., à galeries de bois. La place de la Grande-Boucherie, qui s'ouvre du même côté, est d'un aspect très alsacien.

Tourner à gauche dans la rue du Vieux-Marché-aux-Poissons. A droite, l'**Ancienne Douane (KZ)**, édifice reconstruit en 1965, était primitivement l'entrepôt de commerce fluvial de la ville. Elle abrite des expositions temporaires.

En face se trouvent les bâtiments de la Grande Boucherie (1586) abritant le musée historique *(voir rubrique Musées).*

Pont du Corbeau (KZ) – C'est l'ancien pont des Supplices d'où l'on plongeait dans la rivière, jusqu'à ce que mort s'ensuive, les infanticides et les parricides enfermés dans des sacs cousus ; pour les fautes moins graves, les condamnés étaient placés dans des cages de fer et trempés à l'endroit où montaient les eaux usées de la Boucherie.

Au n° 1, quai des Bateliers, une porte cochère donne accès à la Cour du Corbeau.

★Cour du Corbeau (KZ) – Cette cour pittoresque remonte au 14ᵉ s. A droite, on voit un puits de 1560. Dans la maison, hostellerie célèbre au 16ᵉ s., résidèrent quelques clients de marque : Turenne, le roi Jean-Casimir de Pologne, Frédéric II, l'empereur Joseph II.

Quai St-Nicolas (KZ) – On y remarque de belles maisons anciennes dont trois ont été transformées en musée *(Musée alsacien : voir rubrique Musées).*

Pasteur habita au n° 18 **(Y)**. Un peu plus loin, l'église St-Nicolas date du 15ᵉ s. Albert Schweitzer y fut prédicateur de 1899 à 1913.

Repasser le pont du Corbeau et prendre à gauche la rue de la Douane. Suivre ensuite le quai St-Thomas.

Église St-Thomas (JZ) ⊙ – Cette église à cinq nefs a été reconstruite à la fin du 12ᵉ s. et est devenue cathédrale luthérienne en 1529. Elle est célèbre par son **mausolée du maréchal de Saxe**★★, l'une des œuvres maîtresses de Pigalle, du 18ᵉ s. Maurice de Saxe fut inhumé en 1777. La France en larmes, tenant le maréchal par la main, s'efforce d'écarter la Mort qui soulève le couvercle du tombeau. La Force, symbolisée par Hercule, s'abandonne à sa douleur, tandis que l'Amour pleure, éteignant son flambeau. A gauche, un lion (la Hollande), un léopard (l'Angleterre), un aigle (l'Autriche) sont rejetés vaincus sur des drapeaux froissés.

Dans une petite chapelle se trouve le tombeau de l'**évêque Adeloch** (12ᵉ s.). Orgues de Silbermann (18ᵉ s.).

Par la rue de la Monnaie, gagner le pont St-Martin.

Ce pont offre une **vue**★ plaisante sur le Bain-aux-Plantes.

La rivière se divise à cet endroit en quatre bras (on voit encore des moulins à eau, des barrages et des écluses).

Prendre la rue des Dentelles (remarquer le nᵒ 12 du 18ᵉ s. et le nᵒ 10 du 16ᵉ s.). On atteint la place Benjamin-Zix, puis le quai où s'ouvre la rue du Bain-aux-Plantes.

★★**La Petite France** (HZ) – C'est un des coins les plus curieux et les mieux conservés du vieux Strasbourg, avec ses maisons qui se reflètent dans l'eau du canal. Au jour finissant, tout cet ensemble est d'un charme prenant. C'était autrefois le quartier des pêcheurs, des tanneurs, des meuniers.

STRASBOURG PRATIQUE

Pour connaître le programme des théâtres, concerts, conférences, expositions, manifestations sportives... se procurer la brochure « Strasbourg actualités » qui paraît chaque mois ou l'« Hebdoscope » (7 F), hebdomadaire sur les arts et les spectacles.

Se déplacer

25 lignes d'autobus et 1 ligne de tramway (de 4 h 30 à 0 h 30) desservant 18 stations permettent de se déplacer rapidement dans l'agglomération strasbourgeoise. Le ticket, acheté à l'unité, par 5 ou 10, est valable pendant 1 h pour un trajet bus ou tram simple ou en correspondance. Pour la journée, le tourpass (19 F) est un ticket valable 24 h pour un nombre illimité de voyages. 3 parkings (Rotonde, Étoile et Baggersee) donnent directement accès au tramway. Il est possible d'embarquer son vélo par la porte arrière dans le tram, sauf entre 7 h et 9 h et en cas d'affluence.

Visiter

L'Office de tourisme propose le Strasbourg Pass (50 F) donnant droit à plusieurs visites gratuites et d'autres à demi-tarif ; durée de validité : 3 jours ; en vente dans les bureaux d'accueil de l'Office de tourisme et chez les hôteliers.

Des visites guidées de la ville à pied selon différents thèmes sont organisées tous les samedis à 14 h 30 d'avril à juin et de septembre à décembre ; pour juillet, août et décembre, se procurer le dépliant ou se renseigner à l'Office de tourisme. Visite commentée du Vieux Strasbourg en mini-train (durée : 50 mn), de fin mars à début novembre, départ place de la Cathédrale, toutes les demi-heures.

L'Association « Taxi 13 » propose un circuit (1 h environ) commenté. Se renseigner, ☎ 03 88 75 19 19.

Marchés

Les marchés sont ouverts en général de 7 h à 13 h. Marché traditionnel le mercredi et le vendredi place Broglie et quai de Turckeim, le mardi et le samedi boulevard de la Marne, le mercredi rue de Zurich ; marché de producteurs, le samedi, place du Marché-aux-Poissons ; marché aux puces et brocante *(de 9 h à 18 h)*, le mercredi et le samedi, rue du Vieil-Hôpital et place de la Grande-Boucherie ; marché aux livres *(de 9 h à 18 h)*, le mercredi et le samedi, place et rue Gutenberg ; marché de Noël, voir le chapitre des Principales manifestations.

Manifestations

Spectacles folkloriques dans la cour du palais Rohan de début juin à fin août tous les dimanches à 10 h 30 et certains soirs (consulter la presse locale) ; festival de musique (juin), festival de jazz (juillet), Musica, festival des musiques d'aujourd'hui (fin septembre à début octobre).

Se restaurer dans les Winstubs

Pour déguster les vins et les plats régionaux dans une ambiance alsacienne, Zum Strissel, 5, place de la Grande-Boucherie ; S'burjerstuewel (chez Yvonne), 10, rue Sanglier ; Le Clou, 3, rue Chaudron ; la Petite Mairie, 8, rue Brûlée ; Muensterstuebel, 8, place du Marché-aux-Cochons-de-Lait.

La Petite France

La **rue du Bain-aux-Plantes★★** a été pendant des siècles le quartier de la corporation des tanneurs. Elle est bordée de vieilles maisons de la Renaissance alsacienne (16ᵉ et 17ᵉ s.) à encorbellements, pans de bois, galeries et pignons. Remarquer : à gauche, au n° 42, la maison des tanneurs (Gerwerstub) de 1572, au bord du canal ; à droite, à l'angle de la rue du Fossé-des-Tanneurs et de la rue des Cheveux extraordinairement étroite, le n° 33 ; ainsi que les nᵒˢ 31, 27 et le n° 25, de 1651.

★**Ponts Couverts** (HZ) – C'est une enfilade de trois ponts enjambant les bras de l'Ill, gardés chacun par une tour carrée et massive, reste des anciens remparts du 14ᵉ s. Ces trois tours étaient autrefois reliées par des ponts de bois couverts. La quatrième, la tour du Bourreau, au bout du quai Turckheim, faisait également partie de l'enceinte fortifiée de la cité.

Entre le dernier de ces ponts et la dernière tour, prendre à droite le quai de l'Ill, seul accès pour monter à la terrasse du barrage Vauban.

Barrage Vauban (HZ) ⊘ – De la terrasse panoramique (table d'orientation ; longue-vue) aménagée sur toute la longueur du pont-casemate, dit «barrage Vauban» (reste de l'enceinte de Vauban), qui barre entièrement le cours de l'Ill, on découvre un saisissant **panorama★★** sur les Ponts Couverts et leurs quatre tours au premier plan, le quartier de la Petite France et ses canaux en arrière, la cathédrale à droite. Le rez-de-chaussée du barrage Vauban abrite une exposition lapidaire : statues et fragments d'architecture des églises de la ville.

Traverser à nouveau les Ponts Couverts. Prendre le quai de la Petite-France, longeant le canal de navigation, qui offre un **coup d'œil★** romantique sur les vieilles maisons qui se reflètent dans l'eau.

Franchir le pont du Faisan. Tourner à droite dans la rue du Bain-aux-Plantes, puis à gauche dans la rue du Fossé-des-Tanneurs.

Prendre à droite la Grand'Rue bordée de maisons du 16ᵉ au 18ᵉ s., puis la rue Gutenberg jusqu'à la place du même nom.

Sur la **place Gutenberg** s'élèvent l'**hôtel de la Chambre de Commerce** (KZ C), belle construction de la Renaissance, et la statue de Gutenberg, œuvre de David d'Angers.

Au n° 52 de la rue du Vieux-Marché-aux-Poissons (direction Sud), on aperçoit la maison natale de Jean Arp.

La rue Mercière ramène à la place de la Cathédrale.

MUSÉES

Musées du Palais Rohan ⊘ – *Accès au fond de la cour à gauche.*
Cet ensemble restauré, d'une rare valeur artistique, présente, dans les grands appartements des cardinaux de Rohan, une importante partie de leur mobilier et de leurs collections.

★★**Musée des Arts décoratifs** – Au rez-de-chaussée et dans la partie droite *(aile des écuries et pavillons Hans-Hang)*. Les **grands Appartements** comptent parmi les plus beaux intérieurs français du 18ᵉ s. Ils ont servi de demeure aux princes-évêques, à Louis XV en 1744, à Marie-Antoinette en 1770, à Napoléon Ier en 1805, 1806. La salle du Synode, la chambre du Roi, le salon d'assemblée, la bibliothèque des cardinaux, le salon du matin et la chambre de l'Empereur sont particulièrement remarquables par leur décor, leur mobilier d'apparat, leurs tapisseries (tenture de Constantin d'après Rubens, vers 1625) et leurs tableaux du 18e s.

Consacré aux **arts et à l'artisanat de Strasbourg et de l'Est de la France**, depuis la fin du 17e s. jusqu'au milieu du 19e s., ce secteur comporte notamment la célèbre **collection de céramiques**★★, l'une des plus importantes de France. Celle-ci groupe essentiellement les faïences et porcelaines de la manufacture de Strasbourg et Haguenau, fondée et dirigée par la famille **Hannong** de 1721 à 1781, ainsi que de celle de Niderviller, fondée en 1748 par le baron de Beyerlé, directeur de la Monnaie royale de Strasbourg. Ces deux fabriques comptent parmi les plus prestigieuses manufactures françaises de faïences et de porcelaines.

On admirera les pièces de la période « bleue », celles au décor polychrome « de transition », les terrines en forme d'animaux ou de végétaux et surtout ces magnifiques décorations florales aux pourpres dominants qui vont inspirer après 1750 maintes faïenceries d'Europe.

Belles pièces strasbourgeoises d'orfèvrerie, de poterie d'étain, de ferronnerie, d'horlogerie (éléments décoratifs de l'horloge astronomique de la cathédrale, dont le coq automate du 14e s.), armoires, buffets et sièges des menuisiers locaux, peinture et sculpture alsaciennes.

Musée des Arts décoratifs

Plat oblong à décor de fines fleurs par P. Hannong

★**Musée des Beaux-Arts** – *Au 1er et au 2e étage du corps de logis principal.* Il abrite une intéressante collection de tableaux, du Moyen Âge au 18e s. essentiellement.

La **peinture italienne** (primitifs et peintres de la Renaissance) y est particulièrement bien représentée : parmi de nombreux tableaux de maîtres, on remarquera un *Ange d'Annonciation* de Filippino Lippi, une *Vierge à l'Enfant avec saint Jean-Baptiste* de Piero di Cosimo, une juvénile *Vierge à l'Enfant* de Botticelli, de Cima da Conegliano un magnifique *Saint Sébastien* et l'un des premiers tableaux du Corrège, *Judith et la servante*.

Quelques tableaux illustrent l'école espagnole, parmi lesquels des œuvres de Zurbarán, Murillo, Goya, et surtout une célèbre *Vierge de douleur* par le Greco.

L'**école des anciens Pays-Bas** du 15e au 17e s. occupe aussi une place de choix : signalons plus particulièrement un très beau *Christ de pitié* par Simon Marmion, les *Fiancés* par Lucas de Leyde, plusieurs tableaux de Rubens *(Christ en gloire* et *Visitation),* un *Saint Jean* (portrait de l'artiste) et un portrait de femme, de Van Dyck, le *Départ pour la promenade* par Pieter de Hooch.

Parmi les toiles représentant des noms des écoles française et alsacienne du 17e au 19e s., on retiendra celle de *La Belle Strasbourgeoise* par N. de Largillière (1703). Autre richesse du musée : une importante collection de **natures mortes**, du 16e au 18e s., dont le très célèbre **Bouquet de fleurs** de Brueghel de Velours.

Remarquer également le *Portrait de Richelieu* de Philippe de Champaigne, acquis récemment par le musée.

★★**Musée archéologique** – *Au sous-sol.* Il abrite des collections d'archéologie régionale couvrant l'histoire de l'Alsace de 600 000 ans avant J.-C à 800 après J.-C.

Outre les découvertes paléolithiques d'Achenheim, la section de préhistoire comporte des collections néolithiques illustrant la vie des premiers agriculteurs implantés en Alsace dès 5500 avant J.-C.

Les civilisations de l'Âge du Bronze puis du Fer ont laissé, elles aussi, de nombreux témoignages : céramiques, armes et outils, objets de parure, vaisselles d'apparat importées de Grèce ou d'Italie, char funéraire d'Ohnenheim.

La section romaine est remarquable par ses collections lapidaires et épigraphiques (sculpture votive et funéraire) et par un bel ensemble de verreries, associés à de très nombreux objets de la vie quotidienne des Gallo-Romains. Vestiges du sanctuaire du Donon.

L'époque mérovingienne est illustrée par des armes et des bijoux ainsi que quelques pièces insignes, tels le casque de Baldenheim ou les phalères décorées d'Ittenheim.

★★**Musée alsacien** (KZ M³) ◷ – Ce musée d'art populaire, installé dans trois maisons des 16ᵉ et 17ᵉ s., dont une maison patricienne, contribue à faire connaître au touriste le passé, les coutumes et les traditions de l'Alsace. Empruntant le dédale des escaliers et galeries de bois des cours intérieures, le parcours permet de découvrir une multitude de petites salles pleines de cachet. On y admire des collections de costumes, d'imagerie, de jouets anciens, de masques «cracheurs» de farine provenant des moulins, mais surtout des restitutions d'intérieurs anciens tels que le laboratoire de l'apothicaire alchimiste et des chambres à boiseries, avec leurs lits clos, leurs meubles en bois peint et des poêles monumentaux. Des salles sont spécialement consacrées à la viticulture, à l'agriculture, à la corderie, à l'imagerie religieuse (protestante et catholique), au culte judaïque, enfin aux souvenirs de Jean-Frédéric Oberlin (détails p. 70).

Musée alsacien

★★**Musée de l'Œuvre Notre-Dame** (KZ M¹) ◷ – *La visite de ce musée est le complément indispensable de la visite de la cathédrale.*
Consacré à l'art alsacien du Moyen Âge et de la Renaissance, le musée présente ses collections dans les deux ailes de la Maison de l'Œuvre datant de 1347 et de 1578-1585,
ainsi que dans l'ancienne hôtellerie du Cerf (14ᵉ s.) et dans une petite maison du 17ᵉ s., groupées autour de quatre petites cours : cour de l'Œuvre, cour de la Boulangerie, cour des Maréchaux et cour du Cerf, cette dernière aménagée en jardinet médiéval.

La maison de l'Œuvre a joué un rôle important dans l'histoire de la cathédrale (détails p. 230). Le bombardement aérien du 11 août 1944 détruisit en partie l'aile de 1347.

Le vestibule, qui présente des sculptures préromanes, donne accès aux salles de sculpture romane et à la salle des vitraux (12ᵉ et 13ᵉ s.) provenant en partie de la cathédrale romane ; on y voit le cloître des bénédictines d'Eschau (12ᵉ s.) et la célèbre **Tête de Christ**★★ de Wissembourg, le plus ancien vitrail figuratif connu (vers 1070).

De là, on traverse la cour de l'Œuvre, à l'ornementation mi-flamboyante, mi-Renaissance. On pénètre ensuite dans l'ancienne salle de séance de la Loge des maçons et tailleurs de pierre, dont les boiseries et le plafond datent de 1582, où sont présentées les statues du portail St-Laurent de la cathédrale. A la suite, la grande salle de l'hôtellerie du Cerf montre l'œuvre des ateliers qui se sont succédé au 13ᵉ s. sur le chantier de la cathédrale (statues provenant du portail Sud et des portails de la façade occidentale dont l'«Église» et la «Synagogue», les Vierges Sages, les Vierges Folles, le Tentateur).

Visiter le jardinet de la cour du Cerf où sont disposés des carrés de plantes potagères, médicinales et d'ornement. L'ensemble restitue l'environnement du jardin «Paradisgärtlein», représenté dans la peinture et la gravure alsaciennes du Moyen Âge.

Emprunter le bel escalier en chêne du 18ᵉ s. qui dessert de petites salles où sont exposées des gravures du 17ᵉ s., figurant des états anciens de la cathédrale et les célèbres dessins d'architecture sur parchemin qui permettent de connaître les intentions primitives des architectes ayant élevé du 13e au 15e s. la façade et la flèche de la cathédrale. Des paliers, belle vue sur les galeries de bois sculpté de la Cour des Maréchaux. Au 1er étage, importante collection d'orfèvrerie strasbourgeoise du 15e au 17e s.

Le 2e étage est consacré à l'évolution de l'art alsacien au 15e s. ; à gauche, vitraux ; à droite, dans des salles à boiseries et plafonds de l'époque, sculptures et **peintures**★★ de l'école alsacienne : Conrad Witz et primitifs alsaciens, Nicolas de Leyde.

Le visiteur redescend au 1er étage par le bel escalier à vis de 1580 qui donne accès aux salles des 16e et 17e s.

Dans l'aile Renaissance : salle consacrée à **Hans Baldung Grien** (1484-1545) : élève de Dürer, ce peintre et dessinateur est le principal représentant de la Renaissance à Strasbourg ; ancienne salle de séances des administrateurs de l'Œuvre (belle boiserie et plafond Renaissance) ; salle des archives.

L'aile Est présente du mobilier alsacien et rhénan et la sculpture des 16e et 17e s ; collection de natures mortes du 17e s., de **Sébastien Stoskopff** (1597-1657) en particulier ; miniatures, intérieurs et costumes strasbourgeois du 17e s., verreries.

★**Musée d'Art moderne** (KZ M⁴) ⊙ – *Au n° 5, place du Château. Accès dans la cour, à droite.*

Il présente des peintures, sculptures et objets d'art décoratif, de l'impressionnisme à l'art actuel. Les œuvres exposées illustrent les révolutions successives qui, des peintures du maître de l'Académisme, William Bouguereau, aux œuvres abstraites de Baumeister, Hartung, Poliakoff ou Bryen ont marqué l'histoire de l'art moderne. Une salle consacrée à l'impressionnisme (Renoir, Sisley, Monet...) précède l'évocation du post-impressionnisme (Gauguin, Vuillard) et du symbolisme dominé par *La Plénitude* de Gustav Klimt.

Le mobilier et les grandes compositions en marqueterie de **Charles Spindler**, les sculptures de François-Rupert Carabin, Ringel d'Illzach et Bugatti et des vitraux réalisés au début de siècle à Strasbourg témoignent du renouvellement de l'art et des arts décoratifs en Alsace, autour de 1900. Des projets de Sophie Taeuber-Arp, accompagnés d'un ensemble de vitraux, faits en collaboration avec Théo Van Doesburg, font revivre les décors intérieurs « constructivistes » (1626-1928) de l'Aubette, bâtiment du 18e s. situé place Kléber. Une salle est consacrée à l'un des créateurs du mouvement Dada, **Jean Arp** (1856-1966). Le surréalisme est présent à travers les peintures de Victor Brauner et quelques pièces majeures de Max Ernst. L'art contemporain est représenté par des ensembles d'œuvres liées aux mouvements du Nouveau Réalisme, de la Nouvelle Figuration, de Supports-Surfaces ou des « Neue Wilden » allemands. Des œuvres de personnalités marquantes de l'art contemporain européen (Beuys, Vostell, Baselitz, Penck, Penone...) permettent de confronter art allemand, art français et Arte Povera italien.

L'art à partir de 1960 est renouvelé périodiquement, en raison de l'espace exigu.

★**Musée historique** (KZ M²) ⊙ – Ce musée est installé dans les bâtiments de la Grande Boucherie (du 15e s.). La section d'art militaire qu'il abrite constitue une des premières collections publiques d'armes et d'uniformes, en France, après celle du musée de l'Armée aux Invalides.

Des canons du 17e au 19e s. provenant de la fonderie royale, des armures, 200 uniformes avec états de service de ceux qui les ont portés, tous alsaciens, des armes anciennes du 17e s. sont à remarquer, sans oublier la collection de petits soldats découpés et peints, en carton, spécialité de Strasbourg depuis l'Ancien Régime.

Dans la section de topographie et d'urbanisme on verra, entre autres maquettes, dessins, gravures, etc., évoquant le vieux Strasbourg, un plan-relief de 1727 provenant des collections royales créées par Vauban et Louvois.

La section purement historique contient des documents et des objets se rattachant à l'histoire de la ville.

Musée zoologique de l'université et de la ville (BV M⁵) ⊙ – Installé sur deux étages en partie rénovés, ce musée présente la faune mondiale et régionale, en évoquant certains milieux naturels : les régions froides, les Andes, la savane, l'Alsace... De très riches collections d'oiseaux naturalisés et d'insectes sont exposées. Des expositions permanentes ou temporaires (deux par an) présentent la biologie et l'écologie.

AUTRES CURIOSITÉS

Église St-Guillaume (LZ) ⊙ – Sa construction s'échelonna de 1300 à 1307. De beaux vitraux (1465) dus à Pierre d'Andlau éclairent la nef. Mais c'est le tombeau double (14e s.) à étage, des frères de Werd, qui fait la curiosité de l'église ; sur la dalle inférieure, Philippe en habit de chanoine ; au-dessus, sur deux lions, comme suspendu, Ulrich en habit de chevalier.

Église St-Pierre-le-Vieux (HYZ) – C'est un ensemble de deux églises juxtaposées : l'une catholique, l'autre protestante. Dans le transept gauche de l'église catholique (reconstruite en 1866), panneaux en bois sculpté (16e s.), œuvres de Veit Wagner, montrant des scènes de la vie de saint Pierre et de saint Valère. Au fond du chœur,

scènes★ de la Passion (fin 15ᵉ-début 16ᵉ s.) attribuées au peintre strasbourgeois Henri Lutzelmann. Dans le bras droit du transept, **panneaux peints★** de l'école de Schongauer (15ᵉ s.) sur le thème de la Résurrection et des apparitions du Christ. *Pour mieux voir ces œuvres, allumer (interrupteur à gauche).*

Église St-Pierre-le-Jeune (JY) ⊘ – Trois églises furent construites au même endroit. De celle du 7ᵉ s., il reste un caveau avec cinq niches funéraires attribué plus récemment à la fin de l'époque romaine (4ᵉ s.), et de l'église de 1031 un très joli petit cloître, restauré (mais la galerie Est date du 14ᵉ s.). Servant au culte protestant, l'église actuelle, fortement restaurée vers 1900, remonte à la fin du 13ᵉ s. A l'intérieur, beau **jubé** gothique, orné de peintures de 1620 ; orgues datant de 1780. Dans la chapelle de la Trinité, fonts baptismaux de Hans Hammer (1491). Boiseries du chœur et chaire du 18ᵉ s.

Rue du Dôme (KY) – Elle est bordée de beaux hôtels du 18ᵉ s.

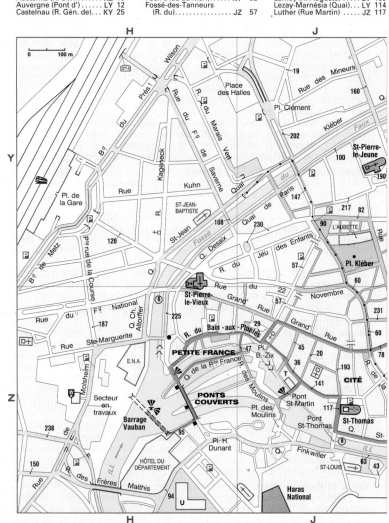

Place Kléber (JY) – C'est la plus célèbre place de Strasbourg. Elle est bordée au Nord par « l'Aubette », bâtiment du 18ᵉ s. ainsi nommé parce que, à l'aube, les corps de la garnison venaient y chercher les ordres.

Au centre de la place s'élève la statue de Kléber, édifiée en 1840 et sous laquelle reposent les restes du héros. Né à Strasbourg en 1753, assassiné au Caire en 1800, Kléber est l'un des plus glorieux enfants de la cité. Le socle de la statue, illustré de deux bas-reliefs qui représentent ses victoires d'Altenkirchen et d'Héliopolis, énumère ses titres de gloire.

Place Broglie (KY) – C'est un long rectangle planté d'arbres, ouvert au 18ᵉ s. par le maréchal de Broglie, gouverneur d'Alsace. A droite se dresse l'**hôtel de ville★** du 18ᵉ s., élevé par Massol, ancien hôtel des comtes de Hanau-Lichtenberg, puis des Landgraves de Hesse-Darmstadt. Au fond, le théâtre municipal est orné de colonnes et de muses sculptées par Ohmacht (1820). Devant le théâtre a été érigé le monument du maréchal Leclerc, libérateur de Strasbourg *(voir p. 229)*.

C	Hôtel de la Chambre de commerce
F	Pharmacie du Cerf
H	Hôtel de Ville
M¹	Musée de l'Œuvre Notre-Dame
M²	Musée historique
M³	Musée alsacien
M⁴	Musée d'Art moderne
Q	Maison Kammerzell
Y	Maison de Pasteur

A droite, le quai est bordé par la majestueuse **façade** de la résidence du préfet (1736), ancien **hôtel de Klinglin** («prêteur royal»), qui donne aussi sur la rue Brûlée (n° 19 : beau portail). Au n° 4 de la place est né, en 1858, le missionnaire **Charles de Foucauld**, assassiné au Sahara en 1916.

Le quartier avoisinant la place Broglie (rue des Pucelles, du Dôme, des Juifs, de l'Arc-en-Ciel) était habité par la haute noblesse et la grande bourgeoisie. On y admire plusieurs hôtels du 18e s., surtout rue Brûlée, l'ancien **hôtel des Deux-Ponts** (1754) (**KY**) au n° 13, l'évêché (**KY**) au n° 16, et au n° 9 l'entrée secondaire de l'hôtel de ville. De l'autre côté de la place, rue de la Nuée-Bleue, au n° 25 hôtel d'Andlau (**KY**), de 1732.

Les quartiers du 19e s. – *Visite en auto. Partir de la place Broglie. Au fond de la place, traverser le fossé du Faux-Rempart.*

Après 1870, les Allemands ont élevé un grand nombre d'édifices publics aux proportions monumentales, d'une architecture souvent gothico-Renaissance. Tout un ensemble, au Nord-Est de la ville ancienne, englobant l'Université et l'Orangerie, a été construit dans l'intention d'y déplacer le centre de la ville. Ces quartiers aux larges artères restent de nos jours un exemple rare d'architecture prussienne.

Place de la République (**KY**) – C'est un vaste carré dont la partie centrale a été aménagée en jardin circulaire, planté d'arbres, au centre duquel s'élève le monument aux morts dû au sculpteur Drivier (1936) ; à gauche se dresse le **Palais du Rhin**, ancien palais impérial (1883 à 1888) ; à droite, le Théâtre national occupant l'ancien palais du Landtag d'Alsace-Lorraine et la Bibliothèque nationale.

Prendre, à droite, l'avenue de la Marseillaise. Franchir le Pont-Royal. Tourner à gauche, quai du Maire-Dietrich.

Sur la gauche, au confluent de l'Aar et de l'Ill, se dresse dans un joli site l'église protestante St-Paul, construite au 19e s. dans le style néo-gothique.

Place de l'Université (**ABV 226**) – Belle place ornée de parterres et de fontaines. A l'entrée des jardins, statue de Goethe *(voir p. 227)*. Le palais de l'Université a été édifié en 1885 dans le style de la Renaissance italienne. L'allée de la Robertsau conduit à l'**Orangerie** *(voir p. 243)*.

Contades (**AV**) – Ce parc, situé au Nord de la place de la République, porte le nom du maréchal gouverneur de l'Alsace *(voir p. 228)* qui le fit réaliser. En bordure du parc s'élève la **synagogue de la Paix**, construite en 1955 pour remplacer l'ancienne détruite en 1940.

★**Palais de l'Europe** (**BV**) ⊙ – *Quitter le centre-ville par le quai des Pêcheurs* (**LY**). *Entrée allée Spach.* Siège du **Conseil de l'Europe**, il en abrite le Comité des ministres, l'Assemblée consultative et le Secrétariat international. Il accueille en outre les sessions du **Parlement européen**. Les nouveaux bâtiments furent qualifiés, lors de leur inauguration en janvier 1977, de «Maison de la promesse». Œuvre de l'architecte français Henri Bernard, ils allient une harmonieuse simplicité à une apparence résolument moderne.

Strasbourg – Conseil de l'Europe

A l'intérieur, le palais comprend environ 1 350 bureaux, des salles de réunion pour les différentes commissions et comités, une bibliothèque et un hémicycle qui est le plus vaste d'Europe. Le plafond de ce dernier est soutenu par un audacieux éventail de 12 nervures de bois, fichées dans le sol derrière la tribune de présidence, symbolique faisceau dont le motif est repris dans le solennel hall d'entrée du palais. Non loin de là, aux bords de l'Ill, vient d'être construit, par l'architecte Richard Rogers, le nouveau **Palais des Droits de l'Homme**, qui abrite la Cour et la Commission des Droits de l'homme relevant du Conseil de l'Europe.

*Orangerie (BV) – *Quitter le centre-ville par le quai des Pêcheurs.*
Très beau parc dessiné par Le Nôtre en 1692 et aménagé en 1804 en vue du séjour de l'impératrice Joséphine. Le pavillon Joséphine (1805), incendié en 1968 et reconstruit, sert aux expositions temporaires, aux représentations théâtrales et aux concerts.
Donnant sur le lac, le **restaurant Buerehiesel** est une vieille ferme alsacienne à pans de bois sculptés (1607).

Maison de la Télévision FR3-Alsace (AV D) – Construite en 1961. Sur la façade concave de l'auditorium, composition monumentale (30 × 6 m), sur céramique, de Lurçat, symbolisant la création du monde.

Haras national ☉ – Il est situé à proximité du quartier de la Petite France, dans un bel ensemble architectural en grès rose des 17e et 18e s. Ancien hospice pour voyageurs (1360), transformé et agrandi en hôtel particulier, l'édifice fut converti en Haras royal par Louis XV en 1763. Ses écuries abritent une trentaine d'étalons de race : arabe, pur-sang anglais, anglo-arabe, selle français, poney français de selle, poney Connemara, trait ardennais et trait comtois. Les étalons sont répartis pendant la saison de monte *(de mi-mars à mi-juillet)* dans les différentes stations des haras.

*Promenades en vedette sur l'Ill (KZ) ☉ – Départ de l'embarcadère du Palais Rohan : promenade dans la Petite France avec passage devant le barrage Vauban puis sur le fossé du Faux Rempart jusqu'au Palais de l'Europe.

Promenades en avion aux abords de Strasbourg ☉ – *Survol de la banlieue.*

LE PORT AUTONOME

Situé à l'un des principaux points de jonction des grandes voies de communication qui unissent les diverses parties de l'Europe, le port de Strasbourg est le 2e port fluvial de France, après Paris, et se classe parmi les premiers ports rhénans. Il constitue pour la région de l'Est l'équivalent d'un grand port maritime grâce aux qualités de navigabilité exceptionnelles du Rhin (aujourd'hui canalisé entre Bâle et Iffezheim) comparable à un bras de mer international de 800 km de longueur. Les avantages de cette situation géographique sont renforcés par le réseau des voies fluviales, ferrées et routières qui mettent l'arrière-pays en communication avec l'Europe occidentale et centrale.

Son équipement – Couvrant avec 15 bassins et 2 avant-ports une surface en eau de 205 ha bordée de 37 km de rives, le port dispose de 552 ha de terrains à usage commercial ou industriel, de 5 ha de chantiers charbonniers, de très nombreux entrepôts à marchandises diverses et d'installations de stockage importantes pour les céréales et les hydrocarbures. Les principaux secteurs d'activité concernent : les combustibles, liquides et solides, le bois, les produits agricoles et l'alimentation, la chimie, la métallurgie et la mécanique, le bâtiment et les travaux publics, les transports et la distribution, etc.
Le port est desservi par un réseau ferré de 154 km et routier de 34 km. Il est équipé d'une centaine d'engins de manutention traditionnels et d'un équipement spécialisé pour les charges lourdes jusqu'à 350 t, ainsi que pour le transbsordement des conteneurs. Strasbourg est le premier port fluvial français pour le trafic des conteneurs, grâce à des lignes régulières hebdomadaires reliant son terminal aux ports de la mer du Nord en 48 h. Autre activité importante : le trafic des céréales et autres denrées alimentaires/fourrages (700 000 t par an), ainsi que celui des produits pétroliers, son bassin aux Pétroles pouvant accueillir notamment toute la production de la raffinerie alsacienne (Cie Rhénane de raffinage), elle-même alimentée en brut par le pipe-line sud-européen.
Enfin, sur une surface actuelle de 50 ha (avec possibilité d'extension à 110 ha), se déploient les installations du centre Eurofret-Strasbourg (155 000 m^2 d'entrepôts couverts), vaste plate-forme logistique desservie par eau, fer et route.

Son activité – Base de la flotte rhénane française, centre d'importation, d'exportation, de stockage et de transit de la France de l'Est, le port de Strasbourg est fréquenté par une flotte internationale allant de la péniche de 280 t à l'automoteur de plus de 2 000 t, ainsi que par des convois poussés qui groupent selon les secteurs 2 à 4 barges de 1 500 à 3 000 t chacune (2 à 6 barges sur le Rhin inférieur).

Son trafic rhénan annuel moyen de l'ordre de 10 millions de tonnes allie le trafic traditionnel de marchandises en vrac et celui de marchandises conditionnées en palettes, conteneurs, caisses, etc. Ce trafic s'exerce avec tous les pays riverains du fleuve et la Belgique, mais, par son origine ou sa destination, il concerne pratiquement le monde entier.

Vue d'ensemble et excursion au bord du Rhin – *Circuit de 25 km – environ 1 h1/4.*

Il offre les points de vue les plus intéressants sur le Rhin et les installations portuaires. Suivre la route du Rhin (N 4) au départ du pont d'Austerlitz. Peu avant le pont Vauban, emprunter à droite la rue du Havre qui est parallèle au Bassin René-Graff. Dans son prolongement, la rue de La Rochelle conduit à la zone Sud, partie la plus moderne du port avec les trois Bassins Auguste-Detœuf (centre céréalier), Gaston-Haelling, Adrien-Weirich (conteneurs et colis lourds) et la darse IV. Entre ces deux derniers bassins est implanté le centre Eurofret-Strasbourg *(accès par les rues de Rheinfeld et de Bayonne)*. Rebrousser chemin par la rue de La Rochelle et la rue du Havre.

A l'extrémité de cette dernière, bifurquer à droite et traverser le pont Vauban qui franchit le Bassin Vauban. L'avenue du Pont-de-l'Europe conduit au bord du Rhin. Le fleuve, large à cet endroit de 250 m, est enjambé par le **pont de l'Europe** (**BX**) (1960) constitué par deux arcs métalliques, qui relie Strasbourg à Kehl en Allemagne. Celui-ci remplace le fameux pont métallique dit «de Kehl» (1861) détruit pendant la guerre et qui avait lui-même succédé à l'antique pont de bateaux.

Rebrousser chemin à nouveau et obliquer sur la droite pour prendre la rue Coulaux, puis la rue du Port-du-Rhin (vue sur le Bassin du Commerce).

Du **pont d'Anvers** (**BV**), on voit : sur la gauche, l'entrée du grand Bassin Vauban et le bassin Dusuzeau (gare fluviale) ; sur la droite, le Bassin des Remparts. Franchir le pont et tourner, à droite, dans la rue du Général-Picquart qui longe le Bassin des Remparts, où est amarré le « Naviscope », ancien pousseur rhénan transformé en **musée du Rhin et de la Navigation** ⊙. Prendre ensuite la rue Boussingault, pour passer le pont sur le canal de la Marne au Rhin. Suivre à droite le quai Jacoutot longeant le canal.

Du **pont Jean-Millot** (**BV 96**), à l'entrée du Bassin Albert-Auberger, la vue embrasse le Rhin à gauche et l'entrée Nord du port. Dans l'avant-port Nord débouchent le canal de la Marne au Rhin, les Bassins Louis-Armand, du Commerce et de l'Industrie.

★**Visite du port** ⊙ – Visite des installations portuaires et promenade sur le Rhin avec éclusage à la chute de Strasbourg.

Le STRUTHOF

Cartes Michelin n⁰ˢ 87 pli 15 ou 242 pli 23 – Schéma p. 108

Les cinq derniers kilomètres de la route qui, de Rothau, monte au camp furent construits par les détenus.

Au cours de la dernière guerre, les Nazis créèrent ici un «camp de la mort». Les immenses gradins sur lesquels les baraques s'étageaient furent également construits par les détenus, montant les matériaux à dos d'homme, du fond de la vallée ; environ 10 000 d'entre eux périrent à cette tâche. Le camp reçut des convois divers provenant de tous les pays occupés. Les convois « NN » (Nacht und Nebel : Nuit et Brouillard), qui comptaient beaucoup de Français, étaient destinés à l'extermination.

Ancien camp de concentration ⊙ – Des aménagements du camp, on a conservé la double enceinte de fils de fer barbelés, la grande porte d'entrée, le four crématoire, les cellules des déportés, deux baraques (un dortoir et l'ancienne cuisine) transformées en musée.

Cimetière et mémorial – *En bordure de la D 130.*

La nécropole, aménagée au-dessus du camp, abrite les restes de 1 120 déportés. Devant elle se dresse le monument commémoratif, sorte d'immense colonne tronquée, évidée, portant gravée en creux à l'intérieur une silhouette géante de déporté.

Le socle renferme le corps d'un déporté inconnu français.

Le SUNDGAU ★

Cartes Michelin n°s 87 plis 9, 10, 19, 20 ou 243 plis 11, 12

Partie la plus méridionale de l'Alsace, et confinant à l'avant-pays jurassien, le Sundgau, ou Pays du Sud, s'étend, du Nord au Sud, entre la région mulhousienne et la frontière suisse, de l'Ouest à l'Est entre la vallée de la Largue et celle du Rhin. Son relief s'élève doucement du Nord-Ouest vers le Sud-Est jusqu'à des altitudes pouvant dépasser 800 m dans les chaînons calcaires qui prolongent le Jura suisse. Découpé en bandes longues et étroites par les affluents de l'Ill supérieure, c'est un pays bien individualisé, aux collines et falaises calcaires couronnées de forêts de hêtres et de sapins, aux vals parsemés de très nombreux étangs – qui ont valu à la gastronomie régionale sa spécialité de carpe frite –, de pâturages et de riches cultures autour de fermes fleuries. Les habitations sont couvertes de vastes toits descendant très bas, souvent à colombage garni de crépi ocre ou couleur terre, certaines aux murs bardés de planches. Altkirch est la seule ville de quelque importance, mais de nombreux et prospères villages bordent les cours d'eau ou s'échelonnent sur de riants coteaux.

CIRCUIT AU DÉPART D'ALTKIRCH

117 km – compter une demi-journée

On pourra greffer sur cet itinéraire d'agréables promenades pédestres, particulièrement dans le Sud du pays, le « Jura alsacien ».

Altkirch – *Voir à ce nom.*

Sortir à l'Est par la D 419 qui longe d'abord la rive droite de l'Ill.

St-Morand – But de pèlerinage. L'**église** renferme le beau sarcophage, du 12e s., du saint patron du lieu, Morand, évangélisateur du Sundgau.
La route remonte ensuite le vallon du Thalbach pour atteindre le plateau. Puis elle descend vers le Rhin : vue sur le Jura septentrional, la plaine de Bâle et la Forêt-Noire.

A l'entrée de Ranspach-le-Bas, quitter la D 419 en tournant à droite. Au sortir de Ranspach-le-Haut, prendre à gauche vers Folgensbourg.

On remarque, de part et d'autre de la route, des casemates à coupoles de la Ligne Maginot *(voir à ce nom).*

A Folgensbourg, prendre la D 473 vers le Sud puis à gauche la D 21 bis pour gagner St-Blaise.

L'itinéraire offre une belle vue sur la plaine de Bâle, la ville et la percée du Rhin.

A St-Blaise, emprunter la D 9 bis jusqu'à Leymen.

Château du Landskron – *1/2 h à pied AR.*
Il ne reste que des ruines de ce château présumé du début du 11e s., renforcé par Vauban puis assiégé et détruit en 1814. Sa situation sur une butte-frontière permet une vue dominante, au Nord, sur les confins boisés du Sundgau et du pays de Bâle, ainsi que sur la petite cité de Leymen en contrebas.

Revenir vers St-Blaise.

A Oltingue, on atteint la haute vallée de l'Ill, dominée au Sud par la crête frontière du Jura alsacien.

Oltingue – Ce charmant village possède, en son centre, un musée paysan, la **Maison du Sundgau** ⊙. Témoin des différents styles de construction de la région, il réunit dans des pièces aménagées de façon attachante quantité de meubles, vaisselles, ustensiles de cuisine évoquant le souvenir d'une population rurale.
Remarquer le grand four à pain dans le fournil, un vieil escalier dont chaque marche est faite dans un tronc d'arbre, des murs en torchis, une collection de moules à kougelhopf de formes appropriées à la fête du jour à souhaiter, et aussi une série de carreaux de poêle de faïence.

A Raedersdorf, poursuivre par la D 21^B, route de Kiffis.

Après le croisement, on aperçoit, à gauche, un nouvel alignement de casemates Maginot (la plus proche de la route, à 100 m, est visitable).

Hippoltskirch – Dans la **chapelle** ⊙, remarquer le plafond peint et cloisonné, la balustrade de la tribune, en bois peint, et, aux murs, des ex-voto, certains traités en peinture naïve. A gauche de la nef, statue miraculeuse de Notre-Dame, objet naguère de pèlerinages, à laquelle s'adressent les ex-voto.
Laissant Kiffis à gauche, on emprunte la « route internationale » (D 21^{BIII}), qui longe la frontière suisse (et la franchit même, après Moulin-Neuf, sur quelques dizaines de mètres) au fond d'une combe boisée où coule la Lucelle.

Lucelle – Adossée à son étang, cette localité, jadis siège d'une opulente abbaye cistercienne, se situe à l'extrême pointe Sud de l'Alsace.

Remonter vers le Nord par la D 432.

★**Ferrette** – Ancienne capitale du Sundgau, Ferrette eut, dès le 10ᵉ s., des comtes indépendants dont l'autorité s'étendait sur une vaste région de la Haute-Alsace. Passée à la maison d'Autriche par mariage au 14ᵉ s., elle fut donnée à la France, en 1648, lors de la signature des traités de Westphalie. Le prince de Monaco porte actuellement le titre de comte de Ferrette.

Cette petite ville ancienne, bâtie dans un **site**★ pittoresque du Jura alsacien, est surplombée par les ruines de deux châteaux assis sur un impressionnant piton rocheux à 612 m d'altitude.

On accède à pied aux châteaux, par des sentiers bien signalisés. De la plate-forme, belle **vue**★ sur les Vosges, la vallée du Rhin et de l'Ill, la Forêt-Noire et les premières hauteurs du Jura. Les collines boisées des environs offrent aussi de nombreuses promenades.

Par la D 473, gagner Bouxwiller.

Bouxwiller – Ce joli village aux nombreuses fontaines est bâti sur un versant de la vallée. Dans l'**église** St-Jacques, on verra une belle chaire en bois doré, du 18ᵉ s., provenant de l'ancien monastère de Luppach et un riche retable baroque à colonnes, peint et doré.

La D 9 bis, qui suit la haute vallée de l'Ill, mène à Grentzingen.

★**Grentzingen** – Les typiques maisons à colombage de ce village fleuri présentent la particularité d'être alignées perpendiculairement à la route. Un petit nombre d'entre elles ont conservé la couleur ocre d'origine et aussi leur auvent. Remarquer les toitures avec leurs pignons à pan coupé. A gauche de la poste, une habitation porte encore son inscription de 1806.

Dans Grentzingen, tourner à gauche.

La route passe à **Riespach**, aux maisons caractéristiques.

Feldbach – Dans l'**église** romane (12ᵉ s.), restaurée, on remarque deux parties bien distinctes correspondant à l'église des moniales et à l'église des fidèles. On notera les piliers sous arcades, ronds puis carrés, de la nef, et la belle abside en cul-de-four.

La D 432, par les vallées verdoyantes du Feldbach et de l'Ill, ramène à Altkirch.

THANN★

7 751 habitants

Cartes Michelin nᵒˢ 87 pli 18 ou 242 pli 35 – Schémas p. 198 et 201

Selon un vieux dicton alsacien : « Le clocher de Strasbourg est le plus haut, celui de Fribourg-en-Brisgau le plus gros, celui de Thann le plus beau », Thann possède, en effet, la plus riche église gothique de l'Alsace.

Sur un coteau voisin, on récolte le fameux vin du Rangen dont la chronique dit : « Un homme n'en peut supporter un pot sans ivresse et sans chute ; ce vin veut être bu sobrement et chez soi. » Dès le milieu du 16ᵉ s., Sébastien Munster vantait « le fort bon vin qui croist sur la montagne appelée Rang, ce que sçavent fort bien ceux de Basle ».

La légende des trois sapins – Comme beaucoup de villes ou de villages d'Alsace, Thann attribue son origine à un événement légendaire et poétique. **Thiébaut**, évêque de Gubbio, en Ombrie, meurt en 1160, en odeur de sainteté, léguant son anneau épiscopal à son plus fidèle serviteur. Celui-ci, avec l'anneau, arrache en même temps le pouce du défunt, dissimule la relique dans son bâton de voyage, se met en route et parvient en Alsace l'année suivante. Une nuit, il s'endort dans un bois de sapins, ayant fiché en terre son bourdon. Au matin, le pèlerin essaye d'arracher le bâton du sol, mais ne peut y parvenir. En même temps, trois grandes lumières apparaissent

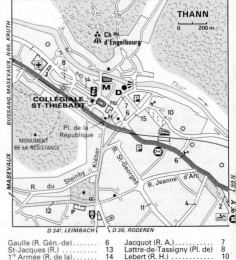

Gaulle (R. Gén.-de)	6		Jacquot (R. A.)	7
St-Jacques (R.)	13		Lattre-de-Tassigny (Pl. de)	8
1ʳᵉ Armée (R. de la)	14		Lebert (R. H.)	10
			Paix (R. de la)	11
Aspach (R. d')	2		Poincaré (Av.)	12
Clemenceau (R.)	4		7-Août (R. du)	15

| D | Tour des Sorcières | M | Musée des Amis de Thann |

au-dessus de trois sapins : le châtelain de l'Engelbourg les a vues de son château. Il accourt et décide d'élever une chapelle au lieu même du miracle. Aussitôt, le bourdon quitte la terre sans difficulté.

La chapelle devient bientôt un lieu de pèlerinage fréquenté. Une ville se construit tout autour. Elle portera le nom de «Thann» qui signifie sapin.

Chaque année, le 30 juin, la Crémation des trois sapins commémore le prodige : trois sapins sont brûlés devant l'église, et la foule s'en dispute les débris.

Les libérations de Thann – Lors de la Première Guerre mondiale, Thann est libérée dès le 7 août 1914 mais demeure quatre ans soumise aux bombardements allemands. Le 10 décembre 1944, Thann est occupée par les troupes françaises descendues du col du Hundsrück. Mais le front se stabilise à quelques centaines de mètres de la ville *(voir p. 37)*. Située désormais sur la ligne de feu, elle va subir pendant près de deux mois les tirs des Allemands, désespérément accrochés à Vieux-Thann. C'est seulement le 29 janvier 1945 que la ville sera complètement dégagée.

★★COLLÉGIALE ST-THIÉBAUT *visite : 1/2 h*

Son architecture gothique (14ᵉ-début du 16ᵉ s.) montre une évolution continue vers le style flamboyant.

Extérieur – La façade Ouest est percée d'un remarquable **portail★★**. Haut de 15 m, il présente la particularité de posséder un tympan très élancé surmontant deux portes munies chacune d'un petit tympan. Le petit tympan de droite représente l'Adoration des Mages ; celui de gauche la Crucifixion ; le tympan supérieur relate la vie de la Vierge, il est bordé de cinq voussures sculptées représentant des anges musiciens, des rois de Juda, la Genèse, des martyrs et des prophètes. Plus de 450 personnages animent le portail.

Contourner l'église par la gauche pour admirer le portail Nord de style flamboyant qui possède de belles statues du 15ᵉ s. : saint Jean-Baptiste et saint Thiébaut, de chaque côté du trumeau, lui-même orné d'une statue de la Vierge à l'Enfant.

Poursuivre jusqu'à l'hôtel de ville pour avoir une vue d'ensemble sur le chœur aux lignes élancées à la haute toiture de tuiles vernissées et sur le clocher haut de 76 m et couronné par une flèche, véritable dentelle de pierre.

Intérieur – On est frappé par l'élévation de la nef et du chœur. Dans la chapelle pentagonale à laquelle on accède par le bas-côté droit est fixée sur le contrefort du milieu une statue en bois polychrome de la Vierge des vignerons, sculptée vers 1510. La Vierge tient l'Enfant Jésus, qui malicieusement cache une grappe de raisin derrière son dos. A l'extrémité de ce bas-côté, dans la chapelle St-Thiébaut est placée sur l'autel une statue du saint en bois polychrome datant de 1520.

Thann – Détail de stalle dans la collégiale St-Thiébaut

Le chœur – Très profond, il est orné des statues (15ᵉ s.) des douze apôtres en pierre polychrome. A l'entrée est suspendu un grand Christ en croix (1894) en bois polychrome, du Colmarien Klem. Mais sa principale richesse consiste en un superbe ensemble de 51 **stalles★★** ☉ en chêne du 15ᵉ s. (en partie restaurées au début du 20ᵉ s.). Toute la fantaisie du Moyen Âge s'y donne libre cours. Ce ne sont que feuillages, gnomes et personnages comiques d'une verve remarquable et d'une grande finesse d'exécution *(voir illustration dans «Éléments d'architecture»)*. Le chœur est inondé de lumière par huit belles **verrières★** du 15ᵉ s.

AUTRES CURIOSITÉS

Musée des Amis de Thann (M) ☉ – Installé dans l'ancienne halle aux blés datant de 1519, il évoque sur quatre niveaux le passé de la ville et constitue un complément intéressant à la visite de la collégiale. Les grands thèmes traités sont : le vignoble (ensemble de panneaux de l'ancienne cabane des bangards – *voir encadré p. 248*), le château et les fortifications, la collégiale et le culte de saint Thiébaut, le mobilier et les arts populaires, les souvenirs de deux guerres, les débuts de l'industrie textile.

Tour des Sorcières (D) – Cette tour du 15ᵉ s. coiffée d'un toit en bulbe est le dernier vestige des anciennes fortifications. On en a une vue pittoresque depuis le pont sur la Thur.

« L'Œil de la Sorcière » – *1/2 h à pied AR.* L'Engelbourg (château des Anges), construit par les comtes de Ferrette, devient propriété des Habsbourg puis, en 1648, du roi de France,

---

Les bangards

Garde-vignes dont les noms sont inscrits dans la Chronique de Tschamser depuis 1483. La cabane des gardes du ban (bangards), du 16ᵉ s., servait d'habitation aux quatre gardes élus pour un an par les corporations. Cette véritable institution fonctionna jusqu'en 1832. A la fin de leur mandat, certains bangards ont laissé une trace sous forme de bas-reliefs en pierre ou de panneaux en bois peints.

---

qui, dix ans plus tard, le donne à Mazarin dont les héritiers le conserveront jusqu'à la Révolution.

En 1673, Louis XIV ordonne le démantèlement de la forteresse. Lors de la destruction du château, le donjon en s'écroulant conserve son tronçon inférieur intact, le centre regardant vers la plaine. L'imagination populaire a qualifié cette ruine originale d'« Œil de la Sorcière ».

De la ruine, point de vue sur Thann, la plaine d'Alsace et au loin la Forêt-Noire. De l'autre côté de la vallée, au sommet de la montagne du « Staufen », a été érigé le monument de la Résistance alsacienne.

Pour un bon usage des plans de villes, consultez la légende p. 2.

THIONVILLE

Agglomération 132 413 habitants
Cartes Michelin nᵒˢ 57 plis 3, 4 ou 242 pli 5

Ancienne place forte, la « Métropole du Fer », véritable centre nerveux de toute une zone industrielle, s'étend sur la rive gauche de la Moselle, large ici de plus de 100 m. Quelques demeures aux façades anciennes subsistent dans le centre-ville. Face à la rivière, l'ancien couvent des clarisses (1629) aux belles arcades abrite aujourd'hui l'hôtel de ville.

UN PEU D'HISTOIRE

« Theodonis villa », château édifié au temps des Mérovingiens, fut l'une des résidences favorites de Charlemagne qui y publia plusieurs capitulaires et y fit connaître ses dernières volontés au sujet du partage de l'Europe entre ses trois fils. Dès le 13ᵉ s., Thionville, place fortifiée, appartenait aux comtes de Luxembourg qui y édifièrent un vaste château fort. Thionville passa alors de main en main : maisons de Bourgogne, de Habsbourg et, après la mort de Charles Quint, Pays-Bas espagnols qui firent reconstruire les fortifications de 1590 à 1600 par l'ingénieur flamand Jacques Van Noyen. Le traité des Pyrénées, en 1659, l'attribua à la France.

Thionville fut assiégée de nombreuses fois : en 1558 par le duc de Guise, en 1642 par Condé, en 1792, en 1814 (où elle fut défendue victorieusement par le général Hugo). De 1870 à 1914, les Allemands déclassèrent la plupart des anciennes fortifications, édifièrent trois puissants forts dans les environs.

En amont de Thionville, d'importants travaux entrant dans le vaste plan d'aménagement de la Moselle ont été réalisés : rescindement d'une boucle de la Moselle et agrandissement de l'ensemble portuaire dit de Thionville-Illange.

CURIOSITÉS

Tour aux Puces (BZ M) – Encore appelée tour au Puits (Peetz Turm), ce puissant donjon médiéval des 11ᵉ-12ᵉ s est le plus important vestige de l'ancien château féodal des comtes de Luxembourg. Ses quatorze côtés et la complexité de son aménagement intérieur confèrent à cet édifice une certaine originalité architecturale. Il abrite le musée municipal.

Musée municipal ⊙ – Il évoque l'histoire de Thionville et de ses environs depuis le néolithique danubien jusqu'au siège de 1870. On y remarque, en particulier, une riche section gallo-romaine et une importante collection de lapidaires fin Moyen Âge, d'anciennes taques de cheminée des 16ᵉ et 18ᵉ s.

Les différents sièges de Thionville : 1558, 1639, 1643, 1792, 1814-1815, 1870, sont évoqués par des plans, gravures, objets...

Les restes des remparts (mur de soutènement) subsistent le long de la Moselle. Au-dessus, des jardins publics et des promenades (parc Napoléon) ont été aménagés.

Église St-Maximin (AZ) – Cette vaste et solide église classique abrite des grandes orgues du 18e s. dont le buffet fourmille de gais détails décoratifs.

★**Château de la Grange** ⊘ – *Au Nord par ① du plan, à gauche, à l'angle de la route de Luxembourg et de la Chaussée d'Amérique (commune de Manom).* Construit en 1731 par Robert de Cotte, le château est élevé sur les soubassements d'une forteresse qui servit jusqu'au 17e s. d'avant-poste aux défenses de la citadelle de Thionville. Il fut acquis par le marquis

Château de la Grange – La salle à manger

de Fouquet en 1672 et appartient à ses descendants. La grande cuisine au mobilier lorrain présente une cheminée surmontée d'un très bel arc en anse de panier. La salle à manger conserve un poêle en faïence blanc et or, haut de près de 5 m, construit pour le marquis de Fouquet ; face aux fenêtres, deux vitrines présentent des collections de porcelaines de Boch et de Chantilly.

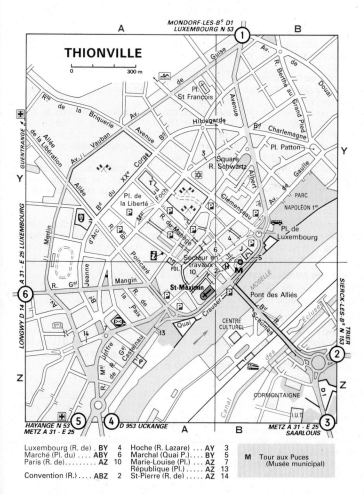

Dans l'entrée, remarquer des tapisseries des Flandres du début du 17e s. ayant pour sujet la Guerre de Troie. Au pied de la cage du grand escalier, à la belle rampe de fer forgé du 18e s., deux énormes vases chinois, en émail cloisonné, et deux bas-reliefs de l'école de Jean Goujon, retiennent l'attention ; face à la chaise à porteurs de la famille Morati, de Murato, en Corse, un poêle alsacien de Rouffach, daté de 1804, est décoré de scènes religieuses.

Dans le salon rouge, le dallage de pierre à carreaux blancs et noirs est recouvert d'un tapis persan ancien.

Dans la salle de bains Empire, la baignoire, taillée dans un seul bloc de marbre blanc, a appartenu à Pauline Bonaparte.

On découvre encore le beau mobilier Louis XV du grand salon bleu, avec son plancher à marqueterie en étoile, et la bibliothèque, installée dans l'ancienne chapelle du château (entre les fenêtres, remarquable collection de céramiques d'Extrême-Orient du type céladon).

Un parc à l'anglaise a remplacé au 19e s. le jardin à la française d'autrefois.

★LE PAYS DU FER

Circuit de 67 km – environ 2 h 1/2.

Quitter Thionville par ⑤ du plan et N 53.

Le redéveloppement économique – Devenue au 19e s. la principale région sidérurgique de France, la Lorraine produisait encore les 2/3 de l'acier français en 1965 et en produit aujourd'hui à peine 25 %.

Les difficultés d'exploitation de la minette lorraine et l'adoption de la filière électrique à partir de ferrailles ont entraîné la fermeture de toutes les mines de la région, sauf celle d'Audun-le-Tiche exploitée par le groupe luxembourgeois ARBED.

Les profondes restructurations qu'a connues cette grande mono-industrie, symbole de la culture industrielle lorraine depuis plusieurs générations, ont entraîné en son sein des changements structurels fondamentaux.

Les effectifs sont ainsi passés de 95 000 salariés en 1964 à 78 000 en 1975, 30 000 en 1985 et 14 000 environ en 1994.

Actuellement, grâce à la diversification de ses produits et d'importants investissements, la sidérurgie lorraine a retrouvé une compétitivité certaine avec des technologies nouvelles. Ainsi, le groupe Usinor-Sacilor se place en 3e position au plan mondial.

Les efforts de reconversion ont été importants, avec pour l'essentiel des implantations liées à l'automobile sur les zones industrielles d'Ennery, Ste-Agathe à Florange et à Basse-Ham, ainsi qu'à l'énergie nucléaire.

Aussitôt après Thionville commence le long chapelet d'usines. A la sortie de Terville et aussitôt après le passage à niveau de Daspich, on aperçoit le site de Sollac-Florange, un des établissements de Sollac (Société Lorraine de Laminage continu), la branche des Produits Plats d'Usinor-Sacilor, leader européen dans son domaine d'activité, et son unité à froid de Ste-Agathe.

A Serémange-Erzange, prendre à gauche la D 17 d'où l'on aura, au cours de la montée vers St-Nicolas-en-Forêt, dans les clairières et près du bâtiment de la Compagnie Générale des Eaux, une vue étendue sur la **vallée industrielle de la Fensch** (Unimetal-Sollac Florange, hauts fourneaux de Lorfonte, cimenterie d'Ebange).

A St-Nicolas-en-Forêt, une des cités nées de la création de Sollac Florange en 1948, du rond-point du Bout-des-Terres à l'extrémité du boulevard des Vosges, panorama sur la vallée de la Moselle. Dépasser Hayange pour atteindre Neufchef.

Musées des Mines de fer de Lorraine ⊙ – *Voir à ce nom.*

Après Neufchef, la route traverse l'épaisse forêt de Moyeuvre, coupée par la pittoresque vallée du Conroy.

Briey – *Voir à ce nom.*

A partir d'Homécourt, la route, qui emprunte la **vallée de l'Orne**, n'est qu'une longue suite de cités résidentielles et d'usines. Ces dernières font partie d'Unimetal, le spécialiste des Produits Longs du groupe Usinor-Sacilor qui exploite directement les installations de Jœuf, de Gandrange-Rombas et de Hayange.

De Rombas rejoindre la D 953 à Hagondange.

Hagondange – Ancien fief de Thyssen, magnat allemand de l'acier avant 1914. Dans la cité située à droite de la D 47 s'élève une église moderne dont le plafond est fait de lattes de sapin formant pointes de diamant. Le campanile, isolé, est formé de deux lames de béton.

A droite de la D 953, entre Hagondange et Uckange, s'est construite, en 1960, la centrale sidérurgique de Richemont.

Avec les installations métallurgiques du centre industriel d'Uckange commencent les faubourgs de Thionville.

LA LIGNE MAGINOT AUTOUR DE THIONVILLE

Fort de Guentrange – *Au Nord-Ouest. Quitter Thionville par l'allée de la Libération* (**AZ**), *puis prendre à droite vers Guentrange. Voir à Ligne Maginot.*

★**Le Hackenberg** – *20 km à l'Est. Quitter Thionville par* ② *du plan, D 918. A 12 km, prendre à gauche la D 60. Après Helling, suivre les panneaux indicateurs.*
A proximité du village de Veckring, sous 160 ha de forêts, se situe le plus gros des ouvrages de la Ligne Maginot. *Voir à Hackenberg et à Ligne Maginot.*

Le Zeiterholz et le Immerhof – *14 km au Nord. Quitter Thionville par* ⑥ *du plan, puis l'autoroute A 31 direction Luxembourg et prendre à 8 km la sortie Hettange-Volmerange. Prendre la D 15 vers Hettange sur 0,5 km, puis la D 57 vers Entrange par Entrange-Cité. On parvient au Zeiterholz (voir à Ligne Maginot).*

Par Entrange-Cité, gagner Hettange-Grande.

La D 15 prise à gauche (panneau indicateur) conduit au Immerhof (voir à Ligne Maginot).

Vallée de la THUR ★

Cartes Michelin nos 87 plis 18, 19 ou 242 pli 35

La vallée de la Thur, large sillon creusé par les anciens glaciers, a une grande activité industrielle.
La vallée supérieure ainsi que le vallon d'Urbès conservent, entre des versants boisés ou couverts de pâturages, un caractère agreste, intact et plein de charme. Les agglomérations laborieuses qui se succèdent sur les bords de la Thur sont, presque toutes, d'origine très ancienne. L'industrie textile compte cette vallée parmi ses premières conquêtes.
Ici, les grands noms historiques ne sont pas des noms de guerriers ou de souverains, mais ceux de Jérémie Risler, des Koechlin, des Kestner, des Stehelin, fondateurs d'usines métallurgiques, textiles ou de produits chimiques. C'est un des membres de la famille Kestner, Scheurer-Kestner, qui fut l'un des principaux signataires du fameux manifeste de protestation des parlementaires alsaciens en 1871.

VALLÉE INDUSTRIELLE

De Thann à Husseren-Wesserling
12 km – environ 1/2 h – schéma p. 62 et 63

★**Thann** – *Voir à ce nom.*

Sortir à l'Ouest du plan, N 66.

Le vignoble de Thann laisse bientôt le champ libre aux industries. La vallée de la Thur se resserre puis s'élargit. Malgré leurs usines, les villages riverains sont charmants, de même que la campagne environnante couverte de prés et de vergers, creusée de vallons, animée de ruisseaux et de torrents.

Willer-sur-Thur – Willer revendique l'honneur d'être le lieu de naissance de Catherine Hubscher, la future maréchale Lefebvre, passée à la postérité sous le surnom de Madame Sans-Gêne.

Moosch – Dans un grand cimetière militaire adossé au versant Est de la vallée reposent près de 1 000 soldats français victimes de la guerre de 1914-1918.

St-Amarin – Cette localité a donné son nom à la vallée entre Moosch et Wildenstein. Elle s'illumine chaque année, à l'occasion de la veillée de la Saint-Jean, de nombreux feux de joie.
Le **musée Serret et de la vallée de St-Amarin** ⊙ rassemble des souvenirs locaux ; gravures et vues anciennes de la région, coiffes alsaciennes, armes, ferronneries, emblèmes de confréries.

Ranspach – Dans le haut du village, au-delà d'une usine, se trouve le départ d'un sentier botanique *(2,5 km)* signalé par une feuille de houx. Les caractéristiques des arbres et arbustes rencontrés, tous différents, sont données sur des panneaux. Promenade facile et agréable.

Husseren-Wesserling – Ancien rendez-vous de chasse des princes-abbés de Murbach, c'est le siège d'une importante manufacture de tissus imprimés. L'usine et les maisons de cette localité entourent une moraine laissée par les anciens glaciers et coupée aujourd'hui par les eaux de la Thur.
Le **musée du textile et des costumes de Haute Alsace** ⊙ est installé dans un ancien bâtiment industriel situé au milieu d'un grand parc aux essences rares. Trois thèmes sont évoqués : le passage de la matière première (le coton) au métrage de tissu, l'histoire des grandes familles industrielles depuis le 18ᵉ s. jusqu'à nos jours, les costumes avec l'évolution de la silhouette féminine et l'évocation des petits métiers liés à la mode (fleuriste, brodeur, gantier). Des scènes illustrent les modes vestimentaires au 19ᵉ s. selon les différents moments de la journée.

★HAUTE VALLÉE

De Husseren-Wesserling au Grand Ventron

46 km – environ 2 h – schéma p. 62 et 63

Husseren-Wesserling – *Page 251.*

La haute vallée de la Thur est bosselée de buttes granitiques, îlots que l'action destructrice des anciens glaciers a respectés. Trois de ces buttes dominent Oderen. En amont, on en apercevra une autre, boisée : le Schlossberg qui porte les **ruines du château de Wildenstein.**

Oderen – A l'entrée, en venant de Fellering, on découvre une belle vue, en avant et à gauche, sur les escarpements pittoresques des bois de Fellering.

A Kruth, prendre à gauche la D 13[B1].

★**Cascade St-Nicolas** – La cascade, composée de multiples et charmantes cascatelles, tombe au fond d'un joli vallon très encaissé dont les versants sont couverts de sapins.

Revenir à Kruth.

Entre Kruth et Wildenstein, la route passe à droite du Schlossberg dans un défilé que, sans doute, la Thur emprunta autrefois.

Une autre route longe le Schlossberg, par l'autre versant, et le **barrage de Kruth-Wildenstein**, digue en terre à noyau central d'argile étanche, qui est un des maîtres ouvrages de l'aménagement hydraulique de la vallée de la Thur *(cette route n'est utilisable que dans le sens Wildenstein-Kruth ; elle est fermée en hiver).*

A Wildenstein commence la montée vers le col de Bramont caractérisée d'abord par une très belle vue en enfilade sur la vallée de la Thur puis par un magnifique parcours en forêt.

Col de Bramont – Alt. 956 m. Il est situé sur la crête principale des Vosges.

★★**Grand Ventron** – *La route d'accès s'embranche au col de Bramont. Prendre à gauche la route forestière (8 km) passant par le col de la Vierge et aboutissant à la Chaume du Grand Ventron.*

Du sommet (alt. 1 202 m), le **panorama**★★ est très étendu sur les Vosges et la vallée de la Thur ; le Hohneck, le Grand Ballon et le Ballon d'Alsace sont visibles.

VALLON D'URBÈS

De Husseren-Wesserling au col de Bussang

11 km – environ 1/2 h – schéma p. 62 et 63

Husseren-Wesserling – *Page 251.*

La route traverse la vallée de la Thur puis s'engage dans le vallon d'Urbès barré par une moraine.

See d'Urbès – *Parking sur le bord du lac, signalé par un grand panneau.*

La dépression dans laquelle est installé le lac (ou see) d'Urbès doit son existence au glacier qui sculpta la vallée de la Thur à l'ère quaternaire. L'eau est retenue par une moraine frontale, dépôt rocheux accumulé par le glacier. Depuis la disparition de celui-ci, une végétation de tourbière (sphaignes, laîches, etc.) a colonisé ce lieu, le comblant progressivement.

Un **sentier** balisé *(durée : 1 h 30),* complété par des panneaux présentant la flore, la faune et les activités traditionnelles propres à ce milieu particulier, facilite la découverte de ce site remarquable.

Une montée douce, au cours de laquelle de jolies vues s'offrent sur la vallée de la Thur et les crêtes qui la dominent, amène le touriste au col de Bussang.

Col de Bussang – *Page 144.*

A partir du col, on peut descendre la haute vallée de la Moselle *(p. 143).*

*En fin de volume figurent d'indispensables **Renseignements pratiques** :*
- *Organismes habilités à fournir toutes informations ;*
- *Loisirs sportifs ;*
- *Visites à thème ;*
- *Livres et films sur la région ou le pays ;*
- *Manifestations touristiques ;*
- *Conditions de visite des sites et des monuments...*

TOUL★

17 311 habitants
Cartes Michelin nᵒˢ 62 pli 4 ou 242 pli 17

Site de carrefour baigné par la Moselle, veillé par les deux buttes du Mont-Saint-Michel et de la côte Barine, Toul a bénéficié dès l'Antiquité de sa position privilégiée sur la grande voie de passage Lyon-Trèves.

Une rivière «capturée» – A Toul, la Moselle, descendue jusque-là rapidement des Vosges, fait un coude brusque et change de direction. Autrefois, elle poursuivait sa route vers l'Ouest et se jetait dans la Meuse. Mais à l'ère quaternaire son cours a été détourné et elle fut attirée vers sa voisine, la Meurthe, qui coulait à un niveau nettement plus bas. A l'Ouest de Toul, un large passage où l'on trouve des cailloux d'origine vosgienne représente l'ancien lit de la Moselle. La route et la voie ferrée de Paris à Nancy, le canal de la Marne au Rhin y ont trouvé leur chemin. Toul, située à l'extrémité de ce couloir, en a tiré son importance stratégique et économique.

Un évêché millénaire – L'antique Tullum devint dès 365 le siège d'un évêché dont saint Mansuy fut le premier évêque. Selon la tradition, Clovis vint à Toul en 496 pour s'instruire des vérités de la foi catholique auprès de saint Waast. Située au cœur des possessions carolingiennes, la cité déjà florissante accueillit maintes fois la cour de Charlemagne en déplacement. Avec la **Charte de Mayence**, concédée en 928 par Henri Iᵉʳ de Germanie, l'évêché fut détaché de la Lorraine pour former un état indépendant placé sous l'autorité de l'évêque. Vers 1230, la bourgeoisie aisée supporte mal l'autorité épiscopale et aspire au gouvernement de la cité.

Une cité bien administrée – Dès la fin du Moyen Âge, la bourgeoisie de Toul est maîtresse du pouvoir municipal. Le maître échevin est assisté de 10 justiciers et d'un conseil de ville dont les 30 membres exercent leur charge leur vie durant.

Tous les hommes valides sont répartis en 6 compagnies pour la défense. Mais, placée entre la France et les pays germaniques, Toul est tiraillée entre les influences contraires. Enclavée dans le duché de Lorraine, soumise aux pressions de puissants voisins, la cité réclame souvent la protection du roi de France et en 1552 Henri II

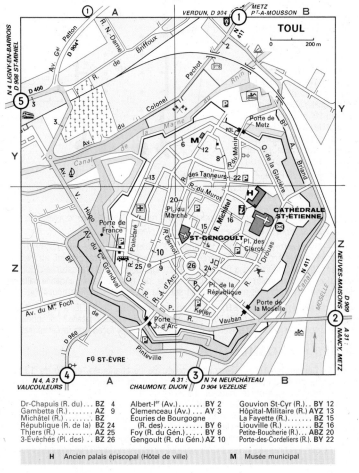

Dr-Chapuis (R. du)... **BZ** 4	Albert-Iᵉʳ (Av.)....... **BY** 2	Gouvion St-Cyr (R.).. **BY** 12
Gambetta (R.)....... **AZ** 10	Clemenceau (Av.) ... **AY** 3	Hôpital-Militaire (R.) **AYZ** 13
Michâtel (R.) .... **BZ**	Écuries de Bourgogne	La Fayette (R.)....... **BZ** 15
République (R. de la) **BZ** 24	(R. des) .... **BY** 6	Liouville (R.) .... **BZ** 16
Thiers (R.) .... **AZ** 25	Foy (R. du Gén.)..... **BY** 8	Petite-Boucherie (R.)... **ABZ** 20
3-Évêchés (Pl. des) .. **BZ** 26	Gengoult (R. du Gén.) **AZ** 10	Porte-des-Cordeliers (R.).. **BY** 22

H Ancien palais épiscopal (Hôtel de ville)	**M** Musée municipal

entre dans la ville ; il y laisse à demeure une garnison. En 1648, à la suite du **Traité de Westphalie**, Toul devient définitivement française. A la Révolution, l'évêché de Toul est transféré à Nancy plus de 14 siècles après sa fondation.

Une ville bien défendue – C'est Louis XIV qui confie à Vauban, en 1700, la construction des nouveaux remparts dont subsiste aujourd'hui la Porte de Metz. Sous la Restauration, Toul qui compte 7 500 habitants possède une garnison de 1 500 hommes.
En 1905, l'importance stratégique de la ville est soulignée par la présence de 12 000 militaires. A la veille de la Grande Guerre, Toul passait pour être une des places fortes les mieux défendues d'Europe, ce qui l'aida à traverser cette période sans dommages.

★★CATHÉDRALE ST-ÉTIENNE (BZ) *visite : 1 h*

Cet édifice, dont la construction commença par le chœur au début du 13e s., ne fut achevé qu'au 16e s.
La magnifique **façade**★★ qui s'élève sur la place du Parvis a été édifiée de 1460 à 1496 dans le style flamboyant. Elle est encadrée de deux tours octogonales de 65 m de haut qui, à l'origine, devaient comporter des flèches ajourées.

Un grand Christ en croix, dans un gâble, surmonte le portail dont les statues furent détruites pendant la Révolution. L'intérieur montre des traces du gothique champenois : galeries de circulation hautes et basses au-dessus des grandes arcades et des bas-côtés, arcades très aiguës, absence de triforium. La nef, haute de 30 m, est la plus jolie partie de l'édifice.

A droite, belle **chapelle Renaissance** (1), surmontée d'une coupole à caissons.
Entre la 3e et la 4e travée, une moitié seulement des piliers sont surmontés de chapiteaux. Ce détail marque le raccord entre les parties du 14e et du 15e s.
Remarquer les nombreuses **pierres tombales** s'échelonnant du 14e au 18e s., qui forment le dallage de l'édifice, notamment dans le transept. On admirera avant de sortir la gracieuse tribune de style Louis XV, supportant des orgues monumentales (1963) dont la forêt de tuyaux, ordonnée avec art

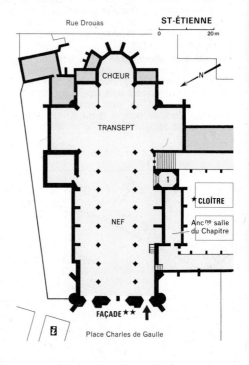

sous la grande rosace, semble appartenir au monde aérien des ogives.
Pour accéder au cloître, entrer par le petit portail, place des Clercs.

★**Cloître** – Très vaste (l'un des plus grands de France), il fut élevé aux 13e et 14e s. Il ne possède que trois galeries percées de vastes baies en tiers-point au réseau rayonnant (beaux chapiteaux à feuillages). Les murs sont ornés d'arcatures trilobées (disposition champenoise) et d'une belle série de gargouilles. L'**ancienne salle du chapitre** abrite, chaque été, une exposition sur « la naissance d'une cathédrale ».

Ancien palais épiscopal (BZ H) – Cet édifice construit de 1735 à 1743 a été restauré et sert aujourd'hui d'hôtel de ville. Sa majestueuse **façade**★, scandée de pilastres colossaux, contraste avec la grâce aérienne de la façade de la cathédrale.

AUTRES CURIOSITÉS

Église St-Gengoult (BZ) ⊘ – Ancienne collégiale de chanoines, édifiée du 13e au 15e s., elle est une manifestation de l'école gothique champenoise. La façade Ouest, percée d'une gracieuse porte, date du 15e s.
L'intérieur surprend par sa courte nef, fort élégante, et son très large transept. Remarquer l'absence de triforium et la différence de style entre les deux dernières travées et les deux premières. Devant supporter le poids des tours, celles-ci ont une section plus forte. Les absidioles qui encadrent le chœur donnent à la fois sur celui-ci et sur les bras du transept, disposition fréquente dans l'école champenoise. Elles ont de beaux **vitraux** du 13e s.

★★Cloître – Il date du 16ᵉ s. Les baies encore flamboyantes lui donnent beaucoup d'élégance. Le long des galeries, dont la décoration extérieure est Renaissance (chapiteaux, médaillons), des gâbles accentuent l'élévation des arcades. Les voûtes en étoile ont des clés en forme de médaillons, décorées avec fantaisie.

Faire le tour du cloître pour sortir sur la place du Marché.

Maisons anciennes – **Rue du Général-Gengoult** (**AZ 10**) : nᵒˢ 30, 28 et 26 (maisons Renaissance) ; nᵒ 8 (14ᵉ s.), nᵒˢ 6 et 6 bis, ancien hôtel de Pimodan (17ᵉ s.) ; nᵒ 4 (17ᵉ s.) ; **rue Michâtel** (**BZ**) : nᵒ 16, maison Renaissance à gargouilles où habita le père de Bossuet.

Cloître de l'église St-Gengoult

★Musée municipal (**BY M**) ⊘ – *25, rue Gouvion-St-Cyr.* Installé sur deux étages dans l'ancienne Maison-Dieu (18ᵉ s.), il présente des collections touchant à des domaines très variés : peinture, sculpture, tapisseries des Flandres, céramique (faïencerie de Toul-Bellevue), art religieux, archéologie antique et médiévale (sépultures et bijoux mérovingiens), arts et traditions populaires. Une toile de F. Boucher, *L'Agréable Leçon*, orne la reconstitution d'un petit salon Louis XVI. Les guerres de 1914-1918 et 1939-1945 sont évoquées par des armements, uniformes, reliques et souvenirs de la vie quotidienne des principaux belligérants. La **salle des malades★**, paisible édifice gothique remontant au premier tiers du 13ᵉ s. puis maintes fois remanié, servait à la fois de lieu de culte et de salle d'hospitalisation pour des malades de toutes conditions. Ses sobres voûtes d'ogives retombent sur 6 piliers robustes. Elle abrite aujourd'hui des fragments lapidaires.

ENVIRONS

Église N.-D. d'Écrouves – *4 km à l'Ouest. Quitter Toul par ⑤ du plan.* Construite sur le flanc méridional d'une colline autrefois couverte de vignes et dominant aujourd'hui la plaine industrielle de Toul, l'ancienne église d'Écrouves, dédiée à N.-D.-de-la-Nativité, a conservé du 12ᵉ s. son massif clocher carré ajouré de baies à trois colonnettes. La haute nef du 13ᵉ s. est pourvue d'une double rangée de fenêtres, donnant sur les combles des bas-côtés depuis les travaux de fortification de l'édifice au 14ᵉ s.

Les TROIS-ÉPIS★★

Cartes Michelin nᵒˢ 87 pli 17 ou 242 pli 31

Bien qu'ils doivent leur origine à un événement mystique qui donna lieu à un pèlerinage célèbre, les Trois-Épis sont loin de constituer un séjour austère. Admirablement située, cette station est le centre d'inépuisables excursions à pied ou en auto : montagnes, rochers, villes, châteaux ou champs de bataille.

Le miracle des trois épis – Le 3 mai 1491, un forgeron d'Orbey, Thierry Schoeré, qui se rend au marché de Niedermorschwihr, s'arrête un instant pour prier devant une image de la Vierge, fixée à un chêne du chemin. Soudain la Vierge apparaît, entourée d'une vive clarté, et se met à lui parler. Elle montre dans sa main gauche un glaçon, symbole des fléaux qui vont dévaster le malheureux pays si ses habitants persistent dans leur impiété, et dans la droite trois épis, promesse des opulentes moissons qui récompenseront leur repentir. Thierry est chargé de transmettre l'avertissement. Mais, arrivé au marché de Niedermorschwihr, Thierry se tait. Aussitôt le sac de blé qu'il vient d'acheter reste collé au sol, si lourd que personne ne peut le soulever. Il reconnaît avec effroi la main de la Vierge et raconte sa vision. Tous jurent de s'amender et s'en vont élever un sanctuaire à l'emplacement du chêne miraculeux.

★★Le Galz – *1 h à pied AR.* **Vue** sur la plaine d'Alsace, la Forêt-Noire, le Sundgau et le Jura. Au sommet, un gigantesque monument du statuaire Valentin Jaeg commémore le retour de l'Alsace à la France, en 1918.

TURCKHEIM ★

Cartes Michelin n°s 87 pli 17 ou 242 pli 31 – Schéma p. 201

Sur la rive gauche de la Fecht, au pied de coteaux produisant un vin estimé, le Brand, Turckheim a gardé son caractère Renaissance. L'ancienne ville, de forme triangulaire, est entourée d'une enceinte.

C'est un des principaux centres papetiers de l'Est de la France.

Tous les soirs *(à 22 h)* de mai à octobre, le veilleur de nuit de Turckheim (le dernier veilleur de nuit d'Alsace) parcourt les rues, revêtu de sa houppelande et portant toujours la hallebarde, la lampe et le cor. Il s'arrête et chante à chaque coin de rue.

Un grand capitaine – C'est aux portes mêmes de la ville que Henri de La Tour d'Auvergne, vicomte de **Turenne** (1611-1675), remporta l'une de ses plus éclatantes victoires. En 1674, une armée impériale menace l'Alsace : Turenne prend l'offensive, franchit le Rhin, bat l'ennemi, enlève du Palatinat bestiaux, grains, fourrages pour en faire un glacis protecteur et rentre en Alsace.

Strasbourg, qui est encore une ville libre, a promis sa neutralité. Mais elle livre le passage du pont de Kehl aux Impériaux, 60 000 Allemands envahissent l'Alsace. Turenne n'a que 20 000 hommes. Il défait néanmoins un corps ennemi à Entzheim, près de Strasbourg. Puis il se retire par le col de Saverne et semble abandonner la province. Mais il fait défiler le long des Vosges, du Nord au Sud, son armée divisée en petits détachements pour dérouter les espions, rompant avec la tradition établie jusqu'alors de ne pas engager les hostilités pendant les mois d'hiver. Le froid est intense, les chemins sont affreux, mais les troupes ne bronchent pas : Turenne peut tout demander à ses hommes. Le 27 décembre, toutes ses forces sont réunies près de Belfort. Il fonce alors sur les Impériaux dispersés dans leurs quartiers d'hiver. En dix jours, le grand capitaine les culbute à Mulhouse et à Colmar, les bat sous Turckheim (5 janvier 1675) et les rejette au-delà du Rhin.

Telle est cette remarquable campagne d'Alsace que Napoléon admirait tant. L'enthousiasme est immense en France. Quand le modeste Turenne arrive à Versailles, il est tout gêné par les acclamations. « On trouva, écrit un contemporain, qu'il avait l'air un peu plus honteux qu'il n'avait accoutumé de l'être. »

Turckheim – Place Turenne

CURIOSITÉS

Portes de la ville – La **porte de France**, face au quai de la Fecht, s'ouvre dans une tour massive et quadrangulaire du 14ᵉ s. que surmonte un nid de cigognes. La porte du Brand et la porte de Munster sont situées aux deux autres angles de la ville, de forme triangulaire.

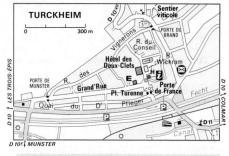

E   Maison à colombage

Place Turenne – Entourée de maisons anciennes. A droite se trouve le corps de garde, précédé d'une fontaine. Au fond de la place, hôtel de ville avec pignon Renaissance ; derrière, ancienne église dont on aperçoit la tour aux assises romanes.

Hôtel des Deux-Clefs – C'est l'ancienne hostellerie municipale rénovée par la ville en 1620. Charmant logis alsacien décoré d'une élégante loggia aux poutrelles sculptées.

Grand'Rue – Nombreuses maisons de la fin du 16ᵉ et du début du 17ᵉ s. Remarquer la maison à colombage (**E**) dont l'oriel *(voir p. 49)* repose sur un pilier en bois.

Sentier viticole – *Environ 1 h à pied. Départ peu après la porte du Brand, à hauteur d'un petit oratoire.* Un circuit de 2 km à travers les vignes propose au néophyte une connaissance des vins à l'aide de panneaux explicatifs.

Routes du col d'URBEIS ★

Cartes Michelin nᵒˢ 87 pli 16 ou 242 pli 27

Se joignant au col d'Urbeis, ces routes relient les vallées de la Fave et du Giessen, de part et d'autre de la crête des Vosges.

★VALLÉES DE LA FAVE ET DU GIESSEN
De Provenchères à Villé *22 km – environ 3/4 h*

Provenchères-sur-Fave – La localité occupe un site agréable au pied de l'Ormont, de part et d'autre de la rivière.
De Provenchères, la route suit la vallée de la Fave, serpente et bientôt pénètre sous bois pour atteindre le **col d'Urbeis** (alt. 602 m) qui s'ouvre dans la section affaissée de la chaîne vosgienne. Peu après, à droite, en contrebas, ancienne mine de cuivre gris argentifère.
On descend la vallée du Giessen, la rivière d'Urbeis. A l'entrée d'Urbeis, dont l'agglomération s'échelonne sur 2 km, en avant et à gauche, on aperçoit les ruines du château de Bilstein.
Dans l'agglomération de Fouchy, on laisse à droite la route du col de Fouchy *(voir p. 258)*.

Villé – Natif de Steige, situé dans le Val de Villé, à 6 km de Villé, le jeune **Meister**, mordu par un chien enragé, fut le premier sujet auquel Pasteur appliqua l'inoculation antirabique.

ROUTE DU COL DE STEIGE
Du col d'Urbeis au Champ du Feu *19 km – environ 2 h*

Cette route pittoresque relie le col d'Urbeis à la région du Hohwald.

Col d'Urbeis – *Description ci-dessus.*

★**Le Climont** – Bien que relativement peu élevé (966 m), le sommet du Climont *(1 h 1/2 à pied AR)* offre un beau point de vue.

A la sortie Nord de Climont, 300 m après l'église, une pancarte signale le sentier d'accès, qui s'amorce sur un carrefour, à gauche de la D 214.

Ce sentier, abrupt et étroit, souvent encombré par la végétation *(suivre le balisage : croix jaunes)*, aboutit à mi-parcours à un chemin forestier transversal que l'on prend à gauche.

Au carrefour proche du sommet, prendre le chemin en montée à droite.

On atteint le pied de la Tour Euting qui se dresse sur le sommet boisé du Climont et qui fut construite en 1897 par le Club Vosgien de Strasbourg : en médaillon, au-dessus de l'entrée, est représenté le président du club de l'époque, Jules Euting. Du haut de la tour (78 marches), **point de vue**★ sur les Vosges : à gauche, la vallée de la Bruche ; au Nord, le Donon ; à droite, le Champ du Feu avec sa tour.

Col de Steige – Belle vue au Sud-Ouest sur le Climont.

Col de la Charbonnière – *Illustration p. 110.* Au-delà des hauteurs qui dominent le val de Villé, on distingue la plaine d'Alsace et, à l'horizon, la Forêt-Noire.

★★**Champ du Feu** – *Page 110.*

★**ROUTE DU COL DE FOUCHY**
Du col d'Urbeis à la N59 *20 km – environ 1/2 h*

Le début de l'excursion est décrit p. 257. A Fouchy, prendre à droite la D 155.

La route remonte le vallon de Noirceux et celui de Froide-Fontaine, jusqu'au col.

Col de Fouchy – Du col, belle vue sur le Champ du Feu et sur les montagnes du Hohwald. La route suit le ravin de Pierreuse-Goutte et descend vers la vallée de la Liepvrette qu'elle atteint à Liepvre sur la route du col de Ste-Marie *(décrite p. 212).*

VAUCOULEURS

2 401 habitants (les Valcolorois)
Cartes Michelin n°ˢ 62 pli 3 ou 242 pli 21

Vaucouleurs est joliment située en face des coteaux de la rive droite de la Meuse. Ses remparts, qui remontent au 13ᵉ s., étaient flanqués de 17 tours ; certaines d'entre elles ont pu être sauvées de la destruction.
C'est de Vaucouleurs que Jeanne d'Arc partit pour accomplir sa mission.

La première victoire de Jeanne d'Arc – Le 13 mai 1428, Robert, sire de Baudricourt et gouverneur du roi à Vaucouleurs, garnison française aux confins des terres du duc de Bourgogne allié aux Anglais, reçoit la visite d'une bergère de 16 ans, venue de Domrémy *(19 km au Sud).* Elle se dit l'envoyée de Dieu et réclame le commandement général des troupes du royaume. Pour toute réponse, Baudricourt la fait souffleter et la renvoie à ses moutons. Mais Jeanne revient à plusieurs reprises. Elle essaie de monter une expédition avec le seul concours des gens du pays qui se cotisent pour lui offrir un cheval et une épée. Sa ténacité suscite un vaste élan populaire. Le peuple croit à la mission de Jeanne. Baudricourt est ébranlé. Mais, pour plus de sécurité, il fait exorciser la Pucelle par le curé du lieu. Jeanne persistant dans son projet, c'est bien Dieu qui inspire la jeune fille.

B   Chapelle castrale   H   Musée municipal
D   Site du château   (Hôtel de ville)

Le gouverneur convaincu, les difficultés s'aplanissent.
Le 23 février 1429, escortée de ses six premiers compagnons d'armes, elle quitte Vaucouleurs par la porte de France, pour une prodigieuse épopée qui la conduira à Rouen où elle mourra le 30 mai 1431.

CURIOSITÉS

Chapelle castrale (**B**) ⊘ – Elle a été édifiée sur les fondations de l'ancienne chapelle du château dont elle a gardé la **crypte** primitive du 13ᵉ s., composée de trois chapelles séparées les unes des autres. La chapelle centrale, faite de quatre ogives qui retombent sur un seul pilier, contient la statue de N.-D.-des-Voûtes, Vierge assise, devant laquelle priait Jeanne pendant son séjour à Vaucouleurs. Les deux chapelles latérales abritent des débris lapidaires provenant de l'ancienne collégiale Ste-Marie.

Porte de France – C'est celle par laquelle Jeanne et sa troupe quittèrent Vaucouleurs. Ce n'est plus qu'un reste de la porte primitive.

Site du château (**D**) – Des fouilles furent entreprises pour mettre au jour les ruines, masquées par la végétation, du château où Jeanne d'Arc fut reçue par Baudricourt. Il reste la partie supérieure de la Porte de France, refaite au 17e s., les soubassements d'origine ayant été enterrés, ainsi qu'une arcade du portail d'entrée. Sur ce site, on a élevé les bases d'une basilique et une église en style néo-gothique. Un énorme tilleul, dont une branche maîtresse, vue de la pelouse, apparaît comme le tronc principal, serait contemporain de Jeanne d'Arc.

Église – 18e s. Ses voûtes sont ornées de fresques. Le banc d'œuvre et la chaire (1717) sont finement sculptés.

Musée municipal (**H**) ⊙ – Installé dans l'aile droite de l'hôtel de ville, ce musée est consacré à l'histoire et à l'archéologie locales.

On remarque surtout, dans la salle Jeanne d'Arc, le **Christ de Septfonds**, magnifique Christ en chêne, provenant de la chapelle St-Nicolas, dépendance de la ferme de Septfonds. En 1428, Jeanne d'Arc, voulant partir remplir sa mission sans l'autorisation de Baudricourt, alla à Septfonds prier devant ce Christ puis revint à Vaucouleurs. Dans la salle dévolue à l'histoire de la ville, on voit un buste de la comtesse Du Barry, née à Vaucouleurs en 1743, son acte de baptême et des pièces authentiques du procès de sa condamnation.

Sur la place de l'hôtel de ville (place A.-François), statue de Jeanne d'Arc, rapportée d'Alger.

VERDUN★★

20 753 habitants
Cartes Michelin nos 57 ou 241 pli 23

Place forte et siège d'un évêché, Verdun s'étage au-dessus de la rive gauche de la Meuse qui y réunit plusieurs bras entre des collines fermement modelées. La ville haute – cathédrale et citadelle – occupe une croupe dominant le fleuve.

L'histoire de Verdun est jalonnée de hauts faits militaires, sa position stratégique en faisant la clef du passage de la Meuse. La ville fut d'abord forteresse gauloise, puis, sous le nom de Virodunum Castrum, forteresse romaine. En 843 y fut signé le célèbre traité *(voir p. 27)* qui, en divisant l'Empire carolingien entre les trois fils de Louis le Pieux, l'attribua au royaume de Lorraine. Rattachée ensuite à l'Empire, elle devint un des Trois Évêchés, enlevés par Henri II en 1552.

Le siège de 1792 – Le 31 août 1792, le duc de Brunswick mit le siège devant la place défendue par le lieutenant-colonel de Beaurepaire. Sur le point de capituler, Beaurepaire préféra se suicider plutôt que d'assister à la reddition de la ville. Les Prussiens n'occupèrent Verdun que quelques semaines, la victoire de Valmy les obligeant à battre en retraite.

Le siège de 1870 – Verdun fut de nouveau assiégée par les Prussiens et, malgré deux sorties victorieuses, dut capituler avec les honneurs de la guerre. Ce fut la dernière place forte quittée par l'ennemi, le 13 septembre 1873.

L'épreuve de 1916 – En 1914 Verdun était, avec Toul, la plus puissante forteresse française. C'est devant elle que se livra la terrible et glorieuse bataille qui porte son nom *(voir p. 262)*.

★**CITADELLE SOUTERRAINE** ⊙
visite : 1/2 h

Elle a été bâtie sur l'emplacement de la célèbre abbaye de St-Vanne, fondée en 952, dont l'une des deux tours, la tour St-Vanne, du 12e s., est le seul vestige de l'ancien monastère que Vauban respecta en reconstruisant la citadelle.

La citadelle : les casemates

La citadelle abrita divers services et les soldats au repos. Presque toutes les troupes qui participèrent à la défense de Verdun y séjournèrent.

Les 7 km de galeries étaient équipés pour subvenir aux besoins d'une véritable armée : magasins à poudre et à munitions, central téléphonique, hôpital avec salle d'opération, cuisines, boulangerie (dans l'écoute n° 4, neuf fours pouvaient cuire 28 000 rations de pain en 24 h), boucherie, coopérative.

Visite – A bord d'un véhicule autoguidé, un circuit fait revivre la vie quotidienne d'un combattant lors de la bataille de 1916, à l'aide d'effets sonores, de scènes animées (mannequins), d'images virtuelles (salle d'état-major, boulangerie), de reconstitutions, notamment celle de la vie dans une tranchée pendant les combats, et celle de la désignation du Soldat inconnu.

C'est dans la salle des fêtes qu'eut lieu, le 10 novembre 1920, la cérémonie du choix du Soldat inconnu, en présence du ministre Maginot. Le plus jeune engagé volontaire, soldat du 132ᵉ Régiment d'Infanterie, Auguste Thin, fut appelé à choisir parmi les huit cercueils exposés celui qui repose maintenant à l'Arc de Triomphe. En additionnant les chiffres de son régiment, il désigna le sixième cercueil.

★VILLE HAUTE *visite : 1 h 1/2*

★**Cathédrale Notre-Dame** – Bâtie sur le point le plus haut de la ville, elle fut reconstruite par l'évêque Heimon de 990 à 1024 à la suite de nombreux incendies et pillages. L'édifice présente le plan caractéristique des basiliques rhénanes de l'époque romane, avec deux chœurs et deux transepts. Le chœur occidental est de style roman rhénan, le chœur oriental, ou grand chœur (1130-1140), est d'inspiration nettement bourguignonne. Au 14ᵉ s., la nef est voûtée d'ogives.

Au 18ᵉ s., après l'important incendie de 1755 qui avait notamment détruit les tours romanes, on décida de réparer l'édifice dans le goût baroque. On rasa les quatre clochers et, sur la base de ceux qui flanquaient l'abside occidentale, on éleva deux tours carrées à balustrade ; dans la grande nef on remplaça l'ogive gothique par le plein cintre et on moulura les piliers ; un majestueux baldaquin à colonnes torses vint coiffer le maître-autel ; on combla la crypte et on masqua les portails romans. La partie romane de l'édifice, dégagée à la suite des bombardements de 1916, a été heureusement restaurée. On a retrouvé la crypte du 12ᵉ s., le **portail du Lion**, au beau tympan représentant le Christ en gloire dans une mandorle entouré des symboles des quatre évangélistes *(illustration p. 46)*, ainsi que quelques sculptures. Tous les vitraux détruits en 1916 ont été refaits par la maison Gruber.

Crypte – Elle a conservé de beaux chapiteaux à feuilles d'acanthe, sur les bas-côtés. Les nouveaux chapiteaux ont été décorés de scènes évoquant la vie des tranchées, les souffrances, la mort...

★**Cloître (B)** – Accolé au flanc Sud de la cathédrale, le cloître comprend trois galeries : l'une, à l'Est, conserve, du début du 14ᵉ s., trois baies intérieures qui donnaient sur la salle capitulaire ; les deux autres galeries, de style flamboyant, datent de 1509 à 1517. Elles sont couvertes de voûtes à réseau. Ce cloître fut édifié sur un emplacement très ancien, la porte romane qui donnait dans l'église étant encore conservée. On peut voir également des sculptures (12ᵉ s.) des contreforts de l'abside (Adam et Ève, Annonciation).

VERDUN

Foch (Pl. Mar.)	CY	8
Mazel (R.)	CY	14
Alsace-Lorraine (Av.) .	CZ	2
Beaurepaire (R.)....	CZ	3
Chevert (Pl.)	CZ	4
Douaumont (Av. de) .	CY	6
Lattre-de-Tassigny (Av. Mar. de).....	CY	10
Mautrôté (R.)	BY	13
Mgr-Ginisty (Pl.) ...	BY	16
Prés.-Poincaré (R.) .	CZ	17
République (Q. de la) .	CY	18
Rú (R. de)	BZ	19
St-Paul (R.)	CY	20
St-Pierre (R.)	BY	21
Soupirs (Allée des) .	BY	24
Tour du Champ (R.).	CZ	29

B	Cloître	H	Hôtel de Ville

★Palais épiscopal – Cet évêché, bâti au 18ᵉ s. par Robert de Cotte sur une assise de rochers dominant la Meuse, est un véritable palais qui servait de résidence aux évêques, autrefois princes du Saint Empire. La cour d'honneur en hémicycle allongé précède le bâtiment principal. L'aile Ouest est occupée par la bibliothèque municipale. L'autre partie de l'évêché abrite le le Centre mondial de la Paix.

Centre mondial de la Paix ⊘ – Comme un parcours initiatique, l'exposition permanente conduit le visiteur, muni d'un casque infrarouge, à pénétrer dans sept salles, illustrant chacune un thème : la guerre, contenir la barberie, perceptions de la guerre et de la paix, les droits de l'homme, construire la paix : ONU, Europe, vouloir rêver la paix.
Doté d'un espace de documentation spécialisé, le centre accueille également des groupes scolaires au sein de classes de paix.

Porte Châtel – Remontant au 13ᵉ s., elle est surmontée d'une ligne de mâchicoulis du 15ᵉ s.

Musée de la Princerie (**M**) ⊘ – Il est installé dans l'ancienne résidence du Princier ou Primicier qui était le premier dignitaire du diocèse après l'évêque. C'est un élégant hôtel avec cour à arcades du 16ᵉ s.
Les salles sont consacrées à la préhistoire, à l'époque gallo-romaine et mérovingienne, au Moyen Âge et à la Renaissance, ainsi qu'à l'industrie locale de la dragée. Remarquer les peintures, la statuaire médiéviale, les faïences anciennes d'Argonne, et surtout un peigne en ivoire sculpté, du 12ᵉ s., sans doute la pièce la plus rare du musée.

AUTRES CURIOSITÉS

Monument de la Victoire (**BCY R**) ⊘ – Un escalier de 73 marches conduit à une terrasse où s'élève une haute pyramide surmontée de la statue d'un guerrier casqué, appuyé sur son épée, symbolisant la défense de Verdun.
Sous le monument se trouve la **crypte** où figure le fichier rassemblant les noms de tous les soldats français et américains ayant combattu devant Verdun.

Hôtel de ville (**CZ H**) ⊘ – Cet ancien hôtel particulier de 1623 est une belle construction Louis XIII.

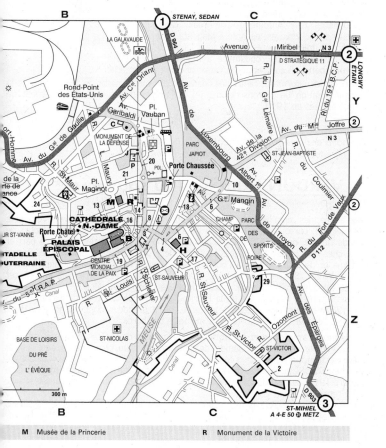

M Musée de la Princerie	**R** Monument de la Victoire

Dans les salles du premier étage sont conservés des décorations, drapeaux et différents souvenirs offerts à la ville après la Première Guerre mondiale, ainsi que des livres contenant la liste des Combattants de Verdun.

Porte Chaussée (**CY**) – La porte Chaussée ou tour Chaussée est une construction du 14e s. qui défendait l'accès de la ville face à la « chaussée de l'Est » et servit de prison ; elle est flanquée de deux tours rondes à créneaux et mâchicoulis ; on lui a ajouté un avant-corps au 17e s. *(illustration p. 302).*

L'épopée des cantinières

Les vivandières, officiellement appelées cantinières à partir de 1854, firent leur apparition dans l'armée française sous le règne de Louis XIV. Leur activité se partageait entre le blanchissage des vêtements des soldats, la vente de boissons, nourriture ou tabac, et les soins aux malades et blessés. A partir de 1800 les cantinières, toutes femmes, mères ou veuves de soldats, deviennent elles-mêmes des militaires et les premiers uniformes sont portés. Leurs signes distinctifs sont le tonnelet d'eau-de-vie, distribuée jusqu'en première ligne, et le petit tablier blanc garni de poches pour recueillir la monnaie.

La grande époque de la cantinière s'étend de la conquête de l'Algérie (1830) à la fin du Second Empire (1870). Celle-ci participe aux défilés vêtue d'un uniforme souvent élégant, version « féminisée » de celui de son unité, qui inspire l'imagerie d'Épinal *(illustration ci-contre).*

Très exposées, ces femmes courageuses entre toutes sont tombées nombreuses au champ d'honneur. On retient quelques figures exceptionnelles telle Antoinette Trimoreau, cantinière aux 2e zouaves, décorée à Magenta de la médaille militaire après avoir sauvé l'aigle de son régiment, puis condamnée à mort pour avoir abattu un combattant adverse, et finalement graciée.

Privées d'uniforme et cantonnées dans les casernes à partir de 1890, date de la généralisation de la conscription, les cantinières disparurent définitivement de nos armées en 1914.

Imagerie d'Épinal/PELLERIN

La cantinière

Les noms des rues principales sont soit écrits sur le plan,
soit répertoriés en liste et identifiés par un numéro.

VERDUN Haut lieu du souvenir★★★

Cartes Michelin nos 56 plis 10, 20, 57 plis 1, 11 ou 241 plis 18, 19, 22, 23

Chaque année, des centaines de milliers de visiteurs recueillis, dont la ferveur l'emporte sur la curiosité, parcourent le théâtre des opérations où, 18 mois durant, au cours de la Grande Guerre, du 21 février 1916 au 20 août 1917, se sont déployées, de part et d'autre, chez chacun des adversaires et jusqu'à leur paroxysme, les plus hautes vertus d'héroïsme et de courage face à l'horreur et à la violence d'une bataille indicible : la **Bataille de Verdun**. Si bien que, depuis, « Verdun » évoque peut-être plus encore cet affrontement que la vieille cité épiscopale dont elle était l'enjeu décisif.
Terre ensanglantée, « Reliquaire de la Patrie », cette partie du front témoigne, depuis plus de 70 ans, avec une puissance inaltérée, de la grandeur dont les hommes sont capables et de la vénération portée à la mémoire des héros.

Des raisons stratégiques et tactiques – Dès le début de la Grande Guerre, en août 1914, les Allemands essaient vainement de contourner Verdun, charnière de toute la ligne de défense française, puis de s'en emparer. Toutefois, l'occupation du « saillant de St-Mihiel » *(p. 208),* au Sud-Est de Verdun, leur permet, jusqu'à l'offensive américaine de septembre 1918, de restreindre sensiblement les voies de communication françaises avec le camp retranché.
Ce dernier n'en demeure pas moins, et malgré des lacunes de la défense (positions inachevées, effectifs réduits, ouvrages presque désarmés), un obstacle des plus redoutables avec sa puissante citadelle, sa ceinture de forts et le terrain difficile de ses plateaux ravinés et boisés coupés par la Meuse.

C'est pourtant là que les Allemands – avec, à leur tête, le général von Falkenhayn – choisissent de frapper un grand coup, en février 1916, avec l'espoir, sinon de réussir la percée décisive qu'ils n'ont pu obtenir sur le front oriental, du moins de « saigner à blanc » les armées françaises.

Il y a nécessité pour eux de retremper le moral des troupes et de l'arrière en effaçant les revers subis sur la Marne et en Argonne, de rétablir le prestige dynastique et de redonner foi en la victoire finale. Il faut aussi prévenir et contrecarrer l'offensive que l'on soupçonne les Alliés de préparer (et qui éclatera le 1er juillet, sur la Somme).

L'opération contre Verdun est confiée au fils de l'empereur Guillaume II, le Kronprinz. Méthodiquement élaborée, avec l'avantage logistique considérable procuré par un réseau ferré local d'une densité exceptionnelle (14 voies) et la proximité des dépôts de Metz, elle parviendra, en dépit de l'importance des moyens en hommes et en matériels mis en œuvre et de leur détection par certains observateurs, à surprendre totalement le Haut Commandement français.

On distingue en fait deux batailles de Verdun. La première est celle de l'« offensive » allemande magistralement préparée et déclenchée par une attaque brusquée, mais se heurtant à une résistance française finalement infranchissable. C'est ce duel titanesque qui par son enjeu et son caractère retint l'attention du monde entier, et c'est lui que l'on évoque communément en parlant de la bataille de Verdun ; malgré l'ampleur des moyens techniques mis en œuvre, le rôle individuel du fantassin y fut capital et, à bravoure égale, la ténacité du Français déterminante.

La seconde bataille est celle de la « reconquête » du terrain perdu, non moins acharnée, mais inscrite dans le contexte d'une reprise de la guerre de mouvement (bataille de la Somme).

L'attaque allemande (février-août 1916) – C'est sur la rive droite de la Meuse, à 13 km au Nord de Verdun, qu'elle se déclenche, engageant d'emblée trois corps d'armée allemands et une concentration d'artillerie sans précédent. En face, deux divisions (72e et 51e) de la 2e armée française seront seules, les trois premiers jours, à soutenir le choc.

Cette offensive va se dérouler en trois phases, de fin février à fin août 1916.

L'attaque brusquée – Elle commence le 21 février 1916, à 7 h 15 du matin, précédée d'un bombardement inouï qui constituait la plus formidable préparation d'artillerie connue jusqu'alors, mais se heurte à une résistance d'une vigueur inattendue.

Le soir, les progrès de l'ennemi sont insignifiants, placés en regard des sacrifices qu'il a consentis ; cependant il s'est emparé du bois d'Haumont.

Les jours suivants, l'Allemand progresse néanmoins, malgré le sacrifice du colonel Driant et de ses chasseurs à pied au bois des Caures ; la prise du fort de Douaumont enlevé par surprise dès le 25 février (il ne sera repris que le 24 octobre) constitue une menace grave contre Verdun, durement canonné, dont la population civile doit être évacuée.

Le général Pétain, nommé commandant en chef de l'armée de Verdun, organise alors la défense, faisant monter nuit et jour renforts et matériel par la seule grande route disponible, celle de Bar-le-Duc à Verdun, qui sera baptisée la **Voie sacrée**. Le 26, il apparaît que l'attaque frontale est contenue, bien qu'il ait fallu céder plusieurs kilomètres de terrain et évacuer, à l'Est, la plaine de la Woëvre.

La bataille aux ailes – En mars et avril, faute d'un résultat décisif dans le secteur étroit initialement choisi, les forces allemandes élargissent leur front d'attaque, de part et d'autre de la Meuse, mais c'est en vain qu'elles s'acharnent contre le Mort-Homme sur la rive gauche, contre la Côte du Poivre et le fort de Vaux sur la rive droite. Le général Pétain adresse à ses troupes l'ordre du jour fameux : « Courage... On les aura ! »

La bataille d'usure – Succédant à Pétain (appelé le 2 mai au commandement du Groupe d'armées du Centre), le général Nivelle doit répondre à des assauts de plus en plus violents, sur un front toujours plus étendu.

L'intensité de la lutte atteint son paroxysme, des hécatombes ponctuent la prise et la reprise, dix ou vingt fois renouvelées, de tel fort ou village en ruine, d'une tranchée ou d'un hectare de boue.

Le 11 juillet marque l'échec de l'ultime offensive allemande (prise de la poudrière de Fleury) ; les troupes du Kronprinz reçoivent du général von Falkenhayn l'ordre de rester désormais sur la défensive.

Le lendemain, une reconnaissance allemande est arrêtée au fort de Souville, limite de leur avance, à 5 km de Verdun.

A la mi-août, les Allemands ne comptent plus à leur actif que la prise des forts de Vaux et de Thiaumont, la Cote 304 et le Mort-Homme. Obligés de faire face à l'offensive russe de Broussilov, depuis le 4 juin, et, à partir du 1er juillet, à celle, franco-britannique, sur la Somme, tout espoir d'emporter la décision à Verdun leur est désormais interdit.

La contre-offensive française (octobre 1916-octobre 1917) – L'initiative sur le front de Verdun appartient désormais à l'armée française. Trois brillantes mais coûteuses offensives préparées minutieusement et menées par les généraux Mangin et Guillaumat vont permettre de reprendre la presque totalité du terrain perdu.

Bataille de Douaumont-Vaux – Engagée le 24 octobre 1916, sur la rive droite, elle obtient, le jour même, la chute des forts de Douaumont et Thiaumont ; le 2 novembre, c'est au tour du fort de Vaux d'être réoccupé.

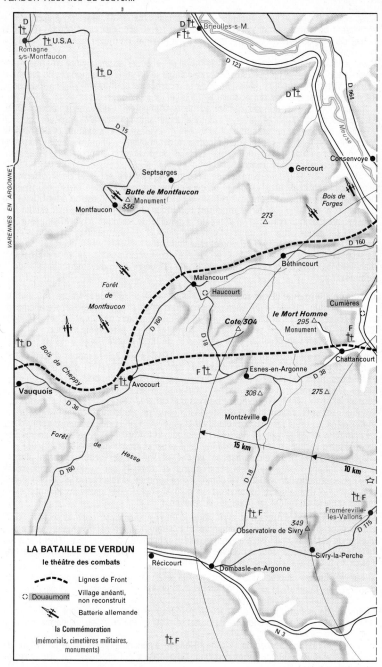

Bataille de Louvemont-Bezonvaux – Livrée du 15 au 18 décembre 1916, toujours sur la rive droite, elle dégage définitivement les secteurs de Vaux et Douaumont.

Bataille de la Cote 304 et du Mort-Homme – A partir du 20 août 1917, après plusieurs mois de relative accalmie, c'est le dernier coup de boutoir, donné cette fois des deux côtés de la Meuse.

La crête du Mort-Homme redevient française ainsi que la Côte de l'Oie dès le premier jour, la Cote 304 le 24 août, les Allemands se trouvent partout rejetés sur leurs positions du 22 février 1916 et c'est vainement qu'ils contre-attaqueront jusqu'en octobre.

L'étau allemand autour de Verdun est desserré, mais il faudra attendre l'offensive franco-américaine du 26 septembre 1918 pour recouvrer, le 4 octobre, puis dépasser la ligne de résistance française du 21 février 1916.

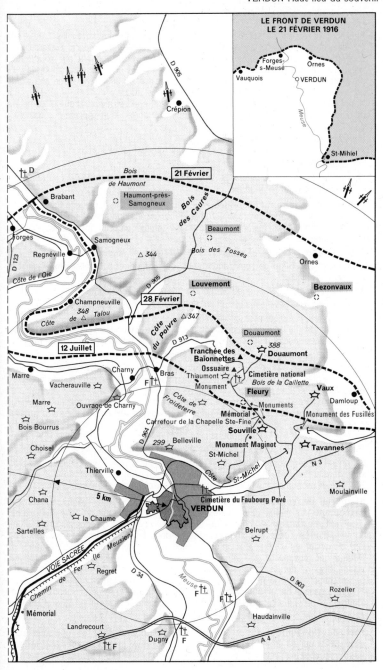

LE FRONT DE VERDUN
LE 21 FÉVRIER 1916

Le bilan de l'hécatombe – La bataille de Verdun a été (comme Stalingrad pour le conflit de 1939-1945) le « tournant » de la guerre par ses conséquences militaires et morales. Son retentissement a été immense : elle révéla l'inébranlable résolution du « poilu » français et l'impuissance du Kaiser à emporter la décision sur le front occidental.

La durée et l'âpreté de la lutte, l'atrocité des moyens utilisés (gaz toxiques, lance-flammes), les pertes et les souffrances supportées par les deux camps, l'héroïsme déployé de part et d'autre ont fait de « l'enfer de Verdun » le pathétique exemple du sommet atteint par le patriotisme, le courage et l'endurance humaine confrontés au cauchemar de la guerre. Maurice Genevoix écrira : « Nous avons connu l'incommunicable ».

En moins de deux années, cette bataille a mis aux prises plusieurs millions d'hommes et causé la mort de centaines de milliers d'entre eux (près de 400 000 soldats français, presque autant de soldats allemands, des milliers de soldats américains).

LE THÉÂTRE DES COMBATS *carte p. 264-265*

Plusieurs décennies se sont écoulées depuis la Grande Guerre et les traces des combats dont Verdun fut l'enjeu n'ont pas encore totalement disparu. Le terrain est toujours bouleversé et, dans certains secteurs, la végétation n'a pas tout à fait repris ses droits. Les terres devenues impropres à la culture ont été reboisées. La gigantesque bataille de 1916-1917 eut pour théâtre les deux rives de la Meuse, de part et d'autre de Verdun, sur un front de plus de 200 km^2.

Nous décrivons ci-après les lieux dont l'aspect encore meurtri ou le caractère commémoratif permettent le mieux d'évoquer l'importance et l'âpreté des combats.

Rive droite – *21 km – environ 3 h. Carte Michelin n° 57 plis 1, 11.*

C'est le secteur central, la Zone Rouge de la bataille, là où celle-ci, en fait, connut son tournant décisif.

Quitter Verdun par ② du plan, N 3, route d'Étain en suivant l'avenue de la 42ᵉ-Division, puis l'avenue du Maréchal-Joffre.

Cimetière militaire du Faubourg-Pavé – En traversant le Faubourg-Pavé, on voit sur la gauche le cimetière (5 000 tombes) où ont été inhumés les corps des sept soldats inconnus apportés à Verdun en même temps que celui qui repose sous l'Arc de Triomphe de l'Étoile à Paris.

Prendre, après le cimetière, à gauche, la D 112 (route de Mogeville).

Sur la droite, à 6 km de l'embranchement, on passe devant le **monument Maginot** et le fort de Souville.

La D 112 rejoint la D 913, que l'on prend à droite (vers Verdun).

Prendre ensuite à gauche la D 913ᴬ en direction du fort de Vaux.

Le terrain est complètement bouleversé.

Un peu à l'écart de la route, on peut voir sur la droite le **monument des Fusillés de Tavannes** (relatif à un épisode de 1944) *(un chemin, praticable en voiture, mène au monument)*.

Fort de Vaux ⊘ – Parvenus dès le 9 mars 1916 aux approches mêmes du fort, les Allemands ne s'en emparèrent que le 7 juin après une héroïque défense de la garnison sous les ordres du commandant Raynal. Cinq mois plus tard, au cours de leur première offensive, les troupes du général Mangin réoccupaient l'ouvrage.

La visite du fort sous la conduite d'un guide permet de parcourir un certain nombre de galeries et de réduits. Des vitrines et des documents historiques font revivre certains aspects marquants de l'époque 1914-1918. Du sommet du fort, vue sur l'Ossuaire, le cimetière et le fort de Douaumont, sur les côtes de la Meuse et la plaine de la Woëvre.

Revenir à la D 913 (route de Charny) en direction de Fleury et de Douaumont, à droite.

Le terrain est encore bouleversé et l'on distingue à grand-peine le fort de Souville, dernier réduit de la défense française devant Verdun. Au carrefour de la chapelle Ste-Fine, le monument du Lion marque le point extrême de l'avance allemande.

Mémorial de Verdun ⊘ – Dans cet historial de la guerre 14-18, qui évoque d'émouvants souvenirs, deux postes vidéo, une carte illustrée et trois diaporamas montrent les différentes phases de la bataille cependant qu'une collection d'uniformes, d'armes, de pièces d'équipement, de documents en illustrent l'acharnement. Du mémorial on distingue l'Ossuaire avec le cimetière militaire et le fort de Douaumont *(télescope)*. Un peu plus loin, une stèle a été élevée sur les ruines du village disparu de Fleury-devant-Douaumont, qui fut pris et repris 16 fois ; une petite chapelle dont la façade est ornée d'une statue de Notre-Dame-de-l'Europe, à 100 m à gauche de la route, occupe l'emplacement présumé de l'ancienne église de Fleury ; un peu plus loin sur la gauche, le monument aux morts.

On prend à droite la D 913ᴮ qui aboutit à Douaumont.

Fort de Douaumont ⊘ – Construit en pierre en 1885, en un point haut (Cote 388) qui en faisait un observatoire stratégique, il vit ses défenses plusieurs fois renforcées jusqu'en 1913. A l'entrée en guerre, il se trouvait recouvert par une carapace de béton d'un mètre d'épaisseur, elle-même séparée des voûtes de maçonnerie par un mètre de sable. Selon les propres termes du communiqué allemand, cet ouvrage constituait le « pilier angulaire du Nord-Est des fortifications permanentes de Verdun ».

Enlevé par surprise le 25 février 1916, dès le début de la bataille de Verdun, il fut repris le 24 octobre, par les troupes du général Mangin (38ᵉ Division).

Dans la première salle, quelques souvenirs et documents évoquent les conditions matérielles du combat. On parcourt ensuite les galeries, casemates, magasins, montrant l'importance et la puissance de cet ouvrage. Une chapelle marque l'emplacement de la galerie murée où furent inhumés 679 soldats de la garnison allemande, tués par l'explosion accidentelle d'un dépôt de munitions, le 8 mai 1916. De la superstructure du fort, on domine le champ de bataille de 1916 et on distingue l'Ossuaire. Un peu plus loin sur la droite, une chapelle a été élevée à l'emplacement de l'ancienne église du village de Douaumont complètement anéanti lors de la poussée allemande du 25 février au 4 mars 1916.

Revenir à la D 913 que l'on prend à droite.

Ossuaire de Douaumont 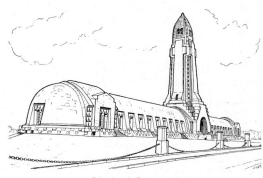 ⊘ – Édifié pour recueillir les restes non identifiés d'environ 130 000 combattants français et allemands tombés au cours de la bataille, c'est le plus important des monuments français en souvenir de la guerre 1914-1918. Cette vaste nécropole comprend une galerie transversale longue de 137 m dont les 18 travées contiennent chacune deux sarcophages en granit. Sous la voûte centrale se trouve la chapelle catholique. Au centre du monument s'élève la Tour des morts, haute de 46 m, silencieuse et émouvante vigie en forme d'obus dans lequel s'inscrivent quatre croix, symboliques points cardinaux de pierre voulant marquer l'universa-lité du drame. Au 1er étage de la tour a été aménagé un petit musée de guerre. Au som-met, on peut voir la lanterne des morts avec la clo-che (2 300 kg) en-tourée des quatre feux blancs et rouges du phare. Du haut de cette tour *(204 mar-ches)*, à travers les fenêtres, des tables d'orientation per-mettent d'identifier les différents sec-

Ossuaire de Douaumont

teurs du champ de bataille. Dans une autre salle, projections audiovisuelles ayant pour thème l'Héroïsme du combattant de Verdun.

Devant l'Ossuaire s'alignent les 15 000 croix du **cimetière national.**

A gauche du parking, un petit sentier conduit à l'ouvrage de Thiaumont maintes fois pris et repris au cours de la bataille.

Tranchée des Baïonnettes – Une porte massive donne accès au monument recou-vrant la tranchée où, le 10 juin 1916, les hommes de deux compagnies du 137e R.I. furent ensevelis, debout, à la suite d'un bombardement d'une violence inouïe.

Rive gauche – *50 km – environ 2 h 1/2.* Carte Michelin n° 56 plis 10, 20.

La lutte fut souvent aussi acharnée sur la rive gauche que sur la rive droite. En septembre 1918, les troupes américaines du général Pershing jouèrent dans ce secteur un rôle très important.

Quitter Verdun au Nord-Ouest par la D 38 (route de Varennes-en-Argonne) et, à Chattancourt, prendre à droite la route du Mort-Homme.

Le Mort-Homme – Ce sommet boisé fut l'enjeu de furieux combats. Tous les assauts allemands de mars 1916 furent brisés sur cette crête. Près d'un monument élevé aux morts de la 40e division, un autre monument porte, gravée sur le socle, cette inscription : «Ils n'ont pas passé.»

Revenir à Chattancourt et reprendre à droite la D 38 et peu après Esnesen-Argonne la D 18 vers Montfaucon. 2 km plus loin, un chemin à droite conduit à la Cote 304.

La Cote 304 – Pendant près de quatorze mois, les Allemands se heurtèrent là à une farouche résistance des troupes françaises. La Cote 304 et le Mort-Homme, véritables pivots de la défense de Verdun sur la rive gauche, revêtaient en effet une importance stratégique considérable.

Butte de Montfaucon – Un monument américain s'y dresse. *Voir à ce nom.*

Cimetière américain de Romagne-sous-Montfaucon – Il s'étend sur 52 ha et contient plus de 14 000 tombes, surmontées de croix en marbre blanc rigoureuse-ment alignées. Avec ses allées goudronnées, ses pelouses ombragées, son plan d'eau et ses parterres de fleurs, il compose un immense parc de repos. Au centre du monument commémoratif s'élève la chapelle ; dans les galeries latérales sont inscrits les noms des soldats disparus (954) ; dans la galerie de droite, une carte gravée dans la pierre calcaire d'Euville indique les secteurs du combat.

La route traverse le cimetière.

A Romagne-sous-Montfaucon prendre à gauche la D 998, puis encore à gauche la D 946 jusqu'à Varennes-en-Argonne (voir le guide Vert Champagne Ardennes). Conti-nuer par la D 38 que l'on quitte à 5 km plus loin pour tourner à droite.

Butte de Vauquois – *A la sortie de Vauquois, prendre à droite le chemin gou-dronné d'accès à la butte. Laisser la voiture et gravir le sentier qui conduit au sommet. Description dans le guide Vert Champagne Ardennes.*

VÉZELISE

1 396 habitants

Cartes Michelin nᵒˢ 62 plis 4, 5 ou 242 pli 21

Ancienne capitale du comté de Vaudémont, située au confluent de l'Uvry et du Brénon, Vézelise fut longtemps connue pour sa brasserie fondée en 1863 par Antoni Moreau et qui ferma ses portes en 1972.

Les halles, qui sont de 1599, voisinent avec l'ancien hôtel de ville au gracieux portail, un peu plus ancien que les halles, puisqu'il est de 1561.

L'**église** des 15ᵉ et 16ᵉ s. présente, sur son côté Sud, une belle porte que surmonte un gâble flamboyant et que ferment des vantaux Renaissance sculptés des effigies des saints Côme et Damien en habits de médecin ; à l'intérieur, beaux vitraux du 16ᵉ s. dans le chœur et le transept.

ENVIRONS

★★**Colline de Sion-Vaudémont** – *8 km au Sud. Voir à ce nom.*

★**Château d'Haroué** – *8,5 km à l'Est par les D 904 et D 9. Voir à ce nom.*

Thorey-Lyautey – *5 km au Sud-Ouest par la D 5.*

C'est dans ce petit village que le **Maréchal Lyautey** vint finir ses jours.

Louis Hubert Lyautey, né à Nancy en 1854, dans une famille qui comptait plusieurs généraux d'Empire, passa la majeure partie de sa longue carrière militaire hors de France. Élu à l'Académie française en 1912, il fut Résident général de France au Maroc de 1912 à 1925 et Commissaire général de l'Exposition coloniale de 1931.

Le **château** ⊙ où il mourut le 27 juillet 1934 avait été construit par ses soins, au début du siècle, pour jouxter la maison de famille du 18ᵉ s. qu'il possédait en ce lieu. Conservé en l'état jusqu'en 1980, il fut mis en vente puis racheté par l'Association nationale Maréchal-Lyautey ; depuis, il a été l'objet d'une campagne de rénovation. Dans le beau parc paysager a été édifié le mémorial Lyautey avec les colonnades et l'épitaphe du mausolée de Rabat où Lyautey a reposé de 1935 à 1961 avant le transfert de ses cendres aux Invalides.

La **visite** permet de pénétrer dans le cadre familial où le maréchal Lyautey passa les neuf dernières années de sa vie : son bureau attenant à la bibliothèque riche de 16 000 volumes, sa chambre, le salon d'Indochine et de Madagascar et le **salon marocain**★ (réalisé par des artisans venus spécialement du Maroc) ; au passage admirer l'escalier d'honneur orné d'une rampe en fer forgé de Jean Lamour.

Installé dans une aile du château, le **musée national du Scoutisme** (photos, affiches, insignes, uniformes, maquettes...) rappelle qu'il fut président d'honneur de toutes les fédérations du scoutisme français.

VIEIL-ARMAND★★

Cartes Michelin nᵒˢ 87 pli 18 ou 242 pli 35 – Schéma p. 198

Le nom de Vieil-Armand fut décerné par les « poilus » de 1914-1918 à l'Hartmannswillerkopf, contrefort des Vosges qui tombe en pentes escarpées sur la plaine d'Alsace. Position de choix, le Vieil-Armand fut un des champs de bataille les plus meurtriers du front d'Alsace (30 000 morts, Français et Allemands). Sur ses pentes dévastées pas les obus, attaques et contre-attaques se succédèrent en 1915 et le sommet, transformé en formidable forteresse, fut pris et repris plusieurs fois.

Monument national du Vieil-Armand ⊙ – Le monument est formé, au-dessus d'une crypte renfermant les ossements de 12 000 soldats inconnus, par une vaste terrasse surmontée d'un autel en bronze, dont les faces représentent les armoiries des grandes villes de France.

Montée au sommet – *1 h à pied AR.* Traverser le cimetière du Silberloch. Il s'étend derrière le monument national et renferme 1 260 tombes et plusieurs ossuaires. Suivre son allée centrale puis le sentier qui la prolonge. Se diriger vers le sommet du Vieil-Armand (alt. 956 m) surmonté d'une croix lumineuse de 22 m de haut, borne-limite du front français. Tourner à droite en direction de la croix en fer des Engagés volontaires alsaciens-lorrains érigée sur un promontoire rocheux. De là **panorama**★★ sur la plaine d'Alsace, la chaîne des Vosges, la Forêt-Noire et les Alpes par temps clair. Monuments commémoratifs parmi lesquels le monument des Diables Rouges du 152ᵉ R.I. et le monument des Chasseurs allemands. Éléments de tranchées et abris principalement allemands.

*Pour voyager, utilisez les **cartes Michelin au 1/200 000.***
Elles sont constamment tenues à jour.

VILLEY-LE-SEC

239 habitants
Cartes Michelin n°s 62 pli 4 ou 242 pli 17

La localité, disposée sur une crête flanquant la rive droite de la Moselle, constitue le seul exemple, en France, d'un village intégré dans un ensemble fortifié de la fin du 19e s. Cet ouvrage, élément du système fortifié de Toul, illustre le système défensif Séré de Rivières *(voir p. 34)*.

Église – Reconstruite en 1955, l'église possède des vitraux modernes et une Vierge du 14e s., en pierre.

★**Ensemble fortifié** ⊙ – *Laisser la voiture à la sortie du village, route de Toul.* Cet ensemble, édifié en 5 ans, n'eut pas de rôle actif durant la guerre 1914-1918. Abandonné, il dut à l'initiative privée de pouvoir être remis en état et en partie réarmé. L'extérieur de la batterie Nord, avec son front cuirassé, son fossé, ses caponnières, ses cloches observatoires, sa tourelle cuirassée à éclipse à canons de 75 jumelés, dont on visite la chambre de tir *(3 étages)*, préfigurent ce qui fut réalisé plus tard pour les gros ouvrages de la Ligne Maginot.

Le transfert au fort se fait par chemin de fer à voie de 60.

Vue sur la batterie Sud et la courtine Sud-Ouest.

Le Fort ou réduit de la défense abrite, outre les magasins et casernements, un musée **Séré de Rivières** (matériels de fortifications français et allemands) et une crypte du souvenir. On y voit aussi un chemin de fer militaire, une tourelle cuirassée à canons de 155 remise en état de fonctionnement, un coffre de contrescarpe avec son canon revolver Hotchkiss modèle 1879 *(tir à blanc)* et un canon de 12 « culasse ».

*Les cartes Michelin de la région
figurent sur le tableau d'assemblage en page de sommaire.*

VITTEL ‡‡

6 296 habitants
Cartes Michelin n°s 62 pli 14 ou 242 pli 29 – Schéma p. 271

Vittel est une station hydrominérale très réputée qui joint à la vertu de ses eaux l'avantage d'être située dans une région agréable.
Les environs de Vittel sont boisés et accidentés et la ville thermale a été créée en dehors de l'agglomération urbaine. Les eaux minérales de Vittel sont employées principalement dans le traitement des maladies métaboliques (arthritisme, goutte, migraine, allergies) et des affections des reins et du foie.

Il existe, à côté de l'établissement thermal, un **parc**★ (**BY**) de 25 ha dessiné dans le style paysagiste, abondamment fleuri et agrémenté d'un kiosque à musique où se donnent de nombreux concerts en saison ; ce parc se prolonge agréablement par de vastes terrains de sport (champ de courses, polo, golf, tennis, etc.). Le nouveau Palais des Congrès a été inauguré en 1970.
A l'entrée Ouest de la ville, l'**usine d'embouteillage** (**AZ**) ⊙ de Vittel SA permet au public de suivre la fabrication d'un kiosque plastiques ainsi que l'embouteillage et le conditionnement de celles-ci et des bouteilles en verre. Seize séries de machines peuvent assurer un conditionnement journalier de 5,4 millions de bouteilles de contenances différentes.
Vis-à-vis de cette usine, entre la route (D 429) et la lisière d'un bois de sapins, s'étendent les pelouses et les installations du stade olympique Jean-Bouloumié inauguré en 1968.

Croix de mission de Norroy et chapelle Ste-Anne – *3 h à pied AR. Quitter Vittel au Nord par l'avenue A.-Bouloumié* (**AY**).
Après avoir laissé le centre équestre à droite, prendre à gauche un chemin goudronné qui traverse une prairie, puis s'élève dans le bois de la Vauviard. L'itinéraire franchit la D 18 pour atteindre, après un raidillon, la croix de mission de Norroy.

Croix de mission de Norroy – **Vue** étendue sur les bassins du Vair et du Mouzon vers le Nord-Ouest, sur la crête des Faucilles au Sud, et au Sud-Est sur les sommets des Vosges.

Tourner à gauche et traverser un petit bois. A un calvaire, croisement d'un chemin allant de Vittel à Norroy.

Chapelle Ste-Anne – Elle s'élève à l'orée de la forêt de Châtillon, au pied d'un très beau chêne. La chapelle n'est qu'une petite maison sans caractère, mais on y voit, à l'intérieur, un retable aux douze apôtres, du 16e s. (les têtes sont brisées). De là, jolie vue, vers le Nord-Ouest, sur la vallée du Vair.

Continuer tout droit.

Traverser le bois de Châtillon à la sortie duquel on découvre un nouveau point de vue sur Vittel, que l'on rejoint bientôt.

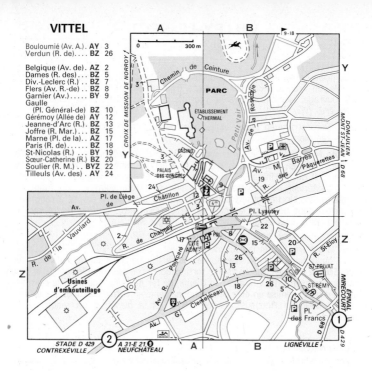

ENVIRONS

Domjulien – *8 km par la D 68, au Nord-Est.*
L'église des 15e-16e s., très remaniée, abrite un remarquable ensemble de
sculptures, groupées surtout dans le bas-côté gauche : retable (1541) représentant
la Crucifixion et les douze apôtres ; Mise au tombeau du début du 16e s. avec les
anges portant les instruments de la Passion ; statues de saint Georges (16e s.) et de
saint Julien.
Sur l'autel latéral droit, belle statue de Vierge à l'Enfant jouant avec un ange de la
fin du 15e s.

FORÊT DOMANIALE DE DARNEY

Circuit de 80 km – environ 3 h – schéma p. 271

Quitter Vittel par ① du plan, D 429. A 3,5 km prendre à droite.

Le massif forestier de Darney totalise une superficie d'environ 15 000 ha dont
8 000 ha pour la seule forêt domaniale de Darney. Bien que le hêtre soit aujour-
d'hui devenu dominant dans les peuplements, ce massif prestigieux continue à
fournir des chênes de fortes dimensions d'une exceptionnelle qualité. La gestion
sylvicole actuelle tend d'ailleurs à conforter la place de cette forêt parmi les
premières chênaies françaises.

Thuillières – Le **château** ⊙ fut construit par Germain Boffrand *(voir p. 45)* pour lui
servir de résidence en Lorraine où il séjournait souvent pour ses nombreux chantiers. C'est à Thuillières aussi que, après s'être retirée de la scène, Ève Lavallière,
brillante artiste de la Belle Époque, termina sa vie dans une austère retraite.
Peu après, sur la gauche, dans le pittoresque vallon de Chèvre-Roche, on aperçoit la
chapelle de l'ancien ermitage de N.-D.-de-Consolation. La route domine le ruisseau
de Thuillières.

Darney – Le 30 juin 1918, le président Poincaré *(voir p. 209)* y proclama, au nom
des Alliés, devant M. Benès et deux régiments tchécoslovaques, l'indépendance de
leur patrie.
Un petit **musée** ⊙ tchécoslovaque est installé dans l'ancien hôtel de ville, surnommé
le château.
L'église, ancienne collégiale, fut inaugurée le 27 avril 1789. L'intérieur renferme de
belles boiseries, notamment dans le chœur.
A la sortie de la ville, on remarquera sur la gauche un monumental calvaire de
pierre du 18e s.

Poursuivre par la D 164 et prendre à droite la D 5.

La route traverse Attigny puis serpente dans la vallée boisée de la Saône. Le
parcours est très agréable.

A Claudon, tourner à gauche dans la D 5E qui mène à Droiteval.

Droiteval – Petite localité qui posséda une abbaye de cisterciennes, datant de 1128 et dont il reste encore l'église.

Dans Droiteval, prendre à droite, à hauteur d'une belle propriété fleurie, admirablement située à l'extrémité d'un petit étang encadré par la forêt. Continuer par une petite route étroite et pittoresque, qui longe l'Ourche.

Après la maison forestière de Senenne, le chemin tourne à gauche puis à droite, et continue sur la Hutte et Thiétry pour atteindre Hennezel.

Hennezel – Petite localité au milieu de la forêt, où l'on dénombrait autrefois 19 verreries fondées au 15ᵉ s. par des verriers de Bohême et aujourd'hui disparues.

A 1,5 km au Sud d'Hennezel, juste avant le hameau de Clairey, le petit **musée de la Résidence** ⊙ rassemble divers souvenirs sur les anciens métiers de la forêt et les réseaux de résistance locale.

A 6,5 km d'Hennezel, prendre à gauche.

Face au village de Grandrupt-de-Bains, un monument, en bordure de la route, rappelle le sacrifice de 117 maquisards morts en déportation.

Vioménil – C'est sur son territoire que se trouve la source de la Saône.

De Vioménil par la D 40, rejoindre la D 460 que l'on suit à droite, passer le carrefour de la D 3 et continuer à suivre la D 460 jusqu'au virage précédant le Void-d'Escles. Dans ce coude, prendre à droite un chemin forestier suivant la vallée du Madon qui, au bout de 2 km, passe à proximité du Vallon Druidique où se trouve le Cuveau des Fées.

Cuveau des Fées – *1 h 1/2 à pied AR.* Laisser la voiture au départ du sentier grimpant, en 100 m, à la nouvelle chapelle St-Martin et à la grotte voisine du même nom, dont la visite est dangereuse, toutes deux situées à l'entrée du frais vallon encaissé chargé de signification religieuse – païenne et chrétienne – où le Madon prend sa source.

De là, un autre sentier, escaladant sous bois le versant gauche du vallon, aboutit au Cuveau des Fées, extraordinaire roche plate creusée de main d'homme en forme de bassin octogonal de plus de 2 m de diamètre et dont le socle central, aujourd'hui arasé, aurait servi de pierre des sacrifices aux anciens druides.

Revenir par le même chemin à la D 460, pittoresque, qui ramène à Darney d'où l'on regagne Vittel.

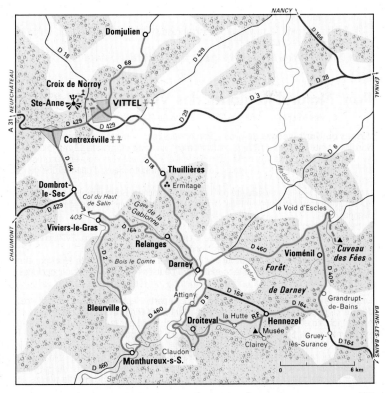

PAYSAGES DE LA VÔGE

Circuit de 62 km – environ 1 h 1/2 – schéma p. 271

Quitter Vittel par ② du plan et la D 429 qui traverse le bois du Grand Ban.

Région gréseuse au relief relativement accusé, assurant la transition entre les Vosges et le plateau Lorrain, la Vôge conserve une partie de l'épais manteau forestier qui contribua longtemps à son isolement.

⧎⧎**Contrexéville** – *Voir à ce nom.*

La D 164, au Sud de Contrexéville, remonte le vallon de Vair à travers le plateau dénudé des Faucilles.

Dombrot-le-Sec – L'intérieur de l'**église** ⊘, aux piliers trapus – ceux des deux premières travées ornés de chapiteaux –, renferme une belle tribune, des ferronneries du 18e s. (poutre de gloire et balustrade du chœur), une Vierge à l'Enfant du 14e s. et une Sainte Anne du 16e s.

On passe au col du Haut de Salin (cote 403).

Viviers-le-Gras – Belles fontaines du 18e s.

Prendre à droite la D 2.

La route suit la vallée du Gras, à travers la forêt.

Bleurville – Les Romains y installèrent un établissement de bains.

Dans Bleurville, prendre la rue St-Pierre qui monte vers l'église; laisser l'église sur la droite et suivre la rue Bezout, à gauche, sortant du village en direction de Monthureux-sur-Saône.

Monthureux-sur-Saône – Bâti autour d'une éminence rocheuse sur laquelle était autrefois campé un château, le vieux bourg a conservé en partie ses maisons anciennes. L'**église** paroissiale, reconstruite au 16e s., abrite une **Mise au tombeau**★ (école rhénane) dont les personnages grandeur nature, en bois polychrome, entourent un émouvant Christ allongé.

Rejoindre Darney par la D 460 d'où l'on a une vue étendue sur la forêt de Darney.

500 m avant l'entrée de Darney, monument franco-tchécoslovaque.

Darney – *Page 270.*

Relanges – **Église** intéressante. Les colonnes du porche et le pignon de la façade sont du 11e s.; le transept, les absides et la tour, du 12e s.; la nef et les bas-côtés ont été reconstruits au 16e s. Le chevet et le clocher carré, qui s'élèvent à la croisée du transept, sont très beaux.

La route remonte, à travers le massif forestier de Bois le Comte, un vallon étroit appelé **gorges de la Gabionne.**

La D 164 ramène à Contrexéville, puis la D 429 à Vittel.

Parc Naturel Régional des VOSGES DU NORD★★

Cartes Michelin nos 87 plis 2, 3, 13, 14 ou 242 plis 11, 12, 15, 16, 19

Vosges du Nord, Vosges de grès – Peu élevées mais souvent escarpées, les Vosges du Nord ou Petites Vosges diffèrent profondément du reste du massif. Le manteau de grès qui les constitue a été disséqué, par des vallées aux entailles souvent profondes, en longues tables presque horizontales ou en croupes moutonnées, d'une altitude généralement inférieure à 500 m.

Dans le détail, le grès a été sculpté par l'érosion en rochers isolés aux allures déchiquetées, aux formes étranges évoquant des tours, des champignons géants, des arches cyclopéennes.

Outre ces roches ruiniformes, de véritables forteresses se dressent encore sur des monts revêtus de sombres sapins. L'une d'elles, le château de Fleckenstein *(p. 277)*, constitue un excellent belvédère sur les Vosges du Nord.

Au Sud de Wissembourg, un détour par Seebach, Hunspach et Hoffen fera connaître de charmants villages alsaciens où le touriste aura peut-être la surprise de voir quelques jolis costumes ou de participer à un joyeux «messti» ou fête populaire *(voir p. 28).*

Le Parc Naturel – Créé en 1976, il recouvre la partie septentrionale du massif vosgien, décrite ci-après. D'une superficie de plus de 120 000 ha, il s'étend entre le Nord du plateau lorrain et la plaine d'Alsace et est limité au Nord par le Parc naturel du Palatinat, en Allemagne, au Sud par l'autoroute A 4 (Metz-Strasbourg).

La région, boisée sur plus de 60 % de sa surface, est composée de hêtres, chênes, pins et épicéas. Les vallées sont parsemées de prairies et d'étangs. Le Parc, loin de vouloir constituer une réserve interdite, se donne pour mission à la fois de sauvegarder l'intégralité du patrimoine et la qualité de la vie, et d'en faire profiter le public.

Des animations diverses (randonnées pédestres, équestres et cyclotouristiques, stages de découverte de la nature, randonnées à thèmes, affûts...) et la mise en valeur de la flore et de la faune permettent aux visiteurs de découvrir le milieu naturel, le style de vie et les activités économiques essentiellement agricoles ou forestières de cette région.

Le territoire couvert par le Parc compte, sur 101 communes, près de 30 ruines de châteaux et forteresses, des ouvrages de la Ligne Maginot, des musées techniques (Maison du verre et du cristal de Meisenthal, musée du Pétrole à Merkwiller), des musées d'arts et traditions populaires (Imagerie peinte à Pfaffenhoffen, positifs de moules à gâteaux à La Petite-Pierre).

Les itinéraires décrits ci-après dans les Vosges gréseuses au Nord du col de Saverne permettent, au cours d'un trajet effectué en grande partie en forêt, de visiter quelques monuments et d'admirer des sites choisis parmi les plus typiques de la région.

Le Parc Naturel des Vosges du Nord est classé Réserve mondiale de la Biosphère par l'UNESCO.

① TRAVERSÉE DU PAYS DE HANAU
De Saverne à Niederbronn

141 km – environ 4 h 1/2 – schéma p. 274 et 275

★Saverne – *Voir à ce nom.*

Peu après la sortie de Saverne par Ottersthal, la D 115, dans un virage à droite, traverse le vallon très frais de Muhlbach, puis passe sous l'autoroute.

St-Jean-Saverne – *Voir à ce nom.*

Peu après, St-Jean-Saverne, on distingue à droite, sur une hauteur boisée dominant Saverne, les ruines du Haut-Barr ; plus à droite, au sommet du versant opposé de la vallée de la Zorn, on aperçoit les ruines du château du Griffon.

Prendre à gauche en direction de Dossenheim-sur-Zinsel.

★Neuwiller-lès-Saverne – *Voir à ce nom.*

Bouxwiller – *Voir à ce nom.*

De là on se dirige vers Weiterswiller par les D 6 et D 7.

Après Weiterswiller, route pittoresque en forêt. *On fera un détour jusqu'à La Petite-Pierre et l'étang d'Imsthal.*

★La Petite-Pierre – *Voir à ce nom.*

Étang d'Imsthal – *Le chemin qui y mène s'embranche sur la D 178 à 2,5 km de La Petite-Pierre. Bien situé au fond d'un bassin de prairies entourées de forêts, il constitue un charmant but de promenade (parking réservé aux clients de l'hôtel). Revenir à la D 178, la prendre à gauche et tourner dans la D 122 à droite.*

Graufthal – Dans ce hameau de la vallée de la Zinsel, on visite des maisons troglodytes creusées dans les belles falaises de grès rouge d'une hauteur de 70 m. Elles furent habitées jusqu'en 1958.

Prendre au retour à La Petite-Pierre la route d'Ingwiller en descente dans la vallée du Mittelbach aux pentes couvertes d'arbres. Au-delà de Sparsbach, la forêt laisse place à des espaces cultivés.

Après Ingwiller, la D 919 suit la vallée de la Moder. A 3,5 km, prendre à droite la D 181.

Château de Lichtenberg ⊙ – *Suivre le prolongement de la rue principale de Lichtenberg (D 257) jusqu'au sentier d'accès au château où laisser la voiture.*

Le château, dont le donjon date du 13ᵉ s., était occupé, le 9 août 1870, par une garnison qui dut capituler après un bombardement meurtrier. Il a été restauré depuis.

Reipertswiller – La silhouette de la vieille **église St-Jacques**, adossée à une colline verdoyante et dominant le petit bourg, ne manque pas d'allure avec son clocher carré remontant au 12ᵉ s. et son chœur de style gothique élevé vers 1480 par le dernier des Lichtenberg, Jacques le Barbu.

Retrouver la D 919 à Wimmenau.

A **Wingen-sur-Moder**, on atteint la région des cristalleries et verreries Lalique.

Un peu avant la sortie de Wingen, prendre à droite la D 256.

Pittoresque et en corniche, la route domine des pentes couvertes de forêts (hêtres et pins) que coupent de petites vallées dont le vert clair tranche agréablement sur le vert sombre des forêts.

Pierre des 12 apôtres – Appelée également Breitenstein, cette « pierre levée » est fort ancienne. Elle ne fut sculptée qu'à la fin du 18ᵉ s., en exécution d'un vœu : sous la croix, on reconnaît les 12 apôtres, répartis, trois par trois, sur les faces du menhir...

Colonne de Wingen – Ancienne borne routière. à hauteur de la colonne, à gauche, belle vue sur la vallée de Meisenthal et au loin Rohrbach.

A gauche se détache la route de Meisenthal (D 83).

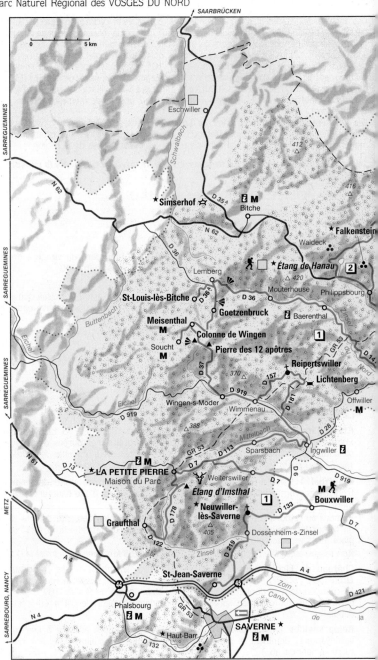

Meisenthal – Au centre de la localité, l'ancienne verrerie, fermée depuis 1970, abrite **la Maison du verre et du cristal** ⊙ avec reconstitution de la fabrication (fours, film explicatif) et présentation des produits de la verrerie depuis le 18ᵉ s.

A 2 km au-delà de Meisenthal, à **Soucht**, a été installé dans un ancien atelier qui fonctionnait encore en 1978 le **musée du Sabotier** ⊙.

Goetzenbruck – Localité vivant de l'industrie du verre, Goetzenbruck possède une importante fabrique de verres de lunettes.

Prendre à gauche la D37ᴮ.

St-Louis-lès-Bitche – Dans un fond de vallée boisée. Siège des **cristalleries** ⊙ de St-Louis fondées en 1767, anciennes verreries royales, dont la production comporte une grande variété d'articles de table et d'ornementation.

PARC NATUREL RÉGIONAL DES VOSGES DU NORD

i Centre d'information

⚔ Château

M Musée

☐ Exposition de site

🚶 Sentier découverte nature

DEUTSCHLAND

NATURPARK   PFÄLZERWALD

Saarbach

△ 516

Lauter

★★ FLECKENSTEIN

Wegelnburg

Hohenburg

Loewenstein

Wasigenstein

Lutzelhardt

Obersteinbach

Gimbelhof

WISSEMBOURG ★★
i M

Schoeneck

Niedersteinbach

Tannenbrück

D 3   432 🚶
Col du Pigeonnier ★

D 263

Wineck

/ 478

Lembach **i** 🚶   △ 529

D 34

Vieux Windstein ★

Nouveau Windstein

☆ **Four-à-Chaux**

Ingolsheim

D 76

Seebach ★

463

△

Wasenbourg

3

D 653

o Langensoulzbach

4

HUNSPACH ★★

N 62

i M 🚶

Niederbronn-les-Bains ⚔⚔

Sentier des Turcos

M
Merkwiller-Pechelbronn

D 194

Oberbronn

Frœschwiller

▲

Wœrth

D 28

D 263

Hoffen ★

Zinswiller

Reichshoffen

i M 🚶

M 🚶

Moder

Zinsel du Nord

N 62

Sauer

N 63

KARLSRUHE

Pfaffenhoffen

D 919

D 263

HAGUENAU ★
i M

55

Sessenheim o

D 44

D 29

46

53

Marne

47

N 363

52

D 2

Zorn

Ill

RHIN

RHEIN

au

Rhin

STRASBOURG   ACHERN

Revenir à Goetzenbruck. A la sortie de Goetzenbruck, vue à droite sur les hauteurs boisées qui entourent Baerenthal.

Baerenthal – Ce charmant village est situé sur la rive gauche de la Zinsel. Possibilité de faire le tour (route circulaire) de l'**étang de Baerenthal**, réserve naturelle dont la flore est très riche. Sur la rive Nord, un mirador permet d'observer l'avifaune, plutôt au printemps ou en automne pour les oiseaux migrateurs.

A Lemberg prendre à droite la D 36.

La route ombragée est étroite et sinueuse. À gauche vue sur les hauteurs de la forêt de Bitche. On côtoie le ruisseau Breitenbach qui s'élargit fréquemment en étangs et sur les bords desquels s'élèvent de nombreuses scieries en activité.

Après Moutherhouse, on suit la **Zinsel du Nord**. De nombreuses usines métallurgiques, aujourd'hui presque entièrement disparues, furent installées au début du 19ᵉ s. par la famille de Dietrich sur cette charmante rivière qui s'élargit souvent en nappes d'eau, fleuries de nénuphars. Belle vue à gauche sur des mamelons séparés par de jolies troués.

Quitter à Zinswiller la vallée de la Zinsel du Nord pour prendre à gauche la D 28.

Oberbronn – Village pittoresque adossé à des pentes boisées.

Après Oberbronn, on aperçoit à gauche, à l'extrémité d'une crête boisée, les ruines du château de Wasenbourg.

‡‡**Niederbronn-les-Bains** – *Voir à ce nom.*

CONSEILS PRATIQUES

Vous souhaitez vous procurer la brochure «Séjours Découverte» sur le Parc Naturel Régional des Vosges du Nord?

Acquérir les topoguides «Les oiseaux», «Cerfs et chevreuils» ou «Les châteaux forts»?

Vous voulez randonner sans bagages, à pied ou à vélo, avec ou sans accompagnateur, d'hôtel en hôtel dans le Parc Naturel Régional des Vosges du Nord (circuits de 3 à 12 jours sur les thèmes les plus divers : «Chevalier», «Du grès au cristal», «Biosphère», «Pleine Forme»)?

Adressez-vous à l'Association pour le développement des Vosges du Nord, Maison du Parc, 67290 La Petite-Pierre, tél. : 03 88 70 46 55.

---

② DE NIEDERBRONN À WISSEMBOURG
par la montagne *67 km – environ 2 h – schéma p. 274 et 275*

Aux confins des zones d'influence du Palatinat, de l'Alsace et de la Lorraine, les vallées boisées du «pays des trois frontières» égrènent leurs chapelets de châteaux en ruine. Construits au 12ᵉ s. et dans la première moitié du 13ᵉ s. par les très puissants Hohenstaufen, ducs d'Alsace, ou par les familles nobles et seigneurs possessionnés qui contestaient leur pouvoir (ducs de Lorraine, comtes des Deux-Ponts, évêques de Spire ou de Strasbourg...), ils furent détruits et abandonnés avant le 18ᵉ s. Il règne aujourd'hui autour de ces lieux encore habités du fracas des armes et nimbés d'un halo de légendes une atmosphère violemment romantique.

‡‡**Niederbronn-les-Bains** – *Voir à ce nom.*

Quitter Niederbronn par la gracieuse et verdoyante vallée de Falkensteinbach.

★**Château de Falkenstein** – *Voir à ce nom.*

A 3 km de Philippsbourg, prendre à droite; on laisse sur la gauche un petit étang qu'envahissent les herbes, puis on arrive à l'étang de Hanau.

★**Étang de Hanau** – Au cœur d'une région de tourbières, cet agréable site boisé est sillonné de sentiers de randonnées pédestres fléchés.

Pour les amateurs de nature, deux possibilités de randonnée :

– le **sentier botanique de la tourbière** *(accès à 300 m à gauche du parking du restaurant sur la D 162, départ depuis l'aire de pique-nique située au-delà des terrains de tennis, durée 45 mn).* Il permet de se familiariser avec un milieu naturel exceptionnel nécessitant de sévères mesures de protection : la tourbière vosgienne. Ces zones humides constituent de véritables reliques des périodes glaciaires. La flore est présentée en 12 panneaux jalonnant le parcours, en particulier les sphaignes dont l'accumulation forme la tourbe, les pins de Hanau, variété locale du pin sylvestre, véritable relique de l'époque boréale, et une petite plante carnivore, la droséra;

– la **promenade de l'arche naturelle de Erbsenfelsen** *(accès à partir du parking du restaurant, suivre le balisage nᵒ 3 bleu, en passant derrière les courts de tennis, durée 1 h 30).* Après le sentier botanique qui peut être découvert à cette occasion, le chemin traverse une route forestière que l'on emprunte à gauche sur quelques mètres, puis tourne à droite pour conduire en 20 mn au pied du château en ruine de Waldeck *(voir ci-dessous).* Suivre le balisage nᵒ 3 qui contourne la butte par la droite. Au bout de la route, un chemin (1,5 km) mène à travers une forêt de chênes rouvres et de hêtres jusqu'à une imposante arche naturelle taillée dans le grès. Un peu plus loin, au pied de deux impressionnants massifs gréseux, prendre le sentier qui redescend à droite en suivant le balisage «anneaux jaunes» qui ramène à l'étang.

Un kilomètre plus loin, tourner à droite. La route marque la frontière Est du duché de Lorraine au 17ᵉ s. Sur la gauche s'élève le hameau de Waldeck, que dominent un rocher de grès et, sur un monticule boisé, le haut donjon carré de son château. Puis l'on traverse des forêts hérissées par endroits de tables gréseuses déchiquetées.

L'ancienne «route royale», créée au 18ᵉ s., passe en contrebas de nouveaux vestiges : ruines du **château de Lutzelhardt,** érigé au 12ᵉ s. par les ducs de Lorraine *(accès par un chemin à gauche, juste après la maison forestière de Lutzelhardt)*; **Grand-** et **Petit-Wasigenstein** *(accès par la route de Niedersteinbach à Wengelsbach),* dressés sur le lieu du terrible affrontement du roi des Burgondes,

> ### D'étonnantes formes de relief
>
> Les grès des Vosges proviennent de la cimentation naturelle de sables et d'argiles déposées il y a plus de 200 millions d'années. Leur aspect ruiniforme actuel est la conséquence de facteurs multiples. Les failles apparues au moment de l'effondrement du fossé rhénan à l'ère tertiaire puis l'érosion due aux eaux de ruissellement et aux galeries quaternaires ont contribué à fragmenter et isoler ces surprenants blocs gréseux.

Gunther, et de Walthari, roi d'Aquitaine, célébré par le moine Eckhardt de St-Gall dans son épopée «Waltharilied», écrite au 10ᵉ s.

Obersteinbach – Pittoresque village aux maisons à colombage sur base de grès rouge.
Après Niedersteinbach, la route est bordée de bouleaux. La Sauer est franchie au Tannenbrück.

Tannenbrück – Le pont fut illustré par les combats livrés, en 1793, par l'armée de la Moselle que commandait Hoche.

A proximité, le plan d'eau du Fleckenstein offre détente et possibilité de baignade.

★★Château de Fleckenstein – Lors de sa fondation au 12ᵉ s., ce château s'inscrivait dans le dispositif défensif des frontières Nord du duché d'Alsace, contrôlant la vallée de la Sauer. Devenue vraisemblablement fief impérial au 13ᵉ s., la seigneurie des Fleckenstein, érigée en baronnie à la fin du 15ᵉ s., était l'une des plus puissantes du Nord de l'Alsace, contrôlant un territoire qui s'étendait jusqu'au Rhin et comptait 35 villages. Après cinq siècles de fonctions défensives, le château fut détruit en 1680. La lignée des Fleckenstein s'éteignit peu après.
Les ruines occupent une position remarquable, tout près de la frontière allemande, sur une barre rocheuse haute de plus de 20 m et enchâssée dans la forêt.

Visite ⊙ – Des murs d'enceinte cernent la basse-cour où l'on pénètre par une porte fortifiée. En approchant du rocher principal, on aperçoit l'impressionnante tour carrée qui lui fut accolée à la fin de l'époque gothique.
Des escaliers intérieurs *(attention aux marches)* permettent d'atteindre plusieurs chambres taillées dans le roc, dont l'étonnante «salle des chevaliers» et son pilier central monolithe, puis la plate-forme, large de 8 m, où était érigé le logis seigneurial ; jolie **vue** sur la haute vallée de la Sauer et son confluent avec le Steinbach.
Dans l'une des pièces du château sont présentés des objets trouvés sur le site.

Promenade à pied dite «tour des quatre châteaux forts» – *4 km. Compter environ 2 h.* Départ du parking au pied du **Fleckenstein** *(visite décrite ci-dessus).* S'engager sur le chemin balisé d'un rectangle rouge, puis après quelques mètres à droite dans le pittoresque «sentier des rochers» (triangle rouge) qui conduit à la fontaine de la Jeune Fille, site selon la légende témoin d'un amour malheureux entre un chevalier du Wegelnburg et une demoiselle du Hohenburg. Tourner à gauche (rectangle bleu); après avoir franchi la frontière avec l'Allemagne, on atteint le **Wegelnburg**, autre forteresse impériale qui, devenue repaire de brigands, fut en grande partie détruite vers la fin du 13ᵉ s. Elle réserve une **vue** remarquable sur le Palatinat. Revenir vers la fontaine de la Jeune Fille, continuer tout droit (rectangle rouge) vers le **Hohenburg**, fief des Fleckenstein détruit en 1680, dont la partie basse Renaissance a conservé un puissant bastion d'artillerie et le logis seigneurial. Par le même chemin poursuivi vers le Sud, on accède au **Loewenstein**, détruit en 1386 après avoir lui aussi servi de repaire à des chevaliers-brigands, abritant notamment le très rusé Lindenschmidt. Le même sentier balisé d'un rectangle rouge passe devant un caractéristique chicot de grès rouge (le Krappenfels) et mène à la ferme de Gimbel *(ferme-auberge, restauration en saison).* On bénéficie d'un superbe **point de vue** sur le château de Fleckenstein. Retour au parking du Fleckenstein par le chemin à droite (rectangle rouge-blanc-rouge).

Revenir sur ses pas et prendre à gauche la route forestière en direction de Gimbelhof.

Au cours de la montée, étroite et encaissée, on voit une ancienne carrière de grès rouge puis, sur la droite, des sapinières aux fûts très denses. On aperçoit, en face, le **château de Hohenbourg** *(décrit ci-dessus).*

Dans une clairière, au col de Litschhof, deux possibilités : si vous n'avez pas fait la promenade des quatre châteaux à pied, prendre à gauche vers l'auberge en suivant le fléchage «Grimbelhof» (voir ci-dessus), puis revenir en arrière, direction Wingen ; si vous avez effectué cette promenade, prendre tout de suite à droite vers Wingen. Au hameau du Petit Wingen, prendre à gauche et à Climbach encore à gauche.

★**Col du Pigeonnier** – *Accès à gauche de la route en venant de Climbach. Promenade à pied 30 mn AR.* Emprunter le sentier de la Schéral *(balisage « rond rouge »)* à travers la forêt, au-dessus du refuge du Club Vosgien. Après 15 mn, un belvédère permet de découvrir une **vue**★ superbe sur la plaine d'Alsace et la Forêt-Noire. *Retour par le même chemin ou possibilité de faire le tour de la Schérol par la forêt pour revenir au col (compter 15 mn de plus).*

Au cours de la descente, au sortir de la forêt, on découvre à gauche une jolie vue sur le village de Weiler et la vallée verdoyante de la Lauter. Après avoir passé un carrefour, vue en avant sur Wissembourg et, derrière, sur le vignoble ; dans le lointain, on distingue le Palatinat.

La D 3, puis la D 77 mènent à Wissembourg.

★★**Wissembourg** – *Voir à ce nom.*

③ ROUTE DES CHÂTEAUX FORTS DES « TROIS FRONTIÈRES »

De Wissembourg à Niederbronn

42 km – compter 1/2 journée – schéma p. 274 et 275

Quitter Wissembourg par ④ du plan, D 77, puis suivre la D 3 en direction de Lembach.

Lembach – Cette petite ville pleine de charme offre aux visiteurs plusieurs **bâtisses anciennes :** maisons bourgeoises, lavoirs, auberges *(circuit de 1 h au départ de la mairie).*

Un **circuit panoramique** *(départ de la mairie, durée : 1 h)* permet en outre de s'initier à la lecture du paysage grâce à des points de vue situés autour du village. Chaque site propose une approche thématique particulière : utilisation de l'espace, développement urbain, relief et couverture végétale, géologie et milieux vivants tels que les vergers ou les haies.

A 1 km du village sur la route de Woerth, à gauche, se trouve l'accès de l'**Ouvrage du Four à Chaux** *(voir à Ligne Maginot).*

Obersteinbach – *Description p. 277.*

A la sortie du village, la D 53 reprend la trajectoire sineuse de ce qui fut l'une des principales routes de la région durant le Haut Moyen Âge. Plusieurs des ruines qui la surplombent appartinrent vraisemblablement à la couronne de forteresses mise en place pour protéger le palais impérial de Haguenau à la fin du 12e s.

Schoeneck, érigé sur une barre rocheuse, fut donné en fief à un Lichtenberg en 1301, par son récent acquéreur, l'évêque de Strasbourg ; la même famille tenait également **Wineck,** qui lui fait face.

Châteaux de Windstein – *Tourner à gauche vers Windstein. Parc de stationnement au terminus de la branche gauche de la route, devant l'hôtel-restaurant « Aux châteaux ».* Les deux châteaux de Windstein, distants de 500 m l'un de l'autre, auraient été bâtis le premier à la fin du 12e s., le second en 1340. Tous deux ont été détruits en 1676 par les troupes françaises du baron de Montclar.

★**Le Vieux Windstein** – *3/4 h à pied AR.* Les ruines, incorporées à deux hautes piles gréseuses se dressant sur l'étroit sommet d'une butte boisée (alt. 340 m), se réduisent à quelques vestiges. Mieux conservées sont les parties du château creusées à même la roche : escaliers, chambres, cachots, puits (profond de 41 m). **Panorama**★ sur les sommets environnants. Au Sud, vallée de Nagelsthal en contrebas.

Le Nouveau Windstein – *1/2 h à pied AR.* Sur sa propre butte, le « Château Neuf » occupe un site moins pittoresque mais ses ruines témoignent d'une architecture gothique non dénuée d'élégance : il a gardé une partie de ses fortifications et de belles fenêtres ogivales.

Retour à Niederbronn par la D 653.

④ DE NIEDERBRONN À WISSEMBOURG par la plaine

60 km – environ 3 h – schéma p. 274 et 275

‡‡**Niederbronn-les-Bains** – *Voir à ce nom.*

On traverse des villages que la guerre de 1870 a rendus célèbres : Reichshoffen, Froeschwiller, Morsbronn, Woerth *(voir encadré p. 279).* Au bord de la route, de nombreux monuments commémorent le sacrifice des combattants tombés dans la lutte.

Reichshoffen – Cette localité eut le triste et glorieux privilège de donner son nom à l'héroïque charge de cuirassiers venue se briser dans le village de Morsbronn. Le **musée du Fer** ⊙ retrace l'histoire des mines et forges du Jaegerthal depuis le 14e s.

Froeschwiller – Charmant village au cachet alsacien, où eut lieu l'assaut définitif de la bataille.

Morsbronn-les-Bains – Petite station thermale aux eaux chlorurées sodiques jaillissant à 41,5 °C. Là furent massacrés la plupart des cuirassiers survivants de la charge dite, à tort, de Reichshoffen.

Woerth – Au château est installé le **musée de la Bataille du 6 août 1870** ⊙ : uniformes, armes, équipements, documents et tableaux relatifs aux deux armées en présence lors de la bataille de Woerth-Froeschwiller ; remarquer surtout le grand diorama évoquant la bataille à l'aide de 4 000 figurines d'étain.
Le **sentier des Turcos** *(départ quelques mètres après l'usine Alko France, sur la gauche, à la sortie de Woerth vers Lembach)* évoque les faits marquants de la bataille du 6 août 1870 par un circuit pédestre de 2 km jalonné de panneaux explicatifs.
De Woerth part aussi un sentier « Nature » *(2,5 km)* gagnant **Langensoultzbach** : panneaux indiquant les caractéristiques des arbres rencontrés.

Merkwiller-Pechelbronn – Ancien centre du bassin pétrolifère du Nord de l'Alsace dont l'exploitation fut arrêtée en 1970. Après l'arrêt de l'exploitation souterraine dont un intéressant petit **musée du Pétrole** ⊙ conserve le souvenir, l'activité de Merkwiller-Pechelbronn s'est orientée vers le thermalisme (source des Hélions, 65 °C, pour rhumatisants). L'établissement thermal est fermé pour travaux.

★**Hoffen** – Ce bourg rural distribue ses demeures fleuries, certaines à triple auvent, autour de son église et de sa curieuse petite mairie soutenue par trois piliers de bois. Auprès du vieux puits communal s'épanouit le feuillage d'un tilleul planté sous la Révolution.

★★**Hunspach** – *Illustration p. 27.* De blanches maisons au poutrage apparent et aux auvents débordant sur la façade dont quelques-unes ont conservé leurs vitres bombées – mode remontant à l'époque baroque – se disposent harmonieusement le long des rues de ce village purement alsacien et de caractère exclusivement rural, comme l'attestent ses cours fermières, ses vergers, ses fontaines à balanciers.

Ingolsheim – Ce gros hameau typiquement agricole dont la rue principale est perpendiculaire à la grande route est environné de vergers et entrecoupé de jardins et de cours de fermes.

★**Seebach** – Ce bourg fleuri est resté le village alsacien type avec ses maisons à poutres apparentes et à auvents qu'encadrent souvent des jardins, même si quelques constructions sans style rompent l'harmonie de l'ensemble. La contrée a conservé quelques-uns de ses anciens costumes qui diffèrent des autres costumes de Basse-Alsace.
Peu avant Wissembourg, deux monuments, français et allemand, que l'on aperçoit de la D 263, commémorent la bataille du Geisberg *(voir ci-dessous)*.

★★**Wissembourg** – *Voir à ce nom.*

La bataille de Wissembourg

Le 4 août 1870, sous les murs de Wissembourg, la division Abel-Douay est attaquée par trois corps d'armée allemands et doit céder au nombre, très supérieur. Le général Douay périt dans cette bataille, dite du **Geisberg**. Le reste de l'armée française, commandé par le maréchal de **Mac-Mahon**, prend position sur les coteaux, à l'Est de Niederbronn. Le 6 août, à 8 h du matin, la bataille s'engage entre cette armée, forte de 35 000 hommes, et les 140 000 Allemands du Kronprinz, le futur empereur Frédéric III. L'après-midi, les troupes françaises, malgré leur volonté de résistance et les charges de leurs cuirassiers à Morsbronn, succombent et doivent battre en retraite. L'Alsace est perdue.

Attention, il y a étoile et étoile !
Sachez donc ne pas confondre les étoiles :
– des régions touristiques les plus riches et celles de contrées moins favorisées ;
– des villes d'art et celles des bourgs pittoresques ou bien situés ;
– des grandes villes et celles des stations élégantes ;
– des grands monuments (architecture) et celles des musées (collections) ;
– des ensembles et celles qui valorisent un détail...

WISSEMBOURG ★★

7 443 habitants
Cartes Michelin n⁰ˢ 87 pli 2 ou 242 pli 12

A l'ombre d'une prospère abbaye bénédictine connue déjà au 7ᵉ s. se développe le village de Wissembourg, mentionné comme tel au 12ᵉ s., et membre de la Décapole en 1354. La petite cité a conservé, malgré les aléas de l'Histoire, une bonne partie de son enceinte fortifiée et l'essentiel de son tissu urbain ancien. La tranquille Lauter qui la traverse de part en part en plusieurs bras lui confère un caractère paisible et coloré. Le lundi de la Pentecôte, la foire-kermesse donne l'occasion de voir de nombreux costumes alsaciens.

Wissembourg a donné son nom à une bataille de la guerre de 1870 *(voir encadré p. 279)*.

S. Chirol

Wissembourg

Fiançailles royales – Stanislas Leszczynski, roi détrôné de Pologne *(voir p. 157)*, vit mélancoliquement avec sa fille Marie et quelques fidèles désintéressés, dans ce qui est aujourd'hui une maison de retraite de Wissembourg. L'ancien roi ne regrette son royaume et sa fortune que pour Marie, destinée vraisemblablement au triste état de vieille fille. Qui voudrait, en effet, d'une si pauvre héritière?... Or, en 1725, voici que le duc d'Antin arrive de Paris et annonce cette nouvelle incroyable : Louis XV, le roi de France, le Bien-Aimé, a fixé son auguste choix sur la fille de Stanislas. Marie sera reine de France...

En fait, la décision a été prise par le duc de Bourbon, Premier ministre, et l'intrigante qui le domine, la marquise de Prie : ils ont recherché une souveraine qui leur doive tout. Il s'agit maintenant de se préparer aux noces. Ce n'est pas si facile. Stanislas doit emprunter la somme qui permettra de recouvrer des bijoux, engagés par lui chez un juif de Francfort. On lui prête aussi des carrosses. Enfin, ils peuvent décemment se mettre en route. Le mariage a lieu par procuration à la cathédrale de Strasbourg. Louis XV a 15 ans, Marie 22.

★VIEILLE VILLE *visite : 3/4 h*

De la place du Marché-aux-Choux, suivre la rue de la République jusqu'à la place de la République, centre animé de la ville, où se dresse l'**Hôtel de Ville** (**B H**), construit de 1741 à 1752, en grès rose, avec fronton, petite tour et horloge.

Tourner à gauche dans la rue du Marché-aux-Poissons qui mène à la Lauter et offre, à son extrémité, une vue agréable sur de beaux massifs fleuris, au premier plan, et sur le chevet de l'église St-Pierre-et-St-Paul, à l'arrière.

Franchir la rivière par un petit pont d'où l'on découvre, à gauche, une jolie vue sur les habitations qui la bordent. Remarquer surtout les toitures à simple versant ou mansardées, pour la plupart en tuiles plates, éclairées de plusieurs étages de lucarnes, en particulier celle de la **maison du Sel** (**AB K**) dont le toit est divisé en auvents sous lesquels les lucarnes ouvrent en balcons. Elle date de 1450.

Prendre l'avenue de la Sous-Préfecture.

A gauche, la maison des Chevaliers teutoniques, de 1606, est attenante à l'ancienne **grange dîmière** de l'abbaye (**A N**).

★**Église St-Pierre-et-St-Paul** (**A**) – Bâtie en grès, c'est l'ancienne église gothique (la plus grande d'Alsace après la cathédrale de Strasbourg), élevée au 13e s., d'un monastère bénédictin fondé au 7e s.

Un clocher carré, vestige de l'église romane antérieure, demeure accolé au flanc droit de l'édifice. Celui-ci souffrit de nombreux avatars au cours des temps et fut détruit en partie. La Révolution décapita ses statues et anéantit ses tableaux, puis le transforma en magasin à fourrage.

La très ancienne Tête de Christ de Wissembourg, médaillon de vitrail du 11e s. conservé à Strasbourg *(voir p. 238)*, provient de l'abbatiale.

A l'**intérieur**, d'un gothique homogène, on verra dans le bas-côté droit un Saint-Sépulcre (mutilé) en grès rouge, du 15e s.; dans le croisillon droit, des traces de fresques : les apôtres, la Passion du Christ, la Résurrection, la Pentecôte, le Jugement Dernier, œuvres de Miséricorde. Entre la chapelle de droite et le chœur, un grand Saint Christophe tenant l'enfant Jésus dans ses bras, fresque du 15e s., accueille le visiteur qui pénètre dans le sanctuaire par la porte Sud. C'est le plus grand personnage peint connu en France (11 m de haut).

Le chœur est éclairé par des vitraux du 13e s., restaurés au siècle dernier. Le vitrail le plus ancien est la petite rose placée au pignon du croisillon gauche; il représente une Vierge à l'Enfant (2e moitié du 12e s.).

Contre le flanc Nord de l'église subsistent une galerie entière et deux travées d'un somptueux **cloître** gothique resté inachevé mais longtemps considéré comme « le plus beau de toute la vallée du Rhin ».

La **Sous-Préfecture** (**A P**), à l'extrémité de l'avenue, occupe l'ancien hôtel du doyenné de la collégiale. Élégant pavillon de la fin du 18e s.

Prendre à droite la rue du Chapitre.

Après l'église, on longe l'ancien cloître à l'extrémité duquel se trouve une chapelle du 11e s.

Au bout de la rue du Chapitre, tourner à gauche pour gagner le pont sur la Lauter.

Quartier du Bruch (**A**) – Du pont sur la Lauter, on a une vue très pittoresque sur ce vieux quartier. La première maison à droite dont le pan coupé est orné d'une petite loggia ou « oriel » (1550) servit de toile de fond lors du tournage du film *L'Ami Fritz, en 1933.*

Revenir par le quai du 24-Novembre.

De l'autre côté de la Lauter, sur le quai Anselman, remarquer la **maison Vogelsberger** (**A V**) avec son riche portail Renaissance et son blason peint, datée de 1540.

Regagner l'avenue de la Sous-Préfecture et, avant de rejoindre la place du Marché-aux-Choux, s'avancer un peu dans la rue Nationale.

La maison gothique avec tourelles d'angle, le « **Holzapfel** » (**B**), fut un relais de poste de 1793 à 1854 ; Napoléon s'y arrêta en 1806.

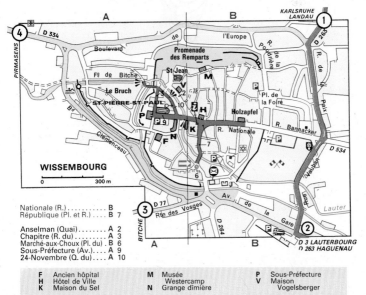

F	Ancien hôpital	M	Musée	P	Sous-Préfecture
H	Hôtel de Ville		Westercamp	V	Maison
K	Maison du Sel	N	Grange dîmière		Vogelsberger

AUTRES CURIOSITÉS

Musée Westercamp (**B M**) ⏱ – Installé dans une maison du 16ᵉ s., il renferme des meubles anciens (superbes armoires), des costumes paysans et des souvenirs du champ de bataille de 1870. Antiquités préhistoriques et romaines.

Promenade des Remparts (**AB**) – Ce pittoresque cheminement qui suit le talus des anciens remparts, environné d'ormes et de frênes, permet de découvrir les toits patinés du quartier ancien, les majestueuses tours de l'église St-Pierre-et-St-Paul et, dans le lointain, le moutonnement des Vosges.

Église St-Jean (**A**) – Protestante. Elle remonte au 15ᵉ s., à l'exception du clocher, roman. A l'intérieur, observer la voûte en résille du collatéral gauche. Dans la cour, sur le côté gauche de l'église, anciennes pierres tombales, en grès rouge des Vosges.

Ancien Hôpital (**A F**) – C'est dans cet édifice que vivait Stanislas *(voir p. 280)*.

ENVIRONS

Vignoble de Cleebourg – Sur les contreforts des Vosges du Nord, cette section septentrionale de la route du vin parcourt des vignobles d'ancienne tradition qui se sont fait notamment une spécialité du Tokay pinot gris et du Pinot blanc Auxerrois. On pourra traverser les terroirs de Steinseltz et Oberhoffen pour gagner Cleebourg (cave viticole : dégustation, visites de groupes).
Retour à Wissembourg par Rott et la D 3.

Altenstadt – *2 km à l'Est, par ② du plan.*
Cette bourgade a conservé une intéressante **église** romane des 11ᵉ s. et 12ᵉ s. Nef et bas-côtés sont plafonnés. Le chœur a été remonté au 19ᵉ s. On pénètre dans l'église en passant sous un très curieux porche de près de 7 m de profondeur. Le clocher du 11ᵉ s., décoré de bandes lombardes, a été surélevé d'un troisième étage au 12ᵉ s.

Ouvrage d'artillerie de Schoenenbourg – *12 km au Sud, par la D 264 puis la D 65, fléchage. Voir à Ligne Maginot.*

Les églises les plus importantes

Basilique d'Avioth
Église de Marmoutier
Cathédrale St-Étienne à Metz
Église de Murbach
Basilique de St-Nicolas-de-Port

Cathédrale de Strasbourg
Collégiale St-Thiébault à Thann
Cathédrale St-Étienne et cloître
    de l'église St-Gengoult à Toul

Les plus beaux ensembles urbains

Colmar
Kaysersberg
Place de la Réunion à Mulhouse
Place Stanislas à Nancy
Obernai

Ribeauvillé
Riquewihr
La Petite France à Strasbourg
Wissembourg

Les châteaux les plus remarquables

Haroué
Haut-Koenigsbourg
Lunéville

Saverne
Fleckenstein

Les principaux musées

Musée Unterlinden à Colmar
Écomusée d'Alsace
La Cour d'Or, Musées à Metz
Musée de l'Automobile et musée du Chemin de fer à Mulhouse
Musée historique lorrain et musée de l'École de Nancy à Nancy
Musées du palais Rohan à Strasbourg

Renseignements
pratiques

Avant le départ

Hébergement, restauration, loisirs sportifs, manifestations, stages artisanaux, découverte du patrimoine naturel ou historique : plusieurs catégories d'organismes peuvent vous renseigner pour passer d'agréables vacances en Alsace ou en Lorraine.

ADRESSES UTILES

Comités régionaux du tourisme

Alsace : 6, avenue de la Marseillaise, B.P. 219, 67005 Strasbourg cedex, ☎ 03 88 25 01 66.

Lorraine : 1, place Gabriel-Hocquard, BP 8004, 57036 Metz cedex 1, ☎ 03 87 37 02 16. Une brochure « Lorraine, elle a tout pour plaire » est disponible sur simple demande.

Comités départementaux du tourisme

Bas-Rhin : Office départemental, 9, rue du Dôme, B.P. 53, 67061 Strasbourg cedex, ☎ 03 88 15 45 80.

Haut-Rhin : Association départementale du tourisme, Maison du tourisme de Haute-Alsace, 1, rue Schlumberger, BP 337, 68006 Colmar cedex, ☎ 03 89 20 10 68.

Meurthe-et-Moselle : Comité départemental, 48, rue du Sergent-Blandan, B.P. 65, 54062 Nancy cedex, ☎ 03 83 94 51 90.

Meuse : Comité départemental, Hôtel du département, 55012 Bar-le-Duc cedex, ☎ 03 29 45 78 40.

Moselle : Comité départemental, Hôtel du département, 1, rue du Pont-Moreau, B.P. 11096, 57036 Metz cedex 1, ☎ 03 87 37 57 80.

Vosges : Comité départemental, 7, rue Gilbert, B.P. 332, 88008 Épinal cedex, ☎ 03 29 82 49 93.

Un guide *Bonjour les Vosges* édité par le Comité départemental rassemble de nombreuses informations sur le département, disponible sur simple demande.

Espace Vosges : Maison du tourisme, Aire de Sandaucourt sur l'autoroute A 31, ☎ 03 29 94 66 60.

Maisons de province

La **Maison de l'Alsace**, 39, avenue des Champs-Élysées, 75008 Paris, ☎ 01 42 56 15 94, regroupe la documentation sur le Bas-Rhin, le Haut-Rhin et les Vosges et propose la découverte du patrimoine, des circuits, des séjours... ainsi que des produits artisanaux et gastronomiques à sa **boutique** située au 10, rue du Colisée, ☎ 01 45 62 54 85.

Maison de la Lorraine, 2, rue de l'Échelle, 75001 Paris, ☎ 01 44 58 94 00.

Loisirs Accueil

La Fédération nationale des services de réservation Loisirs Accueil (FNSRLA), 280, boulevard St-Germain, 75007 Paris, ☎ 01 44 11 10 44, propose des hébergements et des forfaits de loisirs. Elle édite un guide national annuel et, pour de nombreux départements, une brochure détaillée. En s'adressant au service de réservation de ces départements, on peut obtenir une réservation rapide. Sur minitel 3615 code DETOUR.

Haut-Rhin : B.P. 371, 68007 Colmar cedex, ☎ 03 89 20 10 62.

Moselle : Hôtel du département, B.P. 11096, 57036 Metz cedex 1, ☎ 03 87 37 57 63.

Offices de tourisme et Syndicats d'initiative

La dernière partie de ce chapitre intitulée « Conditions de visite » donne l'adresse des principaux Offices de tourisme et Syndicats d'initiative de la région. On s'adressera de préférence à eux pour obtenir des renseignements sur une ville, une région, des manifestations touristiques ou des possibilités d'hébergement.

LIAISONS AÉRIENNES

Trois aéroports offrent des liaisons régulières directes avec d'autres villes de la métropole.

L'**aéroport Strasbourg International** est relié à Paris, Lille, Lyon, Marseille, Montpellier, Nice et de nombreuses villes européennes. S'adresser au service accueil-information, ☎ 03 88 64 67 67. Une navette bus assure la liaison avec le centre-ville toutes les 1/2 h du lundi au vendredi ; le week-end en fonction des départs et arrivées des vols. Durée du trajet : 30 mn ; tarif : 36 F. Information navette-bus, ☎ 03 88 64 67 67.

L'**aéroport de Bâle-Mulhouse** (EuroAirport) est relié à Paris, Lille, Lyon, Nantes, Toulouse, Clermont-Ferrand, Rennes et de nombreuses villes européennes. Service information, ☎ 03 89 69 00 00. Des navette-bus assurent la liaison avec les villes de Colmar, Belfort, Montbéliard, Mulhouse, en correspondance avec les vols. Euroair Bus, ☎ 03 89 90 25 11.

L'**aéroport de Metz-Nancy-Lorraine** situé sur la route de Verny, entre Metz et Nancy, à la hauteur de Pont-à-Mousson, propose des vols quotidiens à destination de Paris, Lyon, Marseille, Toulouse, Nice (5 vols hebdomadaires), Lille, Bordeaux, Montpellier, Nantes. Service accueil et renseignements, ☎ 03 87 56 70 00. Les navettes Aérolor assurent la liaison avec les gares SNCF de Metz (durée : 30 mn) et de Nancy (durée 40 mn) ; tarif : 40 F. Renseignements : Les Courriers Mosellans, ☎ 03 87 34 60 00 ; Groupe Piot, ☎ 03 83 65 15 15.

LIAISONS ROUTIÈRES

La région est bien reliée aux réseaux routiers et autoroutiers.
L'autoroute de l'Est A 4 Paris-Strasbourg dessert Verdun et Metz, l'autoroute A 31 Luxembourg-Dijon se poursuivant par l'A 6 vers Lyon dessert Metz, Pont-à-Mousson, Nancy, Toul et les Vosges, l'autoroute A 35 relie Colmar, Mulhouse et Bâle.
La **carte Michelin n° 911** au 1/1 000 000 donne les grands itinéraires, le temps de parcours, les itinéraires de dégagement et les prévisions de circulation.
L'**Atlas autoroutier n° 914** donne des détails sur les différentes autoroutes : péages, aires de repos, téléphones, postes d'essence...

INFORMATIONS SUR MINITEL

3615 code MIRABEL (Metz)
3615 code VOSGES DU NORD (Parc Naturel Régional)
3615 code ALSACE : tous les renseignements sur les sports, les loisirs, la gastronomie...
3615 code MÉTÉO donne les prévisions du temps à 5 jours sur une ville, un département ou une région de France
3615 code AUTOROUTE : toute information autoroutière
3615 code MICHELIN : ce service vous aide à préparer ou décider du meilleur itinéraire à emprunter en vous communiquant d'utiles informations routières.

QUEL TEMPS FERA-T-IL ?

Pour les promenades comme pour les visites ou activités de plein air, il est utile de disposer à l'avance d'informations météorologiques.
Météo-France a mis en service un système de répondeur téléphonique :
– pour les prévisions départementales à cinq jours, faire le 08 36 68 02 suivi du numéro du département, quel que soit l'endroit où l'on se trouve (par exemple 08 36 68 02 88 pour les Vosges) ;
– pour la France, faire le 08 36 68 01 01.

TOURISME ET HANDICAPÉS

Un certain nombre de curiosités décrites dans ce guide sont accessibles aux handicapés. Elles sont signalées par le symbole ♿ dans le chapitre des Conditions de visite. Pour de plus amples renseignements au sujet de l'accessibilité des musées aux personnes atteintes de handicaps moteurs ou sensoriels, contacter la Direction des Musées de France, service Accueil des Publics Spécifiques, 6, rue des Pyramides, 75041 Paris cedex 01, ☎ 01 40 15 35 88.
Les **guides Michelin France** et **Camping-Caravaning France**, révisés chaque année, indiquent respectivement les chambres accessibles aux handicapés physiques et les installations sanitaires aménagées.
3614 **Handitel**, service télématique du Comité National Français de Liaison pour la Réadaptation des Handicapés (236 bis, rue de Tolbiac, 75013 Paris, ☎ 01 53 80 66 66), assure un programme d'information au sujet des transports, des vacances, de l'hôtellerie et des loisirs adaptés.
Le **guide Rousseau** édité par l'Association France « H », 9, rue Luce-de-Lancival, 77340 Pontault-Combault, ☎ 01 60 28 50 12 donne de précieux renseignements sur la pratique du tourisme, des loisirs et des sports accessibles aux handicapés.

Hébergement

Guide Rouge Michelin France

Mis à jour chaque année, il recommande un large choix d'hôtels établis après visite et enquête sur place. Le guide signale pour chaque établissement les éléments de confort proposés, les prix en cours, les cartes de crédit acceptées et les numéros de téléphone et de fax pour réserver. Dans la campagne, le symbole 🐾 attire votre attention sur les hôtels tranquilles.

Guide Michelin Camping-Caravaning France

Comme son homologue pour les hôtels, le guide Camping présente une sélection de terrains et, pour chacun d'eux, il indique l'équipement, les prix et les autres agréments de leur situation.

Stations Vertes de Vacances

La Fédération française des Stations Vertes de Vacances et des Villages de Neige regroupe des localités rurales aménagées suivant une charte pour offrir aux touristes pendant leurs séjours, repos et distractions de plein air.
Renseignements auprès de la Fédération, hôtel du département de la Côte d'Or, BP 598, 21016 Dijon Cedex, ☎ 03 80 43 49 47.

Auberges de jeunesse

Il existe deux associations d'auberges de jeunesse :
– Fédération Unie des Auberges de Jeunesse, 27, rue Pajol, 75018 Paris, ☎ 01 44 89 87 27.
– Ligue Française pour les Auberges de la Jeunesse, 38, boulevard Raspail, 75007 Paris, ☎ 01 45 48 69 84.

La carte annuelle d'adhésion est de 70 F pour les moins de 26 ans et de 100 F au-delà de cet âge.

Hébergement rural

Obernai – Place de l'Étoile

La Fédération des **gîtes de France**, 59, rue St-Lazare, 75009 Paris, ☎ 01 49 70 75 75, donne les adresses des comités locaux et publie des guides sur les différentes possibilités d'hébergement rural : chambres d'hôte, gîtes d'étapes, gîtes ruraux. Sur Minitel : 3615 code GITES DE FRANCE.

Les randonneurs peuvent consulter le guide *Gîtes d'étapes et refuges, France et Frontières* par A. et S. Mouraret, Éditions La Cadole, 74, rue Albert-Perdreaux, 78140 Vélizy, ☎ 01 34 65 10 40, service télématique 3615 CADOLE. Cet ouvrage est principalement destiné aux amateurs de randonnées pédestres, équestres et de cyclotourisme.

Les guides *Bienvenue à la ferme* (Éditions Solar) et *Vacances et week-ends à la ferme* (Éditions Balland) donnent également des adresses d'hébergement.
Pour le département des Vosges, il existe le guide *Bienvenue à la ferme dans les Vosges*, disponible à la Chambre d'Agriculture des Vosges, Relais Agriculture et Tourisme, 17, rue André-Vitu, La Colombière, 88026 Épinal cedex, ☎ 03 29 29 23 23.

Un dépliant, édité par les Offices de tourisme de Gérardmer et la Bresse, regroupe un certain nombre d'Auberges de montagne et de fermes-auberges dans la région vosgienne et alsacienne.

Restauration

Guide Rouge Michelin France

Il propose une très large sélection de restaurants qui permettront de découvrir et de savourer les meilleures spécialités de l'Alsace et de la Lorraine.
Dans le guide, lorsque le mot repas figure en rouge, il signale à l'attention du gastronome un repas soigné, souvent de type régional, pour un prix particulièrement favorable. Le symbole signifie que le restaurant propose un menu simple à prix modéré. Faites confiance au guide.

Fermes-auberges

Tradition des Hautes Vosges, les fermes-auberges existent depuis la fin du siècle dernier. Mais, en fait, l'habitude d'occuper les «chaumes» par les agriculteurs, appelés **marcaires**, remonte au 9e s. *(voir en introduction le chapitre sur la table)*.
Les fermes-auberges se sont constituées en association en 1977; un panonceau au logo caractéristique les signale à l'attention des visiteurs. Étapes de choix pour les randonneurs, mais souvent accessibles aux automobilistes, elles proposent des produits de la ferme et parfois même l'hébergement (gîte ou chambre d'hôte).
Certaines fermes proposent un **repas marcaire** qui comprend en général une tourte de la vallée, de la viande de porc fumée garnie de «roïgabrageldi», pommes de terre aux oignons et lardons, du munster et une tarte aux myrtilles.
Il existe un *Guide des Fermes-Auberges* pour les Hautes Vosges (prix : 40 F), édité par l'Association des fermes-auberges du Haut-Rhin et départements limitrophes, B.P. 371, 68007 Colmar cedex, ☎ 03 89 20 10 68, et un catalogue *Fermes-auberges, les saveurs du terroir lorrain* (Comité régional du tourisme).

Les winstubs

Liées au commerce du vin sur la rivière l'Ill, les winstubs ont été créées par les viticulteurs strasbourgeois pour promouvoir leurs vins. Dans ces restaurants, à l'ambiance chaleureuse, l'on s'attardera devant un pichet de vin d'Alsace en dégustant une choucroute, du cervelas en salade, du coq au riesling, une tourte vigneronne, un presskopf (hure de porc en gelée), une flammekueche, des tartes aux fruits...

Séjours et cours de cuisine

Des séjours avec cours de cuisine sont organisés principalement en hiver par certains restaurateurs :
– hôtellerie du Pape, 68420 Eguisheim, ☎ 03 89 41 41 21
– hôtel-restaurant Alsace Villages, 67510 Obersteinbach, ☎ 03 88 09 50 59
– hôtel-restaurant Aux Deux Clefs, 68600 Bisheim, ☎ 03 89 72 51 20
– table d'hôtes, Mme Fuchs, 67670 Waltenheim-sur-Zorn, ☎ 03 88 51 64 57.

Sites remarquables du goût

Quelques sites de la région, dont la richesse gastronomique s'appuie sur des produits de qualité liés à un environnement culturel et touristique intéressant, ont reçu le label « site remarquable du goût ». Il s'agit pour la **bière d'Alsace** de la brasserie Kronenbourg, de la brasserie Schutzenberger et de la brasserie Météor; de la **fête du sucre** au pays d'Erstein *(dernier week-end d'août)* ; de la **route de la carpe frite** dans le Sundgau *(dépliant)* ; de la **route des vins d'Alsace** *(dépliant)* ; de la **fête du Kougelhopf** à Ribeauvillé *(1re quinzaine de juin)* ; de Cornimont pour ses **fromages** (Munster, Géromé, Bargkass); de la **foire aux andouilles** du Val d'Ajol *(3e lundi de février)*.

SPÉCIALITÉS

Dans l'introduction, le chapitre intitulé « la gastronomie » cite les principales spécialités régionales dont quelques-unes sont détaillées ci-dessous :

La choucroute – Qui dit «choucroute» pense Alsace. Ce mets, à base de chou blanc ayant fermenté dans une saumure, est en effet l'un des fleurons de la gastronomie alsacienne. Cependant, on sait que, dès le 3e s. avant J.-C., les constructeurs de la Grande Muraille de Chine consommaient du chou fermenté dans le vin.
Transmise aux Allemands qui mirent au point au 16e s. la fermentation au sel, la choucroute se répandit ensuite en Alsace.
Le mot «choucroute» dérive du terme alsacien «Sürkrüt», composé de «Sür» (aigre) et de «Krüt» (herbe), il n'a qu'un rapport phonétique avec le nom du légume entrant dans cette préparation culinaire.
Longuement mijotée, la choucroute était jadis un plat du dimanche, qu'on accommodait de multiples façons.
De nos jours, outre les pommes de terre bouillies, elle s'accompagne généralement de lard, saucisses et autres charcuteries.
Il existe une **«route de la choucroute»** qui va de Blaesheim à Schaeffersheim en passant par **Krautergersheim**, capitale de la choucroute. Les installations des choucroutiers peuvent être visitées.

Le kougelhopf – Traditionnellement servi au petit déjeuner du dimanche, ainsi qu'au goûter ou au dessert, le kougelhopf (prononcer kouglof), gâteau en forme de couronne, garni de raisins, est aussi de toutes les fêtes et présent dans toutes les vitrines de pâtisseries d'Alsace. On attribue parfois à ce gâteau une provenance autrichienne ; il aurait été introduit en France par la reine Marie-Antoinette. A l'origine, le mot signifiait selon certains « capuchon de moine », selon d'autres « boule levée ». De beaux moules en terre vernissée (le cuivre n'est plus utilisé), sillonnés de godrons

Kougelhopf

souvent en spirale et décorés de motifs floraux, servent à confectionner le kougelhopf.

Les bretzels – Salés et croquants, de couleur brune, ces petits gâteaux en forme de huit sont très appréciés au moment de l'apéritif. D'autres, plus grands, dont la pâte est plus molle, accompagnent volontiers une bière dégustée dans une Bierstube ou une brasserie. Ils sont connus en Alsace depuis le 12e s. On les distribuait jadis en toutes occasions : les enfants en recevaient de leurs parrains et marraines ; lors de leurs tournées de vœux du Nouvel An, on en offrait au père lors d'une naissance, etc.

Bretzel

Sont-ils dus, comme disent certains, à saint Florent, qui avait tenté d'inscrire une croix dans un ovale ? Leur origine est probablement plus ancienne : ils dériveraient d'une représentation de roue solaire.

La quiche – Son nom vient du mot allemand Kuchen, gâteau. Déjà connue au 16e s., la quiche est le plat lorrain le plus typique. Toute simple mais délicieuse, elle est faite à base de lard, de crème et d'œufs, composition appelée « migaine », qui est répartie sur un fond de pâte brisée ou feuilletée.

La potée – Autre spécialité lorraine, la potée constitue à elle seule un repas. C'était autrefois chez les paysans le plat quotidien que les femmes mettaient sur le feu dès le matin pour pouvoir vaquer à leurs occupations. Elle est faite avec les légumes de saison – le chou dominant en hiver – mêlés aux charcuteries fumées.

La mirabelle – Les vergers font partie du paysage lorrain. C'est dans cette région que se trouve la plus forte densité de mirabelliers. La mirabelle, ce petit fruit d'or, qui ne pèse pas plus de 15 g, noyau compris, peut se manger sous de nombreuses façons : crème glacée, tartes, confitures, fruits au sirop. Connue sous forme de liqueur ou de digestif, elle bénéficie de l'appellation réglementée « Mirabelle de Lorraine ». Chaque année a lieu à Metz la **Fête de la mirabelle** avec corso fleuri, du dernier week-end d'août au 1er dimanche de septembre.

Vous pouvez vous procurer le *Guide des produits et de la gastronomie en Lorraine* à la Chambre régionale d'agriculture de Lorraine, 5, rue de la Vologne, 54524 Laxou cedex, ☎ 03 83 96 54 35.

Thermalisme

Le versant lorrain des Vosges et la Lorraine tout entière sont particulièrement riches en stations thermales.

A l'exception des eaux sulfureuses, toutes les catégories d'eaux minérales définies par les classifications en usage y sont représentées.

Sur l'autre versant des Vosges, l'Alsace apporte sa contribution au thermalisme français.

Les sources minérales et thermales – On sait comment naissent les sources ordinaires : les eaux d'infiltration, traversant les terrains perméables, finissent par rencontrer une couche imperméable dont elles suivent la pente. Elles sortent là où cette couche affleure à l'air libre.

L'appellation de « source minérale » désigne, dans la pratique, soit des sources d'eaux infiltrées, soit des sources issues des profondeurs de l'écorce terrestre, dont les eaux se sont chargées, au cours de leur trajet souterrain, de substances ou de gaz présentant des propriétés thérapeutiques. Le qualificatif « thermal » s'applique plus particulièrement aux eaux dont la température est d'au moins 35 °C à leur sortie du sol.

Les sources thermales ne se rencontrent que dans les zones faibles de l'écorce terrestre : régions injectées de roches éruptives ou disloquées par des fractures. Elles sont situées soit sur des failles du plateau lorrain, soit au voisinage des massifs ou des pointements cristallins.

Types de sources minérales et thermales – Les eaux minérales et thermales sont pour la plupart très instables et s'altèrent sitôt sorties de terre. Il est donc indispensable pour en tirer un profit thérapeutique maximum d'en user sur place. C'est la principale raison de l'existence des stations thermales.

Les deux zones géographiques des Vosges, la « plaine » à l'Ouest, la « montagne » à l'Est et au Sud-Est, possèdent chacune leurs eaux bien caractéristiques.

La « plaine » des Vosges est le domaine des sources froides, eaux d'infiltration qui resurgent en surface, chargées après leur parcours souterrain de calcium et de magnésium et, pour quelques-unes, de lithium et de sodium.

La capitale thermale en est incontestablement **Vittel** dont les eaux, connues des Romains puis oubliées, ont été retrouvées seulement en 1845 et exploitées à partir de 1854 sous l'impulsion de la famille Bouloumié.

Vittel, avec sa voisine **Contrexéville** mise en vogue par le roi Stanislas, soigne particulièrement les affections des reins et du foie.

ENTERITES RHUMATISMES

GUERIS à

PLOMBIÈRES

VOSGES LES BAINS VOSGES

à 6 heures de Paris. (voitures directes.)

© ADAGP 1985 : bibliothèque Forney

Une affiche de Jean d'Ylen (1931)

Leurs sources froides ont donné naissance à une importante industrie d'embouteillage, et de nombreux touristes visitent chaque année les usines de Vittel et de Contrexéville (les plus importantes du monde avec celle d'Évian).

A l'opposé de la plaine vosgienne, la « montagne » possède des sources d'origine volcanique caractérisées moins par leur minéralisation que par leur thermalité et leur teneur en principes radioactifs.

Connues également des Romains, grands amateurs de sources chaudes, et même des Celtes et des Gaulois, ces sources ont un long et riche passé. **Plombières,** avec ses 27 sources chaudes dont quelques-unes atteignent une température de 80 °C, convient particulièrement aux rhumatisants et aux malades atteints d'entérite.

Bains-les-Bains est la station de certaines affections du cœur et des artères.

Luxeuil-les-Bains est spécialisée dans le traitement des maladies gynécologiques.

Dernière-née des stations lorraines, **Amnéville** soigne les rhumatismes et les voies respiratoires grâce à l'eau de la source St-Éloy jaillissant à 41 °C.

Bourbonne-les-Bains, que se disputent la Lorraine et la Champagne, a des eaux chaudes radioactives et légèrement chlorurées dont Louis XV avait déjà reconnu les mérites en créant un hôpital militaire thermal, qui existe toujours, pour ses soldats atteints d'arquebusades.

Bourbonne est la station de « l'eau qui guérit les os ».

En Alsace, **Niederbronn-les-Bains** convient aux affections digestives et rénales et à l'artériosclérose ; **Morsbronn-les-Bains** est une petite station spécialisée dans la rhumatologie.

Thermalisme et tourisme – Les vertus des eaux thermales ont été redécouvertes aux 18e et 19e s. A cette époque, «aller aux eaux» était l'apanage d'une clientèle riche et oisive. Aujourd'hui de nombreuses cures thermales sont reconnues comme un traitement médical à part entière et peuvent être prises en charge par les différents organismes de sécurité sociale.

Les soins n'occupant qu'une partie de la journée, les stations thermales offrent à leurs visiteurs des activités diverses : sports, spectacles... qui en font souvent des lieux de séjour très agréables, attirant autant les touristes que les malades. La beauté des sites qui les environnent et la possibilité de faire alentour de nombreuses excursions en font des lieux privilégiés pour une reprise de contact avec la nature.

Outre les cures traditionnelles, certaines stations proposent : remise en forme, forfait colonne vertébrale, cure anti-tabac, cure d'amincissement, cure anti-stress, relaxation... L'Association des stations thermales vosgiennes a créé une brochure *Vosges thermales* concernant Bains-les-Bains, Contrexéville, Plombières et Vittel, B.P. 332, 88008 Épinal.

Renseignements auprès de la Fédération thermale et climatique française, 16, rue de l'Estrapade, 75005 Paris, ☎ 01 43 25 11 85.

Amnéville : rhumatologie, séquelles de traumatismes, voies respiratoires.
Saison : de février à décembre.
– Centre thermal St-Éloy, B.P. 83, 57360 Amnéville, ☎ 03 87 70 19 09.
– Office de tourisme, Centre thermal et touristique, 57360 Amnéville, ☎ 03 87 70 10 40.

Bains-les-Bains : maladies cardio-artérielles, rhumatologie, séquelles de traumatismes.
Saison : d'avril à octobre.
– Thermes de Bains-les-Bains, 1, avenue du Docteur-Mathieu, 88240 Bains-les-Bains, ☎ 03 29 36 32 04.
– Office de tourisme, place du Bain-Romain, B.P. 4, 88240 Bains-les-Bains, ☎ 03 29 36 31 75.

Bourbonne-les-Bains : rhumatologie, voies respiratoires.
Saison : de mars à novembre.
– Établissement thermal, B.P. 15, 52400 Bourbonne-les-Bains, ☎ 03 25 90 07 20.
– Office de tourisme, place des Bains, B.P. 34, 52400 Bourbonne-les-Bains, ☎ 03 25 90 01 71.

Contrexéville : affections des reins, surcharge pondérale.
Saison : d'avril à octobre.
– Établissement thermal, 88140 Contrexéville, ☎ 03 29 08 03 24.
– Office de tourisme, 116, rue du Shah-de-Perse, B.P. 42, 88142 Contrexéville cedex, ☎ 03 29 08 08 68.

Bains-les-Bains – Bain romain

Luxeuil-les-Bains : phlébologie, gynécologie.
Saison : ouverte toute l'année.
– Établissement thermal, avenue des Thermes, B.P. 51, 70302 Luxeuil-les-Bains, ☏ 03 84 40 44 22.
– Office de tourisme, 1 avenue des Thermes, B.P. 71, 70302 Luxeuil-les-Bains, ☏ 03 84 40 06 41.

Morsbronn-les-Bains : rhumatologie, séquelles de traumatismes.
Saison : ouverte toute l'année.
– Établissement thermal, 12, route Haguenau, 67360 Morsbronn-les-Bains, ☏ 03 88 09 83 00.
– Syndicat d'initiative, rue Principale, 67360 Morsbronn-les-Bains, ☏ 03 88 09 30 18.

Niederbronn-les-Bains : rhumatologie, séquelles de traumatismes, rééducation fonctionnelle.
Saison : d'avril à décembre.
– Établissement thermal, 16-18, rue du Maréchal-Leclerc, 67110 Niederbronn-les-Bains, ☏ 03 88 80 88 80.
– Établissement thermal saisonnier, place des Thermes, ☏ 03 88 80 30 70.
– Office de tourisme, place de l'Hôtel-de-Ville, 67110 Niederbronn-les-Bains, ☏ 03 88 80 89 70.

Plombières-les-Bains : maladies de l'appareil digestif, rhumatologie.
Saison : d'avril à octobre
– Société thermale SEML, place Maurice-Janot, 88370 Plombières, ☏ 03 29 66 02 17.
– Office de tourisme, «sous les Arcades», 16, rue Stanislas, B.P. 15, 88370 Plombières, ☏ 03 29 66 01 30.

Vittel : affections des reins et du foie, rhumatologie, séquelles de traumatismes, maladie de la nutrition.
Saison : ouverte toute l'année (sauf en janvier).
– Thermes de Vittel, Parc thermal, B.P. 106, 88804 Vittel cedex, ☏ 03 29 08 76 54.
– Maison du tourisme, 136, avenue Bouloumié, 88800 Vittel, ☏ 03 29 08 08 88.

En saison, le nombre de chambres vacantes dans les hôtels est souvent limité.

Nous vous conseillons de retenir par avance.

Loisirs sportifs

Une brochure, *Randonnées en Lorraine*, éditée par le Comité régional du tourisme de Lorraine, vous donne des informations sur les promenades à pied, à vélo ou en VTT ou encore à cheval.

RANDONNÉES PÉDESTRES

La marche à pied est une vieille tradition dans le massif vosgien. La diversité du relief permet d'admirer de beaux paysages, d'offrir une grande variété en matière de flore, de faune et de découvrir le patrimoine architectural.

Le Club Vosgien – Fondée en 1872, c'est la plus ancienne association de randonneurs pédestres en France. C'est aussi la plus importante puisqu'elle compte plus de 33 000 adhérents. Le Club Vosgien a pour but de sauvegarder les sites naturels ou historiques, d'assurer l'entretien et le balisage de plus de 16 000 km de sentiers de randonnée.
Il édite une revue trimestrielle *Les Vosges* et publie des cartes et des guides détaillés où sont indiqués les itinéraires pédestres balisés par le club, du plateau lorrain au Jura alsacien en passant par les Vosges et la plaine d'Alsace. Ce club organise en saison des sorties dont on peut se procurer le programme dans les syndicats d'initiative. Son emblème est la feuille de houx. C'est lui qui a été le précurseur du balisage des sentiers de grande randonnée en créant en 1897 un parcours à travers la chaîne des Vosges avec un rectangle rouge comme marque.
Pour tout renseignement s'adresser au Club Vosgien, 16, rue Ste-Hélène, 67000 Strasbourg, ☏ 03 88 32 57 96.

Les sentiers de Grande Randonnée – L'appellation «GR» date de 1947, année où fut créé le Comité national des sentiers de grande randonnée, devenu plus tard la Fédération française de la randonnée pédestre. Nous signalons ci-dessous les différents sentiers de Grande Randonnée qui parcourent la région décrite dans ce guide. Certains de ces sentiers sont balisés par le Club Vosgien (rectangle de couleur) tout en portant le balisage GR aux intersections.
– Le **GR 5**, de la frontière du Luxembourg au Ballon d'Alsace, traverse le Parc naturel régional de Lorraine.
– Le **GR 53**, de Wissembourg au col du Donon, traverse le Parc naturel des Vosges du Nord.

– Le **GR 7** parcourt les Vosges du Ballon d'Alsace à Bourbonne-les-Bains et poursuit son itinéraire en Bourgogne.
– Le **GR 714** va de Bar-le-Duc à Vittel, et relie le GR 14 au GR 7.
– Le **GR 533** va de Sarrebourg au Ballon d'Alsace.
Des topo-guides édités par la Fédération française de la Randonnée pédestre en donnent le tracé détaillé et procurent d'indispensables conseils aux randonneurs. Pour les acheter, s'adresser au Centre d'information, 64, rue de Gergovie, 75014 Paris, ☎ 01 45 45 31 02, sur Minitel 3615 RANDO.
Le Parc naturel régional des Vosges du Nord, le Parc naturel régional des Ballons des Vosges et le Parc naturel régional de Lorraine éditent également un ensemble de plaquettes renfermant des dépliants de randonnées pédestres.
Des gîtes d'étapes aménagés le long de ces sentiers accueillent les visiteurs.

Sentiers de randonnée

CYCLOTOURISME

La Fédération française de cyclotourisme, 8, rue Jean-Marie-Jégo, 75013 Paris, ☎ 01 44 16 88 88, fournit des fiches-itinéraires couvrant une grande partie de la France, avec kilométrages, difficultés et curiosités touristiques.

Pour les amoureux de la petite reine et du VTT, des circuits d'une semaine ou d'un week-end, traversant de pittoresques villages, vous sont proposés par Vélorraine, Service Loisirs Accueil Moselle à Metz, ☎ 03 87 37 57 63.

Avec Vélogis, vous pouvez découvrir le Nord meusien pendant une semaine, ☎ 03 29 45 77 55 (service Logis de France).

Le guide *L'Alsace à bicyclette*, d'Alain Morley, aux éditions La Nuée Bleue (guide-poche DNA), propose une cinquantaine de circuits pour tous niveaux.

Le VTT – Des itinéraires réservés au VTT ont été mis en place pour parcourir la Moselle ou les Vosges, adaptés au rythme de chacun.

La brochure *Les Vosges à VTT – L'espace loisirs* donne la liste des loueurs de VTT et propose des circuits balisés. Pour se la procurer, s'adresser à l'Association Vosges VTT, Comité départemental du tourisme des Vosges, 7, rue Gilbert, 88000 Épinal, ☎ 03 29 82 49 93, ou au Comité de Lorraine de la Fédération française de cyclisme, Maison des sports, 13, rue Jean-Moulin, 54510 Tomblaine, ☎ 03 83 21 35 12.

La Moselle propose également 500 km de circuits en VTT à pratiquer en toute liberté. Contacter le Comité départemental de la Moselle.

La Ligue d'Alsace de cyclotourisme propose un calendrier répertoriant les sorties organisées de mars à octobre. Renseignements ☎ 03 88 30 43 76.

La Fédération française de cyclisme 5, rue de Rome, 93561 Rosny-sous-Bois cedex, ☎ 03 49 35 69 00, édite un guide des centres VTT.

Les listes des loueurs de cycles sont généralement fournies par les Offices de tourisme et les Syndicats d'initiative.

RANDONNÉES ÉQUESTRES

Les centres équestres sont nombreux : ils proposent des stages, des séjours, des promenades, des randonnées en forêt...

Vous pouvez vous adresser à la délégation nationale de tourisme équestre, 30, avenue d'Iéna, 75116 Paris, ☎ 01 53 67 44 44.

Chaque comité départemental peut fournir la liste des centres de son département avec les différentes activités, les gîtes et relais, les randonnées de 2 à 8 jours.

Alsace : Association régionale de tourisme équestre Alsace, Maison des Associations, bureau 212, de 8 h à 11 h 45, 6, route d'Ingersheim, ☎ 03 89 24 43 18. Brochure sur demande.

Lorraine : Association régionale pour le tourisme équestre et l'équitation de loisirs (ARTEL), secrétariat : M. Baret, 32, rue Géricote, 55160 Mont-Villers, ☎ 03 29 87 39 91.

Meurthe-et-Moselle : Mme Dossier, 46 bis, avenue du Maréchal-Foch, 54200 Dommartin-lès-Toul.

Meuse : M. Sepulchre, Centre de tourisme équestre, 55290 Biencourt-sur-Orge, ☎ 03 29 75 94 26. A cheval ou en roulotte, 750 km de sentiers balisés à la disposition des randonneurs.

Moselle : M. Collignon, 53, rue Principale, 57940 Volstroff, ☎ 03 82 56 85 12.

Vosges : M. Flieller, 32, chemin du Rupt-du-Moulin, ferme-auberge équestre la Zinette, 88310 Ventron, ☎ 03 29 24 18 20.

Un itinéraire de randonnée équestre, la « Transvosgienne », permet à tout cavalier ayant un minimum de connaissances hippiques de parcourir environ 800 km à travers la montagne et la plaine. Pour toute information, s'adresser au Comité départemental de tourisme équestre des Vosges, 13, rue Principale, 88240 Montmotier.

LE SKI

Le massif vosgien est le « massif du ski en douceur » dans un environnement de sapins, de paysages sereins s'étageant de 600 m à 1 400 m d'altitude : ski alpin, ski de fond, nouvelles glisses, biathlon, saut à skis, raquettes, balades à traîneau à chiens, luge ou tout simplement promenade à pied, autant de façons de découvrir la montagne vosgienne en hiver.

Le ski alpin se pratique sur de nombreux sites totalisant 170 remontées mécaniques, de nombreuses installations d'enneigement et d'éclairage pour la pratique du ski nocturne, notamment dans les stations de Gérardmer, de la Bresse, du Markstein et du lac Blanc.

Le Schnepfenried offre par temps clair une vue panoramique sur la grande crête des Vosges.

Pour les amateurs de ski de fond, plus de 1 000 km de pistes sont balisées et régulièrement entretenues.

Pour connaître l'enneigement des stations, s'adresser à la Maison du tourisme, 1, rue Schlumberger à Colmar.

Le guide *Skier dans les Vosges,* d'Alain Morley, éditions La Nuée Bleue (guide-poche DNA), donne de nombreuses informations pratiques : pistes de ski alpin et de ski de fond, remontées mécaniques, accès, transports.

PÊCHE

La région, riche en étangs, lacs, rivières et canaux, attire de nombreux pêcheurs. Quel que soit l'endroit choisi, il convient d'observer la réglementation nationale et locale, de s'affilier pour l'année en cours dans le département de son choix à une association de pêche et de pisciculture agréée, d'acquitter les taxes afférentes au mode de pêche pratiqué ou éventuellement d'acheter une carte journalière.

PLANS D'EAU	Superficie en (ha)	Baignade	Promenade sur le lac	Pêche
Alfeld	10	–	–	✎
Blanc	29	–	–	✎
Blanchemer	5,82	–	–	✎
Corbeaux	10	–	–	✎
Folie	10	≋	⚓	✎
Gérardmer	115	≋	⚓	✎
Gondrexange	700	≋	⚓	✎
Hanau	18	≋	⚓	✎
Lauch	11	–	–	✎
Longemer	76	≋	⚓	✎
Madine	1 100	≋	⚓	✎
Lac Vert	225	–	–	–
Noir	14	–	–	✎
Pierre Percée	280	–	⚓	–
Retournemer	5,50	–	–	–

Pêcheurs, respectez la réglementation nationale concernant la taille minimum des prises.

Rejetez à l'eau les poissons dont les longueurs sont inférieures à 40 cm pour le brochet, 23 cm pour la truite.

La carte-dépliant commentée *Pêche en France* est disponible auprès du Conseil supérieur de la Pêche, 134, avenue de Malakoff, 75116 Paris, ☎ 01 45 02 20 20.
Les fédérations départementales de pêche peuvent vous renseigner sur la pratique de la pêche et tiennent à votre disposition un dépliant et une carte piscicole.

Les lacs – Leurs sites gracieux ou grandioses, les plaisirs de la natation et de la pêche qu'ils offfrent en font des lieux de villégiature ou des buts de promenades très appréciés.

TOURISME FLUVIAL

Les plaisanciers pourront parcourir les voies navigables de la région : canal de l'Est, boucle de la Moselle, canal des Houillères de la Sarre, canal de la Marne au Rhin, la Moselle canalisée, le Rhin et le Grand Canal d'Alsace de Bâle à Lauterbourg, le canal du Rhône au Rhin (versant Nord).
Depuis 1992, un péage est perçu sur les rivières et canaux gérés par les Voies Navigables de France en fonction de la surface du bateau et de la durée d'utilisation. Trois formules sont possibles : forfait Vacances, valable 16 jours consécutifs; forfait Loisirs, valable 30 jours non consécutifs; forfait annuel. Pour tous renseignements, s'adresser à Voies Navigables de France (siège VNF), 175, rue Ludovic-Boutleux, 62400 Béthune, ☎ 03 21 63 24 22 ; direction régionale de VNF à Nancy, 28, boulevard Albert-Ier, ☎ 03 83 95 30 01, et à Strasbourg, 25, rue de la Nuée-Bleue, ☎ 03 88 21 74 74.

Il existe des guides et cartes Vagnon de tourisme fluvial
n° 2 Doubs et canal du Rhône au Rhin,
n° 8 Meuse et canal de l'Est.
Se renseigner chez Vagnon, Les Éditions du plaisancier, B.P. 27, 69641 Caluire cedex, ☎ 04 78 23 31 14.

Des bases de location de bateaux sans permis sont installées à Dun-sur-Meuse, Toul, Lagarde, Hesse, Schiltigheim, Mittersheim, Strasbourg.
Des compagnies fluviales proposent des promenades à l'heure, à la demi-journée ou à la journée.
Pour tout renseignement, se procurer la brochure *Lorraine au fil de l'eau* au Comité régional du tourisme de Lorraine.

Au départ de Lutzelbourg, vous pouvez naviguer sur la Moselle, le canal de la Marne au Rhin ou le canal des Houillères de la Sarre, à bord d'une pénichette. Parcours aller-retour d'une à deux semaines. Renseignement et réservation : Locaboat Plaisance, Port-au-Bois, 89300 Joigny, ☎ 03 86 91 72 72, ou Port-Amont, chemin de Halage, BP 11, 57820 Lutzelbourg, ☎ 03 87 25 70 15.

Au départ de Saverne, il est possible de naviguer sur le canal de la Marne au Rhin, renseignements et réservation : Nicols, route du Puy-St-Bonnet, 49300 Cholet, ☎ 02 41 56 46 56, ou 11, rue de l'Orangerie, à Saverne, ☎ 03 88 91 34 80.

Croisières – Des croisières de 1 à 13 jours sont organisées, au départ de Strasbourg, sur le Rhin, la Moselle, la Sarre, le Neckar, le Main, le Danube. Renseignements et réservations à Alsace-Croisières :
– 12, rue de la Division-Leclerc, 67000 Strasbourg, ☎ 03 88 76 44 44.
– 147, boulevard du Montparnasse, 75006 Paris, ☎ 01 44 32 06 60.

Canaltour propose également un circuit (avec repas) de 3 h environ, au départ de Lutzelbourg avec passage du plan incliné d'Arzviller. Renseignements : Canaltour, B.P. 8, 67026 Strasbourg cedex, ☎ 03 88 62 54 98.

Des visites de Strasbourg en bateau, avec déjeuner ou dîner, sont organisées de mars à décembre (durée : 2 h 30), embarcadère quai Finkwiller. Pour tous renseignements et réservations, s'adresser à la Société rhénane de Restauration, 15 bis, rue de Nantes, 67100 Strasbourg, ☎ 03 88 84 10 01.

La KD (Köln-Düsseldorfer) propose des croisières sur le Rhin, d'une durée de 3 à 8 jours, d'avril à octobre, soit au départ de Strasbourg, soit en y faisant escale. Se renseigner dans les agences de voyages locales ou à CROISIRHIN, 11, rue Richepance, 75008 Paris, ☎ 01 42 61 30 20.

TOURISME AÉRIEN

Inventée par les frères Montgolfier, d'où son nom, la montgolfière est un aérostat composé d'une enveloppe servant à contenir de l'air, et d'une nacelle en osier. Après plusieurs tentatives concluantes pour capter l'air chaud et l'exploiter, les Montgolfier expérimentent leur procédé publiquement le 4 juin 1783 à Annonay. Ils renouvellent leur exploit devant la famille royale et la Cour à Versailles le 19 septembre avec des animaux comme passagers. Un mois plus tard, au château de la Muette à Paris, le marquis d'Arlandes et Pilâtre de Rozier réalisent le premier vol humain.
De l'air froid est insufflé par un ventilateur dans une enveloppe de nylon très léger, cet air, réchauffé par des brûleurs fait monter peu à peu le ballon à la verticale. Ainsi, prenant place, vous vous élevez doucement dans les airs au gré des vents pour une aventure inoubliable à la découverte de la région.

Des montgolfiades, organisées par les « Ballons d'Alsace », ont lieu chaque année dans la région. Se renseigner à Aérovision. Également tous les deux ans (années impaires), en juillet-août, rassemblement mondial de montgolfières à Chambley en Meurthe-et-Moselle.

Des vols en montgolfière sont organisés régulièrement sur la base de 3 ou 4 personnes : survol des sommets vosgiens, du vignoble ou de la plaine d'Alsace, vol de nuit...

– **Aérovision**, 4, rue de Hohrod, 68140 Munster, ☎ 03 89 77 22 81.

– **Pilâtre de Rozier**, 6, place du Temple, 57530 Courcelles-Chaussy, ☎ 03 87 64 08 08.

Il est également possible de survoler les abords de Strasbourg (voir Conditions de visite ou s'adresser à Proteus Hélicoptères) ou la ville de Nancy (renseignements et réservations à l'Office de tourisme de Nancy ou à Proteus Hélicoptères, aéroport de Nancy-Essey, ☎ 03 83 29 80 60).

Aérovision

GOLFS

Les passionnés de golf ou les amateurs qui veulent s'initier le temps d'une journée pourront s'adonner à ce sport de détente.

Des golfs lorrains se sont regroupés au sein d'un club pour offrir des prestations de qualité :

– Amnéville, centre thermal et touristique, 57360 Amnéville

– Bitche, rue des Prés, 57230 Bitche

– Cherisey, château de Cherisey, 57420 Cherisey

– Combles-en-Barrois, 14, rue Basse, 55000 Combles-en-Barrois

– Images d'Épinal, rue du Merle-Blanc, 88000 Épinal

– Faulquemont-Pontpierre, pôle industriel, rue du Golf, 57380 Faulquemont

– La Grange-aux-Ormes, rue de la Grange-aux-Ormes, 57157 Marly

– Madine, 55210 Nonsard

– Metz-Technopole, 3, rue Félix-Savart, 57070 Metz

– Nancy-Pulnoy, 10, rue du Golf, 54425 Pulnoy

– Vittel, B.P. 43, 88805 Vittel cedex.

MICROGRAFX ®

S'adresser au Comité régional du tourisme de Lorraine pour se procurer la brochure qui indique les plans de parcours et les hébergements à proximité.

En Alsace :

– golf de l'île du Rhin, 68490 Chalampé

– golf de la Largue, chemin du Largweg, 68580 Mooslargue

– golf d'Ammerschwihr-Trois-Épis, route des Trois-Épis, 68770 Ammerschwihr

– golf du Kempferhof, 351, rue du Moulin, 67115 Plobsheim.

*Certains hôtels possèdent leur court de tennis, leur piscine, leur plage aménagée, leur jardin de repos : consultez le **guide Rouge Michelin France** de l'année.*

Découverte de la région

TRAINS TOURISTIQUES

A vapeur ou diesel, ces chemins de fer touristiques permettent d'effectuer une approche insolite du pays :
- **vallée de la Canner** à partir de Vigy,
- vallée de la Doller de **Cernay** à Sentheim,
- chemin de fer forestier d'**Abreschviller** au Grand Soldat,
- le long du Rhin entre le port rhénan **Neuf-Brisach** et Baltzenheim, combiné avec une promenade en bateau.
Se reporter au chapitre des Conditions de visite.
Petit train du plan incliné St-Louis-Arzviller *(7 km, durée : 1 h 30).* Information, ☎ 03 87 25 30 69.

La draisine

La Draisine – Autrefois moyen de locomotion utilisé par les ouvriers pour entretenir et surveiller les voies de chemin de fer, la draisine est devenue aujourd'hui un moyen de parcourir la vallée de la Mortagne tout en pédalant sur une ancienne voie de chemin de fer de 20 km, à partir de Magnières. Location à l'heure ou à la demi-journée de 9 h à 19 h, information et réservation, ☎ 03 83 72 34 73.

En saison, des **mini-trains** circulent à travers les quartiers anciens de certaines villes comme Strasbourg, Colmar, Nancy, Riquewihr ou Guebwiller. Se renseigner dans les Offices de tourisme.

LES ROUTES TOURISTIQUES

Pour les routes à thèmes citées, se reporter au dépliant *Tourisme Alsace, itinéraires touristiques* comportant l'adresse des Offices de tourisme et Syndicats d'initiative ou s'adresser au Comité régional du tourisme de Lorraine :
- la **route des Crêtes**, du col du Bonhomme à Thann, permet d'admirer les paysages de la chaîne des Vosges *(décrite dans ce guide)* ;
- route du Rhin, de Lauterbourg à St-Louis ;
- circuit des Vosges du Nord ;
- A travers les Vosges moyennes ;
- route des Potiers avec les ateliers de Soufflenheim et de Betschdorf ;
- route de l'Amitié, de Paris à Munich, fait connaître la Lorraine, les deux versants des Vosges, Strasbourg, la Forêt-Noire... ;
- route verte, route franco-allemande reliant Domrémy en Lorraine à Donaueschingen au Sud de la Forêt-Noire ;
- la route du Cristal en Lorraine avec le nom des principales cristalleries ;
- la route de Stanislas en Lorraine.

Routes historiques – Ce sont des itinéraires de visite axés sur le patrimoine concernant villes, villages, châteaux, manoirs, abbayes, parcs et jardins.

Deux routes historiques s'inscrivent dans la région couverte par ce guide :
– la route historique romane d'Alsace ;
– la route historique des Marches de Lorraine.
Chacune d'elles fait l'objet d'un dépliant disponible dans les Offices de tourisme ou à la Caisse Nationale des Monuments Historiques et des Sites, 62, rue St-Antoine, 75004 Paris, ☎ 01 44 61 21 50.

La CNMHS délivre, par ailleurs, un laissez-passer permettant d'accéder librement à plus de 100 monuments gérés par elle en France et de bénéficier de la gratuité aux expositions dans les monuments concernés. Ce laissez-passer est valable 1 an sur tout le territoire, à compter de la date d'achat. On peut l'obtenir sur place dans certains monuments ou par correspondance en accompagnant la demande d'un chèque de 280 F libellé à l'ordre de l'Agent comptable de la CNMHS.

Routes gastronomiques

– route des vins d'Alsace *(décrite dans le guide)*
– route du vin et de la mirabelle *(s'adresser à l'Office du tourisme de Toul)*
– route de la bière d'Alsace
– route lorraine de la bière *(s'adresser au Comité régional du tourisme)*
– route de la choucroute *(voir p. 290)*
– route gourmande de la vallée de la Sauer
– route de la matelote
– route de la truite
– route de la carpe frite dans le Sundgau
– route du fromage.

PARCS NATURELS RÉGIONAUX

La région compte trois parcs naturels régionaux qui ont pour but de protéger le patrimoine naturel et culturel et de développer l'économie. Le programme détaillé de leurs activités est disponible dans chaque Maison des parcs *(voir le texte en début de volume)*.

Parc naturel régional de Lorraine
– domaine de Charmilly, chemin des Clos, B.P. 35, 54702 Pont-à-Mousson cedex, Tourisme et culture, ☎ 03 83 81 12 77.

Parc naturel régional des Vosges du Nord *(voir également à ce nom dans la nomenclature)*
– maison du Parc, château de la Petite-Pierre, B.P. 24, 67290 La Petite-Pierre, ☎ 03 88 70 46 55.

Parc naturel régional des Ballons des Vosges *(voir également à ce nom dans la nomenclature)*
– maison du Parc, 1, cour de l'Abbaye, 68140 Munster, ☎ 03 89 77 90 20.

CONSERVATOIRES RÉGIONAUX D'ESPACES NATURELS

Le Conservatoire a pour but de préserver les sites naturels et de maintenir l'équilibre écologique.
En respectant la réglementation en vigueur pour la sauvegarde des paysages, les réserves naturelles peuvent être parcourues à pied. Pour certaines d'entre elles, des plaquettes d'information sont éditées.
Le Conservatoire des sites alsaciens gère 5 000 ha répartis en 150 sites naturels parmi lesquels la Petite Camargue alsacienne, le massif forestier d'Offendorf, la forêt d'Erstein, l'île de Rhinau, les rieds.
En Lorraine, on compte plus de 120 sites. Des sentiers aménagés, des panneaux d'information, des visites guidées et des expositions permettent de les découvrir.
Pour tout renseignement, contacter :
– le **Conservatoire des sites alsaciens** : Maison des Espaces naturels, Écomusée d'Alsace, 68190 Ungersheim, ☎ 03 89 83 34 20 ;
– le **Conservatoire des sites lorrains** : 7, place Albert-Schweitzer, 57930 Fénétrange, ☎ 03 87 03 00 90.

PARCS ANIMALIERS

Les parcs ont évolué vers des parcs de vision ou des parcs spécialisés où les spectacles tiennent aujourd'hui une place importante pour la joie des petits aussi bien que des grands.
– Parc zoologique du Bois de Coulange à **Amnéville**.
– Parc ornithologique de Madine à **Heudicourt-sous-les-Côtes**.
– Centre de réintroduction des cigognes et centre de reproduction de la loutre à **Hunawihr**.
– Serre à papillons à **Hunawihr**.
– Montagne des singes à **Kintzheim**.
– Volerie des aigles à **Kintzheim**.
– Parc zoologique et botanique à **Mulhouse**.
– Musée de zoologie : aquarium tropical à **Nancy**.
– Aquarium « les Naïades » à **Ottrott**.
– Zoo de l'Orangerie à **Strasbourg**.
– Arche de Haye à **Velaine-en-Haye**.
Nombreux enclos à cigognes, notamment à Eguisheim, Ensisheim, Kaysersberg, Kintzheim, Molsheim, Rouffach, Soultz, Turckheim, Ungersheim, La Wantzenau...

LE VIGNOBLE ALSACIEN

L'Alsace compte 7 cépages à Appellation d'Origine Contrôlée. Ils sont tous blancs sauf le pinot noir, rosé ou rouge *(voir le chapitre dans l'introduction)*. Les Grands Crus d'Alsace, au nombre de 50, sont issus de terroirs privilégiés.

La **Route des Vins** *(voir ce nom)*, balisée, qui joint Marlenheim à Thann, relie bourgades et petites villes aux noms prestigieux.

Les sentiers viticoles – Jalonnés de panneaux d'information à partir de certaines petites villes, les sentiers *(promenade de 2 h environ)* serpentent au cœur des vignes et font découvrir le travail du vigneron et les distinctions entre les cépages. Il s'agit de : Soultzmatt, Westhalten, Pfaffenheim, Eguisheim, Turckheim, Kientzheim, Bennwihr / Mittelwihr / Beblenheim / Zellenberg / Riquewihr / Hunawihr (sentier intercommunal des grands crus), Bergheim, Scherwiller, Dambach-la-Ville, Epfig, Mittelbergheim, Barr, Obernai, Dorlisheim, Molsheim, Traenheim, Dahlenheim, Marlenheim.

Cave Boeckel, Mittelbergheim

Visite de caves – De nombreux producteurs proposent la visite de leurs caves suivie, souvent, d'une dégustation de vins.
Voici quelques adresses, parmi tant d'autres :

Dambach-la Ville	39, rue de la Gare ☏ 03 88 92 40 03
Eguisheim	Charles Baur, 6, Grand'Rue ☏ 03 89 41 32 49
Kaysersberg	Caveau des viticulteurs 20, rue du Général-de-Gaulle ☏ 03 89 47 17 87
Obernai	30, rue du Général-Leclerc ☏ 03 88 95 61 18
Ribeauvillé	Domaine du moulin de Dusenbach 25, route de Ste-Marie-aux-Mines ☏ 03 89 73 72 18
Rouffach	Domaine du lycée viticole 8, Aux-Remparts ☏ 03 89 49 60 17.

Pichet à vin d'Alsace

Le CIVA donne de nombreuses informations et édite plusieurs brochures sur les vins d'Alsace, dont un guide-annuaire du vignoble alsacien signalant les localités et les noms des différentes caves vinicoles ouvertes à la visite :

CIVA, Conseil interprofessionnel des vins d'Alsace, Maison des vins d'Alsace, 12, avenue de la Foire-aux-Vins, B.P. 1217, 68012 Colmar Cedex, ☏ 03 89 20 16 20.

Le château de Kientzheim, siège de la confrérie St-Étienne qui délivre un « sigille » de qualité aux meilleurs vins d'Alsace, abrite le **musée du Vignoble et des Vins d'Alsace**.

L'Espace Alsace Coopération (☏ 03 89 47 91 33), situé à **Beblenheim**, sur la Route des Vins, regroupe les caves coopératives d'Alsace. Il propose toute une sélection de vins d'Alsace et offre un aperçu des produits du terroir.

Des stages d'initiation à la dégustation des vins d'Alsace et à la connaissance des terroirs sont proposés au Centre de formation, lycée viticole, 8, Aux-Remparts, 68250 Rouffach, ☏ 03 89 78 73 00.

Fêtes du vin – La fête des vendanges a lieu en octobre à travers tout le vignoble et se manifeste par d'importantes réjouissances. Mais des fêtes viticoles et des foires au vin ont lieu d'avril à octobre :

avril	**Ammerschwihr**
1er mai	**Molsheim**
Ascension	**Guebwiller**
mi-juillet	**Barr**
4e week-end de juillet	**Ribeauvillé**
1re quinzaine d'août	**Colmar**
1er week-end d'août	**Turckheim**
dernier week-end d'août	**Eguisheim**
septembre	**Riquewihr**

TOURISME TECHNIQUE

A la faveur du tourisme technique, certaines entreprises acceptent les visiteurs.
- **Compagnie des salins du Midi et des salines de l'Est**, 17, rue Gabriel-Péri, 54110 Varangéville, ☎ 03 83 18 73 00.
- **Papeteries** de Clairefontaine, 19, rue de l'Abbaye, B.P. 1, 88480 Étival-Clairefontaine, ☎ 03 29 52 22 11.
- **Émaux** St-Jean-l'Aigle, château et musée de la Faïencerie, rue de la Chiers, 54400 Longwy, ☎ 03 82 24 58 20.
- **Faïence** : manufacture de Niderviller, 2, rue de la Faïencerie, 57565 Niderviller, ☎ 03 87 23 80 04.
- **Bergère de France** (filature), 55020 Bar-le-Duc cedex, ☎ 03 29 79 01 01.
- **Seita**, manufacture de cigares, 7A, rue de la Krutenau, 67070 Strasbourg cedex, ☎ 03 88 35 29 00.
- **Pâte à papier et papier journal** : Stracel, 4, rue Charles-Friedel, B.P. 79, 67016 Strasbourg cedex, ☎ 03 88 41 75 41.
- **L'Est républicain**, rue Théophraste-Renaudot, 54180 Houdemont, ☎ 03 83 59 80 54.
- **Le Républicain lorrain**, 3, avenue des Deux-Fontaines, 57140 Woippy, ☎ 03 87 34 17 89.
- **Confiserie, chocolaterie** Roger Lalonde, 2, avenue Milton, 54000 Nancy, ☎ 03 83 40 23 63.
- **Cristal, plate-forme verrière**, rue de la Liberté, 54112 Vannes-le-Châtel, ☎ 03 83 25 49 90.

Les cristalleries :
- **Daum**, Compagnie Française du Cristal, 54112 Vannes-le-Châtel, ☎ 03 83 25 41 01.
- **Hartzviller** *(voir les Conditions de visite)*.
- **Portieux**, 35, rue des Arts, 88330 Portieux, ☎ 03 87 23 80 04.
- **St-Louis** *(voir les Conditions de visite à St-Louis-lès-Bitche)*.
- **Vallérysthal** *(voir les Conditions de visite)*.

Les brasseries :
- **Heineken**, 4, rue St-Charles, 67300 Schiltigheim, ☎ 03 88 19 59 53.
- **Kronenbourg**, 2, rue Gabriel-Bour, 54250 Champigneulles, ☎ 03 83 39 50 37.
- **Kronenbourg**, 68, route d'Oberhausbergen, 67000 Strasbourg, ☎ 03 88 27 41 59.
- **Météor**, rue du Général-Lebocq, 67270 Hochfelden, ☎ 03 88 71 73 73.
En complément, visite du musée de la Bière à Stenay et du musée français de la Brasserie à St-Nicolas-de-Port.

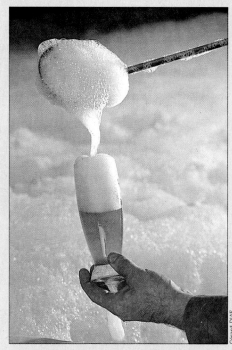

La bière – Dans une cave de fermentation

Centrales produisant de l'électricité :

Les **centrales hydrauliques** installées le long du Rhin *(voir p. 154)*.
Les **centrales thermiques** utilisant le charbon lorrain:
- **La Maxe** à Woippy en Moselle. Ce centre de production, situé à 6 km au Nord de Metz, comporte 2 tranches de 250 MW chacune. *Visite sur rendez-vous. Renseignement auprès de Mme Mansion*, ☎ 03 87 30 45 26. *L'âge minimum est de 14 ans.*
- **Brénod** à Pont-à-Mousson en Meurthe-et-Moselle *(voir les Conditions de visite)*.

Les **centrales nucléaires** faisant partie de la filière REP (réacteur à eau pressurisée) :
- **Cattenom** en Lorraine *(voir les Conditions de visite)*.
- **Fessenheim** en Alsace *(voir les Conditions de visite)*.

EXCURSIONS VERS LES PAYS VOISINS

L'Alsace a pour voisine l'Allemagne fédérale au Nord et à l'Est, et la Suisse au Sud, tandis que la Lorraine, au Nord, est bordée par la Belgique, le Luxembourg et l'Allemagne.
Une excursion pourra éventuellement constituer un intéressant prolongement à la visite d'une des régions naturelles décrites dans ce guide.
Si vous êtes en Alsace, faites un détour de l'autre côté du Rhin en utilisant le guide Vert Michelin **Pays Rhénans** « Rhin Supérieur » (Alsace, Palatinat du Sud, Forêt-Noire,

Bâle et sa région). Complément du guide Vert, la cassette **Alsace - Forêt- Noire - canton de Bâle** restitue l'atmosphère, les couleurs, les sensations, les bruits de cette région au cœur de l'Europe.
Renseignements hôteliers : consulter les guides Rouges Michelin Benelux, Deutschland et Suisse de l'année.
Renseignements touristiques : consulter les guides Verts Michelin Allemagne, Suisse et Belgique, Grand-Duché de Luxembourg.

PATRIMOINE MILITAIRE

Terre de passage, mais aussi territoire stratégique, l'Alsace et la Lorraine furent souvent ravagées par les guerres et les invasions, qui ont laissé de nombreuses empreintes.
La région garde les vestiges d'anciennes forteresses, enceintes, tours, portes construites au Moyen Âge : Châtel-sur-Moselle, Eguisheim, Riquewihr, Ribeauvillé, le Haut-Kœnigsbourg (reconstitué), Verdun.

Citadelles, villes fortifiées, champs de bataille, casemates, abris, ouvrages évoquent le souvenir d'innombrables combats qui eurent lieu dans le Nord-Est de la France.
On peut encore voir aujourd'hui quelques places fortifiées au 17e s. par Vauban (Neuf-Brisach, Longwy) ou remaniées par le célèbre architecte (Metz, Toul) et visiter les citadelles de Bitche, de Montmédy et de Verdun.
La guerre de 14-18 a laissé de nombreuses traces de combats comme en témoignent les Éparges, Bois d'Ailly, Le Linge, Le Vieil-Armand, et surtout **Verdun** *(voir à ce nom)* qui fut l'enjeu d'une bataille héroïque sur les deux rives de la Meuse.
Construite à partir de 1930, afin de protéger la frontière Nord-Est de toute nouvelle invasion, la

Verdun – Porte Chaussée

Ligne Maginot *(voir ce nom)*, malgré son ampleur, n'a pas résisté à l'assaut.
De nombreux musées consacrent une ou plusieurs salles aux souvenirs des différentes guerres : Cernay, Freyming-Merlebach, Gravelotte, St-Amarin, St-Dié, Thann, Wissembourg, Woerth...
Les nécropoles, les cimetières militaires et les mémoriaux américains sont autant de témoignages émouvants : Romagne-sous-Montfaucon, Épinal, Montfaucon, butte de Montsec, St-Avold, St-Mihiel, Thiaucourt et l'ancien camp de concentration et nécropole de Struthof.

C'est Verdun qui a été choisi tout naturellement pour accueillir le **Centre mondial de la Paix.**

Verdun : les sentiers du souvenir

De nombreux témoignages du passé (outre ceux décrits dans le chapitre des villes et curiosités) tels que ravins historiques, vestiges de fortification, espaces bouleversés, stèles, monuments sont accessibles à partir d'un réseau de sentiers sillonnant le champ de bataille. L'**Association nationale du souvenir de la bataille de Verdun et de la sauvegarde de ses hauts lieux** a créé ainsi 12 sentiers pédestres, situés de part et d'autre de la Meuse *(départ en général d'un parking, durée moyenne : 1 h 30).* 7 de ces sentiers partent du Mémorial de Verdun ou de ses environs.
Des fascicules sont disponibles sur demande écrite ou verbale au Mémorial de Verdun, 1, avenue du Corps-Européen, 55100 Fleury-devant-Douaumont, ☎ 03 29 84 35 34. Autres renseignements à l'Office de tourisme.

Quelques livres

Ouvrages généraux, Tourisme

Guide de l'Alsace ; Guide des Vosges du Nord *(Lyon, La Manufacture).*

Alsace ; Lorraine *(Bonneton, coll. Encyclopédies régionales).*

L'Alsace, par J.-C. Ritter ; **La Lorraine**, par F. Reitel *(PUF, coll. Que sais-je ?).*

L'Alsace et les Vosges *(Minerva).*

L'Alsace vue du ciel *(Minerva).*

A la découverte des châteaux forts d'Alsace ; Villes et villages fortifiés d'Alsace, par M. Greder *(Mulhouse, Salvator).*

Collection Richesses de France *(Delmas) :* Haute Alsace – le département du Haut-Rhin, Meurthe-et-Moselle, Moselle.

Collection «circuits culturels et touristiques en Lorraine» *(Metz, Serpenoise) :* la route de la céramique, au pays du charbon, la route de la mirabelle...

Le guide de Mulhouse *(Lyon, La Manufacture).*

Épinal ; Strasbourg *(Bonneton, coll. Encyclopédie des villes).*

Connaître Strasbourg, par Recht, Klein et Foessel *(Colmar, Alsatia).*

Metz, Écologie urbaine et convivialité *(Autrement, Série «France» n° 5, 1991).*

Nancy, Âges d'or, âges de plomb *(Série «France» n° 3, 1990).*

Histoire, Ethnographie, Art

Histoire de l'Alsace, par Ph. Dollinger ; **Histoire de la Lorraine**, par M. Parisse *(Toulouse, Privat).*

Histoire de la Lorraine, par R. Bastien *(Metz, Serpenoise).*

Histoire des Alsaciens ; Histoire des Lorrains *(Nathan, coll. Dossiers de l'Histoire).*

Les Grandes Heures de la Lorraine, par M. Caffier *(Perrin).*

La Vie quotidienne en Lorraine au 19e s., par J. Vartier ; **La Vie quotidienne en Alsace entre Allemagne et France, 1850-1950**, par A. Wahl et J.-C. Richez *(Hachette).*

Guide de la Ligne Maginot, par A. Hohnadel et A. Truttman *(Bayeux, Heimdal).*

Arts et traditions populaires d'Alsace, par G. Klein *(Colmar, Alsatia).*

Trésors du patrimoine traditionnel d'Alsace, par G. Klein ; **La Maison traditionnelle d'Alsace**, par M. Buch *(Barembach, Gyss).*

Alsace romane ; Lorraine romane *(Zodiaque, diff. Desclée De Brouwer).*

Hansi : 1895-1951, à travers ses cartes postales *(Colmar, J. Do Bentzinger).*

Albert Schweitzer ou le Démon du bien, par M. Koskas *(Lattès).*

« Ribambelle d'enfants » tiré du livre *L'Alsace heureuse*, par l'oncle Hansi

Musée Hansi-Riquewihr/H. Boll

Gastronomie

Gastronomie alsacienne (3 vol.), **Gastronomie lorraine** *(Ingersheim, SAEP, coll. Delta 2000).*

La Cuisine alsacienne traditionnelle *(Ingersheim, SAEP).*

Les Meilleures Recettes lorraines *(Ingersheim, SAEP).*

La Bière en Alsace, par J.-C. Colin et J.-D. Potel-Jehl *(Coprur, diff. Dilisco).*

L'Étiquette du vin d'Alsace, par R. Moser *(Colmar, J. Do Bentzinger).*

Littérature

L'Ami Fritz ; L'Invasion, etc., par Erckmann-Chatrian *(Colmar, J. Do Bentzinger)*.

La Colline inspirée ; La Lorraine dévastée, par M. Barrès.

Les Oberlé ; Les Nouveaux Oberlé, par R. Bazin.

Vacances du lundi, par Th. Gautier.

Les Bourgeois de Witzheim, par A. Maurois.

Le Rhin, par V. Hugo *(Strasbourg, La Nuée Bleue)*.

Les Demoiselles Bertram ; Le Beau Jardin, par P. Acker.

Terres lorraines, par E. Moselly.

Souvenirs, par Gyp.

Pays-haut ; Marie romaine, par Anne-Marie Blanc *(Metz, Serpenoise)*.

La Mémoire du Perroquet, par Michel Caffier *(Grasset)*.

Les Roses de Verdun, par Bernard Clavel *(Albin Michel)*.

Le Serment des quatre rivières, par Violaine Vanoyeke *(Presses de la Cité, coll. Jeannine Balland)*.

Jetzà! L'oiseau royal par Bernard Fischbach *(Orchamps, éd. Marie-Noëlle)*.

Le Passage du Climont par Jean-Yves Vincent *(Sarreguemines, éd. Pierron)*, série comprenant 2 autres titres : **Manfred Wilderhof, Les Serres de l'Aigle.**

Outre les ouvrages cités, les *Éditions Serpenoise* à Metz et les *Presses Universitaires* de Nancy publient de nombreux ouvrages consacrés à la Lorraine ; les *Éditions de La Nuée Bleue* et les *Éditions Oberlin* à Strasbourg publient des ouvrages sur l'Alsace.

Metz (début juin) L'Été du livre.

Nancy (3ᵉ semaine de septembre) Le Livre en place.

Fontenoy-la-Joûte (Meurthe-et-Moselle), où se sont installées une vingtaine de librairies, ainsi que des ateliers de reliure, de fabrication de papier... est devenu un village du livre. Grand marché du livre le dernier dimanche de chaque mois d'avril à septembre.

Quelques films

De nombreux films ont été tournés dans la région. Parmi les plus marquants, citons :

L'Ami Fritz (1933) de Jacques de Baroncelli, avec Lucien Duboscq, Simone Bourday (Wissembourg).

La Grande Illusion (1937) de Jean Renoir, avec Jean Gabin, Pierre Fresnay (château du Haut-Kœnigsbourg).

Les Grandes Gueules (1965) de Robert Enrico, avec Bourvil, Lino Ventura (dans les Vosges).

La Décade prodigieuse (1971) de Claude Chabrol, avec Orson Welles, Marlène Jobert (Strasbourg).

L'Héritier (1972) de Philippe Labro, avec Jean-Paul Belmondo, Jean Rochefort (dans la région de Thionville).

« La Grande Illusion » de Jean Renoir

CAT'S COLLECTION

Tess (1978) de Roman Polanski, avec Nastassja Kinski, Peter Firth (région de Verdun).

L'Amour braque (1984) d'Andrzej Zulawski, avec Francis Huster, Sophie Marceau.

Champ d'honneur (1986) de Jean-Pierre Denis, avec Chris Campion, Pascale Rocard (Rott, Climbach, Froeschwiller).

Agent trouble (1987) de Jean-Pierre Mocky, avec Catherine Deneuve, Richard Borhinger (au bord du lac Blanc et du lac Noir).

Une femme française (1995) de Régis Wargnier, avec Emmanuelle Béart, Daniel Auteuil (région de Nancy).

Pour préparer son voyage ou pour se rappeler les bons moments passés en Alsace, la cassette Vidéo Découverte Michelin Alsace, Forêt-Noire, Bâle est le complément images idéal du guide Vert.

Principales manifestations

Musique

Mai
Vandœuvre-lès-Nancy . .   « Musique Action », ☎ 03 83 56 15 00.

Fin mai-mi-juin
Mulhouse . . . .   Festival Bach.

Juin
Strasbourg . . . .   Festival de musique.
Vittel . . . .   Festival de guitare.

1ʳᵉ quinzaine de septembre
Cons-la-Grandville . . . . .   Rencontres musicales, ☎ 03 82 44 97 66.

Fin septembre-début octobre
Strasbourg . . . .   Musica, festival international des musiques d'aujourd'hui, ☎ 03 88 21 02 21.

Octobre
Colmar . . . .   Festival international de musique, ☎ 03 89 71 40 48.

Mi-octobre
Nancy . . . .   Nancy Jazz Pulsations, ☎ 03 83 35 40 86.

Mi-novembre
Metz et en Lorraine . . .   « Musiques Volantes », ☎ 03 87 32 43 98.

Pèlerinages

16 juillet
Avioth . . . .   Pèlerinage à Notre-Dame d'Avioth.

15 août
N.-D.-de-Thierenbach . .   Pèlerinage à la Vierge. Procession aux flambeaux la veille.

15 août et 8 septembre
Oderen . . . .   Pèlerinage à N.-D.-du-Bon-Secours.

13 décembre
Ste-Odile . . . .   Fête de sainte Odile : grand pèlerinage alsacien le plus fréquenté de toute l'Alsace.

Fêtes gastronomiques

Autour de l'Ascension
Ungersheim . . . .   Fête du cochon.

1ʳᵉ quinzaine de juin
Ribeauvillé . . . .   Fête du kougelhopf et du goût.

Juillet et août
Pierre-Percée . . . .   Fête des produits du terroir.

1ʳᵉ quinzaine d'août
Munchhouse . . . .   Fête de la carpe frite.

Dernier week-end d'août
Erstein 87 5 *(1)* . . . . . .   Fête du sucre.

Fin août, début septembre
Metz . . . .   Fête de la mirabelle avec corso fleuri, défilé de chars et rassemblement de montgolfières.

Colmar . . . . Journées de la choucroute.

Courant septembre

Geispolsheim 62 10 *(1)* Fêtes de la choucroute.
Baccarat . . . . Fête du pâté lorrain.

Autres manifestations

Février

Gérardmer . . . . « Fantastica » : Festival du film fantastique.

Avril

Gérardmer . . . . Fête des jonquilles : dans la ville décorée de jonquilles, corso fleuri.

1ᵉʳ mai

Neuf-Brisach . . . . Fête du muguet.

Mai

Azannes-et-Souma-zannes 57 *(1)*. . . . . Fête des vieux métiers.
La Bresse . . . . Festival international de sculpture sur bois.

Pentecôte

Wissembourg . . . . Ouverture de la foire-kermesse (elle dure jusqu'au dimanche suivant). Cortège folklorique. Danses. Courses hippiques.

De juin à septembre

Riquewihr . . . . Spectacle « son et lumière » au Dolder.

3ᵉ dimanche de juin

Saverne . . . . Fête des roses.

Samedi précédant le 24 juin (ou suivant si le 24 juin est un jeudi ou vendredi)

Vallée de St-Amarin . . . Feux de la Saint-Jean : de nombreux feux de joie illuminent toute la vallée.

30 juin

Thann . . . . Crémation des Trois Sapins : cérémonie qui consiste à brûler trois sapins devant la collégiale.

Juillet et août

Verdun . . . . Événement-spectacle de Verdun (son et lumière).

Dimanche après le 14 juillet

Seebach . . . . « Streisselhochzeit ».

De fin juillet à fin août

Bussang . . . . Représentations au Théâtre du Peuple : pièces interprétées par une troupe mixte d'amateurs et de professionnels.

2ᵉ dimanche d'août

Sélestat . . . . Corso fleuri.

14 août

Gérardmer . . . . Féerie lumineuse sur le lac et feu d'artifice géant.

15 août

Marlenheim . . . . Fête du mariage de l'Ami Fritz. Costumes régionaux.

Ribeauvillé – Fête des Ménétriers

LA SAINT-NICOLAS

La légende de saint Nicolas – Saint Nicolas, évêque de Myre (ou Myra) en Asie Mineure au 4e s., s'illustra en offrant une dot à trois jeunes filles pauvres. Il aurait aussi évité la condamnation à mort à trois officiers injustement accusés. Peut-être est-ce à la suite d'une confusion iconographique qu'on lui attribue en France, depuis le 12e s., une autre intervention charitable : la résurrection de trois jeunes enfants qu'un boucher avait découpés et placés dans un saloir.
C'est probablement à ces légendes qu'il doit d'être devenu, le soir du 5 décembre, veille du jour de sa fête, un distributeur de cadeaux pour les enfants sages du Nord de l'Europe (Lorraine, Allemagne, Belgique, Pays-Bas, Suisse).

Fête de la St-Nicolas – Elle a lieu tantôt la veille du 6 décembre, tantôt le jour même, tantôt le 1er samedi ou le 1er dimanche de décembre. Elle donne lieu à des manifestations dans beaucoup de communes et villes de Lorraine, notamment à St-Nicolas-de-Port (procession aux flambeaux dans la basilique), à Nancy (défilé de chars, feu d'artifice), à Metz (cortège à travers la ville avec groupes musicaux), à Épinal (défilé de chars).

---

(1) Pour les localités non décrites, nous indiquons le n° de la carte Michelin et du pli.

LES MARCHÉS DE NOËL

Dans tout le Saint Empire romain germanique, pour se procurer les jouets et les friandises à offrir à leurs enfants pour la fête de la Saint-Nicolas *(p. 174)*, les parents se rendaient au marché de la Saint-Nicolas (Nikolausmarkt).

A partir de la fin du 17e s., sous l'influence de la Réforme et de Luther, qui préféra donner à l'Enfant Jésus la prérogative de la distribution des cadeaux aux enfants, le 25 décembre remplaça à cet effet la Saint-Nicolas. Le marché dit « de Saint-Nicolas » changea alors de nom pour se transformer en « marché de l'Enfant Jésus » (en Alsace : Christkindelsmarkt).

Une tradition vivace – Il existe encore en Alsace une cinquantaine de marchés de Noël. Ceux-ci se déroulent en général entre le samedi précédant le 1er dimanche de l'Avent et le 31 décembre, tous les jours dans les grandes cités et seulement le week-end ou le dimanche dans les autres localités.

Y sont proposés des sapins provenant des Vosges, des santons pour les crèches, toute la décoration liée à la fête de Noël, y compris les accessoires du sapin, ainsi que des objets artisanaux et quelques jouets. Nombre de gourmandises associées aux festivités y sont également vendues, tels les gâteaux traditionnels de Noël (« Bredele » de toutes sortes; quelques jours avant Noël, on y trouve même dindes et foies gras).

Diverses animations (expositions, crèches vivantes, contes, concerts, danses folkloriques) agrémentent certains de ces marchés.

Le marché de Noël de **Strasbourg**, qui se tient chaque année depuis 1570 (jadis au pied de la cathédrale et actuellement en outre sur la place Broglie), figure parmi les plus anciens et les plus réputés, avec celui de **Kaysersberg**.

Un **Guide des manifestations de Noël** est édité annuellement : se renseigner auprès de la Maison d'Alsace à Paris ou des Offices de tourisme.

Il existe également des marchés de Noël en Lorraine, principalement à Metz et à Thionville.

Strasbourg – Marché de Noël

Gourmets...

Le chapitre en introduction de ce guide vous documente sur les spécialités gastronomiques les plus appréciées et les vins les plus réputés du pays.

Et chaque année, le guide Rouge Michelin France vous propose un choix de bonnes tables.

Conditions de visite

Les renseignements énoncés ci-dessous s'appliquent à des touristes voyageant isolément et ne bénéficiant pas de réduction. Pour les groupes constitués, il est généralement possible d'obtenir des conditions particulières concernant les horaires ou les tarifs. Ces données ne peuvent être fournies qu'à titre indicatif en raison de l'évolution du coût de la vie et de modifications fréquentes dans les horaires d'ouverture de nombreuses curiosités. Lorsqu'il nous a été impossible d'obtenir des informations à jour, les éléments figurant dans l'édition précédente ont été reconduits. Dans ce cas ils apparaissent en italique.

*Les **édifices religieux** ne se visitent pas pendant les offices. Certaines églises et la plupart des chapelles sont souvent fermées. Les conditions de visite en sont précisées si l'intérieur présente un intérêt particulier ; dans le cas où la visite ne peut se faire qu'accompagnée par la personne qui détient la clé, une rétribution ou une offrande est à prévoir.*

*Dans certaines villes, des **visites guidées** de la localité dans son ensemble ou limitées aux quartiers historiques sont régulièrement organisées en saison touristique. Cette possibilité est mentionnée en tête des conditions de visite, pour chaque ville concernée. Dans les Villes d'Art et d'Histoire et les Villes d'Art* *, les visites sont conduites par des guides-conférenciers agréés par la Caisse Nationale des Monuments Historiques et des Sites.*

Lorsque les curiosités décrites bénéficient de facilités concernant l'accès pour les handicapés, le symbole ♿ figure à la suite de leur nom.

A

ABRESCHVILLER

Chemin de fer forestier – Visite en mai et juin le samedi à 15 h, les dimanches et jours fériés à 10 h 30, 14 h 30, 15 h 15, 16 h et 16 h 50 ; en juillet et août du lundi au samedi à 14 h 45 et 16 h 15, les dimanches et jours fériés à 10 h 30, 14 h 30, 15 h 15, 16 h et 16 h 50 ; de septembre à début octobre le samedi à 15 h, les dimanches et jours fériés à 14 h 45 et 16 h 15. 47 F adultes, 33 F enfants. Renseignements : ☎ 03 87 03 79 12.

Groupe fortifié l'AISNE

Visite accompagnée (2 h 15) le 1er dimanche de chaque mois de mai à octobre à 14 h, 15 h et 16 h. 20 F. ☎ 03 87 52 76 91. Se munir de vêtements chauds et de chaussures de marche.

ALTKIRCH
🛈 place Xavier-Jourdain – 68130 – ☎ 03 89 40 02 90

Musée sundgauvien – Visite de 14 h 30 à 17 h 30 tous les jours (sauf le lundi) de juin à septembre ; les dimanches et jours fériés seulement le reste de l'année. Fermé le 1er janvier et le 25 décembre. 10 F. ☎ 03 89 40 00 04.

AMNÉVILLE

Parc zoologique du bois de Coulange – ♿ Visite du 1er avril au 30 septembre de 10 h à 19 h 30 (20 h les dimanches et jours fériés) ; du 1er octobre au 31 mars de 10 h à la tombée de la nuit. 60 F adultes, 40 F enfants. ☎ 03 87 70 25 60.

AUMETZ

Musée des Mines de fer de Lorraine – Visite accompagnée (1 h 30) tous les jours (sauf le lundi) du 1er mai au 30 septembre de 14 h à 17 h. 25 F. ☎ 03 82 85 76 55.

B

BACCARAT

Musée du Cristal – Visite du 1er avril au 1er novembre de 9 h 30 à 12 h 30 et de 14 h à 18 h 30 ; le reste de l'année de 10 h à 12 h et de 14 h à 18 h. Fermé le 1er janvier et le 25 décembre. 15 F. ☎ 03 83 76 60 06.

Petit ouvrage du BAMBESCH

Visite accompagnée (1 h 30) de 14 h à 18 h les 2e et 4e dimanche du mois d'avril à septembre ainsi que les lundis de Pâques et de Pentecôte et le 15 août. 20 F. M. Nicolas De Guglielmo, ☎ 03 87 90 31 95.

Baccarat – Vitraux en cristal de l'église

BAR-LE-DUC

🛈 5, rue Jeanne d'Arc – 55805 – ☎ 03 29 79 11 13

Musée Barrois – Visite tous les jours (sauf le mardi) de 14 h (15 h les samedis et dimanches) à 18 h. Fermé les 1er janvier, 1er mai, 14 juillet, 15 août, 1er novembre et 25 décembre. 10 F. ☎ 03 29 76 14 67.

Église St-Étienne – Visite tous les jours de 10 h à 12 h et de 14 h à 17 h de juin à septembre, le reste de l'année les mercredis, vendredis, samedis et dimanches de 14 h à 17 h.

BARR

La Folie Marco : musée – Visite accompagnée (3/4 h) de 10 h à 12 h et de 14 h à 18 h tous les jours (sauf le mardi) en juillet, août et septembre ; les samedis et dimanches seulement en juin et octobre. 20 F. ☎ 03 88 08 66 65 (Office de tourisme).

BERGHEIM

Église – Visite en juillet et août tous les jours de 9 h à 18 h ; le reste de l'année, s'adresser au presbytère.

BETSCHDORF

Musée – Visite de Pâques à la Toussaint de 10 h à 12 h et de 13 h à 17 h ; en juillet et août de 10 h à 12 h et de 14 h à 18 h. 15 F. ☎ 03 88 54 48 07.

BIESHEIM

Musée de l'Instrumentation optique – ♿ Visite tous les jours (sauf les lundis et mardis) de 14 h à 18 h, le jeudi de 9 h à 13 h. 20 F. ☎ 03 89 72 01 59.

Musée gallo-romain – ♿ Visite les mercredis, vendredis, samedis et dimanches de 14 h à 18 h, le jeudi de 9 h à 13 h. Fermé les jours fériés (sauf Vendredi saint et Pentecôte). 15 F. ☎ 03 89 72 01 58.

BITCHE

🛈 hôtel de ville - porte de Strasbourg – 57230 – ☎ 03 87 06 16 16

Citadelle – Visite (avec casque infra-rouge 2 h) tous les jours de mars à mi-novembre de 10 h à 17 h (18 h en juillet et août). Adultes 38 F, enfants 23 F. ☎ 03 87 96 18 82.

Centre de production thermique de BLÉNOD

Visite sur rendez-vous pour groupe à partir de 7 personnes du lundi au samedi, ☎ 03 83 80 37 24. Durée : environ 2 h 30. Age minimum : 14 ans. Bonnes chaussures de marche, ne pas avoir le vertige. EDF- CPT de Blénod, B.P. 15, 54700 Pont-à-Mousson.

BLIESBRUCK-REINHEIM

Parc archéologique européen – Visite tous les jours (sauf le lundi) de 10 h à 18 h d'avril à octobre, de 10 h à 12 h et de 14 h à 17 h de novembre à mars. Renseignements au centre archéologique Départemental, 1, rue Robert Schumann, 57200 Bliesbruck, ☎ 03 87 02 25 79 ou 03 87 02 22 32. Pour l'exposition des objets exhumés sur le site et pour le tertre funéraire, se renseigner à Reinheim, ☎ 00 49/ 6843 9002 24.

BOURBONNE-LES-BAINS

Musée – Se renseigner à la mairie de Bourbonne. ☎ 03 25 90 14 80.

Parc animalier de la Bannie – Visite de début mars à mi-septembre tous les jours (sauf le vendredi) de 14 h à 17 h, le dimanche de 11 h 30 à 18 h 30, les jours fériés de 14 h à 18 h 30 ; le reste de l'année uniquement le mercredi et le samedi de 14 h à 17 h. Fermé du 15 septembre au 31 octobre. Entrée gratuite.

BOUXWILLER (BAS-RHIN)

Musée du Pays de Hanau – Visite de 14 h à 17 h 30. Fermé le samedi de janvier à avril, les 25, 26 et 31 décembre. 15 F. ☎ 03 88 70 70 16.

Église protestante – Visite en juillet et août le vendredi de 15 h à 18 h, le week-end de 10 h (11 h le dimanche) à 12 h et de 15 h à 18 h. Le reste de l'année, s'adresser à la mairie. ☎ 03 88 70 70 16.

C

Vallée de la CANNER

Excursion en chemin de fer – Excursion en chemin de fer (traction vapeur ou autorail) de fin avril à début octobre les dimanches et jours fériés. Pour tous renseignements, s'adresser à la gare de Vigy ☎ 03 87 77 97 50. Départ de Vigy à 14 h 15 et 16 h 40 (autorail), 15 h et 17 h (à vapeur). Aller et retour vapeur : 50 F adultes, 35 F enfants, autorail : 40 F adultes, 25 F enfants.

CATTENOM

Centre nucléaire de production d'électricité – Visite du site uniquement sur rendez-vous par téléphone (☎ 03 82 51 70 41) ou par courrier (CNPE de Cattenom, Mission Communication, BP 41 ? 57570 Cattenom). Le centre d'information du public est ouvert en libre service.

CERNAY

Musée – Visite de juin à septembre tous les jours (sauf le mardi toute la journée et le dimanche matin) de 10 h à 12 h et de 14 h à 16 h. Fermé le 14 juillet et le 15 août. 10 F. ☎ 03 89 39 82 10.

Train touristique Cernay-Sentheim – Trains à vapeur : tous les dimanches et jours fériés de juin à septembre ; départ de Cernay à 11 h et 15 h 30, retour à Cernay à 15 h et 18 h 30 ; 55 F AR.
Trains diesel : en juillet et août tous les jours (sauf le lundi et le mardi) ; départ de Cernay à 15 h, retour à Cernay à 17 h 30 ; 55 F AR. Renseignements : ☎ 03 89 82 88 48.

CHAMAGNE

Maison natale de Claude-Gellée – Visite d' avril à octobre les mercredis, samedis et dimanches de 14 h 30 à 18 h 30. Programme audiovisuel : durée 25 mn. Entrée gratuite. ☎ 03 29 38 86 07.

CHÂTEL-SUR-MOSELLE

Visite guidée de la ville – S'adresser à l'association du Vieux-Châtel, 8, rue des Capucins, 88330 Châtel-sur-Moselle, ☎ 03 29 67 14 18.

Forteresse – Visite accompagnée (1 h 30) à 15 h, 16 h et 17 h tous les jours de juillet à septembre ; les samedis, dimanches et jours fériés le reste de l'année, en semaine sur rendez-vous. 20 F. ☎ 03 29 67 14 18.

COLMAR   🛈 4, rue Unterlinden – 68000 – ☎ 03 89 20 68 92

Visite guidée de la ville – S'adresser à l'Office de tourisme.

Musée d'Unterlinden – Visite de 9 h à 18 h d'avril à octobre ; de 9 h à 12 h et de 14 h à 17 h de novembre à mars (sauf le mardi). Fermé les 1er janvier, 1er mai, 1er novembre, 25 décembre. 30 F. ☎ 03 89 41 89 23.

Église St-Matthieu – Visite pendant les vacances scolaires de printemps, les jours fériés en mai, tous les jours du 15 juin au 15 octobre de 10 h à 12 h et de 15 h à 17 h. ☎ 03 89 41 44 96.

Musée Bartholdi – Visite tous les jours (sauf le mardi) de 10 h à 12 h et de 14 h à 18 h. Fermé le 1er mai, le 1er novembre et le 25 décembre et en janvier et février. 20 F. ☎ 03 89 41 90 60.

Église des Dominicains – Visite tous les jours de 10 h à 18 h sous réserve, sinon de 10 h à 13 h et de 15 h à 18 h de mi-mars à fin décembre. 8 F.

Muséum d'Histoire naturelle – Visite tous les jours (sauf le mardi) de 10 h à 12 h et de 14 h à 17 h; le dimanche de 14 h à 18 h. Fermé les 1er mai, 1er novembre et 25 décembre, en janvier et février. 20 F. ☎ 03 89 23 84 15.

Promenade en barque dans la Petite Venise – Embarquement au bas du pont St-Pierre d'avril à septembre tous les jours de 10 h à 18 h, 18 h 30 ou 19 h 30 selon la saison. Durée : 1/2 h. 30 F adultes, gratuit pour les enfants de moins de 10 ans. ☎ 03 89 41 01 94.

Musée animé du Jouet et des Petits Trains – Visite tous les jours (sauf le mardi) de 10 h à 12 h et de 14 h à 18 h; sans interruption à midi en juillet et août. Fermé le 1er janvier, le 1er mai et le 25 décembre. 25 F. ☎ 03 89 41 93 10.

CONS-LA-GRANDVILLE

Château – Visite les dimanches et jours fériés du 14 juillet au dernier dimanche d'août de 14 h à 18 h. 26 F. ☎ 03 82 44 90 41.

D

Rocher de DABO

Visite du 1er juin au 15 septembre de 9 h à 19 h; du 16 septembre au 31 octobre de 9 h à 18 h; du 15 mars au 31 mai de 9 h à 18 h (18 h 30 le samedi, 19 h le dimanche). 10 F. ☎ 03 87 07 40 12.

DAMBACH-NEUNHOFFEN

Casemate – Visite de mi-juin à mi-septembre le dimanche de 14 h à 17 h 30. 5 F. ☎ 03 88 09 22 25.

DARNEY

Musée tchécoslovaque – Visite accompagnée (45 mn) sur demande préalable 48 heures à l'avance en s'adressant à la mairie, ☎ 03 29 09 33 45, en juillet et août tous les jours (sauf le mardi) de 14 h à 18 h; le samedi matin toute l'année sur rendez-vous. Fermé les dimanches et jours fériés. Entrée gratuite.

DOMBROT-LE-SEC

Église – *Visite le dimanche; les autres jours s'adresser à M. Hermann, rue du Château.*

DOMRÉMY-LA-PUCELLE

Maison natale de Jeanne-d'Arc – Visite du 1er avril au 30 septembre de 9 h à 12 h 30 et de 14 h à 19 h; le reste de l'année tous les jours (sauf le mardi) de 9 h 30 à 12 h et de 14 h à 17 h. Fermé les 1er janvier et 25 décembre. 6 F. ☎ 03 29 06 95 86.

DUGNY-SUR-MEUSE

Église – *Visite tous les jours de Pâques à la Toussaint; le reste de l'année le dimanche seulement.*

E

ÉCOMUSÉE D'ALSACE

Visite en juillet et août de 9 h à 19 h; en avril, mai, juin et septembre de 9 h 30 à 18 h; en mars et octobre de 10 h à 17 h; le reste de l'année de 10 h 30 à 16 h 30. Adultes : 74 F, enfants de 6 à 16 ans : 44 F. ☎ 03 89 74 44 74.

Eguisheim

EGUISHEIM
🛈 18, rue des 3 Châteaux – 68420 – ☎ 03 89 41 19 11

Visite guidée de la ville – S'adresser à l'Office de tourisme.

ENSISHEIM

Musée de la Régence – Visite d'avril à octobre en semaine (sauf le mardi) de 10 h à 12 h et de 14 h à 17 h 30 ; le samedi et le dimanche de 14 h à 17 h 30. Fermé certains jours fériés. 11 F. ☎ 03 89 26 49 54.

ÉPINAL
🛈 13, rue de la Comédie – 88000 – ☎ 03 29 82 53 32

Visite guidée de la ville – S'adresser à l'Office de tourisme.

Musée départemental d'Art ancien et contemporain – ♿ Visite tous les jours (sauf le mardi) de 10 h à 12 h et de 14 h à 18 h (17 h d'octobre à mars). Fermé les 1ᵉʳ janvier, 1ᵉʳ mai, 1ᵉʳ novembre et 25 décembre. 30 F. ☎ 03 29 82 20 33.

Imagerie d'Épinal :

Galerie d'Exposition – Visite de 8 h 30 à 12 h et de 14 h à 18 h 30. Fermé le dimanche matin, le 1ᵉʳ janvier et le 25 décembre. Programme audiovisuel (30 mn). 25 F y compris la visite de l'écomusée. ☎ 03 29 31 28 88.

Écomusée – Visite accompagnée (45 mn) de 9 h 30 à 11 h (sauf le dimanche matin) et de 15 h à 16 h 30.

Parc du Château – Visite de mars à octobre de 7 h 30 à 20 h, 19 h ou 18 h selon la saison ; le reste de l'année de 8 h à 17 h.

Église Notre-Dame – Fermé le dimanche après-midi.

EUVILLE

Mairie – Fermé pour travaux.

*Créez vos propres itinéraires
à l'aide de la carte des principales curiosités et régions touristiques.*

F

Fort de FERMONT

Visite accompagnée (2 h 30) en juillet et août tous les jours à partir de 14 h jusqu'à 17 h ; en mai et juin tous les jours à 14 h et 15 h 30 ; en avril les samedis, dimanches et jours fériés à 14 h et 15 h 30 ; en septembre les samedis et dimanches à 14 h et 15 h 30. Se munir d'un vêtement chaud et prévoir des chaussures de marche. 30 F. ☎ 03 82 39 35 34.

Bief de FESSENHEIM

Centre nucléaire de production d'électricité – Visite libre du centre d'information du lundi au samedi de 9 h à 12 h et de 14 h à 18 h. Visite guidée de l'usine (3 h) du lundi au samedi de 9 h à 12 h et de 14 h à 17 h sur demande préalable 15 jours à l'avance (âge minimum 10 ans si accompagnés des parents, pièce d'identité obligatoire). Pour tout renseignement et inscription, s'adresser à E.D.F. - Centrale Nucléaire de Fessenheim, B.P. 15, 68740 Fessenheim. ☎ 03 89 83 51 23.

Maison de l'Hydraulique – ♿ Visite libre en juillet et août de 14 h à 18 h ; le reste de l'année visite accompagnée sur demande préalable 15 jours à l'avance à EDF - Energie Est, 83, rue Koechlin, BP 2164, 68060 Mulhouse Cedex. ☎ 03 89 32 48 23.

Château de FLECKENSTEIN

Visite libre de mi-avril à fin septembre de 9 h 30 à 18 h ; le reste de l'année de 11 h (10 h d'octobre à mi-novembre) à 17 h ; visite accompagnée (1h) le dimanche et les jours fériés et tous les jours en juillet et août. Fermé de mi-novembre à mi- mars. 12 F en semaine, 17 F le dimanche et tous les jours en juillet et août. ☎ 03 88 94 43 16.

Château de FLÉVILLE

Visite accompagnée (40 mn) en juillet tous les jours de 14 h à 19 h ; en avril, mai, juin, septembre, octobre et jusqu'au 15 novembre, les samedis, dimanches et jours fériés de 14 h à 19 h. 34 F. ☎ 03 83 25 64 71.

FRÉLAND

Maison du Pays Welche – Visite accompagnée (1 h) de juin à septembre tous les jours (sauf le mercredi) à 10 h, 15 h et 16 h 30. Le reste de l'année à 15 h. Fermé de mi-février à mi-mars. 15 F. ☎ 03 89 71 90 52.

FREYMING-MERLEBACH

Mine-image Cuvelette – Possibilité de visite en s'adressant au musée du bassin houiller lorrain à Petite Rosselle. ☎ 03 87 87 08 54.

Musée historique et militaire – ♿ Visite tous les jours (sauf le mardi) de 9 h à 12 h et de 14 h à 17 h. Fermé le samedi matin, le dimanche matin, le 14 juillet, le 15 août, le 1er et le 11 novembre. 7 F. ☎ 03 87 29 69 63.

G

GÉNICOURT-SUR-MEUSE

Église – S'adresser à M Albert Mangin. ☎ 03 29 87 75 01.

GÉRARDMER

Tour du Lac – Tour du lac commenté en vedette 20 F, durée 20 mn. En canot électrique : 75 F la 1/2 h.

Usines textiles – Visite possible de mi-juin à mi-septembre, sauf en août : s'adresser à l'Office du tourisme. ☎ 03 29 27 27 27.

GORZE

Maison de l'Histoire de la terre de Gorze – Visite de 14 h à 18 h tous les jours du 16 juin au 14 septembre, les samedis, dimanches et jours fériés du 1er avril au 15 juin et du 15 septembre au 31 octobre. 10 F. ☎ 03 87 52 04 57.

GRAND

Canalisation souterraine – Visite accompagnée (20 mn) en juillet et août les dimanches et jours fériés toutes les heures de 14 h à 18 h ; du 1er avril au 30 septembre pour les groupes (minimum 10 personnes) et sur réservation 15 jours avant. ☎ 03 29 06 77 37. Visite autorisée à partir de 10 ans, déconseillée aux personnes claustrophobes. Prévoir des bottes en caoutchouc et un ensemble coupe-vent. 10 F.

Amphithéâtre – Visite du 1er avril au 30 septembre de 9 h à 12 h et de 14 h à 19 h ; le reste de l'année de 10 h à 12 h et de 14 h à 17 h. Fermé les 1er janvier et 25 décembre. 15 F, billet double avec la mosaïque 20 F. ☎ 03 29 06 77 37.

Mosaïque romaine – Visite d' avril à septembre de 9 h à 12 h et de 14 h à 19 h ; le reste de l'année de 10 h à 12 h et de 14 h à 17 h. Fermé le 1er janvier et le 25 décembre. 15 F, billet double avec l'amphithéâtre 20 F. ☎ 03 29 06 77 37.

GRAVELOTTE

Musée militaire – Visite du 1er mai à mi-novembre le mercredi de 14 h à 18 h, les samedis, dimanches et jours fériés de 10 h à 12 h et de 14 h à 18 h. 15 F. Pour tout renseignement s'adresser à la mairie, ☎ 03 87 60 92 56.

GUEBWILLER
🏛 73, rue de la République – 68500 – ☎ 03 89 76 10 63

Visite guidée de la ville – S'adresser à l'Office de tourisme.

Ancien couvent des Dominicains : centre polymusical – Visite de juin à septembre en semaine (sauf le lundi) de 10 h à 12 h et de 14 h à 18 h 30, les samedis et dimanches de 14 h à 18 h 30 ; le reste de l'année du lundi au vendredi de 10 h à 12 h et de 14 h à 17 h 30. Caveau à jazz à partir de 21 h le vendredi et le samedi sauf pendant toutes les vacances scolaires. Concerts dans l'église en été. Fermé du 24 décembre au 2 janvier. ☎ 03 89 74 19 96.

Musée du Florival – Visite en semaine (sauf le mardi) de 14 h à 18 h, les samedis, dimanches et jours fériés de 10 h à 12 h et de 14 h à 18 h. Fermé le 1er janvier, le 1er mai et le 25 décembre. 15 F. ☎ 03 89 74 22 89.

Fort de GUENTRANGE

Visite accompagnée (1 h 30) de mai à septembre à 15 h les 1er et 3e dimanches de chaque mois. 15 F. ☎ 03 82 88 12 15.

GUNSBACH

Musée Albert-Schweitzer – ♿ Visite accompagnée (1 h) tous les jours (sauf le lundi) de 9 h à 11 h 30 et de 14 h à 16 h 30 sur demande préalable 8 jours à l'avance. 20 F. ☎ 03 89 77 31 42.

H - I

Le HACKENBERG

Visite accompagnée (2 h) de fin mars à fin octobre les samedis, dimanches et jours fériés entre 14 h et 15 h 30. 25 F. ☎ 03 82 82 30 08.

HAGUENAU
🏛 place de la gare – 67500 – ☎ 03 88 93 70 00

Visite guidée de la ville – S'adresser à l'Office de tourisme.

Musée historique – Visite en semaine de 10 h à 12 h et de 14 h à 18 h ; les samedis, dimanches et jours fériés de 15 h à 17 h 30 (14 h à 18 h en juillet et août). Fermé le mardi matin en juillet et août et toute la journée le reste de l'année ainsi que les 1er janvier, Pâques, 1er mai, 1er novembre et 25 décembre. 15 F. ☎ 03 88 93 79 22.

Musée alsacien – Visite en semaine (sauf le mardi matin) de 9 h à 12 h et de 14 h à 18 h ; les samedis, dimanches et jours fériés de 14 h à 17 h. Fermé les 1er janvier, Pâques, 1er mai, 1er novembre et 25 décembre. 10 F. ☎ 03 88 73 30 41.

Scierie de la HALLIÈRE

Écomusée – Visite tous les jours (sauf le lundi) de 14 h à 18 h en juillet, août et septembre ; le dimanche de 14 h à 18 h 30 en mai, juin et octobre. 15 F. ☎ 03 83 74 49 71.

Château d'HAROUÉ

Visite accompagnée (3/4 h) du 1er avril au 11 novembre de 14 h (10 h en juillet et août) à 18 h 35 F. ☎ 03 83 52 40 14.

HARTZVILLER

Cristallerie – Visite de 9 h à 11 h et de 13 h à 14 h. Fermé les samedis, dimanches et jours fériés (sauf le magasin de vente ouvert de 13 h 30 à 17 h 30) et de fin juillet à fin août. ☎ 03 87 25 10 55.

HATTEN

Casemate d'infanterie Esch – Visite de mai à septembre le dimanche de 10 h à 12 h et de 13 h 30 à 18 h. 10 F. ☎ 03 88 80 05 07.

Musée de l'Abri – Visite du 1er mars au 11 novembre les jeudis et vendredis de 10 h à 12 h et de 14 h à 18 h ; le samedi et le dimanche de 10 h à 18 h ; tous les jours en juillet et août. Fermé en janvier, février et décembre. 20 F. ☎ 03 88 80 14 90.

HATTONCHÂTEL

Église – Pour plus de précisions sur les heures d'ouverture, s'adresser à Mme Humbert, en face de l'église.

Musée Louise-Cottin – Visite du 15 avril au 30 septembre les mercredis, samedis, dimanches et jours fériés de 14 h 30 à 18 h 30. 5 F. ☎ 03 29 89 30 73.

Château – Visite accompagnée (20 mn) tous les jours (sauf le mardi) de 9 h à 12 h et de 14 h à 18 h (19 h le dimanche en été) Fermé en octobre. 15 F. ☎ 03 29 89 57 44 (gardien).

Tour de l'ancien télégraphe Chappe

Château du HAUT-BARR

Musée du télégraphe Claude-Chappe – Visite tous les jours (sauf le lundi) du 1er juin au 15 septembre de 12 h à 18 h. 10 F. ☎ 03 88 52 98 99.

HAUT-CHITELET

Jardin d'Altitude – Visite en juillet et août de 10 h à 18 h ; en juin de 10 h à 12 h et de 14 h à 18 h ; en septembre de 10 h à 12 h et de 14 h à 17 h 30. 15 F. ☎ 03 29 63 31 46.

Château du HAUT-KŒNIGSBOURG

Visite de juin à septembre de 9 h à 18 h ; le reste de l'année de 9 h à 12 h et de 13 h à 18 h (17 h en mars et octobre, 16 h de novembre à février). Fermé le 1er janvier, 1er mai, 1er et 11 novembre, 25 décembre et de début janvier à début février. 40 F adultes, 25 F enfants. ☎ 03 88 82 50 60.

Parc de loisirs de la forêt de HAYE

Musée de l'Automobile – Visite d'avril à septembre tous les jours de 14 h à 18 h 30 ; le reste de l'année les mercredis, samedis, dimanches et jours fériés de 14 h à 18 h. Fermé du 15 décembre au 1er janvier. 30 F adultes. ☎ 03 83 23 28 38.

HENNEZEL

Musée de la Résidence – Visite du 1er mai au 1er octobre tous les jours de 14 h 30 à 18 h 30. 15 F. ☎ 03 29 07 00 80.

HIPPOLTSKIRCH

Chapelle – Visite le dimanche de 11 h à 18 h de mai à septembre.

HOMBOURG-HAUT

Chapelle Ste-Catherine – Visite le dimanche de 10 h à 18 h. Pour tout renseignement, s'adresser à l'Office de tourisme. ☎ 03 87 90 53 53.

HUNAWIHR

Centre de réintroduction des cigognes – Visite du 1er avril au 11 novembre de 10 h à 12 h et de 14 h à 17 h 30 (18 h 30 en juillet et août). Spectacles à 15 h, 16 h (et 17 h ou 18 h en saison). Se renseigner au préalable. ☎ 03 89 73 72 62. Le matin : 40 F adultes, 25 F enfants ; l'après-midi : 45 F adultes, 30 F enfants.

Jardin des papillons exotiques vivants – ♿ Visite du 1er avril au 11 novembre de 10 h à 17 h (19 h en juin, juillet et août). 30 F adultes, 20 F enfants. ☎ 03 89 73 69 58.

HUSSEREN-WESSERLING

Musée du Textile et des Costumes de Haute-Alsace – ♿ Visite tous les jours (sauf le lundi matin et le samedi matin) d'avril à septembre de 10 h à 18 h, d'octobre à mars de 10 h à 12 h et de 14 h à 18 h. Fermé certains jours fériés. 30 F. ☎ 03 89 38 28 08.

Petit ouvrage de l'IMMERHOF

Visite accompagnée (1 h30) à partir de 14 h les 2ᵉ et 4ᵉ dimanches du mois et les jours fériés d'avril à septembre. 18 F. ☎ 03 82 53 09 61.

J

JARVILLE-LA-MALGRANGE

Musée de l'Histoire du Fer – Visite en semaine (sauf le mardi) de 14 h à 17 h (18 h du 1ᵉʳ juillet au 30 septembre), les samedis, dimanches et jours fériés de 10 h à 12 h et de 14 h à 18 h. Fermé les 1ᵉʳ janvier, dimanche de Pâques, 1ᵉʳ novembre et 25 décembre. 15 F. ☎ 03 83 15 27 70.

JAULNY

Château – Visite accompagnée (1 h) de Pâques au 11 novembre tous les jours (sauf le lundi) de 14 h 30 à 17 h. 20 F. ☎ 03 83 81 93 04.

K

KAYSERSBERG

Centre culturel Albert Schweitzer – Visite à Pâques et de mai à octobre tous les jours de 9 h à 12 h et de 14 h à 18 h. Fermé le 1ᵉʳ mai. 10 F. ☎ 03 89 78 22 78.

Musée communal – Visite en juillet et août tous les jours de 10 h à 12 h et de 14 h à 18 h; en juin, septembre, octobre et vacances scolaires le samedi de 14 h à 18 h et le dimanche de 10 h à 12 h et de 14 h à 18 h. 10 F. ☎ 03 89 78 11 11

KIENTZHEIM

Musée du vignoble et des vins d'Alsace – Visite du 1ᵉʳ juin au 31 octobre de 10 h à 12 h et de 14 h à 18 h. 15 F. ☎ 03 89 78 21 36.

KINTZHEIM

Volerie des aigles – Visite à partir de 14 h; démonstrations du 1ᵉʳ avril au 10 juin et en septembre à 15, 16 h (et 17 h le dimanche); du 11 juin au 13 juillet, à 15 h, 16 h et 17 h; du 14 juillet au 31 août à 14 h 30, 15 h 30, 16 h 30 et 17 h 30; du 1ᵉʳ octobre au 11 novembre les mercredis, samedis et dimanches à 15 h et 16 h. Adultes : 45 F, enfants : 30 F. ☎ 03 88 92 84 33.

Montagne des singes – ♿ Visite en juillet et août de 10 h à 18 h; en mai, juin et septembre de 10 h à 12 h et de 13 h à 18 h; en avril, octobre et novembre de 10 h à 12 h et de 13 h à 17 h; du 1ᵉʳ au 11 novembre les mercredis, samedis et dimanches de 10 h à 12 h et de 13 h à 17 h. 40 F adultes, 25 F enfants. ☎ 03 88 92 11 09.

L

LAPOUTROIE

Musée des eaux de vie – Visite de 9 h à 12 h et de 14 h à 18 h. Entrée gratuite. ☎ 03 89 47 50 26.

LAUTENBACH

Église – Fermé pour travaux de rénovation.

LEMBACH

Ouvrage du Four à Chaux – Visite accompagnée (1 h 1/2) de mi-mars à fin avril et du 1ᵉʳ octobre à mi-novembre à 10 h, 14 h et 15 h; en mai et juin à 10 h, 14 h, 15 h et 16 h; en juillet, août et septembre à 10 h, 11 h, 14 h, 15 h, 16 h et 17 h. 20 F. ☎ 03 88 94 43 16.

Château de LICHTENBERG

Château – Visite en semaine (sauf le lundi matin) de 10 h à 18 h en juin, juillet et août, de 10 h à 12 h et de 13 h 30 à 18 h le reste de l'année ; les dimanches et jours fériés de 10 h à 19 h toute l'année. Fermeture de la caisse 1/2 h auparavant. 15 F.

LIVERDUN

🚉 Porte Haute – 54460 – ☎ 03 83 24 40 40

Visite guidée de la ville – S'adresser au Syndicat d'initiative.

LOUPPY-SUR-LOISON

Château – Visite accompagnée de l'extérieur seulement (3/4 h) tous les jours (sauf le lundi) du 15 juillet au 31 août de 14 h à 19 h (18 h en semaine). 12 F. ☎ 03 29 88 11 16.

LUEMSCHWILLER

Église – Visite le dimanche seulement. En semaine, s'adresser à la mairie, ☎ 03 89 25 42 55.

LUNÉVILLE

Château :

Chapelle – Fermé pour travaux de restauration.

Musée – Visite tous les jours (sauf le mardi) de 10 h à 12 h et de 14 h à 18 h (17 h d'octobre à mars). Fermé les 1er janvier, lundi Gras et 25 décembre. 10 F. ☎ 03 83 76 23 57.

Musée de la moto et du vélo – Visite tous les jours (sauf le lundi) de 9 h à 12 h et de 14 à 18 h. 20 F. ☎ 03 83 74 10 56

LUXEUIL-LES-BAINS

🚉 1, avenue des Thermes – 70302 – ☎ 03 84 40 06 41

Visite guidée de la ville – S'adresser à l'Office de tourisme.

Musée de la tour des Échevins – Visite de 14 h à 17 h 30 le mercredi, le samedi et le dimanche, de 14 h 30 à 17 h 30 le jeudi et le vendredi. Fermé les 1er janvier, 1er mai, 1er novembre, 25 décembre et en novembre. 12 F. ☎ 03 84 40 00 07.

Ancienne abbaye St-Colomban – Visite guidée à 15 h le 3e jeudi de chaque mois. Renseignements à l'Office de tourisme. ☎ 03 84 40 06 41.

M

MARCKOLSHEIM

Mémorial-musée de la Ligne Maginot du Rhin – ♿ Visite de 9 h à 12 h et de 14 h à 18 h tous les jours du 15 juin au 15 septembre ; les dimanches et jours fériés seulement du 15 mars au 15 novembre. 8 F. ☎ 03 88 58 52 20 (mairie).

MARMOUTIER

Musée d'Arts et Traditions populaires – Visite accompagnée (1 h 30) du 1er mai au 31 octobre les dimanches et jours fériés de 8 h à 12 h et de 14 h à 18 h. ☎ 03 88 71 46 84.

MARSAL

Maison du Sel – Visite du 1er février au 14 juin et du 16 septembre au 31 décembre du lundi au samedi de 14 h à 18 h, les dimanches et jours fériés de 10 h à 12 h et de 14 h à 18 h ; du 15 juin au 15 septembre les lundis, mardis et mercredis de 14 h à 18 h, du jeudi au dimanche 10 h à 12 h et de 14 h à 18 h ; Fermé en janvier. 18 F. ☎ 03 87 01 16 75.

MARVILLE

Église St-Nicolas – S'adresser à la mairie.

Cimetière de la chapelle St-Hilaire – Visite guidée sur demande à la mairie, ☎ 03 29 88 15 15.

MEISENTHAL

Maison du verre et du cristal – Visite tous les jours (sauf le mardi) de 14 h à 18 h de Pâques à la Toussaint. 20 F. ☎ 03 87 96 91 51.

MERKWILLER-PECHELBRONN

Musée du pétrole – ♿ Visite de 14 h 30 à 18 h les dimanches et jours fériés du 1er avril au 31 octobre, également le jeudi en juillet et août. 15 F. ☎ 03 88 80 77 86.

METZ

place d'Armes – 57000 – ☎ 03 87 55 53 76

Visite guidée de la ville ▲ – S'adresser à l'Office de tourisme. En saison, également circuit nocturne à pied ou en autocar.

Cathédrale – Possibilité de visite guidée tous les jours (sauf le dimanche matin). 15 F, crypte et trésor compris : 25 F. Pour tout renseignement, s'adresser à l'Association de l'Œuvre de la cathédrale, 2, place de Chambre, ☎ 03 87 75 54 61.

Tour de Mutte de la cathédrale – Se renseigner à la cathédrale.

Crypte et Trésor de la cathédrale – Visite tous les jours (sauf le dimanche matin) de mai à octobre de 9 h 30 à 18 h 15, le reste de l'année de 9 h 30 à 12 h et de 14 h à 18 h. Fermé les 1er mai et 15 août. 12 F. ☎ 03 87 75 54 61.

Église St-Pierre-aux-Nonnains – Visite d'avril à septembre tous les jours (sauf le lundi) de 14 h à 18 h ; d'octobre à mars les samedis et dimanches de 14 h à 17 h. Fermé les jours fériés, le 28 mars et le 26 décembre. Diaporama « Metz, lumière d'histoire » à 17 h, entrée : 10 F, sauf lors d'expositions. ☎ 03 87 39 92 00.

Chapelle des Templiers – Visite de mi-juin à mi-septembre tous les jours (sauf le lundi) de 14 h à 18 h 30. ☎ 03 87 39 92 00.

L'arsenal – Visite tous les jours (sauf le lundi) en juillet et août, sauf lors de répétitions. Renseignements : ☎ 03 87 39 92 00.

La Cour d'Or, musées – Visite de 10 h à 12 h et de 14 h à 18 h. Fermé les 1er janvier, Vendredi saint, 1er mai, 1er et 11 novembre et 25 décembre. 30 F, gratuit le mercredi matin et le dimanche matin. ☎ 03 87 75 10 18.

Ancien couvent des Récollets – Visite de 8 h à 12 h et de 14 h à 18 h. Fermé le samedi, le dimanche et les jours fériés.

Église St-Vincent – *Visite suspendue pour cause de restauration.*

Gros ouvrage du MICHELSBERG

Visite accompagnée (2 h) d'avril à septembre tous les dimanches de 14 h à 18 h. 15 F. ☎ 03 82 34 66 67.

MIRECOURT

Maison de la musique mécanique – &. Visite accompagnée (1 h) de 14 h à 19 h tous les jours du 1er mai au 30 septembre, les dimanches et jours fériés et pendant les vacances scolaires le reste de l'année. Fermé les 1er janvier et 25 décembre. 30 F. ☎ 03 29 37 51 13.

Maison de la dentelle – &. Visite de mai à septembre du lundi au vendredi de 10 h à 12 h et de 14 h à 18 h, le samedi et le dimanche de 14 h à 18 h ; le reste de l'année du lundi au vendredi de 10 h à 12 h et de 14 h à 17 h, le dimanche de 14 h à 18 h. 15 F. ☎ 03 29 37 39 59.

Musée de la lutherie – Visite du 1er juin au 15 septembre tous les jours (sauf le mardi) de 10 h à 12 h et de 14 h à 18 h, le dimanche de 14 h à 18 h ; de mi-février à fin mai tous les jours (sauf le mardi) de 10 h à 12 h et de 14 h à 18 h, le samedi et le dimanche de 14 h à 18 h ; de mi-septembre à mi-février les lundis, mercredis, jeudis et vendrredis de 14 h à 18 h. Fermé entre Noël et jour de l'An. 15 F. ☎ 03 29 37 05 22.

Chapelle de la Oultre – Visite sur demande à la mairie de Mirecourt, ☎ 03 29 37 05 22.

Domaine de la MOINEAUDIÈRE

&. Visite de 9 h 30 à 12 h et de 14 h à 18 h 30. Fermé 10 jours en janvier, 15 jours en mars et de mi-octobre à mi-décembre. 25 F. ☎ 03 29 63 37 11.

MOLSHEIM

Musée de la Chartreuse – Visite du 15 juin au 15 septembre en semaine (sauf le mardi) de 10 h à 12 h et de 14 h à 18 h, les week-ends et jours fériés de 14 h à 17 h ; du 2 mai au 14 juin et du 16 septembre au 15 octobre tous les jours (sauf le mardi) de 14 h à 17 h. 16 F. ☎ 03 88 38 25 10.

MONTFAUCON

Le monument – Visite de mi-avril à fin septembre tous les jours (sauf le lundi et le mardi) de 9 h à 12 h et de 13 h à 17 h 30 ; le reste de l'année tous les jours (sauf les samedis et dimanches) de 9 h à 12 h et de 13 h à 16 h 30. Fermé les jours fériés. Entrée gratuite. ☎ 03 29 85 14 18.

MONTMÉDY

Citadelle : Remparts – Visite en juillet et août de 9 h 30 à 19 h, en avril, mai, juin, septembre et octobre de 10 h à 12 h et de 13 h 30 à 18 h 30 ; du 15 février au 31 mars, 1re quinzaine de novembre et pendant les vacances de Noël de 10 h à 12 h et de 13 h 30 à 17 h ; du 1er au 14 février et du 15 au 30 novembre de 14 h à 17 h. Fermé du 1er décembre au 31 janvier sauf pendant les vacances de Noël. 25 F. ☎ 03 29 80 15 90.

Musées de la Fortification et Jules-Bastien-Lepage – Mêmes conditions de visite que pour les remparts.

MOYENMOUTIER

Église abbatiale – Visite accompagnée à 16 h le dimanche en juillet et août.

MUHLBACH-SUR-MUNSTER

Musée de la Schlitte – Visite accompagnée (40 mn) tous les jours en juillet et août de 10 h à 12 h et de 15 h à 18 h 8 F. ☎ 03 89 77 61 08 (mairie).

MULHOUSE 🛈 9, avenue Maréchal Foch – 68100 – ☎ 03 89 45 68 31

Visite guidée de la ville – S'adresser à l'Office de tourisme.

Musée historique – Visite tous les jours (sauf le mardi) de 10 h à 12 h et de 14 h à 18 h (17 h du 1er octobre au 14 juin). Fermé les 1er janvier, Vendredi saint, lundis de Pâques et de Pentecôte, 1er mai, 14 juillet, 1er et 11 novembre, 25 et 26 décembre. 20 F (gratuit le 1er dimanche de chaque mois). ☎ 03 89 45 43 20.

Temple St-Étienne – Visite du 1er mai au 30 septembre de 10 h à 12 h et de 14 h à 18 h (17 h le samedi). Fermé le mardi, le dimanche matin, exceptionnellement le samedi après-midi si concerts. Entrée gratuite. ☎ 03 89 46 58 25.

Musée des Beaux-Arts – Visite tous les jours (sauf le mardi) de 10 h à 12 h et de 14 h à 18 h (17 h du 1er octobre au 14 juin), le jeudi de 10 h à 18 h (17 h en hiver). Fermé les 1er janvier, 1er mai, Vendredi saint, lundis de Pâques et de Pentecôte, 14 juillet, 1er et 11 novembre, 25 et 26 décembre. 20 F. ☎ 03 89 45 43 19.

Musée national de l'Automobile - collection Schlumpf – ♿ Visite tous les jours (sauf le mardi) de 10 h à 17 h 30. Fermé les 1er janvier et 25 décembre. Adultes : 57 F, enfants de 6 à 18 ans : 27 F. ☎ 03 89 42 29 17.

Musée français du Chemin de fer – Visite de 9 h à 18 h (17 h d' octobre à mars). Fermé les 1er janvier, 25 et 26 décembre. Adultes : 44 F, enfants : 20 F. ☎ 03 89 42 25 67.
Visite également du musée Sapeur-pompier.

Parc zoologique et botanique – ♿ Visite de mai à août de 8 h à 19 h, en avril et septembre de 9 h à 18 h, en mars, octobre et novembre de 9 h à 17 h, en janvier, février et décembre, de 10 h à 16 h. Adultes : 44 F (20 F hors saison), enfants : 20 F. ☎ 03 89 44 17 44.

Électropolis : musée de l'énergie électrique – Visite de 10 h à 18 h. Fermé le lundi (sauf les lundis de Pâques et de Pentecôte et le lundi en juillet et août) et les 1er janvier, 25 et 26 décembre. 48 F. ☎ 03 89 32 48 60.

Musée de l'Impression sur étoffes – ♿ Visite tous les jours de 9 h (10 h d'octobre à avril) à 18 h. Fermé les 1er janvier et 1er mai. 32 F. ☎ 03 89 46 83 00.

MUNSTER 🛈 place du Marché – 68140 – ☎ 03 89 77 31 80

Maison du parc naturel régional des Ballons des Vosges – Visite du 1er mai au 30 septembre tous les jours (sauf le lundi matin) de 9 h 30 à 12 h 30 et de 14 h à 18 h 30 ; le reste de l'année, du lundi au vendredi de 10 h à 12 h et de 14 h à 18 h. Entrée gratuite. ☎ 03 89 77 90 20.

MUTZIG

Musée – Visite tous les jours (sauf le mardi) du 3 mai au 14 octobre de 14 h à 17 h (18 h le dimanche et les jours fériés). 13 F. ☎ 03 88 38 73 43.

N

NANCY 🛈 14, place Stanislas – 54000 – ☎ 03 83 35 22 41

Visite guidée de la ville 🅰 – S'adresser à l'Office de tourisme.

Musée des Beaux-Arts – Le musée est fermé pour travaux de restauration jusqu'en automne 1998. Le péristyle reste ouvert pour accueillir les diverses activités organisées par le musée en semaine (sauf le mardi) de 11 h à 17 h, le week-end de 10 h 30 à 18 h. Fermé les 1er janvier, 1er mai, 14 juillet, 1er novembre et 25 décembre. ☎ 03 83 85 30 72.

Hôtel de ville – Visite accompagnée des salons de fin juin à fin août à 20 h 45 et 21 h 15. 20 F. Renseignements à l'Office de tourisme.

Palais ducal : musée historique lorrain – Visite tous les jours (sauf le mardi) de début mai à fin septembre de 10 h à 18 h ; le reste de l'année de 10 h à 12 h et de 14 h à 17 h (18 h les dimanches et jours fériés). Fermé les 1er janvier, Pâques, 1er mai, 14 juillet, 1er novembre et 25 décembre. 20 F. ☎ 03 83 32 18 74.

Église et couvent des Cordeliers : musée d'Arts et Traditions populaires – Visite tous les jours (sauf le mardi) de mai à fin septembre de 10 h à 18 h ; le reste de l'année de 10 h à 12 h et de 14 h à 17 h (18 h les dimanches et jours fériés). Fermé les 1er janvier, dimanche de Pâques, 1er mai, 14 juillet, 1er novembre et 25 décembre. 20 F. ☎ 03 83 32 18 74.

Musée de l'École de Nancy – Visite tous les jours (sauf le lundi matin et le mardi toute la journée) de 10 h 30 à 18 h. Fermé les 1er janvier, 1er mai, 14 juillet, 1er novembre et 25 décembre. 20 F. ☎ 03 83 40 14 86.

Musée de zoologie – Visite tous les jours de 10 h à 12 h et de 14 h à 18 h. Adultes 30 F, enfants 20 F. ☎ 03 83 32 99 97.

Jardin botanique du Montet – ♿ Visite en semaine de 10 h à 12 h et de 14 h à 17 h, les samedis, dimanches et jours fériés de 14 h à 17 h (18 h en été les dimanches et jours fériés). Les serres sont ouvertes l'après-midi seulement, sauf le 1er mardi de chaque mois, tarif : 15 F. Fermé le 1er janvier et le 25 décembre. ☎ 03 83 41 47 47.

Musée : « Maison de la Communication » – Visite toute l'année les mercredis, jeudis et vendredis de 10 h à 12 h et de 14 h à 18 h. Fermé les jours fériés. 15 F. ☎ 03 83 34 85 89.

Musée de l'École de Nancy –
Lithographie de Camille Martin, 1894

Studio image Men/Musée de l'École de Nancy

Trésor de la cathédrale – Visite accompagnée (1/2 h) du lundi au samedi (sauf le mercredi) de 10 h à 12 h. Entrée gratuite. ☎ 03 83 35 36 76.

Musée de l'Aéronautique – ♿ Aéroport de Nancy-Essey. Visite de 10 h à 12 h et de 14 h à 18 h (17 h en semaine en octobre et novembre). Fermé le lundi matin et du 1er décembre au 28 février. 30 F adultes, 15 F enfants. ☎ 03 83 21 70 22.

NEUF-BRISACH

Chemin de fer touristique du Rhin – Départ de la gare de Vogelsheim, à côté de Neuf-Brisach du dimanche de Pentecôte à fin septembre, les samedis, dimanches et jours fériés à 15 h, retour vers 18 h 15. Circuit combiné train et bateau : adultes 90 F, enfants 45 F. Renseignements : ☎ 03 89 71 51 42.

Porte de Belfort : musée – ♿ Visite tous les jours (sauf le mardi) du 1er avril au 31 octobre de 10 h à 12 h et de 14 h à 17 h. 15 F. ☎ 03 89 72 56 66.

NEUFCHÂTEAU
🅿 3, parking des Grandes Écuries – 88300 – ☎ 03 29 94 10 95

Église St-Nicolas – Visite à 10 h et 15 h du lundi au samedi en juillet et août dans le cadre des visites guidées de la vieille ville. ☎ 03 29 94 10 95, Office de tourisme.

Église St-Christophe – Mêmes conditions de visite que l'église St-Nicolas.

NEUFCHEF

Musée des mines de fer de Lorraine – Visite accompagnée (1 h 30) tous les jours (sauf le lundi) de 14 h à 16 h 30 Fermé le 1er janvier et le 25 décembre. 35 F. ☎ 03 82 85 76 55.

NEUWILLER-LÈS-SAVERNE

Église St-Adelphe – Visite d'avril à novembre de 8 h à 20 h.

Église St-Pierre et St-Paul – Visite des chapelles superposées sur demande par écrit au presbytère catholique, 5, cour du Chapitre, 67330, Neuwiller-lès-Saverne ou par téléphone, ☎ 03 88 70 00 51.

NIEDERBRONN-LES-BAINS

Maison de l'Archéologie – ♿ Visite du 1er mars au 31 octobre tous les jours (sauf le mardi) de 14 h à 18 h ; le reste de l'année, le dimanche et jours fériés de 14 h à 17 h. Fermé entre Noël et Nouvel An. 15 F. ☎ 03 88 80 36 37.

OLTINGUE

Maison du Sundgau – Visite du 15 juin au 30 septembre les mardis, jeudis, samedis et dimanches de 15 h à 18 h ; le reste de l'année le dimanche de 14 h à 17 h. Fermé certains jours fériés, en janvier et février. 10 F. ☎ 03 89 40 79 24.

OTTMARSHEIM

Centrale hydro-électrique – Visite accompagnée (2 h) du lundi au jeudi de 8 h à 12 h et de 14 h à 16 h 30, le vendredi de 8 h à 12 h ; pour groupe à partir de 10 personnes (âge minimal : 12 ans), sur demande écrite trois semaines à l'avance, à E.D.F. 83, rue Koechlin, 68060 Mulhouse Cedex. ☎ 03 89 32 48 23. Pour les individuels, possibilité de faire partie d'une visite déjà programmée.

OTTROTT

Les Naïades – ♿ Visite tous les jours de 9 h 30 à 18 h 30. 39 F. ☎ 03 88 95 90 32.

P

Château de PANGE

♿ Visite du 1er juin au 30 septembre de 10 h à 16 h (18 h pour le parc). Entrée gratuite. ☎ 03 87 64 04 41.

La PETITE-PIERRE

Musée du Sceau alsacien – ♿ Visite de 10 h à 12 h et de 14 h à 18 h tous les jours (sauf le lundi) du 1er juillet au 30 septembre et entre Noël et Nouvel An ; les samedis, dimanches et jours fériés seulement le reste de l'année. Fermé en janvier. Entrée gratuite. ☎ 03 88 70 48 65.

Château – Visite de 10 h à 12 h et de 14 h à 18 h. Fermé le 24 et le 25 décembre et du 31 décembre au 31 janvier. 25 F. ☎ 03 88 70 46 55.

« Magazin » – ♿ Visite de 10 h à 12 h et de 14 h à 18 h tous les jours (sauf le lundi) du 1er juillet au 30 septembre et entre Noël et Nouvel An ; les samedis, dimanches et jours fériés seulement, le reste de l'année. Fermé en janvier. Entrée gratuite. ☎ 03 88 70 48 65.

PETITE-ROSSELLE

Carreau Wendel : musée du bassin houiller lorrain – Visite d'avril à octobre tous les jours de 14 h à 18 h (19 h le samedi et le dimanche). 25 F. ☎ 03 87 87 08 54.

PFAFFENHOFFEN

Musée de l'Imagerie peinte et populaire alsacienne – Visite les mercredis, samedis et dimanches de 14 h à 17 h. Fermé les 1er janvier, dimanche de Pâques, 1er mai, 14 juillet, 1er novembre et 25 décembre. 5 F. ☎ 03 88 07 70 23.

PHALSBOURG

Musée historique et Erckmann-Chatrian – Visite de 9 h (10 h le dimanche) à 12 h et de 14 h à 17 h. 12 F. ☎ 03 87 24 41 20.

PIERRE-PERCÉE

Art, artisanat et produits du terroir lorrain – Visite de 14 h à 18 h 30 tous les jours en juillet et août ; le dimanche en juin et les trois premières semaines en septembre. Entrée gratuite. ☎ 03 83 73 56 86.

Lac de PIERRE-PERCÉE

Vedette panoramique Cristal – Départ à 14 h, 15 h, 16 h et 17 h, les dimanches et jours fériés de début avril à fin septembre, tous les jours du 26 juin au 2 septembre. 40 F, adultes, 15 F enfants. Renseignements, ☎ 03 83 73 04 45.

PLOMBIÈRES-LES-BAINS   🚹 16, rue Stanislas – 88370 – ☎ 03 29 66 01 30

Visite guidée de la ville – S'adresser à l'Office de tourisme.

Étuve romaine, Bain romain et Thermes Napoléon – Visite accompagnée (1 h 30) de mai à septembre le mercredi et le samedi à 15 h, départ de l'Office de tourisme. 20 F. ☎ 03 29 66 01 30.

Musée Louis-Français – Visite de mi-avril à mi-octobre tous les jours (sauf le mardi) de 14 h à 18 h. Fermé les 1er mai et 14 juillet. 20 F. ☎ 03 29 66 00 24.

Pavillon des Princes – Visite de début avril à fin octobre tous les jours (sauf le lundi) de 14 h 30 à 18 h. 30. 20 F. ☎ 03 29 66 01 30.

PONT-À-MOUSSON
🮲 52, place Duroc – 54700 – ☎ 03 83 81 06 90

Ancienne abbaye des Prémontrés – ♿ Visite de 9 h à 19 h. Diaporama (30 mn). Fermé le 1er janvier. 25 F. ☎ 03 83 81 10 32.

Hôtel de ville – Pour visiter les salons, se renseigner plusieurs jours à l'avance auprès du Secrétariat général. ☎ 03 83 81 10 68.

R

REICHSHOFFEN

Musée du Fer – Visite du 1er avril au 31 octobre tous les jours (sauf le mardi) de 14 h à 18 h. 12 F. ☎ 03 88 80 34 49.

REMIREMONT
🮲 2, rue Charles-de-Gaulle – 88204 – ☎ 03 29 62 23 70

Visite guidée de la ville – S'adresser à l'Office de tourisme.

Musée municipal (Fondation Ch.-de-Bruyère) – Visite de mai à septembre tous les jours (sauf le mardi) de 10 h à 12 h et de 14 h à 19 h; en novembre et décembre tous les jours (sauf le mardi) de 10 h à 12 h et de 14 h à 18 h; de janvier à mars tous les jours (sauf le mardi) de 14 h à 18 h. Fermé les 1er janvier, 1er mai, Ascension, 15 août, 1er novembre, 25 décembre, et en octobre. 10,20 F (gratuit le dimanche). ☎ 03 29 62 42 17.

Musée municipal (Fondation Charles-Friry) – Mêmes conditions de visite que le musée municipal (fondation Ch.-de-Bruyère).

RIBEAUVILLÉ
🮲 1, Grand'Rue – 68150 – ☎ 03 89 73 62 22

Visite guidée de la ville – S'adresser à l'Office de tourisme.

Hôtel de Ville : musée – Visite accompagnée (1/2 h) de mai à octobre tous les jours (sauf les lundis et samedis) de 10 h à 12 h et de 14 h à 15 h. Entrée gratuite. ☎ 03 89 73 20 00.

RIQUEWIHR
🮲 2, rue de la 1re-Armée – 68340 – ☎ 03 89 47 80 80

Visite guidée de la ville – S'adresser à l'Office de tourisme.

Musée d'histoire des P.T.T. d'Alsace – Visite de début avril au 11 novembre tous les jours (sauf le mardi) de 10 h à 12 h et de 14 h à 18 h. 20 F adultes, 12 F enfants, billet jumelé avec le musée de la Diligence 30 F adultes, 12 F enfants. ☎ 03 89 47 93 80.

Musée de la Diligence – Mêmes conditions de visite que le musée d'Histoire des P.T.T. d'Alsace.

Maison Hansi – Visite en janvier les samedis et dimanches de 14 h à 18 h; en février et mars, tous les jours (sauf le lundi) de 14 h à 18 h; d'avril à décembre tous les jours (sauf le lundi) de 10 h à 18 h. Fermé le 25 décembre. 10 F. ☎ 03 89 47 97 00.

Musée de la tour des Voleurs – Visite du Vendredi saint au 11 novembre de 9 h 15 à 12 h et de 13 h 30 à 18 h 15. 10 F.

Musée du Dolder – Visite de 9 h 15 à 12 h et de 13 h 30 à 18 h de Pâques à fin octobre les samedis, dimanches et jours fériés, tous les jours de fin juin à fin aout. 10 F.

RIXHEIM

Musée du Papier peint – Visite de juin à septembre de 9 h (10 h le week-end) à 12 h et de 14 h à 18 h; le reste de l'année tous les jours (sauf le mardi) de 1à h à 12 h et de 14 h à 18 h. Fermé les 1er janvier, Vendredi saint, 1er mai, 25 décembre. 30 F. ☎ 03 89 64 24 56.

ROHRBACH-LÈS-BITCHE

Fort Casso – Visite à 15 h précises les samedis, dimanches et jours fériés d'avril à octobre; le 1er week-end du mois de novembre à mars. Fermé les 1er novembre, 25 et 26 décembre. 20 F. ☎ 03 87 02 77 99.

ROUFFACH
🮲 8, place de la République – 68250 – ☎ 03 89 78 53 15

Église des Récollets – S'adresser à l'Office de tourisme.

Pour apprécier à leur juste valeur les curiosités très importantes,
qui attirent en grand nombre les touristes,
il faut éviter si possible les moments de la journée
et les périodes de l'année où l'affluence
atteint son maximum.

S

ST-AMARIN
🛈 60, rue Charles-de-Gaulle – 68550 – ☎ 03 89 82 60 01

Musée – Visite du 1ᵉʳ mai au 30 septembre tous les jours (sauf le mardi) de 14 h à 18 h. 15 F. ☎ 03 89 38 24 66.

ST-AVOLD
🛈 Hôtel de ville – 57501 – ☎ 03 87 91 30 19

ST-DIÉ
🛈 31, rue Thiers – 88100 – ☎ 03 29 56 17 62

Cathédrale St-Dié – Possibilité de visite guidée du 1ᵉʳ juillet à mi-septembre à 10 h 30 et 16 h (le dimanche uniquement à 16 h).

Église N.-D.-de-Galilée – Visite du 1ᵉʳ juillet à mi-septembre (sauf dimanche matin et jours fériés) de 10 h à 12 h et de 14 h à 18 h ; le reste de l'année s'adresser au presbytère, ☎ 03 29 56 12 88 ou à l'Office de tourisme.

Musée municipal – Visite tous les jours (sauf le lundi) de 10 h à 12 h et de 14 h à 19 h (17 h d'octobre à mai). Fermé les jours fériés. 20 F (gratuit le mercredi). ☎ 03 29 51 60 35.

Bibliothèque – Visite de la salle du Trésor durant l'année scolaire de 10 h à 19 h (18 h le samedi) ; pendant les congés scolaires de 10 h à 12 h et de 14 h à 19 h (18 h le samedi). Fermé les lundis, dimanches et certains jours fériés. Entrée gratuite. ☎ 03 29 51 60 40.

Tour de la Liberté – Visite de 14 h à 18 h tous les jours de mi-avril à mi-octobre ; les vendredis, samedis et dimanches le reste de l'année. 20 F. ☎ 03 29 55 17 62.

ST-ELOPHE

Église – Visite du 1ᵉʳ mai au 30 septembre de 10 h à 12 h et de 14 h à 19 h ; le reste de l'année de 14 h à 18 h.

Musée – Visite du 1ᵉʳ mai au 30 septembre de 10 h à 12 h et de 14 h à 19 h ; le reste de l'année de 14 h à 18 h. Fermé entre Noël et Jour de l'An. Entrée gratuite. ☎ 03 29 06 97 94.

ST-JEAN-SAVERNE

Église – Fermé pour travaux.

Chapelle St-Michel – Visite le dimanche en été, sinon s'adresser à M Oswald, 25, Grande-Rue.

Plan incliné de ST-LOUIS-ARZVILLER

Visite guidée avec descente de l'ouvrage en vedette (1 h 30) de mi-mars à mi-novembre ; horaires variables selon la saison, en juillet et août à 10 h 15, 11 h 30, 13 h 35, 14 h 50, 16 h 05 et 17 h 20. 35 F ☎ 03 87 25 30 69.

ST-LOUIS-LÈS-BITCHE

Cristalleries de St-Louis – Visite accompagnée (1 h 15) du 15 mars au 15 octobre de 9 h à 11 h et de 13 h à 17 h. Fermé le dimanche (sauf le hall d'exposition ouvert de 14 h à 17 h), les jours fériés et du 15 juillet au 15 août. 20 F. ☎ 03 87 06 40 04.

ST-MIHIEL

Bibliothèque – Réouverture prévue avril 1998. Pour tout renseignement, s'adresser à la mairie, ☎ 03 29 89 15 11.

ST-NICOLAS-DE-PORT

Basilique – Possibilité de visite accompagnée (1 h) de début juillet au 2ᵉ dimanche de septembre les dimanches et jours fériés de 14 h à 18 h, la chapelle des Fonts, le trésor et la sacristie : 20 F ; les tours : 10 F. ☎ 03 83 46 81 50.

Musée de la Brasserie – Visite de 14 h 30 à 18 h 30 tous les jours du 15 juin au 15 septembre ; les samedis, dimanches et jours fériés le reste de l'année. 20 F. ☎ 03 83 46 95 52.

Domaine gallo-romain de ST-ULRICH

Visite du 1ᵉʳ juillet au 31 août les lundis, jeudis et dimanches de 14 h à 18 h ; les mercredis, vendredis et samedis de 10 h à 12 h et de 14 h à 18 h. Fermé le mardi, le 14 juillet et le 15 août. Entrée gratuite. ☎ 03 87 03 27 86.

STE-MARIE-AUX-MINES
🛈 Place du Prensureux – 68160 – ☎ 03 89 58 80 50

Visite guidée de la ville – S'adresser à l'Office de tourisme.

Maison de Pays – Visite du 1ᵉʳ juin au 30 septembre de 10 h à 12 h et de 14 h à 18 h. 20 F. ☎ 03 89 58 56 67.

Mine St-Barthélemy – Visite accompagnée (30 mn) du 1ᵉʳ juillet au 5 septembre tous les jours de 9 h 30 à 12 h et de 14 h à 18 h, ainsi que le week-end de Pentecôte et les 2 derniers dimanches de juin. 30 F. ☎ 03 89 58 72 28.

Mine d'Argent St-Louis-Eisenthur – Visite accompagnée (3 h) sur rendez-vous à ASEPAM, Centre du patrimoine minier, 4, rue Weisgerber, 68160 Ste-Marie-aux-Mines, ☎ 03 89 58 62 11.

SAMPIGNY

Musée Raymond-Poincaré – Visite du 1er mai au 11 novembre tous les jours de 14 h à 18 h (17 h le vendredi). Fermé le samedi sauf en juillet et août. 12 F. ☎ 03 29 90 70 50.

SARREBOURG
☑ chapelle des Cordeliers – 57400 – ☎ 03 87 03 11 82

Chapelle des Cordeliers – ⟨ S'informer auprès de l'Office de tourisme. 16 F.

Musée du Pays de Sarrebourg – Visite toute l'année de 8 h (9 h de début juillet à début août) à 12 h et de 14 h à 18 h (17 h le samedi), le dimanche uniquement de début juillet au 31 août de 14 h à 18 h. Fermé le mardi et les jours fériés. 16 F. ☎ 03 87 03 27 86.

SARREGUEMINES
☑ rue du Maire-Massing – 57322 – ☎ 03 87 98 80 81

Circuit touristique de la Faïence – Visite accompagnée (2 h) de mi-juillet à mi-septembre le dimanche de 16 h à 18 h. 21 F. ☎ 03 87 98 93 50. Dépliant du circuit disponible à l'Office de tourisme.

Musée – Visite tous les jours (sauf le mardi) de 14 h à 18 h. Fermé les 1er janvier, 1er mai, dimanches de Pâques et de Pentecôte, 1er novembre et 25 décembre. 11 F. ☎ 03 87 98 93 50.

SAVERNE
☑ château des Rohan – 67700 – ☎ 03 88 91 80 47

Musée – Visite tous les jours (sauf le mardi) du 15 juin au 15 septembre de 10 h à 12 h et de 14 h à 18 h; le reste de l'année tous les jours (sauf le mardi) de 14 h à 17 h. Fermé les 1er mai et 1er novembre et du 1er décembre au 28 février (sauf le dimanche de 14 h à 17 h). 15 F. ☎ 03 88 91 06 28.

Château : musée – Visite tous les jours (sauf le mardi) du 15 juin au 15 septembre de 10 h à 12 h et de 14 h à 18 h; le reste de l'année tous les jours (sauf le mardi) de 14 h à 17 h. Fermé les 1er mai, Vendredi saint, et 1er novembre et du 1er décembre au 28 février (sauf le dimanche de 14 h à 17 h). 15 F. ☎ 03 88 91 06 28.

Roseraie – ⟨ Visite de début juin à fin septembre, de 9 h à 19 h. 15 F. ☎ 03 88 71 83 33.

Jardin botanique du col de SAVERNE

Jardin botanique – Visite en mai et juin tous les jours (sauf le samedi) de 9 h à 17 h, dimanche et les jours fériés de 14 h à 18 h; en juillet et août en semaine de 9 h à 17 h, les samedis, dimanches et jours fériés de 14 h à 19 h; 1re quinzaine de septembre du lundi au vendredi seulement de 9 h à 17 h. 12 F. ☎ 03 88 91 31 09.

Ouvrage d'artillerie de SCHŒNENBOURG

Ouvrage d'artillerie – Visite en juillet et août et première semaine de septembre en semaine de 14 h à 16 h, les dimanches et jours fériés de 9 h à 16 h; de mars à juin, en septembre et octobre le 1er dimanche de chaque mois de 9 h à 16 h ainsi que les week-ends de Pâques et de Pentecôte (dimanche après-midi seulement), 1er mai et 11 novembre. 25 F. ☎ 03 88 73 44 43.

SCY-CHAZELLES

Maison de Robert-Schuman – Pour visiter, s'adresser à M Nicolas, ☎ 03 87 66 54 01 ou à l'Office de tourisme de Metz. 25 F.

SÉLESTAT
☑ boulevard du Général-Leclerc – 67600 – ☎ 03 88 58 87 20

Visite guidée de la ville – S'adresser à l'Office de tourisme.

Bibliothèque humaniste – Visite du lundi au vendredi de 10 h à 12 h et de 14 h à 18 h, le samedi de 10 h à 12 h. Fermé le dimanche sauf en juillet et août (ouverture de 14 h à 17 h). 20 F. ☎ 03 88 92 03 24.

SENON

Église – S'adreser à Mme Robert Caillard, près de l'église.

SENONES
☑ 6, place Clemenceau – 88210 – ☎ 03 29 57 91 03

SENTHEIM

Maison de la Géologie – Visite accompagnée les samedis et dimanches de 14 h à 17 h. 10 F. ☎ 03 89 82 55 55.

SESSENHEIM

Auberge « Au bœuf » – Fermé les lundis, mardis, 1re quinzaine de février et de mi-juillet à début août. Carte postale 3 F.

SIERCK-LES-BAINS

Château fort – Visite tous les jours de 10 h à 19 h (20 h le dimanche) de mai à septembre; de 10 h à 12 h et de 14 h à 16 h du lundi au samedi, de 10 h à 17 h le dimanche le reste de l'année. Fermé en janvier, février et décembre. 20 F. ☎ 03 82 83 74 14.

Fort de SIMSERHOF

♿ Visite accompagnée (1 h 30) de fin mars à mi-septembre du lundi au vendredi à 10 h, 11 h, 13 h, 14 h, 15 h, 16 h, le samedi et le dimanche toutes les demi-heures de 9 h 30 à 11 h 30 et de 13 h à 17 h; le reste de l'année à 13 h 30 et 15 h. Fermé de mi-décembre à mi-janvier. Adultes : 30 F, enfants : 15 F. Se munir de vêtements chauds. ✆ 03 87 06 16 16.

SION

Musée – Visite de Pâques à la Toussaint le dimanche de 14 h à 17 h, en juillet, août et septembre tous les jours de 14 h à 18 h. Renseignements auprès de l'association des Amis de Sion. ✆ 03 83 25 15 51.

SOUCHT

Musée du Sabotier – ♿ Visite accompagnée (1 h) de 14 h à 18 h de Pâques au 31 octobre les samedis et dimanches, en juillet et août tous les jours. 10 F. ✆ 03 87 96 91 52.

SOUFFLENHEIM

Ateliers de poteries – Visite de 9 h à 12 h et de 14 h à 17 h. Fermé les samedis, dimanches et jours fériés ainsi qu'en juillet et août, variable selon l' atelier. L'Office de tourisme possède la liste des différents ateliers que l'on peut visiter dans la commune.

SOULTZBACH-LES-BAINS

Église – Pour visiter, s'adresser à la mairie, ✆ 03 89 71 11 16.

SOULTZ-HAUT-RHIN   🛈 14, place de la République – 68360 – ✆ 03 89 76 83 60

Visite guidée de la ville – S'adresser à l'Office de tourisme.

Musée du Bucheneck – Visite tous les jours (sauf le mardi) du 1er mai au 30 septembre de 14 h à 18 h. 15 F. ✆ 03 89 76 02 22.

La Nef des jouets – ♿ Visite tous les jours (sauf le mardi) de 14 h à 18 h, également de 10 h à 12 h en juillet et août. Fermé le 1er janvier, le 23, 24, 25, 30 et 31 décembre. 30 F. ✆ 03 89 74 30 92.

STENAY

Musée de la Bière – Visite de mars à novembre de 10 h à 12 h et de 14 h à 18 h. 28 F. ✆ 03 29 80 68 78.

Musée du Pays de Stenay – Fermé en 1998. ✆ 03 29 80 68 78.

STRASBOURG   🛈 17, place de la Cathédrale – 67200 – ✆ 03 88 52 28 28

Visite guidée de la ville 🅰 – S'adresser à l'Office de tourisme.

Tour de la cathédrale – Montée à la tour en juillet et août de 8 h 30 à 19 h, en avril, mai, juin et septembre de 9 h à 18 h 30, en mars et octobre de 9 h à 17 h 30, de novembre à février de 9 h à 16 h 30. S'adresser au bas de la tour, place du Château. 20 F. ✆ 03 88 32 59 00, poste 241.

Cathédrale : horloge astronomique – ♿ Visite (20 mn) à 12 h 30. 5 F. Possibilité de fermeture en cas de cultes exceptionnellement longs ou de répétition de concerts. ✆ 03 88 52 28 28.

Église St-Thomas – Fermé en janvier et février, s'adresser à Mme Becker, 5, rue Martin Luther.

Barrage Vauban – Visite et montée sur la terrasse panoramique de 9 h à 20 h (19 h de mi-octobre à mi-mars). Entrée gratuite. ✆ 03 88 60 90 90.

Palais Rohan :

Musée d'Arts décoratifs – ♿ Visite tous les jours (sauf le mardi) de 10 h à 12 h et de 13 h 30 à 18 h, le dimanche de 10 h à 17 h. Fermé les 1er janvier, Vendredi saint, 1er mai, 1er et 11 novembre et 25 décembre. 20 F par musée, 30 F pour les trois. ✆ 03 88 52 50 00.

Musée des Beaux-Arts – Mêmes conditions de visite que le musée des Arts décoratifs.

Musée archéologique – ♿ Mêmes conditions de visite que le musée des Arts décoratifs.

Strasbourg – Palais Rohan, cabinet du Prince-Évêque

Musée alsacien – Visite tous les jours (sauf le mardi) de 10 h à 12 h et de 13 h 30 à 18 h, le dimanche de 10 h à 17 h. Fermé les 1er janvier, Vendredi saint, 1er mai, 1er et 11 novembre et 25 décembre. 20 F. ☎ 03 88 52 50 00.

Musée de l'Œuvre-Notre-Dame – Visite tous les jours (sauf le lundi) de 10 h à 12 h et de 13 h 30 à 18 h, le dimanche de 10 h à 17 h. Fermé les 1er janvier, Vendredi saint, 1er mai, 1er et 11 novembre et 25 décembre. 20 F. ☎ 03 88 52 50 01.

Musée d'Art moderne – &. Visite tous les jours (sauf le mardi) de 10 h à 12 h et de 13 h 30 à 18 h, le dimanche de 10 h à 17 h. Fermé les 1er janvier, Vendredi saint, 1er mai, 1er et 11 novembre et 25 décembre. 20 F. ☎ 03 88 52 50 00.

Musée historique – Fermé pour travaux de rénovation.

Musée zoologique de l'université et de la ville – &. Visite tous les jours (sauf le mardi) de 10 h à 12 h et de 13 h 30 à 18 h; le dimanche de 10 h à 17 h. Fermé les 1er janvier, Vendredi saint, 1er mai, 1er et 11 novembre et 25 décembre. 15 F. ☎ 03 88 35 85 11.

Église Protestante St-Guillaume – Pour visiter, s'adresser au secrétariat, 1, rue Calvin. ☎ 03 88 36 01 36.

Église St-Pierre-le-Jeune – Visite tous les jours (sauf le lundi) du 1er avril au 1er novembre de 10 à 12 h et de 13 h à 18 h; le reste de l'année ☎ 03 88 32 41 61.

Synagogue de la Paix – Fermé pour travaux.

Palais de l'Europe – &. Visite accompagnée (1 h) sur réservation ☎ 03 88 41 20 29. Fermé les samedis, dimanches et jours fériés ainsi que pendant les semaines de sessions plénières.

Haras national – Visite de 9 h à 11 h 30 et de 14 h (15 h le samedi et le dimanche) à 16 h 30. Fermé le dimanche du 1er mars au 14 juillet et les jours fériés. Entrée gratuite.

Promenades en vedette sur l'Ill – Embarcadère au palais Rohan. Départ de fin mars à début novembre toutes les 1/2 h de 9 h 30 à 21 h; le reste de l'année départ à 10 h 30, 11 h 15, 13 h, 13 h 45, 14 h 30 15 h 15 et 16 h. Adultes : 39 F, enfants : 20 F. Du 1er mai au 29 septembre «flânerie nocturne» sur l'Ill illuminée à 21 h 30 et 22 h. Adultes : 41 F, enfants : 21 F. Pour tous renseignements, ☎ 03 88 32 75 25.

Promenade en avion aux abords de Strasbourg – Durée du survol : entre 1/4 h et 1 h 30. Tarifs variables selon la durée. Renseignements à l'Aéro-Club d'Alsace. Aérodrome du Polygone (BX), Strasbourg-Neudorf. ☎ 03 88 34 00 98.

Naviscope : musée du Rhin et de la navigation – Visite le mercredi, le jeudi et le vendredi de 14 h 15 à 18 h, le samedi et le dimanche de 9 h 30 à 12 h 30 et de 14 h 15 à 18 h. Fermé le Vendredi saint et le 25 décembre. 30 F. ☎ 03 88 60 22 23.

Visite du port – Visite du 30 juin au 31 août à 14 h 30, durée : 3 h. 55 F adultes, 27,50 F enfants. Départ de l'embarcadère de la Promenade Dauphine. Pour tous renseignements, s'adresser au pavillon d'accueil du Port autonome, ☎ 03 88 84 13 13.

Le STRUTHOF

Visite de mars à mi-juin de 10 h à 12 h et de 14 h à 17 h 30; de mi-juin à mi-septembre de 10 h à 18 h; de mi-septembre à fin décembre de 10 h à 12 h et de 14 h à 17 h. La vente des billets cesse 1/2 heure avant la fermeture du camp. Fermé du 25 décembre au 28 février. 8 F. ☎ 03 88 97 04 49.

T

THANN
🛈 6, place Joffre – 68800 – ☎ 03 89 37 96 20

Collégiale St-Thiébaut – Visite des stalles uniquement pour groupes sur rendez-vous.

Musée des Amis de Thann – Visite de mi-mai à mi-octobre tous les jours (sauf le lundi) de 10 h à 12 h et de 14 h 30 à 18 h 30. 15 F. ☎ 03 89 37 02 31.

THIONVILLE

Tour aux Puces : Musée municipal – Visite tous les jours (sauf le lundi) de 14 h à 18 h. Fermé certains jours fériés. 17 F. ☎ 03 82 53 35 36.

Château de la Grange – Visite accompagnée (3/4 h) à 14 h 30, 15 h 30, 16 h 30 et 17 h 30 tous les jours en juillet et août; les samedis, dimanches et jours fériés seulement le reste de l'année. Fermé le 1er novembre et le 25 décembre. 28 F. ☎ 03 82 53 85 03.

THOREY-LYAUTEY

Château – Visite tous les jours (sauf le mardi) de mai à septembre de 14 h à 18 h. 25 F. ☎ 03 83 56 20 00.

THUILLIÈRES

Château – Visite accompagnée (1 h) en juillet et août tous les jours de 14 h 30 à 17 h 30. 15 F. ☎ 03 29 08 29 29.

TOUL

 parvis de la Cathédrale – 54203 – ☎ 03 83 64 11 69

Visite guidée de la ville – S'adresser à l'Office de tourisme.

Église St-Gengoult – Visite accompagnée poour groupes. S'adresser à l'Office de tourisme.

Musée municipal – Visite tous les jours (sauf le mardi) du 1er avril au 31 octobre de 10 h à 12 h et de 14 h à 18 h ; le reste de l'année de 14 h à 18 h seulement. Fermé les 1er janvier, Pâques, 1er mai, 1er novembre et 25 décembre. 16 F. ☎ 03 83 64 13 38.

TURCKHEIM

 Corps de Garde – 68230 – ☎ 03 89 27 38 44

V

Cristallerie de VALLÉRYSTHAL

Cristallerie – ♿ Visite de 9 h à 12 h et de 14 h à 18 h. Fermé le dimanche matin. ☎ 03 87 25 62 04.

VAUCOULEURS

 place Achille François – 55140 – ☎ 03 29 89 51 82

Chapelle castrale – Visite accompagnée de juillet à septembre de 9 h à 18 h ; le reste de l'année, s'adresser au presbytère ou à l'Office de tourisme. ☎ 03 29 89 43 02.

Musée Jeanne d'Arc – Visite de mai à septembre tous les jours (sauf le mardi) de 10 h à 12 h et de 14 h à 18 h 30. 20 F. ☎ 03 29 89 51 63.

VERDUN

 place de la Nation – 55016 – ☎ 03 29 86 14 18

Citadelle souterraine – Visite (parcours-reconstitution : 30 mn) en juillet et août de 9 h à 19 h, en mai et juin de 9 h à 18 h, en avril et septembre de 9 h à 12 h et de 14 h à 17 h 30, du 1er octobre au 20 décembre de 10 h à 12 h et de 14 h à 17 h, de mi-février à fin mars de 10 h à 12 h et de 14 h à 16 h, le reste de l'année de 14 h à 16 h. Fermé certains fériés. 35 F. ☎ 03 29 86 14 18.

Palais épiscopal : Centre mondial de la paix – Visite de 10 h à 13 h et de 14 h à 18 h. Fermé le mardi sauf pendant la période du 15 juin au 14 septembre et de mi-novembre à fin janvier. 25 F. ☎ 03 29 86 55 00.

Musée de la Princerie – Visite tous les jours (sauf le mardi) du 1er avril au 31 octobre de 9 h 30 à 12 h et de 14 h à 18 h. 10 F. ☎ 03 29 86 10 62.

Monument de la Victoire – Visite de Pâques au 11 novembre de 9 h à 12 h et de 14 h à 18 h. Entrée gratuite.

Hôtel de ville – Visite possible en adressant un courrier à Monsieur le Maire, B.P. 719, 55107 Verdun Cedex, plus d'une semaine à l'avance. ☎ 03 29 83 44 22.

Verdun – Vitrail de la cathédrale

E. Baret

VERDUN (Haut lieu du souvenir)

Fort de Vaux – ♿ Visite de mai à mi-septembre de 9 h à 18 h 30, en avril de 9 h à 18 h, de mi-février à fin mars de 9 h 30 à 12 h et de 13 h à 16 h, de mi-septembre à fin décembre de 9 h à 12 h et de 13 h à 16 h. Fermé des vacances de Noël à mi-février. 15 F. ☎ 03 29 86 14 18.

Mémorial de Verdun – Visite de Pâques à mi-décembre de 9 h à 18 h ; le reste de l'année de 9 h à 12 h et de 14 h à 17 h. Fermé de mi-décembre à fin janvier. 20 F. ☎ 03 29 84 35 34. Projection : durée 20 mn.

Fort de Douaumont – Visite de mai à mi-septembre de 10 h à 18 h 30, en avril de 10 h 30 à 18 h, de mi- février à mars et de mi-septembre à mi-décembre de 10 h 30 à 13 h et de 14 h à 16 h 30, 1re quinzaine de février et de mi-décembre à fin décembre de 11 h à 15 h. Fermé certains jours fériés et en janvier. 15 F. ☎ 03 29 86 14 18.

Ossuaire de Douaumont – Visite du 1er mars au 30 novembre de 9 h à 12 h et de 14 h à 17 h ou 18 h selon la saison (toute la journée sans interruption de mi-avril à début septembre). Le cloître et la chapelle sont ouverts toute l'année. Montée à la tour : 6 F, projections 15 F. Pour tous renseignements ☎ 03 29 84 54 81.

VIEIL-ARMAND

Monument national du Vieil-Armand – Visite d' avril à octobre tous les jours de 8 h 30 à 12 h et de 14 h à 18 h 30. 8 F. ☎ 03 89 23 12 03.

VILLEY-LE-SEC

Ensemble fortifié – Visite accompagnée (2 h 30) à 15 h le dimanche et les jours fériés de mai à septembre. 30 F. ☎ 03 83 63 67 72.

Fort de VILLY-LA-FERTÉ

Visite accompagnée (1 h 30) à 14 h, 14 h 45, 15 h 45 et 16 h 30 tous les jours (sauf le lundi) en juillet et août, les dimanches et jours fériés des Rameaux à la Toussaint. 15 F. ☎ 03 24 22 14 55 (il est préférable de téléphoner auparavant).

VITTEL

Usine d'embouteillage – ♿ Visite accompagnée (1 h 30) de début avril à fin septembre, à 9 h 30, 10 h 30, 14 h et 15 h 30. Fermé les samedis, dimanches et jours fériés. Entrée gratuite. ☎ 03 29 08 72 50.

W - Z

WALDERSBACH

Musée Oberlin – ♿ Visite de 14 h à 18 h les mercredis, jeudis, samedis et dimanches en avril, mai, juin, septembre et octobre ; tous les jours (sauf le mardi) en juillet et août. 15 F. ☎ 03 88 97 30 27.

WALIBI-SCHTROUMPF

Visite de fin-avril à fin septembre de 10 h à 18 h (19 h de juillet à fin août). Se renseigner au préalable pour les jours de fermeture. ☎ 03 36 68 90 01. 110 F adultes, gratuit pour les enfants de moins de 3 ans.

WASSELONNE

Église protestante – Visite accompagnée de 10 h à 12 h et de 15 h à 18 h en s'adressant à l'Office de tourisme, ☎ 03 88 59 12 00.

WISSEMBOURG

🛈 9, place de la République – 67160 – ☎ 03 88 94 10 11

Visite guidée de la ville – S'adresser à l'Office de tourisme.

Musée Westercamp – Visite accompagnée (1 h) les lundis, mercredis et jeudis de 14 h à 18 h ; les vendredis, samedis et dimanches de 9 h (10 h le dimanche) à 12 h et de 14 h à 18 h. 15 F. ☎ 03 88 54 28 14.

WOERTH

Musée de la bataille du 6 août 1870 – Visite d'avril à octobre tous les jours (sauf le mardi) de 14 h à 17 h (18 h de juin à août) ; le reste de l'année les samedis, dimanches et jours fériés seulement de 14 h à 17 h. Fermé en janvier. 15 F. ☎ 03 88 09 30 21.

Abri du ZEITERHOLZ

Visite accompagnée (1 h 1/2) de 14 h à 16 h les 1er et 3e dimanches de chaque mois de mai à septembre. 10 F. ☎ 03 82 55 11 43.

Index

C

D

E

F

T

Notes

338

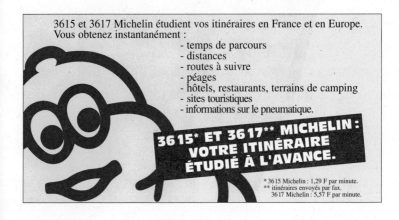

3615 et 3617 Michelin étudient vos itinéraires en France et en Europe.
Vous obtenez instantanément :
- temps de parcours
- distances
- routes à suivre
- péages
- hôtels, restaurants, terrains de camping
- sites touristiques
- informations sur le pneumatique.

3615* ET 3617 MICHELIN :
VOTRE ITINÉRAIRE
ÉTUDIÉ À L'AVANCE.**

* 3615 Michelin : 1,29 F par minute.
** itinéraires envoyés par fax.
3617 Michelin : 5,57 F par minute.

MANUFACTURE FRANÇAISE DES PNEUMATIQUES MICHELIN

Société en commandite par actions au capital de 2 000 000 000 de francs

Place des Carmes-Déchaux - 63 Clermont-Ferrand (France)

R.C.S. Clermont-Fd B 855 200 507

© Michelin et Cie, Propriétaires-Éditeurs 1996

Dépôt légal décembre 1996 – ISBN 2-06-037206-2 – ISSN 0293-9436

Printed in the EU 01-98/1

Photocomposition : A.P.S.-Chromostyle, Tours

Impression - Brochage : Casterman, Tournai

Illustration de la couverture par Nathalie BENAVIDES

Pour
mieux
voyager

les guides verts touristiques
et les cartes détaillées
sont complémentaires

MICHELIN®

à la rencontre
et à la découverte
de Michelin

Une découverte
du monde Michelin...
Le Pneumatique,
les Cartes et Guides et Bibendum:
trois grandes histoires racontées au
travers des expositions thématiques et
un espace multimédia sur deux niveaux.

Bibendum...
Bibendum by Michelin,
sous toutes ses formes d'hier
et d'aujourd'hui, il est présent
avec une multitude d'objets
à son image.

Le voyage...
Les routes du monde entier
vous sont ouvertes
avec la collection intégrale
des Cartes et Guides Michelin.

La Boutique MICHELIN
32, avenue de l'Opéra 75002 Paris

**Ouverte le Lundi
de 12 h à 19 h
et du Mardi au Samedi
de 10 h à 19 h**

**Bibendum by Michelin
Tél. : 01 42 68 05 00**

**Cartes et Guides
Tél. : 01 42 68 05 20**

Fax : 01 47 42 10 50

Métro Opéra